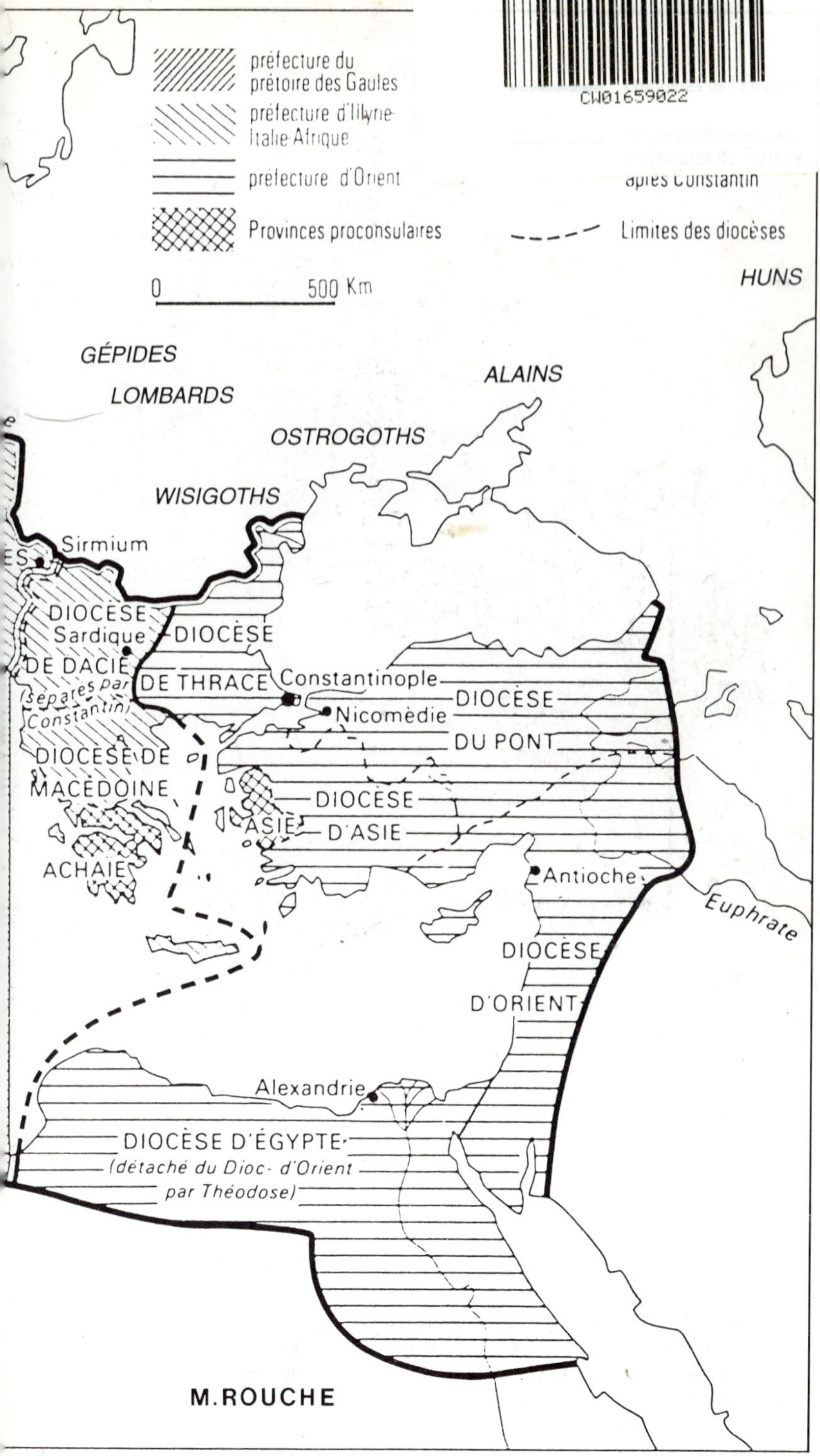
préfecture du prétoire des Gaules
préfecture d'Illyrie Italie Afrique
préfecture d'Orient
Provinces proconsulaires
après Constantin
Limites des diocèses
0 500 Km
HUNS
GÉPIDES
LOMBARDS
ALAINS
OSTROGOTHS
WISIGOTHS
Sirmium
DIOCÈSE DE DACIE (séparés par Constantin)
Sardique
DIOCÈSE DE THRACE
Constantinople
Nicomédie
DIOCÈSE DU PONT
DIOCÈSE DE MACÉDOINE
DIOCÈSE D'ASIE
ASIE
ACHAIE
Antioche
Euphrate
DIOCÈSE D'ORIENT
Alexandrie
DIOCÈSE D'ÉGYPTE (détaché du Dioc- d'Orient par Théodose)
M.ROUCHE

CLOVIS

Du même auteur

L'Aquitaine, des Wisigoths aux Arabes, 418-781, Paris, EHESS-Jean Touzot, 1979.

Histoire de Douai (dir.), 1985.

Les Empires universels, IIe-IVe siècles, Paris, Larousse, 1968.

Le Haut Moyen Âge, VIIIe-XIe siècles, Paris, Bordas, 1981.

Histoire de l'éducation, t. I, *Des origines à la Renaissance*, Paris, Nouvelle Librairie de France, 1981.

En collaboration

Le Moyen Âge (Robert Fossier, dir.), t. I, Paris, Armand Colin, 1982.

Histoire de la vie privée (Philippe Ariès et Georges Duby, dir.); t. I (Paul Veyne, dir.) : *De l'Empire romain à l'an mil*, Paris, Le Seuil, 1985.

Le Malheur des temps (Jean Delumeau, dir.), Paris, Larousse, 1987.

Michel ROUCHE

CLOVIS

Suivi de vingt et un documents traduits et commentés

Fayard

Michel Rouche

CLOVIS

Suivi de vingt et un documents traduits et commentés

Fayard

À mon épouse, Monique,
à nos fils, Pierre et Benoît
qui collaborèrent à cet ouvrage.

Introduction

« Nous savons qu'il n'y aura jamais aucune révolution contre l'État *[Res publica]*, puisque l'empire de Rome sera pour toujours à toi et aux tiens. » Ainsi s'exprima en 389 un rhéteur gaulois de Bordeaux devant l'empereur Théodose, au cours de l'un de ces panégyriques prononcés depuis bientôt quatre siècles au Sénat. La ville dominatrice de l'Orient et de l'Occident n'en connut plus que trois pour cette dernière période : moins de cent ans plus tard, Rome n'avait plus d'empereur. La prédiction optimiste de Latinus Pacatus Drepanius fut donc démentie par l'Histoire. Pour tous, la cause en était l'entrée des Germaniques dans l'Empire. Aussi un autre rhéteur, Synésios de Cyrène, en 399, s'adressant au fils de Théodose, l'empereur Arcadius, dans Constantinople, la nouvelle Rome, n'hésita-t-il pas à stigmatiser le mal qui rongeait l'Empire : « Que ces hommes blonds, chevelus comme des Eubéens, soient dans le même peuple les esclaves des particuliers et les maîtres de l'État, voilà le plus déroutant, le plus extravagant des spectacles... Nous préparons nous-mêmes notre perte. » Ce pessimiste avait raison, diront les lecteurs du XXe siècle finissant, devant son sentiment antigermanique. En effet, l'année suivante en massacrant les Goths, la population sauva l'Empire d'Orient. Ces deux opinions politiques, l'optimiste et la pessimiste, eurent cours en Occident, mais ni l'une ni l'autre ne triompha.

Il en était une troisième, exprimée vers 400-405 par un poète du nord de l'Espagne, Prudence. Pour cet ancien fonctionnaire, l'éternité de Rome n'était pas politique, mais religieuse : « Christ, accorde à tes Romains la conversion de cette cité par laquelle tu as octroyé aux autres de participer d'une seule âme à la même religion. Que les terres éloignées apprennent à se rassembler dans une seule grâce. » Cet appel à la conversion des Germaniques situés hors de l'Empire – et pour certains déjà dans l'Empire – est prophétique. Il signifie qu'il y a une autre éternité de Rome, non point celle de ses consuls et de ses empereurs, mais plutôt celle de ses évêques et de ses martyrs. Ce sera, nous le verrons, la solution qu'adoptera finalement le Germanique Clovis. Mais, pour comprendre son aspect novateur, il est nécessaire de saisir dès le début combien elle était minoritaire face aux optimistes impénitents prêts à s'entendre à tout prix avec ceux qu'ils appelaient néanmoins les Barbares et face aux pessimistes obtus qui ne voyaient de solution que dans l'élimination physique des Germaniques étrangers à toute civilisation.

Ces trois courants d'idées concernant le duel entre l'Empire romain et les Germaniques sont nettement formulés entre deux événements fondamentaux : la victoire des Goths en 378 à Andrinople et le passage du Rhin par les Vandales, les Alains et les Suèves, le 31 décembre 406. Ils persistèrent, au point de diviser l'opinion romaine jusqu'à ce que Clovis parvienne à les unir et à se présenter comme l'authentique successeur de Rome.

Jusqu'aux années 378-406 et jusqu'à la division politique de l'Empire, en 395, entre les deux fils de Théodose, l'Empire avait fait bonne figure. Il restait offensif et victorieux. Mais il avait déjà dû accepter en 359 l'installation sur les rives gauches du Rhin et de la Meuse, au nord de la Gaule, d'une tribu, les Saliens, au titre de soldats « romains ». Ces vaincus germaniques furent les premiers installés de cette manière en soutien frontalier contre leurs congénères de la rive droite. Mais lorsque, en 382, Théodose fit de même avec les Wisigoths, les autorisant à s'implanter en Thrace, le traité d'alliance (le *foedus*) qu'il conclut avec eux leur donnait en fait une autonomie d'action dans l'Empire qui fut à l'origine de la chute de Rome. Dès lors, les empereurs romains d'Occident perdirent la maîtrise de leur politique militaire et étrangère. Francs, Goths et autres peuples devinrent l'appui indispensable d'un gouvernement qui pouvait d'autant moins se passer d'eux que de nouveaux venus, asiatiques cette fois-ci, les Huns, créaient un autre empire, bien plus menaçant. Lorsque, en 451, les Germaniques eurent sauvé l'Empire d'Occident des Huns, ce fut l'éclatement progressif et la guerre civile, tandis que six organismes politiques différents se créaient en Gaule.

Après la fatidique date de 476 et la disparition de toute autorité civile romaine digne de ce nom, Francs et Goths – ces derniers avec leurs satellites – se retrouvèrent face à face dans une situation où Clovis était nettement en situation d'infériorité. De 481 à 511, il parvint partiellement à desserrer l'étau. Mais ce furent sa femme, Clotilde, et ses fils qui parvinrent à renverser les séquelles des invasions, érigeant en Occident le premier royaume chrétien qui se voulût un authentique successeur de Rome.

*

* *

Tels seront les fils conducteurs de cette histoire de la conversion et du baptême de Clovis : des opinions politiques romaines divisées jusqu'à la guerre civile, des peuples germaniques ennemis les uns des autres depuis l'Occident (les Francs) jusqu'à l'Orient (les Goths), une religion chrétienne, en proie aux hérésies et aux schismes, qui finit lentement par apporter la solution, enfin un homme imprévisible et fort intelligent. Le tout se déroule en cinq temps : Rome et ses barbares avant le passage du Rhin ; les premiers royaumes germaniques (378-455) ; l'éclatement de l'Empire et la domination gothique (455-481) ; Clovis et la fondation (481-511) ; enfin Clotilde et l'achèvement (511-548).

Ce drame de la chute d'un empire, l'énigme de sa continuité, ce chœur discordant autour des crises et des prises de la Ville des Villes, Rome, et cette montée d'un homme qui trouve les solutions dans les pires situations sont probablement les preuves que le tohu-bohu accouche toujours d'une nouvelle création, que l'idéal méprise les rapports de force économiques et sociaux. Quand tout est perdu, rien n'est perdu : il suffit d'un homme qui croit.

CHAPITRE PREMIER

L'œuvre de Rome en Gaule

Il serait trop facile de commencer cette histoire par celle des Francs comme s'ils avaient été prédestinés de toute éternité à diriger la Gaule. Ils ne sont qu'un de ces peuples barbares parmi d'autres auxquels Rome tient tête, tout particulièrement au cours de sa grande crise du IIIe siècle. Elle, la mère des civilisations, se sent alors entourée, comme le soulignent certains de ses écrivains, de peuples proches de la sauvagerie primitive, qui ne parlent pas le latin et ne savent s'exprimer qu'en bégayant, comme le prouve d'ailleurs l'onomatopée qui est à l'origine du mot grec « barbare », ce bruit redoublé, ce borborygme. Aussi importe-t-il d'expliquer la situation de l'Empire en 395 au moment où Théodose, en le séparant en deux, va en fait couper pour longtemps l'Europe en un double bloc et précipiter ce que l'on appelle soit les invasions, soit les migrations germaniques, selon les modes plus ou moins violents de leur installation.

Il serait impossible de comprendre la lente disparition du pouvoir impérial sans la fidélité à Rome, non plus que l'attachement viscéral des populations gallo-romaines, en particulier de leurs élites intellectuelles, sans la prise de conscience des bienfaits de l'ordre romain. Ses forces sont l'État et l'Église, mais ses faiblesses n'en existent pas moins déjà.

Depuis que Dioclétien a sorti l'Empire des invasions et des divisions du IIIe siècle, le régime politique qu'il est convenu d'appeler celui de l'Empire romain tardif connaît un véritable « été de la Saint-Martin », ce qui d'ailleurs est historiquement juste puisque celui-ci meurt en 397. Des changements profonds ont marqué l'État. Une plus grande centralisation ainsi qu'une véritable déconcentration permirent de répondre aux assauts des Germaniques. Lorsque, en 395, Théodose attribua l'Orient à son fils Arcadius qui siégea à Constantinople, et l'Occident à son fils Honorius qui prit pour capitale Ravenne à partir de 402, cette bipartition avait pour but de mieux diriger les armées sur plusieurs fronts à la fois. De plus, les deux capitales, très fortifiées, étaient accessibles par la mer, ce qui permettait, en cas de siège par les envahisseurs, incapables de mettre une flotte sur pied de guerre, de ravitailler la ville sans cesse et d'amener des renforts. De même, des capitales secondaires avaient été mises en état de résister en arrière des frontières, en particulier Trèves, pour la Gaule. Les fortifications, le pont sur la Moselle, l'amphithéâtre et les thermes sont encore là pour prouver l'importance de cette ville située à environ cent kilomètres en arrière du Rhin. Les empereurs y résidèrent souvent pour diriger les opérations militaires et exercer la justice dans la magnifique basilique (tribunal impérial au sens premier du mot) qui orne encore aujourd'hui la ville. Or, signe inquiétant d'une faiblesse avouée, Trèves fut abandonnée pour Arles en 407 comme siège du préfet du prétoire. La Gaule méridionale, plus romanisée, plus riche, plus éloignée des dangers, croyait-on, devenait plus importante que celle du Nord.

En effet, parmi les quatre préfets du prétoire – les plus hauts fonctionnaires de l'Empire –, celui qui dirigeait la Gaule, l'Espagne et la [Grande-]Bretagne, siégeait à Trèves. Lorsqu'il se déplaça en Arles, il n'y laissa même pas son vicaire (celui qui est à la place du préfet) maître de son diocèse (terme qui n'a à cette époque qu'un sens juridique et civil) des Gaules. Ces « Gaules » sont divisées en dix provinces : les Germanies Première et Seconde (Mayence et Cologne), la Maxima Sequanorum (Besançon), les quatre provinces de Lyonnaise (Lyon, Rouen, Tours, Sens), les Alpes Grées et Pennines, enfin les deux Belgiques, la Première avec Trèves comme métropole, la Seconde avec Reims comme tête des douze cités qui la composaient : Soissons, Châlons-sur-Marne, Vermand (plus tard Saint-Quentin), Arras, Cambrai, Tournai, Sens, Beauvais, Amiens, Thérouanne et Boulogne. Comme on le voit, ce diocèse des Gaules s'arrêtait à la Loire et au Rhône. Ses limites méridionales coupaient la Gaule en deux moitiés d'inégale romanisation. Chacune de ces deux parties de la Gaule connut un sort différent au cours du Ve siècle, ainsi qu'un pouvoir politique opposé. Paradoxalement, l'ex-diocèse des Gaules fut le dernier bastion de la romanité. On aura remarqué l'importance particulière de la Belgique Seconde qui fut le lieu privilégié de l'implantation des Francs Saliens.

Mais, au début du Ve siècle, le diocèse méridional des Sept Provinces paraissait beaucoup plus prospère et riche d'avenir. Il comprenait les deux provinces d'Aquitaine (Bourges et Bordeaux), la Viennoise (Vienne), la Novempopulanie (l'actuelle Gascogne avec Eauze), les deux Narbonnaises (Narbonne et Aix) et les Alpes Maritimes (Embrun).

En 355, le vicaire quitta Vienne pour Bordeaux, preuve de l'importance de cette métropole, mais lui aussi, comme le préfet du prétoire, gagna Arles en 407. Cette dichotomie entre les deux Gaules restait cependant masquée par la répartition uniforme en provinces et en cités. Chaque province était dirigée par un recteur, ou encore gouverneur, qualifié parfois de *judex*, vu l'importance de ses fonctions judiciaires. Théoriquement, il faisait partie de la hiérarchie civile des fonctionnaires. Il surveillait les questions financières, mais n'avait aucune responsabilité militaire, à moins qu'exceptionnellement ne se trouvent dans un ressort frontalier des garnisons à demeure. C'était par exemple le cas de la Belgique Seconde et des deux Germanies. Nous devrons nous en souvenir lorsque nous parlerons des pouvoirs romains de Clovis.

L'armée, première préoccupation du régime

Quant aux cités, territoires de dimensions variables correspondant à ceux des anciennes tribus gauloises, elles avoisinaient la centaine. Leur nombre variait en fonction du chiffre de la population. Les unes disparaissaient, comme Jublains ou Buch, d'autres apparaissaient, comme Auxerre. On aura remarqué que ces cités portent en général le nom de leur chef-lieu, lequel mérite vraiment le nom de ville. Par ses murs, ses monuments et son sénat ou conseil municipal, la curie, il représente le mode de vie romain avec tous ses attraits. Ses notables, souvent membres de l'ordre sénatorial, forment une assemblée dotée d'une large autonomie par rapport à Rome.

Néanmoins, ils sont la base du système administratif, la *militia togata*, les civils, par opposition à la *militia armata*, les militaires. Il faut y ajouter, surtout depuis 392, l'existence d'un troisième groupe de fonctionnaires, la *militia Christi*, le clergé. Cette pyramide de fonctionnaires dans un empire de plus en plus centralisé est évidemment couronnée par l'empereur. Il promulgue les lois, sans les élaborer lui-même, et les fait publier par ses hauts fonctionnaires. En 438, Théodose II, empereur d'Orient, fit compiler toute la législation antérieure depuis Constantin en un énorme ouvrage réparti en seize livres; on l'appela le Code théodosien. Il fut appliqué en Occident par son parent l'empereur Valentinien III. Il symbolise bien le génie romain qui consiste à perpétuer la paix impériale par le règlement des conflits sous forme de procès devant le tribunal. L'originalité de ce droit vient surtout de la part prépondérante accordée à la *Res publica*, l'État, et donc au droit public, par opposition au droit privé. Le premier sert la communauté par la suprématie accordée au bien public, le second protège le citoyen par une loi normative que même l'empereur ne peut renverser. Il est tenu lui-même de les observer. Là gît la différence essentielle entre les Romains et les autres. Comme le dit Sidoine Apollinaire, seuls sont étrangers les esclaves et les barbares. Les autres, les *provinciales*, les gens des provinces, jouissent des bienfaits des lois et d'une justice qu'avocats et fonctionnaires s'évertuent à mettre en application.

Cette bureaucratie atteint déjà un rare degré de complexité quand il s'agit du domaine financier. L'impôt est levé sous deux formes, foncier *(jugatio)* et par tête *(capitatio)*. Depuis 312, le cadastre est révisé tous les quinze ans. Au 1er septembre, l'État fixe le taux de l'unité d'imposition, puis échelonne son paiement en trois tiers provisionnels afin d'éviter l'engorgement des marchés et la baisse subite des prix. En effet, l'impôt est prélevé en nature (blé, vin, avoine, lard), mais, vu sa lourdeur, la pratique de l'*adaeratio*, le paiement en espèces sonnantes et trébuchantes, se généralise au cours du Ve siècle. Pour surveiller et empêcher la fraude, trois ateliers monétaires seulement fonctionnent en Gaule : Trèves, Lyon et Arles – on retrouve toujours les mêmes grands centres administratifs et économiques. Ils émettent des pièces d'argent et de bronze, mais surtout d'or, en particulier le *solidus*, le sou lancé par Constantin. Il pèse 4,55 g et constitue l'étalon de base pour le paiement de l'impôt, malgré son trop fort pouvoir d'achat faute de petites pièces. La pression fiscale, comme toujours, ne se contente pas du seul double impôt direct. Il existe des corvées et des réquisitions de charrois pour le transport du blé public *(annona)*, de chevaux et de mules pour la poste d'État *(cursus publicus)*. Ces services de nouvelles rapides avec relais et hôtelleries fonctionnent si bien qu'ils font l'admiration des non-Romains. La preuve en est que le mot de *veredus*, qui désignait le cheval de poste réquisitionné, passa en allemand *(Pferd)* et en arabe *(berid)*.

Néanmoins, le système fiscal porte en lui-même sa propre faiblesse. Il ignore la notion de percepteur payé par l'État : les *curiales*, membres de la curie municipale, sont responsables sur leurs biens personnels de la levée de l'impôt. Comme ils ne tiennent pas à être ruinés, ils lèvent les sommes fixées aux contribuables avec une férocité intéressée. Or il est certain que, avec la montée des périls aux frontières, le paiement des soldats romains coûte de plus en plus cher et nécessite une constante augmentation de l'impôt. Il y a là une véritable machine infernale que l'État ne saura pas enrayer.

L'armée est en effet la grande préoccupation du régime, l'objet essentiel des dépenses publiques. À partir de la mort de Théodose (395), l'habitude se perd de voir l'empereur diriger lui-même les opérations militaires comme généralissime en chef. Il nomme un *magister militum praesentalis*, général en chef des troupes du palais. Celui-ci est souvent de haut rang social, doté des dignités de consul et de patrice. Il porte, outre le manteau pourpre du triomphateur, le cercle patricial autour de la tête, ou, si l'on préfère, le diadème. Souvent, les troupes le proclament empereur. Ces usurpations, fort courantes, font qu'il est alors appelé tyran, c'est-à-dire souverain illégitime. L'empereur ou l'usurpateur doit donc toujours veiller à ce que ses troupes soient bien payées. L'administration militaire a beau être séparée de l'administration civile pour empêcher les coups d'État, il n'en reste pas moins vrai que le gouvernement central a du mal à s'imposer en cas de danger grave. Aussi, par exemple, nomme-t-il en Occident deux généraux en chef, l'un pour l'infanterie, l'autre pour la cavalerie. Mais les ambitieux, nous le verrons, exigent souvent, comme Stilichon, régent de l'Empire en 395, que les deux soient dans leurs mains.

L'armée impériale ou palatine est donc une armée de campagne *(comitatensis)*. Elle est appelée à se déplacer à travers tout l'Empire, à manœuvrer contre les ennemis infiltrés ou répandus à travers le territoire. Elle intervient dans les cas où l'armée de couverture installée aux frontières *(riparienses, limitanei)* n'a pu tenir au premier choc. Or cette dernière manque d'efficacité. Forte de six mille hommes sur les bords du Rhin, elle comprend des soldats paysans encasernés ne s'entraînant qu'à mi-temps, à cause des lopins de terre qu'ils cultivent. Ils sont isolés dans de petites garnisons comme celle de Deutz, sur la rive droite du Rhin, au bout du pont face à Cologne. Habitués à la défensive dans leurs fortins, ils ne jouent qu'un rôle de freins.

De plus, leur faiblesse numérique est analogue à celle de l'armée de campagne. Depuis la bataille de Mursa en 351 entre l'usurpateur Magnence et l'empereur Constance II, au cours de laquelle le premier perdit 24000 hommes sur

35 000 et le second 30 000, l'armée impériale de campagne n'a jamais pu retrouver ses effectifs anciens. Il y a pénurie chronique. Au début du Ve siècle, 30 000 hommes sont stationnés en Italie et en Gaule, dont 21 000 seulement pour cette dernière. Or on évalue, des Pyrénées au Rhin, la population gallo-romaine entre six et huit millions d'habitants. Quant à l'Occident romain, [Grande-]Bretagne, Gaule, Espagne, Afrique du Nord, Italie et Illyrie, il devait avoisiner les 26 millions d'habitants. Mais les deux armées de campagne et de couverture atteignent 65 000 hommes ! La disproportion entre la population à protéger et l'armée réellement efficace est donc flagrante.

Cela venait de ce que le principe de la conscription pour tous *(praebitio tironum)* n'était pas appliqué. De plus en plus, les propriétaires rechignaient à perdre, même temporairement, une partie de leur main-d'œuvre. Ils préféraient payer une taxe compensatoire en or. Le service militaire, commencé vers vingt ans, pouvait durer longtemps, surtout pour les vétérans et pour leurs fils qui y étaient astreints automatiquement. L'exemption d'impôt, la solde, la part de butin étaient des avantages qui ne contrebalançaient point le dur régime de la discipline. Certains se coupaient le pouce pour être déclarés inaptes. Pour éviter la désertion, les recrues étaient marquées au fer rouge. Leur nombre diminuait au point qu'en 367 Valentinien Ier réduisit la taille obligatoire des conscrits de 1,72 à 1,60 m. Seuls finissaient par entrer dans l'armée romaine les citoyens des régions faiblement ou récemment romanisées comme l'Armorique ou la Pannonie, dont, par exemple, étaient originaires saint Martin et son père. L'État fournissait des rations alimentaires fixes à chaque soldat, mais ne lui versait que la moitié des sommes nécessaires à l'achat des armes qui sortaient de ses propres manufactures, comme celle d'Amiens, et de son uniforme produit par les ateliers officiels de tissage, les gynécées. Ainsi s'explique la charité faite par saint Martin au pauvre qui grelottait de froid à la porte d'Amiens : il ne pouvait lui donner que la moitié de son manteau. L'autre appartenait au service d'intendance.

Faute de citoyens romains, faute d'esclaves, qui ne pouvaient pas être mobilisés, il fallait remplir les rangs de l'armée par l'appel aux Barbares. La pratique des auxiliaires était ancienne, mais elle ne suffisait plus. On transforma d'abord les prisonniers de guerre rendus à merci (déditices) et qu'on aurait dû logiquement massacrer en soldats forcés. En effet, la pratique habituelle consistait, en cas de victoire au combat, à égorger la population vaincue. S'il y avait reddition, on se contentait de tuer, selon une expression biblique due à la plume de Grégoire de Tours, « tous ceux qui pouvaient pisser contre la muraille ». Cela signifiait que les hommes étaient tués et que les femmes et les enfants à la mamelle (jusqu'à trois ans) étaient emmenés et réduits en esclavage, l'élément féminin étant utilisé aux fins de la reproduction. La terre du vaincu était alors laissée vide. Mais lorsque cela se produisait à l'intérieur de l'Empire, mieux valait repeupler les terres désertes. Des Germaniques faits prisonniers après négociations suivies de reddition, les déditices, se voyaient alors accorder la vie sauve et étaient installés sur des terres vides qu'ils étaient astreints à mettre en culture. En échange, ils devaient le service militaire dans les rangs des armées romaines. Les Germaniques libres les appelaient lètes. Déjà, au début du ve siècle, certaines installations de ce type ont eu lieu. Elles laissèrent les noms ethniques d'origine aux villages qui s'appellent actuellement Francs, Allemagne (Alamans), Gueux (Goths), Sermaise (Sarmates), etc. L'essentiel était donc d'arriver à complètement assimiler des soldats « romains » d'un nouveau type.

Mais il y avait mieux. On voyait souvent des volontaires germaniques dans l'armée romaine. Ils revenaient chez eux, après de longues années, chargés de décorations, de grades et de biens mobiliers, comme le prouvent leurs riches tombes au-delà de la rive droite du Rhin. Bientôt ce furent des unités entières qui vinrent compléter les légions squelettiques des Romains. Sous Valentinien Ier (364-375), l'équilibre se renversa au profit des Barbares. Il y eut dans l'armée romaine plus de Germaniques que de Romains. Avec Théodose, qui engagea le peuple entier des Wisigoths dans l'armée romaine, la pratique du *foedus*, du traité d'alliance, se généralisa. Bien que les chefs eussent des titres et des grades romains, une véritable armée tribale était enrôlée au service de Rome, tout en gardant ses usages et ses coutumes propres. Les fédérés, comme on les appelait, devinrent ainsi de plus en plus indispensables, mais aussi de plus en plus incontrôlables. Comme le suggérait Synésios de Cyrène, l'ennemi était dans la place avant même que les invasions eussent commencé. Tout dépendait donc d'un empereur ou d'un généralissime suffisamment habile pour exploiter les divisions entre peuples germaniques, entre Barbares déjà romanisés et Barbares encore sauvages venus de plus loin. Mais c'était là un jeu dangereux.

L'Église, puissance montante

C'est pourquoi la position de Prudence – christianiser au-delà de l'Empire – pouvait être une autre solution. À la fin du IVe siècle, l'Église chrétienne était devenue une véritable puissance. Depuis la liberté de culte instaurée par Constantin en 312-313 (édit de Milan), sa situation avait nettement progressé. En 392, Théodose avait supprimé le paganisme comme religion d'État et l'avait remplacé par le christianisme. Les temples furent fermés, les idoles détruites, les sources thermales dotées de sanctuaires à guérison obstruées. Lors de sa parution en 438, le Code théodosien comprend un livre, le seizième et dernier, réservé au statut juridique du clergé ; il institue une troisième hiérarchie de fonctionnaires, après les civils et les militaires, la *militia Christi.* Personne morale liée à l'État, l'Église organise sa vie matérielle grâce aux revenus issus des biens fonciers offerts par l'État et les particuliers. Elle calque son administration sur celle de l'Empire romain jusque dans le vocabulaire. Alors que l'empereur quitte Rome, l'évêque de cette ville, arguant du fait qu'il est le successeur de saint Pierre mort martyr en 65 ou 67, affirme sa primauté sur toute l'Église, en particulier lors du très long pontificat de Damase Ier (366-384). Cette autorité disciplinaire et théologique commence d'ailleurs à lui être contestée dans l'Orient romain. Les trois patriarcats d'Alexandrie, Jérusalem et Antioche voient le quatrième, celui de Constantinople, prétendre que, à cause de la décision de Constantin d'y établir la résidence impériale, il est le représentant de la « nouvelle Rome ». Cette rivalité de la nouvelle Rome avec l'ancienne est certes polémique, mais elle soulève déjà la question de la distinction du spirituel et du temporel. En tout cas, l'évêque de Rome ne rencontre, lui, aucun rival en Occident. À la tête de chacune des provinces se trouve un évêque métropolitain. Il a autorité sur les évêques qui siègent dans chacune des cités de sa province. Seule la ville chef-lieu étant vraiment christianisée, la cité est considérée comme une unique paroisse *(parrochia)* avant de finir par s'appeler diocèse.

Officiellement, l'évêque est élu par le « clergé et le peuple », c'est-à-dire par les clercs de la cité et les notables de la curie. Le métropolitain et deux coprovinciaux procèdent à l'ordination du nouvel évêque, une fois son choix validé. Déjà ce poste est souvent brigué par des ambitieux ou des membres de familles sénatoriales qui voient là une nouvelle carrière s'ouvrir au sortir de leurs charges civiles. Cela explique les remous et querelles qui animent les élections épiscopales.

L'autorité de ces personnages est en effet grande. Ils se réunissent en conciles provinciaux appelés synodes. Depuis le concile d'Arles en 314, dix au moins ont été tenus en Gaule. Lorsqu'un grave problème concernant la foi et les mœurs se pose, l'habitude est désormais prise de convoquer souvent, mais pas toujours, sur ordre de l'empereur, un concile œcuménique, c'est-à-dire réunissant tous les évêques des deux parties de l'Empire, Orient et Occident. Le premier a lieu à Nicée, en 325, le deuxième à Constantinople en 381. Nous reparlerons de l'objet essentiel de leurs débats : l'hérésie arienne. L'essentiel est de voir combien cette hiérarchie épiscopale, avec ses prêtres, ses diacres, sous-diacres, etc., forme déjà une ossature interne structurant la population gallo-romaine. La preuve en est que les autorités laïques cherchent à prendre barre sur le clergé. Le concile de Nicée interdit aux clercs d'entrer dans la clientèle d'un patron laïc. Plus tard, celui de Chalcédoine, en 451, leur proscrit d'acheter par des pots-de-vin les charges ecclésiastiques (simonie). Normalement, tout membre du clergé est en effet payé (*stipendium, roga*) par les revenus des biens d'Église. Chacun est exempté d'impôt, comme les militaires. Enfin, le prestige des évêques est tel que la loi leur accorde la possibilité de tenir un tribunal de juridiction gracieuse *inter volentes*, sur accord mutuel des parties. Très souvent, ils concurrencent fortement les tribunaux publics. Rien d'étonnant, par conséquent, si romain signifie de plus en plus chrétien, d'autant que la confusion entre politique et foi est alors inéluctable, puisque l'on vient de passer d'une religion d'État à une autre.

Néanmoins, l'évangélisation est loin d'être finie. Outre les hérésies qui ont laissé des séquelles dont nous reparlerons, la Gaule méridionale est maintenant chrétienne, depuis plusieurs générations. L'évangélisation des campagnes a nettement progressé, en particulier dans la cité de Tours, où saint Martin, ancien soldat, ermite, puis moine devenu évêque vers 372 par élection populaire au mépris des canons, a sillonné en tous sens son évêché pour y créer des paroisses rurales jusqu'à sa mort en 397. Mais, au total, la centaine de cités des Gaules n'a pas encore le nombre équivalent d'évêques. En 314, existaient vingt-deux sièges épiscopaux. Au début du ve siècle, ils sont au nombre de soixante-dix seulement. Saint Victrice, évêque de Rouen, tente d'implanter, peu avant 406, deux évêchés à Boulogne-sur-Mer et Thérouanne. Ailleurs, en Armorique et en Novempopulanie, certaines cités ne sont pas encore pourvues d'évêques. Le paganisme gallo-romain est toujours présent, sinon officiellement, du moins dans les esprits.

L'officialisation de l'Église a d'ailleurs déjà provoqué une réaction parmi ses membres. Maintenant qu'il n'est plus dangereux, mais avantageux d'être chrétien, la foi n'est-elle pas en train de s'attiédir ? Le mouvement monastique, déjà plus que séculaire, puisqu'il est né en Égypte sur les brisées de saint Antoine, mort en 356, est une protestation contre les chrétiens avachis, qualifiés de *seculares :* noyés dans le siècle. L'ermite, qui a rencontré par la prière le Christ au désert, a été littéralement « retourné », converti par cette découverte de Quelqu'un qui s'adresse continuellement à lui. Il est un autre homme qui a su répondre, comme le dit saint Athanase, patriarche d'Alexandrie, dans la *Vie de saint Antoine,* à l'appel : « Si tu veux être parfait, va, vends tout ce que tu as et donne-le aux pauvres. » Détaché des biens de ce monde, il peut s'attacher à Dieu et donc aux hommes. L'idée de conversion est donc surtout monastique. Bien des chrétiens, assis au point d'en être rassis, se « convertissent » alors à une vie plus chrétienne, en adoptant soit les pratiques érémitiques, soit les coutumes cénobitiques. Tel était le sens du terme « conversion » à l'époque de Clovis, et nous verrons combien ce dernier fut sensible à cette forme de vie chrétienne, au point de s'adresser tout particulièrement à ces ascètes non conformistes.

Les premiers moines

Or la Gaule du ve siècle connaît un mouvement monastique encore peu développé et, pour tout dire, marginal. Si saint Pacôme, mort en 346, vient d'inventer en Égypte la forme communautaire monacale avec un père abbé dirigeant moines et novices, les initiatives restent encore individuelles. Les grandes dames romaines converties par saint Jérôme vivent leurs vœux de chasteté et de pauvreté à l'intérieur de leurs demeures. Certaines se regroupent à Bethléem où leur père spirituel termine et publie en 405 sa traduction de la Bible de l'hébreu et du grec en latin. Celle-ci devient dès lors le traité de base pour tout l'Occident, au point de prendre le nom de Vulgate (c'est-à-dire répandue). L'Écriture, comme texte idéal de méditation, est l'outil essentiel du moine. Elle est présente à Ligugé, premier monastère fondé en Gaule par saint Martin en 360, ainsi que plus tard à Marmoutier. De même, vers 400, Honorat installe des moines dans l'île de Lérins. Dix ans plus tard, un Scythe, originaire des bouches du Danube, Jean Cassien, fonde deux monastères en milieu urbain à Marseille, l'un de femmes, l'autre d'hommes. Il suit d'ailleurs la voie ouverte par saint Augustin en 395 à Thagaste, en Afrique du Nord, lorsque celui-ci a voulu faire partager la vie monastique au clergé urbain. Ce ne sont là encore qu'initiatives isolées, car nombre de moines sont très mal vus, notamment par les grands intellectuels gallo-romains encore païens. En 417, Rutilius Namatianus, originaire de Toulouse, qualifie les moines de Capraria de « cervelles à l'envers » atteintes « d'un morbide excès de bile ».

L'opposition entre grands écrivains et moines est en effet profonde. Ceux qui assument les plus hautes charges administratives, tout en écrivant discours et panégyriques à l'empereur, sont souvent encore de croyance païenne, tels l'historien Zosime ou le poète Claudien. Leur religion de la culture les met en porte à faux avec les écrivains chrétiens que l'on appelle les Pères de l'Église et tout particulièrement les partisans des moines qui vantent la docte ignorance et méprisent les belles-lettres. En réalité, les élites intellectuelles sont de plus en plus majoritairement chrétiennes. Au moment où l'Empire va se casser en deux, entre 395 et 405, fleurissent les œuvres des plus grands auteurs chrétiens, Jérôme (347-418), Ambroise (337-397), Jean Cassien (365-env. 435) et surtout Augustin (354-430), véritable génie universel dont la personne et l'œuvre suscitent de nombreux disciples, notamment, en Gaule, Prosper d'Aquitaine (400?-ap. 470) dont nous reparlerons au moment de son influence réelle. Nous retrouverons également ceux qui font l'opinion, comme on l'a dit au début de ces pages. Pour eux, il ne s'agit pas tant de juger, en dehors du problème du salut personnel, qui leur paraît capital, si les belles-lettres sont supérieures ou non à l'Écriture, que de savoir si le salut de l'État est assuré par telle ou telle position politique. Or, là aussi, même parmi les chrétiens, les divergences sont grandes, en particulier face aux barbares, et nous verrons jusqu'où elles peuvent aller, c'est-à-dire à la guerre civile sous Childéric et Clovis.

Forces et faiblesses d'une civilisation

Pourquoi ces erreurs d'appréciation et ces opinions divergentes des contemporains en ce début de ve siècle ? Évitons tout de suite le piège de l'explication des intellectuels païens : *mundus senescit*, le monde vieillit. La décadence ou le déclin, fruits d'une conception cyclique de l'Histoire, sont des notions inadéquates pour expliquer la chute de l'Empire romain et de sa civilisation, d'autant plus que cette dernière a continué et lui a survécu au point que certains historiens en viennent même à se poser paradoxalement la question de savoir si Rome est tombée ! Non, l'explication de ces opinions, lucides ou aveugles, vient de l'obscurité du présent.

Tentons, après coup évidemment, puisque l'historien sait ce qui s'est passé, d'analyser les forces et les faiblesses de cette civilisation au début du ve siècle. L'archéologie va nous donner quelques repères indiscutables. Nombreux sont les fortins romains, le long du Rhin, qui comportent une église toute neuve avec un baptistère à côté. Ce dernier évolue même de la piscine complète, ce qui suppose un baptême par immersion pour adultes, au bassin avec effusion d'eau, ce qui prouve combien la liturgie a déjà changé. Il en est ainsi à Schaan, Zurzach, Kaiseraugst, Strasbourg, Boppard et Cologne. De même, les enceintes urbaines édifiées vers 280 en Gaule montrent que leurs épaisses murailles de huit mètres de haut sur quatre mètres d'épaisseur furent bâties avec un blocage intérieur de débris de monuments soigneusement accumulés et des parements extérieurs faits d'un appareil de pierres cubiques régulières et de briques longues *(opus reticulatum)*. Rien ne prouve une perte quelconque de connaissances techniques. De même les deux axes d'organisation du cadastre autour des grandes villes révèlent que les champs sont, au IVe siècle, de nouveau groupés en carrés d'un module de sept cent dix mètres de côté, ce qui permet une bonne tenue des registres fiscaux. Le cas est particulièrement net dans l'actuelle Picardie (cité d'Amiens), où les photographies aériennes de Roger Agache ont révélé la présence, à la même époque, à côté des grandes fermes *(villae)* réoccupées, d'une nouvelle cadastration, en discordance avec cet habitat.

De plus, cette civilisation prend des traits spécifiquement gallo-romains. Les éléments celtiques anciens se fondent dans la romanité. Les traces des modes artistiques de représentation gauloise se remarquent dans les monnaies, les stèles et les sculptures. Les représentations de Jupiter à l'anguipède (un monstre à queue de serpent) allient les deux traditions, et ce même au-delà des frontières de la Gaule. D'ailleurs, la langue gauloise est encore parlée en Armorique, en Auvergne au début du Ve siècle. L'administration romaine a même accepté de changer les noms des villes en laissant réapparaître l'ancien nom de la tribu gauloise qui désignait autrefois, du temps de l'indépendance, le chef-lieu. C'est ainsi que Lutèce est redevenue *Civitas Parisiorum*, la cité des Parisiens, c'est-à-dire Paris, *Juliomagus, Civitas Turonum* (Tours), *Avaricum, Civitas Biturigum* (Bourges), etc. Ce n'est pas un retour en arrière, une régression ou un déclin, mais une romanisation lente et continue.

Si, en revanche, *Augustodunum* s'est appelée pendant très peu de temps *Civitas Heduorum* (en l'honneur de la tribu des Éduens) pour redevenir rapidement Autun, cela amène à nuancer le propos et à parler de plus ou moins forte romanisation. Là où les noms des chefs-lieux de cité sont restés identiques à ceux du IIe siècle, témoins de la puissance assimilatrice de Rome, il y a forte romanisation. Sur la carte se dessine alors une zone qui inclut la Provence, le Languedoc, la vallée de la Garonne, les vallées du Rhône, de la Saône, de la Moselle et la rive gauche du Rhin, bref Arles, Toulouse, Bordeaux, Lyon, Autun, Toul, Trèves, Cologne, auxquels il faut ajouter certains ports. Ailleurs, cette imprégnation romaine est moyenne. Les temples y ont la forme gauloise des *fana* carrés ou ronds, et les amphithéâtres servent en même temps de théâtres (les arènes de Lutèce). Enfin, au-delà, en Armorique, au Pays Basque, en Normandie, dans le nord de l'actuelle Belgique et l'est de la Suisse, la ville romaine n'arrive pas à prendre racine. Là se trouve l'échec. D'ailleurs, aux frontières de ces zones viennent se réfugier ceux que l'on appelle les bagaudes. Le mot est gaulois : il signifie groupement, de même qu'on l'utilise aujourd'hui pour désigner des orchestres de cornemuse (le bagad de lann-Bihoué par exemple). Ces paysans gallo-romains ont préféré fuir le fisc, abandonner leurs terres et se réfugier dans les zones boisées ou montagneuses qui leur permettent d'échapper aux percepteurs. Là, ils vivent, en groupes de hors-la-loi, de brigandages et de rapines, prêts à se joindre à toute révolte ou invasion. À plusieurs reprises, les autorités romaines ont réagi avec violence contre ces mouvements.

S'ASSIMILER, PÉRIR OU SE TRANSFORMER ?

Cela pose la question finale, à laquelle Clovis fut aussi confronté : s'assimiler, périr ou se transformer ? Les différents degrés de romanisation, de l'assimilation totale à la domination superficielle, l'adhésion des élites, la force du réseau urbain, administratif et ecclésial font que la marque de Rome est indélébile. La richesse de l'Empire, et de la Gaule en particulier, est réelle. Celle des provinces d'Aquitaine est proverbiale. Même si la monnaie d'or possède un trop fort pouvoir d'achat (au point de provoquer déflation et réapparition du troc chez les petites gens), elle n'en permet pas moins un commerce international, surtout méditerranéen, fort prospère, au point de voir s'installer dans les grandes villes des colonies de marchands juifs et grecs. Le problème n'est pas économique, puisque les Germaniques n'ont qu'une envie, se procurer pièces d'or, étoffes, vins et autres denrées inconnues d'eux. L'attirance pour Rome peut permettre l'assimilation. Mais tout dépend de la capacité de l'armée, principal organe de l'État, véritable *Janus bifrons,* à romaniser ses soldats germaniques, que ce soit en leur faisant adopter la vie à la romaine ou la foi chrétienne. En effet, par ses demandes en nature (blé de l'*annona*) ou en espèces, par ses besoins technologiques, elle stimule l'économie, mais elle accentue aussi la pression fiscale.

Peut-elle alors crouler sous le nombre des adversaires et périr asphyxiée par une trombe ethnique venue du fond des forêts germaniques et des steppes asiatiques ? Comme nous le verrons au chapitre suivant, l'adversaire fut souvent surestimé en nombre par les Romains. Le mythe des masses barbares explique la divergence de points de vue entre l'envahisseur et l'envahi. C'est pourquoi les historiens allemands préfèrent aujourd'hui parler de migrations de peuples plutôt que d'invasions, même si ce n'est vrai que dans quelques cas et à certains moments. En réalité, l'angoisse du péril barbare est un révélateur en creux de la crise démographique romaine.

Certains indices nous l'ont déjà fait apercevoir : faiblesse numérique des citoyens dans l'armée, importance des lètes installés sur des terres désertes en Amiénois, Beauvaisis, Cambrésis, la vallée de la Meuse jusqu'à Tongres, en Champagne autour de Troyes et Langres, terres désertes dont la quantité était accrue par la fuite des bagaudes. Pour éviter que l'armée ne soit totalement germanisée, Valentinien Ier, en 370, promulgua la loi suivante : « Aucun provincial, quel que soit son rang ou son pays, ne doit s'unir à une épouse barbare. Aucune provinciale ne doit s'unir à un gentil [soldat germanique]. Si de telles unions se nouent entre provinciaux et gentils, la peine de mort fera expier ce qu'il y a là de suspect et de dangereux » (Code théodosien, III,1,4,1) Cette ségrégation prouve une peur d'être dominé par le nombre et de perdre la direction de l'armée.

Cette peur n'était pas irraisonnée quand on constate la forte mortalité des enfants, la limitation des naissances dans les milieux sénatoriaux et l'interdiction, toujours par Valentinien Ier, de l'exposition des bébés que l'on jetait sur les tas d'ordures où ils étaient dévorés par les chiens et les chacals (Code théodosien, IX,14). Elle fut vaine, d'ailleurs. Cette ségrégation était la conséquence directe du statut juridique du mariage romain : il était interdit de se marier en dehors de sa condition sociale. L'adultère féminin était considéré comme fort grave : Constantin le rendit même passible de mort. Au milieu de l'effondrement menaçant, en 459, l'un des derniers empereurs énergiques, Majorien, alla jusqu'à rétablir une mesure ancienne : tout mari qui surprenait sa femme en état supinateur avec son amant pouvait les tuer à condition que ce soit d'un seul coup d'épée ! Outre la monstruosité juridique qu'est en droit romain le fait de se faire justice soi-même, cette mesure désespérée prouve combien on imputait aux femmes les causes de la dépopulation. Le même Majorien, en sens inverse, interdit aux jeunes veuves de prendre le voile de moniale avant quarante ans. Une telle ardeur à promouvoir la stabilité du mariage et à favoriser une augmentation de la natalité prouve que le mariage n'avait rien d'attirant. Effectivement, le concubinat paraît bien être la condition principale des hommes et des femmes. Bien qu'il s'agît d'un état de non-droit dans le Code théodosien, il était facilité par le divorce par consentement mutuel, par l'utilisation des esclaves aux fins de soulagement personnel, enfin par le dégoût prononcé pour un époux imposé et des fausses couches répétées dues au trop jeune âge des épousées. Or l'union libre n'incitait guère non plus à l'augmentation du nombre des enfants. On aboutissait ainsi à la dissociation entre sexualité et fécondité, plaie des sociétés riches.

Enfin, contrairement à ce que l'on pourrait croire, la christianisation est beaucoup trop récente pour avoir déjà changé les comportements sexuels et amoureux des Gallo-Romains. Certes, l'autorité ecclésiale a déjà réclamé l'indissolubilité du mariage, refusé la castration, l'infanticide, la contraception et l'avortement. Or, malgré l'union de l'État et de l'Église, lorsque saint Augustin et plus de trois cents évêques africains réclament à l'empereur Honorius, en 425, une loi interdisant le divorce, ce dernier refuse ! Et pourtant, il est chrétien. L'influence de l'Église est donc encore très faible. Le seul domaine où elle marque des points paraît être le recul de l'âge au mariage. Cette réclamation avait deux causes : éviter la mortalité en couches des trop jeunes épouses, développer la liberté du consentement dans le mariage grâce à un âge plus élevé. On constate alors, grâce aux inscriptions, qu'entre 360 et 400 l'âge moyen du mariage des chrétiens passe de seize à dix-huit ans, alors que celui des païens était inférieur de deux à quatre ans. Léger progrès, certes, mais révélateur.

Au total, l'état démographique des Gallo-Romains est particulièrement préoccupant. Le sous-peuplement est accentué, comme le prouvent les inscriptions de la province de Belgique Première (Trèves, Metz, Toul et Verdun) par une très forte mortalité : cinquante pour cent des habitants meurent avant vingt ans, l'âge moyen du décès pour les hommes étant de vingt-sept ans, pour les femmes de vingt-deux ans, ce qui prouve l'existence de véritables hécatombes lors des accouchements. Quant aux dix-huit et quelque pour cent qui survivent jusqu'à quatre-vingts ans parce qu'ils sont bâtis à chaux et à sable, ils sont bien peu nombreux par rapport au total des naissances. La société de la romanité tardive vit donc avec des familles fragiles, des couples de courte durée, peu féconds, vite marqués par la séparation ou la mort. Les générations se succèdent à grande vitesse. La mémoire des événements en est écourtée. Du coup, le vieillard est une autorité naturelle. Nous devrons nous souvenir de tout cela lorsque nous en viendrons à l'âge au mariage de Clovis et de Clotilde, à l'âge de l'ordination de Remi.

En somme, Rome était en train d'opérer de grands changements dans sa civilisation, au niveau de l'État, de l'administration, de l'armée, de l'Église. Elle cherchait à assimiler ses barbares intérieurs pour contenir ceux de l'extérieur, attirés par sa prospérité. Le christianisme était loin d'avoir terminé son expansion. Mais des faiblesses inquiétantes taraudaient le système : ambiguïté d'une armée étrangère officiellement « romaine », pression fiscale faisant fuir le contribuable, courants de pensée divergents dans l'Église, populations peu nombreuses et déstructurées au niveau du couple, tout cela explique que les hommes aient été les uns optimistes, les autres pessimistes sur l'avenir. La mutation passait mal, la vie paraissait provisoire. Pour preuve, ce témoignage livré par Augustin dans les *Confessions*. Peu avant 386, deux fonctionnaires impériaux, agents des services secrets, se promènent dans Trèves. Ces *agentes in rebus* (mot à mot : ceux qui s'occupent des choses...) portent un titre officiel dont on aura admiré au passage l'art avec lequel tous les régimes politiques s'attachent à donner des intitulés d'apparence anodine à ceux qu'Hérodote appelait déjà « les yeux et les oreilles du Prince ». Ils s'ennuient ferme. Laissant l'empereur au milieu des clameurs haletantes de la foule dans l'amphithéâtre, ils traversent les jardins au pied des remparts, entrent dans la cabane d'un ermite. Ils y découvrent un document hautement subversif, la *Vie de saint Antoine* par Athanase, le patriarche trois fois exilé. À sa lecture, l'un d'eux s'exclame : « Que cherchons-nous ? Devenir des amis de l'empereur ou des amis de Dieu ? » Que les serviteurs les plus convaincus de l'État romain puissent être bouleversés par cet appel au point de se convertir à la vie monastique, eux et même leurs fiancées, auxquelles ils racontent leur découverte, prouve combien cette société inquiète cherche des raisons de vivre. Tout ce remue-ménage et cet ébranlement du cœur montrent que la conversion était le seul et unique moyen pour faire sortir la civilisation romaine de ses contradictions.

Heur ou malheur, on ne sait, l'histoire voulut que ce fut à ce moment que les Germaniques, en 378 et en 406, entrèrent dans l'Empire. Ils surprirent Rome et la Gaule alors que, tel un crustacé changeant de carapace, elles étaient en pleine mue, quasiment nues. Eux aussi, à leur tour, allaient être confrontés à un formidable dilemme : périr en dominant ou vivre en s'assimilant dans la nudité du baptême.

CHAPITRE II

Les Germaniques avant les Huns

IIIe et IVe siècles

Changeons de décor. Franchissons le Rhin, ce fleuve que les troupes romaines traversèrent pour la dernière fois en 392-393, et enfonçons-nous à travers forêts et marécages pour découvrir ces peuples que les historiens et ethnographes romains connaissaient si mal. De vastes mouvements de population affectent les territoires européens du VIe siècle av. J.- C. au Ve siècle ap. J.- C. Il y a en effet des migrations, qu'elles aient lieu par mer – la Baltique et la mer du Nord –, par terre depuis la Scandinavie et la Russie, jusqu'à ce qu'elles se heurtent aux fleuves fortifiés de l'Empire : le Danube d'abord, le Rhin ensuite. Nous allons voir qu'il s'agit de véritables tourbillons de tribus, toutes plus hostiles les unes que les autres, et que seul le danger des Huns venus d'Asie a pu réunir temporairement. Ensuite, pour faciliter la compréhension, nous mettrons à part les deux grands adversaires du VIe siècle finissant, les Goths et les Francs.

La civilisation de l'âge du bronze se prolongea sur le nord de l'Allemagne actuelle, le Danemark et le sud de la Suède (2000 à 400 av. J.- C.). Le reste de l'Europe était aux mains des Celtes qui étaient mélangés souvent aux populations de l'âge du bronze. Ces peuples de langue indo-européene auraient été appelés par les Romains, qui les découvraient après les Gaulois, « les frères » (sous-entendu : des Celtes, dont font partie les Gaulois), c'est-à-dire, en latin, *germani*, les Germaniques. Ils ne tardèrent pas à repousser devant eux, à partir de la Scandinavie, les Celtes maîtres de l'Europe centrale. Ainsi se vérifie l'authenticité de l'affirmation de l'écrivain ostrogoth Jordanès (document XVI, p. 512) : « La Scandinavie, cette île [*sic*, car les géographes antiques ignoraient la partie finnoise continentale] qui est comme une fabrique de peuples, une matrice de nations » (*Getica*, IV, 25). L'archéologie confirme d'ailleurs ces abandons périodiques des territoires scandinaves par ses populations, qui émigraient non point parce qu'elles étaient trop nombreuses, mais probablement parce que leur pays ne satisfaisait point leurs goûts nomades et leurs instincts guerriers.

Il y eut très tôt trois routes de migration : la mer vers le continent, puis vers l'ouest et la Manche ; la terre en direction de la Gaule ou des steppes de l'Ukraine. La zone de séparation de la voie de terre se situe quelque part entre l'Elbe et l'Oder. Ainsi apparurent ceux qu'il est convenu d'appeler les Germains occidentaux dont firent partie les Francs, et les Germains orientaux dont les principaux représentants furent les Goths. Cette distinction est capitale et sera par la suite le fil rouge qui nous permettra de nous repérer au milieu de tous ces peuples. Elle correspond d'ailleurs aux trois domaines linguistiques germaniques. Le germanique de la mer du Nord *(Nordsee germanisch)* fut la souche de départ des langues frisonne et anglo-saxonne. Le germanique continental, lui, donna naissance au vieil haut allemand des Francs, Alamans, Bavarois, Lombards, etc. Le gotho-scandinave engendra les langues des Goths, Burgondes, Vandales, Ruges, Bastarnes, etc. qui sont aujourd'hui toutes éteintes (sauf évidemment le danois, le norvégien et le suédois). Justement, cette disparition fut en réalité le résultat des premières victoires de Clovis, puis de l'empereur Justinien. Comme on le pressent déjà, le royaume des Francs ne fut pas uniquement le résultat de la chute de Rome, mais d'abord le choix d'un peuple contre d'autres.

Passons sur les premières pulsations scandinaves qui projetèrent des tribus germaniques sur les frontières romaines. Venons-en à celles du IIIe siècle, car elles marquent une rupture profonde dans l'histoire de Rome, d'autant plus qu'entrent alors en scène nos principaux acteurs et que, pour la première fois, ils crevèrent les « boulevards » – au sens allemand primitif du terme, c'est-à-dire les « fortifications » qui fermaient l'Empire. Pour comprendre la force de leurs assauts et la nouveauté de ces peuples, essayons de voir si l'on peut deviner leurs structures sociales et religieuses.

Les peuples germaniques

Il s'agit, la plupart du temps, de groupes de familles larges dotées d'un ancêtre commun. On garde précieusement dans la mémoire les noms des fondateurs et de leurs descendants. La première forme de littérature germanique est la généalogie apprise par cœur, car elle permet de savoir qui l'on est. L'écriture, les runes, ne viennent que tardivement aider cette prise de conscience des origines, car, apparues au IIe siècle et gravées sur des bijoux et des armes, elles servaient surtout à identifier leur propriétaire – à moins que les femmes ne les utilisassent pour faire de la divination.

Ces groupes, dirigés par un chef de guerre élu en fonction de ses qualités de bravoure et de tactique, considèrent que seul est seigneur celui qui sait se battre. Quiconque travaille de ses mains n'est qu'un esclave. C'est normal pour des sociétés où des agriculteurs itinérants et semi-nomades survivent en cultivant pendant quatre ou cinq ans dans des clairières mal défrichées, aux souches noircies et encore debout, des céréales dont ils tirent un pain d'orge grossier si vite rassis qu'on ne le peut couper qu'à la hache. Les troupeaux sont en fait la seule richesse, la chasse l'occupation essentielle : elle constitue l'entraînement idéal pour la guerre qui, elle, procure une récolte bien plus substantielle : le butin. Les sociétés germaniques sont donc formées en général de nobles, de libres et d'esclaves. Il existe aussi des demi-libres, survivants de populations vaincues, ou locales, entraînées au cours des migrations, de même que les esclaves, qui sont souvent d'anciens prisonniers de guerre. Ces familles larges, ou parentèles, dont nous verrons plus loin la structure du mariage à propos de Clotilde, sont alliées entre elles par des unions endogamiques. Elles forment ainsi des peuples (allemand : *Stämme*) renforcés par des liens d'adoption qui se superposent à ceux du sang et de l'alliance charnelle. Très souvent, le chef adopte de jeunes guerriers par les armes *(Waffensohn)*, lesquels lui vouent littéralement leur vie dans les combats. Ainsi se forment des suites armées *(Gefolgschaft)*, des gardes de « gorilles » personnels protégeant le « vieux » (latin : *senior*, devenu seigneur en français). Le sang versé en commun au combat soude encore mieux ces communautés.

Un même peuple peut donc tantôt voir augmenter le nombre de ses membres grâce au prestige de son chef, tantôt se couper en deux, voire trois branches qui prennent des directions différentes de migrations, ou encore laisser une bonne partie de ses membres au pays d'origine, ou enfin garder un groupe fixe dans une zone d'installation provisoire. Nous en rencontrerons de nombreux exemples pour les Burgondes et les Goths. Les Romains ne comprenaient rien à ces mouvements. Ils croyaient avoir complètement écrasé plusieurs peuples, massacré leurs hommes, emmené leurs femmes et leurs enfants en esclavage, et voici que, quelques années plus tard, le même groupe réapparaissait ! Ils avaient l'impression que la Germanie était un inépuisable réservoir d'hommes. En fait, il avait suffi de regrouper d'anciennes parentèles dispersées du même peuple, d'adopter des hommes faisant partie de populations locales pour repartir de nouveau à l'assaut. Ces groupements étaient beaucoup plus politiques qu'issus d'une existence ou d'une ascendance commune, puisqu'ils finissaient par être pluriethniques, en particulier ceux des Goths.

C'est pourquoi la notion d'ethnogenèse, mise au point récemment par l'historien Herwig Wolfram, permet de bien saisir ces groupes mouvants, ductiles et souples, capables de changer constamment de style de vie, depuis la tribu armée jusqu'à l'armée tribale, agglutinant au fil des victoires de nouveaux adeptes, se recroquevillant en cas de défaite en parentèles isolées dans des marécages inaccessibles ou des forêts barrées de haies vives entrelacées (le mot *haga* qui a donné haie est d'origine germanique). Ces civilisations de la survie ont donc comme point commun l'armée où se réunissent les différents éléments d'origine, les clans aux chefs renommés. Autour de ces noyaux de tradition tribale s'agglutinent les « adoptés », les aventuriers, les parents oubliés depuis plusieurs siècles, etc. La guerre est leur salut, à tous les niveaux d'organisation, contre Rome tout autant qu'entre eux. La cellule de base, la famille large, se fait justice elle-même lorsqu'un de ses membres a été injurié, violé, blessé ou tué. C'est un devoir sacré que de venger obligatoirement non pas tant la victime que la communauté, la parentèle, solidaire de tous ses membres. Ainsi s'enclenchent des vendettas interminables, appelées faides, du vieil haut allemand *(feithu)*, mortelles inimitiés qu'aucun pouvoir ne peut arrêter. En effet, le tribunal (v. h. all. : *mahal*, latin *mallus*, scand. *thing*) rassemble les hommes libres et les principaux nobles pour proposer des amendes de réparation ou de composition à la parentèle victime, mais celle-ci peut toujours les refuser et poursuivre. Bref, ces sociétés n'ont ni État ni institutions civiles en dehors de celle de la famille large. Elles ne sont pas des nations et n'ont pas de véritables patries. Si leur volonté de durée est la plus forte, alors, effectivement, elles vont s'en créer une à l'intérieur de l'Empire, grâce à leur institution de base, l'armée.

Celle-ci tire sa force non seulement du compagnonnage militaire autour du chef (le *comitatus* des Romains), mais aussi de la conception religieuse : le monde est dominé par les dieux qui fixent d'avance le destin des hommes. Quelles que soient les variations de croyances entre les Germains occidentaux et les Germains orientaux, on retrouve toujours un grand dieu Wotan (ou Odin), maître des batailles et des morts, accompagné d'un corbeau. Il envoie les guerriers tués au combat dans le Walhalla (ou encore Vahöl) continuer à se battre et festoyer. Selon que tel ou tel peuple croyait ou non à l'existence de cette « halle des occis », ses pratiques funéraires changeaient. Pour pouvoir continuer leurs combats outre-tombe, les Germaniques occidentaux, au contraire des Burgondes et des Goths, enterraient leurs morts avec leurs armes. De toute façon, Wotan, dieu de la magie, possède littéralement celui auquel il donne la victoire. Celui-ci devient *heilag* (allemand : *heil*, vie, santé, victoire). Il est quasiment sacré, tabou, intouchable. S'il est tué au combat, c'est la preuve qu'il est abandonné par les dieux, ou choisi pour le Walhalla. Alaric Ier était ainsi considéré par les chrétiens « comme possédé par un démon qui le poussait à détruire Rome ». En sens inverse, la mort du chef était le signal de la débandade pour le peuple qui admirait ses vertus de guerrier invincible parce que possédé. Wotan, enfin, était un dieu fourbe, inconstant et rusé. Il inspirait son comportement à ceux qu'il possédait. D'autres dieux renforçaient les pouvoirs des guerriers, tel Thor, dieu du tonnerre et de la fertilité, appelé aussi Tyr ou Tiwaz chez les Goths. Un troisième ensemble est représenté par Freyr ou Fro, dieu de la fécondité, avec sa version féminine Freya, déesse de la volupté et du désir charnel. Ainsi, mort et vie se contrebalancent, s'équilibrent même par une comptabilité mystérieuse, celle des sacrifices humains que pratiquent des prêtresses pour obtenir en échange enfants et victoires, aussi bien chez les Francs que chez les Goths. Les récentes fouilles archéologiques d'Arras l'ont démontré pour les années 380-395.

La force des généalogies

Ces croyances sociales et religieuses soudaient la communauté, sans qu'il puisse y avoir de distinction entre les deux catégories. Tout se tenait. Le chef était chef parce qu'il descendait d'une famille dont l'ancêtre fondateur était un dieu. Les généalogies apprises par cœur et soigneusement conservées remontent toutes à l'origine divine. Lorsqu'en 450-455 les chefs anglo-saxons Hengist (étalon !) et Horsa (cheval !) débarquèrent en [Grande-] Bretagne, ils avaient comme ancêtre, arrière-grand-père exactement, Voden, c'est-à-dire le dieu Wotan. Nous retrouverons la même idée pour la généalogie de Clovis. Fort curieusement, ces généalogies, comme le prouvent les épopées, elles aussi orales, conservées dans la mémoire collective tribale, ne donnent pas des successions héréditaires familiales rigoureuses de père en fils. Il existe des rois qui sont en même temps prêtres et n'exercent pas forcément le pouvoir politique. Ils sont plusieurs à la fois et forment un véritable conseil tribal, l'assemblée du peuple, avec les autres rois de la parentèle. Il leur arrive, en cas de danger, de choisir parmi eux un chef de guerre qui leur paraît plus apte que d'autres par ses qualités militaires ou sa sagesse. Sa mission est de sortir l'armée tribale d'une passe difficile. Elle peut être provisoire, définitive, ou bien se terminer par un assassinat si un fort parti d'électeurs n'en est point content. Le pouvoir est donc ainsi double, le roi étant plus ou moins inférieur au chef, l'un permanent, l'autre plus ou moins temporaire. Cela devait correspondre à la distinction que pratiquait Tacite (*Germanie*, VII) entre les rois, qui ont la noblesse, et les ducs, qui ont le courage. Mais leur histoire prouve que les uns et les autres se distinguaient mal. Les Romains eux-mêmes n'aimaient pas négocier avec ces chefs provisoires. Comme ils voulaient des traités de paix fiables, ils préféraient favoriser les plus nobles, les rois (*reges* en latin, *reiks* en gothique). Paradoxalement, l'Empire fit davantage pour structurer les peuples germaniques qu'eux-mêmes. Le *morbus gothicus*, la maladie gothique, comme disait plus tard un chroniqueur, fut une cause de faiblesse pour ces peuples assassinant leurs rois. Elle fut aussi courante chez les Francs. Fustel de Coulanges n'hésitait pas à dire que « la monarchie mérovingienne était un régime despotique tempéré par l'assassinat». Bien que la formule soit excessive, il n'en reste pas moins vrai que le meurtre du roi était incontestablement, malgré son caractère sacré, une preuve que le destin lui enlevait son pouvoir. Nous retrouverons ce problème à plusieurs reprises, compliqué par les faides entre parentèles royales. Bien des épopées, ces poèmes anciens, selon les expressions fort proches de Tacite et de Jordanès, racontaient ces démêlés dynastiques et ethniques. Bien qu'il soit difficile d'y distinguer histoire et légende, ces textes épiques, souvent mis par écrit très tard, aux XIIe et XIIIe siècles, nous seront utiles pour discerner les traits spécifiquement germaniques des grands événements des invasions.

Des groupes peu nombreux

Ainsi donc, loi et religion sont synonymes, la société est l'armée. Le roi est prêtre et/ou guerrier (on ne sait jamais s'il y a liaison totale ou non). Il fait advenir la félicité – au sens de bonheur – procurée par les dieux, et la prospérité. La victoire, les butins, les enfants, tels sont les fruits du roi ou du chef. Or ces peuples, on l'a dit, n'étaient guère nombreux. Rares sont les chiffres fiables qui puissent nous donner une image de l'impression que produisirent les nouveaux venus. Lorsque les Wisigoths furent implantés en Aquitaine en 418, ils étaient environ vingt mille guerriers. Avec femmes, enfants, esclaves, ils avoisinaient les cent mille. Les Vandales, lorsqu'ils passèrent le détroit de Gibraltar, durent se compter pour monter en bateau. Selon Victor de Vita, ils étaient quatre-vingt mille. En 436, les Burgondes que le pouvoir romain porta en Savoie devaient atteindre le même effectif. L'historien E. Zollner estime que le nombre des Francs qui colonisaient l'actuelle Belgique du Nord et de l'Ouest atteignait peut-être cent mille individus. Les Ostrogoths de Théodoric, le plus terrible adversaire de Clovis, lorsqu'ils entrèrent en Italie en 488, devaient être aussi nombreux. Une centaine de milliers paraît donc caractériser les grandes formations politiques germaniques, tandis que les petites armées tribales comme celle des Alains, mises en surveillance dans l'Orléanais, ne dépassaient pas trois mille guerriers, soit quinze mille personnes. Même si la proportion d'un soldat pour cinq personnes reste faible, étant donné l'impossibilité de connaître le nombre de transfuges et prisonniers de guerre qui suivaient ces armées, il n'en reste pas moins vrai que, par rapport au chiffre estimé des populations locales, la proportion des nouveaux venus devait évoluer entre deux et cinq pour cent des provinciaux romains. Rien d'un raz de marée démographique.

Une seule exception peut être opposée à cette impression de petit nombre des envahisseurs, la grande invasion des Goths de Radagaise en 406 en Italie. Les estimations des contemporains varient entre cent mille et quatre cent mille personnes. Même si les guerriers étaient entre vingt mille et cinquante mille, la défaite que le régent Stilichon leur infligea fut telle que les survivants durent se rendre. Vendus comme esclaves sur les marchés, ils furent bradés au prix d'un sou d'or par tête. Douze mille autres, des chefs avec leur *comitatus*, leur garde personnelle, furent intégrés dans l'armée romaine. Ainsi fut presque gommé l'effet de la plus grande invasion.

La dernière preuve en est la célèbre bataille des champs Catalauniques contre les Huns en 451. Il est probable que le monde nomade de l'Europe centrale et orientale jusqu'à l'Oural devait représenter environ un demi-million de personnes. Les Huns pouvaient mettre sur pied de guerre environ cent mille hommes. Malgré les chiffres exagérés cités par les écrivains romains (165 000 morts des deux côtés, selon Jordanès, *Getica*, 41, 217), ils n'atteignirent jamais ce nombre. Même lorsque ces auteurs nous décrivent cette bataille comme gigantesque, Attila n'arriva pas à rassembler plus de cinquante mille hommes de toutes origines, tandis que son adversaire, Aetius, faisait de même. Ce fut certainement le plus grand choc humain de ce temps, mais il n'eut guère de conséquences sur le peuplement de la Gaule.

Les premiers mouvements

Néanmoins, le fait demeure que les témoins des invasions nous les décrivent comme des torrents dévastateurs. Il y a donc eu un choc psychologique, sinon démographique, réel. Il provoqua des exodes de populations provinciales. Les Romains restaient frappés par la haute taille des Barbares. Odoacre, celui qui renversa le dernier empereur romain en 476, était si grand qu'il lui fallait courber la tête lorsqu'il entrait dans la cellule de l'ermite Séverin. Sidoine Apollinaire décrit les Burgondes installés dans sa cuisine comme des géants mesurant plus de deux mètres. Les fouilles archéologiques de cimetières ont confirmé la présence de ces individus isolés par rapport aux populations locales. Ces grands dolichocéphales mesurent un mètre quatre-vingts et plus face aux villageois d'un mètre soixante-cinq. Procope, témoin oculaire comme Sidoine, déclare que les Germains orientaux « ont tous la peau blanche, une chevelure blonde, une haute stature et une belle allure ». Comme, de plus, les chefs nobles portaient les cheveux longs ou bouclés alors que les Romains avaient le crâne tondu et qu'ils étaient habillés de fourrures, on comprend qu'ils ne soient point passés inaperçus.

Nous voici donc ramenés au problème important pour l'historien : la perception de la réalité par les contemporains est plus forte que la réalité elle-même. Cela soulève le problème de la tolérance des Romains à l'égard des étrangers et *vice versa*. Ne nous étonnons pas de rencontrer des Romains violemment antigermaniques et des Germains détestant les Romains, ou, à l'inverse, des provinciaux faisant l'éloge des Barbares, des Francs ou des Goths désireux d'être christianisés et romanisés. Le rapport de force numérique, pourtant favorable aux Gallo-Romains, n'est pour rien dans ces comportements. Le seuil psychologique de tolérance, parfaitement subjectif, variait d'une personne, d'un groupe à l'autre. Il était la cause principale de ces attitudes. Cela ramène donc notre analyse aux courants politiques et aux solutions proposées par les dirigeants respectifs.

Avec les migrations germaniques, étant donné que ces populations ne présentèrent jamais un front uni, tout était cas d'espèce, et la vieille devise romaine *Divide ut imperes*, diviser pour régner, était toujours praticable. Ce fut particulièrement net pour les peuples qui choisirent de se déplacer par mer. Originaires de Norvège, de Suède et du Danemark, ils glissèrent le long des côtes de la mer du Nord vers les estuaires du Rhin, de la Meuse et de l'Escaut, puis vers le pas de Calais. À la suite de combats internes mal connus contre les Danois, des Hérules furent expulsés de la péninsule vers 250. Ils se divisèrent en deux groupes. L'un se dirigea vers l'est et se lança avec les Goths dans des expéditions maritimes en mer d'Azov. Ils restèrent en Europe orientale où, malgré leur hostilité aux Goths, ils furent soumis par eux au début du IVe siècle. Un autre groupe se lança dans la piraterie en mer du Nord. En 312, ils furent soumis par l'empereur Constance Chlore à qui ils fournirent des auxiliaires. Nous les retrouverons de nouveau entre 350 et 400 installés au nord des bouches du Rhin, pillant les côtes des Gaules à plusieurs reprises. Les Hérules n'étaient pas seuls, d'ailleurs. Sur les côtes de la péninsule danoise se trouvaient les Jutes et les Angles. Les Saxons se déplacèrent vers l'estuaire de l'Elbe et furent les premiers à tenter d'atteindre l'Empire. Les Angles, eux, ne commencèrent leurs expéditions occidentales qu'après 350, comme en témoigne le bateau découvert à Nydam, enfoui dans un marais (l'entrée des enfers) en offrande aux dieux. Il témoigne d'une technologie encore primitive. L'absence de mât et de voile, les trente rames, l'étambot sans quille prouvent que ces navires permettaient essentiellement du cabotage et surtout une entrée facile à l'intérieur des terres. Ce fut l'outil idéal des invasions anglo-saxonnes même si, là encore, le nombre des guerriers rameurs était faible. Il fut renforcé par l'utilisation de la voile. Associés avec des Chauques, des Frisons et des Francs, les Saxons ravagèrent les côtes de la Gaule et d'Espagne au IIIe siècle. À la fin de cette époque, ils se séparèrent des Francs, progressèrent jusqu'à la Frise et, de là, en 358, expulsèrent les Francs Saliens de l'île des Bataves (la Betuwe actuelle). Au fur et à mesure qu'ils progressaient de l'Elbe vers le Rhin, les Angles les suivaient. Toutes les populations de la Germanie intérieure s'ébranlaient ainsi. Enfin, leurs attaques sur les côtes septentrionale et méridionale de la Manche, en [Grande-]Bretagne et en Gaule avaient obligé le pouvoir romain à édifier sur le littoral des séries de fortins avec des garnisons et des flottilles de surveillance appelées le *litus saxonicum* (le rivage saxon). On reste surpris d'ailleurs, aujourd'hui, au vu des trouvailles archéologiques de fibules et autres objets saxons dans ces sites romains, de s'apercevoir que lesdites garnisons étaient composées elles-mêmes de mercenaires ou de soldats-colons... saxons. Vers 400, ils se combattaient donc eux-mêmes, des bandes inorganisées surgissant des flots, venues d'on ne savait où. Ajoutons à cela des pirates celtes, les Scots d'Irlande et les Pictes de Calédonie (l'actuelle Écosse), et l'on comprendra que la sécurité maritime ne régnait guère au début du ve siècle sur la Manche ainsi qu'en mer du Nord.

Ceux qui suivaient les routes terrestres occidentales aux IIIe et IVe siècles étaient, essentiellement et pour faire court, les Burgondes, les Thuringiens et les Alamans. Le premier peuple est originaire de Norvège. Deux lieux appelés Borgund près d'Alesund et du Sognefjord (les hautes terres, la fortification, à moins que gund ne signifie guerrier, donc grand guerrier) permettent d'identifier leur point de départ ainsi que celui d'un autre petit peuple, les Ruges, originaire du Rogaland. Ils arrivèrent sur les côtes en Germanie entre Vistule et Oder, aux Ier siècle av. J.-C. et Ier ap. J.-C., après avoir séjourné les uns à Bornholm (Borgundarholm) et les autres à Rügen.

Au cours des IIe et IIIe siècles ap. J.-C., la migration des Burgondes s'accentua, non sans bousculer d'autres peuples au passage. En remontant l'Oder et la Vistule, ils finirent par se séparer en deux groupes. Les Burgondes orientaux, vers 240-250, furent attaqués par leurs voisins, les Gépides. Ils se rabattirent sur la Vistule moyenne, puis rejoignirent sur le Don et en Crimée les Goths auxquels ils se soumirent, tout en reconstituant leurs forces. En revanche, les Burgondes occidentaux se dirigèrent vers le Brandebourg, la Saxe, l'Elbe qu'ils passèrent à Torgau vers 300 (*cf.* document XXI, p. 564). Puis ils s'implantèrent sur le Main, poussant devant eux les Thuringiens et les Alamans. Pour la première fois, ils se heurtèrent sur le Lech à l'empereur Probus, sous la direction de leur chef, Igillos, en 277-278. Ils avaient donc franchi le Danube ! La bataille fournit déjà des détails intéressants. Les Romains injuriaient les Barbares d'une rive à l'autre et les provoquèrent au combat. Certains Burgondes, furieux, traversèrent le Lech en ordre dispersé et se firent évidemment tailler en pièces. Ceux qui n'avaient pas bougé négocièrent un accord selon lequel ils rendaient les prisonniers et le butin qu'ils avaient fait. Ils ne tinrent point parole et l'empereur en massacra un certain nombre, puis fit prisonnier leur chef et sa troupe, et les installa comme alliés en [Grande-] Bretagne. Voici un premier exemple d'introduction des Burgondes dans l'armée des Romains, ce dont, vu leur fidélité, ceux-ci n'eurent qu'à se féliciter. En tout cas, ce fut à partir de ce jour que les Alamans, pressés par les Burgondes, devinrent leurs ennemis de toujours, tandis que ces derniers restèrent en paix jusqu'en 370 dans les vallées du Main supérieur et moyen.

Au cours du IVe siècle, quelques traits de ce royaume burgonde oriental apparaissent. Ils prouvent une étonnante parenté avec ceux de leurs cousins orientaux partis sur le Don et avec les Goths. La tribu est dirigée par un chef de guerre, le *hendinos,* semblable au *kindins* des Goths. Le gouverneur « peut se voir enlever le pouvoir si le destin de la guerre périclite sous sa direction ou si la terre refuse l'abondance des moissons », dit Ammien Marcellin. Nous retrouvons ici ce caractère provisoire et dangereux du chef élu. De plus, il a un caractère religieux. Il est le créateur de toute fécondité par le butin, les moissons, les enfants, etc. Il y avait en outre un prêtre appelé *sinistus* (le plus âgé), nommé à perpétuité. Là aussi, la coexistence de ces deux pouvoirs prouve combien ce peuple est encore loin de posséder une dynastie royale. Maîtres d'un territoire allant du Danube à la Saale, séparés du Rhin par les Alamans auxquels ils disputaient la possession de salines, ils ne tardèrent pas à se ranger aux côtés de l'empereur romain Valentinien Ier en 370, arguant d'une vieille alliance avec Rome qui avait peut-être existé sous son prédécesseur Julien. La manœuvre était évidente : prendre les Alamans en tenaille entre les Romains sur le Rhin et les Burgondes sur le Neckar. Ils appliquèrent le plan avec enthousiasme, mais, parvenus sur le grand fleuve frontalier, ils ne trouvèrent personne : l'empereur espérait que les adversaires s'entretueraient, d'où son absence. Or les Alamans avaient fui devant les Burgondes, lesquels gardèrent une partie de leur territoire. Ils demeuraient donc, au début du ve siècle, intacts et dangereux.

Les Thuringiens nous intéressent tout autant pour notre propos puisqu'une de leurs reines fut la mère de Clovis. Pourtant, ce peuple se groupa tardivement, car il n'est mentionné qu'en 400. Ils se formèrent en arrière des Suèves occupant la Saxe et la Thuringe à l'époque de César, en une ligue du même type que ceux-ci. Usés par leurs attaques sur le Rhin depuis le Ier siècle ap. J.-C., les Suèves, situés entre le Main et le Neckar, avaient vu nombre de leurs membres se disperser ou fusionner avec d'autres peuples. On les reconnaissait à leurs longs cheveux noués en chignon sur la tempe droite. La Thuringe, au sens géographique actuel, vit donc s'assembler des populations pratiquant à la fois l'inhumation et l'incinération. Les progrès de cette dernière pratique sont la preuve de la venue de lignages issus du Jutland, moins familiarisés avec les pratiques romaines, nordiques là encore, probablement des Angles et des Warnes qui, vers 350, abandonnèrent leur nom ethnique. Les Warnes s'infiltrèrent d'ailleurs à peu près partout, les uns vers l'est, d'autres chez les Suèves, d'autres enfin à la suite des Saxons près des bouches du Rhin où nous les retrouverons au temps de Clovis et de Théodoric. Au total, comme nous le verrons, les Thuringiens, en poussant devant eux les Alamans, étaient au contact des Francs vers 400, mais bien en deçà du Rhin.

Dernier peuple germanique occidental que nous n'avons pas encore évoqué, les Alamans portent un nom révélateur : *alle Männer*, c'est-à-dire les hommes de toutes origines. Ils sont issus des tribus écrasées par les Romains aux Ier et IIe siècles ap. J.-C., Suèves, Semnons, Hermundures, etc. Vers 200, cette ligue regroupant des fidèles autour de nouveaux chefs se forma du Brandebourg à l'Elbe et à la Saale, puis en Thuringe. De là, ils s'agglutinèrent aux *Bucinobantes* de la région de Mayence, les *Lentienses* du Linzgau et les *Brisigavi* du Brisgau, occupant ainsi tout l'espace laissé libre par les Romains lorsque Aurélien abandonna le *limes* fortifié qui coupait l'angle que forment le Rhin et le Danube en 273, appelé aussi champs Décumates. C'était là le résultat de leurs triomphales percées de 254 et 255-260. Il s'agit de ligues de pillards et de fugitifs, beaucoup moins que d'un peuple vraiment constitué. D'ailleurs, ils n'eurent jamais de roi unique, mais un roi par groupement. Leurs attaques du IIIe siècle furent de longues et profondes expéditions de pillage en Gaule, jusqu'à la Loire, Clermont (Ferrand), la vallée du Rhône et les côtes jusqu'à Tarragone. Lorsque le pouvoir romain fut rétabli, nombre d'entre eux peuplèrent la Gaule comme lètes ou encore comme *gentiles*, unités régulières de l'armée romaine. Maîtres de la rive droite du Rhin supérieur, les Alamans profitèrent cependant des guerres civiles du IVe siècle pour de nouveau franchir le Rhin. En 352, sept rois alamans puis d'autres ravagèrent la province de Germanie Première. Un général « romain » franc, Silvanus, rétablit la situation, mais, jalousé par des officiers impériaux alamans, il se crut menacé et tenta une vaine usurpation impériale, ce qui fit redoubler les attaques des Alamans. L'empereur Julien ne put les soumettre qu'en 358-361. Ils recommencèrent dès 365-374, et, cette fois-ci, ce fut Valentinien Ier qui résolut de les éliminer. Nous avons vu son alliance avec les Burgondes. Il récidiva par une alliance avec un petit roi alaman auquel il donna le royaume de Macrien, situé au sud du Neckar. Ainsi la ligue des Alamans, qui comportait cinq royaumes face au Rhin depuis Mayence jusqu'à Bâle, fut-elle sérieusement affaiblie. En 361, le roi Vadomar s'était rendu. En 374, le roi Macrien finit assassiné par un roi franc, Mallobaude, ancien comte des domestiques de l'empereur Julien. Au début du ve siècle, la situation était rétablie face aux Alamans, mais, comme on vient de le voir, ces derniers, toujours insoumis, toujours dangereux, gardaient de « mortelles inimitiés » contre les Burgondes et les Francs. L'habileté de Rome serait-elle toujours payante ? Aucun officier alaman ne dépassa le grade de tribun dans l'armée romaine. Ils étaient peu sûrs, au contraire des Francs. La preuve en est que Mallobaude, général « romain », alla tuer Macrien chez lui, *in Francia,* c'est-à-dire en territoire franc, sur la rive droite du Rhin où le roi alaman, devenu allié de Rome, était venu le combattre. On aura remarqué au passage la plus ancienne mention du mot France qui puisse être datable !

Toujours est-il que, vers 400, les Alamans étaient si affaiblis que Stilichon, régent de l'Empire, crut qu'il n'y avait aucun danger à enlever toutes les garnisons des forts du Rhin à l'ouest et à l'est du lac de Constance ! On verra combien cette confiance était excessive.

Les Germains orientaux et les Huns

Le lecteur, au passage en revue de tous ces peuples en mouvement à l'intérieur des marais et forêts de Germanie, Burgondes, Alamans et Thuringiens, se sera demandé pourquoi, une fois sortis de Scandinavie, ils continuaient à se déployer, ou encore à former d'autres peuples. Les Romains n'en savaient rien eux-mêmes, ce qui hypothéquait toute leur stratégie. Même s'ils parvenaient à faire attaquer dans le dos leurs Germains frontaliers par d'autres plus éloignés, ils ne savaient guère ce qui se passait sur ce que l'on pourrait appeler les « troisièmes lignes arrière » et l'Orient profond européo-asiatique. C'est pourquoi il faut en venir aux Germains orientaux, car ce sont eux qui déclenchaient les déplacements de leurs congénères occidentaux. Nous avons vu que les Burgondes participaient des deux puisqu'ils avaient un groupe à l'ouest, un autre à l'est. Les Vandales, eux, étaient orientaux, mais ils s'étaient répartis en deux ethnies apparentées. Issus du Jutland qu'ils quittèrent vers 200 à 100 av. J.-C., ils se dirigèrent vers les bouches de l'Oder, se séparèrent vers 100 av. J.-C. en Hasdings et Silings ; ces derniers remontent le haut Oder auquel ils donnèrent leur nom, la Silésie. Les Hasdings, comme les Warnes et les Thuringiens, étaient originaires du golfe d'Oslo. Ils seraient ainsi les plus anciens peuples qui aient abandonné la Scandinavie pour le Jutland. Installés sur la haute Vistule, ils perdirent vers 100 ap. J.-C. leur domination sur les Goths, tout en essayant de progresser soit vers la Galicie, soit en franchissant les Sudètes et les Carpates. Ils n'échappèrent à la suzeraineté gothique qu'en obtenant vers 170-180 des terres des peuples des Carpates avec l'autorisation de l'empereur Marc Aurèle. Les Silings, eux, se heurtèrent de nouveau, en Transylvanie, en 248, au roi Ostrogotha qui les soumit, tandis que le roi hasding Wisimar vit, sous le règne de Constantin, la majeure partie de ses troupes écrasées par le roi wisigoth Gébéric. De cette triple défaite, les Vandales gardèrent contre les Goths une animosité extraordinairement durable. Nous la retrouverons en 507 (*cf.* chap. XII, p. 322). Pour eux, les Goths étaient des *trolls,* ces démons scandinaves qui hantent les enfers. La mémoire collective de ces peuples était bien réelle. Elle explique pourquoi leurs haines mutuelles furent plus fortes que toute tentative de coalition antiromaine. Leur victoire finale n'était donc point fatale.

Au cours du IVe siècle, les Vandales Hasdings, maîtres de la vallée de la haute Tisza, étaient les premiers barbares avec lesquels les empereurs Marc Aurèle puis Aurélien avaient signé des traités de paix pour obtenir des cavaliers et leur accorder des terres. Certains furent même fixés en Pannonie romaine comme colons-soldats. Bloqués à l'est, mais non point au nord où ils dominèrent la Slovaquie, ils demeurèrent en paix avec Rome jusqu'au moment où la poussée des Huns aux dépens de leurs ennemis les Goths les fit se déplacer vers l'ouest, en direction du Rhin, pour fuir les nouveaux démons.

Les Lombards nous arrêteront beaucoup moins, car ils restèrent en dehors de l'ancien Empire romain. Mais ils étaient un pion non négligeable dans le jeu diplomatique intrabarbare. Ils quittèrent la Suède méridionale au Ier siècle av. J.-C. pour le Jutland puis l'Elbe inférieure, les landes de Lunebourg, où se trouve l'actuel Bardengau qui rappelle leur nom. Ils ne s'intitulèrent d'ailleurs *Langobardi,* les hommes à longue barbe, qu'après une victoire sur les Vandales au cours de laquelle Wotan serait intervenu. Mais ils restèrent longtemps dans leur pays d'installation et ne le quittèrent pour la Lusace, abandonnée par les Burgondes, qu'au début du Ve siècle. À l'époque de Clovis, à force d'occuper les espaces laissés libres devant eux par les autres peuples en mouvement, ils avaient remplacé les Vandales en Silésie, puis en Moravie et atteint le Danube central. Cette minorité d'immigrants nordiques parvint toujours à absorber les populations soumises et sut échapper au choc des Huns.

La première cause des migrations germaniques fut, comme il a été dit, l'abandon de la Scandinavie par les Saxons, les Burgondes, les Thuringiens, les Vandales, les Lombards et, nous le verrons, les Goths. Cela avait abouti à la formation de deux Germanies séparées par la ligne Oder, Neisse, Morava, Danube. La deuxième cause des invasions fut le choc des Huns qui catapulta les peuples les uns contre les autres. Ces coups de boutoir successifs allaient aboutir à leur entrée dans l'Empire romain.

Le surgissement des Huns dans les steppes russes à la fin du IVe siècle fut si inattendu et si surprenant que nos connaissances sur ce peuple sont fragmentaires. Il semble qu'il s'agisse d'un peuple prototurc, les Kouèn, ce qui donne *Chouni* en latin (prononcer Kouni), ou encore *Huni*, Huns (en aspirant le *ch*). Chassés par les Chinois, maîtres de la Mongolie au IIe siècle av. J.C., ils quittèrent le nord du lac Baïkal pour la Sibérie occidentale et les montagnes de l'Oural. Au IIe siècle ap. J.-C., ils atteignirent la Volga. Imprégnés de culture sarmate et scythique (dont témoigne la célèbre orfèvrerie dite de « l'or des steppes »), ces cavaliers semi-nomades n'en gardent pas moins des traits extrêmement archaïques. Ils pratiquent le chamanisme ouralo-sibérien. Le chaman est un individu initié, possédé par les esprits, capable de guérir les malades, mais aussi de se livrer à des séances d'extase qui lui permettent de projeter le malheur ou la défaite sur l'adversaire. La magie noire le rend capable d'être parfois chef de chasse, chef de guerre, et de cumuler ainsi pouvoirs religieux et politiques.

Les Huns sont rasés. Ils déforment les crânes des bébés pour qu'ils s'emboîtent mieux, plus tard, sous le casque. Ils incinèrent leurs morts. Ces cavaliers légers, armés d'un arc scythe à double courbure de 0,92 m de long, parfois gainé d'or, sont si habitués à leurs montures, de petits chevaux trapus, qu'ils ne les quittent guère. C'est ainsi qu'un témoin oculaire, Ammien Marcellin, nous les décrit en 376: « Les Huns dépassent en férocité et en barbarie tout ce que l'on peut imaginer. [...] Ils vivent comme des animaux; ils n'assaisonnent ni ne font cuire leurs aliments, vivent de racines sauvages et de viandes mortifiées sous la selle. Ils ignorent l'usage de l'araire, les habitations sédentaires, maisons et cabanes. Éternellement nomades, ils sont dès l'enfance rompus au froid, à la faim, à la soif. Leurs troupeaux les suivent dans leurs migrations, traînant des chariots où leur famille est enfermée. [...] Demandez à ces hommes d'où ils viennent, où ils sont nés, ils l'ignorent. » Militairement, ils sont encore plus dangereux: « À l'attaque d'un retranchement, au pillage d'un camp ennemi, leur rapidité est si grande qu'on n'a pas le temps de les apercevoir. On les considère comme les guerriers les plus redoutables qui soient. De loin, ils lancent des flèches dont la pointe est faite, au lieu de fer, d'os aigus assemblés avec une habileté remarquable; de près, ils engagent le fer sans souci de leur vie. Cependant que leur adversaire suit des yeux la menace du glaive, ils le ligotent d'un lasso qui enveloppe ses membres et paralyse ses mouvements, qu'il soit fantassin ou cavalier. » Ainsi se profile à l'horizon l'empire du nomade, du premier peuple de langue non indo-européenne, habitué à soumettre les sédentaires en leur laissant l'autonomie à l'expresse condition qu'ils versent régulièrement un tribut, livrent un contingent militaire pour chaque campagne, des femmes pour maintenir le potentiel démographique des guerriers et des otages pour prévenir toute révolte. Eux aussi paraissent être dotés d'un système politique réduit à l'assemblée des guerriers décidant autour de quelques chefs des expéditions à lancer ou des traités à conclure, sans aucune intervention d'un quelconque roi.

Aux environs de 360, puis de nouveau quelques années après, ils parvinrent, entre Volga et Don, à se soumettre un peuple de nomades d'origine iranienne, les Alains. Grâce à ceux-ci, ils allaient pouvoir provoquer un choc formidable : « Les Alains sont presque tous beaux et nobles, écrit Ammien Marcellin, les cheveux modérément blonds, l'œil farouche, rapides grâce à la légèreté de leurs chevaux, égaux presque en tout aux Huns, mais plus doux cependant quant à la manière de vivre. » « Ils vont volant et chassant jusqu'au marais Méotique [la mer d'Azov] et au Bosphore Cimmérien [détroit de Kertch] et se déplacent même jusqu'en Arménie et en Médie [Iran]. Alors que, pour l'homme tranquille et paisible, la douceur de vivre consiste dans le loisir, ils ne sont heureux qu'au milieu des périls et des guerres. Ils estiment bienheureux celui qui a versé son âme au combat. Ils couvrent de railleries atroces les vieillards ; mais il n'y a rien dont ils se vantent avec plus d'orgueil que d'avoir tué un homme. En guise de dépouilles glorieuses, ils attachent à leurs chevaux de guerre les têtes arrachées aux cadavres et, comme des décorations, les scalps des vaincus. On ne voit chez eux ni temple ni sanctuaire, et l'on ne peut jamais apercevoir une cabane ni même un toit couvert de chaume, mais ils adorent avec respect une épée fichée en terre, symbole de Mars, le prince des régions qu'ils parcourent. Ils ignorent ce qu'est la servitude ; tous sont nés d'un sang noble ; même maintenant [en 376], ils ne choisissent leurs rois qu'après les avoir vus pendant longtemps faire leurs preuves à la guerre. » Ce portrait d'Ammien Marcellin résume bien tout ce qui fait le succès des envahisseurs : des nomades chasseurs et guerriers, le culte du dieu de la Guerre, la violence et la mort comme uniques vertus, enfin des cavaliers. Ajoutons en effet que cavaliers et chevaux sont couverts d'une cuirasse à lamelles – on les appelle cataphractaires. Coiffés d'un casque à fermoir, ils utilisent l'épée à deux mains, ou bien la longue lance. Cette cavalerie lourde des Alains, alliée à la cavalerie légère des Huns, va constituer un ensemble redoutable, apte à crever le front ennemi. Ils répandront la terreur en Gaule au Ve siècle, comme en témoigne la vie de saint Germain d'Auxerre. Alains et Huns seront les déstabilisateurs des Germaniques et des Romains. D'ailleurs, le chef qui dirige les Huns en 375 et les mène au combat contre les Goths, Balamber, porte un nom alain. De ce peuple entraîné avec les Huns puis les Goths en Europe occidentale, il ne reste aujourd'hui que les Ossètes, dans le Caucase.

Sédentaires des forêts et nomades des steppes

Après ce tour d'horizon des mondes barbares, on aura remarqué leurs divisions et leurs oppositions malgré leur faible nombre. Les Burgondes détestent les Alamans, les Thuringiens, les Francs ; les Vandales ne supportent pas les Goths, sans parler de bien d'autres peuples qui n'intéressèrent pas la Gaule. Mais la grande coupure demeure celle qui oppose les sédentaires des forêts aux nomades des steppes. Ces derniers ont la supériorité militaire. En quelques années, ils peuvent soumettre les tribus qu'ils ont battues, exiger des redevances minimales. Ils peuvent alors vivre en seigneurs sans détruire ces réservoirs qu'ils ponctionnent en impôts, femmes et guerriers à intervalles réguliers. Huns et Alains vivent donc selon une économie de pillage. Ils seront la cause directe du grand ébranlement des invasions entre 370 et 410. On comprend que Rome, face aux barbares les plus dangereux, ait choisi de s'allier avec les moins sauvages, les plus proches de ses frontières, les Germaniques occidentaux et orientaux. Bien que ce choix du moindre mal ait été déjà un aveu de faiblesse, il n'en reste pas moins vrai que les alliances aboutirent dans le premier cas à la rupture finale, dans le second à la continuation de la civilisation romaine grâce à une nouvelle fondation. Ce paradoxe n'en est pas un. Il va nous permettre de mieux situer l'originalité de Clovis, au sortir du maelström.

CHAPITRE III

Les Goths et les Francs

IIIe-IVe siècles

Sur les bouches du Danube et du Rhin, se trouvaient vers 370-400 deux peuples laissés de côté jusqu'ici, parce qu'ils symbolisent bien, par leurs positions extrêmes, la lutte pour la suprématie sur l'Empire moribond, lutte qui ne pouvait trouver une issue qu'en Gaule. De même que celle-ci fut la clé de l'Empire de César et de ses successeurs, de même, elle fut le levier de l'Europe médiévale. Selon que les Germaniques orientaux avec les Goths l'emporteraient, ou les Germaniques occidentaux avec les Francs, la face de l'ancien Empire romain d'Occident en serait changée. Si le parallèle entre les deux peuples peut être poussé très loin, puisque tous deux furent des alliés précoces de l'Empire, et des alliés privilégiés, si tous deux comportent deux peuples parents, les Wisigoths et les Ostrogoths, les Francs Saliens et les Francs Rhénans, il n'en demeure pas moins qu'en jouant la carte romaine ils l'utilisèrent de manière fort différente. Les Goths passèrent au christianisme arien, les Francs restèrent païens. L'axe politique des premiers fut marqué d'une ambiguïté profonde, tandis que l'attitude des seconds resta presque immuable dans la fidélité à Rome. Ainsi s'expliqueront les visions du monde opposées de Théodoric et de Clovis.

Les Goths

L'origine des Goths est très certainement la Suède. Des noms comme l'Östergotland, le Västergotland, le fleuve Gotaalv et l'île de Gotland prouvent qu'elle fut leur patrie d'origine. Leur première traversée de la Baltique eut lieu à partir de 50 av. J.-C. Puis ils s'installèrent au début du premier millénaire sur les bouches de la Vistule où ils formèrent un ensemble pluriethnique englobant des Burgondes, des Vandales et des Estes de la côte baltique. Les noms de Gdansk, Gdynia, portent encore leur trace *(Gothanidi)*. Ils surent s'entendre avec les populations locales, comme le prouvent les fouilles de la culture dite de Wielbark. Dans des tertres identiques à ceux de Suède se trouvent des tombes à incinération, caractéristiques des clans guerriers venus d'ailleurs, tandis qu'autour du tumulus surmonté d'une pierre dressée *(baltastena)* sont éparpillées les tombes à inhumation des autochtones. Cette dernière coutume ne tarda pas d'ailleurs à être adoptée par les nouveaux venus. Ils s'appelèrent eux-mêmes *Gutae, Gautae,* c'est-à-dire les verseurs de semence, les étalons, bref les hommes par excellence. On aura remarqué la même expression chez les Anglo-Saxons dans le choix des noms de leurs rois, la même insistance mise sur la virilité.

Puis les Goths se déplacèrent lentement le long de la Vistule, du Dniepr et du Don, à mi-chemin entre les forêts et les steppes depuis la Poméranie jusqu'à l'Ukraine où ils créèrent, au début du IIIe siècle, ce que les archéologues appellent la culture de Tcherniakov, du nom d'un village près de Kiev. Entraînant d'autres peuples comme des Burgondes, des Hérules et des Gépides, ils entrèrent alors en contact avec les nomades sarmates, scythes et alains. Les clans primitifs des émigrants sédentaires forgèrent un ensemble politique solide avec des alliances matrimoniales issues des peuples voisins. Déjà ils faisaient connaissance avec la lance et l'épée longue de ces cavaliers, avec l'art militaire grec des villes fortifiées de la mer Noire. Cette première acculturation au contact des nomades et des Grecs fit des Goths un peuple très puissant, bien plus dangereux que tous les autres.

Il semble en particulier que des clans célèbres par leur ancienneté fournissent déjà des chefs à ces peuples goths. N'ont été gardées en mémoire, à travers les épopées, que deux généalogies. La première est celle des Amales. Elle commença avec Gaut, le dieu de la Guerre, dieu scandinave éponyme du peuple, et se perpétua pendant dix-sept générations jusqu'à Athalaric, mort en 534. Pour les contemporains, cette grande famille noble remontait donc à la nuit des temps, aux origines du monde. Elle était la source de la dynastie royale ostrogothique. De moindre importance, au dire de Jordanès (mais il était lui-même ostrogoth !), était la famille des Balthes. Le mot signifie hardi. Il est peut-être aussi synonyme des Baltes au nord du Niémen, dont nous avons vu qu'ils avaient été amalgamés aux Goths. Nous ne connaissons que sept générations de Balthes jusqu'à Amalaric, mort en 531. Ils furent à l'origine des rois wisigoths. De plus, comme l'affirme Grégoire de Tours, les rois burgondes et aussi Clotilde furent alliés à cette lignée. La tentation – à laquelle il succomba d'ailleurs – fut grande pour Clovis de s'allier à deux lignages prestigieux, qui remontaient plus loin que l'empereur Auguste lui-même ! De plus, les Amales étaient, semble-t-il, possédés par des charismes païens, car ils descendaient des Ases, ces dieux créateurs de prospérité et de fécondité.

À peine installés en Ukraine, les Goths ne tardèrent pas à s'attaquer à l'Empire romain sur le bas Danube ou par bateau sur les côtes de la mer Noire. Ces premières invasions, qu'il serait fastidieux de résumer ici, furent particulièrement dangereuses jusqu'au moment où les empereurs Gallien, Claude II en 268-269 et Aurélien en 270 les rejetèrent sur la rive gauche du Danube. Leurs pertes furent très lourdes, tant en butin qu'en esclaves et en bétail. Si lourdes même que, au vu de la désertification opérée par ces guerres dans les bouches du Danube, l'empereur Claude installa des paysans francs alliés sur ces terres désolées, marécageuses et lugubres, comme s'en était déjà plaint le poète exilé Ovide. Eux non plus ne purent supporter un tel séjour, s'emparèrent clandestinement de bateaux, profitèrent de la mort de l'empereur pour s'échapper, pillèrent les côtes de la Grèce, de Sicile et d'Afrique, débouchèrent en plein océan Atlantique et retournèrent chez eux sur le delta du Rhin. Cette Odyssée à l'envers montre combien la zone du bas Danube était difficile à défendre. C'est d'ailleurs là que devait avoir lieu la première grande percée.

Ces premières luttes des Goths contre les Romains avaient, de plus, changé en partie la politique des premiers. Dès 238, Rome leur accorda des subsides annuels en échange de troupes qui furent incorporées dans l'armée. Mais, en 295, après leur défaite, ils acceptèrent avec le César Galère un véritable traité d'alliance *(foedus)* dont le contenu est mal connu. Il dura jusqu'à 323 et fut renouvelé en 332 par Constantin. Cette fois-ci, il s'agissait de subsides échangés contre des soldats, avec livraison d'otages princiers goths pour assurer la bonne application du traité.

Cette longue période de paix, qui apprit aux Goths à jouer la carte romaine, était due en grande partie à l'abandon de la Dacie romaine par Aurélien en 271. Ils l'occupèrent, et ce fut l'occasion d'une division définitive entre les

Goths danubiens et ceux de la culture de Tcherniakov. En 291, apparaît pour la première fois le vocable de *Tervingi* ou de *Vesi,* dont Cassiodore fera plus tard Wisigoths. Ces deux termes signifient « les hommes de la forêt » et « les bons ou les nobles ». En 369, on trouve la mention de *Greutungi* pour désigner les autres Goths, les Ostrogoths, c'est-à-dire les Goths de l'Est. *Greutungi* signifie « les Goths des steppes et des côtes rocheuses ». Effectivement, ces termes différents, qui correspondent aussi à l'opposition entre Balthes et Amales, qualifient bien les habitats de ces sous-peuples, séparés par la frontière du fleuve Dniestr dans sa partie haute et du Prut dans son cours inférieur (frontière actuelle de la Roumanie). En somme, les Wisigoths occupaient la Roumanie (c'est la culture de Sintana de Mures des archéologues) et les Ostrogoths, l'Ukraine actuelle. Leurs succès les firent croître. Autour d'eux s'agglutinèrent et se soumirent les Hérules du Don inférieur, parents des Rosomons (les « rapides » ou encore les « rouges »). Cette appellation vient probablement du fait qu'ils se teignaient les cheveux en rouge en l'honneur de leur dieu de la guerre, ce qui, de plus, effrayait leurs ennemis. N'oublions pas non plus l'importance des Alains et d'un autre peuple de cavaliers, les Taïfales, qui suivit les Wisigoths. La puissance gothique était, au IVe siècle, la plus évidente, celle dont on ne pouvait faire abstraction vu l'immensité de son territoire, la force de ses armées et surtout la création d'une puissante monarchie représentée en particulier par Athanaric (365-376/381), « juge du peuple » wisigothique, et Hermanaric, véritable roi des Ostrogoths († 375). En particulier, l'empire d'Hermanaric paraît bien avoir dominé toute la Russie jusqu'à l'Oural et la Baltique sur plus de deux mille kilomètres. Certes, cette hégémonie était de type nomade avec des versements de tributs par les peuples dispersés dans la taïga. Au moindre signe de faiblesse du dominateur, tout pouvait s'écrouler. Mais c'était la preuve de la formidable capacité d'évolution des Goths.

Les Goths et l'arianisme

Une autre adaptation fut plus capitale encore, la conversion des Goths au christianisme arien. Ces guerriers, toujours à court de main-d'œuvre servile, raflèrent de nombreux prisonniers au cours de leurs raids maritimes en Asie Mineure. En 257, des chrétiens furent enlevés en Cappadoce. Vers 311, naquit, à la troisième génération, un descendant de ces captifs grecs, parfaitement assimilé aux Goths par sa langue et par son nom, Ulfila, ce qui signifie « le louveteau ». Fort cultivé, il dirigea à Constantinople une première ambassade gothique entre 332 et 337, puis fut sacré évêque au concile d'Antioche en 341 par Eusèbe de Nicomédie, évêque arien. C'est alors que tout bascula et il est important de montrer comment les Goths, dont l'évangélisation avait commencé dès le début du IVe siècle, tombèrent dans l'hérésie.

Il faut revenir à Constantin qui donna la liberté de culte aux chrétiens en 313. Son rôle est important puisque, plus tard, Grégoire de Tours devait le comparer à Clovis. Il fit aussi réunir en 325 à Nicée un concile pour juger les idées d'Arius. Ce prêtre égyptien considérait qu'à l'intérieur de la Trinité le Fils, Jésus-Christ, était postérieur et inférieur à Dieu le Père : celui-ci l'avait créé de toutes pièces. Il niait ainsi l'égalité des personnes divines, augmentait la part de l'humanité du Christ aux dépens de sa divinité. Le concile de Nicée condamna ces idées comme hérétiques, excommunia et exila Arius, tout en proclamant dans le Credo (je crois en Dieu) que le Fils est « engendré, non pas créé, de même nature que le Père ». Ce terme de « même nature », en latin *consubstantialis,* traduisait le grec *homoousios.* Or ce mot pouvait avoir deux sens, ce qui provoqua des luttes religieuses interminables, surtout lorsque, sur son lit de mort, Constantin, qui avait rappelé Arius d'exil, se fit baptiser par un évêque arien, Eusèbe de Nicomédie. Ainsi, celui qui avait donné la liberté de culte aux chrétiens mourut, chose plus tard épouvantable pour la mémoire collective, dans l'hérésie. Ce fut tellement insupportable que de pieuses mains n'hésitèrent pas à fabriquer une fausse *Vie* du pape Sylvestre, contemporain de Constantin et dont on ne sait rien, pour masquer une telle faute.

La querelle arienne rebondit alors de plus belle sous deux empereurs favorables à ces idées, Constance II (337-361) et Valens (364-378). Ulfila participa au concile arien de Constantinople où il adopta volontairement la position modérée, dite homéenne. Il s'agissait de reconnaître que le Christ est semblable au Père *(homoïos)* et donc non identique ni de même nature. Cette formule politique voulue par l'empereur était, aux yeux d'Ulfila et des Goths, une manière de rester fidèles à l'Empire dont ils étaient les alliés. On ne peut que constater l'aspect politico-religieux de ce choix qui fut maintenu sans cesse par la suite, y compris lorsque l'orthodoxie nicéenne triompha définitivement au concile de Constantinople en 381. Alors que l'arianisme avait disparu de l'Empire, les Goths, lors de leur entrée, l'y réintroduisirent !

Le paradoxe de cette « romanisation » qu'avait été la conversion à l'arianisme avait d'ailleurs éclaté très tôt, dès 348. Les Goths antiromains n'avaient pas tardé à convaincre Aoric, le père d'Athanaric, de déclencher une persécution contre les Goths chrétiens, qu'ils soient ariens ou non. En effet, des Wisigoths, ayant pillé les terres de l'Empire, se retournèrent en même temps contre leurs congénères chrétiens. Ulfila dut alors s'exiler avec ses compagnons en terre d'Empire où il fut bien accueilli et où il mourut en 383 en maintenant sa position arienne. Entre-temps, il avait pu traduire la Bible en langue gothique, travail dont un manuscrit nous a été conservé et qui faisait accéder son peuple au stade de l'écriture. Il lui procura une supériorité intellectuelle et religieuse sur tous les autres peuples germaniques. Les Goths restaient eux-mêmes tout en se civilisant à la manière romaine. Par la suite, tous les auteurs latins proariens (Philostorge, Jordanès) minimisèrent la conviction hérétique de ces peuples, tandis que les auteurs catholiques latins, eux, insistaient sans cesse sur leur arianisme, seul moyen de rester goth. Tous avaient raison, au fond. L'ambiguïté allait devenir l'habileté suprême des Goths dans leur tentative de domination de l'Empire. Ils auraient pu dire, telle la chauve-souris de La Fontaine : « Je suis romain, voyez mes ailes ; je suis goth, vivent les rats. »

Cette tendance s'accentua sous la direction d'Athanaric, considéré par les Goths comme le roi fondateur, et par les chrétiens comme le roi persécuteur. Il connaissait bien les Romains puisqu'il avait été livré comme otage en 332 à Constantinople. Il lança en 365 une opération de pillage en Thrace (Bulgarie), au-delà du Danube, tout en soutenant un empereur usurpateur. Il provoqua la réplique de Valens sous la forme d'opérations victorieuses en Valachie. Comme les Goths étaient affamés, elles se terminèrent par de curieuses négociations en 369. Les deux souverains, l'un, Athanaric, ne pouvant exercer son pouvoir en dehors de son territoire, l'autre, Valens, s'estimant supérieur au Barbare, se rencontrèrent en terrain neutre, sur des bateaux au milieu du Danube. Le *foedus* fut abandonné au profit d'une simple amitié. Les subsides annuels aux fédérés furent supprimés, des otages remis aux Romains. Athanaric reçut même l'autorisation de l'empereur arien de persécuter tous les chrétiens goths. Il s'y employa avec vigueur jusqu'en 372 « pour se venger des empereurs romains », et maintenir l'unité du peuple goth menacé par la romanisation ; quiconque n'adorait point le poteau-idole symbolisant les Ases, dieux des ancêtres du clan royal, était condamné au bûcher ou à la noyade. La persécution était dirigée par Athanaric lui-même et les rois, chefs de clan, jamais par les prêtres païens. Tous ces faits, la noyade, l'intervention directe du souverain, seront à rappeler lorsque nous en viendrons à la mort des parents de Clotilde.

Une chose est sûre, la persécution échoua. Les chrétiens demeurèrent, malgré de nombreux exils, les païens aussi. La confusion entre politique et foi, entre appartenance ethnique et prise de position religieuse, continua. Au dire de l'historien grec Eunape, les prêtres wisigoths portaient des colliers et des bracelets. Pour rester goths, les prêtres ariens et leurs évêques firent de même, comme l'affirme saint Ambroise. Ces insignes magiques, véritables talismans bénéfiques, étaient d'ailleurs le propre des femmes prêtresses gothiques, sorcières ou devineresses, qui sont signalées à plusieurs reprises. Les fouilles archéologiques de la culture de Tcherniakov ont permis de retrouver, comme le démontre Michel Kasansky, des tombes ostrogothiques avec des squelettes masculins revêtus d'un costume et d'insignes de prêtresses. À cette époque, les hommes enviaient les fonctions religieuses des femmes. Nous retrouverons ce problème des pouvoirs féminins religieux et sociaux à propos de la politique de Clotilde.

La confusion paraît donc avoir été grande chez les Tervinges wisigoths en cette fin de IVe siècle, au point qu'Eunape va jusqu'à dire qu'ils feignaient d'être chrétiens pour mieux entrer dans le territoire impérial. Elle favorisa l'action d'un rival balthe d'Athanaric, Fritigern. Celui-ci, pour plaire à l'empereur romain Valens, dont nous avons vu qu'il était arien, fit alliance avec lui en promettant de faire passer les Wisigoths à l'arianisme. À partir de ce moment, effectivement, les Goths basculèrent dans ce type de christianisme, probablement parce que, comme le dit Herwig Wolfram, il y avait là « une foi gothique susceptible de préserver l'identité ethnique ». C'était accepter en même temps le risque inéluctable d'un totalitarisme chrétien, puisque le chef de guerre était aussi chef d'Église. C'était maintenir la confusion entre sacralité païenne et sainteté chrétienne, entre *heilag* (*heil*, vie, santé, victoire) et *weihs* (transformé par le dieu, et non point tabou, comme dans Weihnacht, la nuit sainte, Noël). Ulfila avait pourtant soigneusement évité le mot de *heilag* dans sa traduction, mais il figurait sur les bijoux gothiques, en particulier sur le célèbre collier de Pietroassa en caractères runiques.

Les origines des Francs

Ces derniers événements eurent lieu juste au moment où les Huns entraient en scène. En 375, ils écrasèrent les Ostrogoths et se les soumirent tandis que leur roi Hermanaric, désespéré, se donnait la mort. Les Ostrogoths se précipitèrent sur les Wisigoths, eux-mêmes alors en guerre civile. Une cohue invraisemblable de Wisigoths, de Taïfales, d'Alains et même de Huns dévala vers le Danube pour demander asile à l'empereur Valens sur la rive droite du fleuve. Les chefs wisigoths Fritigern et Alaviv reçurent, pour leur peuple seul, l'autorisation de traverser le fleuve. Il avait été stipulé qu'ils seraient accueillis, avec le statut de paysans colons en suppliants sans armes. En fait, tout se passa dans le plus grand désordre. Le désarmement ne fut même pas pratiqué. L'administration romaine se révéla incapable d'accueillir la tribu entière, à laquelle s'était joint un fort contingent de cavaliers ostrogoths dirigé par Alatheus et Safrax. Des querelles ne tardèrent pas à éclater. Des mineurs de Thrace et des Romains fuyant l'impôt se joignirent aux Goths. Une unité « romaine » composée de Wisigoths changea de camp. Lorsque le gouvernement eut refusé d'accorder aux nouveaux venus « la Thrace pour l'habiter » avec le statut de fédérés, ce fut la guerre en 377, cette fois-ci, en plein territoire romain.

Dès lors l'empereur Valens se prépara à l'offensive. Étant donné l'importance du peuple goth, il appela son collègue d'Occident Gratien au secours. Comme au temps de Probus, où l'on avait tenté d'installer des Francs sur le bas Danube, celui-ci lui envoya un de ses meilleurs généraux, un Franc, Richomer, comte des domestiques, c'est-à-dire commandant de la garde personnelle impériale. Suivons maintenant le courrier impérial parti pour l'Occident, vers Trèves probablement, pour cause d'opérations sur le Rhin contre les Alamans, et passons à ces Francs que nous avons déjà entrevus deux fois. Sont-ils la solution à l'alternative suivante : les Goths ou Rome ? Comment se fait-il que les autorités romaines aient souvent recours à eux ?

Le lieu d'origine des Francs est sans conteste la rive droite du Rhin. Ces Germaniques occidentaux sont donc déjà différents des orientaux par le simple fait qu'ils n'ont jamais, on l'a vu, parcouru des milliers de kilomètres depuis leurs terres d'origine. Ils entrent dans l'histoire au IIIe siècle ap. J.-C., au lieu du Ier siècle av. J.-C. Ce passé médiocre explique que les légendes pullulèrent par la suite pour masquer ce paradoxe, un petit peuple devenu le plus puissant en Occident aux dépens de grands peuples, les Goths, qui avaient ruiné et dominé l'Empire romain. Cette absence de prestige des Francs vient de ce qu'ils furent un remaniement de tribus plus ou moins désarticulées par les assauts romains, une véritable ligue, analogue à celle des Alamans. Le lieu de formation de cette ligue fut probablement la région du bas Rhin, entre Xanten et Nimègue. Là se rassemblèrent des restes de tribus comme les Chamaves, les *Chattuarii*, les Bructères et les Saliens. Ces derniers, absents de notre documentation du IIIe siècle, devaient faire partie des Chamaves. Ils occupaient aux Pays-Bas actuels, près du Zuyderzee, un territoire lacustre au confluent du Vecht et de l'Ijssel, le Sallzee qui devint au Moyen Âge le Salland. Telle est l'origine du mot « Saliens ». Leur vie amphibie explique qu'ils aient participé au IIIe siècle aux raids maritimes des Saxons, dont nous avons parlé plus haut (*cf.* chapitre II, p. 49). Ils se séparèrent plus tard de ce peuple.

Toute la rive droite du Rhin entre le Westerwald, la Weser et la Frise fut concernée par ces mouvements de populations. Les Romains en avaient, au Ier siècle ap. J.-C., arraché des survivants vaincus pour les installer en Gaule du Nord où ils se fondirent dans l'ensemble gallo-romain. Ce fut le cas des Ubiens, des Éburons, et surtout des Sicambres. Installés primitivement entre la Lippe et le Westerwald, ils disparurent complètement en Gaule romaine. L'emploi du terme par les écrivains latins devint un tic littéraire, un archaïsme pour désigner les ancêtres des Francs (*cf.* lettre d'Avit, document III, p. 397).

Au premier groupe de Francs du bas Rhin s'ajouta en même temps un amalgame de Francs de l'intérieur, Angrivariens, Bructères, Tenctères, Ampsivariens, Tubantes,

Usipètes. La terminaison latine de *varii* pour deux d'entre eux prouve combien ces peuples décimés, errants, se regroupent malgré leur « variété ». Il y a là un phénomène d'ethnogenèse sous le fouet de la guerre, avec adoption par les armes du combattant isolé, venu d'ailleurs. Le sentiment ethnique des Francs est donc, dès le départ, beaucoup moins fort que chez les Goths. D'ailleurs, leur nom le prouve. Quelle qu'en soit l'interprétation, il est nouveau. *Francus* signifierait libre (sous-entendu pour avoir échappé à la domination romaine du Ier siècle), mais ceci me paraît une interprétation postérieure, un adjectif tiré du nom propre. Le vieux norrois (langue scandinave) comporte un terme, *(Frekkr)* hardi, courageux, intrépide qui correspond mieux au terme ethnique. Au fond, les Francs, ce sont les « féroces ».

Donc il y avait déjà deux ensembles francs. L'un sur le bas Rhin, l'autre à l'intérieur de la Germanie. Ce dernier a, sur ses arrières, une autre tribu sur la Saale, les Chattes. N'oublions pas que tous étaient pressés par des peuples venant du nord, comme les Thuringiens. Bref, il s'agit d'un « essaim de peuples » sans autre organisation que des serments mutuels. Au milieu du IIIe siècle, profitant d'une usurpation impériale, ils attaquent. Sous le règne de Gordien III (238-244), Aurélien, futur empereur, « alors qu'il était tribun de la sixième légion Gallienne écrasa près de Mayence les Francs qui avait envahi la Gaule, où ils se répandaient de long en large : il en tua sept cents et en fit prisonniers trois cents qu'il vendit comme esclaves. Il en résulta une... chanson (militaire) :

Mille Sarmates,
Mille Francs,
D'un seul coup,
D'un seul,
Nous les avons occis,

Il nous faut maintenant,
Mille Perses.

Suivirent des passages du Rhin avec des pillages systématiques. Comme il serait fastidieux de les raconter tous, sachons simplement qu'à partir de 254 et jusqu'en 275 les Francs se lancèrent dans des raids soit contre la Rhénanie, soit contre la Gaule elle-même jusqu'à la côte méditerranéenne. Un secteur de résistance paraît avoir joué le rôle d'un môle : Cologne, Mayence, Trèves. En même temps, deux grandes routes permettent de le contourner. Ils les utilisent pour leurs raids-éclairs : Cologne, Bavay, Boulogne et Cologne, Trèves, Langres. Sous le règne de Valérien (253-260), certains atteignirent l'Espagne, tandis que les empereurs gaulois Postumus entre 262 et 269 et Tétricus (271-273) les tinrent en respect à partir de Cologne. Aurélien ayant eu le tort d'emmener en Orient l'armée du secteur Cologne-Mayence, ce fut une nouvelle ruée en 275-280. Francs et Alamans se croisèrent le long des voies romaines, pillant et incendiant tout sur leur passage, au point que « les Gaules étaient comme tombées au pouvoir des Germains ». Probus eut beau écraser complètement les envahisseurs en 277-279, il y eut encore des troubles jusqu'en 288.

Le paysage gaulois changea alors rapidement. Fermes ruinées, campagnes dépeuplées, bourgs et villes fortifiés en totalité : 37 agglomérations en Germanie Supérieure, dix en Germanie Inférieure, une vingtaine dans les Belgiques, autant dans les Lyonnaises, cinq en Aquitaine et trois en Narbonnaise. Ainsi s'accentua le contraste entre les deux Gaules, celle du Nord et celle du Sud, cette dernière plus prospère et moins marquée dans son paysage par la guerre, même si, plus tard, chaque chef-lieu de cité finit par avoir son enceinte. Le temps des villes et des campagnes ouvertes était fini. De plus, au nord, les terres furent repeuplées avec, nous l'avons vu, des prisonniers de guerre, les lètes. Au contraire de l'Orient, jamais attaqué en profondeur, la Gaule, lors de la paix du IVe siècle, garda toujours en mémoire, marqués sur son sol, les ravages des pillages du IIIe siècle. Cela renforça l'attachement à Rome, mais, en même temps, un sentiment de précarité entretenu par l'engagement de soldats francs ou alamans, par petits groupes afin de mieux les diluer au milieu des troupes romaines. Probus aurait, en particulier, versé dans ses légions des Francs qui avaient mérité la mort en soutenant deux usurpateurs. Bref, l'entrée des Francs dans l'armée romaine commençait dans un but d'assimilation et de renforcement militaire.

Soulignons cependant que des Francs rendus à merci, les *deditices*, avaient été fixés dans les cités d'Amiens, Beauvais, Troyes et Langres. D'autres Francs avaient tenté d'occuper, entre le Lek et le Waal, le territoire des Bataves (aujourd'hui la Betuwe). En 293, Constance Chlore les en avait expulsés, puis il les avait installés, vaincus, dans les mêmes territoires. En 310, le panégyriste de Constantin (VII, 6) déclare se réjouir de voir ces peuples de l'intérieur de la *Francia* enlevés non pas aux lieux que les Romains avaient jadis occupés, mais à leur territoire d'origine (donc la rive droite du Rhin) et même aux confins extrêmes de la Barbarie, afin que, installés dans les régions désertes de la Gaule, ils puissent participer à la paix de l'Empire en cultivant les champs et en répondant à la levée des recrues. Vision idéale : le vaincu fournit ce que le Romain ne veut pas donner, impôts et soldats. Cet espoir fut-il réalisé pendant trois générations de romanisation au IVe siècle ? La réponse est difficile. Nous retrouvons ici la division entre les optimistes et les pessimistes évoquée au début de l'ouvrage. Les écrivains officiels sont persuadés que l'assimilation est réelle, les auteurs polémistes qu'elle n'a pas lieu. En fait, il semble que le critère rendant l'assimilation possible ait été la victoire romaine totale. Les lètes du nord des Gaules étaient considérés au début du Ve siècle comme d'authentiques Romains. Le généralissime en chef de l'armée de campagne disposait alors de douze unités de lètes fantassins germaniques à Arras, Le Mans, Senlis, Vermand, Reims, Langres, Autun, Tongres, Verdun, Chartres, Rennes et Clermont, et de six unités de cavaliers sarmates à Vermand, Auxerre, Langres (les trois autres étant inconnus, *cf.* carte 1, p. 94). Donc, les installations du IIIe siècle avaient réussi, puisque leur sort était envié au IVe siècle et que les déditices, *gentes* ou gentils cherchaient eux aussi à jouir des avantages de la cité romaine. Mais ils se pressaient en si grand nombre que, comme nous l'avons vu, Valentinien Ier interdit les mariages mixtes sous peine de mort en 371. Il arriva donc un moment où le contrôle de la romanisation par l'administration lui échappa (*cf.* chapitre premier, p. 32). Quelque chose s'est donc détraqué au cours du IVe siècle.

Les Francs, alors même que les migrations internes continuaient, cherchèrent pendant tout le IVe siècle à pénétrer dans l'Empire. Mais nous allons voir que les défaites qu'ils subirent modifièrent leur attitude et que leur comportement n'eut rien d'analogue à celui des Goths. Le critère de la victoire romaine répétée est ici à prendre en considération. Les Francs furent en effet battus à deux reprises au IVe siècle et connurent de grandes périodes de paix avec l'Empire. Déjà, en 288-289, l'empereur Maximien, après avoir traversé deux fois le Rhin, obtint la soumission d'un roi franc (le premier cité à notre connaissance), Gennobaude. Il conclut un traité de paix *(foedus)*, et lui accorda la reconnaissance de son royaume comme client de Rome. En échange, les prisonniers romains qu'il avait faits furent rendus. Ce nom de Gennobaude se retrouve plus tard au IVe siècle et même au VIe siècle puisque Remi consacre comme premier évêque de Laon un dénommé Gennobaude. Il s'agit de la même famille royale, issue d'un des clans francs de la rive droite du Rhin.

Le souvenir des défaites ne devait pas être assez cuisant puisque les attaques continuèrent. Constantin, alors, ravagea le pays bructère en 306. Le nombre des tués et des prisonniers fut immense. Les Francs offrirent des otages pour garantir les survivants. Une partie des prisonniers fut versée dans l'armée romaine. L'autre, inapte ou rebelle à tout commandement, fut livrée avec ses deux rois, Ascaric et Merogaise, aux bêtes dans l'amphithéâtre à Trèves. Lions et tigres en eurent tant à se mettre sous la dent qu'ils s'en lassèrent. Cette politique de terreur était voulue. Il s'agissait de stigmatiser la férocité franque en montrant que ces bipèdes étaient pires que les quadrupèdes de la lointaine Afrique. Constantin eut beau profiter de l'aide de ses contingents francs à la bataille du pont Milvius en 312, qui lui permit d'accorder la liberté de culte aux chrétiens, il lui fallut revenir rapidement pour colmater sur le Rhin la brèche ouverte par son départ. Il fit semblant d'abandonner les villes de Germanie Inférieure, tout en y laissant des troupes, remonta le fleuve, puis le redescendit brusquement en attaquant et pillant la rive droite, prenant ainsi les « Francs farouches » en tenaille et privant ceux qui avaient passé la rive gauche de tout secours et de toute retraite. Une foule de prisonniers fut livrée aux bêtes, tandis que les rois « amis » faisaient leur soumission. En 315, la violence de ces combats fut symbolisée par des pièces de monnaie où deux femmes assises, ligotées et dépoitraillées, symbolisaient la *Francia* et l'*Alamania* soumises. Effectivement, la paix fut réelle et solide jusqu'en 341 et 350, c'est-à-dire jusqu'à la reprise des guerres civiles dans l'Empire. Pendant cette période, le comportement des Francs changea. Les liens avec Rome et la Gaule transformèrent les pirates et les pillards en soldats et en paysans pratiquant l'économie monétaire. Les contingents francs augmentèrent dans l'armée romaine, comme le prouvent les noms des unités ou cette inscription latine trouvée à Aquincum (Budapest) : « Moi, Franc, citoyen romain, soldat sous les armes... », tandis que les routes menant au Rhin et le fleuve lui-même étaient étroitement fortifiés. Libanius, un auteur qui juge de loin depuis l'Orient, estime que Rome a acquis une nette influence sur les Francs. Nous le verrons en effet à propos des généraux.

Ce fut donc la faiblesse romaine qui permit les assauts francs ultérieurs. À chaque guerre civile (Constant II) ou à chaque usurpation (Magnence), la frontière rhénane perdit ses troupes. Lorsque Julien, surnommé l'Apostat, fut envoyé en Gaule en 357, il trouva un pays dégarni de troupes. Après avoir écrasé les Alamans à Strasbourg, il parvint à forcer à la reddition une troupe de six cents Francs qui s'étaient emparés de deux fortins sur la Meuse. Puis, comme poussés par les Saxons, les Francs avaient de nouveau occupé la Betuwe et s'étaient déversés au-delà, vers l'Escaut : il les surprit par une attaque brusque, les força à se rendre et les installa comme *dediticcs,* plutôt que fédérés, dans ce territoire auquel il adjoignit la Toxandrie. Il s'agit de l'actuel Brabant du Nord (le Teisterbant médiéval), depuis la Dommel jusqu'au marais du Peel, à l'est, à l'embouchure de l'Escaut à l'ouest. C'était le début de l'installation franque à l'intérieur de l'Empire. On remarquera qu'il s'agit en cette année 358-359 d'une première. Julien devait assurer la liberté du commerce sur les bouches du Rhin grâce à des alliés fidèles. Le calcul se révéla juste lorsque, en 370, les Saxons les attaquèrent, et échouèrent, à Diessen. Bref, Julien, qui reçut le surnom de *Francicus*, de même que Valentinien, avait retourné la situation, fortifié de nouveau la frontière, implanté des *Chattuarii* (battus en 360) dans le pays de Langres.

Les Saliens montrèrent donc leur fidélité à Rome. Mais, à partir de 383, avec l'usurpateur Maxime, les Francs de l'extérieur (par rapport à la rive gauche du Rhin), que nous appellerons désormais Rhénans, se montrèrent de plus en plus dangereux. Grégoire de Tours, lors de sa recherche sur les origines des Francs, cite, d'après un historien du IVe siècle, une attaque des Francs Rhénans dirigés par des « ducs », Gennobaude, Marcomer et Sunnon, qui, après avoir pillé la province de Germanie Seconde, furent massacrés en partie, alourdis qu'ils étaient par leur butin. Mais lorsque les Romains voulurent poursuivre les Francs et qu'ils furent à plus de deux jours du Rhin sur la rive droite, ils attaquèrent « des maisons vides d'habitants et de grands villages désertés. Les Francs, simulant une panique, s'étaient retirés dans des bois plus écartés après avoir entassé des abattis d'arbres aux extrémités des forêts. [...] Ils pénétrèrent dans les bois [...] vers midi environ. [...] Ils s'égarèrent totalement. Enfin, après avoir rencontré partout des espaces solidement clos par de grandes palissades, ils tentèrent de déboucher dans des plaines marécageuses qui avoisinaient les forêts, des ennemis apparurent çà et là qui, accrochés à des troncs d'arbres, ou grimpés sur des abattis comme au sommet de tours, lançaient, comme on fait avec des machines de guerre, des flèches enduites de suc vénéneux d'herbes pour que les blessures, même celles qui n'avaient qu'effleuré la peau et n'avaient pas atteint les organes vitaux, entraînent inéluctablement la mort. Puis l'armée, se voyant encerclée d'une multitude croissante d'ennemis, se répandit précipitamment dans les parties découvertes des plaines que les Francs avaient laissées libres. C'est là que les cavaliers, les premiers, plongeant dans des gouffres où roulaient pêle-mêle les corps des hommes et des bêtes, s'étouffèrent les uns les autres dans leur chute. Les fantassins aussi, bien que le poids des chevaux ne les écrasât point, s'embourbant dans le limon qui rendait leur marche malaisée, retournaient se cacher en tremblant dans les forêts d'où, peu auparavant, ils étaient sortis avec peine, le désordre s'étant répandu dans les rangs, les légions furent massacrées ». L'épisode se passa vers 388. La vengeance fut longue à venir. Elle fut l'œuvre d'Arbogast en 392-393. En 395, le régent Stilichon parvint à traiter avec les Francs Rhénans. Lorsqu'il vit que Marcomer était peu fidèle, il le traduisit en justice à Milan et le fit exiler en Étrurie. Sunnon, son co-duc si l'on ose dire, voulut se révolter. Ses propres fidèles l'écrasèrent. Bref, la ligne du Rhin, avant les invasions de 406, était en parfait état, même si le maître de l'Empire d'Occident, Stilichon, avait dû faire des prélèvements de troupes pour faire face aux Goths en Italie. Les deux groupes de peuples francs restaient des alliés de Rome. Il y avait là un changement d'attitude incontestable.

Des Francs généraux dans l'armée romaine

Qui plus est, de nombreux généraux francs servaient dans l'armée romaine. Ils étaient alors le seul peuple dans ce cas. Il faut évoquer en particulier Silvanus. Son père s'appelait *Bonitus*, Bonnet. Il était chrétien. Il avait servi sous Constantin. C'est le premier Franc chrétien connu. Son fils Silvanus fut général en chef de l'infanterie pour les Gaules. Né à Amiens d'un père breton et d'une mère franque, une devineresse, Silvanus avait quitté à temps l'usurpateur

Magnence en 350. Récompensé pour sa fidélité, il avait triomphé des Alamans en 355. La jalousie des officiers alamans et des milieux de la cour fit ourdir une cabale contre lui. Malgré le soutien d'autres officiers francs, il succomba aux propos d'un agent provocateur qui lui fit croire que la cour de Milan l'avait condamné comme traître. Il voulut se réfugier chez les Francs d'outre-Rhin, mais ses compatriotes francs « romains » lui confièrent leurs craintes : « Ils te tueront ou tout au moins te trahiront à prix d'argent. » En désespoir de cause, il se proclama empereur. Vingt-huit jours plus tard, au moment où il se rendait dans une église, il fut assassiné par des officiers de l'empereur Constance. Le drame était donc double : le meilleur serviteur franc de Rome était abattu par elle-même ; le parti antigermanique de la cour transformait ses craintes en réalité et faisait croire que la romanisation des Francs était un leurre, alors que c'est l'inverse qui était vrai. Le résultat de cette « usurpation » fut net : plus aucun Franc ne tenta de s'emparer de l'Empire.

Aux générations suivantes, nous trouvons Merobaude, nommé généralissime *(magister militum praesentalis)* en 372 par Valentinien Ier, et qui le demeura sous Gratien et Valentinien II. Il refusa de soutenir l'usurpateur Maxime. À côté de lui se battaient Bauto, général de cavalerie dès 380, Vallio, Rumoridus. Bientôt, en 388, Théodose imposa Arbogast, neveu de Richomer et fidèle de Bauto. Nous avons déjà rencontré Richomer, envoyé par Gratien au secours de Valens en 377. Certains furent consuls comme Merobaude en 377, 383 et 388. Celui-ci fut acculé au suicide devant les progrès de Maxime. Quant à Bauto, païen ainsi que les autres, il fit rédiger son panégyrique en 385 par un jeune professeur débarqué de Carthage, Augustin, quelques mois avant sa célèbre conversion. Sa fille Eudoxie épousa l'empereur d'Orient Arcadius. Il fut remplacé à sa mort par

Arbogast, dont nous avons déjà dit qu'il fut le dernier général romain à franchir le Rhin en 392/393. Destitué par Valentinien II qui mourut alors, il éleva le rhéteur Eugène sur le trône impérial et partit avec ses meilleures troupes se battre contre Théodose. Vaincu sur les bords de la Rivière froide par les Goths de l'empereur Théodose le 6 septembre 394, il se donna la mort. La première rencontre entre Francs « romains » et Goths « romains » se terminait donc par la victoire de ces derniers. Ainsi commença le contentieux entre les deux peuples.

Nous retrouverons d'autres généraux francs au Ve siècle. Comme on le voit, à part deux exceptions qui s'expliquent, ces officiers francs furent fidèles à Rome et permirent de garder la frontière fermée pendant tout un siècle. Parfaitement assimilés, ils font partie des hauts fonctionnaires avec tous les titres et fonctions romains sans aucune restriction. Ils étaient la preuve vivante, rassurant les optimistes, que la romanisation était possible, même si leur obéissance à la dynastie passait par la conception germanique de la fidélité. Les Francs étaient le seul peuple barbare dans ce cas. Les empereurs les avaient choisis parce qu'ils estimaient que ces gens pauvres et peu nombreux étaient bien moins dangereux que les Alamans et plus faciles à tenir en main par la foi jurée et la solidarité de clan. Désintéressés, habitant loin des routes stratégiques menant à l'Italie, ils étaient l'allié idéal, bref des Romains de substitution. Même si l'armée romaine des Gaules était majoritairement germanique, les empereurs avaient toujours la haute main sur elle. Encore fallait-il qu'ils fussent sans cesse victorieux.

Le parallèle entre les peuples goth et franc est instructif. Leurs points communs sont rares. Ils sont chacun divisés en sous-groupes, les Wisigoths et les Ostrogoths, les Saliens et les Rhénans. La soumission de l'un n'entraîne pas celle de l'autre. Tous deux sont entrés dans l'armée romaine : les Francs au IIIe siècle, les Goths surtout à partir de Théodose. Là s'arrêtent les ressemblances. Tout oppose ces meilleurs représentants des Germains occidentaux et des Germains orientaux. Les Goths sont plus anciens et possèdent avec leurs généalogies royales un sentiment ethnique très fort qu'a renforcé leur conversion à l'arianisme. Ce sont des acculturés en dehors de l'Empire romain. Le *foedus* de 295 renouvelé en 332 leur a accordé une terre abandonnée par Rome, l'ancienne Dacie. Ils ont ainsi gardé une indépendance totale hors de l'Empire, habitués qu'ils sont à des défaites romaines. Le mythe de la Rome éternelle ne les atteint pas. Ils négocient avec l'empereur d'égal à égal, possèdent une monarchie ancienne, sont capables de créer un empire au contact des nomades. Qui plus est, ils connaissent Constantinople de l'intérieur, car leurs princes y ont vécu en otages. En revanche, aucun Goth n'a reçu de grade élevé dans l'armée romaine. Puissants et ambigus, tels sont les Goths à la fin du IVe siècle.

Les Francs, eux, sont une ethnie récente, une ligue d'anciens vaincus. Ils n'ont pas de lignée royale ni de monarchie réelles. Cela faisait l'étonnement de Grégoire de Tours, lorsqu'il s'enquérait de leurs rois : les historiens contemporains, dit-il, « ne donnent nulle part le nom de leur premier roi ». Il ne trouve que des ducs ou des roitelets, c'est-à-dire des chefs de guerre élus. Nous avons vu Gennobaude, Ascaric et Merogaise, un deuxième Gennobaude, Marcomer et Sunno. De plus, ils sont rhénans. Rien sur les Saliens. Donc la structure politique des Francs est faible, ainsi que leur sentiment ethnique. En revanche, le *foedus* de 358-359, qui les installe en Toxandrie, est le premier du genre. Les Saliens sont implantés sur un territoire d'Empire désert et pauvre et après une défaite, au titre de déditices. On les voit alors changer d'attitude, passer de la piraterie et du pillage, après des répressions épouvantables, à l'état de paysans et de soldats romains, tandis que leur fidélité éprouvée multiplie les généraux francs romanisés. Il s'agit, cette fois-ci, d'une acculturation du dedans. Dès qu'ils sont dans l'armée, ils deviennent pleinement citoyens romains (l'interdiction des mariages mixtes ne les concerne pas) et les meilleurs défenseurs de Rome contre leurs congénères de la rive droite du Rhin. Mais ce n'est vrai que pour les Saliens, car les Rhénans, même après le traité de paix avec Arbogast, n'ont jamais eu de territoire dans l'Empire.

La comparaison est donc surtout au désavantage des Francs, petit peuple aux extrémités de la Gaule, sans expérience politique autre que celle donnée par Rome. Cette différence ne fera que s'accentuer au cours du ve siècle, au point de faire des Goths une superpuissance.

CHAPITRE IV

Les grands chocs et la division de la Gaule en royaumes fédérés

378-436

La première moitié du ve siècle fut commandée jusqu'à l'obnubilation par la peur des Huns. La politique de l'Empire romain d'Occident et des Germaniques consista soit à les utiliser, soit à les combattre par l'intermédiaire de tribus alliées. En effet, les Huns furent la cause de la fuite désordonnée des peuples goths et autres Germaniques occidentaux devant leur avance. La cour de Ravenne, avec Constance et Aetius, crut parer à ces dangers par la création de deux royaumes fédérés en Gaule tout en continuant à s'appuyer sur les Francs. Cette époque fut pour les Gallo-Romains celle que l'on pourrait appeler des « grandes illusions ».

Nous avions laissé les Goths, paniqués par les Huns, ravageant la Thrace. Suivons d'abord leurs vainqueurs outre-Danube, puisqu'ils deviennent le véritable moteur de l'histoire. Contrairement à tous les autres peuples barbares, les Huns et les Alains, nomades invétérés, ne songèrent jamais à s'établir à l'intérieur de l'Empire : il leur suffisait, on l'a vu, de dominer des sédentaires terrorisés leur versant régulièrement impôts, soldats et femmes. Ils firent de la sorte avec les Ostrogoths, les Burgondes, les Gépides, etc., et ils élargirent leur domination depuis l'Oural jusqu'au Rhin, poussant ainsi devant eux les Vandales. Grâce aux contingents des soumis, leur armée grossissait de plus en plus, et leurs chefs prenaient de plus en plus des allures de rois. Ils négociaient sans cesse leur retrait contre de fortes sommes et des otages, ou bien, à court de soldats, louaient à Rome des mercenaires à prix d'or.

C'est ainsi que le fils du général Gaudentius, Aetius, né vers 390 à Durostorum (Silistrie, frontière bulgaro-roumaine), après avoir été otage des Goths fut envoyé chez les Huns en 409. Trois années de solides amitiés lui permirent d'obtenir plus tard de nombreux auxiliaires huns. C'est ainsi que, dès 409, il sauva l'empereur Honorius assiégé dans Ravenne grâce à 10 000 d'entre eux. En 424, ce fut l'effectif énorme de 60 000 hommes qu'il put lever auprès du roi Rua. Cela n'empêcha pas les Huns d'attaquer, en 430, les Burgondes occidentaux vivant entre le Main et le Neckar et de les soumettre. Ils firent de même au nord des Carpates, en Bohème et même en Thuringe. On le sait grâce aux découvertes des fouilles archéologiques de tombes hunniques ou hunnisées. Celles-ci comportent en général une orfèvrerie de type scythique et pontique, des épées avec pendeloque de cristal, des selleries plaquées d'or ou d'argent. Le succès de cette mode fut tel que nous en retrouvons les traces dans la tombe de Childéric, le père de Clovis.

Les grandes illusions

Lorsque Attila s'empara du pouvoir à la mort de Rua, la confédération hunnique restait dominée par les Huns occidentaux, dont la résidence princière se trouvait du côté du Danube moyen, et par les Huns orientaux, maîtres des plaines russes. Leurs attaques principales concernaient l'Empire d'Orient qu'ils terrorisaient par leurs ravages et leurs massacres de populations. Ainsi s'explique que les Romains d'Orient aient fait des efforts diplomatiques constants pour s'appuyer sur les Goths, moins redoutables à leurs yeux que les Huns.

Ces derniers, pourtant, avaient infligé une épouvantable défaite à l'empereur d'Orient à Andrinople, le 9 août 378. Valens, sans attendre l'arrivée des secours d'Occident, provoqua la bataille. À peine avait-elle commencé qu'une charge foudroyante des cavaliers ostrogoths de Fritigern et Alaviv enfonça l'aile droite romaine, tandis qu'une autre unité de cavalerie détruisait l'aile gauche. Les fantassins wisigoths sortirent alors de leur cercle de chariots, enfoncèrent le centre. Les deux tiers de l'armée romaine périrent, l'empereur Valens fut tué, probablement d'une flèche. L'interprétation de cet événement par les contemporains fut, là encore, l'occasion de divergences. Un optimiste comme Ammien Marcellin y voyait une défaite semblable à celle des Romains à Cannes devant Hannibal. Effectivement, ils s'en relevèrent. Un pessimiste comme Rufin estimait que c'était le commencement de la fin. Si, dans un premier temps, les Wisigoths furent incapables d'exploiter leur victoire, dans un deuxième, il faut reconnaître qu'il fut impossible de les déloger et de leur faire repasser le Danube.

Il n'entre pas dans notre propos de suivre les péripéties des Wisigoths de 378 à 413, date de leur entrée en Gaule. Mais il importe de montrer quels furent leur attitude et leurs rapports avec les empereurs romains, ce qui commanda par la suite leur comportement en Aquitaine. En voulant colmater les brèches, Théodose conclut avec eux, en 382, un *foedus* dont les stipulations firent école par la suite. Les Goths étaient installés dans le nord de la Thrace, entre le Danube et les Balkans. Cette tribu entière était juridiquement considérée comme romaine bien que ses membres ne pussent se marier avec des Romains *(jus connubium)*, mais elle s'administrait elle-même. Elle recevait des terres et des subsides pour ses soldats. Ses troupes devaient répondre obligatoirement à tout appel de Rome à la guerre. Ses officiers passaient sous les ordres des généraux romains. Malgré ces restrictions, les Wisigoths constituaient en fait un État dans l'État. Leur situation était bien supérieure à celle des Francs déditices installés en 358-359. Il n'empêche que, avec leur roi Alaric Ier (né en 370, roi de 395 à 410), ils n'eurent de cesse d'obtenir les plus hauts grades dans l'armée romaine et de trouver une patrie qui les nourrît grassement. Ils y parvinrent une deuxième fois en 397 avec un *foedus* garantissant au roi le titre de *magister militum per Illyricum* (général en chef pour l'Illyrie) et au peuple la jouissance de la Macédoine. Dès lors, Alaric voulut garder son autorité sur les Wisigoths en refusant la fusion avec les Romains tout en se rendant indispensable à l'empereur qui avait besoin de ses troupes. Ce fut à qui joua au chat et à la souris, passant d'une phase d'hostilité, où chacun essayait de ne pas écraser l'autre, à une tentative de compromis boiteux. C'est ainsi que, de refus de négociations en bataille truquée, Alaric finit par s'emparer de Rome le 24 août 410, mais, astuce suprême, en la pillant pendant quatre jours seulement. Il en sortit, ses chariots bourrés de butin et suivis de captifs à pied enchaînés parmi lesquels Galla Placidia, sœur de l'empereur Honorius. Celui-ci, claquemuré dans Ravenne, ne bougea pas. Alaric fut incapable de résoudre le problème de la coexistence entre le gouvernement impérial et la monarchie barbare. Lorsqu'il mourut, les Wisigoths firent détourner le cours du fleuve Busento, dans le sud de l'Italie, par leurs prisonniers. Ils creusèrent une fosse dans le lit du fleuve, y déposèrent le corps d'Alaric avec de nombreuses richesses, fermèrent la tombe et rétablirent le cours du fleuve. Enfin, ils massacrèrent tous les fossoyeurs. Enterrement digne des princes germaniques ou vikings dans une atmosphère de crépuscule des dieux...

Le double jeu continua donc avec ses successeurs, en particulier Athaulf, puis Wallia. Ils parvinrent, traînant toujours leur butin devant Narbonne, à l'automne 413, au moment des vendanges. Alors apparurent les divisions parmi les serviteurs de l'État romain. Tandis qu'Athaulf s'emparait sans combat de Toulouse puis de Bordeaux, les fonctionnaires favorables à l'empereur Honorius s'enfuirent vers l'Italie, tandis que d'autres cherchèrent à s'entendre avec les vainqueurs. Athaulf voulut concrétiser cette politique en célébrant en costume de général romain son mariage avec sa prisonnière Galla Placidia, le 1er janvier 414, à Narbonne dans la maison du noble Ingenuus. Conseillé par ses amis gallo-romains, il espérait mettre au point un programme de restauration de l'Empire par la force gothique. Il comptait bien que, de son union, naîtrait un héritier qui serait empereur : ainsi, les Goths auraient absorbé Rome. Nous retrouverons chez Théodoric, le grand rival de Clovis, cette politique de domination de l'Empire par les Goths. Mais le rêve échoua. Il naquit bien un garçon qui reçut le nom, révélateur, de Théodose, comme pour revenir au dernier empereur qui eût régné sur tout l'Empire et à la suprématie acquise grâce aux troupes gothiques à la bataille de la Rivière froide, mais l'enfant mourut en bas âge. De plus, la résistance romaine s'organisa, d'abord avec Constance puis surtout, nous le verrons, avec Aetius.

Les Wisigoths

Le premier, consul en 415, patrice en 416 et de nouveau consul en 417, fit tout ce qu'il put pour arracher Galla Placidia des mains d'Athaulf et l'épouser. Il entreprit un blocus maritime des côtes de Gaule et d'Espagne, ce qui affama complètement les Goths. Enragés, ceux-ci se mirent alors à piller tout autour d'eux, abandonnèrent Bordeaux et d'autres villes en les incendiant, puis assiégèrent Bazas. Ici se place un épisode révélateur, précurseur de la guerre civile en Gaule. Paulin de Pella, petit-fils du grand poète bordelais Ausone, lequel avait été le précepteur de l'empereur Gratien, avait accepté de collaborer avec les Goths. Lorsqu'il vit que sa ville natale, Bazas, où il s'était réfugié, risquait d'être détruite, il voulut organiser la résistance. Mais il se heurta, avec les notables de la ville et l'aristocratie sénatoriale, à une révolte de jeunes gens de naissance libre associés à des esclaves. Dans leur « fureur insensée », ils voulaient tuer tous les nobles. Paulin échappa à un attentat qu'ils avaient commandité. Les meneurs furent exécutés. Puis Paulin, se souvenant d'avoir connu Goar, le roi des Alains, qui suivaient les Wisigoths, s'aboucha avec lui. En échange de conditions avantageuses, il les retourna contre les Goths. « Bazas avait un aspect étrange ; de tous côtés une foule immense, hommes et femmes mêlés, se répand sans armes en dehors et au pied des remparts, flanquant nos murs, les bataillons barbares en armes abrités derrière leurs chariots. Se voyant ainsi amputés d'une partie assez considérable de leurs forces, ces pillards de Goths campés autour de nous craignirent aussitôt de ne pouvoir demeurer là en sûreté. » Quelle scène ! La guerre civile, la division des envahisseurs, les nomades des steppes formant un autre cercle autour des remparts avec leurs chariots pour sauver des Gallo-Romains affolés parce que trop habitués à la paix !

C'est l'apparition dans les Gaules du problème fondamental que Clovis devra résoudre : le choc de deux cultures. Comme d'habitude en pareil cas, Paulin ne fut pas récompensé de son habileté. Il fut honni aussi bien par les partisans de la collaboration que par les adeptes de la résistance à tout prix. Constance, lui, profita du fait que Athaulf avait été assassiné pour cause de faide. On a déjà parlé (*cf.* chapitre II, p. 42) de ces vengeances obligatoires qui ensanglantaient les parentèles. Voici la première du genre, et elle ne fut pas la dernière. Athaulf avait eu le tort de tuer Sarus, le chef d'une unité gotho-hunnique de cavaliers : il fut remplacé par Sigéric, le frère de Sarus. La solidarité de la parentèle avait joué. Elle continua avec le massacre par Sigéric des enfants d'Athaulf dans les bras de l'évêque arien Sigesar. Du coup, Sigéric fut assassiné, après un règne d'à peine une semaine. À la mi-septembre 415, contre plusieurs concurrents, fut élu roi des Wisigoths un Balthe, Wallia. Constance fit alors un *foedus* avec lui. En échange de leur ravitaillement par Rome à raison de 600 000 muids de blé, soit 980 g de pain par jour et par personne, d'environ 20 000 soldats et de 100 000 Wisigoths au total, Wallia s'engageait à combattre les Vandales détestés ainsi que les

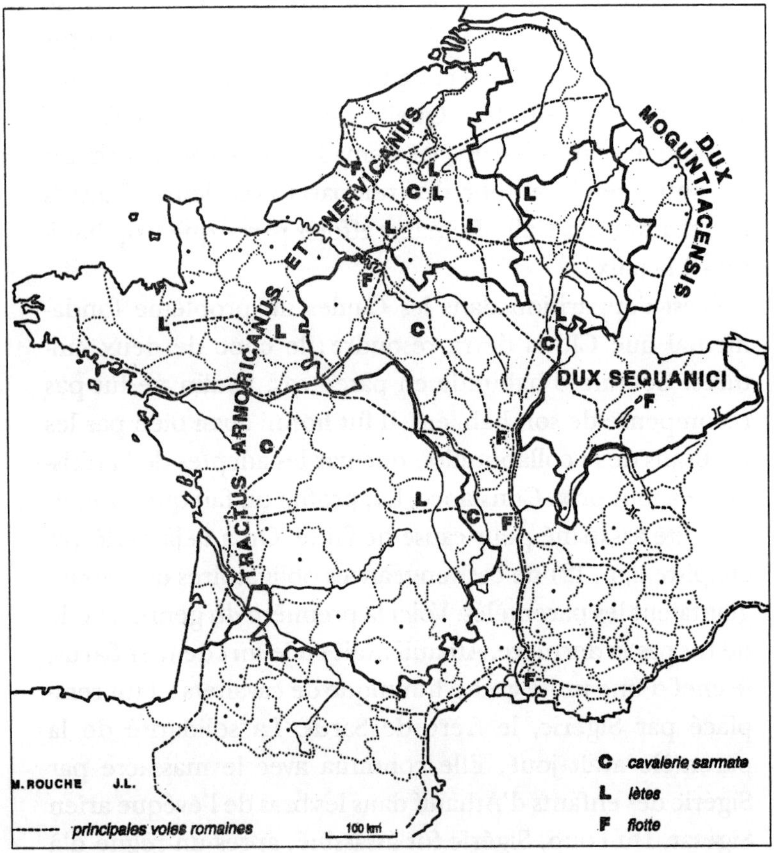

Carte 1. *Les districts militaires romains au début du ve siècle*

La défense contre les Germaniques sur le haut et le moyen Rhin, contre les Saxons et les Burgondes sur les côtes et en Armorique ne laisse plus au pouvoir civil que les zones fidèles à Rome : Trèves, le Bassin parisien, Lyon, Marseille, Narbonne, Toulouse.

Alains. C'est ce qu'ils firent en Espagne avec une grande efficacité car les Wisigoths venaient d'achever une importante mutation militaire. Comme le démontre Herwig Wolfram, ils adoptèrent définitivement la tactique et l'armement des cavaliers lourds dont l'efficacité avait été démontrée à la bataille d'Andrinople. Désormais, le cavalier wisigoth, avec sa cuirasse à lamelles et sa longue lance maniée à deux mains, allait devenir le roi des champs de bataille.

Constance le savait d'autant plus que l'État se révélait incapable de nourrir et de payer les Wisigoths. Il eût fallu, pour y parvenir, doubler le budget de l'Empire romain d'Occident, lequel assurait, vers 450, à raison de 30 sous par recrue pour 30 000 hommes soit 900 000 sous, l'entretien et la moitié des uniformes et armes produits dans les manufactures d'État. Il aurait fallu augmenter la pression fiscale, laquelle réveillerait aussitôt la bagaude. En effet, depuis 406, une révolte antifiscale de paysans mal romanisés avait éclaté en Armorique, actuelle Bretagne. Pendant dix ans, ils avaient chassé les administrateurs impériaux, les fermiers des impôts, en général de grands aristocrates qu'ils réduisaient en esclavage, et se gouvernaient eux-mêmes. Constance réorganisa alors une zone militaire, le *Tractus Armoricanus et Nervicanus*, c'est-à-dire le ressort armoricain et nervien. Comme le montre la carte (p. 94), il couvrait une zone comportant les deux Aquitaines, les Troisième et Quatrième Lyonnaise et la Belgique Seconde. Cette dernière province et pratiquement toutes les côtes de la Manche et de l'Atlantique étaient protégées contre les pirates saxons, alors que l'Armorique, très peu romanisée, et les deux Aquitaines devaient être pacifiées par l'arrêt de la bagaude. En 417, le duc Exuperantius « enseigne à présent aux rivages de l'Armorique à aimer la paix revenue d'exil. Il rétablit les lois, ramène la liberté et ne permet plus à la domesticité de faire de ses maîtres ses esclaves ».

Le sud-ouest et l'ouest de la Gaule étaient menacés d'une guerre sociale endémique qui affaiblirait la résistance aux barbares. La révolte de Bazas l'avait déjà montré. Il fallait donc éviter que ces deux menaces pussent se réunir. C'est pourquoi Constance raviva l'ancienne institution du *concilium* (assemblée) des sept provinces méridionales. Agricola, préfet du prétoire des Gaules en 417, parent du futur empereur Avitus, obtint qu'elle se réunisse en accord avec l'empereur Honorius. Celui-ci, le 17 avril 418, fixa le lieu – Arles –, la périodicité – annuelle –, la date – entre le 13 août et le 13 septembre –, en présence du préfet, des gouverneurs des Sept Provinces, des nobles revêtus de dignités et de fonctions officielles et des délégués élus des curies municipales de la Gaule méridionale. Tous les fonctionnaires romains, dont on sait à quel point ils aimaient leur petite patrie, étaient originaires de leur pays. Cette décentralisation affaiblissait le pouvoir impérial, mais elle était indispensable pour faire accepter à tous ces sénateurs le projet de Constance : installer les Wisigoths en Aquitaine. Il y a fort à parier que cette assemblée de 418 discuta et accepta les modalités du futur traité avec Wallia.

En effet, en 418, Constance, alors que tout allait bien en Espagne, prit une mesure qui allait désespérer les partisans de Rome en rappelant de sa propre initiative les Wisigoths ; il « leur donna pour y habiter la Seconde Aquitaine et quelques cités de provinces voisines ». Un autre auteur précise que leur territoire allait de Toulouse à l'océan Atlantique. Comme le montre la carte (p. 164), ils occupèrent effectivement Toulouse, Agen, Bazas, Lectoure, Bordeaux, Angoulême, Saintes et Poitiers. Par le nord, ils avaient autorité sur les zones où sévissaient les bagaudes, mais, au sud-est, la route de la Méditerranée leur était barrée. Enfin, la Novempopulanie restait sous administration romaine. On avait donc bien choisi délibérément, pour faire la part du feu, des terres riches et fertiles afin d'arrêter définitivement la migration gothique. Salvien, qui écrit vers 450, précise en effet que les Aquitains ont possédé « la moelle de toutes les Gaules, la source de la complète fécondité et pas seulement de la fécondité mais encore du bien-être, de la beauté et du plaisir. Tout le pays est tissé de vignes, parsemé de fleurs poussant dans les prés, de champs cultivés, planté d'arbres fruitiers, embelli par les bosquets, arrosé de sources, entrecoupé de fleuves, couvert de moissons ondoyantes ; si bien que les possesseurs et les maîtres de cette terre semblent avoir détenu moins une partie du sol terrestre qu'une image du paradis ». Telle était la nouvelle patrie des Goths. Qu'il était loin le Nord hyperboréen glacé, face à ce Midi plantureux et ensoleillé ! L'assemblée d'Arles avait probablement prévu les modalités d'installation des Wisigoths. Je continue à penser, malgré une tendance historiographique récente, que les Germaniques furent payés pour leur service militaire romain par des donations de terres à raison de deux tiers, le dernier tiers restant au propriétaire local. Cette entente avec les sénateurs romains d'Aquitaine dura, nous le verrons, très longtemps. Les impôts levés par les Romains allaient au trésor du roi wisigoth. Les terres où résidaient les nouveaux venus se concentraient principalement dans la vallée de la Garonne, autour de Toulouse, et plus tard s'étendirent jusqu'aux Pyrénées et à Narbonne. L'assemblée d'Arles, en fait, opéra ainsi une véritable « sécession interne », persuadée qu'elle était que les Goths finiraient par rester des alliés fidèles. Ce fut le début des grandes illusions que tous les auteurs des années 417-418 célèbrent à qui mieux mieux, en particulier Paul Orose, un disciple de saint Augustin qui, pourtant, avait lui-même dénoncé les Wisigoths comme le poison de l'État *(pernicies Rei publicae)*.

Théodoric Ier (419-451) succéda normalement à son père Wallia. Il profita de ce que le peuple gallo-romain voulait la paix et l'absence de percepteur, tandis que les élites faisaient de lui le chien de garde de la romanité ; il fit monter sans cesse les enchères. À deux reprises, en 425 et 430, il tenta de s'emparer d'Arles, la capitale administrative de la Gaule, d'où Aetius le repoussa. Mieux encore, il renforça le parti romain prowisigoth, par exemple, en nommant Avitus précepteur de son fils, afin de lui apprendre le droit romain et Virgile. En 435, profitant d'une nouvelle révolte de la bagaude, il occupa la Novempopulanie. En 436, il assiégea Narbonne. Aetius envoya son général Litorius avec des mercenaires huns au secours de la ville. Détruisant tout sur leur passage « par les flammes, le fer, la férocité et les rapines », ils débloquèrent Narbonne et parvinrent devant Toulouse. Théodoric voulut alors négocier. Il envoya comme ambassadeur l'évêque catholique d'Auch Orens. Litorius, sûr de lui, refusa toute négociation, consulta les auspices, car il était païen, puis attaqua. Les cavaliers légers huns échouèrent devant les cavaliers lourds wisigoths. Litorius fut fait prisonnier et mourut en prison. Deux auteurs attribuèrent cette victoire « à la piété » de Théodoric et aux prières de saint Orens. « Libérateur de la patrie » *(sic !)* alors que les Goths avaient été libérés des Romains. Aetius accourut trop tard pour reprendre l'avantage. Avitus négocia le renouvellement du *foedus* avec la cession de la Novempopulanie. Tout le monde savait, comme le dit Sidoine Apollinaire, que le but de Théodoric Ier était le Rhône, mais les illusions furent les plus fortes. Il y avait donc bien maintenant deux partis, l'un, officiel, autour de l'empereur Valentinien III

(424-455), fils de Constance et de Galla Placidia que celui-ci avait épousée en 417, et de son général Aetius, l'autre prowisigoth et toulousain.

Cela prouve que le peuple préférait les Goths aux Huns. L'installation des Wisigoths, qui fut un long processus, s'était donc relativement bien passée, malgré quelques accrocs dont nous reparlerons. La dynastie balthe s'implantait. L'ambiguïté régnait. Les cités avaient pansé les blessures de nombreux ravages, non seulement ceux des Goths en 413-416, mais surtout ceux des années 406-411. Cela aussi confortait les illusions et le désir de paix à tout prix.

L'invasion de 406

L'Aquitaine s'était donc relevée de deux vagues de destructions. Mais quelle était donc la première ? Revenons maintenant aux Germaniques occidentaux ainsi qu'au deuxième grand événement qui, après Andrinople, cassa l'Empire romain, le passage du Rhin en 406. Nous avons vu combien les peuples vivant sur la rive gauche du Danube avaient été ébranlés par le choc des Huns. Les Vandales, les Suèves, des clans d'Alains se regroupèrent et se déplacèrent vers le Rhin sans que les services secrets romains s'en soient aperçus. Brusquement, le 31 décembre, profitant du fait que le fleuve était gelé au confluent du Main, ils le passèrent en force, au nombre peut-être d'environ 150 000. Les garnisons, dont les effectifs avaient été allégés en 402, ne tinrent pas sous le choc. Elles atteignaient tout juste 5 500 hommes. Les Francs Saliens fédérés, installés dans le nord de la cité de Tongres depuis 358 et celle de Cassel en 372, remplirent immédiatement leur rôle, ainsi que les colons-militaires, les lètes. Ils se jetèrent sur les Vandales, tuèrent leur roi Godegisel, massacrèrent 20 000 soldats et auraient fait disparaître ce peuple si Rependial, roi des Alains, n'avait pas bloqué leur élan. Le secteur de Mayence et Worms ayant été pris, la grande invasion, grossie souvent des hommes d'anciennes garnisons « romaines » comme celle de Pannonie, suivit les voies romaines – Reims, Amiens, Arras, Boulogne, Tournai –, tandis que les populations de Spire et de Strasbourg étaient déplacées en Germanie. Elle franchit ensuite la Loire, massacra les populations des faubourgs, obligeant les évêques à résister avec leurs ouailles dans les citadelles, tel Exupère à Toulouse. Après s'être heurtée aux Pyrénées verrouillées par deux hauts fonctionnaires romains, elle tourna en tous sens dans la Gaule, tandis que les Romains de [Grande-]Bretagne acclamaient empereur leur général, Constantin III, qui débarqua en Gaule du Nord avec de nombreuses troupes bretonnes. Il fit alliance avec les Francs Saliens jusqu'en 411, date de sa mort.

Ce fut un véritable tourbillon à l'intérieur des Gaules, chacun des envahisseurs, ne pouvant revenir en arrière, cherchait à piller pour se nourrir. Les fonctionnaires s'enfuirent, les paysans se révoltèrent et renforcèrent la bagaude. L'Armorique se considéra comme indépendante. Les ravages étaient tels que le futur saint Patrick, lorsqu'il s'évada d'Irlande (où il avait été réduit en esclavage) et débarqua en 408 sur les côtes armoricaines, erra sans rien trouver à manger. Au bout de dix-huit jours, il rencontra des porcs ainsi que du miel sauvage dont il put se nourrir. Mais il lui fallut au total vingt-huit jours de marche avant de rencontrer des hommes ! Les ondes de panique furent donc terribles pour provoquer un tel exc de.

Du coup, les Vandales, à l'automne de 409, passèrent les cols pyrénéens avec les Suèves et les Alains. Et ce furent de nouveaux pillages. Finalement, ils soumirent l'Espagne par le fer. Les Hispano-Romains devinrent leurs sujets sans aucun traité de paix. Les Suèves s'installèrent autour de Braga, et les Vandales décidèrent de passer le détroit de Gibraltar en 428. Leur nouveau roi, Genséric, successeur de Gundéric, laissa la voie libre aux Suèves qui soumirent la Galice. Il pilla les Maurétanies et s'empara, en août 431, d'Hippone où venait de mourir saint Augustin lors du siège. Puis Aetius, se rendant finalement compte que les Vandales étaient indélogeables, leur reconnut en 435 un statut, cette fois purement fictif, de « fédérés » et le droit d'habiter l'Afrique dans sa portion orientale (en gros la Tunisie actuelle plus une partie de l'Algérie orientale). En réalité, il s'agissait déjà d'un royaume quasiment indépendant puisque les Vandales étaient là par droit de conquête. Il n'allait pas tarder, face à la faiblesse romaine, à se montrer le plus agressif des royaumes fédérés. Dès 437, Genséric entreprit d'amener de force au christianisme arien tous les Romains d'Afrique. L'ambiguïté n'était pas de mise avec les Vandales.

Burgondes contre Huns

La Gaule, plus ou moins débarrassée de ses envahisseurs de 406, tomba dans la guerre civile à cause des usurpations, en dépit de la présence des Burgondes, des Saxons et des Alains sur son territoire. Les premiers avaient passé le Rhin en 407. En 413, le patrice Constance leur accorda le territoire de Worms pour en faire des fédérés à la manière des Francs Saliens. Pacifiques depuis cent vingt ans, ils n'avaient fait qu'occuper le vide. Au fond, ils devaient garder le fleuve face aux Huns en liaison avec leurs congénères restés sur la rive droite. Leur domination, comme le prouve la célèbre épopée du *Nibelungenlied*, devait s'étendre sur Mayence et Spire et jusqu'au massif de l'Odenwald. Leur royauté était déjà forte, semble-t-il, vu le souvenir épique de Gunthiar, ou encore Gunther. Les Burgondes paraissent avoir été alors pacifiques, puisqu'ils nous sont décrits comme d'habiles artisans du bois. Ce fut probablement à ce moment que les contemporains, comme Paul Orose, s'aperçurent que ces bons barbares avaient choisi le christianisme arien, soit parce qu'ils avaient été rejoints par des Burgondes orientaux libérés de leurs commensaux wisigoths, soit parce qu'ils l'adoptèrent lors de leur entrée dans l'Empire.

Mais le plus intéressant est ailleurs. Nous avons vu que des Burgondes d'outre-Rhin avaient été soumis par les Huns en 430. Or certains d'entre eux leur avaient échappé. Un texte de Socrate, auteur contemporain, fait allusion à des Burgondes qui, pour ne pas être soumis au roi Optar, seraient allés en ambassade demander à l'évêque d'une ville rhénane la formation chrétienne et le baptême. Ils en seraient revenus avec des missionnaires qui les auraient instruits dans le catholicisme. Trois mille d'entre eux, l'équivalent d'un clan, parvinrent à se débarrasser des Huns. Il y a là un tout petit événement, mais capital pour la suite de l'histoire. Derrière l'aspect épique du récit se trouve prouvée la conversion d'un clan royal burgonde au catholicisme. Sinon, il serait impossible d'expliquer pourquoi la princesse Clotilde était catholique et fort bien instruite, ce qui suppose au moins deux génération de convertis avant elle. En tout cas, ces Burgondes durent probablement passer très vite sur la rive gauche chez leurs congénères ariens.

En effet, la situation empira d'un coup. En 435-436, Aetius était complètement débordé par les Burgondes et les Wisigoths, et aussi nous le verrons, par les Francs Rhénans. Le peuple burgonde, gonflé de réfugiés, chercha alors à s'étendre vers la Belgique Première (Trèves, Metz) en 435. Repoussé par Avitus et son supérieur Aetius, il obtint le renouvellement du *foedus*. L'année suivante, en 436, les Burgondes cherchèrent à récupérer leurs territoires perdus d'outre-Rhin. C'est en pays devenu hun – comme le prouvent les épopées – que les Burgondes subirent alors un épouvantable désastre : les Huns d'Attila massacrèrent 20 000 Burgondes, et leur roi Gunther fut tué. Véritablement hébétés, les survivants se tinrent tranquilles dans la zone de Worms, certains restant païens, leurs rois étant ariens, alors que subsistait un petit clan catholique. Le souvenir de cette bataille effroyable continua à faire vibrer la mémoire collective. Qu'il s'agisse du *Chant d'Atli* ou du *Nibelungenlied*, des poèmes célébrèrent cette double défaite, ce terrible combat des Burgondes contre les Huns. Les vengeances des femmes, les pleurs des héros, la mort omniprésente, bref la détresse des Germaniques, voilà ce qui animait leur courage.

Apparition des Francs Rhénans

D'autres petits peuples profitèrent du choc du passage du Rhin en 406. Les Alains, dont nous avons vu le groupe de Goar obtenir un accord à Bazas en 414, comptaient en leur sein le clan de Rependial. Si les premiers finirent par s'installer en Aquitaine aux confins de la Narbonnaise en accord avec les Wisigoths, les seconds passèrent en Espagne ; une minorité resta et soutint les usurpateurs romains Constantin III et Jovin. Enfin, un autre détachement alain, sous la direction de Sambida, fut installé sur les terres désertes de la cité de Valence vers 440, tandis que les unités de Goar durent s'emparer de force des terres qu'Aetius, au nom de l'Empire, leur avait attribuées en 442 dans le territoire d'Orléans. Les provinciaux ne voulaient point de ces nomades. La réputation de Goar y était pour beaucoup. Rien n'y fit. Les « protecteurs » des Gallo-Romains s'implantèrent en Orléanais où il subsiste aujourd'hui des noms de villages comme Allaines, Allainville, etc. Comme les Wisigoths, les Alains furent de singuliers « alliés », bien peu sûrs.

Les Saxons, eux, ne se soucièrent pas de négocier avec les pouvoirs romains. Dès le début du vᵉ siècle, ils créèrent de véritables colonies sur le littoral boulonnais. De nombreux noms de villages terminés en *thun*, comme Baincthun, Frethun et même Béthune caractérisent ces implantations. Le mot *thun* vient du nordzeegermanisch *Zaun* qui signifie haie d'épineux. Ces villages étaient en effet fortifiés par un véritable mur végétal d'arbres et de buissons épineux aux branches volontairement entrelacées. De l'autre côté de la Manche, les Saxons ignoraient le monde romain, monde urbain par excellence, et surent arracher la [Grande-]Bretagne à cette civilisation.

Un deuxième groupe de Saxons débarqua sur les territoires des cités de Bayeux et de Lisieux où les villages saxons reconnaissables à leurs terminaisons en *thun, ham* et *bourg* sont nombreux. Il semble que Constance, lors de la réorganisation du *Tractus Armoricanus et Nervicanus*, ait tout simplement embauché dans l'armée romaine ces petits groupes chargés de surveiller les côtes contre les autres pirates irlandais et saxons et l'intérieur contre les bagaudes et les Armoricains. Ils se révélèrent par la suite des fidèles de l'autorité romaine puis franque, puisque, à la fin du VIe siècle, ils existaient toujours et luttaient contre les Bretons, en renonçant par ruse à leurs longs cheveux et à leur costume.

Restaient les Francs qui n'avaient pas bougé et qui, malgré leur résistance, n'avaient pu empêcher le passage du Rhin par les Vandales. Il faut signaler qu'ils furent bien les seuls dans ce cas, et ils y avaient quelque mérite, vu les désordres créés dans l'Empire par les usurpateurs Constantin III († 411) et Jovin († 413). Edobich, un chef franc, n'en monta pas moins « la garde au Rhin ». Épuisés par ce soutien « aux tyrans », ils ne purent empêcher un premier pillage de Trèves par leurs congénères de la rive droite en 413. Ce fut la panique, « l'exode hors de la ville la plus riche des Gaules », au dire de Salvien, un moine hanté par le souvenir de la gigantesque mise à sac de sa cité natale. Il s'enfuit et se réfugia au monastère des îles de Lérins et bien d'autres avec lui, surtout lorsque les Francs Rhénans récidivèrent en 423. « La cité de Trèves fut ravagée par les Francs et incendiée au cours d'un second pillage », dit Grégoire de Tours citant un historien contemporain, Renatus Profuturus Frigeridus. Honorius envoya quelqu'un pour reprendre la ville, probablement le comte des domestiques Castin. Cela n'intimida guère les Francs Rhénans qui revinrent piller la poule aux œufs d'or en 425-426, profitant d'une nouvelle usurpation impériale. En même temps, ils s'emparèrent de Mayence et de Cologne. «J'ai vu, moi qui vous parle, [...], dans une autre cité voisine et presque aussi magnifique [Mayence] les principaux magistrats [qui] ne se levaient même pas de leur festin quand l'ennemi avait déjà pénétré dans la ville.» Vingt ans après ces catastrophes, Salvien, qui écrit ces lignes, étouffait encore d'indignation. Effectivement, les habitants semblent être restés en majorité, et seule une minorité s'exila. Peut-être étaient-ils persuadés que les Francs n'étaient pas à craindre (malgré les massacres!), ou bien que la situation était irrémédiablement perdue. Salvien, lui, n'y voyait que « paresse, insouciance, ivrognerie, torpeur ». En 428, Aetius put enfin réoccuper Trèves tout en négociant l'abandon des cités de Cologne et de Mayence aux Francs Rhénans. C'était le début d'un deuxième royaume franc beaucoup moins romanisé que le premier.

Personne n'avait compris l'importance de l'événement. À Trèves, « quelques nobles qui avaient survécu à la catastrophe demandaient aux empereurs [Honorius et Constance] les spectacles du cirque comme le suprême remède pour leur cité détruite. [...] Tu demandes donc des jeux publics, habitant de Trèves ? Où les célébrer, de grâce ? Sur les bûchers et les cendres, sur les ossements et le sang des citoyens massacrés ? [...] Où ne trouve-t-on point de corps étendus, des membres déchirés et coupés en morceaux ? Partout le spectacle d'une ville prise "partout l'horreur de la captivité, partout l'image de la mort. [...] La ville est encore noire de l'incendie et tu prétends te donner un visage de fête !" (Virgile, *Énéide,* II, v. 368-369) » Profitant de l'éloignement d'Aetius, les Francs revinrent une troisième fois en 432 piller la ville, d'où Aetius revint les expulser.

Il fallait changer l'attitude des Rhénans. Aetius fit entrer dans sa clientèle romaine des rois rhénans dont les noms sont inconnus. Mieux encore, les deux fils d'un roi franc qui se disputaient sa succession vinrent demander de l'aide, le premier au roi des Huns Attila, le second au généralissime Aetius qui l'adopta par les armes et l'emmena à Rome. En même temps, il releva, renforça ou remplaça les établissements militaires de lètes par des Francs Saliens restés fidèles le long des routes stratégiques, de la Moselle, de la Sarre, et surtout à travers toute la Belgique Seconde, en particulier à Arras où les fouilles archéologiques ont prouvé que les casernes furent alors reconstruites. Cette politique d'appui systématique aux Saliens était peut-être due à la poussée des Hérules et des Warnes sur le bas Rhin (*cf.* chapitre II, p. 49). Si le roi franc rhénan Théodemir, neveu du consul Flavius Richomer et fils de Ricomir, ainsi que sa mère Ascyla furent égorgés – peut-être pour des raisons de rivalité de pouvoir –, c'est la preuve que ce peuple n'avait personne pour le menacer sur la rive droite du Rhin. D'autres voient dans ces assassinats le résultat de la défaite des Francs Rhénans. Or c'est justement à ce moment que l'histoire des Francs Saliens sort de l'ombre, tirée qu'elle en est par l'action d'Aetius avec les initiatives du premier roi connu, Chlodion, dont le nom préfigure celui de Clovis.

L'historien Grégoire de Tours rechercha avec obstination les origines des Francs. On a déjà cité les sources qu'il utilisa. Voici ce qu'il nous dit : « Ils auraient créé là [au nord de la Gaule, peut-être la Toxandrie], au-dessus d'eux dans chaque *pagus* [circonscription] ou dans chaque cité des rois chevelus appartenant à la première et pour ainsi dire à la plus noble famille des leurs. » Il faut en conclure que les Francs modifièrent leur système de gouvernement en pays romain en mettant à la tête des unités administratives un roi ou chef de guerre par cité et en décidant qu'il y aurait plusieurs familles royales à cheveux longs et que l'une d'entre elles était plus noble que les autres. Celle-ci devait être celle de Chlodion. « C'était alors un homme très capable et très noble dans son peuple. Il a été roi des Francs ; il habitait dans la forteresse de *Dispargum* qui est dans le territoire des Thuringiens. » Il semble qu'il se soit agi d'un lieu situé sur la rive droite du Rhin correspondant au territoire soit des Warnes, soit à un groupe de Thuringiens, avec comme fortification romaine un lieu appelé aujourd'hui Duisbourg, sur la rive droite, ou quelque part au sud des Pays-Bas.

Chlodion « envoya des éclaireurs dans la ville de Cambrai, et quand tout fut exploré, lui-même les suivit ; il écrasa les Romains et s'empara de la cité où il ne résida que peu de temps, puis il occupa le pays jusqu'à la Somme. » Le roi des Francs profita probablement des troubles des années 432-435 pour sortir de Toxandrie et pour battre les lètes des garnisons de Tournai et de Cambrai. En arrivant sur la Somme, il coupait ainsi les communications entre le Rhin et la Manche. Il n'allait pas tarder, à l'instar des Rhénans, à subir un retour en force d'Aetius.

Ce dernier avait fort à faire avec les trois ou quatre peuples qu'il lui fallait mater, sans compter les bagaudes. Sa force essentielle venait des Huns qu'il utilisait comme mercenaires. Or ceux-ci devenaient, depuis la prise du pouvoir par Attila en 434, de plus en plus puissants. Vainement Galla Placidia avait-elle pu éliminer les Huns des deux provinces de Pannonie (Autriche, Hongrie occidentale et Serbie du Nord actuelles) en les cédant directement à Théodose II, l'empereur d'Orient. Les fédérés huns en furent évacués et répartis dans d'autres provinces, tandis que les

Ostrogoths, installés sur ces terres en 380, y restèrent. Attila n'en continua pas moins. Mais les querelles internes de pouvoir à Ravenne, en particulier entre les généraux Aetius, Sébastien et Boniface, avaient fait qu'en 433 le premier s'était réfugié auprès de Rua, lequel l'aida puissamment en lui accordant un nouveau contingent de Huns. Cette fois-ci, Aetius dut payer cet accord non plus en espèces, mais sous la forme de territoires. Les provinces de Pannonie Première, Valérie et même Savie (l'actuelle Croatie) furent rendues à Attila, mais uniquement sous la forme de produits des impôts de ces trois provinces. Des provinciaux romains devenaient donc tributaires du roi hun qui en tira un surcroît de prestige, puisqu'il n'était même pas fédéré. L'empereur Valentinien III le nomma général pour sauver la face et maintenir une autorité juridique sur les provinciaux.

En fait, en 433 et 435, deux souverains menacèrent Rome sans être fédérés : Genséric, roi des Vandales, et Attila, roi des Huns. Le premier ne désirait qu'une domination territoriale sans aucun lien avec l'Empire, le second, comme tout chef nomade, rendre tributaires tous les pays de l'Empire d'Orient. Comme l'appétit vient en mangeant, allait-il se contenter des milliers de livres d'or que lui livrait annuellement Théodose II ? La réponse à cette question était imprévisible.

Le jeu d'Aétius

Ainsi, de 378 à 436, Rome avait tenté de sauver la Gaule grâce à deux grands généraux, dont l'un, Constance, devint empereur et père de Valentinien III après avoir arraché Galla Placidia aux Wisigoths. Celle-ci fut donc, durant la première moitié du Ve siècle, un véritable « ventre de souveraineté ». Elle fit ensuite la fortune militaire d'Aetius dont l'apogée commença en 433. L'œuvre de ces deux grands Romains consista essentiellement à limiter les dégâts dus aux défaites d'Andrinople et au passage du Rhin. Ils créèrent ainsi, en faisant la part du feu, les royaumes wisigoth de Toulouse et burgonde de Worms. C'était, dans le premier cas, s'exposer au risque de voir se former un parti romain prowisigoth et même de déclencher une guerre civile, notamment avec les bagaudes. Dans le deuxième cas, c'était attirer les Huns sur un peuple qu'ils considéraient comme leur. En temps normal, les Saxons sur les côtes de la Manche, les Alains à Valence et Orléans étaient ignorés ou mal vus par les provinciaux. Enfin, les Francs, qui s'étaient montrés fidèles en 406, avaient changé d'attitude en 413 devant la vanité de leur soutien aux usurpateurs romains. Les Rhénans, en particulier, se jetèrent à trois reprises sur Trèves et finirent par se voir tolérer leur installation à Mayence et Cologne. Ce furent aussi les absences d'Aetius qui permirent au premier roi franc salien connu, Chlodion, de s'avancer depuis la Toxandrie jusqu'à la Somme.

Ainsi, la Gaule, faute de troupes romaines assez nombreuses, était devenue un billard à quatre bandes, l'une aux Wisigoths, les autres aux Burgondes, aux bagaudes et aux Francs. Aetius y jouait d'un bord à l'autre, soit avec des Huns, soit avec des Alains, pour empêcher chacun de s'étendre. Ce jeu subtil qui consistait, à l'inverse de celui de Théodose, à utiliser le Barbare le plus sauvage contre le Germanique romanisable, avait ses limites. En 436, l'échec de Litorius prouva que les cavaliers lourds wisigoths étaient capables de vaincre les cavaliers légers huns. Aetius sut plus tard s'en souvenir. Mais, au total, s'il était possible de faire se tenir en paix quatre royaumes fédérés – cinq si l'on ajoute l'action de Chlodion –, Genséric et Attila échappaient complètement au gouvernement de Ravenne et d'Aetius. La Gaule était déjà fragmentée entre six pouvoirs politiques différents. Comment la Gaule pouvait-elle rester romaine avec, sur son territoire, des fédérés invaincus comme les Wisigoths et les Alains, ou des alliés plus invulnérables encore, les Huns ?

Chapitre V

Les derniers des Romains et les premiers des Francs

436-457

Les vingt et quelques années de pouvoir quasi absolu d'Aetius imposées à Galla Placidia puis à son fils Valentinien III furent capitales pour la Gaule. Elles permirent de résoudre la lancinante hypothèque que les Huns faisaient peser sur l'Empire depuis soixante-quinze ans, tout en confirmant et en consolidant les royaumes fédérés burgonde, wisigoth et franc. Cela relança chez les Wisigoths leur prétention à l'hégémonie, tandis que les Francs continuaient à observer le traité et à se montrer beaucoup plus romains que les Romains eux-mêmes. Le paradoxe de cette époque est tel, vu l'incapacité de l'Empire à se réformer, que l'on se demande pourquoi les Francs l'admiraient, alors même qu'il était de plus en plus impuissant.

Son armée ne comportait plus de véritables Romains de souche. L'empereur Valentinien III l'avoue lui-même, lorsqu'il se plaint, dans une loi de 443, de voir les sénateurs, grands propriétaires de terres, de charges et de fermes des impôts, refuser de livrer les recrues pour l'armée, refus pourtant puni d'une lourde amende. Il serait facile d'y voir une preuve d'incivisme et d'égoïsme des élites romaines.

Mais il se peut aussi que, faute de main-d'œuvre à cause de la dépopulation, celles-ci se soient trouvées prises dans le dilemme suivant : la récolte ou la guerre. En ce cas, elles préféraient avoir à manger et payer, grâce à l'impôt, les Germaniques qui entraient dans l'armée – une fuite en avant.

Aetius en avait-il conscience ? Probablement, puisqu'il avait fini par obtenir tous les pouvoirs. Trois fois consul, ce qui était rarissime, et patrice, il ajoutait à ces deux dignités la fonction de généralissime pour tout l'Occident, *magister utriusque militiae* (cavalerie et infanterie), que Galla Placidia lui accorda en 429. Régente de 425 à 450, elle vit en lui le seul sauveur possible de l'Empire. Aetius avait récupéré Arles, puis Trèves ; son amitié avec les Huns lui permettait de sortir de situations désespérées. Son second mariage avec Pelagia, d'origine gothique royale, lui permettait en même temps d'avoir un deuxième fer au feu. On comprend que ses qualités militaires et diplomatiques aient fait de lui, dans l'entourage de son état-major, un véritable héros. Enfin, il fut probablement l'un des derniers païens romains. L'un de ses officiers, un Franc d'une famille romanisée depuis 360, Merobaude, fut *magister utriusque militiae* en Espagne et *vir spectabilis,* puis patrice. Il composa deux panégyriques en l'honneur d'Aetius ainsi qu'un poème célébrant la famille impériale, le tout vers 440. Qu'un général soit poète et sache manier aussi bien le distique et l'hendécasyllabe que l'épée et la lance est déjà étonnant. Mais que, par surcroît, il ait été d'origine franque prouve combien la romanisation était avancée chez ce peuple. On ne connaît pas d'ailleurs, à cette époque, d'hommes de lettres issus d'un peuple germanique autre que les Francs. Ajoutons enfin que ce général reçut de l'empereur le droit d'élever sa statue en bronze sur le Forum. En outre, il fit une donation à l'abbaye de Mantenay près de Troyes. Enfin, il était certainement un chrétien antiarien, comme le montre son poème en l'honneur du Christ « engendré aujourd'hui, mais existant depuis toujours ». Ces accents et ce vocabulaire prouvent une position orthodoxe identique à celle de Galla Placidia. Il est en quelque sorte un précurseur de Clovis, d'autant plus que, à l'instar d'autres officiers d'état-major d'Aetius, il possédait des domaines en Gaule du Nord.

Nous sommes donc à l'intersection de deux mouvements, l'un descendant – avec le Romain barbarisé par son séjour comme otage à la cour d'Attila –, Aetius, l'autre – montant avec le Franc romanisé par l'armée et la fonction publique à Rome –, Merobaude. Laquelle des deux tendances allait-elle l'emporter ? Il y avait même, comme toujours, la troisième solution, celle du prince goth, Théodoric le Grand, otage romanisé à la cour de Constantinople de 459 à 469, de huit à dix-huit ans ! Dans ce chassé-croisé des civilisations à travers les hommes, tout était bien confus encore à l'époque d'Aetius.

En tout cas, il opéra des rétablissements inespérés. En 439, nous l'avons vu, Avitus, préfet du prétoire des Gaules, négocia avec Théodoric Ier le renouvellement du *foedus*. La paix fut réelle pour l'Aquitaine jusqu'en 456. Mais, au nord de la Loire, les bagaudes, sous la direction d'un « prince » Tibatto (un nom celtique), avaient repris la guerre civile, et nous avons vu qu'Aetius avait implanté les Alains de Goar à Orléans pour les mater. Voulant éviter cet affrontement, l'évêque d'Auxerre, Germain, dont nous reparlerons, reçut une délégation des responsables civils et militaires du *Tractus armoricanus,* qui lui demandèrent d'arrêter la guerre et d'obtenir une amnistie. « Sans retard, il partit en hâte, car les préparatifs de guerre étaient menaçants. Déjà le peuple s'était mis en marche et les cavaliers bardés de fer encombraient toute la route. Le vieillard s'oppose seul à un roi serviteur des idoles, mais plus grand cependant et plus courageux que tous grâce à la protection du Christ. Il marche au-devant d'eux sur la route et barre le passage au duc [Goar a donc un titre militaire romain] qui déjà s'avançait en armes au milieu de ses escadrons. Au moyen d'un interprète il lui adresse d'abord une prière suppliante, puis il apostrophe celui qui le repousse, enfin, de sa main tendue, il saisit les brides du mors et arrête là toute l'armée. » Scène saisissante que ce vieux fonctionnaire devenu évêque face à ces véritables « blindés » avant la lettre au parler étrange, venus du fond du Caucase ! L'évêque obtint l'arrêt de l'expédition, mais dut en échange, en cette année 448, partir pour Ravenne où Galla Placidia lui accorda l'amnistie et accepta la paix qu'il avait négociée avec les Armoricains. Ce fut son dernier voyage, puisqu'il mourut au mois de juillet. C'est la première fois que nous voyons un évêque intervenir dans les guerres pour protéger les provinciaux et pallier la carence des fonctionnaires civils ou militaires. Bien d'autres suivront cet exemple.

Chlodion, chef de troupes romaines

En tout cas, la trêve fut de courte durée, car, cette même année 448, un lieutenant d'Aetius, Majorien, combattit les Armoricains sur le territoire de Tours. Ses victoires eurent pour résultat de mettre en fuite un autre chef de la bagaude, un Romain probablement déclassé volontaire, le médecin Eudoxe, qui se réfugia à la cour d'Attila. La guerre civile tournait à la rage de détruire. Aussitôt après,

Majorien et Aetius se jetèrent sur les Francs Saliens de Chlodion qui se trouvaient en train de célébrer une noce. « Au milieu des danses scythiques, la nouvelle épousée était unie à un mari aussi blond qu'elle. Majorien, dit-on, leur fit mordre la poussière. Son casque résonnait sous les coups, sa cuirasse, opposant ses écailles au choc des lances, détournait de lui les blessures jusqu'au moment où l'ennemi, battu, tourna les talons. On put alors voir briller sur les chariots les parures en désordre du lit barbare, les plats amoncelés pêle-mêle, le festin qui allait grossir le butin et les ennemis aux boucles parfumées emporter leurs chaudrons couronnés de guirlandes odorantes. » Tout cela eut lieu sur le territoire d'Arras en Ostrevent (mot à mot : l'Artois de l'Est), au bord d'une rivière appelée alors l'Elnone, près du *vicus Helena,* aujourd'hui la Scarpe, éloignée de la cité de Tournai d'une soixantaine de kilomètres. L'unique tentative des Francs Saliens pour sortir de la légalité romaine fut donc rapidement étouffée. Aetius rétablit le *foedus* antérieur en laissant Tournai à Chlodion qui fut probablement reconnu chef de troupes romaines, c'est-à-dire préfet des lètes saliens et autres peuples en garnison. Il en fut de même avec les Francs Rhénans qui abandonnèrent la cité de Cologne.

Le prestige d'Aetius était alors au plus haut. En 446, les Britto-Romains l'avaient appelé au secours contre les Anglo-Saxons, mais il n'avait pu leur répondre. Dès lors, ils préférèrent traverser la Manche et débarquer en Armorique pour se retrouver entre chrétiens et romains. Les Armoricains, de leur côté, avaient dû faire la paix avec Majorien.

La politique systématique d'Aetius, qui consistait à transformer les petits peuples germaniques en alliés « romains » fidèles fut un succès bien supérieur au transfert des Alains

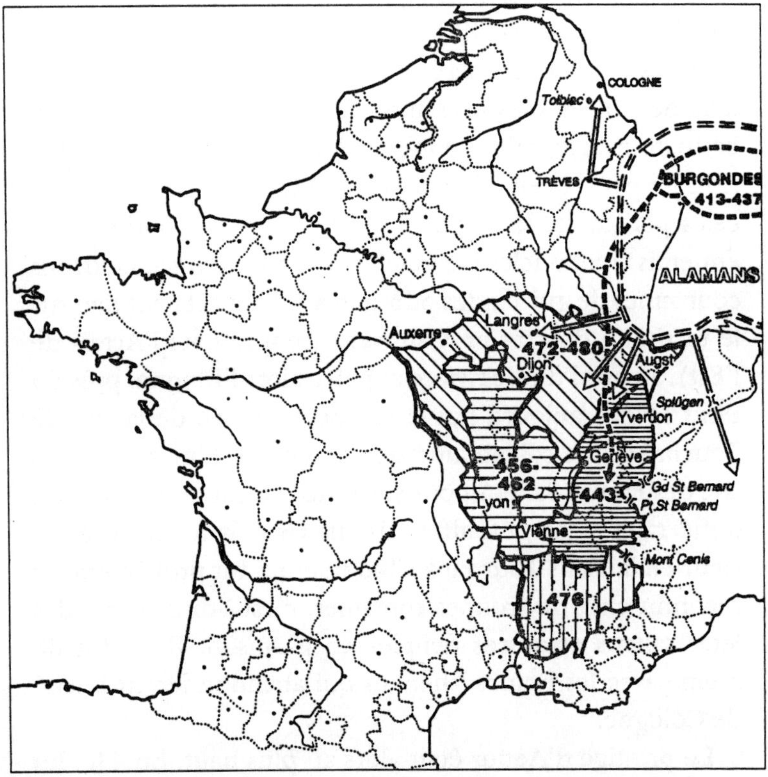

Carte 2. *L'expansion du royaume burgonde*

Installés pour surveiller les cols jurassiens et alpestres, les Burgondes sont bloqués par les Wisigoths au sud et par les Alamans au nord.

en 440 et 442 à Valence et Orléans, avec le déplacement des Burgondes en 443. « Cette année-là, la *Sapaudia* fut donnée aux restes des Burgondes pour la diviser avec les indigènes. » Marius d'Avenches confirme qu'il voulait les installer au milieu des petits et grands propriétaires, des fermiers de ces derniers (ou colons attachés à la terre) ; « en divisant les terres », il s'agissait de faire des Burgondes des colons militaires dont le roi devait obéir aux généraux romains. Or, nous l'avons vu, ce n'était pas le cas du roi des Wisigoths, qui, lui, était indépendant. Le gouvernement d'Aetius avait pour but de renforcer une subdivision territoriale militaire, la province de Gaule Ripuaire, où se trouvaient des garnisons romaines dans les cluses du Jura et des Alpes et dont les routes menaient à l'Italie. Le deuxième royaume burgonde fut donc installé dans la *Sapaudia,* le pays des Sapinières, c'est-à-dire l'actuelle Savoie, mais il allait au sud jusqu'à Grenoble, au nord jusqu'à Yverdon, à l'ouest jusqu'à Bourgoin, à l'est jusqu'à Montigny. Les cartes (1 p. 94 et 2 p. 118) montrent qu'il s'agit bien d'un remaniement de district militaire et de la surveillance des cols jurassiens et alpestres face aux bagaudes des montagnes et surtout aux Alamans qui commençaient à s'agiter à leur tour sur le haut Rhin.

Attila en Gaule

Ce deuxième royaume des Burgondes, complètement soumis au pouvoir romain, avait tout intérêt à suivre une politique d'entente avec le puissant maître de Ravenne. En effet, certains de ses clans avaient été laissés à Worms, les Burgondes orientaux étaient toujours soumis aux Huns, et les Alamans leur reprochaient leur alliance avec Rome à la fin du siècle précédent. De plus, ils semblent ne pas avoir eu de roi en titre depuis la mort de Gunther au combat. Ainsi s'explique que cette implantation première des Burgondes ait surtout concerné la Savoie et le nord du lac Léman, comme le prouvent les noms de villages terminés aujourd'hui par *ens* ou *eins*, restes du vocable *ingos* qui désignait le domaine des descendants de X. Tels sont aujourd'hui encore Maurens, Forens, Sermorens, etc. La politique menée par Aetius depuis une quinzaine d'années était donc en train de réussir.

Or une volte-face subite d'Attila renversa brusquement son savant édifice d'armées germaniques et hunniques se neutralisant réciproquement. À force de louer des mercenaires de tous côtés, le roi des Huns finissait par perdre son arme absolue, sa cavalerie. Nombre de soudoyés étaient même passés dans la garde personnelle de puissants Romains ou bien s'étaient mis au service de royaumes fédérés. À plusieurs reprises, Attila, au cours de négociations, avait réclamé la restitution de ces transfuges – avec plus ou moins de succès. Ses guerres continuelles contre l'Empire d'Orient avaient provoqué, à cause des livraisons d'or annuelles et des destructions, l'épuisement des richesses de l'Orient. Voyant qu'il ne pouvait plus rien en tirer, maître d'un empire de plus en plus étendu, ne vivant que de rapines et de tributs, et ayant tué son frère, Bleda, avec lequel il partageait le pouvoir, il s'aperçut que ses otages et ses multiples mariages avec des filles de chefs de tribus ne lui permettaient pas de maintenir son hégémonie, en particulier sur les Huns orientaux qui s'estimaient lésés dans la répartition des sommes prélevées sur les ennemis soumis. Il lui fallait d'autres victoires. Il se souvint des Wisigoths, qui avaient échappé à la domination de ses ancêtres en 375.

Cette guerre contre le roi de Toulouse lui permettrait, espérait-il, d'augmenter les tributs grâce à ceux de l'Occident.

La chance le favorisa. À Ravenne la sœur de Valentinien III, Justa Grata Honoria, rêvait du pouvoir impérial. Sa mère, pour qu'elle n'ait pas d'héritier, l'avait contrainte à faire vœu de virginité perpétuelle comme religieuse, de même que les sœurs de l'empereur d'Orient, Théodose II. Mais on découvrit en 459 que, depuis 434, c'est-à-dire depuis l'âge de seize ans, elle s'était unie à l'insu de tous avec l'intendant de ses biens personnels, Eugène, dont elle voulait faire un empereur. Celui-ci fut alors exécuté, et Honoria, qui était enceinte, fut fiancée à un sénateur âgé pour sauver la face. Furieuse, elle envoya secrètement son eunuque Hyacinthe au roi des Huns, Attila, et le chargea de cadeaux, de sa bague et de la promesse de l'épouser. L'aubaine était d'autant plus inattendue que l'empereur d'Orient, Théodose II, mourut subitement le 28 juillet 450, précédant de peu Galla Placidia (27 novembre 450 à Rome). Voilà pourquoi le magnifique mausolée qu'elle s'était fait bâtir à Ravenne resta toujours vide. L'urgence commandait que l'on s'occupât d'autre chose.

Attila réclama évidemment « sa fiancée » et comme dot la moitié des États de Valentinien III, à tout le moins la Gaule, en offrant probablement de le débarrasser des Wisigoths en qualité de préfet du prétoire des Gaules. Aetius et Valentinien III refusèrent net. Attila rassembla alors ses troupes avec tous les contingents possibles des peuples germaniques qui lui étaient soumis. Son énorme armée, dont nous avons vu qu'elle comportait 50 000 hommes, était en réalité germano-hunnique. Il y avait là, outre les Sarmates, les Ostrogoths et des Burgondes, des Ruges, des Gépides, des Skires, des Bastarnes et des Francs de la rive droite

(Bructères et Rhénans) « dont le pays est baigné par l'eau du Neckar, couvert d'herbes des marais. Sous les coups de la hache tomba rapidement la forêt Hercynienne et l'aulne, transformé en barques, tissa sur le Rhin un pont de bateaux » (Sidoine Apollinaire, *Carmina VII*, v. 325-326). Le passage eut lieu à Neuwied en face de Coblence. Prenant la voie romaine, le roi hun incendia la ville de Metz le 7 avril 451 – un samedi Saint –, passa la population au fil de l'épée, continua sur Verdun dont l'évêque, Polychronius, s'enfuit le premier. Puis, selon les traditions locales de ces cités, il ravagea Reims, obliqua ensuite par la voie romaine sur Troyes et Sens afin de rejoindre Orléans où, avec l'aide des Alains de Sangiban installés dans cette cité, il espérait bien attaquer les Wisigoths. Tout lui réussissait. Aetius était encore en Italie avec de faibles troupes, tandis que les Wisigoths ne bougeaient pas de leurs cantonnements aquitains, méprisant les Huns.

Un formidable vent de panique souffla à travers toute la Gaule du Nord. « Comme le bruit courait qu'Attila, roi des Huns, avait commencé à dévaster avec rage, après l'avoir dominée, une province de la Gaule [la Belgique Première], les citoyens de Paris, comme frappés de terreur, s'efforçaient de transporter les biens et les salaires de leur patrimoine dans d'autres cités plus sûres, Geneviève convoqua leurs épouses » (*cf.* document XIII, p. 470). Ici entre en effet en scène l'une des actrices les plus importantes de l'histoire de Clovis. Son attitude lors de l'invasion d'Attila lui valut une autorité extraordinaire dont il faut expliquer les raisons.

Geneviève sauve Paris et Orléans

Née vers 411-416, Geneviève est une jeune femme de très haut rang social dont les parents, l'un au moins, son père Severus, était un Franc romanisé, sa mère s'appelant Geroncia. Severus, devenu civil, avait dû exercer une charge militaire, puis une fonction civile dans l'assemblée des *curiales*, magistrats municipaux parisiens. Il avait pris un nom latin, ce qui était fort rare, comme nous l'avons remarqué avec les noms des généraux francs. Mais l'enfant reçut un nom germanique, *geno-veifa*, ce qui signifie « née du sein d'une femme ». On pourrait croire qu'il s'agit d'un véritable pléonasme, mais on verra plus loin (chap. IX, p. 248) qu'il s'agit en réalité d'une allusion au système familial germanique. Citoyenne romaine habitant Nanterre, fille unique, elle était obligée, de par le code juridique romain publié par Théodose II en 438, d'exercer la charge de son père, ce qui lui donnait déjà une certaine autorité sur ses concitoyens.

De plus, sa situation religieuse était exceptionnelle. En 429, alors qu'elle avait entre huit et treize ans, saint Germain d'Auxerre, dont nous avons vu l'action contre les Alains, était parti pour la [Grande-]Bretagne afin d'y combattre l'hérésie pélagienne. Il la rencontra à Nanterre et lui proposa de se consacrer à Dieu. Comme elle accepta, il lui déclara : « Agis comme un homme. » Dans une époque de troubles, c'était là une nécessité autant qu'une vision prophétique. Devenue religieuse dans le monde et diaconesse – au mépris total des règles canoniques de l'époque, dont saint Germain d'Auxerre se moquait étant donné l'urgence –, elle avait le droit d'instruire les femmes et possédait la clef du baptistère de la cathédrale de Paris situé sur le flanc nord de l'église Saint-Étienne, à l'emplacement de l'actuelle rue du Cloître-Notre-Dame, dans l'île de la Cité.

Sa vie mystique, ses dons de prophétesse, sa formation spirituelle très poussée, la protection continuelle de saint Germain, même après sa mort en 448 (par l'intermédiaire de son archidiacre), allaient la mettre en position d'autorité lors des événements de 451.

Nous avons déjà vu les autorités fuir en cas d'invasion. Où était l'évêque de Paris ? L'auteur de la *Vie de sainte Geneviève* observe un silence total sur ce personnage alors qu'il existait probablement. Passe encore qu'une femme mette en prière les personnes de son sexe dans le baptistère, mais qu'elle donne aux hommes l'ordre de rester sous le prétexte qu'elle était persuadée que les Huns n'attaqueraient pas Paris, voilà qui était pure folie. Ou alors elle était inspirée par des esprits mauvais, d'où la décision des hommes – probablement les membres de la curie municipale –, de l'exécuter, comme impure et possédée. L'archidiacre d'Auxerre, auquel Germain avait laissé des consignes concernant sa philothée, sut apporter à temps les explications concernant la santé d'esprit de Geneviève.

Étant donné les liens de sa famille avec les officiers francs ou avec des membres de l'état-major d'Aetius, elle devait être au courant des événements politiques déclenchés par Honoria qui, elle, manquait parfaitement de réalisme. Tout suggère que Geneviève n'était pas sans savoir que les Huns voulaient se venger des Wisigoths et marcher directement sur Orléans sans passer par Paris, ce qui aurait nécessité un crochet inutile. Mais la panique et les exodes antérieurs hantaient et brouillaient les esprits : tout se passa très vite en avril et mai 451. Geneviève espérait certainement que les contingents fédérés des Francs Saliens allaient venir au secours des Parisiens depuis Tournai (peut-être même leur envoya-t-elle une ambassade). En tout cas, dès le milieu du mois de mai, il était évident que Paris serait épargné. De ce jour, Geneviève devint quasiment la seule autorité et le seul espoir des populations du centre du Bassin parisien. Comme toujours lors des crises de civilisation, les femmes prennent le relais des hommes désorientés, telles Victoria et Zénobie lors de la crise du IIIe siècle ou encore, lors de l'effondrement de la civilisation médiévale, Jeanne Hachette et Jeanne d'Arc.

Il est curieux que ces deux prophétesses, celle de Nanterre et celle de Domremy, soient toutes deux concernées par Orléans. Car Avitus, qui venait d'accomplir sa charge de préfet du prétoire des Gaules, reçut d'Aetius l'ordre de convaincre les Wisigoths de Théodoric Ier de lutter contre les Huns en application du *foedus*, ce qu'il fit avec succès. « On vit alors marcher derrière les trompettes romaines les escadrons vêtus de fourrures et le Goth accourir à l'appel de son nom, le barbare craint d'être traité en mauvais soldat, privé de solde, et c'est moins la perte d'argent que le déshonneur qu'il redoute. Avitus les emmène au combat. » En même temps, Aignan, évêque d'Orléans, avait pu se rendre auprès d'Aetius en Arles pour lui demander d'accélérer son arrivée. Grâce à l'auteur des lignes précédentes, Sidoine Apollinaire, gendre d'Avitus, nous savons aussi que le siège, commencé à la fin de mai 451, dura quinze jours et que, régulièrement, dans l'attente des secours, il demandait aux habitants de monter sur les murs : « Ils ne virent personne. Quand la prière fut terminée et qu'ils regardèrent une troisième fois du haut du mur, ils virent au loin comme une nuée sortir de terre. À cette nouvelle, l'évêque dit : "C'est le secours du Seigneur." » Les murs étaient déjà éventrés, la ville prise, lorsqu'au sud Théodoric Ier et Aetius apparurent, et sans doute même le roi des Francs par le nord. On était le 14 juin 451. Attila se retira précipitamment sans avoir eu le temps de piller la ville.

Cette délivrance d'Orléans fut interprétée comme un véritable miracle. Elle marqua si fortement la mémoire collective qu'elle figure encore en bonne place dans le folklore français. Dans le célèbre conte de Barbe-Bleue, la malheureuse épouse, trop curieuse, lance par trois fois l'appel : « Anne, ma sœur Anne, ne vois-tu rien venir ? » Or, en réalité, dans la légende composée après la bataille, la phrase était : « Agne, mon frère Agne [c'est-à-dire Aignan], ne vois-tu rien venir ? » L'évêque prophète avait appris à ses ouailles qu'il ne suffisait pas de s'aider soi-même pour gagner, mais qu'il était indispensable aussi que le ciel fût imploré pour qu'il intervînt. L'auteur de la *Vie de sainte Geneviève* la compare d'ailleurs à saint Martin ainsi qu'à saint Aignan. La Gaule du Nord prenait de plus en plus conscience que ses véritables protecteurs étaient les femmes et les hommes de Dieu.

Les champs Catalauniques

L'armée réunie par Aetius poussa alors lentement Attila vers la retraite. Arrivé sur le territoire de Châlons-sur-Marne, à Moirey (les fameux champs Catalauniques), il s'arrêta. Dans les rangs de l'armée d'Aetius, se trouvaient, comme nous le précise Jordanès, les Francs, les Sarmates, les Armoricains, les Bretons, des Burgondes, les Saxons, les Ripuaires de la zone d'installation des Burgondes « autrefois soldats romains, maintenant comptés au nombre des auxiliaires, ainsi que quelques peuples celtiques et germaniques ». Comme on peut le constater, tous les Germaniques, y compris les lètes, avaient accouru. La bagaude s'était arrêtée et les Bretons venus de [Grande-]Bretagne eux-mêmes s'estimaient impliqués dans le conflit.

Comportant en fait chacune une minorité de Romains et de Huns, les deux armées étaient majoritairement germaniques. Aux Wisigoths de Théodoric Ier s'opposaient les Ostrogoths de Valamir, Théodemir et Vidimer ! Aetius mit au centre les Alains de Sangiban, dont il se méfiait, les Wisigoths à droite et lui-même à gauche. Les charges commencèrent à 14 heures le 20 juin 451 et continuèrent toute la nuit. Théodoric fut renversé de cheval et tué, son fils Thorismund sérieusement blessé. Les Francs et les Gépides s'exterminèrent mutuellement. Au matin, constatant qu'Attila s'était retranché dans son cercle de chariots hérissé d'archers bien protégés, Aetius, par prudence et par calcul, arrêta la bataille. Il laissa les Huns se retirer en bon ordre, probablement pour en obtenir plus tard des mercenaires, conseilla fortement à Thorismund, qui venait d'être élu roi par ses guerriers sur le champ de bataille, de regagner Toulouse au plus vite. Ce qu'il fit après avoir retrouvé le corps de son père sous des monceaux de cadavres. « Après avoir chanté des chants à sa louange, ils l'emportèrent loin des yeux de l'ennemi. Vous eussiez vu des bandes de Goths à la voix rude et discordante s'occuper des soins pieux des funérailles au milieu des fureurs d'une guerre qui ne s'était pas encore éteinte » (Jordanès, *Getica*, 214). Les conseils d'Aetius furent identiques à l'égard du roi des Francs, dont on ne sait s'il s'agissait encore de Chlodion ou déjà de Mérovée. Il fit de même avec les autres fédérés, qui repartirent chez eux.

Attila n'en revint pas moins et fondit en 452 sur l'Italie dépourvue de troupes ne la quittant qu'après de difficiles négociations avec le pape Léon le Grand. On en conçut à Ravenne un profond désir de vengeance à l'égard d'Aetius qui avait sauvé la Gaule, mais non l'Italie. Mais les Huns ne revinrent pas l'année suivante. En effet, Attila-Barbe-Bleue, non content de ses innombrables épouses, avait décidé, pour élargir sa clientèle de satellites, d'épouser une princesse germanique, Ildico. Après une fête dans son palais de planches polies, qui s'était achevée sur une gigantesque beuverie, les époux s'étaient retirés dans leur chambre. Au matin, n'entendant aucun bruit, les serviteurs, après avoir vainement tambouriné aux portes, forcèrent l'entrée. Attila gisait sur le dos, dans une mare de sang. Le plus grand conquérant du monde venait de mourir en plein sommeil, étouffé par un saignement de nez... Au bord du lit, Ildico pleurait sous son voile, persuadée qu'on l'accuserait de l'avoir tué. Effectivement, dans l'épopée des *Niebelungen*, elle devient Krimhilde, l'épouse perfide d'Etzel (Attila), qui excite Gunther et ses hommes contre son mari pour venger la mort de Siegfried.

La mort d'Attila fut le signal de l'effondrement de son empire. Les fils issus de ses multiples mariages se disputèrent l'héritage. Dès 455, tous les peuples germaniques se libérèrent de la domination des Huns et se portèrent surtout du côté de l'Empire romain d'Orient qui s'était fortifié et devenait un État très puissant sous l'autorité de Marcien et de ses successeurs. L'hypothèque des Huns, qui pesait depuis soixante quinze ans sur l'Occident, était levée. Mais cela laissait la voie libre aux peuples fédérés installés en Gaule. Le jeu de bascule auquel s'était livré Aetius n'était plus possible. La bataille des champs Catalauniques apparut alors sous son véritable jour : c'était une victoire germanique, mais non romaine. L'Empire devait son salut à ceux qui l'avaient envahi...

Thorismund, roi des Wisigoths, en profita pour écraser les Alains de Sangiban, sis en Orléannais, pour les punir d'avoir soutenu Aetius. En même temps, les évêques de la

Troisième Lyonnaise, au nord de la Loire, se réunirent le 4 octobre 453 et interdirent aux clercs, sous peine d'excommunication – et qui plus est d'interdit, peine rarissime –, « de livrer ou de prendre des villes ». De toute évidence, l'Ouest armoricain cherchait à échapper à l'autorité romaine, et Thorismund attaqua une nouvelle fois Arles où le préfet du prétoire, Tonantius Ferreolus, sans aucune troupe, négocia péniblement son retrait. Là-dessus, un complot des frères de Thorismund éclata, comme il était inévitable lorsque les Germaniques étaient plusieurs à régner. Surpris, Thorismund eut le temps, avant de mourir, d'assommer quelques conspirateurs à coups d'escabeau. Son frère Théodoric II (453-466) voulait alors inaugurer une nouvelle politique de domination de l'Empire.

En effet, la situation s'était aggravée à Rome. Le parti antigermanique poussa Valentinien III contre Aetius qui cherchait, par un mariage impérial en faveur de son fils, à s'emparer du pouvoir. Au cours d'une entrevue orageuse au Palatin, l'empereur porta un coup d'épée au patrice accusé de trahison. Ses conseillers l'achevèrent. On était le 21 septembre 454. Six mois plus tard, le 16 mars 455, après avoir tout juste eu le temps de nommer Majorien *comes domesticorum*, c'est-à-dire commandant de la garde impériale, Valentinien III présidait au champ de Mars à des exercices de la garde, lorsque deux bucellaires d'Aetius vengèrent leur maître et seigneur en le poignardant. Il s'agissait de soldats formant la garde personnelle privée d'Aetius qui les entretenait en échange de leur fidélité et de leur service armé. Optila et Thraustila, à en juger par leurs noms, étaient probablement des Huns. Le premier crime est révélateur de l'incapacité du pouvoir central à voir clairement la situation et de la tendance suicidaire à se débarrasser de ses meilleurs serviteurs, comme Stilichon en 408, le second de la montée des clientèles privées qui rongeaient l'État de tous côtés et contribuaient à son écroulement.

Pour la Gaule, la mort d'Aetius fut une catastrophe. Il n'y eut plus jamais de commandement militaire unifié sur le pays. La cassure entre Gaule méridionale et Gaule du Nord s'accentua, celle-ci devenant paradoxalement, malgré l'éloignement de Rome, la seule zone de pouvoir romain effectif. En même temps, cette séparation, qui se devinait avec la formation d'un parti prowisigoth dans le Midi ou d'une attitude profranque, mais romaine et catholique, prônée par Geneviève dans le Nord, allait finir par une guerre civile. Seuls restèrent pour défendre efficacement le pouvoir politique romain les officiers d'état-major d'Aetius, Majorien et Aegidius.

La guerre civile en Gaule

Ce double assassinat fut le signal qui permit aux Barbares de repartir à l'assaut : ils ne craignirent plus rien. Le roi vandale Genséric s'empressa de réclamer au nouvel empereur la cession des Baléares, de la Corse, de la Sardaigne, etc. Il rassembla une flotte qui débarqua en mai 455 à Ostie. À Rome, ce fut une nouvelle panique. Un flot de fuyards s'échappa de la ville, parmi lesquels l'empereur lui-même. Reconnu dans la foule, il fut tué par un soldat. Il ne resta plus au pape Léon le Grand qu'à implorer de Genséric d'épargner une ville sans défenseurs. Le Vandale exigea quinze jours de pillage. Cette fois-ci, tout fut raflé systématiquement, aussi bien les plus belles œuvres d'art de l'Antiquité que les trésors des églises et même les tuiles de bronze doré du temple de Jupiter Capitolin qui servirent à faire de la monnaie. Genséric sortit de Rome le 16 juin, emmenant en même temps des otages de haut prix, Eudoxie, l'impératrice veuve, et ses deux filles, ainsi que le fils d'Aetius, Gaudentius. Il pouvait ainsi exercer son chantage sur l'empereur d'Orient. Il avait de quoi être satisfait, même si une partie du butin lui échappa avec un navire trop lourdement chargé qui coula à pic et gît encore aujourd'hui au fond de la Méditerranée.

Le pillage de Rome fut ressenti par l'opinion comme une profanation et ne fut pas sans réveiller des peurs de fin du monde. En tout cas, Avitus, ancien préfet du prétoire des Gaules, récemment nommé généralissime *(magister peditum et equitum)*, fut obligé de courir en Gaule du Nord pour colmater les frontières. En effet, les Alamans avaient franchi le Rhin et commençaient alors à occuper pour de bon le sud de l'Alsace et le nord de la Suisse. Les Francs Rhénans firent de même dans les territoires de la rive gauche d'où ils avaient été chassés et pillèrent Trèves pour la quatrième fois en 455. En moins de trois mois, Avitus parvint à rétablir la situation à Trèves, où il laissa Aegidius, intimida les Chamaves, qui ne passèrent pas le Rhin, et arrêta par une inspection du *Litus Saxonicum* les initiatives des Saxons qui s'apprêtaient à se lancer dans de nouvelles pirateries.

Pour empêcher les Wisigoths de rompre le *foedus*, il partit ensuite pour Toulouse. À sa grande surprise – ou sur sa suggestion, on ne sait –, son royal élève Théodoric II lui proposa froidement d'être empereur, comme Alaric Ier et Athaulf l'avaient fait vainement avec Attale. Pour Avitus, qui venait renouveler le *foedus*, l'occasion était belle de s'en aller vers Rome avec les troupes wisigothiques. Un programme fut mis au point : renouvellement du traité, rétablissement de l'ordre et lutte contre les Vandales. Avitus fut reconnu empereur le 7 juillet 455 à Beaucaire par les sénateurs gaulois réunis en assemblée préparatoire, puis, le 9, il reçut le torque, ce collier gaulois à deux boules devenu insigne impérial, ainsi que toutes les autres marques de dignité devant les troupes présentes. Il entra bientôt en Italie avec des contingents wisigoths, tandis que Théodoric II partait combattre les Suèves révoltés avec les bagaudes en Espagne. Le 1er janvier 456, Avitus inaugurait dans Rome son premier consulat, et c'est à cette occasion que son gendre Sidoine Apollinaire entra dans l'histoire en prononçant son panégyrique.

L'écrivain avait alors vingt-cinq ans et venait d'épouser Papianille dont il reçut probablement en dot sa magnifique *villa* des bords du lac d'Aydat en Auvergne. Son discours est extrêmement intéressant, car il nous révèle l'état d'esprit de toute la riche noblesse sénatoriale de la Gaule méridionale qui avait oublié les ravages de 406-409. Ses illusions montrent le manque de lucidité de ce groupe social qui avait choisi les Wisigoths, persuadé que c'étaient les véritables maîtres de la situation : le Wisigoth sera un auxiliaire, le Vandale qui a pillé, réitérant le sacrilège d'Alaric Ier, sera puni. Le préfet du prétoire des Gaules, Tonantius Ferreolus, lui, parla au nom de la Gaule, de sa patrie, de la défense des propriétés aristocratiques écrasées d'impôts par un empereur enfant (Valentinien III). La fidélité à la dynastie n'avait plus de raison d'être, car, bien que légitime, celle-ci était décriée. La soutenir équivalait « à porter l'ombre de l'Empire ». En fait, la dynastie valentiniano-théodosienne était, depuis soixante-quinze ans, le dernier rempart de l'Empire, quels que fussent les défauts de ses empereurs. Qui plus est, Rome n'était plus dans Rome, elle était tout entière dans Beaucaire. Avitus, empereur gaulois, représentait la liberté de la Gaule : « Si tu deviens empereur, je serai libre. » Une opération séparatiste gauloise était présentée comme la dernière planche de salut pour l'Empire romain. La Gaule du Nord n'y participa pas, et l'empereur d'Orient ne reconnut pas Avitus. Les faits semblaient reculer sous la pression des interprétations.

Toute la noblesse sénatoriale méridionale se vit récompenser par des postes élevés de fonctionnaires. Sidoine Apollinaire eut même droit à une statue de bronze sur le forum de Trajan. Deux généralissimes goths furent nommés : Remistus et Flavius Ricimer. Ce dernier était fils d'un Suève et d'une fille du roi Wallia. Mais les opérations militaires d'Avitus ne tardèrent pas à échouer, et son impopularité grandit parmi les sénateurs romains devant son incapacité à ralentir les pirateries vandales. Les anciens officiers d'Aetius s'entendirent contre lui. Remistus fut tué par Ricimer et Majorien le 17 septembre 456 ; quant à Avitus, battu près de Plaisance le 17 octobre, il fut épargné par Ricimer et Majorien qui le laissèrent élire évêque de la ville. L'empereur auvergnat, « ayant découvert que le Sénat lui était encore hostile et voulait attenter à sa vie, se rendit à la basilique de Saint-Julien d'Auvergne (Brioude) martyr avec de nombreux présents », nous dit Grégoire de Tours, bien renseigné puisqu'il était aussi auvergnat. Assassiné en cours de route, Avitus fut enterré dans l'église, au pied du martyr (malgré les fouilles archéologiques son tombeau n'a pas été retrouvé). Ainsi finit piteusement celui que les contemporains considéraient comme le fantoche des Wisigoths. Normalement, les illusions des sénateurs méridionaux auraient dû commencer à se dissiper.

Ce fut l'inverse. S'enfonçant dans la sécession, ils voulurent reconnaître comme empereur Marcellinus, envoyé en Dalmatie par Aetius, tandis que Majorien était proclamé Auguste par ses soldats à Ravenne le 1er avril 457. Le nouvel empereur d'Orient, Léon Ier, refusa de le reconnaître, mais il avait fait pis en nommant patrice Ricimer, lequel, à partir de ce moment, devint inamovible au poste qu'avait tenu Aetius. De 457 à 472, il allait devenir le véritable fossoyeur de l'Empire d'Occident, faisant et défaisant les empereurs à sa guise.

Progrès des Burgondes et des Wisigoths

La proclamation de Majorien eut pour résultat deux événements importants : les progrès des Burgondes et l'indépendance d'Aegidius. Théodoric II, se considérant en guerre avec le nouvel empereur, ramena avec lui les Burgondes, « ses auxiliaires », et incita les sénateurs lyonnais à élargir en 457 les zones d'établissement de ce peuple. Les nouveaux rois burgondes, Gondioc (456-471) et Chilpéric, entrèrent dans Lyon pour barrer la route aux troupes de Majorien, tandis que les sénateurs lyonnais organisaient le partage des terres à raison de deux tiers pour les Burgondes, le reste pour les Romains. C'était une nouvelle sécession régionale. La Gaule se fragmentait encore un peu plus, tandis que l'hégémonie wisigothique s'affirmait.

Cela continua. Nous avons vu qu'à la mort d'Aetius, les Francs Saliens ne bougèrent pas, au contraire des Rhénans qui envahirent la Germanie Première et la Belgique Première. Avitus avait probablement renouvelé l'alliance avec le roi des Saliens, dont il est impossible de savoir s'il s'agit encore de Chlodion ou de son « fils » (ou de son descendant, comme le dit Grégoire de Tours) Mérovée. Si j'interprète bien un texte de Grégoire de Tours qui a fait couler beaucoup d'encre et selon lequel Childéric, fils de Mérovée, aurait été chassé par ses compatriotes pendant huit ans

(*H.F.*, II, 12), ce départ de Childéric vers la Thuringe eut probablement lieu à la fin de l'année 451. Il dut laisser alors la place au général Aegidius pour commander les Francs Saliens comme s'il était leur roi. Après tout, le roi était général ; un général pouvait bien être un roi. Avitus l'avait laissé sur place avant de partir pour Toulouse. Là, il eut à faire face à la trahison d'un sénateur de Trèves, Lucius, qui livra la ville aux Francs Rhénans – Avitus avait, paraît-il, violé sa femme. Nommé à ce moment-là par Majorien *magister militum per Gallias*, Aegidius fut enfermé en 457 dans Cologne d'où il s'échappa. Ce fut vers 458, que, avec Childéric de retour et les Francs Saliens, il se précipita vers Lyon pour secourir Majorien. Ces années 457-458 furent capitales, car elles virent se renforcer, outre le royaume wisigoth, le royaume burgonde et le parti franco-romain du nord de la Gaule.

Les vingt et quelques années de pouvoir d'Aetius et de Galla Placidia sont donc révélatrices. Les derniers des Romains, un homme, une femme, sans compter l'état-major d'Aetius, ont tout fait pour galvaniser la résistance de Rome pour défendre la Gaule, pour installer des royaumes fédérés comme celui des Burgondes, ou réaffirmer leur autorité sur celui des Wisigoths, et calmer plus ou moins bien la révolte des Armoricains et la bagaude. Mais leur titre de gloire incontestable est leur victoire sur les Huns, que le hasard de la mort d'Attila acheva. Cette situation ne fit que renforcer la prééminence des Wisigoths, sauveurs de Rome, en réalité sauveurs d'eux-mêmes, car, en cas de victoire d'Attila, ils auraient été réduits en servitude. Cette prééminence, jointe à une politique proromaine ambiguë avec la désignation d'Avitus au trône impérial, entretint les illusions du parti sénatorial méridional jusqu'en 456. Les trois années suivantes furent celles de la cassure de la Gaule entre trois entités politiques : le royaume de Toulouse, celui des Burgondes, qui guignait Lyon, et la Gaule du Nord. Le « poison de l'État », incarné maintenant par Ricimer, véritable successeur d'Aetius, allait distiller lentement son venin.

Mais les premiers des Francs, tous romanisés, ont commencé déjà à prendre la relève. Merobaude, le général poète, Germain d'Auxerre, l'évêque, un Romain, et Aignan d'Orléans remplacent les défaillants ; Geneviève de Nanterre se substitue aux hommes qui veulent fuir et mise sur les Saliens comme solution d'avenir ; bref, avec la Gaule du Nord traumatisée par le siège d'Orléans et la seconde prise de Rome, abandonnée par ses élites, la fidélité des Francs Saliens ne s'est pas démentie, sauf en 448. Mais le morcellement de la Gaule est net. La trahison commence à apparaître, comme celle de Lucius à Trèves, ou la fuite, comme celle de Polychronius à Verdun. Ces vingt ans de résistance, cette agonie qui n'en finit pas auraient-ils été inutiles ?

CHAPITRE VI

Les derniers feux de l'Empire et le réveil de la foi en Gaule

La Gaule devient donc, après la mort de Valentinien III et surtout de Majorien (457-461), le champ clos de trois pouvoirs politiques, les Wisigoths, les Burgondes et les Francs, qui surenchérissent de romanité pour se rallier les populations. La longue résistance de l'Empire romain d'Occident fut utile, car elle imprégna tellement de sa civilisation les vainqueurs que ceux-ci ne pouvaient faire autrement que de s'en parer comme des plumes du paon ou même de se laisser sincèrement romaniser. Ce qui départagea finalement ces trois rivaux, ce fut le problème religieux. La période d'effondrement de l'Empire fit tomber les masques : la romanisation incluait-elle la religion catholique romaine ? De la réponse à cette question dépendait le sort de la Gaule. De ce temps des abandons et des nuits de la défaite allait surgir le retournement, la nécessaire conversion. Le règne de Majorien puis les quinze années de chute de l'Empire (461-476) montrèrent où étaient les véritables forces : le droit, l'Église avec des laïcs et des moines qui, surtout à Tours auprès du tombeau de saint Martin, organisent un véritable retournement des esprits, face à la montée en puissance des Wisigoths et tout particulièrement dans la dernière zone restée romaine, la Gaule du Nord.

Majorien parvint rapidement à se faire reconnaître empereur en Gaule. Il y fut rejoint par Aegidius, aidé par les Francs de Childéric qui expulsa les Burgondes de Lyon et fit sa jonction avec lui en Arles. Ce succès brisa net les tentatives de sécession des sénateurs méridionaux. Majorien eut l'habileté de promettre qu'il ne ferait tomber aucune tête. Renforcé par Léon Ier, qui, de Constantinople, confirma son titre d'empereur d'Occident, Majorien retourna le groupe sénatorial par des nominations habiles comme celle du Narbonnais Magnus à la préfecture du prétoire des Gaules. À la fin de l'année 458, Sidoine Apollinaire fut chargé de prononcer le panégyrique impérial. Les relations entre les deux hommes furent excellentes, comme le prouve une lettre (I, 11) où il se disculpe fort aisément, en improvisant des vers, d'une calomnie de ses collègues. Le milieu sénatorial n'hésitait pas à attaquer les siens y compris en présence de l'empereur, en plein repas. Même la littérature était affaire de rivalités politiques.

Au début, les espoirs placés en Majorien se révélèrent fondés. Cet homme, à la fois bon stratège et législateur lucide, a laissé des lois dites « novelles ». Nous avons vu (chapitre premier, p. 32-33) qu'il avait été le seul à diagnostiquer le mal profond de l'Empire : la dépopulation. Ses opérations militaires prouvèrent qu'il savait où était le danger. Théodoric II, furieux de le voir réussir, poursuivit Aegidius et le força à s'enfermer dans Arles en 458. Nous avons vu plus haut que Majorien, arrivé de Lyon, libéra son officier d'état-major au début de 459, et renouvela le *foedus* avec les Wisigoths. Ce fut la dernière fois. Restaient les Vandales, contre lesquels il réunit une grande armée et une flotte nombreuse. Cette dernière fut prise par l'ennemi sur les côtes d'Espagne, et l'empereur commença alors à démobiliser ses troupes. Mal lui en prit, car les sénateurs italiens, exaspérés par sa politique fiscale, s'entendirent avec le patrice Ricimer pour le renverser. Ce dernier accourut de Ravenne avec ses troupes, le battit et l'exécuta à Tortone le 2 août 461.

La fin de l'Empire d'Occident

En Gaule, l'indignation fut totale. Aegidius refusa de reconnaître le nouvel empereur, Libius Sévère, et se comporta de manière indépendante en Gaule du Nord. Les Burgondes en profitèrent pour revenir dès que possible occuper Lyon. Chacun, désormais, n'allait plus en faire qu'à sa tête, tandis que Ricimer, arien bon teint, faisait le jeu des Wisigoths, transformant les derniers empereurs en pantins. Libius Sévère (nov. 461-nov. 465) (empoisonné, selon certains, par Ricimer) fut remplacé par Anthémius (avril 467-juillet 472). Désigné par l'empereur d'Orient Léon Ier, il fut l'objet du dernier panégyrique de Sidoine Apollinaire, toujours optimiste. En fait, Ricimer, furieux de ses initiatives, lança contre lui en avril 472 un autre empereur, Olybrius, qui attaqua Anthémius dans Rome avec l'aide des Burgondes. Le 11 juillet 472, ce fut le troisième sac de Rome, par le vice-empereur lui-même, Ricimer. Anthémius, qui fuyait déguisé en mendiant au milieu de la foule, fut reconnu et tué par Gondebaud, nouveau roi des Burgondes. La mort de Ricimer puis celle d'Olybrius ne résolurent rien. On vit à la tête de l'Empire un usurpateur, Glycère (avril 472-juin 474), poussé par Gondebaud, puis

Julius Népos (juin 474-août 475), enfin Romulus Augustule (octobre 475-septembre 476), déposé par le dernier général romain résidant en Italie, Odoacre, roi des Skyres et des Turkilingues. Ainsi disparut l'Empire d'Occident, tandis qu'Odoacre faisait un paquet des insignes impériaux, qu'il expédia à Constantinople, et installait ses soldats autour de Ravenne en leur accordant un tiers des revenus des terres.

Cette cascade d'empereurs, six en quinze ans, finit par aboutir à la disparition du pouvoir légitime. À qui allaient s'adresser les partisans de Rome, à Odoacre ou à l'empereur romain d'Orient ? En réalité, personne ne le savait. Odoacre lui-même réclama à Zénon, l'empereur d'Orient, le titre de patrice, comme pour prendre la succession légitime d'Aetius et de Ricimer. Il l'obtint, mais ne le porta pas, se contentant d'être « roi en Italie ». La légalité romaine était respectée, faute de légitimité.

On se rend compte à quel point le droit était partie prenante de l'histoire puisqu'il continua à être appliqué bien après la fin de l'Empire. D'importantes mesures législatives, prises en particulier par Galla Placidia et Valentinien III, permettent d'expliquer le comportement ultérieur de Clovis. Ces lois sont contenues dans le Code théodosien, publié en 438 dans les deux parties de l'Empire. S'y ajoutèrent les novelles de ses successeurs. « L'empereur promulgue les lois qu'il est le premier à respecter », disait saint Ambroise. Le droit romain, droit normatif, ne peut être l'objet de l'arbitraire du pouvoir, puisqu'il pose des règles de vie en commun pour la société. À lire les lois de Valentinien III, qui se plaint constamment de l'égoïsme fiscal des milieux sénatoriaux et cherche vainement à supprimer leurs privilèges et leurs exonérations, on se rend compte que l'État romain était incapable de se réformer lui-même. En fait, ce groupe s'était érigé en organe de pression de plus en plus indépendant, qu'il s'agît des sénateurs des Gaules ou de ceux de Rome. Les premiers obtinrent en 418 l'autopragie (c'est-à-dire le droit de verser leurs impôts sans passer par le contrôle de l'administration) et la conservèrent jusqu'au bout. Les seconds n'hésitèrent pas à se débarrasser d'un empereur beaucoup trop réformateur à leur goût, Majorien. Il n'était pas étonnant que l'État, pris dans une spirale infernale, vît se réduire les recettes fiscales, celles des plus gros contribuables comme celles des petits, appauvris par les pillages et les guerres, et ce malgré les continuelles remises des arriérés impayés, et donc vît diminuer ses ressources pour payer les soldats. En 476, la dernière armée « romaine » impériale, dirigée par Odoacre, comptait à peine quinze mille hommes !

Julius Valerius Majorianus, nom complet de l'empereur selon la pratique romaine des *tria nomina,* a probablement entre trente et quarante ans lorsqu'il exerce le pouvoir de 457 à 461. Ses lois seront le chant du cygne de l'Empire d'Occident. Il s'élève avec vigueur contre les *potentes,* les puissants qui esquivent les obligations que leurs charges impliquent envers l'État. En particulier, s'ils se dérobent à la levée des impôts (exigibles en trois tiers provisionnels du 1er septembre au 31 août) pendant plus d'un an, la somme due sera doublée ! Le 28 mars 460, Majorien réitère l'interdiction de consacrer quelqu'un contre sa volonté. Le 8 mai 458, il rétablit dans chaque cité le poste de « défenseur ». Celui-ci devait être élu par les habitants de la ville qui étaient sénateurs, *curiales,* et par les gens du peuple, sans la participation de l'évêque (les problèmes fiscaux dont était chargé le défenseur ne sont en effet pas du ressort de l'évêque). Le 6 novembre de la même année, il s'occupe du problème des *curiales,* qui sont comme le *self government* de la cité. Comme ils sont responsables sur leur fortune personnelle de la levée des impôts, nombre d'entre eux fuient leurs responsabilités en passant dans les rangs du clergé (exempté d'impôts comme l'armée), soit même en se faisant ouvriers agricoles, colons non libres par le biais du patronage d'un puissant: l'empereur les ramène de force dans leur charge. Toutes ces décisions sont prises au nom du *mos maiorum,* de la coutume des anciens, de la force des aïeux. Mais Majorien livre un aveu final qui montre bien à quel point le patriotisme et la confiance en Rome ont diminué lorsque, le 11 juillet 458, il interdit sous peine des plus graves sanctions aux habitants de Rome de démolir les édifices publics pour en tirer des matériaux de construction. Même si cela se comprend pour les temples païens, alors fermés, l'État est trop faible pour les entretenir. Les Romains ont plus contribué à la démolition de Rome que les Barbares, lesquels ont seulement eu le temps de piller.

L'Église et l'État

Il ne restait plus, pour réformer, qu'à s'appuyer sur l'Église dont le clergé formait le troisième groupe de fonctionnaires de l'État, la *militia Christi.* Si la puissance publique était dans la main du prince (*princeps,* le premier du Sénat, titre impérial), l'union de l'Église et de l'État décrétée en 392 impliquait que les conceptions juridiques et sociales chrétiennes s'incarnent dans la société. Déjà Constantin s'était présenté comme « l'évêque de l'extérieur », c'est-à-dire celui qui s'occupait du visible, de l'histoire. À l'intérieur se trouvaient les évêques responsables de l'invisible. C'est la distinction entre le royaume de ce monde et le royaume des cieux. Ainsi s'explique que Constantin et ses successeurs aient convoqué les conciles et en aient même parfois présidé les séances. Il n'y a pas d'« Église constantinienne », le partage des rôles est clair et net.

Avec la proclamation du christianisme comme religion d'État, deux évolutions divergentes apparurent, l'une dans l'Empire d'Orient, l'autre dans l'Empire d'Occident. Constance puis Valens, qui étaient ariens, avaient considéré que leur responsabilité à l'égard de l'Église avait une dimension religieuse et qu'ils pouvaient aller jusqu'à dicter aux évêques la formulation des dogmes. Cette idée, jointe à celle de la prééminence de l'évêque de la Nouvelle Rome, le patriarche de Constantinople, allait pousser la politique de l'Orient vers une intervention directe de l'empereur dans l'Église – nous le verrons avec Zénon et Anastase. Jean Chrysostome, pour avoir refusé cette intrusion, connut l'exil et la mort. En revanche, Ambroise, archevêque de Milan, avait su faire accepter en Occident, lors de la célèbre pénitence de Théodose, une certaine suprématie des armes spirituelles.

Cette tendance s'est précisée sous Valentinien III dans ses relations avec le pape Léon le Grand (440-461). Il émet, le 6 juin 445, une constitution déclarant qu'à la suite de la condamnation d'une secte religieuse, les manichéens, par les évêques l'État prêtera main-forte au clergé pour appliquer la sentence. C'est l'apparition de la notion de « bras séculier », conséquence logique de l'union de l'Église et de l'État. Le 8 juillet 445, une deuxième constitution (novelle 17, reprise dans les autres lois romaines) précise à propos du métropolitain d'Arles, Hilaire, qui a consacré des membres de l'épiscopat sans en référer à l'évêque de Rome, que désormais les évêques « devront tous considérer comme une loi tout ce que l'*auctoritas* [c'est-à-dire l'autorité spirituelle des évêques, par opposition à la *potestas* impériale, pouvoir qui vient de Dieu] du siège apostolique a sanctionné et sanctionnera. De la sorte, tout évêque qui refuserait de comparaître en jugement devant le pontife romain devant lequel il a été appelé sera désormais contraint de s'y rendre par l'intervention du gouverneur de cette province ». Dans le cas d'Arles, n'oublions pas que le siège a été érigé par l'empereur Constance, et que c'est le *magister militum per Gallias,* Cassius lui-même, qui a installé Hilaire. Les fonctionnaires civils, qu'ils soient généraux ou gouverneurs de province, et bientôt même rois fédérés, surveillent la légalité du fonctionnement des institutions ecclésiales. Que ce soit le pape ou les évêques réunis en synode, tous possèdent une *auctoritas* qui a des répercussions publiques. C'est ainsi que, en 462, le pape Hilaire (461-468) consulte Frédéric, frère du roi wisigoth Euric, qu'il qualifie de « fils », alors qu'il est arien mais aussi général « romain », sur des questions d'élections épiscopales litigieuses ; il fait de même, l'année suivante, avec Gondioc, lequel est roi des Burgondes en même temps que général. Le droit civil romain impliquait de tels rapports entre fonctionnaires militaires et religieux.

D'autres lois avaient renforcé l'autorité du clergé. De même que les généraux avaient des tribunaux (par exemple celui de Clovis ; document I, p. 387), de même les évêques avaient obtenu de Constantin la possibilité de diriger et de trancher des débats judiciaires gratuitement, *inter volentes,* c'est-à-dire entre deux parties qui en seraient tombées d'accord. En 325, une loi de Constantin II, renforcée par Galla Placidia en 425, avait réservé tous les procès concernant les membres du clergé, y compris au criminel, aux tribunaux ecclésiastiques ; ainsi apparut le privilège du « for ecclésiastique ». Toutes ces décisions ne pouvaient que renforcer le caractère sacré et intouchable du clergé, fortifier son autorité aux yeux des populations et centraliser son organisation, tandis que celle des fonctionnaires civils se dissolvait en autonomismes régionaux ou en patronages décernés par des grands propriétaires et des chefs militaires en train de privatiser l'État. Seule la structure ecclésiale restait solide.

En même temps, en 439, pour enrayer la fuite des contribuables et en particulier des *curiales* vers le clergé, Valentinien III déclara imposables de manière héréditaire tous ceux dont la fortune personnelle dépassait trois cents sous d'or. C'étaient de tout petits propriétaires. Dans le même sens, en 439 et 452, furent réitérés aux esclaves, colons, membres des curies et des corps de métiers, les interdictions d'entrer dans le clergé ou la vie monastique. Seuls, dans ce cas-là, pouvaient devenir clercs les fils des prêtres, puisque les règles canoniques acceptaient qu'un laïc, marié une fois seulement, pût être ordonné prêtre tout en se séparant de son épouse. Mais la répétition même de ces lois est une preuve de leur difficulté d'application et des nombreuses infractions constatées. Ce n'est pas pour rien que sainte Geneviève (document XIII, p. 480) alla trouver le métropolitain de Bourges pour recevoir le voile des femmes consacrées alors qu'elle était *curialis*. Il est probable que son évêque, celui de Paris, avait refusé de commettre cette illégalité, alors qu'il était juridiquement responsable d'elle. Mais cela n'empêcha pas Geneviève, au contraire de ce qu'auraient fait d'autres, de remplir ses obligations fiscales et, nous le verrons, ses responsabilités publiques.

N'oublions pas, enfin, que l'Église, ayant désormais la personnalité morale, pouvait recevoir des dons et des affectations de terres publiques. Ces terres ne pouvaient que s'accroître puisque, juridiquement, elle n'en avait que la « possession » (et non point la propriété qui restait à l'État), c'est-à-dire l'usufruit, y compris celui des impôts qu'elles rapportaient, et qu'elles n'étaient morcelées ni par les ventes ni par les héritages. Les revenus ainsi perçuss (*cf.* document XII, p. 462 où l'on voit Remi reprocher à Falco de lever des impôts) permettaient d'abord de payer les membres du clergé *(stipendium, roga)*, d'entretenir et de construire les bâtiments du culte et surtout de prendre soin des pauvres. En temps normal, il y avait l'accueil et l'éducation des bébés abandonnés encore sanguinolents dans les vasques de marbre scellées aux murs des églises, les orphelinats (*brephotrophia* et *orphanotrophia*), les infirmeries, hospices, hôpitaux et hôtelleries pour les étrangers *(hospicia, xenodochia)*, sans oublier la matricule, liste où chaque église consignait les noms des pauvres logés et nourris dans un bâtiment spécial, et gardant en échange les sanctuaires tout en mendiant. En temps de guerre, s'ajoutaient l'accueil des réfugiés et surtout (*cf.* document XIX, p. 548) le rachat des ouailles de l'évêque et de tout prisonnier réduits en esclavage. Le spectacle était courant, au Vᵉ siècle, de longs convois de captifs enchaînés marchant à pied derrière les chariots des vainqueurs – et parfois, les hommes ayant été massacrés, de prisonnières avec leurs enfants destinés à repeupler les terres lointaines. On voyait très souvent aussi des évêques galoper derrière ces convois, après avoir fait fondre patènes et calices, pour racheter à coups de pièces d'or ces nouveaux esclaves dont le prix moyen était de 12 sous. L'évêque était ainsi devenu un fonctionnaire de substitution. Son budget lui attirait d'autant plus la faveur des pauvres qu'il était consacré à ce que nous appellons aujourd'hui la solidarité. Même l'enseignement finit par être de son ressort, lorsque, au début du VIᵉ siècle, les curies municipales, épuisées, à court d'argent, furent incapables de rémunérer et d'entretenir leurs professeurs et leurs écoles.

N'en concluons pas cependant, contrairement à ce qu'il a été dit autrefois, que les évêques furent les « défenseurs de leur cité ». Aucun texte ne signale qu'ils aient exercé cette fonction civile. Ce fonctionnaire créé par Valentinien Ier était en réalité l'équivalent d'un juge d'arbitrages pour recevoir les plaintes des contribuables contre les puissants. Il était élu dans le chef-lieu de cité parmi les fonctionnaires retraités. Il continua à jouer ce rôle au ve siècle dans le royaume wisigothique d'Aquitaine. L'un d'entre eux devint même évêque d'Angers, mais il lui avait fallu certainement obtenir l'autorisation de passer dans le clergé.

L'Église était dans une situation curieuse. Unique espoir des pauvres et perspective de carrière pour les riches sénateurs, elle était traversée de courants spirituels extrêmement divers et devait faire face à l'arianisme et au paganisme. Trois hommes symbolisent la diversité de ces courants : Sidoine Apollinaire, Salvien et Prosper. Le premier, brillant sujet des écoles d'Arles, était né à Lyon vers 431 d'une famille de hauts fonctionnaires. Nous l'avons vu écrire et prononcer trois panégyriques, ceux de son beau-père Avitus en 456 et de Majorien en 458, puis, après une retraite studieuse de sept ans (461-467), celui d'Anthémius (468). Il reçut la haute charge de préfet de la ville pour cette année-là et fut ainsi chargé de la présidence du Sénat, de la justice, de la police et du ravitaillement d'une ville qui dépassait encore, malgré deux sacs, trois cent mille habitants. Rien, jusqu'ici, à lire ses œuvres, ne laisse supposer que ce poète baroque, capable d'orner des bagatelles de guirlandes, puisse être un tant soit peu chrétien. Or voici que cet homme aimable et spirituel, poussé par les événements, en particulier, par la trahison de certains de ses collègues, abandonne cette vie de loisirs et se retrouve brusquement élu, en 471, évêque de Clermont après quelques mois de cléricature. Voilà un exemple de conversion qu'il faut expliquer. Ce retournement n'avait rien de

« carriériste ». Il s'agissait d'une brutale prise de conscience, après de longues années d'illusions sur les Wisigoths. Sidoine, comprenant que la civilisation et surtout l'Église étaient terriblement menacées par le nouveau roi des Wisigoths, Euric, allait s'exposer à de terribles épreuves.

Salvien est plus âgé, né peut-être vers 390-400, à Trèves, d'un milieu sénatorial très cultivé au point de savoir manier le paradoxe avec une habileté redoutable. Ce laïc, lui aussi père de famille, quitte Trèves pour le monastère des îles de Lérins et se fait prêtre. Ses beaux-parents lui reprocheront violemment cette décision qui le conduit à se séparer de sa femme. Son *De Gubernatione Dei* (Du gouvernement de Dieu) est un virulent pamphlet contre les chrétiens catholiques. On a rapporté plus haut ses apostrophes cinglantes aux citoyens de Trèves. Sa critique sociale est féroce quand il montre comment, par le biais du patronage, les colons libres perdent leurs terres, comment, par suite des excès des levées fiscales, les bagaudes aiment mieux vivre au fond des bois qu'être citoyens romains dans les cités, comment le Trésor public est réduit à la mendicité, comment « la préfecture de certaines gens que je ne nommerai pas n'est rien d'autre que des brigandages », comment, enfin, dans les rues de Carthage les moines se font siffler, tandis que « les hommes se déhanchent mieux que les femmes [...], se [couvrent] en public la tête de voiles et de rubans féminins » (*G.D.*, VII. 83). Certes, l'odeur du barbare soulève le cœur de Salvien, mais il n'en attribue pas moins l'effondrement au manque de foi et de conviction des chrétiens. Ce sont des *seculares*, des chrétiens de nom qui se vautrent dans le siècle et ne sont pas véritablement convertis. Cette notion de « conversion » touche les gens qui, longtemps après leur baptême, ont enfin découvert dans leur vie que le Christ s'adressait à eux, personnellement.

Qu'est-ce que la conversion ?

Or il faut bien constater que, dans ces années 460-480 où se joue le destin de la Gaule, un nombre impressionnant de conversions a lieu chez les chrétiens tièdes sous l'influence de la critique monastique. À travers la correspondance de Sidoine et l'épigraphie, il est possible de découvrir combien ses amis, intellectuels frivoles, fonctionnaires amis des lettres, s'interrogent. Le *vir spectabilis* Consentius, son voisin auvergnat Élaphius, qui lui demande de venir inaugurer un baptistère en Rouergue, ne sont-ils pas déjà des *conversi*? Les Narbonnais Consentius et Magnus Felix, préfet du prétoire des Gaules en 469 et patrice, eux aussi se décident à vivre en ascètes, d'abord en secret, tout en gardant les ors et les apparats du pouvoir, puis ouvertement, en moines puis en prêtres. Ils font exactement comme l'ancien préfet du prétoire des Gaules de 412/413, Claudius Postumus Dardanus, qui a construit près de Sisteron une « cité de Dieu » au sens augustinien du terme, Théopolis, c'est-à-dire une communauté monastique. Les intellectuels encore païens considéraient que c'était là une démission, et les « carriéristes » reprochaient à leurs anciens condisciples leur naïveté, alors qu'il y avait tant de postes intéressants à occuper dans les gouvernements wisigoth et burgonde. Leur réponse était simple : « Il vaut mieux ne plus lire et ne plus écrire que des choses sérieuses et songer à la vie éternelle plutôt qu'à la renommée. » Le mépris du monde n'est point une misanthropie, mais un refus de ses péchés, de ses compromissions : le quitter pour trouver Dieu par la relation de la prière est en réalité la seule manière de sauver le monde. Le véritable ermite qui réussit sa vie, le vrai moine qui transforme le monde, ce sont ceux qui par leur vie de prière ont attiré autour d'eux des hommes et des femmes rejetant les modes ambiantes et inoculant ainsi l'esprit de la cité de Dieu à la cité terrestre. Le monde est alors *permixtus*, mélangé, comme le dit saint Augustin. Comme l'Église, il est un ensemble de saints et de pécheurs. Petit à petit, la sainteté se répandra par les conversions au point de phagocyter le pécheur qui est au cœur de tout homme. L'Empire et l'Église ne peuvent pas se réformer; ils peuvent être transformés de l'intérieur par l'action de Dieu qui convertit les âmes. Tel est l'espoir qui naît alors chez les plus lucides des Gallo-Romains, dans les élites, mais aussi dans le peuple.

La pensée de saint Augustin les inspire, ne serait-ce que sur le plan pastoral. L'évêque d'Hippone s'est déjà posé la question : que faire lorsque les Vandales arrivent ? Fuir ou résister ? Sachant que la persécution arienne peut s'abattre sur tel prêtre ou tel laïc, Augustin établit un principe simple : « Là où est le troupeau, là est le peuple *(ubi grex, ubi populus)*. » Dans le premier cas, le clerc menacé peut fuir. Mais – deuxième cas – si le troupeau est menacé aussi, alors que personne ne se sépare. « Que tous gagnent donc des lieux de refuge ; s'il en est qui se trouvent obligés de rester, ils ne doivent pas être délaissés par ceux qui ont la charge du ministère de l'Église. Un vrai prêtre doit surmonter sa peur et s'imposer auprès des siens. Quand tous ceux qui n'ont pas pu fuir se réfugient dans une église, la place du prêtre se trouve au milieu d'eux. » Autrement dit, et nous verrons que cette lettre aura de l'influence en Gaule, la vie spirituelle de la communauté ecclésiale passe avant tout souci matériel. Elle incarne les raisons de vivre. La désespérance, misère bien pire que la faim et la soif, ne peut pas se loger dans une communauté vivante. Ainsi, les Églises de Gaule étaient mentalement armées pour défendre les populations face aux traumatismes de l'époque.

Mais elles étaient armées aussi pour l'offensive. Un autre laïc marié, Prosper, né en Aquitaine vers 400, se retrouva vers 462 dans les milieux monastiques de Marseille et des îles de Lérins. Il était entré en relations suivies avec saint Augustin qui lui adressa deux de ses ouvrages. Après la mort de celui-ci (431), il se fit le défenseur à Rome, auprès du pape Célestin Ier, des idées augustiniennes contre certaines dérives monastiques. Outre ses nombreux ouvrages de théologie, il écrivit une chronique historique qui s'arrête aux années 444-455. Quand Léon le Grand, encore archidiacre romain, vint apaiser un conflit qui avait éclaté entre Aetius et le préfet du prétoire Albinus, dans la ville d'Arles, il rencontra Prosper. Lorsqu'il apprit en 440 qu'il avait été élu pape à Rome en son absence, il repartit pour l'Italie en emmenant Prosper comme secrétaire. Là, le pape qui avait su faire reculer Attila lui apprit à modérer son enthousiasme augustinien, en particulier les thèses de l'évêque d'Hippone sur la prédestination. De retour en Gaule en 461, après la mort de Léon le Grand, il écrivit le *De vocatione omnium gentium*, Appel à tous les peuples. On aurait envie de traduire : appel à toutes les tribus (sous-entendu, germaniques). Dieu, dit-il, veut sauver toute l'humanité. L'homme est responsable de la conduite de l'histoire. Il lui appartient donc de lancer la mission. Là encore, cette théologie de l'histoire est le résultat d'une longue évolution personnelle chez ce laïc qui a vu son pays ruiné en 406-409. Comme Léon Ier, il affirme que le salut est offert à tous les non-chrétiens, y compris aux ennemis, les Barbares : « Non seulement parmi les Juifs, mais encore parmi les païens, tous reçoivent le témoignage de Celui qui vient du ciel » (I, 20) ; « Il y a aux extrémités du monde des peuples que la grâce du Sauveur n'a pas encore illuminés » (II, 17).

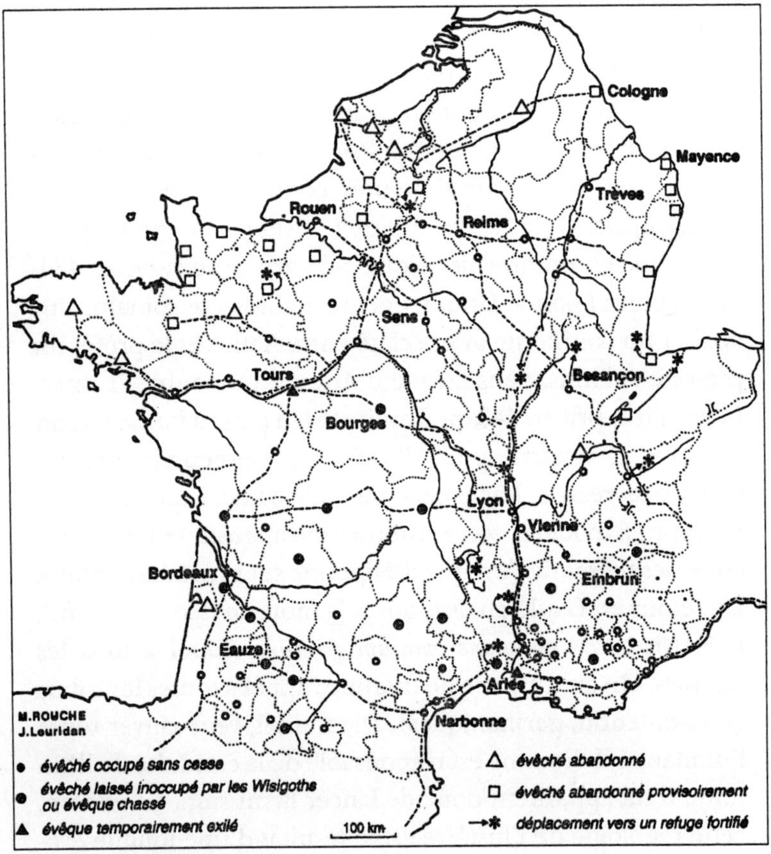

Carte 3. *La crise de l'Église en Gaule au milieu du ve siècle*

Une quinzaine d'évêchés subsistent au nord de la Loire. Au sud, en pays arien, seule la Provence est à peu près intacte.

Certes, leur conversion nécessite un délai, mais il est urgent qu'elle arrive. Prosper eut de l'influence et mit ses idées en pratique. Vers 479, Sidoine écrivit une lettre à un certain évêque Prosper (VII, 15), lequel figure sur la liste épiscopale d'Orléans. On peut parier, sans grand risque de se tromper qu'il s'agit là du même Prosper d'Aquitaine, âgé, entré dans l'épiscopat, comme bien d'autres laïcs – tels Germain d'Auxerre ou Loup de Troyes (426/427 à 479) –, pour y mettre ses idées en application, et, on l'aura remarqué, hors de son pays natal, hors du royaume wisigoth, sur le siège d'Aignan, à la jonction de la Gaule du Sud et de la Gaule du Nord. Gageons qu'il sut, pendant les quelques années qui lui restèrent après 480, y diffuser le programme de l'évangélisation et de la mission.

Effectivement, l'Église du nord de la Gaule était très sérieusement atteinte par l'expansion du paganisme germanique. Depuis Avranches jusqu'à Strasbourg, tous les évêques avaient disparu sur les côtes et aux frontières. Les vacances de sièges, faute de candidats, comme à Auxerre, duraient souvent plus d'un an. Déjà un disciple de Loup de Troyes, Sévère, évêque de Trèves (445-v. 460), avait tenté d'évangéliser les Francs Rhénans, puisque son évêché était maintenant en première ligne. L'un de ses successeurs, Jamblyque, d'origine grecque, dut fuir Trèves lorsqu'elle tomba aux mains des Francs Rhénans après 468, pour aller mourir à Saint-Germain-du-Plain dans le diocèse de Chalon-sur-Saône. Au total, avant 500, sur la quarantaine d'évêchés de la Gaule du Nord, la moitié était dépourvue d'évêques, un quart était en proie à de graves problèmes matériels (*cf.* carte 3, p. 152). Tout reposait donc sur la conviction des nouveaux élus, quand on les trouvait. Ainsi apparurent les premiers évêques francs romanisés. Le comte Arbogast, descendant du célèbre Arbogast qui avait poussé Eugène sur le trône impérial en 392, salué par Sidoine Apollinaire (IX, 17) pour « sa familiarité avec les Barbares et son ignorance des barbarismes », finit en 471 par être pressenti pour le siège épiscopal de Chartres qu'il occupa effectivement.

Toujours dans ce climat de crise, en 459, donc sous le règne de Majorien, un jeune homme de vingt-deux ans, Remi, fut élu évêque de Reims, contraint et forcé. Les règles canoniques rappelées par Célestin Ier et Léon le Grand étaient formelles. L'ordination sacerdotale, afin que le célibat consacré puisse être respecté, était fixée à trente ans, de même que le voile ne pouvait pas être accordé aux moniales avant quarante ans. Les Anciens avaient pour maxime : jeune saint, vieux diable ! Il fallait donc attendre que les orages de l'adolescence fussent passés pour accéder à une pratique équilibrée du sacerdoce et du célibat consacré. Comme en témoigne la première *Vie de saint Remi,* reprise par Hincmar en 880, cette entorse au droit canonique fut certainement entérinée par Majorien ou par son représentant en Gaule.

Ce sénateur fort lettré était un grand propriétaire foncier, soucieux de travailler la terre de ses propres mains, puisque son testament (*cf.* document XV, p. 498) nous le montre plantant lui-même ses vignes et gérant ses terres réparties surtout dans la région de Laon et, dans une moindre mesure, de Reims. Contrairement à Sidoine, il n'exerçait aucune charge civile et fut directement projeté par l'urgence et le vote de tous les électeurs, clercs et laïcs, dans les innombrables responsabilités du métropolitain de Belgique Seconde. Il était donc fort bien renseigné, pour les avoir vus agir, sur la politique d'Aetius et de Majorien à l'égard des Francs Saliens qui occupaient le nord de sa province. Sa correspondance (*cf.* documents I, II, XI, XII, p. 387-396 et 454-469) laisse entrevoir un homme froid, autoritaire voire irascible, strict en matière de droit civil et de droit canon, respectueux du pouvoir politique quelle que soit sa situation religieuse et surtout doté d'une foi inébranlable où la dimension eschatologique est primordiale. Pour lui, la promesse d'éternité que comporte l'Écriture reste fondamentale, et les représentants de Dieu et des apôtres sur terre que sont les évêques doivent être suivis par les fidèles, et même écoutés par les non-chrétiens. De sa famille de noblesse locale, probablement récente puisque son nom semble indiquer qu'il est originaire du territoire de Reims, il garde le sens du commandement que devait avoir l'un de ses ancêtres du même nom, le *magister officiorum* (responsable de l'administration centrale) de Valentinien Ier. Il représente donc toutes les traditions de l'Empire romain et de l'Église telles qu'il les a vues fonctionner encore normalement avant 461 et l'effondrement des structures administratives et ecclésiastiques.

À quarante-cinquante ans, Remi est donc paradoxalement, face à Clovis, le doyen de tout l'épiscopat de la Gaule. Il incarne l'expérience romaine et chrétienne d'un corps épiscopal sévèrement secoué par les événements. Qui plus est, nous le verrons quasiment enterrer tous les acteurs de ce drame, sauf Clotilde, puisqu'il meurt à quatre-vingt-seize ans, en 533 ! On ne saurait donc trop souligner l'importance de la date très précoce de l'ordination épiscopale de Remi, car elle a fait de lui la mémoire vivante de l'Église avant la crise de la seconde moitié du ve siècle.

L'influence des disciples de saint Martin

L'épiscopat a donc deux sources de recrutement, les grandes familles sénatoriales, comme dans le cas de Remi, ou bien des laïcs convertis, comme chez Sidoine Apollinaire ou Germain d'Auxerre. Mais il en est une troisième : les gens du peuple convertis. Nous avons vu le rôle joué par les moines de Lérins ou de Marseille dans les conversions. Or, si leur influence est nette sur les milieux sénatoriaux du Midi, ou sur des gens comme Loup de Troyes, elle est beaucoup plus faible comparée à celle des moines de Saint-Martin de Tours. La Provence, terre de réfugiés, n'a pas connu de graves invasions. La Touraine les a subies. En 459, l'année de l'ordination de Remi, – on remarquera la coïncidence –, la victoire d'Aegidius et de Majorien sur Théodoric II en Arles est saluée avec enthousiasme par les clercs de la basilique de Saint-Martin et son évêque Perpetuus (458-488) : « À Tours, l'évêque et la communauté instruite par ses soins faisaient des vœux pour le succès d'Aegidius et partageaient l'angoisse des cités voisines d'Arles effrayées des périls dont ce puissant chef était menacé ; toute la population était dans l'attente, incertaine, inquiète ; chacune se croit menacée d'une calamité semblable ; tout s'ébranle au danger d'un seul homme, car tout repose sur un seul. » Voilà le peuple chrétien en émoi. Un démon qui aurait poussé à la destruction et au carnage d'Arles par la bouche d'un possédé fut contraint de s'exprimer en pleine église devant le tombeau. Il déclara que le succès avait été obtenu grâce aux prières de Martin. Nous entrons ici pour la première fois en contact avec cette foule de pèlerins venant prier le saint sur son tombeau pour en obtenir grâces, faveurs matérielles ou guérisons spirituelles. Ils y restaient plusieurs jours, et parmi eux on remarquait évidemment ceux qu'on appelait alors les « énergumènes » (en grec : ceux qui sont au pouvoir d'une force) et les possédés. Certains y verraient aujourd'hui des malades mentaux atteints de logorrhée et de délire paranoïaque, il n'importe : les phrases de cet individu ont été réellement prononcées. Elles reflètent l'état exact de l'émotion qui s'emparait des foules vibrant aux dernières nouvelles politiques. Tours est encore romaine pour dix ans. Tandis que les Lyonnais commencent à craindre les Burgondes, les Tourangeaux, eux, ont peur des Wisigoths. Leur angoisse – le mot y est – est donc le résultat d'une information précise entretenue par le nouvel évêque qui relance à ce moment le culte de saint Martin, négligé par ses prédécesseurs. Il va rappeler, grâce aux liens qu'il a gardés avec Sidoine Apollinaire et bien d'autres, que saint Martin, l'adversaire des ariens, est le véritable protecteur des humbles.

Si le public est attiré à Tours par les « puissances » (seule manière de traduire *virtutes* autrement que par « miracles ») de Martin qui guérit tous les maux, le clergé sait d'où vient la force intérieure de celui-ci. Ce Pannonien, né à Sabaria (Szombathély en Hongrie) en 316/317, fut un militaire de carrière, puisque son père l'était. « Il servit dans la cavalerie de la garde sous l'empereur Constance [arien] puis sous le César Julien [païen]. » Il fit donc partie d'une compagnie d'élite, la célèbre garde blanche *(candidati)* de l'empereur que l'on retrouve ensuite à Constantinople, puis à Moscou (celle des tsars). On n'y entrait pas sans témoigner d'un patriotisme romain à toute épreuve. Libéré du service en 356 à Worms, déjà converti dès l'âge de dix ou douze ans, il rejoignit Hilaire à Poitiers. Celui-ci revenait de Phrygie où il avait été exilé pour avoir refusé l'arianisme. Il chargea probablement Martin d'aller ramener ses compatriotes à la foi catholique. « En Illyricum, comme il était presque seul à opposer la résistance la plus énergique à la foi corrompue des évêques, [...] il fut non seulement battu de verges en public, mais finalement contraint de quitter la ville. » « À Milan, Auxence, principal fondateur du parti arien, [...] le fit expulser de la cité. » Il se lance alors dans la vie érémitique, puis dirige une communauté d'ascètes à Ligugé. Il refuse d'entrer dans le clergé comme le lui propose Hilaire, et n'accepte que le ministère institué d'exorciste. Car la vie de Martin est marquée par la lutte contre Satan en qui il voit l'Esprit qui dit non. Son type de foi mystique est donc une recherche continuelle pour ouvrir la liberté du cœur de chacun dans la relation à Dieu. Son antiarianisme est fondé sur la libre relation de personne à personne dans la Trinité. Il ne peut supporter l'idée d'un Dieu tout-puissant qui écrase et domine. Quand il abat les idoles à coups de marteau devant les foules ébahies, c'est pour montrer l'impuissance de ces dieux : ils ne l'ont pas foudroyé pour son geste sacrilège, il est toujours debout. Il apporte aux populations un Dieu du cœur qui répond à leurs aspirations. Celles-là ne tardent pas, en 371, à l'arracher à son monastère poitevin et à le faire ordonner évêque de Tours, au mépris, là encore, de toutes les règles canoniques : il n'était pas prêtre et dépendait d'un autre diocèse. Nombre d'évêques venus pour la cérémonie d'intronisation lui trouvaient « la mine pitoyable, des vêtements sales, les cheveux en désordre, bref, indigne de l'épiscopat ». Cet aspect non conformiste, Martin le garda une fois évêque. Son monastère, creusé dans la paroi du rocher à Marmoutier, sur la rive droite de la Loire, à quatre kilomètres de Tours, était destiné à lui permettre de prier en s'extrayant des complicités de ce monde. Nous retrouvons une fois de plus cette dialectique du mépris du monde qui permet, ensuite, d'être renvoyé au monde pour mieux le transformer. La retraite n'a qu'un but, la fécondité spirituelle. Chez Martin, elle fut immense. Cet homme du peuple eut de nombreux émules comme évêques, convertit les paysans, lutta contre les possédés et les illusions sataniques. Son refus de l'idole du pouvoir, par l'ascèse, reste probablement ce qui marqua le plus ses contemporains et notamment son biographe Sulpice Sévère qui rédigea, après sa mort en 397, une *Vie de saint Martin.* Une bonne partie de l'aristocratie provinciale fut convertie par son comportement et par la lecture de ce qui allait devenir le premier texte hagiographique de toutes les Gaules. Premier moine devenu évêque, Martin concrétisait la vie de foi, ne serait-ce qu'en dénonçant les déguisements de Satan dont Baudelaire devait dire, beaucoup plus tard, que sa plus grande ruse était de faire croire qu'il n'existe pas. Pour les convertis, la force de Dieu se manifestait à travers le corps de Martin : c'étaient les *virtutes* ou les miracles qui apportaient une réponse aux angoisses des foules à travers ceux-là mêmes qui étaient les plus démunis, les énergumènes qui n'avaient plus leur liberté.

À partir des évêques Eustocius (442-458), Perpetuus (458-488), Volusien (488-496) et Verus (495-506), l'Église de Tours devint alors, comme l'écrit Luce Piétri, un « véritable bastion de la foi trinitaire ». En tant que métropole, elle dirige les synodes provinciaux, reprenant en main les établissements monastiques, réaffirmant le respect de la vie, de l'indissolubilité du mariage, du respect des serments, du célibat des clercs, etc. Ainsi se créa une piété antiarienne et proromaine militante. Une nouvelle *Vie,* en vers, est rédigée en 470, à la demande de Perpetuus par le poète Paulin de Périgueux. Une église est dédiée aux saints Gervais et Protais, dont la découverte des reliques par Ambroise avait été une manifestation contre les ariens qui refusaient le culte des saints. Une autre église avait été dédiée à saint Pierre et à saint Paul, tandis que Perpetuus organisait une nouvelle fête liturgique pour les deux évangélisateurs de Rome (*cf.* carte 12, p. 312). Enfin, deux inscriptions dans la basilique de Saint-Martin de Tours proclamaient Martin « nouveau Pierre et nouveau Paul ». Tours affirmait ainsi sa fidélité indéfectible à l'Église de Rome et au successeur de Pierre. Une nouvelle basilique était presque terminée en 467 et fut inaugurée probablement vers 471, le 11 novembre, jour de la fête de Martin. Elle allait attirer de très nombreux pèlerins sur le tombeau du saint, y compris, nous le verrons, sainte Geneviève. Ainsi se constituait à travers la Gaule un véritable réseau spirituel dépassant les frontières des royaumes. Perpetuus était en liaison avec Sidoine Apollinaire, lequel écrivait à Arbogast à Trèves tout autant qu'à Remi à Reims (IX, 7). Volusien avait été le directeur spirituel du monastère Saint-Cirgues à Clermont avant de devenir évêque de Tours (VII, 17). Bref, l'esprit d'ascèse monastique martinien d'origine syriaque ou égyptienne soufflait à pleines voiles parmi ces hommes, sans oublier les femmes, dont certaines, férues de problèmes scripturaires, lisaient Augustin et Prudence (II, 7). Dès lors pouvait commencer, avec ces réseaux de spirituels, clercs et laïcs réunis, méprisant le monde et ses luttes pour le pouvoir politique, le seul combat digne d'intérêt : obtenir la conversion en profondeur de tous.

Comme on peut le constater, les fins de règne de Valentinien III et de Majorien sont capitales, ainsi que les quinze années (461-476) qui voient s'effondrer l'Empire d'Occident. Ce sont pour la Gaule des années d'échec, mais aussi des années de permanence et de retournement. Le droit romain reste plus vigoureux que les structures de l'État, puisqu'il n'est pas lié à l'arbitraire du pouvoir. Il devient comme le squelette imputrescible de Rome. Les mesures de Galla Placidia ont renforcé l'autonomie de la structure ecclésiale qui seule, au contraire des deux autres hiérarchies, civile et militaire, reste centralisée autour de l'évêque de Rome. Les efforts des derniers empereurs en vue de séparer les laïcs du clergé (pour des raisons fiscales), joints à ceux des conciles, font de celui-ci le dernier rempart pour le peuple et la dernière carrière pour l'aristocratie sénatoriale. Mais, en même temps, la virulente critique monastique ainsi que les événements font éclater l'hypocrisie des chrétiens tièdes et des fonctionnaires vermoulus. Des laïcs mariés se convertissent, au sens monastique du terme, c'est-à-dire qu'ils cherchent à vivre avec le Christ par la prière. Ils considèrent, avec Augustin, que, dans un monde où se côtoient le meilleur et le pire, il est possible de faire advenir le meilleur au sens spirituel du terme. Ainsi s'élabore un idéal de protection des peuples et de conversion des païens, soutenu par un véritable réseau de spirituels, autour de fortes personnalités comme Sidoine Apollinaire ou Remi, ou du culte de saint Martin. Avant que Ricimer ait assassiné Majorien, les grands acteurs de l'histoire de Clovis sont en place. Car c'est juste avant l'échec que furent trouvées, dans l'obscurité du présent, les solutions de l'avenir.

CHAPITRE VII

Les règnes de Childéric (457-481) et d'Euric (462-484) Guerres civiles et persécutions

La fin des illusions et le retournement des esprits furent provoqués par la guerre civile consécutive aux querelles de légitimité. S'y ajoutèrent les ambitions des Wisigoths qui « [parvinrent], avec tout leur courage et toute leur masse, à reculer jusqu'au Rhône et jusqu'à la Loire les bornes de leur possession en effervescence » ainsi que celles des Burgondes qui, eux, s'élargissaient en jouant la carte de la fidélité romaine. Restait le maintien, fort curieux, d'une zone romaine indépendante en Gaule du Nord, autour d'Aegidius puis de Childéric, roi des Francs Saliens.

Nous avons vu comment l'assassinat de Majorien fut le prétexte pour les Wisigoths et les Burgondes à continuer ou à reprendre leur progression. Théodoric II obtint enfin de Ricimer ce qu'il cherchait depuis longtemps. Le comte Agrippinus prit l'initiative, alors qu'il intriguait contre Aegidius depuis longtemps et avait été acquitté pour une première accusation de trahison, « de livrer Narbonne » aux Wisigoths « afin d'en obtenir des auxiliaires ». Le marchandage continuait et leur permit d'atteindre la

Carte 4. *L'expansion du royaume wisigoth (418-476)*

Les Wisigoths primitivement cantonnés entre Toulouse et l'Océan sont parvenus à occuper toutes les côtes méditerranéennes et même l'Espagne.

Méditerranée, ce qu'ils n'avaient pu faire en 413-418. La carte montre leur expansion (carte 4, p. 164). Simultanément, ils progressaient en Espagne. À cette époque, Sidoine Apollinaire croyait encore à la fidélité des Wisigoths alors que le traité d'alliance était bien malade. Sa lettre de 455 (I, 2), où il dressait un portrait flatteur de Théodoric II, était révélatrice, pourtant, de la quasi-indépendance du roi wisigoth et de l'existence d'un véritable gouvernement autonome à Toulouse. Il mentionne le trésor, les écuries, les audiences que le roi donne aux solliciteurs, y compris des Aquitains. Ni la trahison, pourtant bien réelle, d'Agrippinus, gracié cependant par l'empereur, ni l'occupation de Narbonne ne lui ouvrirent les yeux puisqu'il saluait alors Théodoric II comme le « pilier et le salut du peuple romain » (*Carmina,* XXIII, V. 71).

En fait, il fallut l'assassinat de Théodoric II par son frère Euric en 466 et la dénonciation du *foedus* par le nouveau roi pour commencer à l'ébranler. Euric avait tué son propre frère par ambition et surtout, nous le verrons, parce que les rois frères ne pouvaient cohabiter longtemps. Profitant de l'interrègne entre Majorien et Libius Sévère, le roi des Wisigoths prit son indépendance complète et ne se considéra plus comme au service de Rome, ce en quoi, d'ailleurs, il ne faisait que suivre Genséric, roi des Vandales, qui avait inauguré ce type de comportement en 442. Il fit publier par des juristes gallo-romains un code des lois concernant exclusivement son peuple. Quelle qu'en soit la date de publication – 468 ou plutôt 476 à mon avis –, cette manifestation d'indépendance est prouvée par le fait qu'aucune novelle de l'empereur Anthémius, refusé par Euric, n'y est incluse. Ce code prouve à quel point les Wisigoths sont déjà romanisés, puisqu'il y a très souvent reprise des lois romaines. Néanmoins, d'incontestables traits germaniques subsistent, tels la vengeance de la femme bafouée sur la maîtresse du mari (elle peut en faire ce qu'elle veut) ou le maintien de la famille large qui va jusqu'au septième degré de parenté. En revanche, le maintien de la loi de Valentinien Ier interdisant les mariages mixtes, le service militaire réservé aux Goths, et les obligations fiscales imposées aux Romains sont d'incontestables obstacles à l'entente entre les deux populations, de même que la loi 31,12 réservant la priorité aux Goths. De plus, le processus d'installation sur les terres des propriétaires gallo-romains continua avec l'occupation de la Narbonnaise en 462, comme le prouve la toponymie des villages aux noms terminés par *ens*.

Lorsque Euric eut fait alliance avec les Suèves d'Espagne en adoptant leur roi par les armes, il leur envoya en 466 un théologien arien, Ajax, d'origine grecque cappadocienne, comme Ulfila, pour faire passer les Suèves à l'arianisme de type homéen. « Cet ennemi de la foi catholique et de la divine Trinité émergea au milieu des Suèves pour aider leur roi. Ce virus ennemi de l'homme fut transporté depuis la zone d'habitation des Goths en Gaule », dit un chroniqueur anonyme contemporain. Initiative révélatrice : les Wisigoths, se percevant comme minoritaires, cherchèrent à se renforcer en fusionnant avec les Suèves. Puis Euric passa à un plan de partage de l'Empire en s'appuyant sur le parti des nobles aquitains, qui le soutenait. En 469, Arvandus, compromis dans une affaire de concussion, et bien que préfet du prétoire des Gaules pour la deuxième fois, n'hésita pas à expédier au roi une lettre dans laquelle il lui recommandait d'entrer en guerre contre « l'empereur grec » Anthémius, d'attaquer les Bretons, alliés de Rome, installés au nord de la Loire et de préparer un partage de la Gaule en royaumes souverains, l'un wisigoth et l'autre burgonde.

Voilà la seconde trahison, et cette fois au niveau le plus élevé de l'État en Gaule. La lettre de l'ami de Sidoine Apollinaire fut interceptée et l'assemblée des Sept Provinces fit arrêter Arvandus avant même sa révocation. Envoyé à Rome, il fut jugé par le Sénat devant lequel il avoua tout, persuadé qu'il serait acquitté – Sidoine lui avait pourtant recommandé de nier. Condamné à mort pour haute trahison, il vit sa peine commuée en déportation par l'empereur sur l'intervention de ses amis.

Cet événement eut une importance extrême pour toute la noblesse d'Aquitaine. Une partie, avec Tonantius Ferreolus, abandonna franchement la collaboration avec Euric. Sidoine lui-même finit par reconnaître la culpabilité de son ami. Mais d'autres, tel Evodius, continuèrent à fréquenter la cour gothique. En revanche, lorsque, en 469/470, Séronat, vicaire des Sept Provinces, s'efforça de mettre sous la coupe d'Euric la province d'Aquitaine Première, Sidoine n'hésita plus à le qualifier de « Catilina » : « Il s'avance vers les habitants du pays de Gévaudan, glacés de terreur, dispersés çà et là, fuyant les rares cités ; tantôt il les accable sous le poids de nouvelles indictions [impôts extraordinaires], tantôt il les enveloppe dans les filets tortueux de fausses accusations, ne permettant même pas à ces malheureux de rentrer chez eux avec la quittance de leur impôt annuel. » Séronat non seulement sert les Goths en levant l'impôt romain pour eux, mais de plus il installe leur pouvoir propre sans respecter la romanité des populations. « Il loue les Goths, vitupère les Romains, foule aux pieds les lois de Théodose, propose celles de Théodoric » (lequel a vu ses lois reprises dans le code d'Euric). Enfin et surtout, « il ordonne aux hommes de laisser pousser leurs cheveux [comme les Goths], aux femmes de les couper », les réduisant ainsi en esclavage (V, 13). La noblesse d'Auvergne réussit à obtenir son arrestation, mais son procès traîna en longueur sans aucune conclusion. Désormais, la situation était claire, et le groupe sénatorial se retrouva bientôt scindé en deux: les partisans d'Euric et ceux de Rome.

Nous verrons plus loin pourquoi les progrès d'Euric furent enrayés au nord. Mais, à l'est, il finit par atteindre son but, le Rhône et Arles. En 471, il écrasa l'armée du fils d'Anthémius qui se dirigeait vers Arles et occupa la basse vallée du Rhône pendant quelques mois. Il l'abandonna bientôt aux Burgondes qui se portèrent contre lui, non sans avoir incendié les moissons. En 472, « de toutes les villes de la Première Aquitaine, la guerre n'a laissé que la ville des Arvernes [Clermont] dans le parti des Romains ». Tandis que la famine régnait dans la vallée du Rhône, Sidoine, dont nous avons vu la conversion – accentuée par un pèlerinage à Rome « sur les seuils des saints apôtres » en 467 et par l'influence d'un moine breton, Faust, plus tard évêque de Riez, qui le poussa au baptême en 460 (*Carmina*, XVI, 83) – fut bientôt placé en première ligne devant les assauts des troupes wisigothiques. L'évêque fit alors appel à son beau-frère Ecdicius, surtout lorsque celui-ci fut nommé *magister militum praesentalis* et patrice.

Le conflit autour de l'Auvergne et de Clermont fut l'occasion de lever toutes les ambiguïtés qu'avaient entretenues jusqu'alors les Wisigoths. Leur arianisme devenait de plus en plus militant, et ils pouvaient s'appuyer en Aquitaine sur des Gallo-Romains encore ariens. Les luttes religieuses du IVe siècle avaient abouti à l'exil par l'empereur Constance de trois évêques, Hilaire de Poitiers, Rhodanius de Marseille et Fébade d'Agen, qui avaient polémiqué contre eux. Lorsque Sidoine Apollinaire voulut faire élire comme métropolitain de Bourges Simplicius, il trouva en face de lui, poussé par des Romains favorables aux Goths, un candidat arien. Dans son discours, fort habile et révélateur, il fit remarquer, pour juger de l'orthodoxie de Simplicius, qu'il avait été emprisonné par les Barbares ! Il l'emporta, aux applaudissements de Perpetuus de Tours qui lui réclama une copie de son intervention.

Sidoine explique fort bien comment Euric se comporte en chef d'État et en chef d'Église : « Je l'avoue, j'ai peur du roi des Goths. [...] Je crains moins ses coups pour les murs des Romains que pour la loi du Christ ; il déteste le nom catholique de bouche et de cœur, et donne l'impression d'être le chef de sa secte plutôt que de son peuple. La puissance de ses armes, son arrogance, son entrain juvénile l'induisent à croire par erreur qu'il doit le succès de ses entreprises et de ses desseins à la vérité de sa religion, non à une félicité temporelle » (VII, 6). L'évêque de Clermont a bien vu que, par définition, l'arianisme se confond avec l'ethnicité des Wisigoths. D'ailleurs, ils n'ont qu'un mot pour désigner ce qui régit politiquement et religieusement leur peuple : *lex gothica* (*cf.* document XXI, p. 564), la loi gothique, et, en sens inverse, comme le souligne Grégoire de Tours, « ils appellent Romains (et non point catholiques) les hommes de notre religion ». Cette double confusion, normale pour une époque qui avait du mal à distinguer le spirituel du temporel, permettait au roi de tenir parfaitement son peuple en main. Pour affirmer leur autorité sur le peuple gallo-romain, les Wisigoths étaient obligés d'absorber sinon tout le monde, du moins ceux dont ils avaient besoin pour dominer, c'est-à-dire essentiellement les gens exerçant de l'influence sur les Gallo-Romains.

La dernière résistance dans Clermont

La persécution des catholiques fut donc le fait du roi, comme au temps d'Athanaric. Elle fut déclenchée en 466, presque en même temps que la mission d'Ajax, envoyé en Galice, et sur le modèle de celle du roi vandale Genséric. Celui-ci avait pris l'habitude de laisser vacants les sièges épiscopaux dont les évêques l'avaient gêné. Sidoine confirme cette tactique dans une lettre du printemps 475 : « Laissez-moi vous instruire promptement de la maladie encore cachée de la communauté catholique, pour que vous puissiez en toute hâte y apporter ouvertement un remède. Bordeaux, Périgueux, Rodez, Limoges, Javols [l'équivalent de Mende qui n'existe pas encore], Eauze, Bazas, Comminges, Auch [et ce sera bientôt le cas dans un nombre beaucoup plus grand encore de cités] [sont] amputées par la mort de leurs suprêmes pontifes. » Sidoine ne précise pas qu'Euric, fort de ses pouvoirs romains, n'entérine pas les élections de nouveaux évêques et bloque ainsi les ordinations épiscopales. « Dans les églises, [...] ou bien les poutres se sont écroulées, délabrées, ou bien l'entrée des basiliques, dont les portes ont été arrachées de leurs gonds, est obstruée par les fourrés de buissons épineux. On peut voir, ô douleur ! les troupeaux mêmes, non seulement couchés dans les entrées à demi ouvertes, mais paissant l'herbe qui verdit sur les côtés des autels. » Ajoutons à cette description, confirmée par les listes épiscopales, les exils de Cronus de Nîmes et de Simplicius de Bourges, ainsi que la vacance de Saintes après la mort de Vivien. Bref, comme le montre la carte (3, p. 152), il y avait au moment des assauts wisigothiques contre Clermont au minimum douze sièges vacants sur moins de trente. Il suffisait d'attendre quelques années, et l'asphyxie spirituelle serait complète.

Mais on s'attaqua aussi au peuple de manière inégale. Une église fut détruite à Pompéjac par un évêque arien. À Rions, près de Bordeaux, « la veille de Pâques [date habituelle des baptêmes], ils baptisèrent les petits enfants [des Romains] par la main des prêtres hérétiques, de manière que le peuple fût plus aisément enveloppé dans leur secte, tandis qu'on refusait à notre prêtre le moyen de baptiser ». À Toulouse, les Goths s'emparèrent de la basilique Saint-Sernin pour interdire les pèlerinages. Bref, la conquête des esprits se profilait à l'horizon.

Militairement, Euric n'avait pas assez de moyens pour se battre à la fois en Espagne et en Gaule. Aussi, puisqu'il était maintenant indépendant, enrôla-t-il de force dans son armée des citoyens romains selon le principe de la conscription. Le patronage des puissants, y compris les amis, n'y put rien. Les sièges répétés de Clermont développèrent évidemment à l'intérieur de la ville un parti favorable à la reddition. Sidoine, avec ses amis qui réalisèrent parfois des prouesses, résista trois ans victorieusement, l'hiver interrompant les hostilités. Le prêtre Constance de Lyon (l'auteur de la *Vie de saint Germain d'Auxerre*) parvint à ravitailler quelque peu la ville. Il put constater que les remparts étaient dégradés, les maisons des faubourgs incendiées, les champs environnants couverts de cadavres. Une première négociation échoua en 474. Une seconde vit l'empereur Népos proposer aux évêques plénipotentiaires de Provence d'échanger la rive gauche du Rhône occupée par Euric contre l'Auvergne. Celle-ci, bien que intacte, lui paraissait inutile sur le plan stratégique. Devant un tel marchandage, Sidoine fut outré : « Est-ce là ce que nous ont mérité la famine, le feu, le fer, les épidémies, les épées engraissées du sang des ennemis et les combattants amaigris par les jeûnes ? Est-ce dans l'attente de cette paix si brillante que nous avons absorbé en guise de nourriture les herbes arrachées aux fentes des murailles, fréquemment empoisonnées, dans notre ignorance, par des plantes vénéneuses que cueillait souvent notre main abusée par la ressemblance des feuilles et de la saveur, notre main à laquelle la famine avait donné la même couleur que les plantes vertes qu'elle ramassait ? Est-ce en récompense de tant de preuves de notre dévouement qu'on nous a, si je suis bien renseigné, jetés par-dessus bord ? Puissiez-vous avoir honte, c'est notre prière, de ce traité, qui n'est ni utile ni convenable ! [...] Vous songez peu au bien commun, et lorsque vous vous réunissez en assemblée [celle des Sept Provinces], votre préoccupation est moins de porter remède aux dangers qui menacent l'État que de favoriser vos intérêts privés. »

Ici, l'évêque rejoint Salvien dans sa critique : l'intérêt supérieur, personne n'en a cure. L'Auvergne, invaincue à Gergovie en 52 av. J.-C. ou à Clermont en 475, fut la victime d'un troc avec la Provence où se trouvait la capitale administrative, Arles, objet de tous les désirs des Wisigoths. L'empereur Népos finit par désigner un plénipotentiaire, l'évêque Épiphane de Pavie (en Italie). Ce dernier eut beau se donner l'élégance de refuser de dîner avec Euric, pour éviter les évêques ariens qui auraient partagé sa table, et sortir de Toulouse au bout de deux jours entouré d'une grande foule, il n'en avait pas moins accepté, à la fin de l'été 475, le marchandage honni par Sidoine. Être abandonné par ceux-là mêmes qu'on avait voulu sauver, il y avait de quoi jeter le manche après la cognée. N'était-ce pas la pire déréliction que la trahison des siens ? Cet abandon des Romains d'Auvergne par l'avant-dernier empereur eut un effet psychologique désastreux à travers toute la Gaule méridionale. Il renforça le parti prowisigothique et désespéra la majorité des Gallo-Romains. La résistance avait été inutile. Il ne restait plus à la noblesse sénatoriale, selon l'expression de Sidoine, qu'à renoncer « soit à sa patrie, soit à sa chevelure », c'est-à-dire à entrer dans le clergé, pour sauver l'âme et l'esprit.

Nouveaux progrès des Burgondes

Cette dernière lâcheté de l'Empire agonisant fut d'autant plus révoltante que le calcul qui la sous-tendait se révéla vain. Moins d'un an plus tard, Euric refusa de reconnaître Romulus Augustule, dévasta de nombreuses villes, en particulier Arles, et s'empara de la Provence. Il avait atteint tous ses objectifs. Son royaume allait de l'Atlantique aux Pyrénées, de la Loire au Guadalquivir (*cf.* carte 4, p. 164). De 477 à 484, Euric eut en réalité la suprématie sur l'Occident romain. Il porta le titre de *D(ominus) N(oster) Gloriosissimus Rex*, ce qui, nous le verrons, avait une connotation impériale, utilisa de nombreux Gallo-Romains d'origine sénatoriale, comme par exemple l'amiral Namatius, qui combattit les Saxons sur les côtes de Saintonge, ou son conseiller Magnus, lequel, en 477, fut mis au courant par le roi « de ses affaires, de ses lois, de ses traités et de ses guerres » (S. A., IV, 22).

Évidemment, on tenta d'attirer Sidoine Apollinaire. Après la reddition de Clermont, il avait été emprisonné à Livia près de Carcassonne. Là, pendant deux ans, parmi des activités qu'il ne précise point, il passa de fort mauvaises nuits, car « deux vieilles femmes gothes menaient un vacarme épouvantable, habitant sous la cour où donnait ma chambre à coucher. On ne verra jamais rien de plus querelleur, de plus ivrogne et de plus vomissant que ces créatures » (VIII, 2). Puis il fut exilé à Bordeaux, grâce à une intervention de son ami Léon de Narbonne. Là, il attendit pendant deux mois une audience du roi Euric. Il s'en tira en lui offrant un poème de cinquante-neuf hendécasyllabes, histoire de lui faire allégeance, car c'était tout ce que demandait Euric : briser les résistances. De retour en Auvergne, il fut sous l'autorité d'un catholique rallié, le duc d'Aquitaine Première, Victorius. Celui-ci avait fort à faire avec les résistances locales. À Bourges, il maquilla le meurtre du sénateur Eucher en accident (un mur s'écroulant sur le malheureux, enchaîné au préalable), ce qui n'empêcha point la population de le chasser. Victorius s'enfuit à Rome avec Apollinaire, le fils de Sidoine, qui prit, et pour longtemps, le parti des Wisigoths. Le père, malgré les querelles d'intérêts qui minaient le groupe sénatorial, pour ou contre le roi des Wisigoths, n'en garda pas moins une attitude sans compromission. Il refusa des offres de littérature de commande, par exemple une *Vie d'Attila*, pour ne pas faire le panégyrique des rois wisigoths. Après la mort d'Euric dans sa capitale, Arles, il eut cependant l'espoir d'un digne successeur. Vers 486, il souhaita, selon une tradition orale rapportée par Grégoire de Tours, qu'Aprunculus, évêque de Langres, devînt son successeur. Mais celui-ci commença à devenir suspect aux Burgondes. Comme la haine croissait de jour en jour, ordre fut donné de le massacrer secrètement. La nouvelle lui ayant été apportée, il quitta de nuit la ville fortifiée de Dijon en franchissant le mur et arriva à Clermont. Langres était occupée par les Alamans et, nous le verrons, la bataille de Soissons venait d'avoir lieu. « Déjà résonnait la terreur des Francs » – il s'agit probablement ici des Rhénans. Cela signifie que les Burgondes se rendaient compte, comme les Wisigoths, que la domination sur les catholiques n'était pas si facile. Derrière les accusations de trahison, cette fois-ci à l'égard des nouveaux souverains, se cachait en réalité la peur d'une révolte des catholiques.

Bourges et Clermont elles-mêmes, devenues gothiques, comme Tours, restaient des forteresses de la romanité et de la catholicité. Lorsque Sidoine Apollinaire mourut un 21 août entre 486 et 491, le clergé qui rédigea son épitaphe n'hésita pas à montrer son patriotisme et sa foi : « Illustre par ses titres, puissant par les fonctions qu'il exerça, chef de la force armée, juge au forum, calme au milieu des flots menaçants de ce monde, maîtrisant d'emblée les tempêtes des procès, il a posé des bornes à la fureur barbare. [...] Après de tels dons reçus des Grâces, siégeant sur la chaire du pontife suprême, il se déchargea des affaires du monde sur sa postérité. » Aucune allusion à la défaite, si ce n'est ces « bornes » que constitua sa résistance armée. Pour terminer, l'inscription donne une datation très curieuse : « Au temps de Zénon », c'est-à-dire de l'empereur romain d'Orient, décédé en 491 ! Il eût été normal de dater cette épitaphe de la énième année du règne d'Alaric II. Le refus de la domination wisigothique est ici net. Le triomphe d'Euric n'était que le silence des champs de bataille. Après avoir été reconnu dans toutes ses possessions par Odoacre, roi d'Italie, après avoir repoussé sur mer les Francs Saliens qui avaient attaqué les Warnes ou bien été attaqués par eux, les Hérules et les Thuringiens sur le Waal et après avoir enfin abouti à la paix avec les Burgondes, Euric avait fait de son royaume une véritable superpuissance, mais il n'avait pas conquis l'opinion des Gallo-Romains catholiques, même si son administration avait rivalisé de romanité avec celle des empereurs.

Avait-il un rival sérieux, par son armée et son arianisme, dans le royaume burgonde ? Ce dernier, après un premier essai manqué de partage des terres avec les sénateurs lyonnais en 457, obtint définitivement, au titre du *foedus*, une installation dans cette région en 461. Ricimer, en effet, favorisa Gondioc (457-470), son beau-frère, roi des Burgondes, en lui accordant le titre et la fonction de *vir illuster, magister militum Galliarum*, à la place d'Agrippinus. Des hommes comme Aegidius ou Sidoine Apollinaire, dont les familles étaient possessionnées dans le Lyonnais et le Sud-Est, durent céder à leurs nouveaux patrons « deux tiers de leurs terres et un tiers de leurs esclaves ». « Pourquoi me demandes-tu [...] un poème en l'honneur de Vénus [...] quand je vis au milieu des hordes chevelues, que j'ai à supporter leur langage germanique et à louer incontinent, malgré mon humeur noire, les chants du Burgonde gavé qui s'enduit les cheveux de beurre rance ? Veux-tu que je te dise ce qui brise l'inspiration ? Mise en déroute par les plectres [onglets servant à jouer de la harpe] barbares, Thalie [muse de la poésie] méprise les vers de six pieds depuis qu'elle voit des patrons qui en ont sept [2,10 m, *sic*]. Heureux tes yeux et tes oreilles, heureux aussi ton nez, toi qui n'as pas à subir l'infecte odeur de l'ail et de l'oignon que renvoient dès le petit matin dix préparations culinaires » (*Carmina*, XII). Sidoine et bien d'autres s'inclinèrent, mais là encore, l'opposition monastique fut virulente contre les rois Gondioc et Chilpéric, ce dernier frère du précédent, qui corégnait avec lui avant de lui succéder et de mourir peut-être vers 472. (*cf.* Généalogie III, p. 575). En effet, les deux rois étendirent considérablement leur territoire. Le premier résida à Lyon, le second à Genève. De plus, Vienne fut occupée avant 470, probablement en 463, de même que Die. Ces progrès avaient été dénoncés entre 465 et 470 par Lupicin, abbé de Condat, dans le Jura, comme « la ruine de la terre ancestrale » et « l'abaissement de la puissance de l'Empire romain ». Un noble romain, fonctionnaire de Chilpéric, l'en accusa devant lui. La réplique de l'abbé montre bien, là encore, cette atmosphère de guerre civile entre ceux qui ont pactisé avec le vainqueur et ceux qui ont refusé. « Ne vois tu pas [...] que droit et justice sont bouleversés, qu'à cause de tes péchés et de ceux des tiens, je veux dire vos extorsions aux dépens des innocents, les faisceaux à courroies de pourpre le cèdent à l'autorité d'un juge vêtu de fourrure ? [...] Regarde si un nouvel hôte, par un mépris inattendu du droit, ne réclame point tes terres et tes arpents et ne les fait siens. » Comme en Aquitaine, l'installation des nouveaux venus sous la forme de l'hospitalité n'avait pas dû se passer très bien.

À Die, Gondioc se trouva très tôt aux prises avec le problème religieux. L'évêque de Vienne, Mamert, celui qui inventa la procession des Rogations, avait ordonné, à la place de l'évêque défunt, son frère Marcel, malgré les vœux de la population de la ville. Gondioc, qui devait avoir son candidat proarien et proburgonde, fit appel au pape pour irrégularité, ce qui était vrai et conforme à ses prérogatives. Le pape Hilaire Ier demanda à un synode régional de trancher, et celui-ci corrobora ce qu'avait fait le métropolitain de Vienne, en ordonnant cependant toutefois que son homologue d'Arles le confirmât. Cette expansion vers le Midi et la Provence ne pouvait que rencontrer l'hostilité d'Euric. En 471, il avait profité de sa campagne contre le fils d'Anthémius pour ravager les cités de la Viennoise méridionale, Arles, Avignon, Orange, Valence et le Tricastin. Aussi Chilpéric eut-il une politique proromaine, alors que Gondioc avait été prowisigoth.

C'est pourquoi, jusqu'en juin 475, les Burgondes tentèrent de s'opposer à l'expansionnisme wisigoth soit en essayant de protéger Clermont, soit en intriguant vainement pour prendre Vaison. Après la chute de l'Empire, un traité fut signé entre Euric et Chilpéric. Ce dernier obtint tous les territoires qui allaient jusqu'à la Durance. Il n'empêche que les Burgondes étaient moins bien lotis que les Wisigoths.

En revanche, au nord, la progression fut nette malgré la forte pression des Alamans. Vers 460-470, ils atteignent Langres, Besançon et Yverdon (en Suisse). Or la famille d'Aegidius et de ses descendants, qui portaient tous le nom de Syagrius, avait des terres comme Trionnac près d'Autun. Les cités de Chalon-sur-Saône et d'Autun furent donc probablement occupées en même temps que Lyon, après 461. Un oncle du futur historien Grégoire de Tours et qui répondait lui aussi au nom de Grégoire fut nommé comte d'Autun et le resta de 466 à 506. Vers 480, les Burgondes s'installèrent à Dijon, mais non à Langres située sur un plateau, plus difficile à conquérir. Nous avons vu Aprunculus s'en évader vers 486, craignant leur arianisme. Une espèce de *no man's land* demeura disputé entre Alamans et Burgondes sans que l'on puisse bien préciser à qui appartenaient, vers 480, Langres, Besançon, Mandeure, etc.

Officiellement, le royaume burgonde ne rompit le *foedus* avec Rome que provisoirement, lors du traité de 475 avec Julius Népos, aux termes duquel il fut reconnu indépendant. En fait, lorsque Euric eut obtenu légalement d'Odoacre la possession de la Provence et des Alpes Maritimes en 477, l'empereur d'Orient, Zénon, qui se considérait légalement comme empereur d'Occident aussi, accorda au roi burgonde le titre de *magister militum Galliarum*. Ainsi, pour toutes les Gaules, le représentant officiel de Rome fut Chilpéric, roi des Burgondes. De plus, sa politique à l'égard des Gallo-Romains paraissait bien moins hostile aux catholiques que celle des Wisigoths. Un actif parti proburgonde se développait parmi les sénateurs gallo-romains. Sidoine Apollinaire, que désolait le repli sur ses terres du jeune Syagrius (VIII, 8), fut stupéfait en 469 de le voir apprendre le germanique. Le conseil burgonde des anciens le consulta, lui fit traduire des lettres et le prit « comme arbitre et comme juge des affaires communes ». Le même Sidoine se plaignait aussi que la jeunesse sénatoriale s'occupât fort peu des études littéraires. Mais, en même temps, ce fut le rhéteur de Vienne Héraclius qui apprit au futur roi Gondebaud les lettres latines et grecques. Dans la course à la romanité pour séduire les populations, les rois burgondes avaient beaucoup plus d'atouts que les Wisigoths. Qui plus est, Chilpéric recevait à sa table l'évêque Patiens de Lyon, lui laissait construire des églises, participer à un concile, comme il l'avait fait aussi pour Mamert de Vienne. Mieux encore, les mauvais souvenirs de la persécution ne pouvaient être attribués qu'à Euric, roi des Wisigoths. Celui-ci, lors de sa campagne de 471, avait déporté la population de Die et exilé son évêque, saint Marcel, pendant deux ans à Couserans avant de le relâcher, couvert de gloire et de prestige ; il mourut dans sa ville épiscopale en 510, après quarante-six ans d'épiscopat. Par conséquent, si une certaine hostilité pouvait exister contre les Burgondes dans les pays rhodaniens, elle ne pouvait se parer des couleurs de l'antiarianisme. Celui-ci était plutôt tourné contre les Wisigoths. Alors que Chilpéric admirait la liberté de langage du père abbé Lupicin, Euric, lui, avait, au contraire, malgré son attitude proromaine, exilé en 477 l'ancien moine devenu évêque de Riez, Faust, qui ne revint dans son diocèse qu'après la mort du puissant roi. Ainsi se dessinaient des rapports de force entre les deux royaumes dont l'un, celui de Toulouse et Arles, pouvait se payer le luxe dominateur de raboter toute opposition même religieuse, et dont l'autre, celui de Lyon-Genève, n'avait qu'à prendre le profil bas d'une romanité respectueuse des différences. Ce paradoxe est fort bien illustré par Sidoine Apollinaire lorsqu'il qualifie les Burgondes de « barbares plus humains » que leurs fonctionnaires romains ralliés ! Était-ce une simple tactique ?

Francs Rhénans et Francs Saliens

Passons maintenant aux Francs Rhénans, puis Saliens pour répondre à la question : qui est vraiment romain dans cette guerre civile et religieuse ? Nous avons déjà vu les tentatives répétées des Rhénans pour s'emparer de Trèves, l'ancienne capitale administrative des Gaules. Maîtres des cités de la rive gauche du Rhin, ils furent repoussés une nouvelle et dernière fois hors de Trèves par Aegidius, revenu d'Arles après 459 (*cf.* carte 14, p. 337). Il mit en place le comte Arbogast, dont nous avons déjà parlé. Celui-ci maintint une autorité romaine incontestable, aux applaudissements de Sidoine Apollinaire qui le félicitait, alors qu'il était franc, de manier « aussi bien le stylet que l'épée ». Mais nous savons qu'il partit pour Chartres vers 471. De même nous avons vu la fuite de l'évêque Jamblyque. La suppression de la préfecture du prétoire des Gaules en 476, la véritable indépendance des royaumes wisigoth et burgonde, qui les coupait de l'Italie, firent que les Francs Rhénans pouvaient occuper des territoires en fait abandonnés. De plus, leurs luttes continuelles contre les Alamans, qu'ils repoussèrent au sud de Mayence, nécessitèrent la prise définitive de Trèves après 471. D'ailleurs, pour mieux tenir tête aux Alamans, ils avaient fait alliance avec les Burgondes de Chilpéric à la fin de l'année 489. Un de leurs princes, Sigismer, épousa en effet une fille de Gondioc : « Un cheval orné de phalères le précédait. [...] Le jeune prince marchait à pied au milieu de ses cousins et de sa garde personnelle, flamboyant dans son manteau écarlate, étincelant d'or, éclatant de blancheur dans sa tunique de soie. [...] Quant aux autres rois et leurs fidèles qui les accompagnaient, ils inspiraient la terreur même en temps de paix. Leur pied était enfermé dans une demi-botte couverte de poils, lacée sur le cou de pied et recouvrant entièrement la cheville ; le genou, la jambe et le mollet étaient dépourvus de protection ; la tunique haute, serrée, bariolée, descendait à peine à hauteur du jarret qui restait découvert ; les manches ne cachaient que la naissance du bras ; les soies vertes étaient bordées de franges pourpres, les épées suspendues à des baudriers qui passaient par-dessus l'épaule et s'appuyaient à la taille enfermés dans des ceinturons de peau de renne, ornés de clous. L'équipement qui protégeait ces guerriers était aussi une parure : des lances à crochets [angons] et des haches de jet [francisques] leur garnissaient la main droite, tandis que leur flanc gauche était masqué par les boucliers dont l'éclat, blanc sur les bords, fauve sur la bosse centrale, trahissait la richesse autant que la passion des armes. » Ce cortège nuptial franc est révélateur. Le roi porte des habits romains et il est suivi par des chevaux aux ornements romains ; si ses coursiers sont romains, sa garde *(Gefolgschaft)* est germanique, de même que les chefs de clan appelés *reguli* (petits rois), leurs clientèles armées. Les fantassins, en revanche, sont en uniforme franc, et leurs armes, spécifiquement germaniques, doivent comporter, pour les glaives, au moins l'épée longue (un mètre) et le sabre court à un seul tranchant ou scramasaxe (cinquante centimètres). Bref, ces guerriers venus du Nord étaient impressionnants et utiles pour les Burgondes afin de prendre les Alamans en tenaille.

Ceux-ci furent ainsi coincés entre Bâle et Mayence, tandis que le royaume rhénan, nommé par un géographe du VIe siècle *Francia Rhinensis*, s'étendait sur Metz, Toul, Verdun, les Ardennes et la Meuse depuis Tongres et Maastricht jusqu'à Dinant. C'était le royaume que l'on appelait autrefois celui des Francs Ripuaires, qualification qui n'apparut qu'au VIIIe siècle.

Lorsque Clovis arrive au pouvoir, le royaume, dont la capitale semble être Cologne, n'a pas de véritable royauté, mais en est encore au stade des chefs de guerre élus, même si les princes rhénans sont probablement parents des dynastes saliens voisins dont ils sont séparés par la forêt Charbonnière. Mais, au total, les Francs Rhénans, qui n'ont été fédérés que très peu de temps – à la fin du IVe siècle et au début du Ve siècle – possèdent un royaume païen beaucoup plus vaste, doté de cités importantes comme Trèves, qui continue, malgré la conquête franque, à posséder un évêque avec sa communauté chrétienne. Le royaume des Francs Saliens, en revanche, beaucoup plus petit, ne possède qu'une seule cité, Tournai. Encore n'était-elle qu'une ville récente qui venait juste de remplacer une autre encore plus oubliée, Cassel.

Cette tribu paraissait d'autant plus faible que Majorien, lors de leur unique tentative de rupture du *foedus*, les avait écrasés à Saint-Amand-les-Eaux *(Vicus Helena)*. C'est à ce propos que Sidoine Apollinaire nous donne une description saisissante de l'aspect physique et du courage des Saliens : « Leur chevelure rousse [probablement teinte pour le combat], tirée sur le front, s'étale sur le sommet du crâne ; leur nuque dégarnie luit, ayant perdu ses poils raides ; dans leurs yeux purs brille un clair regard ; leur visage entièrement rasé ne laisse aux soins du peigne que d'étroites moustaches ; une tunique très serrée enferme le corps de ces guerriers ; le vêtement relevé laisse à découvert le genou ; une large ceinture soutient leur ventre étroit. Ils se plaisent à lancer dans les vastes espaces leur rapide hache en prévoyant l'endroit de sa plaie, à faire tourner leur bouclier, à dépasser d'un bond les javelots qu'ils ont brandis et à tomber avant eux sur l'ennemi. Dès les années d'enfance, ils ont un grand amour viril de la guerre. S'il leur arrive d'être accablés par le nombre ou par le hasard de la position, la mort les abat, non la crainte.

Sans s'avouer vaincus, ils résistent jusqu'au bout et il semble qu'alors leur courage survive à leur dernier souffle. » Uniforme et armement sont donc ici fort proches de ceux des Rhénans. Ces fantassins ont une tactique extrêmement efficace. La hache de jet ne comporte qu'un seul tranchant. Sidoine Apollinaire emploie très souvent *bipennis*, qui signifie hache à double tranchant, à usage païen sacrificiel, comme équivalent littéraire de *securis*. La preuve en est qu'il lui arrive d'utiliser ce premier terme pour l'abattage des arbres. Or l'utilisation d'une hache à double tranchant aurait déséquilibré le bûcheron. Ce tic littéraire est confirmé par les fouilles archéologiques. Les guerriers francs étaient souvent enterrés avec leurs armes. Toutes celles qui sont décrites par nos sources ont été retrouvées, sauf la hache à double tranchant. En revanche, les haches à un seul fer bien profilé, celles que Frédégaire appelle au VIIe siècle francisques, ont souvent été découvertes intactes. Cela prouve, puisqu'elles n'ont pas rouillé, que leur fer, ou tout au moins le tranchant, rapporté et soudé, était un fer peu carburé, c'est-à-dire en acier inoxydable. Elles étaient lancées de manière à faire plusieurs tours sur elles-mêmes pour s'abattre sur le bouclier ennemi en bois recouvert de cuir, en le brisant. Les soldats francs avaient alors intérêt à courir sus à l'ennemi à toute vitesse, pour surprendre celui-ci encore empêtré dans les débris de son bouclier, alourdi par le poids de la hache ou blessé par un javelot.

La défensive franque était tout aussi efficace que leur offensive. Ils brandissaient en l'air leurs épées longues et les faisaient tournoyer. Groupés en *cunei*, en coins triangulaires si l'on préfère, comparés souvent à des groins de sangliers, ils attendaient l'adversaire qui se jetait sur eux. Emportées par la force du tournoiement, les épées s'abattaient de taille sur l'attaquant qu'elles tranchaient comme rasoir. Si le corps à corps s'imposait, il restait encore le scramasaxe pour égorger son vis-à-vis. Comme le bloc triangulaire ne bougeait pas, il ne leur restait plus, en cas de submersion sous le nombre, ou s'ils étaient surpris à contre-pente, qu'à se faire massacrer sur place. Les Saliens étaient peut-être peu nombreux, mais leur valeur militaire était incontestable, même s'ils ne possédaient pas l'arme absolue, la cavalerie lourde, qui avait permis de bâtir jusqu'ici la suprématie gothique.

Nous ignorons, on l'a dit, la date de la mort de Chlodion, et nous ne savons pas qui dirigea les Saliens lors de la bataille des champs Catalauniques. Il est possible que, à la suite du nombre important des guerriers qui tombèrent à Moirey, les Francs se soient débarrassés de leur chef considéré comme un incapable. Mais lequel ? Mérovée, dont Grégoire de Tours nous dit qu'il fut de la *stirps* (la lignée) de Chlodion et le père de Childéric ? Ou Childéric lui-même ? Il est certain qu'au VIIe siècle une tradition orale, rapportée par Frédégaire, affirme que l'épouse de Chlodion, en se baignant dans la mer, aurait été surprise par un monstre marin serpentiforme qui se serait uni à elle. Il s'agit peut-être d'un dieu indo-européen, appelé Neptune Quinotaure (cinq fois taureau), ou encore du monstre à l'anguipède (au pied de serpent), dont la signification sexuelle de dieu de la fécondité est évidente. Il y a là une tradition païenne classique, celle du dieu qui s'unit à une mortelle pour engendrer une dynastie sacrée rendue taboue par cette marque divine et que symbolisait chez les Germaniques la longue chevelure, véritable crinière de fauve. La symbolique du cheveu, qu'il fût long, rouge ou partiellement rasé, était très forte pour ces hommes.

Nous avons déjà remarqué que les généalogies des Anglo-Saxons et des Amales commençaient par le nom d'un dieu. Il en était de même pour les descendants de

Mérovée qui furent appelés, pour cette raison, Mérovingiens, c'est-à-dire fils de Mérovée. Cette succession – Chlodion, père ou oncle de Mérovée, puis Childéric – est sûre, car les généalogies, apprises par cœur chez les peuples encore dépourvus d'écriture, étaient confiées à la mémoire collective et gardées sans erreur. Cela prouve en même temps que cette dynastie était récente par rapport à celle des Wisigoths et des Ostrogoths. La royauté n'était pas habituelle chez les Saliens, et nous avons vu que chaque chef de clan se considérait comme un roi à part entière dans son *pagus* (pays) ou, plus exactement, dans son *gau.*

Il n'est donc pas étonnant que, après la mort ou l'assassinat de Mérovée – on ne sait –, la prétention de Childéric à vouloir gouverner héréditairement les Saliens ait été jugée injustifiée et qu'il ait dû s'exiler en Thuringe, surtout s'il avait dirigé les troupes « romaines » franques qui s'étaient fait massacrer sur place (voir ce qu'en dit Sidoine sur cette manière de se faire tuer sans bouger) par les Gépides. D'après un récit épique de Grégoire de Tours, qui ne peut avoir été intégralement inventé, il resta huit ans en Thuringe, de 451 à 457, tandis qu'Aegidius, en fait, dirigeait les Saliens. Après qu'il eut été reçu par le roi Bisin et son épouse Basine, voici que cette dernière, « ayant abandonné son mari, se rendit auprès de Childéric. Comme il la questionnait avec insistance sur la cause pour laquelle elle était venue à lui d'une région si lointaine, on rapporte [Grégoire livre donc ici une tradition orale] qu'elle aurait répondu : je connais ton mérite ; je sais que tu es très énergique, et c'est pourquoi je suis venue pour habiter avec toi. Tu sauras en effet que, si dans les pays d'outremer [Norvège, Suède ou Angleterre], j'avais connu quelqu'un de plus méritant que toi, j'aurais cherché à tout prix à cohabiter [*sic*] avec lui. Alors Childéric, rempli de joie, s'unit à elle. Elle conçut, engendra un fils et lui donna le nom de Clovis. Ce fut un grand homme et un guerrier éminent».

Ce récit a suscité la méfiance de nombreux historiens. Comment se fait-il qu'une reine puisse quitter son époux sans autre forme de procès? Voler la femme de son hôte n'est guère élégant. Il aurait peut-être mieux valu se poser la question suivante: pourquoi Childéric lui-même s'étonne-t-il de ce que Basine soit venue le rejoindre? N'y aurait-il pas là une différence de comportement entre Francs et Thuringiens dans le domaine du mariage? On montrera plus loin (chap. IX, p. 241) que tout cela est parfaitement conforme aux coutumes nordiques. De toute façon, les noms de Bisin et Basine étant courants dans la dynastie thuringienne (*cf.* Généalogie V, p. 577), l'existence de cette reine et donc de l'union de Childéric et de Basine, est incontestable, et Clovis en naquit en 466.

Les dernières années de Childéric

De retour chez les siens, Childéric montra tout de suite qu'il n'avait pas abandonné le parti romain. Il participa à toutes les opérations militaires d'Aegidius, le suivit dans sa révolte contre Ricimer. Lorsque Euric, roi des Wisigoths, voulut occuper les régions au nord de la Loire, en particulier les pays armoricains restés fidèles à Rome, son frère Frédéric se heurta en 463 près d'Orléans, entre la Loire et le Loiret, au général romain Aegidius aidé par Childéric, roi des Francs. Les Wisigoths furent battus et Frédéric tué. Bien que les agents de Ricimer aient fini en 464 par faire disparaître Aegidius «soit attiré dans un guet-apens, soit empoisonné», Childéric n'en continua pas moins à défendre, au nom d'une Rome de plus en plus lointaine, le nord de la Gaule, aidé par un certain comte Paul. En 469, Euric voulut réitérer son effort, en appliquant le plan de Séronat. Les Armoricains, renforcés par des Bretons débarqués de [Grande-]Bretagne, tentèrent de secourir l'empereur Anthémius. Débarquant avec leur roi Riothame (de son nom chrétien *Ambrosius Aurelianus*) sur la basse Loire à raison de douze mille hommes peut-être, ils tentèrent de faire leur jonction à Déols avec les Romains (c'est-à-dire les Francs de Childéric), mais Euric parvint à les en empêcher et les écrasa au bout de deux jours de bataille. Tandis que les rescapés bretons parvenaient à trouver refuge chez les Burgondes, Euric en profita pour occuper la ville de saint Martin, Tours. Mais Childéric resta dans la région car, depuis 464, les Saxons avaient débarqué dans la basse Loire. Ils avaient profité de la mort d'Aegidius pour occuper Angers et les cités voisines, en exigeant des otages afin de dominer complètement le pays. Un siège d'Angers fut alors entrepris par les Saxons de Eadwacer, auxquels Paul et Childéric coururent sus. Le comte Paul fut tué, Childéric prit possession de la ville, continua de repousser les Saxons, au cours d'une nouvelle bataille, puis s'empara des îles de la basse Loire « qui furent prises et saccagées avec une nombreuse population qu'ils firent périr ». Il s'agissait d'éliminer physiquement de nouvelles colonies de peuplement saxon analogues à celles du Bessin ou du Boulonnais.

Au fond, Childéric, à qui Aegidius avait dû reconnaître les pouvoirs civils et militaires de gouverneur de la Belgique Seconde avec Tournai et la majeure partie des cités de cette province, se considérait comme le seul défenseur du parti romain en Gaule du Nord, puisqu'il résistait victorieusement aussi bien aux Wisigoths qu'aux Saxons. Il est possible alors qu'il ait installé son parent Rignomer (frère de Ragnacaire, roi à Cambrai), pour défendre cette nouvelle

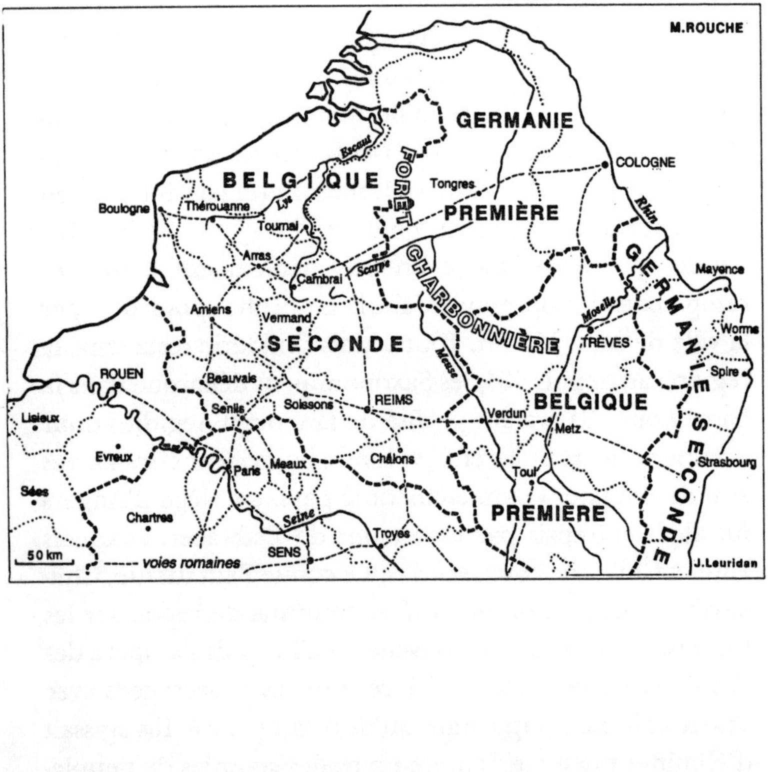

Carte 5. *La Belgique Seconde*

Incluse dans le Tractus Armoricanus (*cf.* carte 1), cette province est à la fois militaire et civile. Les Saliens vivent entre la Lys et la forêt Charbonnière. Leur roi réside à Tournai, mais exerce son pouvoir romain à Reims, chef-lieu et métropole.

frontière qu'étaient la Loire et son estuaire à partir de la cité du Mans. En même temps, vers 471, comme Anthémius avait accordé la dignité de patrice à Syagrius, fils d'Aegidius, devenu majeur, il dut laisser à celui qui, hiérarchiquement au regard des titres romains, était son supérieur, comme autrefois Aegidius, la maîtrise de Soissons, Senlis et Beauvais, les trois cités les plus méridionales de la Belgique Seconde. La zone romaine était maintenue.

Reste alors un curieux problème à résoudre, celui de la cité de Paris et de la Quatrième Lyonnaise en général (métropole : Sens, cités : Chartres, Orléans, Auxerre, Troyes, Meaux et Paris). Childéric dirigeait en effet, vers 475-476, la Belgique Seconde, supervisait ce qui restait de la Lyonnaise Troisième (moins Tours et l'Armorique) et ne pouvait guère être obéi en Lyonnaise Seconde (Rouen et l'actuelle Normandie) plus ou moins aux prises avec les Saxons. La domination « romaine », romano-franque, s'était réduite comme peau de chagrin en Gaule du Nord (*cf.* carte 5, p. 188). Elle allait s'effondrer encore davantage avec la chute de l'Empire. Que pouvaient faire Childéric et Syagrius en 476 lors de la prise du pouvoir à Ravenne par Odoacre ?

Les solutions adoptées par les deux tenants de Rome montrent bien le trouble régnant alors dans les esprits. Grégoire de Tours dit ceci, qu'il faut interpréter dans une perspective eschatologique. « La même année, pendant le neuvième mois [septembre 476], la terre trembla [à cause de la chute de l'Empire ?]. Odoacre [roi en Italie] conclut une alliance avec Childéric et ils soumirent les Alamans qui avaient envahi une partie de l'Italie » en passant par le Splügen et Bellinzona. Childéric a donc reporté le *foedus* sur le roi reconnu par l'empereur Zénon. Sa fidélité va toujours à l'Empire quoi qu'il arrive. Position absurde, irréaliste au vu des rapports de force existants. Syagrius, plus réaliste, préféra s'en remettre aux maîtres du moment, les Wisigoths : sinon, on ne comprendrait pas pourquoi il s'enfuit plus tard à Toulouse.

Geneviève, maître de Paris

Et, pour corser le tout, qu'allait faire Geneviève seule dans Paris ? Allait-elle suivre le roi Euric arien, le roi Odoacre, arien mais romain, ou les rois burgondes, ariens eux aussi ? Il faut lire alors la *Vie de sainte Geneviève* sous l'angle de ce choix triangulaire (*cf.* document XIII, p. 470). Lorsque Libius Sévère destitua Aegidius en faveur d'Agrippinus, l'opinion proromaine en fut choquée, nous l'avons vu, mais il y eut aussi des partisans du « traître » non seulement en Burgondie, mais aussi fort probablement en Gaule du Nord et à Paris. Dans les années postérieures à la chute de l'empire des Huns, nous avons vu combien l'autorité de Geneviève fut incontestée. C'est particulièrement net sur le plan religieux. À des marchands gallo-romains venus le consulter, le célèbre stylite Siméon, « très grand contempteur du siècle », demanda, du haut de sa colonne, de « la saluer et qu'elle fasse mémoire de lui dans ses prières ». Que, près d'Antioche en Syrie, avant 459 (date de la mort du saint), cet apôtre de la prière, moyen de transformer le monde, ait pu considérer Geneviève comme un maître spirituel, voilà qui est étonnant. Il s'agit d'une authentification supplémentaire, après celle de Germain d'Auxerre, du charisme prophétique de Geneviève, elle aussi, à certains moments, recluse volontaire dans une cellule. N'oublions pas en même temps que saint Siméon le Stylite se vit demander de confirmer les textes du concile de Chalcédoine, ce qu'il fit. Nous sommes donc entre experts ès matières de foi.

Pour mieux confirmer la foi catholique œcuménique de ses concitoyens parisiens, Geneviève, grâce à sa position éminente dans la curie parisienne, lança alors le culte de saint Denis (V. G., 17 à 21). Vers 451-459, comme elle invitait régulièrement à se rassembler chez elle les prêtres de Paris, pratique étonnante là encore et due probablement à sa double position, spirituelle et administrative, elle parvint à les convaincre d'ériger une basilique à l'emplacement du tombeau du premier évêque de Paris, martyr décapité vers 250, à environ huit kilomètres au nord. Elle balaya toutes les objections, fit lever un impôt *(conlatio)*, obtint l'accord des citoyens, fit trouver les fours à chaux nécessaires pour la construction et finalement dirigea et surveilla de bout en bout l'édification du bâtiment. Faire réfléchir et prier le peuple sur le tombeau d'un évêque qui avait préféré la mort à l'abjuration était une manière de dénoncer les évêques fonctionnaires qui cherchaient à sauver les meubles. De plus, en créant ce sanctuaire, Geneviève lançait une pratique religieuse antiarienne, puisque les partisans de cette hérésie refusaient le culte des saints (*cf.* document XVIII, p. 523). Il est compréhensible que, quand le choix crucial, pour ou contre les ariens, devint inévitable (vers 475-476), Geneviève ait eu une attitude déconcertante aux yeux de certains, mais tout à fait évidente pour d'autres.

Elle fit ensuite un voyage à Laon, en Belgique Seconde, probablement pour rencontrer Childéric. Elle y fut reçue solennellement, en magistrat municipal de Paris qu'elle était. Ses origines franques durent faciliter ses entrevues avec le roi païen, qui avait décidé, nous l'avons vu, de choisir le parti romain impérial. Elle dut lui demander son intervention pour préserver la paix publique. Ainsi, elle était en relation avec « Childéric, roi des Francs, chef des armées romaines barbares [*cf.* document XIII, p. 472], dont je ne peux pas taire la vénération avec laquelle il l'aimait» (V.G., 26). Sachant qu'elle détestait la guerre civile et voulait éviter l'irrémédiable entre les partisans de Rome et ceux des Wisigoths, le roi, qui voulait exécuter des «enchaînés» – probablement, comme le démontre Martin Heinzelmann, des adversaires d'Aegidius qui préféraient Ricimer – quitta la ville. Ces traîtres devaient être décapités. Geneviève parvint à le rejoindre et obtint la grâce des prisonniers. Cette démarche est capitale: elle prépare l'avenir en refusant la guerre civile et en poussant à l'unité par l'intermédiaire des Francs, peuple à ses yeux d'autant plus apte à la sauvegarder qu'il respecte les convictions religieuses et politiques des Gallo-Romains, au contraire des Wisigoths.

Il y avait du mérite à voir les choses ainsi, puisque Syagrius, plus tard qualifié de «roi des Romains», avait normalement autorité sur la Gaule du Nord. Ses propres partisans pouvaient se prétendre les authentiques représentants de Rome et présenter les amis de Childéric comme des ambitieux rétrogrades adeptes, comme Aetius, de barbares païens! Mais c'était oublier que le choix en faveur de Toulouse révulsait tous les catholiques méridionaux, tourangeaux et parisiens. Ainsi s'explique la bizarre attitude de Childéric qui, pour asphyxier Syagrius sans se lancer dans une guerre ouverte contre Paris, pratiqua un siège de la ville, en réalité un blocus avec embargo qui dura de 476 à 486, date de la défaite finale; tout le territoire de la cité fut menacé de famine (V.G., 35). Alors, on vit les institutions urbaines et religieuses se mettre au service des habitants. Geneviève réquisitionna la corporation des nautes parisiens avec un titre officiel *(evectio navalis)* et remonta le fleuve avec environ onze bateaux. Les routes devaient être barrées, de même que le fleuve, par des abattis d'arbres. Geneviève fit enlever ces derniers à la hache, ce qui donna l'impression aux marins, lorsque les troncs furent emportés par l'eau, que « deux monstres à l'exhalaison particulièrement fétide » venaient de s'enfuir. Il s'agissait certainement des hydres de la guerre civile que Geneviève mettait ici en fuite... Elle put faire acheter le blé nécessaire à la population parisienne. De retour dans sa ville, elle surveilla la fabrication du pain, le fit vendre à ceux qui en avaient les moyens et distribuer gratuitement aux pauvres. Elle cumulait ici l'exercice de plusieurs charges municipales décrites par les constitutions de droit romain ainsi que le rôle assigné aux institutions de charité. Véritable maîtresse politique et religieuse de Paris, elle s'était montrée capable de briser l'embargo de Childéric, roi des Francs, sans se mettre en désaccord avec lui. Durant ces dix années d'incertitude, elle créa une zone de paix, ne favorisant aucun des deux partis en présence, même si son opiniâtre foi trinitaire allait à Rome et son cœur aux Francs de Childéric. Celui-ci mourut d'ailleurs en 481 sans que l'hypothèque de Syagrius eût été levée.

Il fut enterré à Tournai dans une nécropole située en dehors de l'enceinte de la ville au bord de la voie romaine. C'était conforme au Code théodosien, qui séparait toujours la cité des morts de celle des vivants. La tombe se trouvait au milieu d'autres, chrétiennes (comme le montre une coupe en verre ornée d'un chrisme) et païennes. Les populations gallo-romaine et franque, plus ou moins romanisées, se côtoyaient sans aucune ségrégation, comme le prouvent les six autres nécropoles de Tournai. En 1653, tout à fait par hasard, un dénommé Adrien Quinquin, qui posait les fondations d'un nouvel hospice près de l'église Saint-Brice, creva à coups de pioche une tombe dans laquelle brillaient pièces d'or et bijoux. La publication de Chifflet en 1655 permet d'analyser plus ou moins exactement ce qui se trouvait dans cette tombe (ces objets, après avoir été offerts à Louis XIV en 1655, furent volés à la Bibliothèque nationale en 1831, et il n'en reste que des fragments). Les renseignement fournis par cette tombe sont capitaux. La chambre funéraire au coffrage de bois était creusée à 2,30 m de profondeur dans le sol rocheux. Toute une série de détails permettent de constater la profonde romanisation de Childéric : ses vêtements étaient brodés d'or ; il portait un court manteau en brocart de soie pourpre, le *paludamentum* des généraux romains. Son uniforme comportait une cuirasse et une fibule cruciforme en or, insigne des hauts fonctionnaires impériaux. Dans sa bourse se trouvaient plus de cent pièces d'or frappées entre les règnes de Théodose II (422-451) et de Zénon (476-491). Peut-être, surtout dans le cas des pièces à l'effigie de Zénon, s'agissait-il des soldes versées par l'empereur romain d'Orient à ses alliés francs. La tombe contenait aussi plus de deux cents monnaies d'argent datables de l'époque républicaine jusqu'à Constance II (340-361).

L'objet le plus intéressant est l'anneau sigillaire de forme ovale. Il servait à sceller dans la cire au bas d'un document les traits et la marque du roi pour authentifier l'acte, et nous savons, par l'édit de Clotaire Ier de 561, que Childéric accorda des immunités aux églises – il s'agit là d'une pratique de haut fonctionnaire romain. La gravure montre Childéric, avec ses longs cheveux bouclés séparés par une raie au milieu, sa cuirasse, son manteau et portant dans la main droite une lance, insigne du pouvoir royal. Enfin, l'inscription en exergue porte en latin CHILDERICI REGIS, ce qui permet d'identifier le roi, tout en faisant remarquer que la place n'aurait pas manqué si l'on avait voulu ajouter FRANCORUM. Il ne s'agit donc pas d'un chef de tribu germanique, puisque le nom ethnique est volontairement absent, mais d'un interlocuteur légal des Romains, d'un roi qui a autorité aussi bien sur les Saliens que sur les Gallo-Romains. Childéric est un roi, c'est évident.

L'armement aussi est instructif. L'épée longue *(spatha)*, avec sa garde composée de deux plaques ovales, son pommeau avec deux animaux mordant dos à dos, sa bouterolle décorée d'une plaque à deux têtes d'oiseaux symétriques, est typiquement franque, ainsi que la hache d'un seul tranchant lourde d'un kilogramme. Le scramasaxe était dans un fourreau richement décoré d'or cloisonné avec des grenats. Cette arme de cavalier était empruntée à l'Orient, de même que la technique du cloisonnement orné de pierres précieuses est originaire des rives de la mer Noire et des steppes d'Ukraine où furent également décorés armes et bijoux, harnachement du cheval, boucles de ceinturon et fermoir d'aumônière aux extrémités à têtes de chevaux. Childéric avait dû vouloir rivaliser avec l'apparat des rois wisigoths par ces emprunts à la mode triomphante, celle du roi des Huns ; on retrouve en effet les mêmes canons artistiques dans l'ornementation en or cloisonné des armes d'un prince découvertes à Pouan (Aube), probablement un Wisigoth tué à la bataille des champs Catalauniques. La comparaison avec le costume du prince Sigismer confirme ici la fouille.

Restent les preuves du paganisme de Childéric, et d'abord le pendentif suspendu à son épée, une boule de cristal de roche (130 g et 50 mm de diamètre). Il s'agit d'un talisman. Sur la tête du cheval était accrochée une pendeloque en forme de tête de taureau, symbole de force et de vie renouvelée, comme l'indique le soleil tournant représenté sur le front de l'animal. Peut-être s'agit-il du Quinotaure, ce dieu dont était issu Childéric selon la croyance signalée plus haut, et donc de l'emblème de la lignée. Le *paludamentum* était revêtu d'abeilles d'or avec grenats, cousues sur le brocart. Leur nombre est inconnu (trois cents ?), car il n'en subsiste

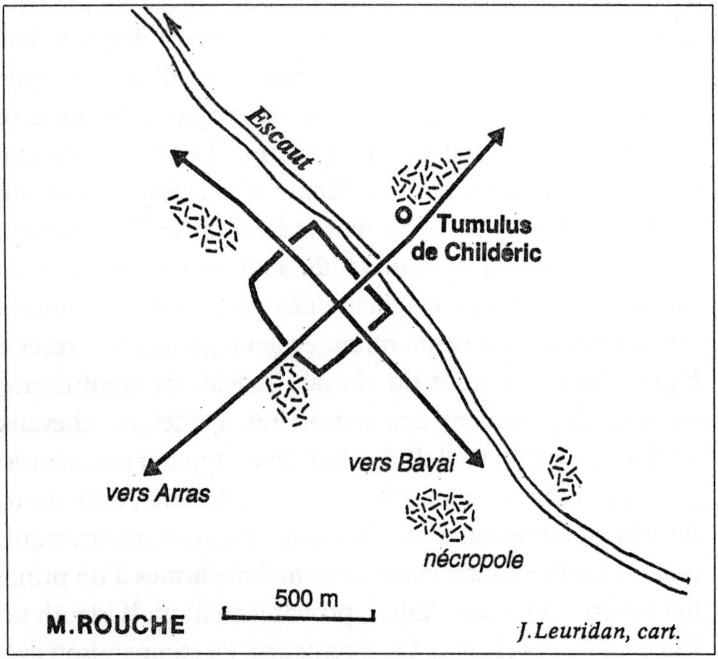

Carte 6. *Plan de la ville de Tournai au ve siècle*

On remarquera l'absence de monuments chrétiens, faute d'évêque à cette époque.

aujourd'hui que deux. Certaines ont deux yeux, d'autres un seul, ce qui, dans ce cas, accentue leur caractère phallique. Serions-nous en face du célèbre mythe selon lequel les abeilles naissent dans une peau de taureau pour pouvoir procurer à l'humanité le miel de l'abondance ? En tout cas, le roi, avec son bracelet d'or (300 g) au poignet droit, autre symbole païen du pouvoir, son manteau pourpre couvert d'abeilles d'or et ses longs cheveux, dressé sur son cheval blanc à front de taureau, devait produire une extraordinaire impression de sacralité terrifiante et invincible.

Childéric, homme de double culture à en juger par ses insignes et grades romains et par ses armes et bijoux francs, restait donc incontestablement païen. Les fouilles effectuées entre 1983 et 1986 par Raymond Brulet autour de sa tombe ont permis de confirmer ces premières conclusions. Il s'agit d'une tombe de fondateur située en périphérie de la nécropole dans un site dégagé. À l'instar de nombreuses autres sépultures de chefs découvertes en France et en Allemagne, elle comportait un tumulus d'un diamètre de vingt à quarante mètres, entouré d'un fossé circulaire (*cf.* carte 6, p. 196). Des tombes sous tumulus ont été découvertes surtout en bordure du Rhin inférieur, point de départ des Saliens, ainsi qu'en pays alémanique. La masse de terre accumulée a dû protéger la tombe souterraine qui n'a pas été éventrée lors de son arasement. Enfin, sur le pourtour du tumulus, ont été découvertes trois fosses emplies de restes de chevaux. Cette pratique était très courante après 450 en Thuringe, et chez les Lombards, au bord du Danube, ou encore près du Rhin. Les quelques exemples trouvés en France, comme celui de Hordain (Nord), prouvent incontestablement qu'il s'agit d'une pratique païenne. Mais, pour Childéric, la quantité d'animaux sacrifiés est impressionnante : dix rien que dans une seule des trois fosses. Il s'agit en majorité de chevaux de guerre. C'étaient dans l'au-delà des montures permettant au roi d'aller combattre au Walhalla, tel Wotan chevauchant Sleipnir, son cheval à six jambes. La vie du roi guerrier fécondateur n'est-elle pas de se battre éternellement ?

Telle était la Gaule en 481, au terme de vingt ans de confusions. Les progrès des Wisigoths d'Euric avaient été rendus possibles par la trahison d'au moins trois fonctionnaires romains. Leur domination avait été assurée par le ralliement d'un fort parti sénatorial, par la persécution de l'épiscopat et du peuple catholique, la mainmise sur Tours et le succès diplomatique remporté en Auvergne. Ce dernier avait désespéré les milieux catholiques méridionaux, mais l'existence de deux partis opposés, l'un favorable, l'autre hostile aux ariens, n'en continua pas moins. Chez les Burgondes, dont l'expansion fut limitée par les Wisigoths et les Alamans, la situation est identique, mais les conflits plus feutrés et leur politique proromaine plus convaincante. Pour les Francs, les Rhénans paraissent beaucoup plus puissants que les Saliens, mais ces derniers, avec Childéric, ont bloqué la progression wisigothique au nord de la Loire. De plus, la guerre civile entre les deux partis romains est arrêtée par Geneviève, résolument antiarienne et favorable à Childéric dont la tombe montre qu'il est un fonctionnaire de double culture et réellement païen. Dans le maintien d'une civilisation romaine et catholique, le Midi a perdu. Un chroniqueur anonyme méridional vit bien que le rapport de force était alors en faveur des Wisigoths dès leur victoire aux champs Catalauniques : « Pendant cette tempête [en 451], la situation de l'Empire [*Rei publicae*] apparut très misérable, car il n'y eut pas une seule province, assurément, sans un cultivateur barbare, tandis que la néfaste hérésie des ariens qui s'était infiltrée dans les nations barbares, répandue dans le monde entier, s'attaquait au nom catholique» (*Chronica minora*, t. IX, 2, 138, p. 662). En fait, ils ont perdu la patrie et risquent de perdre leur foi. Mais de cette défaite traumatisante, dont tous les Gallo-Romains du Nord sont informés, peut surgir une victoire. Encore faut-il que la guerre civile y soit étouffée, que les Saliens, dont la romanité ne s'est jamais démentie, soient acceptés par tous. Mais que pouvait faire un petit gouverneur de la province de Belgique Seconde, face à «notre seigneur le très glorieux» roi des Wisigoths et au «généralissime des Gaules», roi des Burgondes? L'Empire était bien loin de Tournai et le succès des Ostrogoths allait accentuer la domination arienne. La foi d'une femme seule dans Paris allait-elle renverser les montagnes?

CHAPITRE VIII

Les débuts d'un petit roi

481-492

Les royaumes wisigoth et burgonde ayant été stabilisés après leur indépendance, toute l'attention se reporte à partir de 481, date de l'avènement de Clovis, sur les zones instables de la Gaule septentrionale, que ce soit autour de Syagrius, au sud face aux Burgondes ou à l'est devant les Thuringiens. Quant à l'Empire d'Orient, qui n'a pas renoncé à l'Occident et s'en estime juridiquement le maître, il n'hésite pas à envoyer les Ostrogoths en Italie sous la direction de Théodoric afin que ce dernier y soit son représentant officiel. Cela ne va pas tarder à renforcer les puissances ariennes et à isoler un peu plus le roi des Francs Saliens.

Le fils de Childéric et de Basine, Clovis, avait donc quinze ans lorsqu'il succéda à son père. Cet âge était normal, puisque la loi Salique fixait la nubilité à douze ans pour les filles et à quatorze ans pour les garçons. (D'ailleurs, par la suite, cet âge fut celui fixé pour la majorité des rois de France. Philippe Auguste, à son avènement en 1181, était dans ce cas et il sut prouver que son comportement était adulte.) Comme on l'a vu, les populations de cette époque comptaient une très forte proportion de jeunes face à une toute petite minorité de vieillards. Lorsque Remi écrivit à

Clovis sa première lettre, il avait déjà quarante-quatre ans : l'âge et la fonction lui donnaient ainsi la supériorité (*cf.* document I, p. 387). Le métropolitain s'adressait à un roi dénommé Clovis. Seul ce nom germanique peut nous faire deviner son origine. Il signifie en vieil haut allemand « célèbre par ses combats ». La première partie du nom, *Chlod*, est identique à celle que l'on trouve dans Chlodion, ce qui indique une parenté certaine avec ce dernier puisque l'usage des Germaniques était de garder les mêmes noms dans la lignée tout en combinant différemment les deux parties du nom. Latinisé en *Chlodovechus*, Chlodweg donna ensuite *Hlodovicus*, Lodoys, Louis. Si Clovis est en réalité Louis Ier, la pérennité de son nom chez les rois de France est due à Charlemagne qui, lors de la naissance de ses jumeaux en 778, les nomma, par suite d'une alliance matrimoniale avec une femme de la lignée mérovingienne, Louis et Clotaire, du nom des deux plus grands rois de la dynastie mérovingienne. Seul Louis survécut et devint Louis II le Pieux (814-840). Le numéro est faux puisqu'en réalité il y eut des Clovis II, III et IV, mais cela n'a guère d'importance. Si Clovis est Louis Ier, pourquoi alors ne pas lui donner ce dernier nom ? L'habitude a été prise depuis le XVIIIe siècle de l'appeler sous la forme savante reconstituée de Clovis et nous la garderons afin de ne pas perturber les habitudes mentales.

Un fonctionnaire romain

Remi attribue à Clovis, après sa fonction de roi (sans spécifier de quel peuple il s'agit, comme pour l'anneau de Childéric), la dignité d'« homme insigne et magnifique ». Dans la hiérarchie romaine des dignités, celle-ci est au moins au troisième rang derrière les « clarissimes et illustres ». Viennent ensuite les « clarissimes et remarquables » *(spectabiles)*, enfin les « insignes et magnifiques ». Clovis est donc au bas du système de ce que nous appellerions aujourd'hui la hiérarchie des décorations. Quant à la fonction romaine, puisque sa fonction germanique est celle de roi, elle est probablement celle de gouverneur de province comme l'était son père. Il tient « l'administration de la Seconde Belgique », dit Remi. Le mot *rumor* qu'il utilise peut se traduire par bruit et non point par renommée. En ce cas, il s'agirait des acclamations de la foule et de l'armée dans Reims, lors de la cérémonie d'entrée, *adventus* en latin, du nouveau fonctionnaire dans la ville. Par la suite, en Flandre et ailleurs dans le royaume de France, quand le roi entrait pour la première fois dans une ville, il faisait ce que l'on appelait une « joyeuse entrée ». C'était une tradition romaine.

Clovis a ainsi déjà une double autorité militaire et civile. Bien qu'il soit païen, Remi lui adresse un véritable programme politique chrétien, persuadé qu'à l'instar de son père il respectera l'Église et remplira toutes ses fonctions en prenant conseil de ses évêques. Il lui faudra s'occuper de tous les citoyens et même de ceux qui ne le sont pas, c'est-à-dire les esclaves et les Barbares. En effet, comme le dit Sidoine Apollinaire, Rome est « la patrie de la liberté, l'unique cité du monde où seuls sont étrangers les esclaves et les Barbares ». Remi utilise donc les mêmes critères juridiques auprès de Clovis en lui demandant de les dépasser, y compris pour les prisonniers de guerre réduits en esclavage. Le problème humain est, on l'a vu, capital, car les guerres provoquaient de véritables massacres avec déplacement de populations. Enfin, Remi insiste sur le rôle de Clovis en tant que responsable du tribunal : absence de pots-de-vin, égalité dans la sentence quelle que soit la situation sociale du requérant. Par toutes les allusions de cette lettre – une

« richesse familiale », un prétoire, des citoyens, etc. –, on peut identifier Clovis comme un fonctionnaire romain local aux compétences militaires et civiles.

Ce message est un programme conforme aux relations de l'État romain avec l'Église, en vertu de la constitution déjà citée de Valentinien III. Remi fait comme si l'Empire n'était pas tombé. Mieux encore, il fait preuve d'une extraordinaire tolérance d'esprit à l'égard de ce chef païen. La constitution de 392 de Théodose Ier, qui avait uni l'Église à l'État, condamnait comme coupable de lèse-majesté tout titulaire de fonction publique resté païen. Remi n'en a cure et considère qu'il doit une respectueuse soumission à un fonctionnaire romain. Si Clovis se permet, à l'image des empereurs du ve siècle et de nombre de ses prédécesseurs face aux ministres païens ou aux rois païens de tels accommodements avec la loi, il faut y voir la conviction intime qu'il est, à l'instar de son père face à Geneviève et aux Églises, un homme respectueux envers les catholiques. Un type de rapports, nouveau et ancien à la fois, se précise : nouveau par la prédilection personnelle de Remi et par son programme de prince chrétien pour Clovis, ancien par l'obéissance de l'évêque au roi, et le respect du roi à l'égard de l'évêque.

À partir de ce moment, nous allons suivre la chronologie de Grégoire de Tours. Comme l'a montré Karl Hauck, il a, lui ou un autre scribe, utilisé un document officiel, des *quinquennalia*, qui, pour les empereurs, rappelait tous les cinq ans les principaux hauts faits d'un grand personnage. La première notation concerne la bataille de Soissons : « La cinquième année du règne de ce roi, Syagrius, fils d'Aegidius, avait son siège dans la cité de Soissons. » La deuxième est : « La dixième année de son règne, il fit la guerre aux Thuringiens. » La troisième concerne la bataille de Tolbiac contre les Alamans : « Cela s'accomplit la quinzième année de son règne. » La quatrième concerne la bataille de Vouillé : « Cela eut lieu la vingt-cinquième année de Clovis. » La dernière stipule enfin : « Il trépasse dans la cinquième année après la bataille de Vouillé. » Ces cinq mentions relatent uniquement des faits militaires, comme il est habituel dans les chroniques officielles, fastes consulaires, etc. Les événements religieux n'y figurent pas. Quatre batailles, voilà quel est aux yeux des contemporains le premier registre de l'histoire de Clovis, ce grand guerrier. Ce n'est donc pas dans les documents officiels romains que Grégoire de Tours pouvait trouver des renseignements sur l'évolution religieuse de Clovis. Nous verrons plus loin qu'ils lui furent communiqués par l'intermédiaire de Clotilde.

La véritable histoire du « vase de Soissons »

Suivons la première opération militaire. De même que son père Aegidius avait été reconnu comme « roi des Francs » entre 451 et 459 par les Saliens durant l'absence de Childéric, Syagrius était qualifié de « roi des Romains » par les troupes « romaines » composées de lètes, *gentiles* et autres Barbares implantés sous forme de garnisons, sans compter des citoyens gallo-romains. Le titre de roi – sous-entendu fédéré avec Rome – était attribuable aussi bien à un Romain qu'à un Franc, ce qui permet de prendre conscience de l'interpénétration mutuelle des deux civilisations. Deux rois, Syagrius et Clovis, portant le même titre par hérédité, vont lutter l'un contre l'autre. La royauté sacrale païenne que Wotan, dieu de la guerre, accorde à travers la victoire au chef tribal reste ce qui distingue Clovis, sans oublier l'allégeance faite à l'empereur d'Orient Zénon par le biais d'Odoacre. En revanche, Syagrius jouit d'une légitimité supérieure, sa reconnaissance comme patrice par l'empereur Anthémius, sans compter ses liens avec les Wisigoths qui remontent probablement au temps d'Euric. Pour Clovis, Syagrius est un traître à l'authentique cause romaine. En somme, deux armées « romaines » s'opposent, l'une fidèle à l'empereur, l'autre au roi wisigoth au titre quasi impérial, mais arien. Deux chefs se défient dont l'un, Clovis, est inférieur en grade à Syagrius. C'est à qui rivalisera de romanité.

Le roi des Francs Saliens marcha au combat avec pour allié son parent le roi, Ragnacaire, maître de Cambrai. Comme Syagrius avait accepté la bataille, Clovis, par prudence ou faute de troupes suffisantes, avait appelé au secours Chararic, un roi salien probablement chef d'un autre clan vivant au nord de la Belgique Seconde. Celui-ci, pendant toute la bataille, attendit prudemment afin de voler au secours du vainqueur, attitude que Clovis ne devait pas oublier. Les Francs Rhénans indépendants étaient, eux, absents. En somme, Clovis se battit avec une partie seulement des Saliens. Malgré tout, il remporta une victoire écrasante près de Soissons et mit en fuite Syagrius qui courut se réfugier auprès d'Alaric II à Toulouse. Celui-ci lui accorda sa protection, tandis que les survivants de son armée passaient au service de Clovis.

La guerre fut rude avec, évidemment, réductions en esclavage, destructions et pillages, y compris des églises. L'occupation du « royaume » de Syagrius dut concerner toutes les cités du sud de la Belgique Seconde, y compris celle de Reims, encore que le détail des opérations militaires de l'année 486 soit inconnu. « Beaucoup d'églises furent pillées par l'armée de Clovis, parce qu'il était encore enfoncé dans les erreurs du fanatisme », dit Grégoire de Tours – comme nous le verrons, après son baptême, Clovis devait interdire de piller les églises. Un vase liturgique *(urceus)*, probablement en argent, fut enlevé dans un édifice de culte situé dans le diocèse de Reims. Frédégaire (III, 16) et le testament de saint Remi (*cf.* document XV, p. 499, l. 53) montrent que le célèbre vase de Soissons venait en réalité de Reims. Grégoire de Tours ne dit nulle part qu'il fut pris dans la cathédrale de Soissons. En revanche, tout le butin, parmi lequel cette coupe qui servait probablement à contenir les pains et offrandes des fidèles, fut réuni sur l'ordre du roi à Soissons. Remi avait envoyé un messager pour réclamer la restitution de l'objet. Mais les règles de partage du butin entre les soldats et le roi étaient strictes. Chacune des parts était tirée au sort, y compris celle du roi qui représentait probablement le cinquième du total, comme ce fut le cas plus tard en Espagne wisigothique. Clovis espérait que le tirage au sort lui accorderait dans sa part le vase. Ce ne fut pas le cas. Il le réclama alors hors part. Il voulait favoriser l'Église, et particulièrement celle de Remi, en application du programme que celui-ci lui avait fixé dans sa première lettre. La majorité de l'armée approuva le chef vainqueur et voulut lui accorder ce passe-droit. Seul un soldat, ayant levé sa hache, frappa le vase en criant à haute voix : « Tu n'auras rien ici que ce que le sort t'attribuera vraiment. » Clovis s'inclina devant ce qui était le droit de l'armée et parvint, grâce à un heureux tirage au sort d'autres objets, à récupérer le vase et à le rendre à l'envoyé de Remi, lequel le garda soigneusement par la suite comme cadeau personnel. En remerciement pour ce premier témoignage d'amitié et de respect entre les deux hommes, Remi ordonna dans son testament que l'objet fût fondu pour en faire « un encensoir et un calice gravé de représentations » (*cf.* document XV, p. 499, l. 59). Le vase devait donc être d'un grand poids et « d'une beauté merveilleuse ». En tout cas, contrairement à ce qu'ont raconté les manuels d'histoire de la IIIe République, le célèbre vase de Soissons, en réalité de Reims, n'a jamais été cassé. Tout au plus fut-il cabossé. À la célèbre question : « Qui a cassé le vase de Soissons ? » la réponse est en fait : Personne !

Les règles de l'armée de Clovis étaient strictement romaines. Si le butin devait être réparti de manière équitable pour les soldats, le chef de guerre avait droit de vie et de mort sur ses hommes. Le roi réunit ses fantassins, le 1er mars 487. Cette pratique était romaine là encore, puisque le champ de Mars servait à la revue d'inspection avant l'entrée en campagne. Clovis, probablement à Soissons, profita de la négligence du « frappeur de vase » pour lui régler son compte. Comme sa lance, son épée et sa hache étaient mal tenues, il lui arracha cette dernière de la ceinture et la jeta à terre. L'autre se penchant alors pour la ramasser, Clovis en profita pour lui enfoncer sa propre hache dans la tête : « Ainsi as-tu fait, à Soissons, avec le vase. » Le roi ordonna aux autres de s'éloigner, laissant le cadavre exposé au public, probablement sans sépulture, châtiment exemplaire par son excès. Le chef victorieux pouvait tout se permettre puisqu'il avait respecté de manière formaliste la discipline militaire, précisément parce qu'il l'avait respectée. Clovis n'avait rien d'un roi omnipotent et restait lié par des règles, même lorsqu'il exerçait sa vengeance. Il faut noter cependant que l'épisode révèle un caractère vindicatif et obstiné, soucieux d'être obéi.

Les territoires de Soissons, Senlis, Beauvais passèrent sous son autorité, et le blocus de Paris put alors prendre fin. Dans les années 486-487, après avoir tenu la ville durant dix ans et avoir refusé de choisir entre les partis politiques qui se disputaient le territoire romain de la Gaule du Nord, Geneviève n'avait aucune raison de s'opposer à la venue de Clovis. Comme le dit fort bien le *Liber Historiae Francorum*, « Clovis, agrandissant son royaume, l'élargit *(dilatavit)* jusqu'à la Seine ». Il ne pouvait s'agir d'une conquête, mais plutôt d'une ouverture du territoire de Paris, puisque Geneviève s'en remettait ainsi à l'autorité du roi. Elle voulut d'ailleurs continuer à réduire les séquelles de la guerre civile puisqu'elle obtint de lui la grâce de nombreux criminels emprisonnés (*cf.* document XIII, p. 474, l. 125), ce qui se reproduisit. Quel qu'ait été le crime de ces personnes (droit commun ou politique, on ne sait), la maîtresse de Paris contribuait, par ses interventions, à faire oublier les déchirements antérieurs, en obtenant la grâce et le pardon. L'unité se forgeait ainsi autour de Clovis.

Lorsqu'il voulut franchir la Seine, celui-ci se heurta probablement aux Armoricains qui se considéraient comme des Romains libres. Après son entrée dans Paris, il préféra se tourner vers le nord des territoires bourguignons, c'est-à-dire vers ce qui restait inoccupé de la province de Lugdunaise Sénonaise (ou Quatrième Lyonnaise). Là aussi, le détail des opérations militaires nous est inconnu. Nous ne connaissons que la fin, un traité de paix avec Gondebaud, roi des Burgondes, conclu certainement avant 491. En effet, la *Vie de saint Eptade* (*cf.* document XIX, p. 548) montre que le roi des Francs avait dû, faute d'un succès net, transiger en se contentant de garder pour lui la cité d'Auxerre. La rencontre des deux rois eut lieu sur les bords de la Cure, affluent de l'Yonne, qui sert de frontière entre les cités d'Auxerre et d'Autun (laquelle faisait partie de la Lyonnaise Première). Ce procédé diplomatique est bien connu : Valentinien Ier rencontra les émissaires des Quades en 375 sur un radeau, au milieu du Danube ; Valens fit de même avec Athanaric en 369 sur un bateau au milieu du même fleuve. Ces précédents indiquent que les deux souverains se considéraient comme pairs en se rencontrant sur l'eau, là où le pouvoir ne pouvait s'exercer. Clovis, en se prétendant l'égal de Gondebaud, ne manquait pas de prétention, car celui qu'il rabaissait ainsi portait en réalité un grade romain supérieur, celui de *magister militum praesentalis,* et le titre de patrice qu'il tenait de l'empereur Olybrius en 472. Or Clovis n'était toujours qu'un roi fédéré, gouverneur de province. Il ne manquait pas d'ambitions !

Il profita de l'occasion, toujours dans le plus strict respect des règles de l'union de l'État et de l'Église, pour demander à Gondebaud l'autorisation de faire ordonner évêque d'Auxerre un ancien fonctionnaire romain devenu ermite, Eptade. Originaire de la cité d'Autun, celui-ci dépendait du roi burgonde. De plus, nous l'avons vu, la loi romaine stipulait qu'un laïc ne pouvait devenir clerc sans une autorisation spéciale. Voilà donc deux rois, l'un païen, l'autre arien, qui s'occupent de régler le rétablissement de la hiérarchie catholique pour un évêché vacant depuis une bonne dizaine d'années ! Or, l'accord obtenu, le choix de Clovis, qui s'était porté sur un représentant du courant monastique anticonformiste, se révéla vain, car l'élu refusa toute ordination et retourna dans sa solitude morvandelle de Cervon. Son mépris du monde n'était pas une démission, il voulait montrer où se trouvait la véritable urgence du moment : non point remettre l'Église debout administrativement, mais prêcher, convertir et baptiser les Barbares. Eptade se comportait en disciple de saint Augustin et de Prosper d'Aquitaine. Nous voyons ici en pleine action ce courant évangélisateur qui a pris son essor entre 450 et 470. Une autre obsession d'Eptade concernait la libération des prisonniers de guerre. Ce véritable problème social qu'était le déplacement de milliers de personnes depuis leur pays d'origine jusqu'aux terres des vainqueurs où ils travaillaient la terre comme esclaves ne pouvait être résolu que par une politique systématique de rachat. Eptade obtint de Clovis non seulement qu'il renonçât à le désigner au siège d'Auxerre, mais encore qu'« il lui promît par serment » de le laisser libérer ces malheureux. Il le fit, en particulier en 494 avec les Italiens dispersés en Burgondie par Gondebaud. Le roi des Francs eut l'intelligence d'accepter de voir son premier objectif – rénover l'Église de l'intérieur par le choix d'un ermite contestataire – remis en question, afin de mieux veiller à créer l'unité entre des populations gallo-romaines et germaniques, les unes victimes de la guerre, les autres souffrant de leur misère spirituelle. Nous retrouverons encore une fois Eptade dans cette œuvre de libération et de conversion. Quant à Clovis, il continua d'appliquer le programme fixé par Remi.

Un succès partiel contre les Thuringiens

Le premier conflit franco-burgonde eut donc des conséquences importantes. À partir de ce moment, Clovis « envoya souvent une ambassade en Burgondie ». De ces relations régulières sortirent probablement les premiers pourparlers relatifs au mariage avec Clotilde, mais auparavant il eut d'autres guerres à livrer, en particulier contre les Thuringiens en 491. Grégoire de Tours précise en effet que le roi « fit beaucoup de guerres et remporta des victoires », mais il n'en mentionne que les principales. Nous sommes donc réduits aux hypothèses en ce qui concerne la première guerre contre les Thuringiens. Clovis voulait-il récupérer l'héritage de sa mère ? Ou bien, ce qui est plus probable, eut-il à faire face à une progression des Thuringiens sur la rive droite du Rhin inférieur, là où les Saliens, abandonnant leur terre d'origine, étaient passés en Toxandrie ? Une troisième cause joua plus encore, l'alliance qu'Euric, roi des Wisigoths, avait nouée, après sa victoire maritime sur les Saliens avant 475, avec les Thuringiens. Clovis risquait de ne pouvoir combattre les Wisigoths à cause de cette alliance qui le prenait à revers.

L'attaque de 491 permit de soumettre ce qu'il est habituel d'appeler les Thuringiens rhénans par opposition au gros des Thuringiens établis sur l'Elbe et la Saale. Cette division du même peuple en deux royaumes est contestée par certains historiens allemands comme Dietrich Claude qui estime, preuves archéologiques et textuelles à l'appui, qu'il n'y eut, au cours de la seconde moitié du ve siècle, qu'un seul peuple en pleine expansion : poussant les Alamans et les Francs, y compris les Rhénans, devant eux, les Thuringiens auraient atteint Ratisbonne et le Rhin inférieur. En ce cas, les Thuringiens auraient été une nébuleuse ethnique dont un clan aurait été soumis par Clovis. Celui-ci dirigea probablement son offensive sur la rive droite du Rhin. Il lui était impossible de dominer avec si peu de forces la totalité des Thuringiens dont la dynastie principale lui était apparentée par Basine. D'ailleurs, nous verrons par la suite qu'ils restaient toujours indépendants.

Ce succès fut donc partiel. Clovis, toujours prudent, l'avait préparé par une alliance matrimoniale avec une femme inconnue, mais appartenant sûrement à une famille royale des Francs Rhénans. Les Thuringiens menaçaient en effet les Francs Saliens comme les Francs Rhénans. Cette union de type païen empêcha la solidarité entre roitelets thuringiens de se manifester, sans compter que les rois de

Cologne menèrent des offensives au-delà de la rive droite du Rhin. Nous verrons plus loin que ces mariages avaient des conséquences politiques capitales. Celui-ci eut probablement lieu avant 486, à l'époque où Clovis était isolé. Il en naquit un fils, Thierry, suffisamment âgé en 507 pour diriger des opérations militaires en Auvergne. Il devint roi des territoires rhénans de la rive gauche du Rhin en 511, et ses descendants portèrent des noms caractéristiques de la dynastie des Francs de Cologne.

L'expansion militaire des Francs Rhénans aurait pu être, en effet, extrêmement gênante pour les Saliens si Clovis ne l'avait pas jugulée par cette union. Le départ d'Arbogast puis l'indépendance totale des Burgondes et des Wisigoths, lors de la disparition de l'empereur d'Occident en 476 leur avaient laissé la voie libre pour s'emparer, pour la cinquième et dernière fois, de Trèves. Ils continuèrent vers le sud, occupant toute la Belgique Première jusqu'à Langres. En 470, une alliance matrimoniale, celle de Sigismer avec une princesse burgonde, leur permit de repousser l'ennemi commun, les Alamans. Mais ils eurent moins de succès. Des combats mal connus durent avoir lieu entre Mayence et Worms, opposant Francs Rhénans et Alamans. Malgré des conquêtes sur la rive droite du Rhin dans la Wetterau, les Francs Rhénans étaient en difficulté vers 491. Leur alliance avec Clovis était donc primordiale : elle leur assurait la possession de Trèves, Metz, Toul et Verdun. La frontière commune, les Ardennes, leur permettait de recevoir facilement des secours des Saliens. Enfin, nous comprenons mieux pourquoi, en 481, Remi, constatant la prise de Trèves par les Francs Rhénans, avait choisi Clovis : il était le seul à pouvoir protéger la Belgique Seconde contre ses congénères de Cologne et surtout contre un ennemi encore plus dangereux, les Alamans (*cf.* carte 2, p. 118).

L'alliance avec les Burgondes

La deuxième alliance de Clovis, avec les Burgondes, eut le même but. À une date que nous ignorons, le fils de Gondioc, Gondebaud, devint troisième roi en Burgondie. Il était déjà célèbre pour avoir participé au sac de Rome le 11 juillet 472. Nous avons vu qu'il était le seul roi germanique à détenir le plus haut grade et la dignité la plus élevée accordés par l'empereur. Dans la course à la romanité, il était donc naturellement, après Syagrius, l'adversaire à atteindre. Bien qu'arien, c'était un homme de double culture qui, comme Childéric et Clovis, chercha toujours à maintenir ses liens avec Constantinople. Mieux encore, dans sa correspondance officielle, il n'hésite pas à déclarer à l'empereur Anastase : « Nous admirons les titres conférés par les empereurs plus que les nôtres. » Sa politique fut remarquable d'ambiguïté. Contre les Alamans il avait besoin de l'alliance des Francs Rhénans et des Francs Saliens. Pour les contrebalancer, il s'appuyait sur les Wisigoths, mais en même temps, maître des cols alpestres, il protégeait l'Italie d'Odoacre contre ces derniers. Face aux provinciaux de Burgondie, il se présentait en défenseur des catholiques dont son épouse, la reine Carétene, était issue. Elle devait probablement faire partie, comme sa nièce par alliance Clotilde, de ce groupe de Burgondes convertis à la foi nicéenne au début du ve siècle (*cf.* chap. IV, p. 102). Sa religion était caractéristique des courants spirituels de l'époque : ascèse monastique jusque dans le mariage et culte des saints. Elle vénérait tout particulièrement l'évêque Marcel de Die qui avait été déporté par Euric. Elle alla jusqu'à recueillir pieusement comme relique un crachat que l'évêque agonisant avait projeté contre le mur...

Elle fit construire à Lyon une église dédiée à saint Michel, la première du genre en Gaule, preuve, là encore, d'une influence orientale. Elle y fut enterrée, âgée de plus de cinquante ans, le 16 septembre 506. Son épitaphe nous apprend qu'elle chercha à convertir « son illustre descendance à la vraie foi ». Nous trouvons de nouveau le rôle capital des femmes, car ses fils Sigismond et Godomar furent en effet catholiques. On remarquera enfin cette étonnante liberté des reines germaniques qui agissent, comme plus tard Clotilde, de manière complètement indépendante de leur royal époux.

La « tolérance » était donc un élément fondamental de la politique de Gondebaud. Elle renforçait l'adhésion d'un fort parti catholique de sénateurs romains, tels Flavius Laconius, « homme consulaire », conseiller en droit romain, ou encore Héraclius, autre conseiller devenu plus tard évêque de Saint-Paul-Trois-Châteaux. Gondebaud eut enfin l'habileté de permettre l'accès à l'épiscopat d'Alcimus Ecdicius Avitus. Ce dernier, né vers 450, fait partie, comme son nom l'indique, de la grande lignée sénatoriale auvergnate illustrée par l'empereur du même nom, Avitus, le patrice Ecdicius son fils, l'évêque de Clermont Sidoine Apollinaire, son gendre. Ses parents avaient eu six enfants. Lui-même avait été marié et père de famille. Veuf vers quarante ans, il s'était converti à la vie monastique comme son père et sa mère. Vers 490, il fut élu au siège métropolitain de Vienne, succédant à son père. Nous retrouvons, comme chez Sidoine, le phénomène de conversion des élites sénatoriales au milieu de leur vie. Une trentaine d'années le séparent du résistant clermontois, dont il admire profondément le talent littéraire. Il a sûrement médité les leçons de l'échec de celui-ci ; quinze ans le séparent de Remi, auquel il a écrit. Le réseau de spirituels et d'évêques catholiques compte donc aussi Avit dans ses rangs. Instruit par l'expérience, évêque méridional soumis à un roi arien, il fut un collaborateur critique et un conseiller officiel en communication épistolaire. Mais, entre sa correspondance (98 lettres) et son action pastorale, il y a un véritable fossé. En tant que serviteur d'un roi arien, il ne laisse rien transparaître de ses opinions personnelles. En revanche, en tant que poète et que théologien (une épopée en six livres sur l'Ancien Testament, un Dialogue avec Gondebaud, un livre contre les ariens, deux contre les monophysites, des homélies, etc.), il se révèle l'un des plus ardents défenseurs de la foi catholique et un pionnier de la suprématie de l'évêque de Rome. Collaborateur du roi, il n'en cherche pas moins à le convertir au catholicisme. Cette attitude est nouvelle. Elle prend acte de l'échec de toute résistance catholique ouverte face à l'arianisme ; Avit est en réalité le maître à penser de l'épiscopat gaulois dans la campagne de conversions et dans le mouvement missionnaire déclenché au milieu du siècle. Après sa mort, le 5 février 525, apparaîtra une quatrième génération, celle d'un autre moine d'origine sénatoriale de Burgondie, Césaire d'Arles. Sa nécessaire soumission au pouvoir en place est renforcée par la présence autour de Gondebaud de nobles burgondes catholiques comme Ansemundus ou l'encouragement qu'il apporta à la construction du groupe épiscopal de Genève avec deux baptistères. Après tout, mieux valait jouer sur deux tableaux : d'un côté, favoriser le possible passage au catholicisme d'un Gondebaud, bon connaisseur des textes sacrés, de l'autre pousser l'épiscopat du Nord à la conversion de Clovis. L'ambiguïté du roi burgonde engendrait l'habileté de l'évêque lequel fut, de surcroît, le meilleur écrivain latin du Ve siècle finissant.

L'irruption de Théodoric en Italie

En 491, le modèle burgonde était donc beaucoup plus attirant que celui de Clovis. Ce dernier restait un petit roi aux succès partiels face aux superpuissances du moment, Burgondes et Wisigoths. D'ailleurs sa victoire sur les Thuringiens avait été due au fait que le fils d'Euric n'avait pu aider ses vieux alliés. En effet, cette même année, Alaric II envoya en Italie des troupes au secours de ses frères les Ostrogoths.

L'installation dans la péninsule de ce peuple dirigé par Théodoric le Grand fut en effet un événement qui retarda et bloqua l'œuvre de Clovis pour plus d'une dizaine d'années. Elle renforça son état d'infériorité en fortifiant les royaumes ariens. Revenons maintenant à ces Greutunges que nous avions laissés soumis aux Huns après le grand choc de 371-375. Leur chef, Athanaric, désavoué par son peuple, avait fini en réfugié dans Constantinople. Il y eut une véritable symbiose entre les Ostrogoths et les Huns jusqu'en 451. Les Goths vaincus adoptèrent nombre de coutumes de ceux-ci, comme celle de la déformation du crâne, que l'on retrouve aussi chez les Burgondes. Le clan royal des Amales parvint alors à s'imposer aux Ostrogoths soumis à ces nomades. À la bataille des champs Catalauniques, les trois rois frères Valamir, Théodemir et Vidimir combattirent avec leur peuple dans les rangs des Huns. Mais, en 454, à la bataille de la rivière Nedao, près de la Tisza, ils se libérèrent de la domination des fils d'Attila et créèrent sur la rive droite du Danube un royaume en Pannonie. L'empereur d'Orient, Marcien, qui considérait ce territoire comme sien, en fit des fédérés. Désormais, outre que certains membres du clan amale se trouvaient dans l'armée romaine, l'Empire considéra les Ostrogoths comme à son service. Ce fut en 451 que naquit de l'un des trois rois, Théodemir, et d'une épouse païenne, Érelièvе, celui qui allait devenir Théodoric le Grand. Il avait donc quinze ans de plus que Clovis et acquit très tôt une expérience que ce dernier n'avait pas. À la suite d'une révolte contre l'Empire terminée par un renouvellement du *foedus* en 458, le jeune Théodoric, âgé de huit ans, fut livré en otage et emmené à Constantinople, comme gage de la bonne observance du traité. Là, pendant dix ans, il acquit une connaissance de la romanité bien supérieure à celle qu'en avaient les Wisigoths et les Burgondes. Comme Gondebaud, il resta un arien convaincu, même si sa mère fut baptisée dans le catholicisme sous le nom d'Eusébie. C'était, comme Aetius, un homme de double culture, mais en sens inverse : l'otage romain avait compris le ressort des sociétés germanique et hunnique ; l'otage ostrogoth, lui, saisit les causes de la permanence romaine pour se hisser au plus haut possible de l'Empire tout en restant fidèle à ses origines. Il parvint en effet à se présenter en sauveur de Rome pendant trente-huit ans, rêve que n'avaient pu réaliser Alaric Ier et Athaulf. Lorsqu'il revint de Constantinople à dix-huit ans, il succéda à son oncle Valamir, puis en 474 fut proclamé roi par ses guerriers, à la mort de son père. En 476, le nouvel empereur, Zénon, constatant sa valeur, l'installa dans un nouveau royaume fédéré, la Mésie (Bulgarie actuelle), l'adopta à la germanique comme « fils d'armes », lui donna les titres d'ami, de patrice et de commandant en chef, avec promesse de subsides annuels. Nommé consul en 484, il assassina son rival Rékitach en appliquant la vengeance obligatoire, la faide due à celui qui avait massacré ses oncles. Curieux « Romain » que ce *Flavius Theodoricus consul* « égorgeant de sa main un parent » en pleine ville de Constantinople ! Il a tout du Barbaro-Romain. Il aura même sa statue équestre sur le forum de la Nouvelle Rome. Restait à savoir si sa fidélité allait être aussi inconditionnelle que celle de Childéric.

Il n'en fut rien. Théodoric pratiqua si bien, après deux révoltes, le marchandage à la manière d'Alaric, que Zénon, à la fois excédé et prudent, lui fit en 488 une offre extraordinaire : expulser Odoacre d'Italie et, en récompense, exercer la domination sur ce pays, en attendant l'arrivée de l'empereur. Il lui confia « le Sénat et le peuple romain » (Senatus populusque romanus, S.P.Q.R., le sigle symbolique de Rome), dit Jordanès. Pour Zénon, l'avantage était double : Théodoric quittait la Mésie trop proche de Constantinople, tout en restant sous ses ordres. Pour Théodoric, dont le peuple avait échappé à la dure domination des Huns, il s'agissait de trouver une patrie définitive lui permettant d'être à même de dominer les royaumes germaniques occidentaux, et de tenir la dragée haute au puissant Empire d'Orient.

En juillet-août 489, Théodoric entra donc en Italie avec un peuple d'Ostrogoths et de Ruges d'environ cent mille personnes dont vingt mille soldats. Cette armée pluriethnique comportait essentiellement des cavaliers lourds avec armure et lance. Leur tactique consistait en des charges-éclairs au milieu de cris perçants, soit de face, soit de flanc, pour rompre les lignes adverses. S'ils échouaient, ils se repliaient aussitôt derrière leurs propres lignes d'infanterie. Les fantassins possédaient une lance, une épée, un bouclier et une épaisse tunique de combat tombant jusqu'aux genoux. La cavalerie n'était pas en soi la reine des batailles, car il arrivait que les hommes casqués avec des protège-joues, chevauchant sans étrier des chevaux blancs pommelés, caparaçonnés en serrant leur lance des deux mains, traversassent sans résultat des escadrons adverses de même type, ou se repliassent, leurs montures épuisées. Tout dépendait de l'habileté tactique du chef dans son art de la surprise. Au cours de ses campagnes contre Odoacre, Théodoric connut jusqu'en 493 des revers et des victoires mélangés. Nous retrouverons les mêmes problèmes militaires pour Clovis lorsqu'il combattra les Wisigoths, dont les méthodes étaient identiques, puis les Ostrogoths. Il les aurait affrontés au début de son règne qu'il eût été immanquablement battu puisque ses propres troupes ne comportaient alors que des fantassins.

Cela dit, on comprendra mieux, étant donné la résistance acharnée d'Odoacre, que Théodoric ait eu besoin d'alliés venus de Gaule. Au printemps 491, alors que les Vandales attaquaient la Sicile, Gondebaud lança un raid, peut-être à l'instigation d'Odoacre, sur Pavie et s'empara de quatre mille Italiens qu'il emmena en Burgondie – nous avons vu qu'Eptade et Avit de Vienne contribuèrent en 494 à la libération de ces esclaves sur la demande de l'évêque Épiphane de Pavie. Le contingent wisigoth envoyé par Alaric II vint à point, en cette même année 491, pour sortir Théodoric de ce mauvais pas. Finalement, après un siège prolongé de Ravenne et de violents combats dans la pinède entourant la ville, Odoacre négocia sa reddition. Une fois entré dans la ville, le 15 mars 493, Théodoric, au cours d'un banquet dans le palais impérial du Laurier, égorgea Odoacre de sa propre épée et fit massacrer toute sa famille et tous ses fidèles. Le même jour, son armée le proclama roi en Italie, « sans attendre l'ordre du nouvel empereur », Anastase. Les soldats ostrogoths étaient donc bien la véritable source du pouvoir, et Constantinople ne pouvait apporter que des confirmations juridiques.

L'ambition de Théodoric se révéla tout de suite. Il réclama à l'empereur le port du costume impérial (*cf.*

document XVI, p. 512). Il voulait que son royaume fût indépendant et entendait y diriger à la fois les Goths et les Italiens tout en étant subordonné à Constantinople comme vice-empereur. Zénon puis Anastase firent la sourde oreille, ne voulant pas qu'un seul homme fût à la fois roi de son peuple et empereur *(princeps)* sur le peuple romain. Cette dualité serait revenue à abandonner l'Italie. Théodoric n'en eut cure et agit comme s'il avait obtenu la magistrature demandée. Il finit d'ailleurs par l'obtenir d'Anastase en 497 pour des raisons de politique religieuse, le schisme avec Rome. Nous retrouverons ce problème plus loin, mais une chose est sûre : à partir de 489-493, Théodoric se comporta en haut fonctionnaire romain immédiatement inférieur à l'empereur, et hiérarchiquement supérieur à tous les autres rois germaniques d'Occident. Il était un nouvel obstacle, autrement plus puissant que les autres, sur le chemin de Clovis.

Fin connaisseur des deux civilisations, il put créer, grâce au fait que l'Italie avait gardé un système fiscal intact, un royaume à double structure qui paraissait fort solide à ses contemporains, bien qu'en fait il ait eu la plus courte durée de tous les royaumes germaniques : une soixantaine d'années. Le roi, doté du pouvoir charismatique païen des Amales, imita parfaitement la structure administrative de l'Empire romain. Le comte des Goths avait autorité sur la bureaucratie civile romaine, tout en étant responsable de l'armée gothique « romaine » et du tribunal pour les causes mixtes entre Romains et Ostrogoths. Il était présent dans chaque cité. Les hauts fonctionnaires de la cour de Ravenne (le *major domus*, les *proceres*) formaient l'entourage du roi et tranchaient les plus graves problèmes. Comme ce tribunal comportait des Goths en majorité, l'intérêt de ces derniers n'était jamais oublié. Avec le roi, il s'occupait parfois de la nomination des évêques, ce qui fit protester le pape Gélase. Quant à l'Église arienne, elle était intégralement sous la coupe du roi. Dans certaines cités, il y avait deux évêques, l'un catholique, l'autre arien. En matière financière, deux systèmes coexistaient : le patrimoine, sous la direction d'un comte goth, fournissait le trésor public (recettes des impôts et des domaines fiscaux). En revanche, la chambre du roi *(cubiculum)*, dirigée aussi par un Goth, recevait les recettes des propriétés personnelles du roi. Cette double administration permit d'installer l'armée gothique sans expropriations de terres, comme chez les Wisigoths et les Burgondes. Les soldats ostrogoths furent payés au moyen du tiers de l'impôt foncier romain. Tous astreints au service militaire, les soldats goths étaient les seuls hommes véritablement libres, « ceux qui ont les cheveux bouclés ». Théodoric interdit aux Romains de faire partie de l'armée, ce qui n'était pas pour déplaire aux sénateurs. Ainsi, quarante années de paix et de prospérité économique furent assurées à l'Italie grâce à ce régime de ségrégation dont l'organisation romaine était intacte, mais la direction presque en totalité ostrogothique.

Cette habileté, doublée d'une redoutable ambiguïté, permit à Théodoric de se rallier tout le groupe sénatorial. L'exemple le plus frappant en est évidemment Magnus Aurelius Cassiodorus, né vers 485-490, questeur puis consul, puis *magister officiorum* (responsable de l'administration civile romaine), enfin préfet du prétoire. Ce *cursus honorum* classique fit de Cassiodore la vitrine de la romanité ostrogothique. Rédacteur de la correspondance officielle du roi à partir des années 500 (les *Variae*), il s'appliqua, par son habileté diplomatique, à faire réussir sa politique, même après la mort de Théodoric en 526. Grâce à lui (*cf.* document IV, p. 411), nous sommes les témoins directs du duel Clovis-Théodoric en 506-507. Mais, avant d'oser affronter l'hégémonie ostrogothique, le roi des Francs Saliens avait dû composer face à la grande politique matrimoniale que le chef du clan amale avait lancée, à peine entré en Italie.

UNE SAVANTE STRATÉGIE MATRIMONIALE

Dès avant sa victoire sur Odoacre, Théodoric, à cause certes de la nécessité de se faire des alliés, mais en vue surtout de sa domination, voulut bâtir un réseau d'alliances étroites. Pour empêcher un nouveau raid burgonde sur l'Italie, il demanda à Clovis en 494 la main de sa sœur Audoflède. De cette manière, les Burgondes ne pouvaient plus bouger, menacés qu'ils étaient d'une attaque sur leurs arrières. Une fille naquit de ce mariage officiel, Amalasonthe (au nom révélateur par le mot *amale* qu'il contient). Elle devint l'unique héritière, car les autres enfants de Théodoric, issus d'unions de type païen en Mésie, étaient aussi des filles. Toujours en 494, il maria Théodicusa (ou Théodegothe), âgée d'environ dix-huit ans, avec Alaric II, roi des Wisigoths ; cette union des deux clans royaux, les Amales et les Balthes, avait pour but, dans l'esprit de Théodoric, de contribuer à réunifier les deux peuples goths séparés au début du IVe siècle. À elle seule, elle pouvait leur assurer l'hégémonie puisque leurs territoires bouclaient complètement la Méditerranée (*cf.* carte 7, p. 224). La deuxième fille, Ostrogotho (ou encore Aréagni), âgée d'environ seize ans, fut, à son tour, promise – ou mariée, on ne sait trop – au fils de Gondebaud (ce dernier avait déjà une épouse officielle, Carétene), Sigismond, après 494, à la suite du

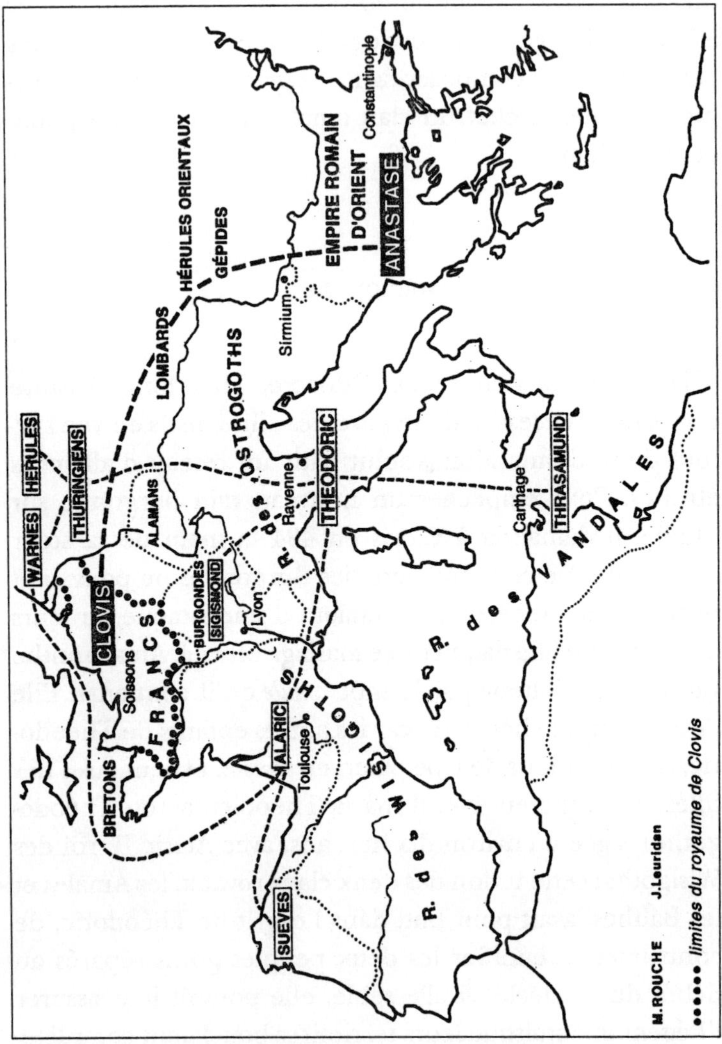

Carte 7. *La stratégie de Théodoric*

Clovis est encerclé, pris à revers. L'attaque de Théodoric contre Sirmium provoque l'alliance d'Anastase avec Clovis. Théodoric est alors cloué en Italie par un second front.

règlement de l'affaire des prisonniers italiens. En tout cas, en 501, lorsque Sigismond fut associé au pouvoir royal par son père, il était probablement déjà marié. Cette alliance ne fut guère effective. Elle traduisait beaucoup plus un rapport de domination qu'une véritable alliance. Enfin, vers 500, Théodoric maria sa sœur devenue veuve, Amalafrède, avec le roi des Vandales, Thrasamund. Il s'agissait ici d'obtenir, en réglant le conflit à propos de la Sicile, l'aide de la flotte vandale contre l'Empire romain d'Orient. Là encore, cette alliance ne fut guère appliquée, car Théodoric avait oublié la vieille haine des Vandales contre les Goths (*cf.* chapitre II, p. 56). Ajoutons enfin que, un peu plus tard encore (507 ou 511 selon les estimations actuelles), Amalaberge, fille du premier mariage d'Amalafrède, épousa Herminafred, roi des Thuringiens.

Ces cinq mariages dessinent une impressionnante politique de domination sur l'Occident. Quatre d'entre eux sont ariens. Ils forment une véritable internationale arienne coalisant des intérêts communs évidents. Ils permettent de tenir en main toute la Méditerranée occidentale (*cf.* carte 7, p. 224). Ils prennent à revers chaque peuple par rapport à son voisin. Clovis se trouve isolé face aux Wisigoths et aux Burgondes, même si ces derniers jouent double jeu. Pour le moment, Théodoric ne le craint pas et tient ses alliés en main grâce à une politique proromaine qui les coiffe littéralement. Au contraire des Wisigoths et même parfois des Burgondes, il ne déclenche aucun acte d'hostilité envers les catholiques bien qu'il soit arien.

Au bout d'une dizaine d'années de règne, Clovis est toujours un petit roi proromain au nord de la Gaule. Ses premiers progrès se placent sous les auspices d'une fidélité résolue à l'Empire et d'un très grand respect envers les représentants de l'Église catholique, tels Remi, Geneviève ou Eptade. Petit gouverneur de province, il n'a qu'une faible armée qui ne comprend même pas la totalité des Francs Saliens. Il demeure inférieur en grade aux généralissimes Gondebaud et Théodoric *(magistri militum)*. Néanmoins, il se prétend non seulement le vrai représentant de Rome face à Syagrius dont il a récupéré les troupes, mais aussi l'égal du roi des Burgondes dont la politique de romanité et de faveur envers les catholiques se justifie par la présence de Burgondes catholiques comme la reine, ou par sa faveur envers l'évêque métropolitain de Vienne, Avit.

L'attitude de Clovis en la matière est encore moins crédible face à la grande politique de Théodoric qui s'empare de l'hégémonie en 493. En effet, celui-ci rassemble, sur l'initiative de l'empereur, tous les royaumes germaniques derrière lui. En matière de *Real-Politik*, le rapport des forces est incontestablement favorable aux puissances ariennes. Les élites sénatoriales, avec Avit ou Cassiodore, l'ont bien compris : elles collaborent avec les vainqueurs. Les cavaliers wisigoths et ostrogoths sont l'arme absolue. Que pèse face à eux ce roi salien réduit à s'allier avec les Francs Rhénans pour bloquer un groupe de Thuringiens ou avec les Burgondes parce qu'il n'a pu s'emparer que d'Auxerre ? Plus encore, ne reconnaît-il pas la suprématie de Théodoric le Grand en lui accordant la main de sa sœur ? Qu'espère-t-il ?

En fait, son comportement à Soissons et à Paris, ou face au refus d'Eptade montre qu'il cherche à en finir avec la guerre civile, à faire l'unité des populations gallo-romaines, à protéger, comme on disait alors, « les pauvres », c'est-à-dire les victimes de toute forme de guerre. Il ne joue pas un parti vainqueur comme le font les rois ariens dans l'ambiguïté ou la ségrégation. Il refuse ce choix, puisqu'il a fait de l'alliance de Syagrius avec les Wisigoths la cause de la guerre. Son but est l'unité romaine, comme le prouvent les *quinquennalia* célébrant ses victoires tous les cinq ans et rédigés en son honneur.

Reste alors sa face germanique. Pourquoi pratique-t-il une union de type païen et accepte-t-il de donner sa sœur en mariage à Théodoric ? Et pourquoi ce dernier semble-t-il considérer que sa politique matrimoniale est efficace ? On se trouve confronté à la conception païenne du mariage et aux structures anthropologiques des sociétés germaniques. Rien n'est purement romain, spécifiquement chrétien ou originellement germanique, tant la symbiose des élites aristocratiques de ces sociétés est déjà avancée. Mais l'élément germanique reste fondamental pour comprendre les mariages de Théodoric et surtout celui qui va faire échouer cette politique, le mariage de Clotilde.

CHAPITRE IX

Le mariage de Clotilde

Ce chapitre pourrait s'intituler « Le mariage de Clovis et Clotilde ». Mais il faut insister sur le fait qu'il s'agit d'abord du mariage d'une princesse burgonde avec un petit roi salien, Clovis, parce que cette femme joua un rôle capital. Son autorité, sa longévité aussi – elle survécut trente-sept ans à son époux –, ses initiatives personnelles invitent à s'interroger sur la nature de sa famille, sur ses parents, sur ses origines, sur son atavisme et sur ses convictions catholiques. La tragédie qui marqua ses premières années ne peut être expliquée que par une pratique germanique liée au pouvoir, le partage entre les frères, conséquence d'une structure familiale large reposant sur l'union charnelle considérée comme créatrice de paix. C'est ainsi que l'on peut expliquer l'acharnement de Théodoric à bâtir son système matrimonial et la façon dont Clovis improvisa un plan destiné à le contrecarrer. En réalité, il ne fit que stabiliser la situation. Seule Clotilde saurait par ses initiatives renverser cette stratégie.

« Gondioc avait donc été roi des Burgondes. Il appartenait à la lignée d'Athanaric, le roi persécuteur dont nous avons parlé plus haut. Il avait eu quatre fils, Gondebaud,

Godegisèle, Chilpéric et Godomar. Gondebaud tua son frère Chilpéric de son épée et noya la femme de ce dernier en lui attachant une pierre au cou. Il condamna à l'exil ses deux filles : l'aînée, qui prit l'habit monastique, s'appelait Chrona, la plus jeune Clotilde. » C'est ainsi que Grégoire de Tours nous parle pour la première fois de la future reine des Francs. Ce récit a été déclaré faux à l'unanimité de la critique. Tous les historiens y ont vu une légende épique largement postérieure destinée à justifier le comportement ultérieur des fils de Clovis à l'égard de la dynastie burgonde. Godefroid Kurth, dans son ouvrage sur Clovis paru en 1896, lors du quatorzième centenaire du baptême du roi, accepta cette théorie et la renforça par une citation d'une lettre d'Avit félicitant Gondebaud « d'avoir pleuré autrefois avec une piété ineffable lors des obsèques de ses frères » (*Epist.*, 5) : un roi aussi pieux ne pouvait avoir commis un tel crime. Tous les historiens récents, parmi lesquels Erich Zollner et Karl Ferdinand Werner, l'ont suivi. Pourtant, ce texte correspond à la vérité historique, et je pense pouvoir le prouver.

Il faut d'abord remarquer que la lettre d'Avit ne démontre pas l'innocence de Gondebaud. Le métropolitain de Vienne n'a rien d'un prophète monastique lançant, tel Salvien, ses quatre vérités à la face d'un meurtrier : il rédige la correspondance officielle d'un roi qu'il veut convertir. La diplomatie la plus élémentaire lui impose, s'il ne veut pas être accusé de crime de lèse-majesté ou être éloigné de l'entourage du roi, ce qui réduirait ses efforts à néant, d'insister sur les vertus du souverain plutôt que sur ses crimes. Comme cette lettre est un document public, mieux vaut féliciter Gondebaud d'avoir pleuré la mort de ses frères : à tout péché miséricorde... Rien n'empêche un roi d'assassiner son frère, puis de le regretter. Le chagrin grandit le roi, et les gens qui sont au courant sauront lire entre les lignes. L'entourage, le roi lui-même, les autres cours royales et l'épiscopat comprendront que ces déplorations publiques manifestent le repentir pour un crime ancien – la lettre date en effet de 502. De cette manière, Avit dit la vérité sans accabler Gondebaud. Comme il utilise le pluriel, il est fort probable, d'ailleurs, que le frère aîné a tué ses deux cadets, Chilpéric II et Godomar Ier.

Mais pourquoi les avoir tués ? Parce que c'était une coutume fréquente entre héritiers se partageant le pouvoir royal à la manière germanique. Godegisèle, le survivant, gouverna à Genève, tout comme son oncle Chilpéric Ier, frère de Gondioc, régna à Lyon (*cf.* généalogie III, p. 575). Par une lettre de Sidoine Apollinaire datée d'août 474, nous savons que le royaume des Burgondes était alors dirigé par des tétrarques (c'est-à-dire par quatre gouvernants), ce qui désignait incontestablement Gondebaud, Godegisèle, Chilpéric II et Godomar Ier (Sidoine, *Epist.,* V, VII, p. 183). L'allusion au « dévouement de la reine » Carétene, dont nous savons qu'elle est catholique, prouve en même temps que Gondebaud était roi au moins depuis 474, si ce n'est avant. En ce cas, ses deux frères auraient été tués entre 476 et 480. Les filles de Chilpéric II, Chrona et Clotilde, étaient peut-être âgées de quatre et six ans. Chez les Wisigoths, il en fut de même chaque fois qu'il y eut plusieurs héritiers. Ainsi les fils de Théodoric Ier régnèrent-ils tous successivement ou simultanément, et Thorismund (451-453) s'empara du trône malgré ses frères, Théodoric II et Frédéric, qui l'assassinèrent et régnèrent ensemble. Euric se débarrassa de la même manière de Théodoric II en 466 – encore faut-il souligner qu'il avait aussi été associé au trône avant cette date. En effet, Grégoire de Tours, en historien fidèle à ses documents, précise que la première année de son règne fut 457, date probable de sa majorité, et qu'il resta vingt-sept ans sur le trône (*H.F.*, II, 20) : les trois frères régnèrent en partie ensemble, tandis que Ricimer, le patrice qui fit et défit les derniers empereurs, « régna » quasiment à Ravenne jusqu'à sa mort en 472. Il est en effet probable que celui qui fut le beau-frère de Gondioc n'était autre que le fils homonyme de Théodoric Ier (*cf.* généalogie II, p. 574).

Cette pratique existait aussi chez les Ostrogoths. Lorsqu'ils s'installèrent en 455 en Pannonie, Valamir, Théodemir et Vidimir se partagèrent le pays du nord au sud depuis la Pannonie Première jusqu'à la Pannonie Seconde en passant par la Savie (Hongrie occidentale, Croatie et Slovénie actuelles). Théodemir, devenu seul roi en 469, succéda à Valamir, puis laissa le royaume de ce dernier, son oncle, au futur Théodoric le Grand, son propre fils qui, devenu roi unique, élimina son jeune frère en 474 (*cf.* généalogie I, p. 573).

Chez les Huns, une même coutume était pratiquée. Rua, Optar, Mundioch régnèrent simultanément. Rua finit par l'emporter en 430, mais ce furent ses deux neveux, fils de Mundioch, Attila et Bleda, qui lui succédèrent en 434, et le premier finit par tuer le second en 444. À sa mort en 453, ses quatre fils, Ellac, Hordniak, Dengizik et Ernac, dirigèrent l'Empire simultanément (*cf.* généalogie VI, p. 577). Terminons avec les Thuringiens dont le roi Bisin avait accueilli Childéric en 451. Bisin II, mort avant 511, partagea son royaume entre ses fils Berthier, Baderic et Herminafred (*cf.* généalogie V, p. 577).

Le mode de succession dans les familles germaniques

Rien d'étonnant, par conséquent, à ce que, à la mort de Clovis, ses quatre fils aient fait de même en 511. On a appelé cette pratique la « patrimonialité » du royaume, mais aucun texte ne donne la preuve de l'existence d'une conception privative du pouvoir politique considéré comme propriété personnelle des rois germaniques : il s'agit d'une simple hypothèse, même si la pratique est générale chez tous les peuples germaniques.

Un dernier exemple va nous éclairer sur cet usage, celui des Vandales. Leur roi Godegisel, mort avant 406, avait laissé deux fils, l'un, Guntharic, issu d'un mariage légal païen, l'autre fruit d'une union non légale avec une concubine ou une esclave d'origine romaine, Genséric. Ce dernier n'avait aucun droit à la direction de son peuple, mais finit néanmoins par s'en emparer soit en tuant Guntharic (en 427), soit à la suite de l'empalement de celui-ci par d'autres Germains (c'est ce que prétendaient les Vandales). Il fit jeter la femme de Guntharic, une pierre attachée au cou, dans l'oued Rhumel, qui coule à Constantine, exactement comme le fit Gondebaud avec la mère de Clotilde, puis massacra les neveux. À sa mort en 477, il laissa une « constitution » obligeant ses descendants à suivre un ordre de succession strict. Chacun des fils devait succéder au précédent, le cadet au plus âgé. Une fois cette génération épuisée, on passait à l'oncle et aux neveux, etc. Ce système archaïque est bien connu des anthropologues qui lui ont donné le nom celtique de *tanistry* (la succession par le second ou le suivant, mais non par le fils). Genséric qui, de tous les rois germaniques, fut le plus rebelle à toute osmose avec la romanité, avait rétabli la structure familiale dans sa pureté originelle. Qu'on se rappelle ces rois germaniques qui, aux

IIe et IIIe siècles, possédaient les uns l'autorité religieuse, les autres le pouvoir militaire. Certains disposaient d'un haut poste administratif, d'autres dirigeaient un territoire, mais en réalité ils régnaient simultanément, l'aîné possédant la plus grande autorité, à moins que ce fût l'oncle maternel de la génération précédente. Chez les Vandales, l'application de cette règle successorale, qui nous paraît aberrante mais avait sa logique interne, fut une véritable catastrophe. Hunéric (477-484), le fils aîné, voulut, puisqu'il était marié avec la fille de l'empereur d'Orient, Eudoxie, faire triompher le principe patrilinéaire en faveur de son fils Hildéric et pour ce faire ordonna l'assassinat des femmes et des fils de ses frères (*cf.* généalogie IV, p. 576). Néanmoins, c'est le deuxième de ses neveux, Gunthamund, qui lui succéda (484-496), puis le troisième, Thrasamund (496-523). La règle ne fut pas observée en 523 quand Hildéric (523-530) parvint enfin au pouvoir, ce qui lui valut d'être détrôné puis assassiné par l'aîné des arrière-petits-neveux de Genséric, Gelimer. Ce meurtre déclencha en 533 l'intervention de l'Empire d'Orient en Afrique et la ruine du royaume vandale.

Au commencement était la mère

Le principe de la *tanistry* explique donc la simultanéité des règnes des frères et provoque ces bains de sang familiaux par suite des rivalités entre des hommes s'estimant plus aptes que les autres, par leur vertu militaire ou leur charisme personnel, à obtenir l'autorité suprême. Certains prirent les devants, et ce fut le cas de Gondebaud qui préféra, comme fit alors Hunéric, se débarrasser de ses deux frères, Chilpéric II et Godomar Ier. Pourquoi fallait-il qu'il s'en prît aussi à la femme de son frère à l'instar de son confrère arien qui avait éliminé épouses et postérité ?

Remarquons d'abord que Gondebaud, comme Genséric, fit jeter la mère de Clotilde dans l'eau avec une pierre au cou. C'est un châtiment propre au droit germanique ancien : la noyade était réservée aux crimes les plus abominables : lèse-majesté, fuite au combat, adultère féminin, etc. Dans la loi des Burgondes, la femme adultère est jetée étranglée dans la boue des marécages, porte des enfers selon la croyance païenne. Ce châtiment n'avait rien de théorique, et les fouilles faites dans des tourbières de Windeby en Allemagne ont permis de retrouver intacts les cadavres de jeunes filles étranglées avec des pierres et des fagots posés sur la tête pour qu'elles s'enfoncent dans l'élément liquide. Le musée de Schleswig renferme les preuves de cette justice archaïque.

S'il est impossible de savoir si l'accusation portée contre l'épouse de Chilpéric II était juste, le but poursuivi est clair : dépouiller sa descendance de toute légitimité. Clotilde et sa sœur ne pouvaient plus descendre d'Athanaric, le prestigieux ancêtre balthe. Une tache indélébile les tenait à l'écart de toute royauté à venir. C'était, en même temps, reconnaître qu'elles appartenaient à cette lignée. En outre, Crona, connue par Frédégaire sous le nom de Saedeleuba, fut rapidement vouée au célibat consacré, ce qui l'empêchait de se marier et donc d'avoir une descendance. Quant à Clotilde, elle était probablement trop jeune pour être soumise à cet état. Peut-être furent-elles épargnées parce que, en droit germanique, on ne tuait pas un enfant après sa première tétée et tant qu'il demeurait aux mains des nourrices – mais ce n'est qu'une supposition. L'important est ailleurs.

S'attaquer à l'épouse a pour but de ruiner l'authenticité de la descendance et de nier son rôle central dans la famille large que les lois germaniques appellent la parentèle. Elle possède, en effet, ce que les anthropologues qui ont étudié ce système dans d'autres ethnies appellent le « ventre de souveraineté ». Dans les sociétés dites primitives, en particulier nomades, l'organisation sociale est matrilinéaire, souvent même matriarcale. Au commencement est la mère. La filiation se fait uniquement par rapport à elle qui désigne parmi les siens le père, lequel n'est pas forcément le géniteur. Souvent elle donne aussi l'autorité à son frère, l'oncle maternel des enfants. Elle choisit les épouses de ses frères et les époux de ses filles. Elle fait de l'espace familial une zone de paix, puisqu'elle dispose quasiment d'un droit de vie et de mort que le système patriarcal lui arrachera ensuite. La parentèle, famille large, est un groupe à l'étroite solidarité, renforcée par des unions endogamiques, c'est-à-dire que les conjoints viennent toujours des mêmes lignées. Tous sont donc parents et les unions finissent par devenir incestueuses.

Mais elles favorisent la paix. L'union d'un homme et d'une femme mélange leurs sangs. Eux et leurs enfants deviennent alors un seul et même groupe lié pour la vie. La famille large, avec le souvenir de ses ancêtres claniques remontant aux dieux, est donc l'unité sociopolitique de base. Elle est renforcée par les liens d'homme à homme, de seigneur à vassal, de père à fils d'armes, de frère de lait à frère de lait. La paternité n'est qu'un lien parmi d'autres, charnel ou symbolique. C'est la femme qui est au centre du dispositif. Pour le ruiner, il suffit d'attenter à sa vie ou à sa réputation.

Certes, à l'époque qui nous intéresse, ces structures matrilinéaires n'existent plus à l'état pur. Sous l'influence des civilisations juive, grecque et romaine qui pratiquent depuis plus de mille ans la patrilinéarité et le patriarcat, ce dernier s'est introduit dans le monde germanique. La preuve en est que, dans la loi des Francs Saliens publiée par Clovis en 511, la transmission des biens se fait de manière bilinéaire, par les agnats (parents par le père) et les cognats (parents par la mère). De nombreux traits du système originel subsistent néanmoins ; *tanistry*, influence de la mère, endogamie, unions multiples de type incestueux et surtout apport par l'homme à la femme de l'équivalent d'un douaire... On pourrait citer bien d'autres exemples analogues dans les mondes celtique, slave, africain et jusqu'aux Touareg en plein XXe siècle.

L'important pour les Germaniques, païens comme ariens, qui voulaient garder leurs caractères ethniques primitifs, était d'assurer la paix et la conservation des patrimoines grâce à une descendance authentique. Avec le désir patriarcal d'être l'incontestable géniteur apparut l'exigence de la virginité de l'épouse. Les tribus germaniques continuèrent à ne pas avoir de cérémonie de mariage. L'union charnelle constituait le mariage, mais, à l'aube suivant la nuit de noces, pour remercier la femme d'avoir gardé sa pureté, ce qui l'assurait que désormais les enfants qui naîtraient d'elle seraient bien les siens (sauf en cas d'adultère prouvé, évidemment), le mari lui offrait le don du matin, la *Morgengabe*. Cette coutume existait aussi bien chez les Francs, les Burgondes, les Alamans, les Bavarois, les Anglo-Saxons, les Lombards que chez les Frisons ou les Thuringiens. Il s'agissait de biens mobiliers donnés en toute propriété, qui s'ajoutaient donc à la dot que les parents avaient constituée. L'épouse officielle, dite de premier rang, possédait ainsi une véritable puissance économique, et détenait les clefs des coffres ; elle dirigeait toute la maisonnée et, comme on l'a vu, commandait à ses descendants légitimes. Cela n'empêchait pas l'existence d'épouses de second rang, nobles, libres ou esclaves, mais elles ne recevaient pas de *Morgengabe* et leurs enfants n'étaient pas légitimes. Elles assuraient par leur union avec le maître la paix avec leur lignage d'origine. De là venait leur nom de *Friedelehen*, gages de paix. Les historiens romains chrétiens, qui ne comprenaient rien à ces structures familiales polygamiques et sans mariage public, les appelaient concubines. On a vu que c'était le cas pour la mère de Théodoric le Grand, pour celle de Genséric et pour la princesse rhénane inconnue dont Clovis eut un fils, Thierry. Car rien n'empêchait d'avoir une épouse de second rang avant même celle de premier rang. On comprend maintenant pourquoi le roi des Ostrogoths eut une politique matrimoniale si active. Les cinq mariages qu'il agença devaient, dans son esprit et sa croyance, assurer l'avenir pacifique des royaumes germaniques d'Occident. Ces rois étaient parents et ne formaient qu'une seule souche, tous étant dotés d'une épouse de premier rang.

Tout cela serait parfait n'eussent été les souvenirs de haines tribales et de vengeances obligatoires qu'entretenaient d'ailleurs les femmes. La parentèle étant solidaire, toute attaque contre l'un de ses membres enclenche immédiatement une vengeance obligatoire soit contre l'offenseur, soit contre un quelconque membre de la famille du coupable. La faide est un acte de piété familiale et de justice au niveau de cette unité sociale de base que constitue la grande lignée. Elle permettait, en l'absence d'État, de réguler les conflits entre parentèles et d'arrêter la destruction mutuelle qui pouvait durer plusieurs générations par l'acceptation réciproque de payer à la famille de la victime le montant du prix du crime, le *wergeld*, l'or du sang. On appelait ces paiements des « amendes de composition ». Mais il était toujours possible de les refuser et la guerre continuait alors dans une atmosphère de haine inextinguible. Gondebaud essaya de la limiter en autorisant seulement la poursuite du meurtrier par la parentèle, et Euric tenta dans ses lois de rendre la composition obligatoire. Ce fut souvent en pure perte. Ailleurs, chez les Lombards, les Anglo-Saxons et les Francs, la faide était légale. Dans la loi Salique, quiconque tuait un individu par faide devait le signaler en plantant la tête de sa victime sur un pieu de fortification ou au bout d'une lance. Nous retrouverons toutes ces pratiques. Clotilde n'oublia jamais le meurtre de ses parents. Théodoric, quant à lui, bien qu'il en eût, dut s'y résoudre pour le meurtre de son petit-fils.

Les épouses et les mères n'étaient pas les dernières dans ces règlements de comptes. Elles authentifiaient la lignée par leur pureté et la défendaient contre sa disparition éventuelle. Elles savaient exciter la violence des vengeances. En témoigne dans les épopées germaniques le souvenir historique sanglant des haines de Brynhild et de Krimhild qui n'eurent de cesse qu'elles n'aient tué l'une Siegfried, l'autre son meurtrier, le tout se terminant sous les yeux de Dietrich de Berne, celui que nous nommons Théodoric de Vérone, le roi des Ostrogoths. Ces reines sont guerrières ou poussent à la guerre. Procope conte l'histoire d'une fille de Thierry, donc petite-fille de Clovis, Théodechilde. Le roi des Warnes, Hermegiscle, avait demandé en mourant à son fils Rudiger de l'épouser. Mais il était déjà fiancé à une fille du roi des Angles. Celle-ci, furieuse d'être ainsi évincée, arma une flotte, combattit le jeune homme à la tête de sa propre armée, le vainquit et l'obligea à répudier la pauvre Théodechilde, qui repartit pour la Gaule où elle mourut très âgée et célibataire. Chez les Thuringiens, Amalaberge, la fille de Théodoric, qui épousa Herminafred, roi de ce peuple, le poussa à tuer ses frères pour être roi unique. « Un jour, son mari, venant pour prendre son repas, trouva seulement la moitié de la table couverte. Comme il interrogeait sa femme sur ce que cela voulait dire, elle répondit : “Celui qui se laisse dépouiller de la moitié du royaume mérite d'avoir la moitié de sa table dégarnie."» (*H.F.*, III, 4.) L'épisode eut lieu en 516. Cette excitation à la violence était bien caractéristique des reines dans ce système de tradition matrilinéaire.

Amalaberge avait de qui tenir. Sa grand-mère Érelièνe avait vu arriver son fils Théodoric ayant battu en retraite après l'un de ces combats indécis livrés autour de Ravenne. « Où fuis-tu ? lui dit-elle. Il n'y a d'autre solution pour toi que de lever mes vêtements afin que tu entres dans mon ventre, d'où tu es né. » Elle joignit aussitôt le geste à la parole. Terrifié par ce spectacle, il repartit au combat et fut victorieux. Certes, ce texte du Pseudo-Frédégaire se veut épique, mais il est révélateur d'une mentalité, celle d'une société où la mère toute-puissante peut retourner, parce que trop adorée, l'amour qu'elle inspire en une violence irrépressible. Bien d'autres témoins attestent cette capacité des femmes, notamment chez les Goths, à déclencher la fureur guerrière des hommes. On constate en effet qu'a longtemps perduré dans le peuple l'existence de prêtresses chargées de pratiquer les sacrifices humains, de devineresses et de magiciennes aux pouvoirs immenses. Au fur et à mesure que progressa chez les Germaniques païens le patriarcat, la prophétie et la magie passèrent des femmes aux hommes. Dans la loi des Francs Saliens, l'existence des striges, prêtresses empoisonneuses et sacrificatrices, est également attestée, puisque leurs pratiques sont interdites. La langue allemande d'aujourd'hui conserve le souvenir de la toute-puissance et de l'ambivalence de cet être : le mot *gift* se retrouve au féminin dans *Mitgift*, la dot, mais, au neutre, il signifie poison… La femme donne bien soit la vie, soit la mort.

UN MARIAGE HYPERGAMIQUE

Cette situation éminente de la femme germanique était particulièrement nette chez la reine. On voit combien, plus tard, chez les Francs et les Wisigoths, celle-ci, épouse de premier rang, jouit d'un véritable pouvoir. Avec sa dot et sa *Morgengabe*, elle dispose d'une autonomie financière absolue. Elle possède un trésor personnel, des locaux appelés « chambre » avec coffres contenant ses titres de propriété, ses registres de revenus issus de l'impôt public, ses fonctionnaires et fort probablement sa garde personnelle, sans compter un essaim de servantes pour s'occuper de la maisonnée. La maison de la reine constitue un pouvoir politique d'autant plus indépendant du roi que le souvenir des origines nordiques païennes est plus présent. La reine désigne son guerrier et l'élève à son niveau, car son aptitude militaire l'ennoblit. Basine, reine des Thuringiens, choisit Childéric. Nous avons vu plus haut (p. 185) qu'elle a voulu cohabiter avec lui. Et d'abandonner son époux sur-le-champ. Le mariage païen étant essentiellement une union charnelle sans cérémonie, « elle conçut, enfanta un fils et lui donna le nom de Clovis. Ce fut un grand homme et un guerrier éminent » (*H.F.*, II, 16). Grégoire de Tours, sans bien comprendre le « mariage » qu'il décrit, nous donne l'explication fondamentale ; l'homme tue, la femme « pond »... Elle produit le combattant, indispensable en civilisation de survie.

Ayant ainsi expliqué le « concubinage » de la Thuringienne Basine avec Childéric, il reste à comprendre comment Clotilde devint l'épouse de Clovis. « Célèbre par ses combats », comme l'avait nommé sa mère, il pouvait prétendre, lui aussi, à ce que les anthropologues appellent un mariage hypergamique, c'est-à-dire où la condition sociale de l'épouse est supérieure à celle de l'époux. Face au prestigieux clan des Amales qui dominait l'Occident avec Théodoric et remontait quatorze générations plus haut, que pesait la quatrième génération mérovingienne de Clovis ? Rien. Il avait besoin d'un mariage hypergamique. Au cours des négociations qui suivirent la rencontre au milieu de la Cure, il envoya plusieurs émissaires à Gondebaud. La « jeune Clotilde [peut-être environ vingt ans] fut aperçue par ses ambassadeurs. Comme ils l'avaient trouvée élégante et sage et qu'ils avaient su qu'elle était de famille royale, ils l'annoncèrent au roi Clovis » (*H. F.*, II, 28). Le roi cherchait une épouse de premier rang, de lignée royale. Puisqu'elle descendait d'Athanaric, roi des Wisigoths, elle représentait la sixième génération des Balthes. Les origines de Clotilde remontaient déjà fort loin. Une famille royale des bords de la mer Baltique était ainsi entrée dans un clan wisigoth lors d'une soumission des Estes aux Goths, peut-être par Hermanaric († 375). Cette « Européenne » avant la lettre était « norvégienne » par les Burgondes, « estonienne » par les Balthes. Comme ces derniers étaient alliés aux Amales grâce à une endogamie continuelle que prouve chez leurs rois la présence régulière des suffixes et préfixes comme *athal* (*adel :* noble) et *ric* (*reiks :* roi), Clotilde représentait pour Clovis le parti idéal s'il voulait se hisser au niveau des grandes puissances du temps.

« Sans tarder, [Clovis] envoie à Gondebaud une ambassade pour la demander pour lui en mariage. Ce dernier, n'osant pas opposer de refus, la remit aux ambassadeurs, et ceux-ci, amenant la jeune fille, la présentent le plus rapidement possible au roi. » Les motifs sont donc avant tout politiques pour le roi des Saliens. L'aspect religieux est ignoré. Gondebaud a parfaitement compris l'enjeu : la rivalité entre les rois risque d'être exacerbée s'il accepte. S'il refuse, il se trouve à la merci des deux royaumes goths, sans compter la menace des Alamans. Sa valse-hésitation apparaît dans les récits postérieurs du Pseudo-Frédégaire et du *Liber Historiae Francorum*, selon lesquels Aurélien, un Gallo-Romain ambassadeur de Clovis, déguisé en mendiant, aurait attiré l'attention de Clotilde à la sortie de la messe, puis lui aurait donné l'anneau sigillaire du roi en gage de promesse de mariage... Gondebaud finit donc par acquiescer, puis, revenant sur son accord, poursuit vainement le cortège de la jeune femme chargé de trésors et escorté de serviteurs. Une chose est sûre : Clotilde est très vite (*nec moratus, velocius,* dit Grégoire de Tours à deux reprises) partie de Genève, où elle laisse sa sœur Saedeleuba qui y a fondé le monastère Saint-Victor, ce qui prouve que les futurs époux se sont inquiétés de la duplicité de Gondebaud jusqu'à leur rencontre à Villery (diocèse de Troyes). Nous ignorerons toujours par quel âpre marchandage le roi des Francs fit d'abord céder le roi des Burgondes, et la rétractation de celui-ci eut lieu bien après le départ du convoi nuptial. Sinon, on ne comprendrait plus pourquoi Clotilde resta entourée de prêtres catholiques burgondes dont elle finit d'ailleurs par faire nommer trois d'entre eux, très âgés, évêques de Tours, Dinifius, Théodore et Procule. Expulsés de leur siège par le roi arien, ceux-ci avaient certainement profité du départ de la jeune fille pour gagner le pays des Francs (Luce Piétri, *Tours,* p. 180). Ce voyage n'eut donc rien d'improvisé, même si Gondebaud regretta amèrement sa décision.

Ces derniers détails, la suite imposante de la princesse et sa foi antiarienne, nous permettent d'affirmer l'authenticité des sources historiques de Grégoire de Tours concernant Clovis et Clotilde. Ce sénateur auvergnat né vers 538 et auquel on avait rebattu les oreilles durant son enfance des malheurs de Sidoine Apollinaire, élu et ordonné évêque de Tours en 573, avait connu les prêtres de Saint-Martin qui lui avaient raconté les épiscopats des trois évêques catholiques burgondes (entre 511 et 526) ainsi que les récits de Clotilde elle-même, morte en 548 dans le même sanctuaire. Ces traditions orales sont des témoignages postérieurs d'un peu plus de vingt-cinq ans aux événements. De même que l'auteur de la *Vie de sainte Geneviève*, peut-être un prêtre burgonde, comme le suggère Martin Heinzelmann, écrit moins de vingt ans après la mort de l'illustre diaconesse, de même Grégoire de Tours puise à des sources orales sûres avec un même écart inférieur à une génération. Tout ce que nous allons apprendre par lui sur Clovis, nous allons en fait l'apprendre par Clotilde, grâce aux souvenirs personnels qu'elle avait transmis à ses fidèles évêques originaires de Burgondie ou bien au clergé de Saint-Martin.

L'avenir de la dynastie assuré

Ce sont en effet des confidences de femme et de mère qui permettent de connaître les débuts du couple royal. Le mariage eut lieu en 492, si l'on en croit la date des deux naissances qui suivirent en 493 et 495. Nous ignorons tout de la cérémonie – si toutefois il y en eut – célébrée probablement à Soissons. Ce fut certainement un mariage païen avec consommation et don du matin *(Morgengabe)*. La valeur et la localisation des biens afférents aux revenus de ce douaire sont inconnues, mais ils existaient, si l'on en juge par les donations que Clotilde fit plus tard aux églises. Si elle devait appartenir au clan burgonde des convertis au catholicisme au début du ve siècle (*cf.* p. 102), nous ne savons pas davantage qui lui donna une instruction religieuse. La doctrine catholique du mariage était largement définie depuis saint Augustin *(De nuptiis et concupiscentia ; De bono conjugali)*, comme en témoignent les décrétales des papes Innocent Ier et Léon le Grand. La cérémonie religieuse existait déjà, mais n'était pas obligatoire. Quant à la monogamie et à l'indissolubilité, elles étaient affirmées et réclamées depuis le Ier siècle. Saint Ambroise (mort en 397) avait même déclaré, avec une certaine pointe d'antigermanisme, que le « pacte conjugal fait les noces, mais non le fait de coucher ensemble ».

Le mariage de Clotilde la catholique avec Clovis le païen était donc valide aux yeux des chrétiens puisqu'il avait été public. On peut facilement déduire du comportement de Clovis qu'il s'agit d'un mariage chrétien, par comparaison avec celui de ses fils lesquels, bien que baptisés, revinrent aux noces païennes avec des épouses de premier et de second rang, etc. Cette pratique ne fut vraiment déracinée que par Pépin le Bref (751-768) et Louis le Pieux (814-840). En effet, à l'exception de la concubine rhénane, antérieure à Clotilde, qui fut la mère de Thierry, nous ne connaissons aucune autre femme dans la vie de Clovis. Il faut certes y voir un des premiers effets des convictions personnelles de la reine alors que l'intérêt du roi aurait été, pour mener à bien ses plans, d'avoir d'autres épouses simultanément. L'absence en 511 d'héritiers autres que les fils de Clotilde prouve qu'il n'en fut rien.

C'est là un premier point, capital : le mariage enclencha le processus de conversion de Clovis, conformément au précepte de saint Paul : « Le mari incroyant est sanctifié par la femme fidèle » (I, Cor. VII, 14). Cependant, lorsque arriva la première naissance, Clotilde commença de prêcher la foi catholique à Clovis, mais sans succès. Elle tenta de l'impressionner par la splendeur de la cérémonie du baptême de leur fils Ingomer (illustre Ingvaeon, du nom d'une ancienne tribu franque) en faisant orner l'église de voilages et de tentures. Mais l'enfant mourut à peine baptisé « dans les vêtements blancs, ceux mêmes dans lesquels il avait été régénéré » (*H.F.*, II, 29). Nous tenons ce récit, on l'a vu, de Clotilde. Y a-t-il douleur plus grande pour une mère que de perdre son premier-né ? L'étonnant est surtout l'intrépidité de la reine : elle fait baptiser son fils sans prendre conseil ni même consulter Clovis. En reine germanique habituée à commander et en chrétienne convaincue à la fois, elle a décidé de la religion de l'enfant. Clovis, « amertumé, adressait des reproches à la reine sans indulgence, disant : "Si l'enfant avait été voué à mes dieux, il aurait vécu de toute façon ; mais maintenant il n'a pas pu vivre du tout, baptisé au nom de votre Dieu." » Le roi ne lui reproche pas d'avoir pris la décision à sa place, mais de ne pas avoir mis son fils sous la protection des dieux païens. À cela la reine réplique : « Je rends grâces à Dieu tout-puissant, créateur de toutes choses, qui ne m'a pas jugée complètement indigne puisqu'il a daigné accueillir dans son royaume celui qui a été conçu dans mon sein. Mon cœur n'est pas frappé de douleur pour cette cause, parce que je sais qu'il a été rappelé de ce monde alors qu'il était dans des vêtements blancs pour être nourri sous le regard de Dieu. »

Cette croyance en la résurrection immédiate des enfants baptisés prouve qu'elle avait reçu une éducation chrétienne poussée pour être ainsi sensible aux débats pastoraux et doctrinaux du temps. En effet, le baptême, renonciation au péché, était alors réservé aux adultes. Le donner aux tout petits paraissait impossible. Une grande discussion s'était engagée là-dessus au ve siècle. En 475-476, le prêtre Gennade de Marseille, qui vivait encore vingt ans plus tard, termina une série de notices sur les grands écrivains chrétiens de son temps. Dans celle qui résume l'œuvre d'Augustin (une quinzaine de lignes), il choisit –

alors que l'œuvre de l'évêque d'Hippone est immense et que ses ouvrages de polémique furent nombreux – d'insister tout particulièrement sur le problème des enfants morts sans baptême, sur les limbes et sur la nécessité de baptiser les bébés au plus vite pour être certain qu'ils seraient sauvés. Ce problème, dans une civilisation où la mort des nouveau-nés était courante, souleva assez de passions pour que Gennade fasse d'un seul texte de saint Augustin l'un de ses plus grands titres de gloire. Or Clotilde répondit comme si elle s'était mêlée à une controverse de ce type.

Elle récidiva en 495 lors de la naissance de son deuxième fils, Clodomir, décidant seule du baptême. L'enfant étant tombé malade, le roi lui dit : « Il ne peut pas lui arriver autre chose que ce qui est survenu à son frère ; baptisé au nom de votre Christ il mourra aussitôt. » Ici s'ajoute un nouveau reproche : Jésus est l'auteur du mal puisqu'il fait mourir les petits enfants. C'est le thème éternel du Dieu castrateur et sans pitié pour les innocents. On comprend qu'avec de tels chocs psychiques Clovis ait été insensible à l'argumentation de Clotilde. Heureusement, Clotilde ayant prié Dieu, Clodomir guérit. Suivirent alors les naissances de Childebert vers 497, de Clotaire vers 498 et de Clotilde vers 500. L'avenir de la dynastie était assuré, et l'un des arguments majeurs de Clovis contre le Dieu de Clotilde disparaissait. Mais ce n'était pas le seul.

Le pèlerinage de Geneviève à Tours

Clotilde, dès le début de son mariage, entra probablement en relation avec Geneviève. La paix que permettaient les mariages princiers négociés par Théodoric fut pour

Clovis l'occasion d'obtenir en 492-493 de nouveaux territoires. Il s'étendit de la Seine à la Loire, se heurtant aux Armoricains qui tenaient la région du Mans et la rive nord de la Loire. Alaric II, à la suite des accords matrimoniaux, lui livra alors Syagrius qui s'était réfugié à Toulouse. Clovis le fit mettre dans un cachot au secret. Il ne tenait pas à réveiller la guerre civile entre Romains en révélant la présence de leur ancien chef. Il le fit égorger bien plus tard, à une date inconnue, toujours dans le plus grand secret. Sa volonté implacable de romanité unitaire n'allait pas sans prudence ni ruse.

Sa meilleure alliée était Geneviève. Elle était toujours maîtresse de Paris comme si elle en était le premier magistrat, et son autorité sur les populations du Bassin parisien, confortée par de nombreux miracles, ne faisait que croître. Face aux Francs, étant donné les origines germaniques de son père, son pouvoir relevait aussi de l'archaïque matrilinéarité dont on a parlé plus haut. On l'a vu, son nom, *Geno-veifa,* signifiait « née du sein d'une femme » (allemand *veifa, waiba, weib*). Un tel nom n'est guère flatteur pour son père Sévère qui se trouve comme nié dans son rôle de géniteur. Or c'est justement là, nous l'avons vu, un trait caractéristique des sociétés qui ne définissent la filiation que par rapport à la mère. Geneviève, issue des deux cultures, disposait du maximum de pouvoirs que ces deux civilisations reconnaissaient aux femmes. Ajoutons-y ses fonctions de diaconesse et de prophétesse dans une Église en proie au doute, et l'on comprend que son exceptionnelle position allait lui permettre de lancer deux initiatives pour unifier les mentalités, les factions et les peuples : la construction de la basilique Saint-Denis et le pèlerinage à Saint-Martin de Tours. En cela elle préparait le terrain à Clovis.

C'est entre 451 et 459 si l'on suit les déductions de Martin Heinzelmann, ou encore vers 475 selon la datation traditionnelle, que Geneviève décida de construire une église sur la tombe de saint Denis, premier évêque de Paris, mort décapité vers 250 par l'autorité romaine dans le bourg de *Catuliacus,* à huit kilomètres au nord de Paris. Les martyrs étaient rares en Gaule, et leur culte avait pris tardivement son essor. Le sanctuaire de Saint-Sernin de Toulouse avait bien été fondé au début du Ve siècle lors des troubles des premières invasions, mais il était aux mains des Wisigoths ; il n'en existait aucun en Gaule du Nord. Comme on l'a vu, Geneviève convoqua les prêtres de la ville et surveilla elle-même les travaux, comme se devait de le faire un responsable municipal. Cela montre que l'évêque de Paris était absent ou alors inexistant dans les deux sens du terme, et que la curie municipale fonctionnait sous l'autorité de Geneviève. Les citoyens de la ville contribuèrent en effet, par leurs impôts probablement, à l'achèvement de l'église. Il s'agissait d'un bâtiment rectangulaire de 20,80 m par 8 m, imitant les basiliques paléochrétiennes de Rome. C'était certes un édifice modeste construit avec des pierres de remploi, ce qui témoigne des difficultés économiques de cette période de guerres civiles. Il était surtout destiné à rassembler les foules autour du seul patron solide en ces temps de désarroi. Geneviève y envoya d'autorité, à pied, les mains enchaînées dans le dos, douze « énergumènes qui y furent guéris ». Le récit de sa *Vie* fait état de nombreuses guérisons de fous plus ou moins agités, de psychotiques délirants ou maniaques que l'auteur appelle énergumènes ou possédés. Le tombeau du saint était comme une oasis de paix, alors que les querelles politiques et religieuses, l'indécision des pouvoirs, la chute d'un empire que l'on avait cru éternel et le mélange des populations créaient un malaise indéfinissable. Qui suivre ?

Geneviève voulut donc rassembler toutes les forces vives de l'Église. Ainsi s'explique son pèlerinage à Saint-Martin de Tours, par la route jusqu'à Orléans, puis en bateau, jusqu'au sanctuaire non pas d'un martyr (témoin refusant le culte impérial), mais d'un confesseur de la foi, Martin, témoin de l'orthodoxie antiarienne. Il faut probablement situer ce voyage dans les années 492-493, lors des accords entre les trois rois et des progrès de Clovis entre la Seine et la Loire. Geneviève rencontra de nombreux obstacles dont la nature ne nous est pas précisée (*cf.* document XIII, p. 473, l. 126) et entra dans la ville alors que celle-ci était au pouvoir des Wisigoths. Elle avait donc contre elle des partisans catholiques du roi arien, des anciens amis de Syagrius, voire, qui sait, des Armoricains toujours invaincus. Tous savaient qu'elle soutenait le pouvoir politique « romain » des Francs de Clovis. L'hagiographe précise que les gens qui l'empêchèrent d'aborder à Tours étaient « une foule d'énergumènes hurlant sous l'influence d'un esprit immonde ; ils se consumaient dans les flammes entre saint Martin et Geneviève ». Certains Gallo-Romains adversaires de la maîtresse de Paris exprimaient leur désespoir : ils se voyaient en train de brûler dans le feu éternel avec les patrons protecteurs eux-mêmes, Martin et Geneviève, adversaires de l'arianisme. Quel que fût leur parti, ils ne savaient plus vers qui aller. L'état de guerre civile, qui durait depuis l'assassinat d'Aetius en 453, était un état de non-pouvoir et de non-droit. Les vivants étaient déjà morts et les protecteurs damnés. L'hagiographe montre bien comment Geneviève par ses vertus – « car elle était très bonne » – réconcilia les Gallo-Romains entre eux et avec elle-même. Cette source évoque uniquement l'aspect spirituel de l'action de Geneviève à Saint-Martin de Tours, mais on peut supposer que ses entretiens avec le clergé de la cité et son évêque Volusien, qui allait être exilé en 496, portèrent sur les espoirs que faisait naître le mariage de Clotilde avec Clovis et aussi sur la tactique des catholiques face aux adversaires ariens qui ne désarmaient pas. Le voisinage du royaume franc désormais limitrophe ne pouvait que plaire à des clercs habitués par Martin à moins redouter les idoles païennes que le dogme arien d'un dieu unique représenté par un roi tout-puissant. Les deux femmes antiariennes, la reine et la moniale, enclenchaient ainsi un processus nouveau, celui de la conversion d'un « Romain » fidèle.

En ces années 492-495, se profilait, face à la domination des quatre monarchies ariennes, un espoir de solution pour les catholiques romains. Alors que Clovis croyait, en épousant Clotilde, se hisser au premier rang parmi les monarques barbares, il construisit un couple monogame qui allait bouleverser toute la stratégie des mariages germaniques. Car la famille large, la succession matrilinéaire, le pouvoir féminin, les haines enclenchées par les faides et les rivalités entre frères régnant simultanément empêchaient toute stabilité politique. Dans des sociétés où la mère est toute-puissante, où la reine, comme au jeu d'échecs, se déplace dans toutes les directions alors que le roi ne peut avancer que d'une case, la liberté d'action de Clotilde comme celle de Geneviève était considérable. Voilà pourquoi il faut parler du mariage de Clotilde, et non pas de celui de Clovis. Catholique convaincue, au fait des dernières controverses en matière de baptême et entourée des évêques méridionaux de Burgondie, elle ne peut que trouver en Geneviève, véritable Romaine et catholique, une alliée naturelle. L'avancée de Clovis jusqu'à la Loire, le culte de saint Denis, le pèlerinage à Saint-Martin de Tours rassemblent lentement des populations désorientées et perturbées par la guerre civile. La suite va se jouer sur deux registres, religieux et politique. En l'absence d'un corps épiscopal – assommé, exilé ou inexistant –, il va s'agir, comme nous allons le voir, d'un combat mené par des femmes.

CHAPITRE X

Le baptême ou le diadème

496-499

La conversion et le baptême de Clovis furent deux événements, l'un intime, l'autre public, qui doivent être soigneusement distingués. Le premier fut le résultat d'un processus qui dura au moins sept ans, de 492 à 499. Marqué par une péripétie célèbre, celle de Tolbiac, il fut un long débat personnel où s'affrontaient l'interrogation religieuse et la conservation d'un pouvoir païen. Ce ne fut qu'après mûre délibération que le roi prit une décision personnelle, accompagné par les femmes de son entourage et ce qui restait du corps épiscopal en Gaule du Nord. Le second événement, la cérémonie à Reims, est donc un acte qui ne tient pas compte des rapports de force de l'époque, quelles que soient les interprétations postérieures. Il fut d'abord le résultat des conflits religieux entre catholicisme, arianisme et paganisme. Les intellectuels romains des débuts du ve siècle étaient persuadés que les défaites de l'Empire face aux Barbares étaient dues à la suppression par les chrétiens de l'autel de la déesse de la Victoire au Sénat, à Rome. Les Francs et les Germains ariens n'étaient pas loin de penser de même. La question fondamentale à laquelle était confronté Clovis est

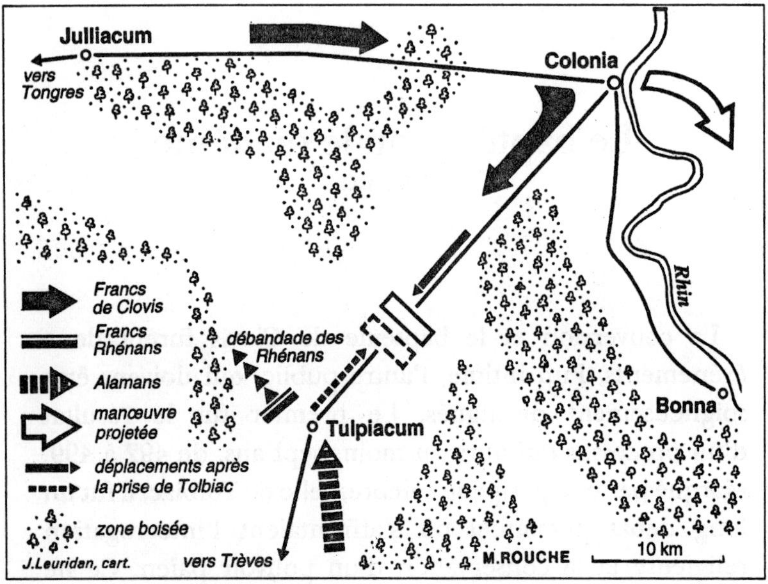

Carte 8. *Les batailles de Tolbiac*

La défaite des Francs Rhénans à Tolbiac empêche Clovis de passer sur la rive droite du Rhin pour ravager le territoire alaman et l'oblige à se battre à fronts renversés.

donc : qui donne la victoire ? Quelle est la source du pouvoir ?

Alors que l'activité évangélisatrice de Clotilde, de Geneviève et des milieux tourangeaux martiniens s'intensifiait, la situation militaire du royaume de Clovis s'aggrava brutalement à l'est. Poussés par les Thuringiens qui atteignirent le Danube depuis Ratisbonne, les Alamans s'étendirent sur la rive gauche du Rhin supérieur, puis moyen. Contenus, nous l'avons vu, par les Burgondes, ils se rabattirent alors, à partir de 495-496, sur les Francs Rhénans de Trèves et Mayence, puis descendirent vers Cologne. Au cours d'un assaut donné à la forteresse de Zülpich (*Tulpiacum,* dont nous avons fait Tolbiac, à trente-quatre kilomètres au sud-ouest de Cologne) Sigebert le roi des Rhénans fut blessé au genou et resta boiteux jusqu'à la fin de ses jours. Battu avec son peuple, il appela au secours son allié Clovis avec les Francs Saliens et ses anciennes troupes romaines de Syagrius. Le fils de Childéric avait suivi à marche forcée la voie romaine de Boulogne à Cologne par Bavay, la rive gauche de la Meuse, et Maastricht. Comme le montre Jonas de Bobbio (*cf.* document XX, p. 555), la tactique du roi des Saliens était ambitieuse et habile. Il cherchait à contourner les Alamans par le nord, à franchir le Rhin probablement au pont de Cologne-Deutz – s'il était encore debout – et à remonter par la rive droite pour ravager le territoire alaman primitif jusqu'au Neckar. La manœuvre, impressionnante, rappelait les dernières grandes opérations militaires de Constantin et de Valentinien Ier en territoire germanique. Elle aurait eu pour résultat de faire refluer les Alamans en désordre en repassant le fleuve, ce qui aurait dégagé le pays des Francs Rhénans. Elle prouvait surtout que Clovis voulait éviter un choc frontal avec les Alamans, probablement plus nombreux que ses troupes.

Or Clovis fut surpris par la défaite rapide de Sigebert dans Tolbiac, les Alamans continuant alors sur Cologne. Il lui fallait interrompre sa manœuvre, se retourner, prendre la voie menant de Cologne à Zülpich (*cf.* carte 8, p. 254). Les deux armées de fantassins s'affrontèrent d'abord par les armes de jet, puis au corps à corps, les rois respectifs se tenant à cheval au milieu des combattants. Cette exposition des chefs à la vue des adversaires était caractéristique des Germaniques, même chez ceux qui étaient habitués à la discipline romaine. Un Romain, Ménas, préfet du prétoire d'Orient, auteur après 533 d'un ouvrage intitulé *Sur la politique,* écrivait : « Parmi les barbares, le peuple très puissant des Gaulois [c'est-à-dire les Francs] a une loi qui reste en vigueur de nos jours et en vertu de laquelle aucun cavalier n'apparaît dans les rangs de combat, si ce n'est le roi seul, qui monte un cheval blanc de façon à être davantage visible aux ennemis, ce qui est contraire à la coutume des autres peuples dans la guerre. Ce serait en effet le signe d'une hardiesse et d'une audace des plus grandes. Leurs victoires ont été si importantes et si nombreuses que presque tous les peuples voisins et ceux qui habitent à une grande distance de chez eux, si nombreux, étendus et puissants soient-ils, sont tombés sous leur domination. » Évidemment, Ménas pense ici aux événements de la fin du règne de Clovis et du début de celui de ses fils, mais cette coutume ancienne de l'exhibition sur un cheval blanc est une preuve non seulement d'« audace » et de « hardiesse » mais surtout de la croyance dans le charisme du chef de guerre *(heerkönig)*. Véritable incarnation de Wotan chevauchant Sleipnir le cheval à huit jambes, entouré de ses corbeaux qui nettoient les champs de bataille, le roi est possédé par le *heil* (vie, santé, victoire), cette puissance sacrée qui déclenche la violence destructrice. Il est en quelque sorte l'âme et le *palladium* de ses troupes, le descendant des dieux possédé par des puissances de l'au-delà. C'est la figure emblématique du roi-prêtre dont la fureur guerrière est divine. Bref, il est invincible.

Le serment de Tolbiac

Or le combat de Tolbiac fut engagé dans des conditions si défavorables que le « conflit des deux armées dégénéra en un violent massacre et que l'armée de Clovis fut sur le point d'être complètement exterminée », disent Grégoire ainsi que Jonas de Bobbio. Ce dernier précise même que Clovis chercha à « s'obliger par serment » pour se tirer d'affaire. La démarche fut faite dans une optique païenne : « Ô Jésus-Christ que Clotilde proclame fils du Dieu vivant, toi qui, dit-on, donnes une aide à ceux qui peinent et qui attribues la victoire à ceux qui espèrent en toi, je sollicite dévotement la gloire de ton assistance. Si tu m'accordes la victoire sur ces ennemis et si j'expérimente la vertu miraculeuse que le peuple voué à ton nom déclare avoir mise à l'épreuve, je croirai en toi et je me ferai baptiser en ton nom. J'ai en effet invoqué mes dieux, mais comme j'en fais l'expérience, ils se sont abstenus de m'aider. Je crois donc qu'ils ne sont doués d'aucun pouvoir, eux qui ne viennent pas au secours de ceux qui leur obéissent. C'est toi que maintenant j'invoque, c'est en toi que je désire croire, pourvu que je sois arraché à mes adversaires » (*H. F.*, II, 30). Cette prière est d'autant plus étonnante que notre auteur avait bien précisé à deux reprises que, après la prédication de Clotilde, Clovis « n'avait nullement été entraîné à croire » et qu'elle n'avait pu « en aucune manière l'entraîner dans cette croyance ».

Or, sachant que la défaite lui fera perdre le pouvoir puisque ce sera la preuve qu'il est abandonné par les dieux, il a recours au dieu de Clotilde. Son raisonnement reste païen et logique. On aura remarqué que la formulation de son serment est typiquement catholique, par son insistance sur l'incarnation du Christ fils de Dieu. Il s'exprime en termes orthodoxes, mais pense en termes de pouvoir. Il n'adhère pas encore à Jésus-Christ, mais au moins il parie sur ce que son épouse lui a enseigné. Cette mise à l'épreuve du dieu des chrétiens est en quelque sorte un contrat païen : tu me donnes la victoire, je te donne le baptême. On aurait tort d'imaginer qu'il est déjà converti.

Ce fut alors que le hasard selon les uns, la Providence selon les autres, fit que les Alamans commencèrent à se débander tandis que leur roi était tué. Qu'une flèche ou une hache l'ait atteint sur son cheval qui en faisait une cible vivante, on ne sait, mais le résultat fut immédiat : les Alamans étaient abandonnés par leurs dieux. Eux aussi raisonnaient comme Clovis et firent leur soumission pour arrêter le massacre. La paix accordée, les Francs furent repris en main par le roi. Avit précise qu'il laissa aux Alamans la vie sauve alors qu'il aurait pu les massacrer puisqu'ils étaient rendus à merci. Le territoire alaman de Gaule fut occupé.

Nous avons vu (chapitre VIII, p. 212) que les tribus alamaniques avaient non seulement franchi le Rhin et occupé la rive gauche, mais qu'elles avaient en outre refoulé les Francs Rhénans vers le nord. L'itinéraire du retour de Clovis fut donc commandé par la restitution aux Francs Rhénans de leur ancien territoire. Après avoir remonté le Rhin par la voie romaine de la rive gauche jusqu'à Mayence, il obliqua sur Trèves, puis se dirigea vers Toul. Là, sans doute soucieux de mettre en application son vœu, il fit sortir de sa retraite érémitique un Franc de haute noblesse, Vaast, ancien soldat « romain » né à Chalus dans le Limousin, probablement d'un père membre d'une garnison de la circonscription du *Tractus armoricanus.* Ce converti, qui avait choisi un pays occupé par ses congénères, voulait sans doute y restaurer par ses prédications les structures ecclésiales disparues. Clovis jugea plus utile de se l'adjoindre pour parler avec lui, dans leur langue, le vieil haut allemand, des problèmes que lui posait une éventuelle conversion au catholicisme (*cf.* document XX, p. 555). Le choix de cet interlocuteur trahit bien les inquiétudes de Clovis : qu'allaient penser les Francs ? Un ermite non conformiste doublé d'un sage franc saura-t-il trouver la solution pour convaincre l'assemblée des hommes libres ?

Le Christ lui a donné la victoire ; peut-il remplacer Wotan ? Si oui, les Francs accepteront le passage d'un dieu à l'autre, puisque la victoire sera toujours présente au rendez-vous. Dans le cas inverse, ils auront tendance à vouloir le détrôner à la moindre défaillance, comme les rois ostrogoths en administreront la preuve entre 535 et 555. Les rois potentiels ne manquent pas dans ces familles larges, et l'élection remplace facilement le vaincu abandonné par la victoire. Autrement dit, Clovis doit choisir entre le baptême et le diadème, entre la nouveauté et la conservation des coutumes ancestrales. Childéric avait été renversé après la tuerie des champs Catalauniques, c'était une leçon à méditer ; elle explique la crise de conscience de Clovis, sa cécité, comme le suggère Jonas de Bobbio à propos de la guérison d'un aveugle à Grandpont sur la route entre Toul, Verdun et Reims. De retour à Soissons, « il raconta à la reine comment, en invoquant le nom du Christ, il avait mérité d'obtenir la victoire. Cela s'accomplit la quinzième année de son règne » – c'est-à-dire en 496.

L'exil de l'évêque de Tours, Volusien, à Toulouse où il mourut, fut pour Clovis une nouvelle occasion de vérifier la validité de son vœu. Une chronique brève indique que, « la douzième année de son règne, Alaric obtint la ville de Saintes ». Une fois de plus il s'agit de 496, année beaucoup trop chargée par deux campagnes militaires pour s'être terminée par le baptême du roi alors même que son dilemme personnel n'était pas résolu. Cette courte phrase signifie que le roi des Francs s'est précipité sur Tours, puis sur Poitiers et Saintes en suivant la voie romaine, sans coup férir. Le roi des Wisigoths, Alaric II, eut le temps d'accourir et de réoccuper Saintes en déployant ses forces de telle manière que Clovis comprit qu'il valait mieux se retirer.

En dépit de son vœu, la victoire l'abandonnait. Voici donc le roi en compagnie de deux catéchistes, l'un, Vaast, qui restera « aussi longtemps » que nécessaire pour le convaincre, l'autre, Clotilde, qui ne cessait de l'exhorter. Nous ne connaissons pas l'argumentation de Vaast, mais un peu mieux celle de Clotilde à travers ce qu'en dit Grégoire : les dieux païens sont impuissants, ils ne sont que des morceaux de bois, de pierre ou de métal. C'était l'argumentaire classique déployé par les chrétiens de la fin du IVe siècle lorsqu'ils brisaient, tel Martin, les statues des idoles à coups de marteau devant les foules ébahies, stupéfaites de ne point les voir immédiatement frappés par la foudre. Il s'agissait de détruire la sacralité qu'elles étaient censées posséder. La reine s'en prend ensuite – fort curieusement dira-t-on – aux dieux romains, Saturne, Jupiter, Mars, Mercure, etc., au lieu de critiquer les dieux germaniques. Deux explications sont possibles. Ou bien Grégoire pratique, par souci littéraire, ce que l'on appelle l'*interpretatio romana*, c'est-à-dire la romanisation des dieux francs en leur attribuant des noms et fonctions proches de ceux du panthéon romain, ou bien Clotilde a eu connaissance durant son éducation religieuse d'abrégés scolaires de mythologie romaine pour en tirer des arguments critiques, notamment sur l'inceste de Jupiter et Junon (Njödr et Freyr, déesse de la fécondité ?). Saint Augustin, dans *La Cité de Dieu,* avait utilisé la même méthode. Peut-être ne s'agit-il pas seulement d'un étalage d'érudition mythologique, et faut-il voir en Mars et Mercure Wotan et Thor, puisque Clotilde les accusait de détenir des pouvoirs magiques, ce qui est précisé dans les *Eddas* scandinaves. En ce cas, nous serions toujours dans la même problématique : qu'est-ce que le pouvoir sacral païen ? Pour la reine, la magie est démoniaque, donc destructrice. Dieu seul est puissant puisqu'il a créé le monde, le ciel, la terre, la mer, etc., jusqu'à l'homme.

Cette démonstration ne convainc point Clovis. « Votre Dieu, il est manifeste qu'il ne peut rien, et qui plus est, il n'est pas prouvé qu'il appartienne à la lignée des dieux » ; puisqu'il laisse faire le mal, il est impuissant. Il n'est même pas à l'origine des dynasties royales de Voden pour les Anglo-Saxons, de Gaut, dieu scandinave de la guerre, pour les Goths, sans oublier Neptune Quinotaure (Loki transformé en phoque ?) qui engrossa sur la plage la femme de Chlodion, laquelle accoucha de Mérovée, l'éponyme des Mérovingiens. Rien ne vaut pour Clovis le respect des ancêtres d'origine divine. Gondebaud rétorquait la même chose à l'évêque Avit de Vienne. Derrière la présentation romaine de la mythologie païenne, on peut soupçonner un arrière-plan germanique très précis. Clovis croyait à ses dieux, mais son épouse, qui les connaissait, savait argumenter contre eux.

Le catéchuménat

Cependant, le choc de la victoire inespérée de Tolbiac avait tellement frappé le roi qu'il en parla à Clotilde. Celle-ci, constatant la vanité de ses efforts, fit « alors venir en secret saint Remi, évêque de la ville de Reims, en le priant d'insinuer chez le roi la parole du salut ». L'évêque le fit venir « en secret » (*H. F.,* II, 31). Pourquoi Grégoire de Tours répète-t-il que le roi et la reine agissent « en secret » ? C'est que les difficultés de l'entreprise sont énormes : Clovis n'est pas convaincu, et les Francs ne sont pas au courant. S'ils l'étaient, ils seraient hostiles à la conversion du roi. Clovis risque son pouvoir.

Les entretiens entre le jeune roi (trente et un ans) et le déjà vieil évêque (la soixantaine) se déroulèrent dans la plus grande discrétion, probablement à Reims. La phrase toute faite que Remi utilise en lui demandant de « croire au vrai Dieu, créateur du ciel et de la terre », et d'abandonner les idoles montre qu'il pratiqua d'abord l'exposition du Symbole des apôtres, c'est-à-dire le Credo, texte soigneusement mis au point, on l'a vu, par les pères conciliaires de Nicée (325), de Constantinople (381) et surtout de Chalcédoine le 25 octobre 451. Il devait être longuement expliqué aux néophytes. Cet enseignement prenait place dans la première phase du catéchuménat, celle des auditeurs *(audientes),* qui durait longtemps, afin que la compréhension et la conviction du catéchumène soient certaines. On y ajoutait l'histoire du salut, l'enseignement moral et rituel. Si le catéchumène en manifestait le désir, il faisait alors une nouvelle démarche en demandant le baptême. C'était la phase des *competentes* (les demandeurs). Elle comportait un nouvel enseignement durant les quarante jours précédant

Pâques, le candidat répondant lui-même aux questions sur le Symbole des apôtres le samedi Saint, après avoir reçu d'ultimes explications sur la nature des sacrements. Le baptême proprement dit avait lieu durant la nuit de Pâques, pour symboliser la résurrection du baptisé passant de la mort du péché à la vie de la grâce. Si donc Remi parle à Clovis du Credo, cela montre que le roi des Francs a dû entrer dans la première phase du catéchuménat en 496-497. Mais rien ne prouvait qu'il irait jusqu'au bout, étant donné ses doutes et surtout le secret qu'il a réclamé. Il pouvait à tout moment se dégager de sa démarche.

Clovis se sentait donc menacé dans l'exercice de son pouvoir, puisque Wotan n'était pas remplaçable par Jésus-Christ et que ce dernier n'appartenait pas à une généalogie de dieux. Remi dut probablement répondre à ses objections sur deux phrases du Credo : « Je crois en Dieu le père tout-puissant » et « Je crois en Jésus-Christ son fils unique, engendré, non pas créé ». Il est évident que l'expression « Dieu tout-puissant » peut faire illusion si elle est entendue au sens littéral. Mais si, selon le dogme de la Trinité, il n'y avait qu'un seul Dieu en trois personnes, comment se faisait-il que le Fils, Jésus-Christ, se soit laissé crucifier ? N'était-ce pas là une preuve d'impuissance ? Cet argument, déjà présent dans l'évangile (Mat. XXVII, 42-43), devait être repris plus tard par les Vikings qui méprisaient ce Dieu de faiblesse. Clovis l'a probablement utilisé, si l'on en croit le Pseudo-Frédégaire : comme Remi en venait à la Passion du Christ, Clovis aurait déclaré : « Si j'avais été là avec mes Francs, j'aurais vengé cette injure. » Le roi refusait que le Christ fût mis à mort. Comme l'événement avait déjà eu lieu, il eut le réflexe instantané de la vengeance, c'est-à-dire de la faide. La phrase n'a peut-être pas été prononcée, étant donné la date tardive de rédaction du texte (655-660), mais elle révèle bien l'obstacle mental rencontré par un païen. Un dieu qui se laisse tuer est inacceptable. Notre auteur croit voir, dans cette réaction, la preuve de la foi chrétienne de Clovis : « Par ces mots, montrant déjà sa foi, il affirme être un vrai chrétien. » Il faut plutôt y déceler un réflexe germanique, bien éloigné du refus chrétien de la vengeance, de solidarité inconditionnelle envers son seigneur. Quoi qu'il en soit, cette exclamation amène à penser que Remi dut insister sur la toute-puissance réelle de Dieu, celle d'un père qui laisse toute liberté à son fils. Le pouvoir du dieu des chrétiens n'est point celui de la force magique, mais d'un amour offert et accepté. Si tant est que Clovis ait eu à surmonter l'obstacle qu'était le scandale d'un Dieu apparemment impuissant, hormis pour ceux qui avaient la foi en lui, un deuxième problème le préoccupait certainement davantage.

La tentation arienne

Sa sœur Lantechilde, qui s'était, elle, convertie à l'arianisme dans des conditions que nous ignorons, lui exposa fort probablement l'essentiel de l'homéisme : le Christ est semblable au Père (et donc il n'est pas de même nature que lui). Cette formulation politique imposée par l'empereur Constance II en 360 avait été adoptée, nous l'avons vu (*cf.* chapitre III, p. 69), par Ulfila et les Germaniques orientaux. Les mots de Nicée-Constantinople, « engendré, non pas créé », furent la réponse catholique. La définition arienne était très tentante pour Clovis, puisque le Christ est une créature de Dieu, dotée de dons exceptionnels, il n'y a pratiquement qu'un seul vrai dieu, le second lui étant inférieur. Quant au Christ, puisqu'il n'a pas eu un corps de chair engendré dans le corps d'une femme, il n'est pas vraiment fils de Dieu. Il pourrait évoquer à notre époque ces héros surgis des bandes dessinées ou des films et dont les pères n'existent pas. L'iconographie du baptistère des ariens à Ravenne le montre bien. Le Christ est représenté nu sur la mosaïque de la coupole au cours de son baptême dans le Jourdain, nu, avec à côté de lui un génie des eaux : ce voisinage suggère qu'il n'est pas totalement homme. Mais, en même temps, il n'est pas vraiment Dieu, puisque se tient dans le ciel un trône vide sur lequel est posée la croix ; le Père est donc absent. Le Christ, après être passé par la Passion, ne revient pas auprès du Père, puisqu'il n'est pas de même nature que lui. Il y a donc une coupure radicale entre Dieu, le Christ, avec ses grands pouvoirs d'un côté, et les hommes de l'autre. L'évacuation des notions de père et de fils aboutit à l'existence d'une seule personne qui, elle, est vraiment toute-puissante. Faute de lien filial, charnel, par engendrement, la césure est totale : il n'y a pas d'Église, pas de communauté humaine, pas de culte des saints, ces intermédiaires qui relient l'humanité à Dieu (*cf.* document XVII, p. 524, l. 220). Les ariens refusent donc le caractère humano-divin d'un peuple chrétien au profit d'une société coupée de Dieu qui la tire du néant par sa toute-puissance. Au Christ surhomme répond un roi tout-puissant. La liturgie arienne met d'ailleurs le roi à part : il communie toujours au sang du Christ dans un calice qui lui est spécialement réservé (*H. F.*, III, 31). Par ailleurs, les rois vandales, wisigoths, ostrogoths et autres sont chefs de leur Église, nomment et choisissent leurs évêques, dirigent les persécutions. Dans la Bible gothique comme dans la société, le Christ et le roi sont tous deux appelés *frauja,* en grec *despotès,* dont nous avons fait despote ! Les catholiques disaient, eux, *Kyrios,* Seigneur, dont la signification est :

celui qui a autorité *(Kyrie Eleïson !)*. Pour le roi, ils utilisaient un terme différent de ***kyrios : basileus ;*** Dieu est distingué du roi. En somme, le roi arien conservait toute la sacralité païenne. Il était plus facile et plus tentant pour un roi-prêtre germanique de glisser vers l'arianisme. Cela ne demandait pas le retournement complet qu'exigeait la conversion au catholicisme. Et surtout il conservait tous ses pouvoirs, s'identifiait à l'Église, rassemblant ainsi en sa personne tous les pouvoirs, humains et divins, de coercition possibles. Au fond, l'arianisme était un totalitarisme chrétien.

Il faut remarquer en passant que cette tentation totalitaire est inhérente aux paganismes indo-européens et sémitiques confrontés à la révélation chrétienne. Face à l'affirmation d'un dieu fait homme, les Romains imposaient le culte impérial d'un homme devenu dieu. Arius réduisait Jésus à l'état de créature exceptionnelle. Mahomet ne voulut y voir qu'un grand prophète. Ernest Renan, enfin, concluait qu'il était « un homme extraordinaire ». Ce refus de la divinité du Christ court à travers toute l'histoire occidentale. Il fonde l'autonomie du pouvoir politique qui peut ainsi se diviniser lui-même. Les terribles combats autour du dogme de la Trinité s'expliquent par le fait qu'il est fondateur de la liberté. En effet, si Dieu est seul, il est tout. S'il est aussi trois, il est libre acceptation de la relation. Cette liberté-là n'apporte pas la sécurité du totalitarisme.

Pour l'habitué du pouvoir qu'était Clovis, le choc était rude.

Les schismes d'Acace et de Laurent

Remi eut donc fort à faire avec son catéchumène pour répondre à ses interrogations sur le pouvoir et la nature du Christ. Du strict point de vue de ses intérêts personnels, le roi des Francs Saliens aurait dû devenir arien. Ses soldats et son peuple l'auraient suivi immédiatement, et, parmi les monarques ariens, il aurait pu éviter une coalition majoritairement dirigée contre lui, comme celle que rassemblait Théodoric à son propre profit. De plus, une cause supplémentaire de faiblesse du catholicisme venait d'apparaître : les schismes. L'Église de Rome, ou patriarcat d'Occident, était en rivalité avec celle de Constantinople depuis 381. Confondant l'universalisme romain avec l'universalisme chrétien, l'évêque de la Nouvelle Rome, fort de la présence de l'empereur dans cette capitale, affirmait, s'appuyant sur le canon 28 du concile de Chalcédoine, qu'il était le patriarche le plus éminent de tout l'Orient et que son Église avait « les mêmes privilèges que la vieille Rome impériale, [était] grande aussi comme elle dans les choses ecclésiastiques, étant la seconde après elle ». Ce texte, « byzantin » s'il en fut, amena la protestation des légats du pape, absents lors de la discussion. Il inaugurait de terribles querelles puisque l'évêque de Rome considérait que sa primauté n'était point liée à la présence de l'empereur, lequel avait résidé à Milan puis à Ravenne, enfin avait disparu, mais à la présence du tombeau de saint Pierre dont il s'affirmait le successeur. Les Pères chalcédoniens avaient condamné l'hérésie monophysite (il s'agissait d'une affirmation privilégiant l'unique nature du Christ, ce qui finissait par évacuer son humanité). Malgré cela, les monophysites avaient tant prospéré en Orient que l'empereur Zénon (474-491) chercha une formule de compromis en accord avec son patriarche Acace. Ce fut un édit promulgué en 482, l'hénotique (édit d'union) qui imposa une formule de foi passant la notion de nature sous silence. Or les natures humaine et divine du Christ avaient été formellement reconnues à Chalcédoine. Aussi le pape Félix III condamna-t-il ce texte à Rome en 484. Ce fut le schisme acacien. Au moment où Clovis s'interrogeait sur la foi chrétienne, la rupture entre l'Orient et Rome s'accentuait, même si le nouvel empereur, Anastase (491-518), avait officiellement proclamé sa foi chalcédonienne. En réalité, il était cryptomonophysite et cherchait à faire lentement accepter l'hénotique par le pape Gélase (492-496) qui s'y opposa vigoureusement. En revanche, son successeur, Anastase II (24 novembre 496-19 novembre 498), prit des initiatives de conciliation à Constantinople, sans céder sur le fond. En même temps, le sénateur romain Festus, ambassadeur de Théodoric auprès de l'empereur, cherchait à obtenir pour son maître la reconnaissance du titre de roi en Italie en échange, par une promesse secrète faite à l'empereur, de la ratification de l'Hénotique par le pape. Théodoric aurait fait pression sur le pape pour l'obliger à reconnaître l'hénotique. En 497, Festus obtint le titre envié par Théodoric. Il ne restait qu'à faire céder Anastase II.

L'amorce d'un tel marchandage politico-religieux et la mort subite du pape eurent le don de faire éclater la colère du clergé de Rome. Son corps électoral se divisa en deux. Une forte majorité élut Symmaque (498-514), partisan de l'intransigeance absolue, tandis qu'une minorité, persuadée de la justesse de la politique conciliatrice et de son succès (la célébration de la fête de saint Pierre à Constantinople), crut bon de désigner Laurent, prêtre antichalcédonien. Des troubles éclatèrent dans Rome : des prêtres partisans du pape furent tués par ceux de l'antipape.

C'était un deuxième schisme, qui dura pratiquement jusqu'en 506-507. Ces querelles furent pain bénit pour les ariens. Théodoric convoqua Symmaque et Laurent à Ravenne pour trancher de la légalité de leur élection. Un roi hérétique se faisait juge de l'Église catholique ! L'État dominait l'Église. Dans un premier temps, il donna raison à Symmaque, puis se ravisa pour mettre de son côté l'aristocratie sénatoriale italienne. De cette manière, il divisait encore davantage les catholiques occidentaux. Pour Clovis un tel spectacle devait être déconcertant. Qui croire ? Que croire ? L'Église catholique ne parlait même pas d'une seule voix...

« Les partisans des schismes paraissaient voiler et obscurcir votre perspicacité par la variété et le nombre de sentences et d'opinions vides de la vérité du nom de chrétien », écrivait Avit de Vienne à Clovis. Il y eut donc des tentatives multiples et répétées auprès du roi de la part des adeptes d'Acace et de Laurent, pour l'engager à choisir un Christ mi-arien, mi-monophysite, et un pape flottant, jouet de Théodoric. Ces entretiens et ambassades prirent du temps. Comme le deuxième schisme se produisit après le 19 novembre 498, il est évident que le baptême de Clovis n'avait alors pas eu lieu (*cf.* document III, p. 397). Au problème de l'hérésie arienne venaient de s'ajouter ceux de la primauté de Rome contestée par Constantinople et de l'autorité du pape que voulaient se soumettre l'empereur et le roi des Ostrogoths. Clovis ne pouvait trouver de garant auprès d'une Église sans tête autre que celle de l'Église locale, Remi de Reims. Effectivement, la papauté fut absente du processus de conversion du roi des Francs Saliens. Néanmoins, ni la polémique antipaïenne de Clotilde, ni les raisonnements théologiques de Remi n'eurent de grands résultats. Ces atermoiements étaient fort compréhensibles.

Le voyage de Tours

Au milieu de ces assauts de prédication et de propagande, et alors que les esprits flottaient en pleine incertitude, Clovis tenta une nouvelle opération en Aquitaine wisigothique. « La quatorzième année de règne d'Alaric, les Francs obtinrent Bordeaux, l'enlevèrent au pouvoir des Goths, la mirent en leur possession après s'être emparés du duc des Goths, Suatrius. » Cette mention ajoutée à la chronique de Prosper d'Aquitaine date donc l'événement, toujours de la même année 498. Quelle fut la cause de cette expédition ? Il est fort possible que Tours, bastion de la foi trinitaire, ait parié sur les Francs, surtout après le pèlerinage de Geneviève et surtout après la publication d'une *Vie de Martin* écrite en vers par Paulin de Périgueux vers 470 au contenu ardemment antiarien. L'exil de Volusien avait provoqué en 496 un premier assaut de Clovis, nous l'avons vu. Le nouvel évêque, Verus, fut probablement exilé, en 498 ou un peu plus tard, et pour les mêmes raisons, par Alaric II : le roi des Wisigoths devait le considérer comme particulièrement dangereux puisque, en 506, Verus fut le seul à ne pas bénéficier de son amnistie générale. Ou bien il avait appelé Clovis, ou bien il avait prêché contre l'arianisme. Toujours est-il que les Francs, trop hardis ou trop peu nombreux, durent évacuer leurs positions à une date inconnue. Nouvelle défaite.

Nous savons qu'au retour Clovis passa par Tours et assista aux fêtes de la Saint-Martin, le 11 novembre 498 par conséquent. Cette date capitale est suggérée par une lettre de Nizier, évêque de Trèves, confident du fils aîné de Clovis, Thierry (*cf.* document XVII, p. 519). Son récit n'est pas historique, mais spirituel et mystique. Il s'intéresse à ce qui s'est passé dans le cœur de Clovis. Il rapporte lui aussi des souvenirs tourangeaux. Après avoir montré que les ariens ne croient pas au culte des saints, il évoque les miracles qui se produisaient sur le tombeau de Martin, les guérisons de sourds, d'aveugles, de muets et d'énergumènes. Geneviève, elle aussi, en avait été à la fois la spectatrice et l'actrice (*cf.* document XIII, p. 470). Dans une telle atmosphère de prière, d'exaltation et d'émotion, la véritable puissance *(virtus)* du saint apparaissait. Or, dit Nizier, « comme c'était un homme très astucieux, il ne voulut pas acquiescer avant qu'il n'eût fini par comprendre que ces choses-là [les miracles des saints dans le sanctuaire] étaient vraies ». Clovis n'a donc pas été convaincu par Geneviève, Clotilde, Vaast et Remi, et il a voulu éprouver lui-même la véracité de leurs dires. Il a cru, comme le dit Avit, « sans prédicateur » (*cf.* document III, p. 397). « Lorsqu'il s'aperçut que ces démonstrations [...] étaient prouvées, il tomba humblement à genoux sur le seuil du bienheureux Martin et il promit de se faire baptiser sans délai. » Le spectacle de la communauté des fidèles rassemblés en cette fête a donc convaincu Clovis. Il y a trouvé la réponse à sa question sur le pouvoir de Dieu, celui d'une foi transmise et reçue dans le secret du cœur par référence à l'intermédiaire qu'était Martin. Le lien existe bien entre la divinité et l'humanité, encore faut-il qu'il y ait quelqu'un pour savoir dire le « oui » de la conversion pour accueillir Dieu. Clovis a « vu » les convertis en Église, ce qui a déclenché sa propre conversion. Qu'on ne s'étonne pas, après cela, que la moitié du manteau de saint Martin soit devenue la relique la plus insigne du royaume des Francs. Cette cape ou chape (ou ce qu'il en restait à la suite du célèbre partage en deux à la porte d'Amiens en faveur du pauvre tout nu qui se révéla en rêve être ni plus ni moins que le Christ) fut enfermée dans un sanctuaire spécial du palais royal. On l'appela « la chapelle » par excellence. Sur ce lambeau de manteau, les hauts fonctionnaires du roi venaient prêter fidélité. La postérité spirituelle de Martin est extraordinaire, à l'image de la garde blanche impériale dont il faisait partie quand il servait Rome.

À LA RECHERCHE DE LA VRAIE DATE

Les mots « sans délai » employés par Nizier prouvent aussi que Clovis avait jusque-là atermoyé. Mais, à partir du moment où il avait pris sa décision, il l'annonça par lettre à tous les évêques des Gaules, comme le dit Avit de Vienne (document III, p. 398, l. 65), ce qui impliquait une demande publique de baptême. Il entrait donc ainsi dans la dernière phase du catéchuménat, celle des *competentes*, qui durait quarante jours, autant que le carême. En somme, le baptême de Clovis aurait pu avoir lieu le 25 décembre 498, puisqu'il y a plus de quarante jours entre le 11 novembre et Noël. Mais ce délai, qui laisse à peine cinq jours de battement, paraît trop court pour plusieurs raisons. Il fallait d'abord que tout l'épiscopat des Gaules fût averti, qu'il pût ensuite se concerter et se réunir. En effet, la lettre d'Avit montre que Remi ne fut pas seul à baptiser le roi et qu'il y eut « une main multiple des évêques rassemblés » pour répandre l'eau sur le corps de Clovis (*cf.* document III, p. 407). Le baptême fut collégial, mais il y eut des évêques qui ne purent venir, en particulier Avit de Vienne. Les rois wisigoth et burgonde n'allaient tout de même pas donner l'autorisation aux évêques catholiques méridionaux d'aller les narguer à Reims hors de leurs territoires propres ! C'était pour eux, chefs d'Églises, une illégalité. Enfin, les évêques rassemblés voulurent donner au baptême de Clovis une solennité inaccoutumée en choisissant, au lieu de la nuit de Pâques, la nuit de Noël. Cela prit encore du temps.

Restait encore à résoudre le problème de l'attitude des Francs. Grégoire de Tours, tributaire de sa source, Clotilde, toujours pressée d'aboutir, expédie la chose un peu vite. Clovis dit à Remi : « Le peuple qui est sous mes ordres ne veut pas délaisser ses dieux » (*H. F.*, II, 31). Nous en avons vu les raisons : le roi, en devenant chrétien, risquait de perdre son *heil*, de ne plus être victorieux. Or, « avant même qu'il eût pris la parole, la puissance de Dieu l'ayant devancé, tout le peuple s'écria en même temps : "Nous rejetons les dieux mortels, pieux roi, et c'est le dieu immortel que prêche Remi que nous sommes prêts à suivre." » Les étapes de la négociation manquent, et Grégoire ne donne ici que l'accord final. En effet, « Plus de trois mille hommes de son armée furent baptisés », et la lettre d'Avit souhaite après le baptême que « Dieu fasse sien tout votre peuple ». Celui-ci n'a donc pas été baptisé dans sa totalité. De plus, sous prétexte que ce chiffre de trois mille est tiré du Nouveau Testament (Actes II, 41) et de la fausse *Vie du pape Sylvestre*, nombre d'historiens l'ont estimé faux. En réalité, à son habitude, Grégoire adapte sa citation à la réalité historique. L'allusion à saint Pierre baptisant « environ trois mille personnes » lui permet de comparer Remi au chef des apôtres en rappelant sa fidélité à Rome. Or il ne plagie pas sa source. Il écrit : « plus de trois mille hommes » et non « environ ». Bien que Herwig Wolfram considère qu'une armée tribale normale compte trois mille soldats, il ne s'agissait sans doute pas de la totalité de l'armée. Sinon Grégoire aurait écrit : « les trois mille hommes de l'armée » (en omettant *sui*). En fait, il est fort probablement question de la garde personnelle du roi, ses antrustions. Il faut insister, comme Grégoire, sur l'adjectif possessif. Clovis avait obtenu une cote mal taillée : ses gardes du corps deviendraient chrétiens, afin de le protéger et de lui éviter tout attentat (et Dieu sait s'ils furent nombreux plus tard). Quant au reste du peuple, la majorité attendrait l'évangélisation et mettrait certainement le nouveau Dieu du roi en observation.

La fin de l'année 498 et les débuts de 499 ne furent donc pas de trop pour préparer ce baptême exceptionnel et venir à bout des obstacles politiques internes ; parmi ces derniers se trouvaient les partis gallo-romains toujours traumatisés par la chute de l'Empire, malgré les mesures de grâce arrachées par Geneviève à Clovis, par suite de la disparition mystérieuse de Syagrius et du souvenir des combats fratricides (Aegidius à Chinon). Par ailleurs, l'existence de forts partis catholiques proariens et la résistance impavide des Armoricains chrétiens indépendants entretenaient l'esprit de guerre civile. La désespérance entretenait un fort courant eschatololgique. Beaucoup étaient persuadés de la proximité de la fin du monde. Des écrivains pourtant orthodoxes avaient émis de curieuses prédictions. Origène (*Com. in Math.*, 24, 10) avait assuré qu'il n'y aurait pas de fin du monde tant que les Bretons et les Germains ne seraient pas évangélisés. Or, justement, les uns l'étaient, les autres allaient le devenir. En 397, un évêque africain, Hilarion, dans son ouvrage *De Duratione mundi,* calculait que l'incarnation du Christ avait eu lieu en l'an 5500 de la création du monde et que celui-ci se terminerait en 6000. Donc, après la Passion, il restait 470 ans à courir. Comme Lactance, un laïc chrétien mort vers 330, il plaçait la fin du monde en 500 de l'ère chrétienne. S'ouvrirait alors un dernier millénaire, celui des saints qui renouvelleraient l'humanité. Cette littérature apocalyptique fleurissait et se répandait dans une opinion perturbée. En effet, le temps battait de l'aile. Alors que, depuis toujours, il y avait deux consuls pour donner le nom de l'année, il n'y en eut en 495 qu'un seul, Viator. En 496, on n'en nomma même pas. Ce fut le postconsulat de Viator : « Cette année-là, d'autres, délirant à propos du consul, disent que l'Antéchrist [allait] naître » – sous-entendu : pour inaugurer la fin des temps. Une autre série de Fastes consulaires précise que, depuis Adam jusqu'à Viator, il y avait bien six mille ans et, du Christ à Viator, cinq cents. Il fallait donc conjurer les émotions populaires et fixer le baptême du roi au 25 décembre 499, avant que le délai ne fût accompli.

Ainsi la cérémonie fut-elle programmée comme une véritable rénovation, un renouvellement du monde, une seconde naissance de l'humanité. N'oublions pas qu'en 497 (*cf.* document XVI, p. 512) Théodoric avait obtenu de Constantinople la reconnaissance de son pouvoir en Italie et reçu les insignes impériaux qu'Odoacre avait expédiés en Orient lors de la chute de l'Empire d'Occident, en 476. Théodoric disposait donc, sinon juridiquement du moins de fait, des pouvoirs impériaux par délégation de Byzance. La romanité se trouvait ainsi aux mains d'un hérétique. N'était-ce point lui l'Antéchrist ? Il importait de faire renaître la romanité chrétienne perdue aux yeux des Gallo-Romains du Nord. Le baptême d'un roi toujours fidèle à Rome, comme l'avait été son père, annonçait le nouveau millénaire des saints. Le choix de Noël était là pour insister sur cette nouvelle naissance. Avit le répétait dans sa lettre : « C'est bien à propos que la nativité de Notre Seigneur a inauguré cette gloire de telle sorte que le jour où l'eau régénératrice vous préparerait au salut fût aussi le jour où le monde a reçu celui qui est né pour sa rédemption, le maître du ciel. C'est pourquoi le jour où l'on célèbre la

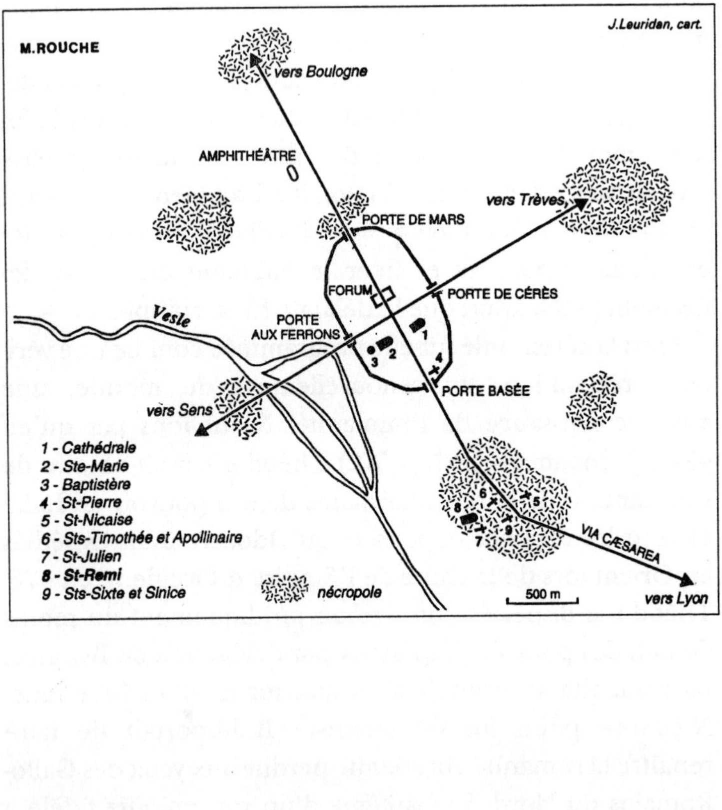

Carte 9. *Plan de Reims vers 500*

Le lieu d'inhumation de Remi a créé un deuxième centre urbain.

naissance du Seigneur, qu'il soit aussi le vôtre. » La première naissance est celle de la mise au monde, la seconde une entrée dans la vie éternelle, puisque le Christ devient alors présent dans le baptisé. Les deux naissances, celle du Christ et celle de Clovis, l'une au monde, l'autre à la foi, font du roi des Francs un « fondateur » (le mot y est) de quelque chose d'autre. Avit doit penser qu'après la chute de l'Empire romain va naître, ou renaître, une autre romanité vraiment chrétienne. Il est ici probablement en accord avec les vœux des évêques qui baptisent Clovis, des milieux martiniens, des fidèles de la Rome de saint Pierre et de saint Paul, les nouveaux fondateurs de la Ville par excellence après Romulus et Rémus. C'est donc une immense espérance qui se lève chez les Gallo-Romains et les chrétiens.

Théodoric dut, a *contrario*, se rendre compte de l'impact eschatologique du baptême catholique de Clovis, puisqu'il organisa, au printemps de l'année 500, une grandiose cérémonie à Rome : « Il célébra le triomphe de ses trente ans de règne [*tricennalia*], entra au Palatin, donnant des jeux du cirque aux Romains. Il offrit au peuple romain et aux pauvres chaque année cent vingt mille muids de blé [10 500 hl] et il ordonna que l'on donne sur la caisse des taxes sur le vin deux cents livres [14 400 sous] pour restaurer le Palais et relever les murs de la Ville. » Ainsi, tout semblait rétabli : du pain et des jeux pour le peuple, des murs pour protéger une ville trois fois prise par les Barbares, un Palatin restauré dominant les sept collines et le monde. Rome était immortelle. Rien ne s'était passé. Théodoric était le véritable sauveur. Il y avait d'un côté la nouveauté, une romanité catholique à Reims, de l'autre l'Antiquité indestructible, une romanité arienne à Rome.

Un nouveau Constantin

Tel fut l'environnement international du baptême de Clovis. En Gaule, la cérémonie du 25 décembre 499 à Reims eut d'autres résonances. Si Grégoire de Tours ne dit jamais qu'elle eut lieu dans la métropole de Remi, le Pseudo-Frédégaire et Jonas de Bobbio l'écrivent explicitement (*cf.* document XX, p. 556, l. 63). « Les places sont ombragées de tentures de couleur, les églises ornées de courtines blanches : le baptistère est apprêté, des parfums sont répandus, des cierges odoriférants brillent. » La ville, entourée d'une enceinte de 56 ha à la fin du IIIe siècle, avait deux arcs de triomphe qui subsistent encore aujourd'hui : la porte de Mars et la porte Basée. Sous Constantin elle avait été dotée de thermes importants. Au Ve siècle, malgré les ravages des années 406 et 451, elle était demeurée un chef-lieu de cité important sur les plans militaire et économique. L'évêque Nicaise fut probablement le constructeur du groupe cathédral au début du Ve siècle. Il fit construire au centre de la ville la basilique dédiée à Notre-Dame après 431 (environ 55 m x 20), située actuellement sous la cathédrale gothique. Dans le prolongement de ce premier édifice, se trouvait une église dédiée aux saints apôtres Pierre et Paul. Enfin, devant Notre-Dame, avait été construit le baptistère, probablement voué à saint Jean-Baptiste. La cathédrale du XIIIe siècle recouvre évidemment aussi le baptistère. Les fouilles de 1995 ont permis de retrouver dans l'immense complexe balnéaire du sous-sol, sous le chœur actuel, une cuve baptismale avec arrivée et sortie d'eau (*cf.* carte 9, p. 276). Le lieu fut certainement soigneusement conservé à l'époque carolingienne, même lorsque le baptême des adultes avec immersion fut abandonné pour celui par infusion puis par aspersion – les réductions successives de taille le prouvent. Il y a de très fortes chances pour que ce lieu historique soit situé sous le chœur actuel. Le quinzième centenaire de ce baptême n'aura pas été pour rien dans cette découverte.

Avant d'évoquer la descente de Clovis à la tête de ses antrustions, nu dans la cuve baptismale, Grégoire de Tours donne son interprétation personnelle, qui est probablement aussi celle de ses ancêtres et de ses contemporains : « Il s'avance, nouveau Constantin, pour se guérir de la maladie d'une vieille lèpre. » Un peu plus loin il compare saint Remi au pape saint Sylvestre ; le sénateur auvergnat devenu évêque de Tours cite un texte composé après le concile d'Éphèse (431), les *Actus Silvestri*. Ce pape contemporain de Constantin par son pontificat (314-335) nous est mal connu (*cf.* chapitre III, p. 69). L'auteur anonyme de sa *Vie* en profita. Comme il était intolérable pour certaines âmes pieuses que l'empereur qui avait donné la liberté aux chrétiens fût baptisé à la fin de sa vie par un évêque arien, Eusèbe de Nicomédie, il fallait à tout prix, par une pieuse fraude, effacer cette vérité historique. Les *Actes* du pape Sylvestre montrent donc un Constantin lépreux, débarrassé de son horrible maladie par l'eau du baptême que le bienheureux pontife verse sur son corps. Dès le début du Ve siècle, ce faux fut accepté d'autant plus facilement par tout le monde qu'il s'agissait de débarrasser le pouvoir impérial romain de tout relent d'arianisme. L'actualité renforçait la crédulité. Ainsi s'explique que Grégoire, par fidélité à Rome et aux récits de ses prédécesseurs, ait comparé Clovis à Constantin. Bien que le parallèle soit totalement inadéquat puisque les pouvoirs impériaux appartenaient à Théodoric, elle est révélatrice de l'état d'esprit des Gallo-Romains traumatisés par la chute de l'Empire et la montée en puissance de l'arianisme : Clovis et Remi étaient, à leurs yeux, un nouveau Constantin et un nouveau Sylvestre. On effaçait ainsi un triste passé avec cette lèpre. Cette symbolique de purification peut dater de la fin du ve siècle. Puisque Rome n'est plus dans Rome, qu'elle n'a plus d'empereur sinon un antéchrist, ni de pape puisqu'ils sont deux, autant tout transférer sur Clovis et Remi à Reims. Reims, dont Flodoard devait plus tard prétendre par une fausse étymologie qu'elle avait été fondée par Rémus !

« Dépose humblement tes colliers »

De l'imagination historique des contemporains du baptême, revenons maintenant à Clovis descendant les marches du baptistère. Remi lui dit : « Dépose humblement tes colliers, fier Sicambre, adore ce que tu as brûlé, brûle ce que tu as adoré. » On traduisait autrefois : « Courbe humblement la tête. » Il faut désormais ranger cette formule au rang des anecdotes périmées. Le verbe *deponere* n'a qu'une signification possible : déposer, tandis que *colla* (cou) est une gourmandise littéraire, une métonymie pour *collaria*, colliers, au même titre que Sicambre pour Franc. Quant à la phrase : « Adore ce que tu as brûlé », elle est extraite de la liturgie du baptême. Elle fait suite aux questions posées par l'évêque au néophyte : « Renonces-tu à Satan ? », etc. Les dieux païens et leurs idoles sont identifiés au démon. Remi demande donc solennellement à Clovis de jeter à terre ses colliers, insignes de sa royauté sacerdotale. Nous savons, par d'autres témoignages, que les prêtres païens wisigoths portaient des colliers de bras et de cou (en allemand *baugen*). Ces véritables talismans, desquels émanait une puissance sacrée, faisaient partie intégrante de leur costume, comme l'ont prouvé les fouilles archéologiques de la culture de Tcherniakov. Saint Ambroise se plaignait même d'avoir vu un évêque arien d'origine romaine se vêtir et s'orner de ces emblèmes (*Epist.*, 2, 10,9). Le roi-prêtre germanique était possédé par le *heil*, qui le rendait victorieux. Alaric Ier, le pilleur de Rome, avait, nous l'avons vu, la réputation de jouir d'un charisme invincible. De même le collier de Pietroasa, issu d'une riche tombe royale gothique de Roumanie, porte ce souhait de bonheur inscrit en caractères runiques : *heilag*.

Dans la mythologie germanique et scandinave, le collier porté orgueilleusement sur la poitrine des chefs était celui de la déesse Freyja rayonnant de prospérité et de gloire. Il avait été arraché à la porteuse de vie et de mort pour semer ensuite à travers l'histoire les heurs et malheurs des hommes. Les hommes-dieux avaient alors combattu victorieusement les hommes-loups. Mais vint le moment où ils se heurtèrent à l'agneau. Le roi des Francs, en jetant les symboles de son pouvoir charismatique, franchissait le pas qui le faisait entrer dans la sphère chrétienne d'un pouvoir délégué par Dieu : il séparait le roi du prêtre. Il n'était plus un possédé, même s'il gardait ses cheveux longs. Avit évoque en effet dans sa lettre cette autre marque d'élection païenne que garda jusqu'au bout la dynastie mérovingienne : grâce à l'onction du saint chrême, elle est alors christianisée. Rappelons que cette onction est celle du sacrement de confirmation, puisque la liturgie de cette époque unit les deux sacrements ; elle n'a rien d'un sacre, contrairement à ce que l'on prétendit à l'époque carolingienne.

Une fois Clovis baptisé au nom du Père, du Fils et du Saint Esprit, sorti de l'eau et revêtu de la robe blanche, symbole de l'entrée dans la vie éternelle puisque le Christ était désormais présent dans son corps, ce fut le tour de sa sœur Alboflède, païenne jusqu'alors. Le baptême puis la confirmation de celle-ci nécessitèrent probablement la présence d'une diaconesse pour l'enduire du saint chrême. Peut-être fut-ce une philothée de Remi, Hilaria, à laquelle l'évêque fera des legs dans son testament (document XV, p. 502, l. 165). Nous avons du mal, encore aujourd'hui, à imaginer combien, dans une civilisation où la nudité sportive allait de soi, ces onctions d'huile bénite étaient une véritable embrocation symbolique. Elles signifiaient que le nouveau chrétien, dont le corps était appelé à la résurrection, se trouvait ainsi fortifié, tel celui d'un athlète, pour affronter les compétitions de la vie d'ici-bas. Il était décent de réserver l'onction des femmes à des femmes.

Il en fut de même pour son autre sœur Lantechilde qui renonça publiquement à l'arianisme. Grégoire de Tours précise bien qu'elle reçut seulement le saint chrême. L'Église catholique avait toujours reconnu la validité du baptême des ariens. L'itération du baptême, c'est-à-dire le rebaptême des catholiques que pratiquaient les hérétiques était considérée comme une impossibilité sur le plan spirituel (concile d'Arles, 314, canon 9). En revanche, il était normal qu'un hérétique fît une déclaration d'adhésion à la sainte Trinité, le Fils étant égal au Père et au Saint-Esprit. Lantechilde reçut donc, après le saint chrême, l'imposition des mains en signe de pénitence et de réconciliation. De cette cérémonie complexe du 25 décembre 499 à Reims, il ressort du baptême du roi, de ses trois mille hommes et plus, d'Alboflède et de la chrismation de Lantechilde que Remi et ses confrères avaient voulu faire passer un message très clair : il s'agissait d'une victoire sur le paganisme et l'arianisme. En même temps, c'était le triomphe de la romanité chrétienne sur un totalitarisme fusionnant les dieux et les hommes, les rois et les papes.

Comme disait Avit de Vienne : « Votre foi est notre victoire » (*cf.* document III, p. 397, l. 15). Sous-entendu : à nous les évêques méridionaux, battus et vaincus avec Sidoine Apollinaire en 472. Clovis avait renoncé à sa généalogie divine. Il avait compris que le pouvoir n'était pas celui des ancêtres. Il était convaincu que le prince chrétien tirait son autorité d'ailleurs et non de lui-même.

Cette conversion intérieure, mûrie tout au long de sept années de réflexion, avait certainement été, puisque la foi avait précédé son baptême, l'occasion de nombreux débats dans sa propre maisonnée. Quelques jours ou quelques mois plus tard, durant l'hiver 499-500, Alboflède mourut. Remi écrivit au roi une lettre de condoléances révélatrice de nombreux changements et surtout d'une relation beaucoup plus chaleureuse que lors de la première (document II, p. 393) : « Mon seigneur roi, repousse de ton cœur la tristesse », lui dit-il. Sa sœur, qui avait fait vœu de virginité comme moniale dans le monde selon les pratiques de l'époque, était maintenant « sous le regard de Dieu ». Remi offrait même de venir le consoler lui-même, en hiver, loin de Reims, dans son palais, probablement à Soissons. On sent que les deux hommes s'apprécient. Remi ne profite pas moins de l'occasion pour rappeler le roi à ses tâches de gouvernement. Il le qualifie de « tête des peuples », c'est-à-dire des tribus germaniques qui lui sont soumises, mais aussi des provinciaux gallo-romains. Dans l'en-tête, il le salue comme *dominus illuster,* « seigneur illustre » ; et non plus seulement « magnifique » comme dans sa première lettre. Clovis se trouve donc maintenant au sommet de la hiérarchie romaine des dignités : ce titre était porté par les hauts fonctionnaires et les généralissimes. Qui l'a nommé ? Nous n'en savons rien. Depuis 476, il n'y avait plus d'empereur en Occident pour faire ces promotions. Celui d'Orient ne s'était intéressé jusqu'ici qu'aux Burgondes et aux Ostrogoths. Peut-être Clovis a-t-il considéré, après avoir éliminé Syagrius, qu'il en était l'héritier légitime et a-t-il pris son titre et son grade de *magister militum*. C'était un roi d'un nouveau type, chrétien et haut fonctionnaire romain à la fois.

Les trois années qui vont de Tolbiac à l'acte solennel de Reims sont fort curieuses. Vainqueur *in extremis* des Alamans, Clovis s'interrogea longuement, avec Clotilde, Vaast et Remi, sur le charisme païen du chef de guerre. Le dieu des chrétiens ne le secourut point à Saintes en 496, ni à Bordeaux en 498. L'assemblée des hommes libres saliens n'avait aucune envie de le voir changer de dieu. Négociations et entretiens furent secrets, tandis que le roi s'engageait dans une démarche de catéchuménat où s'entremêlaient inextricablement la crainte de perdre le pouvoir royal et la recherche de la nature de l'autorité de Dieu. La tentation arienne était celle de la facilité en raison du syncrétisme de cette position intellectuelle qui renforçait les pouvoirs païens du roi. Enfin, l'Église catholique était alors en état de profonde faiblesse à cause des deux schismes qui la déchiraient. C'est le choc d'une Église en prière auprès du tombeau de saint Martin à Tours, le 11 novembre 498, qui finit par déclencher la conversion du roi. Les compromis avec l'armée des Francs Saliens purent alors être trouvés, tandis que les évêques de la Gaule du Nord surent mettre à profit l'inquiétude des temps pour faire du baptême une victoire sur les païens et les ariens, la naissance d'une formidable nouveauté, le premier roi germanique entrant dans l'Église de manière orthodoxe.

Il faut bien avouer que, du strict point de vue des rapports de force, la décision, par surcroît longuement mûrie, de Clovis était absurde. Théodoric triomphait dans tous les sens du terme. Vouloir faire du roi des Francs un nouveau

Constantin avec les ardents partisans de la foi trinitaire qu'étaient Geneviève, Clotilde, les moines martiniens et les évêques relevait du vœu pieux. Clovis n'était même pas maître de toute la Gaule du Nord, et le sanctuaire de Tours lui-même lui échappait. Se prétendre l'authentique héritier de la romanité chrétienne, quasiment seul face à quatre rois ariens avec l'aide spirituelle d'une quinzaine d'évêques, sans tête à Rome, avait tout du combat de David contre Goliath. Mais, comme le disait Nizier, « il était très astucieux ».

CHAPITRE XI

Le duel avec Théodoric

500-508

« Notre seigneur, le très glorieux et célèbre roi Théodoric, vainqueur et triomphateur, toujours Auguste, né pour le bien de l'État, gardien de la liberté, propagateur du nom romain, dominateur des peuples », tels sont les titres officiels que le roi des Ostrogoths s'attribua sur une inscription parvenue jusqu'à nous (C.I.L., X, 6850). Ils ne correspondaient pas tout à fait à ceux que l'empereur lui avait délégués, mais ils montrent bien son ambition. Or Remi, dans sa lettre de condoléances à Clovis, qualifiait son correspondant de « tête des peuples ». La prétention était bien la même, mais cette fois elle émanait des catholiques qui voulaient la rénovation de la romanité chrétienne. Seul contre tous, Clovis connut alors des échecs : l'internationale arienne était plus forte que lui. Mais une erreur inattendue de son adversaire allait lui permettre de retourner la situation et de se trouver à son tour acclamé en qualité d'Auguste.

Devenu chrétien, le roi des Francs Saliens pensa immédiatement à la conversion de son peuple. Il nomma évêque d'Arras son catéchiste et conseiller spirituel, Vaast. Jonas de Bobbio précise que cette nomination avait pour but « d'attirer le peuple des Francs à la grâce du baptême ». Effectivement, Vaast trouva une ville retournée au paganisme. Le siège avait été abandonné. Les fouilles récentes ont prouvé qu'une garnison germanique « romaine » y avait pratiqué des cultes avec sacrifices humains (crânes retournés déposés dans un bassin de bronze) vers 370-380. Un peuplement franc discontinu avait gagné les vallées, comme le montrent certains noms de lieux. Dans la cathédrale abandonnée, envahie par les ronces, il découvrit un ours logé derrière l'autel et dut l'en chasser (document XX, pp. 555-556) ! D'autres nominations épiscopales eurent lieu, ce qui implique qu'une bonne partie du peuple des Francs Saliens et la totalité des Francs Rhénans n'avaient pas suivi Clovis dans sa conversion et que peut-être même certains ne se rendirent plus aux convocations annuelles de l'armée au champ de Mars.

La résistance des Burgondes aux Francs

Ces observations sont suggérées par les opérations militaires de Clovis en 500 et 501. Gondebaud poursuivait avec obstination l'élimination de son dernier frère Godegisèle, conformément à ce qu'il avait fait avec les aînés. Il voulait la totalité du royaume burgonde pour faire régner sa propre descendance. Godegisèle fit alors secrètement alliance avec Clovis pour échapper au sort qui le menaçait, et les Francs Saliens partirent en campagne. Gondebaud, dans l'ignorance de la ruse de son frère, convoqua ce dernier avec son armée. La rencontre eut lieu au sud de Dijon, alors la forteresse la plus septentrionale des Burgondes, sur les bords de l'Ouche. Godegisèle se joignit à Clovis en plein combat, ce qui provoqua la débandade des troupes de Gondebaud, lequel s'enfuit pour s'enfermer aux lisières méridionales de son royaume, sur le rocher imprenable d'Avignon, pendant que Godegisèle s'installait dans Vienne pour en faire sa capitale. Clovis ne put s'emparer d'Avignon et négocia l'abandon du siège contre le versement annuel d'un tribut.

L'année suivante, Gondebaud profita du départ des troupes franques pour assiéger Vienne. Comme la faim menaçait, Godegisèle expulsa le menu peuple qui se trouva coincé dans les fossés devant les murs. L'ingénieur responsable du fonctionnement de l'aqueduc, furieux de ce traitement, alla trouver Gondebaud et lui indiqua comment faire sauter la pierre qui bouchait le soupirail d'entrée de l'aqueduc de la ville. Alors, en pleine nuit, les soldats burgondes entrèrent un par un à l'intérieur de la ville fortifiée. À la sonnerie d'une trompette, les assiégeants bloquèrent les portes, tandis que les assiégés se trouvaient attaqués dans le dos. La population fut massacrée. Godegisèle, qui s'était réfugié dans l'église des ariens, y fut tué avec son évêque. Quant aux Francs qui l'avaient aidé, ils s'étaient regroupés dans une tour de l'enceinte. Gondebaud les fit prisonniers et les envoya en exil à Toulouse auprès du roi Alaric II – les faibles troupes de Gondebaud avaient donc été renforcées par la présence de Wisigoths. Tous ceux qui avaient collaboré avec Godegisèle, sénateurs romains ou burgondes, furent exécutés. L'alliance entre royaumes ariens avait joué, probablement à l'instigation de Théodoric, qui avait fait lever le siège d'Avignon en faisant venir un contingent wisigoth. Gondebaud remercia Alaric II en lui accordant les cités d'Avignon et de Digne (dont les évêques furent présents au concile wisigoth d'Agde en 506).

Cet échec était d'autant plus grave que la solidarité entre catholiques, au contraire de celle des ariens, n'avait pas fonctionné. L'homme qui avait négocié le retrait de Clovis en échange d'un tribut, Aridius, était un sénateur de haut rang *(vir illuster)*. Il avait accepté de jouer double jeu en restant fidèle à Gondebaud. L'ingénieur des eaux de Vienne était certainement un Romain. Bref, en unifiant de manière inespérée son royaume, Gondebaud avait senti passer le vent du boulet. Aussi s'empressa-t-il de faire des réformes en faveur des Gallo-Romains pour qu'ils continuassent à lui rester fidèles. Après avoir consulté les comtes et les hauts fonctionnaires romains, il fit promulguer à Lyon, le 29 mars 502, pour les provinciaux de son royaume une loi romaine tirée en grande partie du Code théodosien (*cf.* chapitre premier, p. 17). Elle mettait à égalité Romains et Burgondes, selon leur rang social, pour les tarifs de composition en cas de meurtre *(wergeld)*. Elle autorisait les mariages mixtes et rendait aux Romains le droit de porter les armes, donc de servir dans l'armée. Pour en finir avec les rancœurs dues aux empiétements des Burgondes lors du partage des terres (en particulier entre Drôme et Durance) ou bien de la part de nouveaux clans burgondes récemment émigrés, les lois précisaient que la proportion des terres accordées passerait des deux tiers à la moitié (54, 1, *Extravag.*, 21, 12 et 54, 2). Pour les essarts, les hommes des clans burgondes *(faramani)* et les fermiers du fisc romain *(possessores)* se partageraient le défrichement par moitié, les Gallo-Romains ayant le droit de choisir leur part les premiers. Ainsi, comme le disait Grégoire de Tours, Gondebaud « édicta pour les Burgondes des lois plus douces afin qu'ils n'opprimassent point les Romains ». Le régime burgonde des terres était évidemment plus dur que celui établi par les Ostrogoths en Italie (chapitre VIII, p. 220), mais il était beaucoup plus léger que celui des Wisigoths en Aquitaine (chapitre VIII, p. 166). Là réside l'une des raisons de la résistance prolongée du royaume des Burgondes aux Francs.

Les réformes de Gondebaud

Quant à la loi des Burgondes proprement dits, publiée elle aussi à la même époque, elle comportait d'incontestables tentatives de romanisation des coutumes orales de ce peuple. Gondebaud tenta de limiter l'exercice du droit de faide, mais il étendit la peine de mort aux Romains coupables de vol de gros bétail, car, pour ces éleveurs nomades, c'était la plus grande richesse. Il maintint strictement la noyade dans les marécages de la femme adultère (chap. IX, p. 234) et le don du matin *(Morgengabe)*, afin d'empêcher tout retour à un système matriarcal où la femme choisissait ses maris et désignait le père. De telles dispositions amorçaient la fusion entre les deux populations.

Mieux encore, Gondebaud avait compris combien le catholicisme d'une population majoritaire gallo-romaine pouvait la faire basculer du côté de Clovis. Il songea donc à recevoir, comme Lantechilde, le saint chrême en abjurant l'arianisme, mais en secret (*H.F.*, II, 34)... Il proposa cette transaction à l'évêque Avit de Vienne. Il aurait ainsi joué sur les deux tableaux : arien officiellement, catholique officieusement. Grégoire de Tours, de même qu'Avit (document III, p. 397), expliquent ce qui le retint : « Toi qui es un roi et qui ne redoutes pas d'être appréhendé par quiconque [sous-entendu : pas de régicide en vue], tu crains une révolte de la population. Laisse cette sottise et profère à haute voix devant le peuple ce que tu crois au fond du cœur. » Les Burgondes se seraient donc révoltés contre le roi si celui-ci était passé au catholicisme. Malgré une argumentation scripturaire et théologique poussée, Avit de Vienne ne put convaincre Gondebaud de sauter le pas. Tout au plus parvint-il probablement à le pousser à renforcer l'ancien traité des bords de la

Cure (chapitre VIII, p. 209) par une alliance matrimoniale, celle d'une fille de Sigismond, son héritier, Suavegothe, avec Thierry, premier fils de Clovis, devenu majeur (*H.F.*, III, 5). Bref, le double jeu de Gondebaud était parfait. Il était allié avec tout le monde.

Enfin, il laissa (ou encouragea, on ne sait) ses fils Sigismond et Godomar se convertir au catholicisme, peut-être sous l'influence de leur mère qui mourut en 506, comme en témoigne son épitaphe, écrite par Avit (document III, p. 403). Sigismond, qui s'installa à Genève en partageant le pouvoir avec son père, chercha à retrouver l'appui de l'empereur pour se dégager de la protection de son encombrant beau-père. Cette politique tous azimuts, en laissant espérer aux Gallo-Romains du royaume un triomphe du catholicisme, ne pouvait que condamner Clovis à des échecs répétés.

La même année 502, le roi des Ostrogoths poussa Alaric II à régler son contentieux avec le roi des Francs Saliens sur Bordeaux et Tours et probablement sur les prisonniers de Vienne (*Variae*, III, 2). La rencontre eut lieu « dans une île de la Loire, près du bourg d'Amboise, sur les territoires de la ville de Tours. Après s'être entretenus ensemble, avoir mangé et bu de même, et s'être promis une amitié réciproque, ils se séparèrent pacifiquement ». La teneur du traité est inconnue. Tout au plus peut-on supposer, selon les principes des compromis que souhaitait Théodoric, que le *statu quo* fût accepté, chacun ayant les mains libres au nord et au sud de la Loire. On aura remarqué qu'une fois de plus la rencontre eut lieu au milieu du fleuve, en terrain neutre, comme en 488 sur la Cure. Clovis s'estimait toujours l'égal de son interlocuteur, mais son entrée dans la lignée royale des Balthes, la famille royale wisigothique et burgonde, justifiait ses prétentions. Le Pseudo-Frédégaire

(II, 58) ajoute qu'Alaric II lui aurait touché la barbe, geste qui en faisait son filleul. Cette adoption était peut-être le fruit d'un conseil du roi des Ostrogoths cherchant à créer des liens de filiation et d'amitié entre rois. Pourtant, les deux hommes avaient le même âge : trente-six ans.

Trois défaites de Clovis

Quoi qu'il en fût, Clovis se trouvait battu dans les deux cas. En outre, son appui spirituel le plus solide, Geneviève, qui avait poussé à l'amitié de tous les chrétiens gallo-romains du nord de la Gaule, mourut à l'âge de plus de quatre-vingts ans. Avec elle, il perdait l'âme de son combat. Elle fut inhumée hors de la cité, sur une colline de la rive gauche de la Seine, utilisée comme nécropole. Un oratoire en bois fut édifié sur sa tombe où des miracles ne tardèrent pas à se produire. Clovis et Clotilde prirent alors la décision de construire une basilique au-dessus de la sépulture, mais, comme nous le verrons, la construction dura plusieurs années. Ils projetèrent de la dédicacer à l'apôtre saint Pierre en signe de fidélité à l'Église de Rome (*cf.* document XIII, p. 474).

Encore fallait-il que fût obtenue l'unité des chrétiens romains voulue par Geneviève et renforcée par l'ascendant de Clotilde sur son époux. La Gaule du Nord, en particulier sa partie occidentale, restait à part. Depuis les révoltes anti-fiscales de 435 et 446-448 (chapitre v, p. 115) et grâce à l'aide des Bretons de Riothame en 469, les Armoricains avaient tenu tête aux cavaliers alains de l'Orléanais, puis aux troupes franques. Il semble en effet, si l'on suit les hypothèses de Léon Fleuriot à propos de chroniques largement postérieures, que Clovis se soit livré à des opérations de police contre des Bretons adonnés au banditisme à Blois, tandis qu'un de ses comtes, Chillon, participait à une expédition pour expulser les Saxons qui assiégeaient Nantes (G. M., 59). La paix étant faite avec les Wisigoths, Clovis pouvait croire qu'il parviendrait à vaincre les Armoricains. L'historien byzantin Procope, qui interrogea en Italie des soldats de l'armée franque vers 539, montre qu'il n'en fut rien et que les Armoricains restèrent longtemps indépendants tout en restant fidèles à Rome, que ce fût sur le plan politique ou bien dans le domaine religieux (document XVIII, p. 536). En effet, nous avons vu qu'ils participèrent à la bataille des Champs Catalauniques en 451 aux côtés d'Aetius et de ses Germaniques (chapitre v, p. 126). D'après Procope, les Francs, après avoir renversé Syagrius, « se mirent à piller leurs terres et marchèrent contre eux [qui étaient] très belliqueux avec tout leur peuple ». Les opérations de pillage n'ayant pas abouti, une campagne militaire fut dirigée par Clovis à la tête des Saliens. Ce fut un échec, car « ils ne furent pas capables de les vaincre par la force ». Ainsi se vérifie-t-il une fois de plus que la conversion de Clovis, si tant est qu'il eût fait ce calcul, ne lui servait strictement à rien. Non seulement les Romains catholiques de Burgondie n'avaient pas levé l'étendard de la révolte contre leurs rois ariens, mais les chrétiens armoricains se permettaient de tenir en échec un roi qui s'était toujours targué de se comporter en Romain. L'union des Romains catholiques ne jouait pas.

Voilà qui prouve bien, s'il en était encore besoin, que Clovis s'était fait baptiser par conviction personnelle. Sa conversion avait même diminué ses forces militaires. S'il avait sous sa direction les troupes de l'ancienne armée de Syagrius, avec son seul contingent personnel de Saliens baptisés dépassant trois mille hommes, cela explique ses trois défaites : la première en 500-501, la deuxième qui eut pour conséquence le traité d'Amboise en 502, la troisième devant les Armoricains, peut-être en 503-504. Il lui manquait aussi les troupes saliennes de Ragnacaire de Cambrai, présent à Soissons en 486 et dont on ne voit nulle part qu'il ait été baptisé. La conversion de Clovis l'a pénalisé en diminuant ses forces militaires.

Il fallait traiter, ce qui fut fait sous la forme d'une alliance. Clovis offrit aux Armoricains la possibilité de mariages mixtes entre les deux peuples puisqu'« ils étaient chrétiens », ce qui profitait surtout aux Bretons. Pour satisfaire leurs réflexes antifiscaux, il fut entendu « que les Armoricains, bien que sujets des Francs, ne leur [paieraient] ni impôt ni taxe ». Grégoire de Tours confirme que Clovis établit sa domination sur les Bretons (*H.F.*, IV, 4), mais elle fut chèrement payée. En renonçant au prélèvement des impôts romains, il obtint la participation des troupes armoricaines à ses campagnes puisque les deux peuples étaient désormais alliés. Procope souligne que les effectifs en furent accrus. Tel était le but poursuivi par Clovis. Ses contingents de fantassins allaient désormais être renforcés, non seulement par les cavaliers lourds alains de l'Orléanais, qui n'avaient plus d'adversaires (*cf.* chap. v, p. 116), mais surtout par des hommes venus d'Armorique et de Bretagne surgis de la nuit des temps celtiques. Ainsi le souverain accédait-il à la maîtrise de la reine des batailles de l'époque, la cavalerie lourde, qui avait jusqu'alors rendu les Goths invincibles. On comprend qu'il ait fait des concessions...

Toujours d'après l'enquête de Procope, des Romains « en garnison aux extrémités des Gaules », eux aussi chrétiens et désireux de ne pas se rendre aux ariens puisque le pouvoir politique romain était tombé, « se livrèrent, avec leurs étendards militaires ainsi que leurs terres, qu'ils avaient gardées longtemps pour les Romains, aux Arboryques [Armoricains] et aux Germains [Francs] ». Il s'agissait de garnisons frontalières ou côtières qui faisaient partie des anciennes circonscriptions militaires, comme celle du *dux Tractus Armoricani*. Elles passèrent aux Francs de Clovis avec armes et bagages, uniformes et bannières portant le *labarum* de Constantin aux initiales du Christ. Trente ans plus tard, dans les armées du fils de Clovis, on remarquerait encore ces troupes romaines arborant les mêmes uniformes dans les moindres détails jusqu'aux *caligae* – les godillots cloutés à tige montante.

L'armée de Clovis vit donc son caractère romain et chrétien s'accroître. Depuis l'acceptation de leur installation en Toxandrie par Rome en 358-359 (chap. III, p. 80), les Francs étaient habitués à recevoir les commandements en latin. Un manuel militaire byzantin, le *Strategicon* de l'empereur Maurice, rédigé en 579, nous a conservé les ordres donnés par les officiers à leurs troupes : *nemo desit a bando* (que personne ne quitte l'étendard) ! Après un coup de trompette : *move* (en avant). Pour tourner à droite : *ad conto clina*, à gauche : *ad scutum clina*, c'est-à-dire vers la lance, ou vers le bouclier. Mais le plus intéressant reste le cri de guerre de cette armée. Lors de la charge, quand l'ennemi est à portée de trait, l'officier crie : *parate* – prêts ! Un autre lance : *adjuta* (aide-nous) et toute l'armée s'écrie : *Deus* (Dieu). Au Ve siècle, apparut une variante : *nobiscum Deus* (Dieu avec nous). De là vint le cri de guerre des troupes de Roland à Roncevaux : *Diex aïe* (Dieu aide). Les croisés, lors de l'assaut de Jérusalem le 15 juillet 1099, avaient le même, c'est-à-dire : Dieu, aide-nous ! Il n'est pas jusqu'au *Gott mit Uns* des ceinturons allemands en 1914-1918 qui ne remonte à cette origine. Étonnante romanité chrétienne qui traverse les siècles…

Quelque accrue qu'elle ait pu être ainsi, la force de l'armée de Clovis, romaine et chrétienne, ne faisait toujours pas le poids face aux monarchies ariennes wisigothique et ostrogothique. Alaric II et Théodoric n'avaient jamais été vaincus. Leur suprématie s'affirma une fois de plus lorsque, en 505, « après neuf ans [496-505] d'exil loin de leurs territoires » (Pseudo-Frédégaire, III, 21), les Alamans se révoltèrent une nouvelle fois contre Clovis. L'armée du roi des Francs (y compris probablement cette fois les Rhénans), les écrasa de telle sorte que toutes les tribus se mirent à fuir droit devant elles au-delà du Rhin jusqu'au Danube qu'elles traversèrent complètement épuisées. Théodoric intervint immédiatement, comme le montre sa lettre à Clovis (document IV, p. 411). Avec le risque de voir disparaître les peuples alamans, le royaume ostrogoth voyait le flanc nord de son territoire mis à découvert, à la merci de nouveaux déplacements de tribus thuringiennes ou lombardes. Il demanda au roi des Francs d'accorder la vie sauve aux survivants (cette fois, Clovis n'avait pas envie de pardonner comme il l'avait fait en 496) et surtout de ne pas les poursuivre sur la rive droite du Danube, « territoires dont vous savez qu'ils nous appartiennent ». Il s'empara donc des survivants et demanda aux provinciaux de Norique (Allemagne du Sud et Alpes autrichiennes) d'échanger leurs attelages de bœufs contre ceux des Alamans, de plus haute taille mais efflanqués et inaptes au travail après la fuite. Les opérations de transfert de populations eurent lieu durant l'année 506. Elles se terminèrent par l'installation d'une majorité d'Alamans sur les bords du Danube et de certains d'entre eux au cœur du Latium. Ennode de Pavie, dans son panégyrique de Théodoric, en profita pour décerner au roi des Ostrogoths le surnom d'*Alamannicus*, c'est-à-dire vainqueur des Alamans, ce qui ne manquait pas d'effronterie et volait sa victoire à Clovis.

Pour calmer ce dernier et lui faire oublier sa désinvolture, Théodoric chargea le grand savant et philosophe Boèce de choisir un citharède pour l'envoyer auprès du roi des Francs jouer et chanter sa gloire. On était entre parents, entre Germaniques dont la distraction principale était d'écouter des chants épiques – cette « histoire écoutée aux portes », comme disait Victor Hugo – aux banquets des grands guerriers. Théodoric cherchait à jouer sur l'appartenance commune aux *gentiles*, les troupes « romaines » barbares. De même il chercha à amadouer Gondebaud qui avait certainement profité, en tant qu'allié de Clovis, de la défaite des Alamans pour faire progresser ses troupes jusqu'à Langres et Windisch sur le haut Rhin. Son questeur Cassiodore, qui rédigea une lettre (*Variae*, I, 46), lui fit cadeau d'une magnifique horloge à eau, avec, ironique précision, le mode d'emploi, comme s'il ne savait pas s'en servir ! Intimement persuadé de sa supériorité, il estimait qu'envoyer « un Orphée dont les sons harmonieux sauraient amadouer les cœurs sauvages des soldats barbares romains [*gentiles*] » (*Variae*, II, 40) suffirait à leur faire avaler leurs déceptions.

La suprématie des Ostrogoths était alors à son apogée. Ennode de Pavie qualifiait juste à ce moment-là leur roi de « digne continuateur des empereurs romains ». Il allait même jusqu'à contester à l'empereur d'Orient Anastase le titre d'*Alamannicus* dont il se parait, puisque son représentant Théodoric l'avait obtenu pour lui. Autrement dit, Théodoric était érigé en égal de l'empereur par son propagandiste. Grâce à son double jeu qui consistait à pincer la corde sensible de la solidarité familiale matrimoniale et ethnique de type germanique tout en présentant aux Romains ses congénères comme des sauvages et des Barbares, Théodoric avait fait un parcours sans faute. Trop sûr de lui, il commit alors une première erreur dont Clovis allait immédiatement savoir profiter.

Tumulus gothique surmonté d'une pierre votive sculptée. Urne funéraire avec fibules (circonscription de Chojnice - Kaunitz -, Poméranie, Pologne, environ 100 A. D.). Les tumulus des guerriers goths sont entourés de tombes à inhumation des populations locales. Ils sont identiques à ceux de Suède.

Fibule wisigothique (Espagne, VIIe siècle). D'autres fibules en forme d'aigle, de même type, fixables à l'épaule, ont été trouvées en Allemagne et en Europe orientale.

Plaque de ceinturon en forme d'aigle (Santeuil, Oise, France, début du Ve siècle). Elle fut peut-être portée par un soldat romain d'origine germanique.

Détail d'une cruche en or du trésor de Nagyszentmiklos (Banat de Temesvar, Roumanie, IVe-Ve siècles). Un cavalier lourd cuirassé, casqué, lance à pennon sur l'épaule, tient par les cheveux un autre cavalier démonté, auquel il va couper le cou, comme le prouve une tête attachée à l'arçon de sa selle.

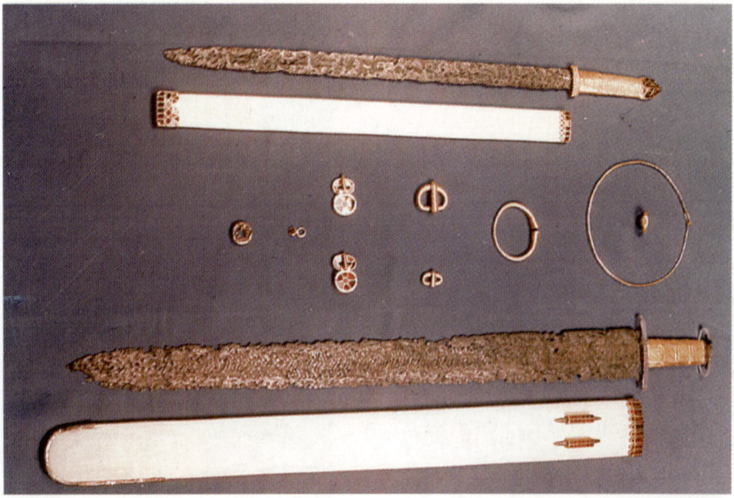

Épée, scramasaxe et boucles de ceinturon découverts dans une tombe princière à Pouan (Aube, milieu du Vᵉ siècle). Peut-être s'agit-il d'un prince franc tué à la bataille des champs Catalauniques en 451, au cours du terrible combat qui opposa en pleine nuit son peuple contre les Gépides d'Attila.

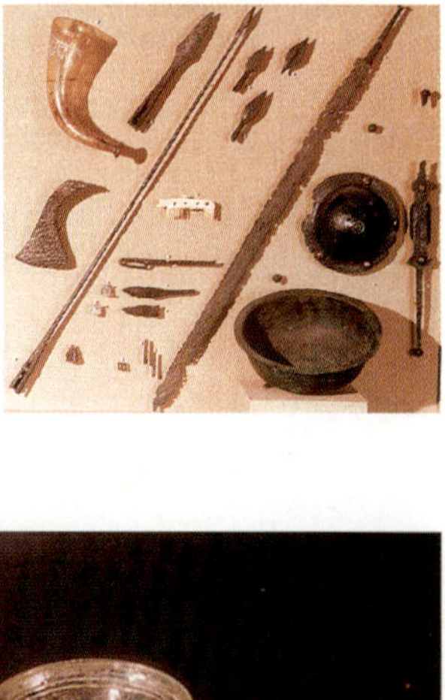

Mobilier funéraire d'un chef franc (Mézières, Ardennes), contemporain du règne de Clovis.

Mobilier funéraire d'une femme franque (Mézières, Ardennes), postérieur au règne d'Anastase (491-518), vu les deux monnaies d'argent.

Tombeau de Childéric. Moulage du sceau représentant le roi avec cuirasse à lamelles, fibule sur l'épaule droite, retenant le paludamentum, cheveux longs bouclés, lance avec inscription *Childéric roi*.

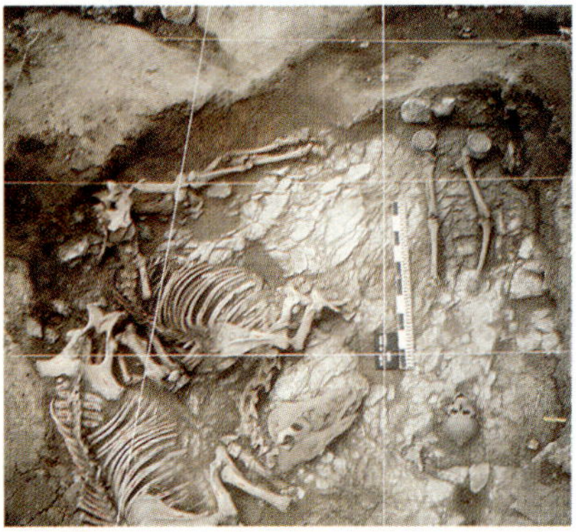

Quelques-uns des nombreux chevaux égorgés, enterrés autour de la tombe de Childéric pour l'accompagner dans sa chevauchée vers le Walhalla.

Il ne reste de l'épée de Childéric que cette poignée garnie d'une feuille d'or, et les garnitures du pommeau.

Monnaies d'or et torques celtiques (Tayac, près de Libourne). Ce bracelet gaulois terminé par deux boules devint un insigne impérial romain.

Collier, fibule et bracelet en or, imitant des motifs romains.

Saint Martin, mosaïque de Saint-Apollinaire-le-Neuf (Ravenne, début du Ve siècle). Dans une basilique catholique, Martin, bien que simple confesseur, est mis ici en tête du cortège des saints martyrs, allusion directe à son rôle d'adversaire des ariens et de convertisseur de Clovis.

Dans le baptistère des ariens à Ravenne, cette mosaïque (début du Ve siècle) représente, au-dessus du baptême du Christ, le trône avec la croix. C'est le symbole de Dieu tout-puissant, unique, en lequel se réduit la divinité.

Volet d'un dyptique en ivoire (Trésor du Dôme de Milan, Ve siècle). Tous les thèmes de Noël (naissance du Sauveur de l'humanité, naissance des temps nouveaux) sont déjà exprimés sur cette tablette à usage liturgique.

Baptistère de Fréjus (Ve siècle). Cet édifice, contemporain de Clovis, devait ressembler à celui de Reims : piscine octogonale, murs revêtus de mosaïques aujourd'hui disparues, coupole portée par un édifice polygonal.

Intaille représentant Alaric II, roi des Wisigoths (Vienne, Autriche, fin du Ve siècle). Malgré son jeune âge, il porte la cuirasse.

Mosaïque du palais de Théodoric (Saint-Apollinaire-le-Neuf, Ravenne, début du Ve siècle). Les personnages du temps de Théodoric figurant au centre et sous les colonnes ont été censurés par les catholiques après 555, comme le prouve la main subsistant sur la première colonne en partant de la droite.

Médaillon en or représentant Théodoric, avec l'inscription *Théodoric prince pieux*. Il porte la cuirasse et le paludamentum, et tient la victoire impériale ailée dans sa main ; en revanche, il garde comme traits germaniques la moustache et les cheveux longs bouclés.

Colonnes et chapiteaux de marbre de l'église de la Daurade, à Toulouse. Après 431, abbaye de Roseland, Nice. Clovis a vu cette église, l'une des plus anciennes dédiées à la Vierge, à Toulouse, en 508. Les pampres de vigne sont caractéristiques de l'art paléo-chrétien.

Médaillon en or de l'empereur Justinien, frappé en 534-535. Avers : coiffé de la couronne, nimbé, portant la lance et la fibule impériale à l'épaule droite, Justinien est appelé père de la partie, homme consulaire. Revers : précédé d'une victoire ailée portant un trophée, l'empereur triomphe à cheval. L'inscription porte *Le salut et la gloire des Romains, or pur*. Il faut imaginer pour Clovis une cérémonie fort semblable à Tours, en 508.

Couronne d'or votive du roi wisigoth Reccesswinthe (653-672). Celle qu'offrit Clovis à Saint-Pierre du Vatican était du même type, avec les lettres de son nom suspendues.

Sou d'or de Théodebert Ier (534-548). Le petit-fils de Clovis reprend le costume et la couronne impériale de l'empereur. Il prétend libérer et retrouver l'Empire romain.

Nécropole de Saint-Seurin (Bordeaux, IV-Ve siècles). Sarcophages et tombes d'enfants dans les amphores. Type de cimetière autour d'un basilique suburbaine. L'église Saint-Pierre, qui reçut à Paris les corps de Geneviève et de Clovis, était du même type.

Théodoric occupé en Illyricum

Non content de consolider les frontières septentrionales de son royaume d'Italie, Théodoric avait envoyé, dès 504, dans le diocèse d'Illyricum (Hongrie occidentale, Slovénie, Croatie, Bosnie et Slovénie actuelles) le comte Pitzia pour repousser les Gépides qui avaient envahi ce territoire. La capitale de la Pannonie Seconde, Sirmium (aujourd'hui Sremska Mitrovica, à l'ouest de Belgrade), fut prise. Théodoric ne faisait que suivre la tradition de « ses ancêtres, les empereurs romains », en récupérant cette province. Mais ses troupes eurent la malencontreuse idée de pénétrer sur le territoire de l'Empire d'Orient où elles écrasèrent non seulement des Bulgares mais aussi une armée romaine ! Anastase crut alors voir réapparaître les temps où, vers 487, les Goths avaient menacé Constantinople, et il changea immédiatement de politique.

Théodoric aurait pourtant dû se souvenir du précédent de Stilichon. Entre 395 et 408, celui-ci n'avait cessé de vouloir récupérer pour l'Occident les provinces orientales du diocèse d'Illyricum. Il avait été déclaré ennemi public par l'empereur d'Orient pour avoir tenté d'utiliser les Wisigoths d'Alaric sur ces territoires. L'Orient n'avait jamais pardonné : ses fonctionnaires avaient intrigué pour s'en débarrasser et il fut assassiné en 408. Or les troupes ostrogothiques venaient opérer sur les mêmes lieux. Si la logique allait dans le sens de Théodoric, une réaction viscérale d'autodéfense anima Anastase, lequel repoussa les offres de paix que vint lui faire une ambassade de Théodoric durant l'hiver de 506-507 et se mit à négocier une alliance avec Clovis, peut-être par l'intermédiaire de Sigismond, tout en préparant une guerre de diversion contre les Ostrogoths. Ainsi, à la grande

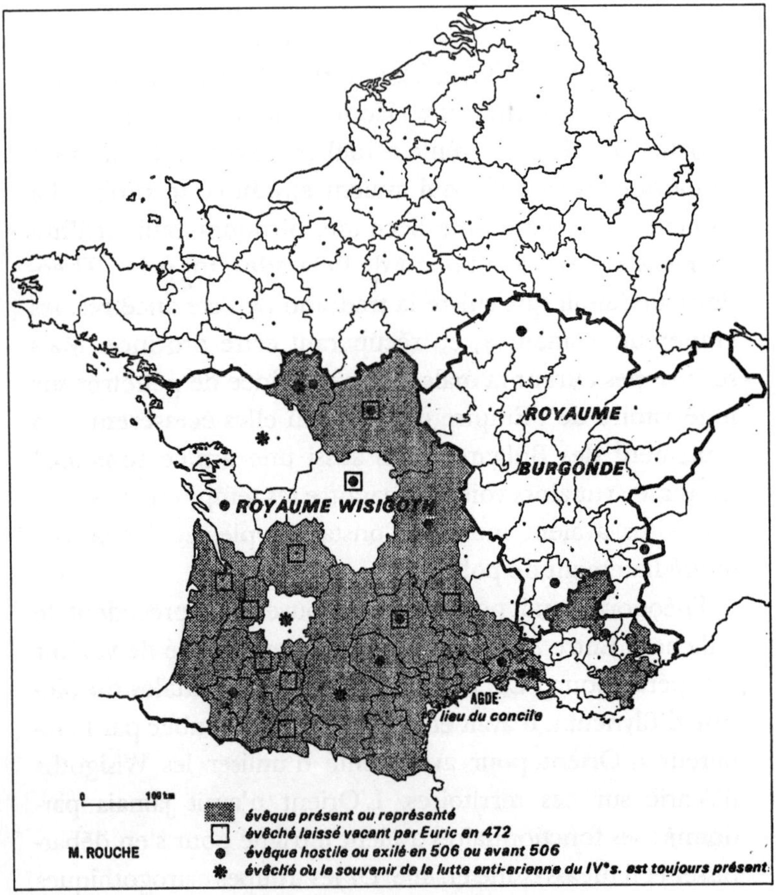

Carte 10. *L'épiscopat catholique et l'arianisme méridional en 506*

La réunion du concile d'Agde par Alaric II a pour but de recoller les morceaux d'une Église qui se voit persécutée, même en Provence où les Burgondes ont perdu Digne. Cette tentative de paix est trop tardive.

stratégie théodoricienne d'unité entre les royaumes ariens et l'Empire s'opposa, par ce renversement d'alliance, l'entente de Constantinople avec Clovis, tandis que le royaume burgonde continuait à jouer sur les deux tableaux. De nouvelles relations internationales s'ébauchaient ainsi, par une cassure entre Occident et Orient. Cette déchirure s'opérait juste sur les frontières de l'Illyricum ou, si l'on préfère, l'ex-Yougoslavie entre Bosnie et Serbie. Telle est l'origine de cette fracture géostratégique dont sut fort habilement profiter Clovis (*cf.* carte 7, p. 224).

Théodoric sentit trop tard la faute qu'il avait commise. Il n'avait plus intérêt à faire pression sur les catholiques italiens par l'intermédiaire de l'antipape Laurent pour complaire à l'empereur qui voulait que Rome acceptât l'Hénotique. Il intima au sénateur Festus l'ordre de réintégrer Symmaque dans ses droits pontificaux et, le 11 mars 507, envoya au Sénat à Rome un décret marquant la réconciliation et la fin du schisme, lequel n'en laissa pas moins de lourdes séquelles dans l'Église. Si Théodoric avait espéré par ce geste détourner les catholiques de Clovis, il fut rapidement déçu. Libéré de Laurent, le pape dédia aussitôt une église à saint Martin, l'acteur final de la conversion du roi des Francs, et une autre au titre de saint Sylvestre, l'auteur présumé du baptême de Constantin (document XIV, p. 492). La symbolique était claire. Devant ces encouragements, il ne restait plus à Clovis qu'à découpler les Wisigoths des Ostrogoths.

Du côté des Burgondes, en effet, la situation ne pouvait pas évoluer. C'est peut-être à ce moment-là que Théodoric autorisa Sigismond à venir faire un pèlerinage sur le seuil « des saints apôtres Pierre et Paul » à Rome. Alaric II, devant les concessions accordées par Gondebaud, s'aperçut qu'il fallait agir de même. L'état d'esprit des populations gallo-romaines d'Aquitaine devenait de plus en plus hostile aux

Wisigoths. « Beaucoup déjà, en Gaule, désiraient d'un amour ardent avoir les Francs pour maîtres », écrit à deux reprises Grégoire de Tours en relatant les souvenirs et les récits entendus durant son enfance auvergnate (*H. F.*, II, 35 et II, 23). La situation économique n'était guère brillante. Alaric II avait été obligé de dévaluer le sou d'or émis par son père Euric. À Narbonne, il indisposa le peuple en faisant abattre un clocher d'église pour obtenir une plus belle vue de la fenêtre de son palais. À Toulouse, le souvenir restait vivace de la fermeture de l'église Saint-Sernin et de l'interdiction des pèlerinages. La crainte du retour des persécutions et des rebaptêmes du temps d'Euric était avivée par les récits des évêques africains réfugiés en Aquitaine après leur expulsion par les Vandales. Eugène, évêque de Carthage, avait été élu à ce siège en 480-481 après vingt-quatre ans de vacance. En 483, sommé par le roi Hunéric d'abjurer, il avait été déporté dans le Sud tunisien pour avoir rédigé un *Liber fidei* (Livre de la foi). Ils furent ainsi quatre cent soixante-six évêques à prendre à pied le chemin du désert. Ils furent internés dans des baraquements au sud de Gafsa. Quatre-vingt-huit périrent (Victor de Vita, M.G.H.AA., t. III, p. 63-71). Les survivants furent rappelés en 487. Eugène avait été expulsé vers la Gaule et mis en résidence surveillée dans la ville d'Albi où il mourut le 6 septembre 505. Considéré comme martyr des ariens, il fut rapidement honoré d'un culte assidu auprès de son tombeau où fleurissaient les miracles. Tous les Aquitains furent au courant de ces récits, car Grégoire de Tours nous en a conservé de longs passages concernant la persécution vandale et la lettre d'Eugène à son peuple : « Pour garder la foi catholique » (*De custodienda fide catholica*, *H. F.* II, 3). L'épiscopat n'était pas en reste par rapport aux fidèles. Nous avons vu que la tête de l'opposition avait été à deux reprises frappée d'exil par Alaric II, à Tours, avec Volusien et Verus. En 505, furent déportés à Bordeaux les évêques de Limoges et d'Arles, Ruricius et Césaire. Pour ce dernier, né sujet burgonde, et moine, la raison était évidente : il avait écrit, à l'imitation du pape Gélase (492-496), de l'Espagnol Idace, des Africains Fulgence de Ruspé et Eugène de Carthage, deux ouvrages ; l'un portait sur la Trinité, l'autre était un bréviaire contre les hérétiques. Ces textes non signés, habilement et clairement écrits, ne désignaient les ariens que par des périphrases et condamnaient sévèrement l'itération du baptême. Au total, il existait alors, en Aquitaine et Provence wisigothique, au minimum une vingtaine d'évêques ou d'évêchés de plus en plus opposés à la domination arienne (*cf.* carte 10, p. 300).

Alaric II était obligé d'amadouer cette opposition. Il rappela donc Césaire d'Arles d'exil et le chargea d'organiser un concile des évêques catholiques de son royaume. Le 10 septembre 506, se réunirent trente-quatre évêques, dont trois métropolitains et dix délégués, dans l'église Saint-André d'Agde. Malgré l'absence de Verus de Tours, toujours exilé, son Église fut omniprésente lors des débats. Les canons concernant la discipline ecclésiastique et la protection des biens d'Église furent repris aux articles correspondants des conciles d'Angers (453), de Tours (461) et de Vannes (465). C'était confirmer le rôle éminent du diocèse métropolitain de saint Martin. Mais, en même temps, le concile s'acheva sur une prière pour le roi Alaric et des souhaits de longue vie à son adresse puisqu'il avait ordonné et permis cette réunion. Puisque un concile devait se réunir chaque année, Eudomius, grand dignitaire de la cour, annonça que le prochain se tiendrait à Toulouse avec les évêques d'Espagne. En réalité, il n'eut jamais lieu en raison de la situation militaire en 507.

En même temps qu'Alaric travaillait à la reconnaissance de l'Église catholique, qui ne s'était jamais assemblée depuis bientôt cent ans, il voulut se réconcilier avec la société civile en lui donnant son droit propre, le droit romain. Un abrégé du Code théodosien, promulgué par des évêques et des laïcs provinciaux, fut enfin publié officiellement le 2 février 506 à Aire-sur-l'Adour. Ce Bréviaire d'Alaric, rédigé très vite et même inachevé, comportait des lois romaines dotées d'une courte interprétation. La hâte mise à le faire appliquer prouve combien le roi des Wisigoths était inquiet de l'évolution des esprits de ses sujets gallo-romains. Le contenu ne devait d'ailleurs guère les satisfaire, puisqu'il passait sous silence la condamnation de l'arianisme incluse dans le Code théodosien et maintenait strictement l'interdiction des mariages mixtes édictée par Valentinien Ier. En somme, Alaric II ne faisait pas plus de concessions que Théodoric en Italie, persuadé qu'il était du soutien absolu de ce dernier.

La grande diplomatie de Théodoric

L'événement que les uns craignaient et que les autres espéraient survint au début de l'année 507 : l'assaut des troupes de Clovis, renforcées par les Armoricains et les Rhénans dirigés par Clodéric, fils de Sigebert le Boiteux. Toujours prudent et rusé à la fois, le roi des Francs Saliens, malgré sa certitude de voir les Ostrogoths cloués en Italie par une attaque de l'Empire d'Orient, tâta d'abord le terrain en occupant pour la troisième fois la cité de Tours, enjeu spirituel certes, mais surtout tête d'une province, la Troisième Lyonnaise, dont tout le territoire était maintenant sous son autorité. Clovis contestait ainsi la paix d'Amboise, en cherchant à obtenir la restitution de cette cité. Dès son entrée, il y promulgua « par respect pour saint Martin, un édit afin que personne n'osât prendre aucun aliment aux dépens de cette région, sauf de l'herbe et de l'eau » (*H.F.*, II, 38). Il s'agissait, dans l'esprit du roi, d'une guerre de libération. On n'allait donc pas se nourrir sur l'habitant comme c'était l'habitude en guerre de conquête. Bien mieux, comme le prouve la suite du récit, il n'était même pas question de réquisitionner du foin pour les chevaux de la cavalerie. Clovis fit ainsi immédiatement exécuter un homme qui s'était rendu coupable d'un tel acte : « Comment espérer la victoire si nous offensons saint Martin ? » dit-il. Nous retrouvons, outre la reconnaissance pour celui qui l'a converti, la notion d'une victoire, venue d'ailleurs et non pas du chef de guerre. Cet édit propre à la Touraine éclaire un passage de la lettre que Théodoric écrivit immédiatement au roi Alaric II quand il apprit le début des opérations. « Que le sang répandu de vos parents ne vous enflamme point, que la province occupée ne brûle pas gravement » (*cf.* document V, p. 419, l. 31).

Nous ignorons qui, parmi les membres de la famille royale wisigothique, fut tué au cours d'une échauffourée initiale, mais la « province occupée » ne peut être que la Troisième Lyonnaise, c'est-à-dire Tours qui en était le chef-lieu. Théodoric, à travers son porte-plume Cassiodore, prêche alors la modération : si Clovis ne désire que ce bout de territoire, ce n'est là qu'une « petite dispute », et mieux vaut transiger en l'abandonnant par une commission d'arbitrage germanique présidée par Théodoric. Il faut faire jouer la solidarité et les liens entre les rois, car « un mal commun est notre ennemi. En effet, celui qui s'efforce de nous être contraire [sous-entendu : Anastase], il me trouvera à bon droit comme ennemi. » Le roi des Ostrogoths n'a compris la situation qu'à demi. S'il sent que le danger est d'être pris en tenaille entre le roi des Francs et l'empereur, il n'a pas vu que, par une offensive limitée sur le terrain, Clovis cherchait à tester la rapidité de réaction de ses adversaires.

Après avoir ainsi tancé les deux jeunes écervelés (quarante ans !), Théodoric tenta, dans une autre lettre rédigée par Cassiodore, de rappeler au roi des Burgondes (document VI, p. 424), que les pactes jurés entre amis devaient être respectés. Il lui demanda de joindre ses ambassadeurs aux siens pour faire pression sur les belligérants en constituant une espèce de tribunal international d'arbitrage. Mais, en même temps, par des phrases à double sens, il laissait entendre qu'il se doutait de l'attitude hésitante de Gondebaud qui craignait surtout les Alamans. Or leurs tribus – ou ce qu'il en restait – venaient de passer sous l'autorité des Ostrogoths. Il était difficile à Gondebaud de ne pas se joindre, étant donné l'alliance matrimoniale de son fils, à l'ambassade commune auprès de Clovis. Et comment refuser d'établir la justice à la place de la guerre ? Les raisonnements de Théodoric étaient faits d'une logique d'intérêts bien compris, mais il avait beau rationaliser son système matrimonial, il négligeait les rancœurs de son correspondant à l'égard d'Alaric II auquel il avait cédé Avignon et Digne.

Bref, pour faire reculer Clovis, Théodoric devait trouver d'autres alliés qui puissent attaquer les Francs sur ses arrières. C'est pourquoi il fit écrire une autre lettre au roi des Hérules, au roi des Warnes et au roi des Thuringiens (*cf.* document VII, p. 429), installés sur la partie inférieure de la rive droite du Rhin. De même qu'il espérait que Thrasamund, roi des Vandales, son beau-frère, attaquerait l'Empire d'Orient avec sa flotte, de même il voulut que ces trois peuples, protégés autrefois par Euric (*cf.* chap. VII, p. 175), se jettent ensemble sur le nord de la Gaule, car, dit-il, si Clovis écrase le royaume wisigoth, « nul doute, je présume, qu'il s'attaquera à vous ». La prémonition du roi des Ostrogoths était juste, car ce fut ce qui arriva, mais, en ce début d'année 507, il n'en avait pas conscience encore, en dépit de la défaite cuisante infligée aux Alamans par Clovis. Aussi les invitait-il crûment à franchir le Rhin et à sortir de leur territoire pour lutter contre les Francs, et même de leur « province » s'ils ne l'avaient déjà fait. Si cette stratégie avait réussi, Théodoric aurait ainsi pu lancer les Wisigoths, les Burgondes, les Warnes, les Hérules et les Thuringiens, sans compter ses propres troupes, sur le roi des Francs. En fait, il ne put concrétiser les alliances avec ces peuples d'au-delà du Rhin qu'après 507, et avec Rodulf, roi des Hérules, qu'il adopta par les armes. De même, en 511, il fit épouser sa fille Amalaberge par Herminafred, roi des Thuringiens. Mais il était trop tard.

La bataille de Vouillé et la fin du pouvoir wisigothique

Il est évident que le grand effort diplomatique de Théodoric échoua, puisque, dans sa lettre à Clovis, il ne mentionne même pas l'ambassade de Gondebaud, qui dut probablement faire le mort, et que les trois rois germaniques furent insensibles à ses arguments. Clovis, lui, exploita les sympathies des populations, renforcées par son comportement de libérateur en Touraine. Les miracles et les faits étonnants rapportés par Grégoire de Tours et des hagiographes comme celui de saint Maixent concernent à peu près tous les territoire de la cité de Poitiers (*H.F.*, II, 37). Le motif général de la guerre était évidemment la libération de l'arianisme, et les patronages de Martin et de

Hilaire (évêque de Poitiers exilé en Phrygie au IVe siècle pour antiarianisme) étaient là pour l'y encourager. Outre la libération, Clovis apportait la paix par un édit général pour les territoires wisigothiques, interdisant de piller les populations gallo-romaines.

Alaric II avait installé le camp de son armée quelque part à l'ouest de la ville. Il attendait évidemment son beau-père Théodoric, sachant que, cette fois, l'importance de l'armée de Clovis renforcée par la cavalerie armoricaine risquait de le mettre en état d'infériorité. Le roi des Ostrogoths lui avait d'ailleurs rappelé que ses troupes ne s'étaient pas battues depuis longtemps. Celles-ci n'étaient pas inconscientes de la situation, et, voyant que le Poitou était occupé par les Francs, « insultèrent Alaric, en lui reprochant sa peur de l'ennemi et en se moquant des retards de son beau-père » (document XVIII, p. 537, l. 182). Théodoric, inquiet des opérations militaires lancées par Anastase, restait cloué en Italie. En 508, en effet, « Romain, comte des domestiques et Rustique, comte des gardes impériaux [*scholae*], dirigèrent une flotte de cent vaisseaux de guerre, autant de galères [*dromones*] portant huit mille soldats en armes pour ravager les rivages de l'Italie et attaquèrent la très ancienne ville de Tarente ». Sur le moment, il fut impossible de savoir s'il s'agissait d'une opération de diversion ou des prémices d'un véritable débarquement. Aussi Théodoric ne bougea-t-il point.

En Gaule, l'armée wisigothique ne pouvait pas rester plus d'un an sans rien faire. Aussi la bataille fut-elle engagée, probablement au milieu de l'année 507, à Vouillé, à dix milles de Poitiers, sur la voie romaine menant à Nantes. Le choc fut rude. Des charges successives de cavalerie eurent lieu. Parties de loin (*eminus,* dit Grégoire de Tours), elles arrivaient à toute vitesse sur l'adversaire, la lance tenue à deux mains. Puis les escadrons reculaient pour se regrouper tandis que les fantassins se battaient au corps à corps *(cominus)*. Au cours d'une de ces retraites de la cavalerie, les Wisigoths se débandèrent. Pendant la fuite, Clovis, sur son cheval blanc, rattrapa Alaric II et le tua. Deux cavaliers goths, peut-être des gardes du corps du roi, tentèrent alors, chacun d'un côté, de lui enfoncer sa lance dans les côtes. La cuirasse résista, et la rapidité de sa monture lui permit d'échapper au danger. « Une très grande partie du peuple des Arvernes, qui étaient venus avec Apollinaire et qui étaient les premiers des sénateurs, tombèrent alors. » L'armée wisigothique comprenait donc les citoyens romains. Dans le cas de la cité des Arvernes (Clermont), ils étaient dirigés par Apollinaire, le fils de Sidoine Apollinaire, le résistant de 472. Il s'était rallié, lui et bien d'autres qui périrent, mais il échappa au massacre et devait se retrouver plus tard évêque de Clermont ! Le parti gallo-romain favorable au roi arien avait refusé de passer aux Francs, comme en Burgondie, persuadé, depuis l'échec de l'illustre Sidoine, que la victoire des Wisigoths était inéluctable. Voilà qui souligne la durée de la guerre civile déclenchée en Gaule avec l'assassinat d'Aetius en 455. Clovis continuait à s'y heurter, même lorsqu'une bonne partie de l'opinion d'Aquitaine lui était favorable.

La bataille eut un immense retentissement dans la mémoire collective. Au dire du poète Fortunat vers 560-575, on voyait encore sur les lieux « des collines de cadavres », c'est-à-dire des tumulus recouvrant les restes des morts.

Le roi des Francs tenta ensuite d'assiéger, mais en vain, Angoulême, devant laquelle il laissa un contingent. Il alla passer l'hiver à Bordeaux. Entre-temps Gondebaud s'était décidé devant l'absence de risques ; il attaqua lui-même Arles

Carte 11. *Campagnes de Clovis en Aquitaine (507-509)*

Chef-d'œuvre de la stratégie de Clovis, l'attaque est triple, sur Poitiers, Limoges et Arles. Mais, dès la victoire des armées de Théodoric à Arles, Clovis se retire aussitôt, pour revenir sur Tours.

tandis que son fils Sigismond, traversant le Massif central, s'avançait jusqu'en Limousin. Les Wisigoths étaient désormais obligés de se battre seuls sur trois fronts. La stratégie de Clovis (*cf.* carte 11, p. 310) était donc parfaitement adaptée à son but : expulser les Wisigoths des Gaules, tout en se protégeant des Ostrogoths qui pouvaient surgir d'Italie d'un moment à l'autre. En fait, les Burgondes gardaient son flanc gauche. Au cours des opérations, Sigismond s'empara du vieil oppidum celtique de Dun-le-Palestel. Trois mille personnes y furent faites prisonnières et réduites en esclavage. Pour éviter que la région ne fût dépeuplée, l'ermite Eptade, que nous avons déjà rencontré (chapitre VIII, p. 209 et document XIX, p. 548), intervint de nouveau. Il ordonna littéralement à Sigismond d'affranchir ces malheureux et surveilla en personne la réintégration de ces citoyens romains dans leur domicile primitif. Une fois la guerre d'Aquitaine terminée, il s'occupa aussi de « l'immense foule de prisonniers » tombés aux mains des Francs : « Ils furent dispersés et éparpillés parmi les régions. » Là encore, Eptade se chargea – ou fut chargé par Clovis, on ne sait – d'aller racheter ces esclaves là où ils se trouvaient en Gaule et de leur rendre la liberté. Comme on le voit, le grand problème des guerres de cette époque restait celui des déplacements de populations, butin indispensable pour mettre en valeur les terres du vainqueur. Clovis, à travers l'action d'Eptade, son agent plus ou moins officiel, travaillait à la réconciliation des populations en permettant que les séquelles des combats et les souvenirs de la guerre civile fussent effacés.

On peut vérifier ce désir de fonder l'unité qui caractérise la politique de Clovis lors des événements des années 507-508 par l'unique document qui nous soit parvenu de lui, une lettre aux évêques d'Aquitaine en forme d'édit (*cf.* document IX, p. 440). Elle reprend celui destiné à la

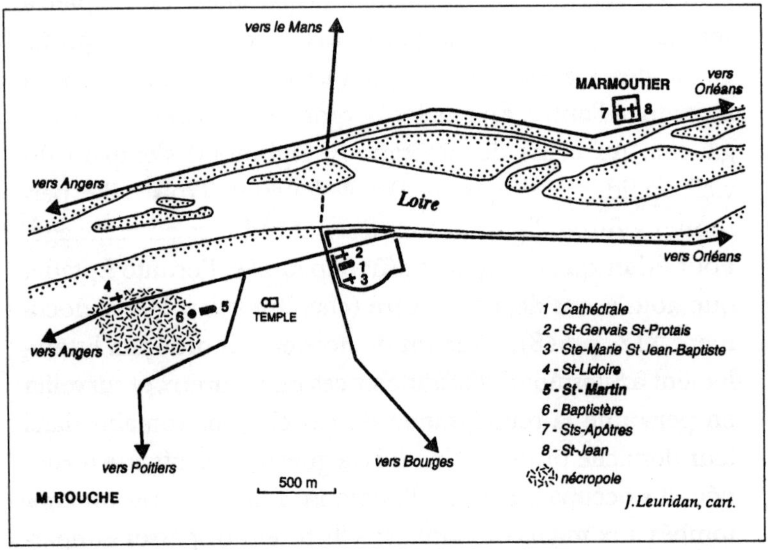

Carte 12. *Plan de Tours vers 500*

Clovis a suivi à cheval le chemin qui va de Saint-Martin à la cathédrale.

Touraine et celui qui fut proclamé au début de 507 pour, à la fin de la campagne, faire le point avec les autorités ecclésiastiques en matière de prisonniers de guerre. Ce texte, issu de ce qu'on appela plus tard la chancellerie, déclarait mettre sous « la paix du roi » les moniales, les veuves, les clercs et les esclaves des églises qui ne pouvaient être faits prisonniers ou alors revendus à leur église protectrice ou propriétaire. Clovis entendait vérifier que ses volontés seraient respectées, puisqu'il était responsable de la sauvegarde du statut de l'Église conformément au Code théodosien. Or, dans la violence des combats, ses ordres étaient souvent négligés ; comment distinguer, dans le troupeau des vaincus, les soldats wisigoths des Romains, les citoyens collaborateurs d'Alaric de ses adversaires, les laïcs des clercs ? Comment enfin imposer aux troupes de garder uniquement le butin légal ? En demandant aux évêques de faire le tri et d'émettre des lettres scellées nominatives pour libérer tel ou tel individu, le roi résolvait ces problèmes inextricables, tout en apaisant l'opinion et en réunifiant la population.

Cette lettre de Clovis montre enfin que, outre la libération et l'unification, l'objectif de cette guerre était bien l'élimination des ariens. Grégoire de Tours lui fait dire : « Je supporte mal que ces ariens occupent une partie des Gaules ; marchons avec l'aide de Dieu, et quand ils auront été vaincus nous soumettrons leur terre à notre domination. » La conclusion de la lettre – probablement rédigée à Reims – comporte une citation très révélatrice de Quovultdeus, évêque de Carthage expulsé par Genséric. Elle prouve que l'entourage du roi connaissait la littérature antiarienne de ce disciple de saint Augustin mort en exil à Naples. Les ariens étaient à ses yeux l'Antéchrist. Dieu ne pouvait pas laisser périr les justes (les catholiques) avec les impies (les ariens). La lettre était donc bien destinée à séparer les bons des méchants. Elle était l'aboutissement du grand mouvement augustinien de conversion des païens et de rejet des ariens inauguré par les disciples gallo-romains de saint Augustin vers 450 (chapitre VI, p. 150). Le millénaire des saints ouvert par le baptême de Clovis entrait dans les faits avec cette entente du roi et des évêques.

La campagne militaire de 508 avait été fort courte. Les Francs et les Burgondes de Sigismond se rejoignirent dans Toulouse qui fut incendiée. Ils poursuivirent Amalaric, fils d'Alaric II, jusque devant Carcassonne qu'ils assiégèrent et prirent avec ses légendaires trésors, issus du pillage de Rome en 410. Les Burgondes, de leur côté, parvinrent avec Gondebaud jusqu'à Narbonne qui fut prise et d'où ils chassèrent Geisalic, un bâtard d'Alaric II que les Wisigoths avaient proclamé roi à la place d'Amalaric, trop jeune. Clovis jugea prudent de s'arrêter là et chargea son fils Thierry de diriger un corps d'armée pour aller occuper en son nom les cités d'Albi, de Rodez et de Clermont, tandis que lui-même revenait sur la forteresse d'Angoulême qui capitula. Le pouvoir wisigothique avait disparu en Gaule. « Le royaume de Toulouse est détruit. » La majeure partie des Wisigoths survivants se réfugièrent en Espagne.

Clovis consul et patrice

Au vu des victoires de la coalition franco-burgonde, l'empereur Anastase, qui avait retenu les Ostrogoths en Italie pendant toute l'année 508, prit ouvertement parti pour Clovis et Sigismond. Arrivé à Tours où il fit de nombreux dons en remerciement à l'église Saint-Martin, Clovis « reçut de l'empereur Anastase les codicilles du consulat; ayant revêtu dans la basilique du bienheureux Martin une tunique de pourpre et une chlamyde, il mit sur sa tête un diadème. Ensuite, étant monté à cheval, il distribua avec une très grande générosité de l'or et de l'argent en le jetant de sa propre main aux peuples présents sur le chemin qui va de la porte de l'*atrium* [portique quadruple] de la basilique à l'église cathédrale de la cité » (*cf.* plan de Tours, n° 12, p. 312). Ce récit de Grégoire (*H.F.*, II, 38) a fait couler d'autant plus d'encre que pour titre ce chapitre porte dans tous les manuscrits : « Le patriciat du roi Clovis ». Comme l'ont démontré Hauck et Mc Cormick, il s'agissait pour l'empereur d'accorder au roi des Francs la plus haute dignité possible de fonctionnaire civil et militaire romain. Celle de patrice implique le port du cercle d'argent orné de pierres précieuses appelé diadème, lequel n'a rien à voir avec la couronne impériale apparue la première fois en 451 pour l'empereur d'Orient Marcien. Ses vêtements sont ceux qu'un généralissime romain porte lors du triomphe. La procession militaire depuis Saint-Martin de Tours jusqu'à l'intérieur de la ville fortifiée est un *adventus*, une entrée officielle, un avènement triomphal : il jette des pièces à la foule en signe de prospérité – il en sera ainsi quand le généralissime Bélisaire entrera en vainqueur dans Syracuse le 31 décembre 534. Mais comme le nom de Clovis ne figure pas dans les Fastes consulaires de 508 et de l'année suivante, les codicilles écrits par les bureaux de l'empereur nomment simplement le roi des Francs consul honoraire. Ainsi, le protocole romain de cette cérémonie, les dignités (le patriciat avec le cercle du diadème et le consulat) et la fonction de généralissime, tournent tous autour du point commun entre les deux civilisations, la guerre. L'empereur a le monopole de la victoire quand il est païen, ou bien il est aidé par Dieu quand il est chrétien. Ainsi Clovis fait-il l'unité des deux civilisations par cette nomination, tout en étant intégré dans l'aristocratie impériale. Il appartient aux deux peuples franc et romain, et fonde leur unité, parce qu'il est généralissime.

Certes, Clovis ne fut pas le seul à revêtir cette dignité puisque Sigismond reçut, lui aussi, le patriciat vers la même époque (*Aviti Opera,* ep. 9). Certes ce n'était pas l'équivalent du consulat de Théodoric en 484 (chapitre VIII, p. 218), lequel n'avait rien d'honoraire. Néanmoins, Clovis, « à partir de ce jour, fut acclamé consul et Auguste » (*H.F.,* II, 38). Le prologue de la loi Salique publié en 511 confirme cette appellation en qualifiant Clovis de proconsul, c'est-à-dire tenant lieu de consul, donc honoraire. Quant à l'épithète d'Auguste, elle correspond à ces titres impériaux qui étaient souvent attribués quand il existait plusieurs empereurs. Clovis a donc été considéré comme une espèce de vice-empereur reconnu comme tel par Anastase. Les ovations rituelles faites par l'armée et le peuple le mettaient au-dessus de Théodoric, puisque ce dernier était acclamé en qualité de Flavius, nom qui datait seulement de Vespasien (69-79) et non d'Auguste (27 av. J.-C.-14 ap. J.-C.). Cela impliquait qu'à l'exemple d'Auguste, qui avait refusé tout l'apparat royal, le roi des Francs fût lui aussi *princeps,* c'est-à-dire le premier du Sénat, apte à édicter des lois. Clovis, nous le verrons, a utilisé cette faculté de créer le droit, notamment pour la loi Salique. Dans son duel avec Théodoric, le roi des Francs commençait à se trouver à égalité avec le roi des Ostrogoths.

Pour parfaire son imitation du cérémonial impérial romain, de Tours il partit pour Paris. Là, il installa sa capitale où vint le rejoindre son fils Thierry. Un tel choix avait certes été préfiguré par les séjours des empereurs Julien et Valentinien Ier qui y avaient établi leurs quartiers généraux, mais il s'agissait cette fois-ci d'un établissement définitif. Le

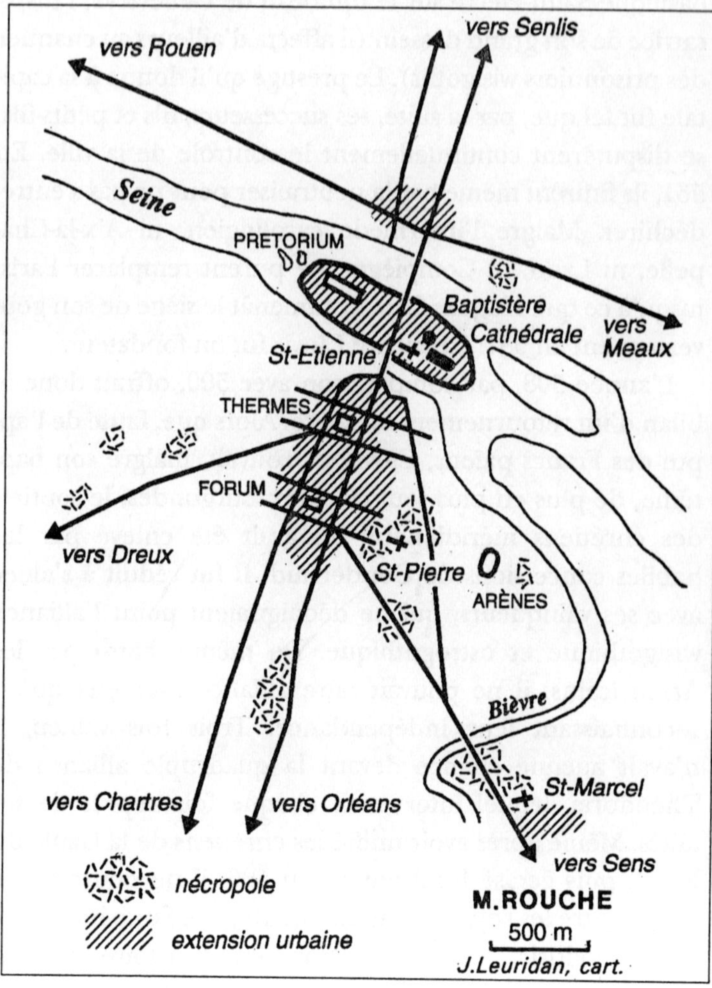

Carte 13. *Plan de Paris vers 500*

La basilique dédiée à saint Pierre a reçu les corps de Geneviève, Clovis et Clotilde.

roi y resta jusqu'à la fin et s'occupa de la construction de la basilique Saint-Pierre sur le tombeau de Geneviève, l'inspiratrice de son grand dessein (il affecta d'ailleurs au chantier des prisonniers wisigoths). Le prestige qu'il donna à sa capitale fut tel que, par la suite, ses successeurs, fils et petits-fils, se disputèrent continuellement le contrôle de la ville. En 561, ils finirent même par la neutraliser pour ne pas s'entre-déchirer. Malgré l'intermède carolingien, ni Aix-la-Chapelle, ni Laon, ni Compiègne ne purent remplacer Paris, jusqu'à ce que Hugues Capet y ramenât le siège de son gouvernement en 987. Là encore Clovis fut un fondateur.

L'année 508, par comparaison avec 500, offrait donc le bilan d'un retournement inespéré. Alors que, faute de l'appui des Francs païens, Clovis se trouvait, malgré son baptême, de plus en plus seul face aux Burgondes, le soutien des chrétiens méridionaux lui avait été enlevé par les habiles concessions de Gondebaud. Il fut réduit à s'allier avec ses vainqueurs, qui ne dédaignaient point l'alliance wisigothique et ostrogothique. De même, battu par les Armoricains, il ne pouvait faire alliance avec eux qu'en reconnaissant leur indépendance. Trois fois vaincu, il n'avait aucune chance devant la quadruple alliance de Théodoric, lequel intervenait chaque fois auprès de ses alliés. Même après avoir unifié les chrétiens de la Gaule du Nord, puis écrasé les Alamans en 506, il ne pouvait rien faire contre les royaumes ariens. Seule, une faute inespérée de Théodoric, une expédition en territoire romain d'Orient, lui permit d'utiliser l'alliance impériale contre le roi des Ostrogoths. Cloué en Italie, celui-ci ne put empêcher, malgré un ballet diplomatique de grande envergure, les Burgondes et les Francs de mettre fin au royaume wisigoth de Toulouse à Vouillé. Cette alliance impériale libéra indirectement la papauté et fit de Clovis, patrice et consul honoraire, le véritable rival de Théodoric le Grand. Le complexe de supériorité du maître de Ravenne avait peu à peu fait le lit d'une romanité chrétienne qui se réunifiait à son détriment. Dans ce duel, la rationalité trop cérébrale du système théodoricien fut battue en brèche par l'intelligence intuitive de Clovis qui sut utiliser la sympathie des Aquitains, la peur d'un arianisme tantôt patelin, tantôt terroriste, la reconnaissance des prisonniers de guerre libérés de l'esclavage, sans compter enfin une remarquable stratégie. Persuadé de sa faiblesse militaire, Clovis a tenté et réussi en Aquitaine une opération volontairement limitée. Son sens de la manœuvre lui a permis d'éliminer aux moindres frais les Wisigoths de la Gaule. Cette politique des petits pas a fait de lui, lors du grand cérémonial consulaire de Tours, le fondateur d'une unité romano-chrétienne et germanique qui se cherchait. Le choix de Paris comme capitale, ville éloignée des zones de peuplement franc majoritaire et de la Belgique Seconde primitive, mais non pas en plein pays gallo-romain comme Tours, prouve que le roi juridiquement vice-empereur avait tenté une nouvelle formule politique intégrant les différents peuples. La ville de Geneviève, la femme fidèle à Rome par sa foi et sa mère, et à ses origines franques par son père, allait devenir le lieu d'une nouvelle expérience. Alors que la guerre n'était pas finie et que les Burgondes tenaient leur royaume plus fortement que jamais, Clovis allait s'attaquer à la construction d'un royaume chrétien et romain.

CHAPITRE XII

La construction inachevée

509-511

Le triomphe de Clovis fut de courte durée. Théodoric parvint en effet à colmater les brèches creusées dans son système, et le roi des Francs fut d'abord contraint de s'attacher à la construction politique et sociale de son royaume. Y consacrant les trois dernières années de sa vie, il sut montrer, tant sur le plan civil que religieux, de remarquables qualités d'organisateur. Mais, en même temps, la coexistence des coutumes germaniques et des principes du droit romain laissait mal augurer de l'unité, dans la diversité, qu'il préconisait. Pouvait-on, en une génération, christianiser les païens et évangéliser les mariages mixtes qui permettraient l'osmose des populations au niveau des aristocraties ? L'œuvre de Clovis allait être mesurée beaucoup plus à l'aune de ses fondations sociales qu'à celle de ses victoires.

Pourtant, Grégoire de Tours, plus de cinquante ans après la mort du roi, considérait que sa gloire venait de ses victoires. En quoi il ne faisait que suivre l'hagiographe de Geneviève et Remi. Tous deux le disaient « redoutable dans le droit de la guerre » et « triomphateur des peuples païens ». C'est pourquoi notre Hérodote tourangeau passe les défaites du roi sous silence. Or, dès le 22 juin 508 (*Variae*, I, 42), Théodoric, libéré des attaques impériales sur les côtes italiennes grâce au retrait de la flotte qui estimait avoir atteint son but – l'empêcher de secourir Alaric II –, se dépêcha de rallier ses troupes. Dirigées par le duc Ibba, elles entrèrent en Provence. À l'automne, tandis que Beaucaire était encore aux mains des Wisigoths, elles délogèrent, après de vifs combats auprès du pont de bateaux sur le Rhône, les Francs et les Burgondes qui assiégeaient Arles. Durant le siège, un clerc, parent de l'évêque Césaire, s'échappa nuitamment en descendant des remparts à l'aide d'une corde. Il n'en fallut pas plus pour que les Wisigoths accusent l'évêque de trahison. Arrêté, expulsé de son évêché où son lit fut occupé par un Goth, il finit par être exilé pour la seconde fois en Italie en 513. De plus, l'évêque d'Aoste fut arrêté sous la même accusation. Ces événements vérifiaient une fois de plus le principe de la *lex gothica*, cette loi qui confondait appartenance à l'ethnie et croyance arienne. Comme le dit Grégoire de Tours, « ils appellent en effet Romains les hommes de notre religion » (*G. M.*, 24 et 78-79). Cette confusion entre statut politique romain et foi catholique montre à quel point le conflit était insoluble. Il ne pouvait être tranché que par la disparition de l'une des deux religions, celle qui mêlait l'État et l'Église. Théodoric ne s'en obstina pas moins. Ibba reprit Nîmes et Narbonne en 509, tandis que de nouveaux renforts ostrogoths menés par le duc Mammo ravageaient Orange et Valence. En 510 enfin, Ibba libéra Carcassonne, poursuivit le roi wisigoth Geisalic et le chassa de Barcelone. Tandis que son rival se réfugiait en Afrique vandale, où Thrasamund n'avait point envoyé sa flotte au secours de Théodoric en 508, il installa le jeune Amalaric comme roi des Wisigoths sous la tutelle de son maître.

Sur le théâtre d'opérations oriental, Anastase avait poussé en 508 les Lombards contre Rodulf, fils adoptif de Théodoric et roi des Hérules continentaux qui vivaient en Slovaquie actuelle. Sans soutien du maître de Ravenne, les Hérules, qui combattaient nus, les armes à la main, pour mieux déchaîner leur violence meurtrière, furent écrasés (Procope, VI, 14). Une bonne partie d'entre eux revinrent dans leur patrie, la Suède actuelle, et d'autres fusionnèrent avec les Ostrogoths. En 510, l'empereur finit par traiter. L'Illyricum oriental, sempiternelle pomme de discorde, fut partagé en deux : Singidunum (Belgrade) resta romaine et Sirmium (Sremska Mitrovica) devint gothique. Il avait fallu à peine trois ans à Théodoric pour rétablir la situation.

En même temps, il surenchérit de romanité auprès des Romains de Provence. Il nomma le sénateur gallo-romain Gemellus vicaire des Sept Provinces, poste qui n'avait pas été pourvu depuis une trentaine d'années. De même il ressuscita l'ancienne préfecture du prétoire des Gaules en faveur de Libère, puisqu'il était maître de la capitale administrative, Arles. Mais l'autorité territoriale de ce haut fonctionnaire ne pouvait s'étendre, comme autrefois, aux deux diocèses des Gaules, puisque celui du Nord était aux mains de Clovis, et celui du Sud au pouvoir des Wisigoths et des Burgondes. Il en était de même pour Gemellus qu'il nomma consul pour l'Occident en 511. Ce qui prouve combien Théodoric s'affirmait juridiquement comme le maître impérial de toute la Gaule, même si Libère dut se contenter de la Provence, puisque la Septimanie resta wisigothique tandis que Viviers était laissé aux Burgondes. Il rétablit même en Arles l'assemblée gauloise des Sept Provinces (*Variae*, II, 1 ; *cf.* chapitre IV, p. 96). En somme, il venait de barrer l'accès à la Méditerranée aux royaumes des Francs et des Burgondes. Il avait limité les dégâts en laissant l'Aquitaine au vainqueur de

Vouillé, mais il exerçait maintenant sa suzeraineté sur l'Espagne en cherchant à faire fusionner les deux peuples. Il continuait à s'affirmer comme le champion de la romanité. Jordanès (*Getica,* 302) va même jusqu'à dire, avec son excès habituel de faveur pour les Goths, que « plus de trente mille Francs furent tués au combat » par Ibba. En réalité Clovis, privé de son allié inespéré, l'empereur d'Orient, se tint coi. Sa suprématie avait été éphémère.

Sa propre politique de protection des populations atteintes par la guerre fut même imitée par Théodoric en faveur des Provençaux, comme le prouvent les lettres que celui-ci leur adressa, toujours sous la plume de Cassiodore. Il fit par exemple remise des arriérés d'impôts de la ville d'Arles pour les années 510-511 (*Variae,* III, 32), car il savait que la levée de ces sommes augmentées des intérêts de retard risquait de provoquer, comme pour les Burgondes (chapitre XI, p. 290), la fuite des contribuables dans les bois et l'abandon de la ville. Il fit le même cadeau pour un an aux Marseillais qui avaient bien accueilli ses troupes (*ibid.,* III, 34) et offrit à l'évêque Sévère, qui siégeait probablement à Vence, mille cinq cents sous à répartir parmi ses fidèles (*ibid.,* III, 38). À travers Gemellus, il s'adressait « à tous les provinciaux des Gaules [...] revenus dans la société romaine, rendus à la liberté d'autrefois. Conduisez-vous en citoyens dignes de porter la toge. Rejetez la barbarie et la férocité. Y a-t-il rien de mieux que de vivre sous le régime du droit, d'être protégé par les lois et de n'avoir rien à craindre ? Le droit protège les faibles, crée la civilisation. La domination barbare, elle, est caractérisée par le caprice individuel » (*ibid.,* III, 17). Cette diatribe antifranque montre quelle était la tactique de celui qui se prenait pour l'empereur d'Occident : jouer la carte du parti romain progoth et faire oublier ses propres origines germaniques. L'intégré, c'était lui...

Clovis massacre sa parentèle

Il est certain que la lutte entre Clovis et Théodoric tournait, en ce troisième jeu, à l'avantage du second. Il lui était d'autant plus loisible de dénoncer la « domination barbare » qu'au même moment son rival, revenu à Paris, s'employait à unifier son royaume de surprenante manière. À suivre attentivement Grégoire de Tours, qui réussit le tour de force de ne jamais parler de Théodoric, sauf à trois reprises et de manière indirecte, Clovis s'attacha à éliminer les rois francs ses parents. Ses méthodes furent particulièrement étonnantes, au sens où, comme au XVIIe siècle, l'adjectif « étonné » signifiait « frappé du tonnerre ». Prétextant que Sigebert, roi des Francs Rhénans, était handicapé pour régner parce qu'il était boiteux et vieux, il fit suggérer à son fils Childéric que, « s'il mourait, son royaume te reviendrait de droit ainsi que notre amitié ». L'autre ne se le fit pas dire deux fois et profita d'un voyage de son père hors de Cologne pour la rive droite du Rhin. Comme, avant de traverser la forêt de Buchau, celui-ci faisait la sieste sous sa tente, les séides de Childéric en profitèrent pour l'égorger. Tout joyeux, ce dernier fit ensuite savoir au commanditaire qu'il avait tué son père et qu'il lui offrait une part de ses trésors. Les ambassadeurs de Clovis lui ayant demandé d'ouvrir un coffre rempli de sous d'or, « l'un des hommes, ayant levé la main, lui fracassa la cervelle de sa hache ». Puis Clovis réunit tout le peuple et prétendit n'être pour rien dans ces meurtres, « car je ne peux répandre le sang de mes parents ». Il leur proposa alors de l'élire comme roi. « Ils applaudirent tant de leurs boucliers que de leurs cris et ils le choisirent comme roi en l'élevant sur le pavois. » Nous avons là pour la première fois une description précise de l'élection d'un roi par les Germaniques, mais il est important de signaler que le fait de porter le roi sur un bouclier à hauteur des épaules sur le front des troupes était une vieille coutume gauloise adoptée par les généraux et empereurs romains. Ç'avait été le cas en 360 pour Julien l'Apostat à Paris où ses troupes « romaines » germaniques l'élevèrent sur le pavois et lui mirent un collier (le torque des Gaulois) autour du cou. On peut, à la lumière de ce texte, inférer qu'il en avait été de même pour Clovis en 481, d'autant plus que nous l'avons vu jeter ses colliers lors de son baptême.

Maître du royaume franc rhénan de Cologne (*cf.* carte 14, p. 337), il s'en prit à un autre roi mérovingien, Chararic, qui avait refusé, on l'a vu, de l'aider contre Syagrius en 486. Il parvint à s'emparer par ruse de sa personne et de celle de son fils et leur fit couper les cheveux, marque de leur appartenance à la dynastie, tout en les faisant ordonner respectivement prêtre et diacre. Comme ils laissaient entendre qu'ils se vengeraient une fois leur chevelure repoussée, il les fit tuer et s'empara de leur royaume quelque part au nord de la Belgique actuelle. Et de quatre !

Ce fut ensuite le tour du roi Ragnacaire de Cambrai, dont l'appui lui avait probablement manqué après son baptême. Cette fois, Clovis couvrit de cadeaux – bracelets et baudriers en bronze doré imitant l'or – les leudes de ce roi, c'est-à-dire les hommes libres francs (aujourd'hui *Leute* en allemand signifie « les gens »). Il leur accordait des fonctions civiles et militaires que Ragnacaire leur avait refusées et les incitait ainsi à la révolte. Lors de la bataille contre Clovis, le roi fut effectivement arrêté et ligoté par les siens ainsi que son frère Riquier. Après leur avoir reproché, à l'un de s'être laissé enchaîner, à l'autre de ne pas avoir secouru son frère, Clovis les tua tous deux de sa hache. Et de six !

Quant aux leudes, constatant qu'ils avaient été trompés sur la valeur des insignes que Clovis leur avait donnés, ils furent heureux, après leur plaintes, de s'en tirer avec la vie sauve. « Les susdits rois étaient des proches parents de Clovis. Un de leurs frères nommé Rignomer fut tué dans la cité du Mans par ordre de Clovis. [...] Puis, quand il eut tué beaucoup d'autres rois et de proches parents parmi les premiers, de qui il se méfiait parce qu'il craignait qu'ils ne lui enlevassent son royaume, il élargit son royaume dans toutes les Gaules. Cependant, on rapporte [*fertur*, donc tradition orale] que, ayant réuni une fois les siens, il s'exprima ainsi au sujet des parents qu'il avait perdus : "Malheur à moi qui suis resté comme un pérégrin [c'est-à-dire un sujet romain non citoyen] au milieu d'étrangers [les Francs], car je n'ai plus de parents pour pouvoir m'aider, si l'adversité surgissait." Mais ce n'est pas par affliction pour leur mort qu'il disait cela, mais par ruse pour savoir si par hasard il pourrait encore en découvrir un pour le tuer. »

Certes, Clovis était rusé, mais, cette fois-ci, la coupe est pleine. Si, dans un premier temps, on prend ces récits de Grégoire de Tours au premier degré (*H.F.*, II, 41, 42 et 43), ils signifient que le roi des Francs Saliens a supprimé tous les descendants des rois qui ont été institués au IVe siècle, à travers les *pagi*, circonscriptions des cités de Toxandrie comme Tournai, Cambrai, etc. (chapitre IV, p. 107). De plus, il recherche ses parents, bien qu'il en ait tué au moins une douzaine. Cela veut dire qu'il extermine toute sa parentèle jusqu'au sixième degré.

Le plus étonnant reste le jugement de Grégoire de Tours : « Ainsi, Dieu prosternait chaque jour ses ennemis sous sa main et agrandissait son royaume parce qu'il marchait d'un cœur droit devant lui et faisait ce qui plaisait aux yeux de Dieu. » Même si ce sont là des citations bibliques, il n'en demeure pas moins qu'on hésite, dans l'interprétation d'un tel comportement, entre le cynisme et la sauvagerie. L'humanité de Théodoric en Provence est en contraste éclatant avec la barbarie de Clovis en Flandre. Et pourquoi Dieu aurait-il approuvé ces massacres à la hache ?

Assurer le trône à ses propres enfants

L'attitude des historiens face à ces règlements de comptes fut double. Les romantiques, avec Augustin Thierry, n'y virent qu'une manifestation de la force primitive des peuplades sorties de leurs sombres forêts et de leurs glauques marécages, confortant ainsi tous les poncifs de la littérature romaine classique sur le *rudis*, cette brute non dégrossie qui ne devient véritablement homme qu'après avoir été rabotée par la varlope du professeur, lequel en fait alors un *e-ruditus*, un érudit civilisé. Cette fascination pour la violence des profondeurs, qui révulsait Nietzsche lorsqu'il écoutait Wagner au point de préférer Bizet, fut combattue par la science allemande après 1870. Des textes aussi révoltants ne pouvaient être que les restes abâtardis des épopées que Clovis écoutait chanter à sa table par le citharède que Théodoric lui avait envoyé. Ces chants hâbleurs véhiculaient des drames inventés par d'anciens combattants avinés, amers et nostalgiques à partir d'un très faible noyau historique. La poésie n'était pas de l'histoire. Impressionné par Theodor Mommsen, infatigable soutier du document pur de toute contamination, Godefroid Kurth n'hésitait pas, en 1896, en adoptant cette position, à réduire ces récits en pièces : « Ne nous étonnons donc pas de la physionomie atroce que nous trouvons à Clovis chaque fois que nous le rencontrons dans les récits populaires : ses admirateurs barbares l'ont fait à leur image » (*Clovis*, p. 441). Après la lecture fondamentaliste, l'interprétation hypercritique – on accepte les textes ou bien on les nie. Ajoutons qu'il est difficile de comprendre le comportement d'un roi chrétien baptisé après un cheminement de sept ans devant ce spectacle d'un tigre altéré de sang et cherchant à se mettre sans cesse une nouvelle proie sous la dent.

L'une de ses propres remarques aurait pourtant dû mettre Kurth sur la voie : « Dans l'histoire poétique de Gondebaud et de Clotilde, le résidu historique représente, vis-à-vis de la légende, une proportion plus faible encore » (*ibid.*, p. 442). Effectivement, les meurtres de Gondebaud (niés, aussi bien que ceux de Clovis, par la critique) sont de même nature que ceux du fondateur de la monarchie franque (chapitre IX, p. 229). Le parallèle est révélateur : les victimes de Clovis sont toutes membres de la famille mérovingienne, y compris les Rhénans. Toutes sont fort probablement païennes. On assassine en même temps le père et le fils, les frères, bref toute la parentèle, en commençant par les « premiers », c'est-à-dire les aînés. La recherche par Clovis de tel obscur descendant oublié montre combien cette famille était large et nombreuse. Une seule différence sépare Gondebaud de Clovis : ce dernier n'a que trois sœurs sans enfants mâles connus et pas de frères ; il tue donc oncles, neveux et cousins. Enfin, Ragnacaire est accusé d'unions incestueuses avec ses parents : nous avons affaire à une famille large païenne de type endogamique. Grégoire donne la cause exacte des meurtres : « Il craignait qu'ils ne lui enlevassent son royaume. » La raison d'État, alors ? Effectivement, comme nous l'avons vu avec la *tanistry*, la succession par le second, tous ses oncles, neveux, et cousins pouvaient lui succéder. N'importe lequel de ces royaumes païens pouvait absorber les territoires de Clovis, et l'on risquait alors de revenir à la situation de 481 : toute son œuvre aurait été anéantie.

Ce n'est pas là une hypothèse ou une reconstitution de l'esprit. Le Pseudo-Frédégaire (III, 25, 26 et 27) prend bien soin de préciser que toutes les victimes de Clovis lui étaient apparentées : « Il s'efforça avec beaucoup de soin de faire en sorte qu'aucun de ses parents ne survécût pour régner, si ce n'est ceux de sa semence. » Le but est clair : au contraire de Genséric, qui voulait appliquer la *tanistry*, et comme Hildéric, qui voulait faire régner son fils, Clovis cherche à réserver le trône aux enfants qu'il a eus de Clotilde. Il refuse la structure matrilinéaire archaïque et la succession collatérale qui le menace. Il agit exactement comme les souverains ottomans qui ne voulaient pas de ce mode d'accès au pouvoir. N'oublions pas que les Turcs avaient pour ancêtres les Huns (Tou Kouen). En 1595, Mahomet III qui succédait, exceptionnellement, à son père, fit étrangler ses dix-neuf frères et jeter à la mer dix concubines de son père qui étaient enceintes, ce qui lui permit d'éliminer toute domination par une sultane validé, c'est-à-dire la mère d'un quelconque descendant.

Non seulement l'œuvre de Clovis aurait disparu s'il n'avait point agi ainsi, mais de plus ces crimes étaient ceux-là mêmes qui plaisaient à Dieu. Grégoire de Tours, dans son appréciation si curieuse, ne fait que mélanger habilement des références bibliques (II Rois, 3, 6 ; 24, 14 ; et 15, 3) concernant de pieux rois de l'Ancien Testament : David, Salomon, Joas et surtout Josias (640-609 av. J.-C.). Tous marchaient dans la justice d'un cœur droit et faisaient ce qui plaisait à Dieu. Dieu savait pourtant qu'ils avaient commis de lourdes fautes, mais ils les avouèrent et elles furent pardonnées. Ces rois étaient justes parce qu'ils s'étaient reconnus pécheurs. Quant à Josias, son œuvre essentielle fut, en détruisant les idoles et les temples où se pratiquaient prostitution sacrée et sacrifices humains *(tophets)*, de restaurer la loi de patrilinéarité aux dépens de la matrilinéarité. Or c'est ce que fait Clovis. Que l'on n'aille point qualifier, après cela, Grégoire de Tours d'historien naïf. Subtil, plutôt, cet évêque sait que la fin ne justifie pas les moyens et que, comme le dira plus tard Thomas d'Aquin, « la grâce ne détruit pas la nature ». Pour lui, Clovis est une nouvelle figure de roi pieux qui n'hésite pas à détruire les structures familiales païennes par la violence. Sans citer Josias, il signifie à son lecteur imprégné d'Ancien Testament que Clovis a voulu instaurer la succession par ses fils et restaurer la Loi, celle du père séparateur. En cela, il est bien un fondateur. Il permet aux civilisations germaniques de s'accoupler, dans tous les sens du terme, et de s'accorder avec la société romaine sous l'égide d'une foi chrétienne qui annonce que la toute-puissance n'est point l'apanage d'un sexe sur l'autre.

L'ŒUVRE DU LÉGISLATEUR

Les trois derniers actes de la vie de Clovis – promulgation de la loi Salique, l'adoption du Bréviaire d'Alaric et le concile d'Orléans – prouvent exactement ce qui vient d'être démontré. La société nouvelle qu'il fonde ne peut se passer de loi. Comment faire sortir les Francs, encore païens, de leur système de familles larges toutes-puissantes au point de se faire justice elles-mêmes ? Il y avait d'abord l'évangélisation. On a vu qu'avec saint Vaast celle d'Arras avait commencé. Toujours en accord avec Remi, il en fut de même pour la cité de Tournai avec l'arrivée de son premier évêque, Éleuthère. Néanmoins, à la mort de Clovis, à part ces deux évêchés, les pays peuplés majoritairement de Francs Saliens et de Francs Rhénans se trouvaient dépourvus de toute organisation ecclésiastique. Clovis n'eut, semble-t-il, le temps de s'occuper que des terres d'origine de son peuple. Là encore, la construction était inachevée.

La promulgation du Pacte de la loi Salique durant ses derniers mois de règne le prouve. Œuvre d'une longue consultation entre les principaux représentants des Saliens, elle n'en fut pas moins très certainement retouchée par Clovis. « Il a plu et l'on s'est accordé entre Francs et leurs grands pour servir leur zèle à établir la paix entre eux à devoir éliminer tout ce qui fait croître les rixes » *(Pactus Prol.)* Il s'agissait de faire disparaître les faides et autres querelles éclatant entre familles larges qui se faisaient justice elles-mêmes. La loi allait se substituer aux rapports de force. Pour ce faire, quatre chefs de tribu élus parmi d'autres, Wisogast, Bodogast, Saligast et Widogast, avaient tenu par trois fois en trois lieux différents un tribunal public (le *mallus*). Il s'agissait d'ailleurs de quatre chefs militaires « romains » de la seconde moitié du IVe siècle. Ils dictèrent les différents titres du texte en latin, accompagné, à chaque loi, d'une glose dite malbergique. Il s'agissait d'une courte phrase écrite en vieil haut allemand, rappelant aux juges qui avaient appris par cœur les textes les premiers mots de l'article en question.

Le peuple franc a donc délibéré pour lui-même, avec la sanction publique de Clovis. Les hommes libres viennent au tribunal et, après avoir entendu les causes, en accord avec les spécialistes, les rachimbourgs (juges jurés) et le comte (appelé *grafio*), prononcent le jugement. Celui-ci ne s'applique qu'aux Francs Saliens vivant « entre la Lys et la forêt

Charbonnière » (c'est-à-dire les Ardennes). En effet, la toponymie du nord de la France comporte, dans la région ainsi délimitée, uniquement des noms de lieux germaniques. C'est à peine si l'on peut détecter quelques installations postérieures de Francs qui remontèrent la Meuse jusqu'à Charleville, la Scarpe, l'Escaut et autres vallées plus ou moins marécageuses ; il n'y en a pas dans les Ardennes et la vallée de la Lys. Outre que cela nous permet de bien localiser le peuplement salien, on peut voir quel fut son lieu d'implantation primitif au IVe siècle. Il comprenait deux villes, Cambrai et Tournai. Le Pacte de la loi Salique est donc bien une loi propre au peuple d'origine.

Incontestablement, nombre de ses articles remontent au moins au IVe siècle, mais les innovations sont nettes. À commencer par la plus évidente : les tarifs de composition. Pour empêcher les faides et guerres privées, les négociateurs du Pacte tombèrent d'accord pour faire payer à la partie lésée les dommages causés par la partie coupable. Dans le domaine de la protection de la femme, sur lequel les Francs étaient particulièrement chatouilleux, toucher la main de l'une d'elles ne pouvait être compensé que par quinze sous ; de la main jusqu'au coude, on passait à trente sous ; du coude à l'épaule, trente-cinq sous ; enfin, si l'audacieux parvenait au sein, quarante-cinq sous. Les tarifications concernant le meurtre d'un Romain ou d'un Franc étaient identiques, d'un montant énorme : cent à deux cents sous. Il n'y avait donc pas un peuple vainqueur, les Francs, imposant sa suprématie aux vaincus, les Romains. La loi était la même pour tous. Elle cherchait à établir la paix et à éradiquer la violence en transformant le peuple. Il n'y avait dans ce texte aucune loi concernant la justice du roi et à peine huit cas s'occupaient de droit public.

Néanmoins, le roi est présent derrière certaines innovations qui visent à rapprocher les Francs des Gallo-Romains. Si un tiers du code concerne la vie privée selon les coutumes franques, certains titres sont issus du droit romain. Ainsi, par exemple, le refus de comparaître entraîne la perte de la protection du roi et la confiscation des biens par le trésor public. La nouveauté est également incontestable pour trois articles concernant la christianisation. Le plus important interdit les mariages incestueux (13, 11) en reprenant une interprétation du Bréviaire d'Alaric (III, 12.3) : « Si quelqu'un s'est uni par un mariage scélérat avec la fille de sa sœur ou de son frère ou d'un cousin à un degré plus éloigné, ou à l'épouse de son frère, ou de son oncle maternel, qu'ils subissent la peine de la séparation et, s'ils ont eu des fils, ils ne seront pas des héritiers légitimes et seront considérés comme infâmes. » Nous retrouvons là une nouvelle fois le problème de la structure de la famille large germanique. Il n'est pas étonnant que Clovis ait suggéré d'introduire cet article dans la loi Salique, puisqu'il venait de se débarrasser de ses éventuels successeurs investis par *tanistry*. Enfin, même si la succession salique est double, bilinéaire, c'est-à-dire patrilinéaire et matrilinéaire, ce n'est là qu'un compromis provisoire. En interdisant d'épouser la femme de l'oncle maternel, précision absente du Bréviaire d'Alaric, Clovis visait expressément l'ancienne pratique matriarcale germanique qui consistait pour la femme à désigner son frère aîné comme le géniteur de ses enfants et le chef de la parentèle. Le roi a donc de la suite dans les idées : éliminer pour toujours oncles et cousins des droits de succession dans la famille et supprimer le pouvoir de la mère. L'article célèbre de la loi Salique qui interdit aux femmes d'hériter de la terre salique, c'est-à-dire de la terre d'origine du clan familial, va dans le même sens (on sait qu'elle fut invoquée beaucoup plus tard, en 1326, pour interdire aux femmes l'accès au trône de France). Le but était, dans la perspective chrétienne, de faire sortir les enfants de l'indistinction et de la proximité incestueuse de la famille large par l'omniprésence du père séparateur. Ainsi, Clovis fondait une société centrée sur la descendance de l'homme et de la femme et non plus sur celle de la mère seule. Il entamait cette longue lutte pour la famille nucléaire qui ne devait aboutir qu'après l'an mil.

Clovis voulait un pluralisme juridique en maintenant le palais et le gouvernement central à l'écart de la loi Salique ; mais, pratiquant l'unité dans la diversité, il adopta aussi, après Vouillé, le Bréviaire d'Alaric pour tous ses sujets gallo-romains, et l'on sait que ce texte fut appliqué au nord de la Loire. Le principe d'élaboration en avait été le même (*cf.* chapitre XI, p. 304). Les jurisconsultes qui l'avaient rédigé avaient bien pris soin de préciser, dans l'avertissement précédant le code, que le prince *(princeps)* est lié par les lois qu'il a promulguées. Comme pour la loi Salique, même si Clovis a hérité du droit impérial de proclamer des préceptes, il ne peut le faire qu'en conformité avec les règles antérieures. Comme il est lui-même soumis aux lois, il peut réclamer en retour l'obéissance de ses sujets. Les Gallo-Romains, de leur côté, sont protégés par un roi qui les respecte. Avec de tels principes juridiques, le gouvernement de Clovis ne pouvait être despotique. « L'empereur promulgue des lois qu'il est le premier à respecter », disait saint Ambroise à propos de Théodose. Clovis fait de même dans la plus pure continuité romaine, puisqu'il accepte de reconnaître un code élaboré à Toulouse par d'autres.

Un autre exemple le prouve, celui de la monnaie. Privilège impérial par définition, le droit de frapper des pièces ne fut jamais usurpé par Clovis. Il laissa circuler les anciennes émissions romaines d'Occident et d'Orient, y compris celles de Syagrius. En revanche, les Suèves, les Wisigoths, les Vandales, les Ostrogoths et les Burgondes frappèrent tous des monnaies à l'imitation des pièces impériales romaines. Chez les Francs, il fallut attendre un petit-fils de Clovis, Théodebert (534-543), pour que cet attribut de la souveraineté fût usurpé, à la grande indignation de l'historien Procope. En somme, vice-empereur romain, Clovis reste à sa place, même si, en dehors des comtes de cité, nous connaissons fort mal son gouvernement.

Il n'empêche que celui-ci existait, comme on le devine grâce à ses initiatives en matière religieuse. Après avoir posé comme bases de son royaume le droit salique et le droit romain, il lui manquait encore le droit canon, afin de mieux définir les rapports de l'État avec l'Église dont il avait pu constater l'influence lors de la libération de l'Aquitaine.

Comme Constantin, il fit jouer en tant que *princeps*, c'est-à-dire authentificateur de la loi, son droit de convocation du concile. Le 10 juillet 511, trente-deux évêques terminèrent leurs délibérations à Orléans, point de jonction idéal entre la Gaule du Nord et l'Aquitaine. Il en manquait la moitié. Toute la Gaule septentrionale et orientale était absente, au contraire des régions entre Seine et Loire, et de l'Aquitaine. Les évêques de ce pays, récemment libérés, sont au moins dix. En tête signent les métropolitains de Bordeaux, Bourges et Éauze, puis ceux de Rouen et Tours. En revanche, les deux métropolitains de Sens et de Reims sont absents. Or Remi est toujours vivant ! Peut-être faut-il supposer que la querelle qui les a opposés (*cf.* document XI, p. 454) les a poussés à s'ignorer mutuellement – nous verrons plus loin la cause de son mécontentement. Mais, par ailleurs, la présence d'un évêque d'Armorique prouve que l'alliance avec les habitants de ce pays était réelle. Il

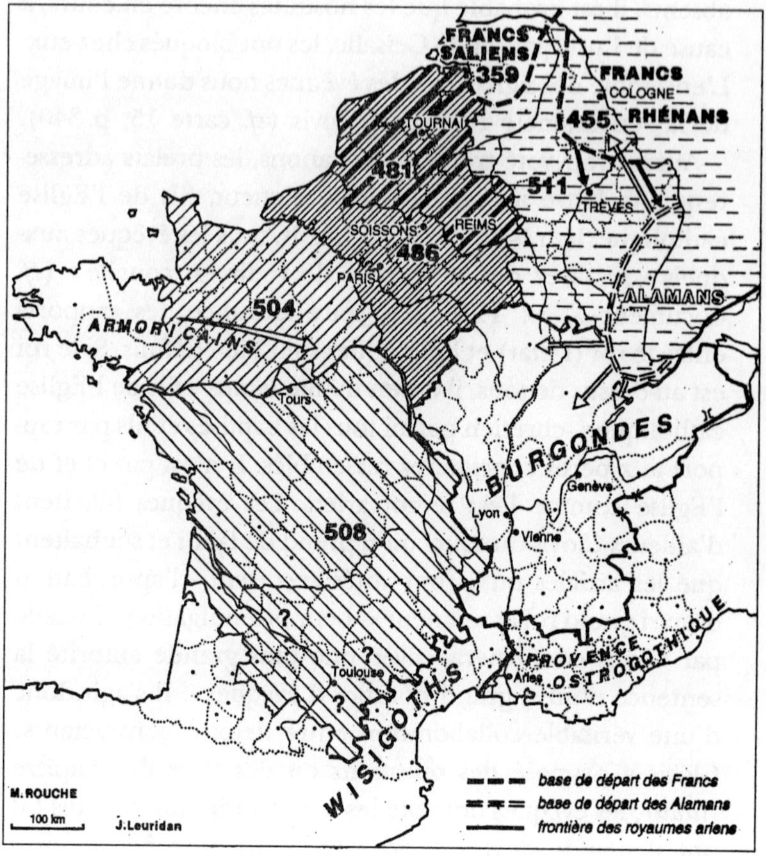

Carte 14. *L'expansion de Clovis (486-511)*

L'expansion a lieu en six étapes, depuis la Toxandrie au nord de l'actuelle Belgique jusqu'aux rives gauche et droite du Rhin, en passant par l'Aquitaine.

s'agissait d'un dénommé Létard siégeant à l'extrémité de la Bretagne, peut-être à Carhaix. Quant aux évêques de Novempopulanie, ainsi que ceux d'Agen, Toulouse et Albi, absents, il est probable que les hostilités encore en cours, à cause de l'usurpation de Geisalic, les ont bloqués chez eux. L'ensemble des signatures des évêques nous donne l'image de la souveraineté réelle de Clovis (*cf.* carte 15, p. 340).

Après avoir voté trente-deux canons, les prélats adressèrent une lettre au roi : « À leur seigneur, fils de l'Église catholique, le très glorieux roi Clovis, tous les évêques auxquels vous avez donné l'ordre de venir en concile » (*cf.* document X, p. 447). Dès cette annonce, les rapports entre le roi (l'État) et les évêques sont bien définis. Si le roi est au-dessus de tous, il est en même temps « fils de l'Église catholique », chrétien parmi tous les baptisés et fils par rapport aux pères conciliaires rassemblés. Il n'est pas chef de l'Église comme l'est le roi arien. Les évêques félicitent d'ailleurs Clovis du souci qu'il prend de la foi et souhaitent que les articles qu'ils ont votés reçoivent « l'approbation d'un si grand roi et seigneur ». Leur promulgation officielle par Clovis confirmera « avec une plus grande autorité la sentence d'un si grand nombre d'évêques ». Il s'agit donc d'une véritable collaboration entre deux cocontractants : Clovis a proposé des questions ou des têtes de chapitre *(tituli)* ; les évêques ont voté les textes y répondant, puis lui ont demandé de les approuver. Mais, en même temps, comme le démontre Olivier Guillot, le corps épiscopal suggère habilement au prince de concourir à une meilleure observation et mise en pratique de leurs propres décisions par tous ses sujets, à commencer par le roi lui-même. Les évêques expriment souverainement dans leur ordre les fruits de leurs propres délibérations. Le roi accorde à ces textes l'*auctoritas* du prince, successeur de l'empereur, authentificateur des lois. Cette technique de droit romain est identique à celle qui fut employée pour l'élaboration du Bréviaire d'Alaric et de la loi Salique, un pacte discuté par un collège d'experts en droit, de vieux chefs militaires et d'évêques. L'ensemble est alors approuvé et promulgué par le roi qui n'y apporte aucune modification. L'État de Clovis est donc bien un État de droit.

Chacun est souverain dans sa sphère. Les évêques, pour exprimer leur décision, disent: *complacuit*, il a plu à tous. C'est l'origine du *placet* traduit par l'expression royale française: « Car tel est notre bon plaisir », c'est-à-dire « notre décision ». Le roi se conforme ainsi à la conception de l'Empire romain chrétien telle qu'elle a été redéfinie par le pape Gélase Ier en 492: « Il y a donc deux puissances, empereur auguste, par lesquelles ce monde-ci est régi, l'autorité sacrée des pontifes et le pouvoir royal. En ce domaine, le poids des évêques est d'autant plus lourd que, même pour les rois des hommes, ils devront rendre des comptes au tribunal divin. [...] Tu sais que tu dois te soumettre à l'ordre de la religion plutôt que d'être au-dessus. » Cette lettre à l'empereur Anastase est donc mise en pratique. La dernière phrase visait les fils de Constantin, notamment les empereurs ariens qui intervenaient sans cesse dans les délibérations conciliaires et faisaient voter par intimidation et manipulations des compromis théologico-politiques contraires à l'orthodoxie. Les évêques des Gaules étaient fidèles à Rome en reconnaissant les idées de Gélase et en les votant dans leurs canons. Face au spirituel, le roi se soumet. L'Église, dans l'union avec l'État, reste indépendante et supérieure dans le domaine religieux. Le royaume des Francs n'est pas une chrétienté constantinienne. Clovis, en acceptant cette conception de l'unité dans l'indépendance mutuelle et dans le respect des vérités religieuses, pose les

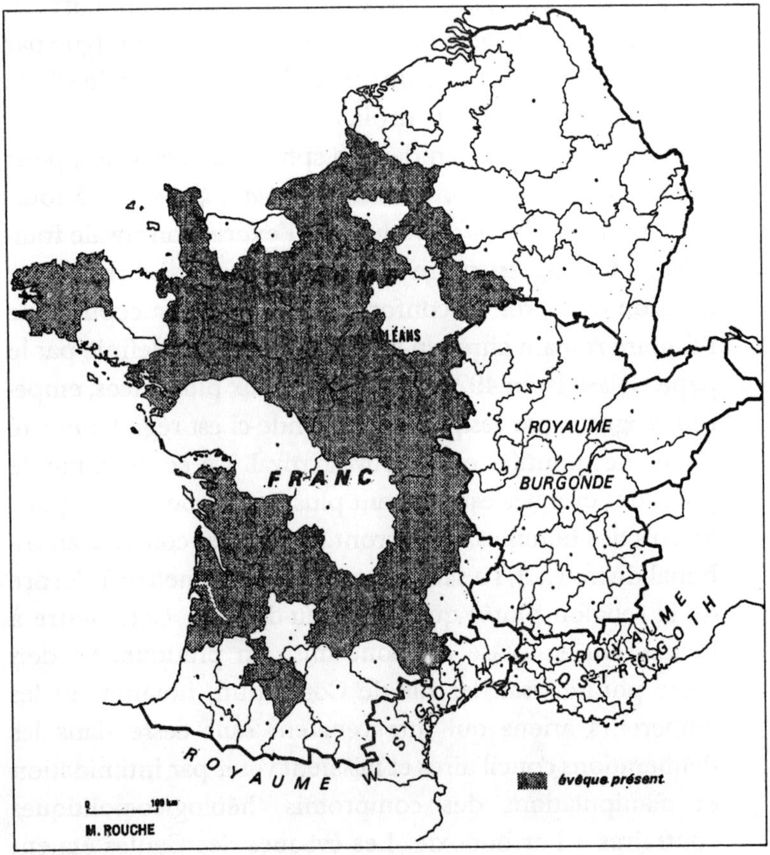

Carte 15. *Le concile d'Orléans en 511*

Le réseau épiscopal est toujours incomplet, mais l'élan est donné même si la construction est inachevée.

fondations d'une société. Il détruit les sociétés romaine et germanique où l'empereur était divinisé et le roi prêtre.

Les canons conciliaires montrent l'application de ces principes. Le dixième, en particulier, permet au clergé arien d'Aquitaine converti au catholicisme d'être intégré dans les ministères que l'évêque lui accordera « par imposition de la main ». Les églises ariennes seront consacrées selon le rite catholique. Ainsi disparut effectivement l'hérésie. Le canon 18 – qui reprend d'ailleurs le texte du canon 61 du concile d'Agde de 506 – est une troisième interdiction des mariages incestueux, qui sera réitérée au concile d'Yenne en 517, puis mainte et mainte fois par la suite. La société ne saurait reposer sur des unions entre frères et sœurs par le sang ou par alliance. Sinon, elle se pulvérise en groupes endogamiques hostiles, fermés sur eux-mêmes. Cette prohibition favorisait la multiplication des mariages mixtes entre gens éloignés tant par la distance que par l'origine ethnique, tandis que l'arianisme et les incestes renforçaient les isolats démographiques.

La société nouvelle comporte deux catégories bien définies : les clercs et les laïcs. Le canon 4 interdit d'ordonner un laïc. Le clergé étant exempté d'impôt, cet avantage pouvait faciliter la fuite des fonctionnaires ou des citoyens vers le corps ecclésial. Les *curiales*, en particulier, étaient, comme on l'a vu (chapitre premier, p. 18), astreints à de lourdes charges fiscales. Aussi Valentinien III et Majorien avaient-ils interdit le passage des laïcs dans le clergé, ce qui réduisait son recrutement aux fils de prêtres autrefois mariés puis séparés de leur épouse après ordination. Gélase Ier avait accepté cette interdiction par nécessité civique. Le canon 4 mentionne une seule exception : un laïc pourra être ordonné sur ordre spécial du roi ou du comte de la cité. C'est un cadeau fait par Clovis à l'Église, nécessité probablement par les besoins de l'évangélisation. Les cadres manquant, l'État romain, intact au niveau de la cité, ainsi que le montre ce canon, était amené à laisser partir certains de ses fonctionnaires civils vers les rangs de la milice du Christ. Une telle concession prouve combien, dans l'euphorie de ces succès, l'entente était parfaite entre les évêques et le roi. Mais elle allait à la longue se révéler dangereuse pour l'Église, comme Remi allait bientôt s'en apercevoir (*cf.* document XI, p. 454).

Le partage des tâches était donc bien net. L'Église allait voir ses missions d'évangélisation et de soin des pauvres s'étendre de plus en plus, ce que prouvent d'autres canons du concile d'Orléans. De même que son père Childéric, Clovis renouvela ou accorda des immunités partielles ou totales d'impôts à certaines Églises locales. En effet, les biens ecclésiastiques fonciers et immobiliers restaient soumis au double impôt. Un concile postérieur (Paris, 556-573, canon 1) devait rappeler combien le « roi Clovis de bonne mémoire » avait été généreux en dons aux Églises locales et à leurs fidèles. Allusion au canon 5 d'Orléans qui évoque « les dons et les champs que notre seigneur le roi a daigné conférer par don personnel aux Églises ou ceux qu'il conférera à celles qui n'en ont pas encore avec concession de l'immunité à ces terres et à ces clercs ». En dehors de Saint-Martin de Tours et de Saint-Hilaire de Poitiers, nous ne savons pas quels furent les bénéficiaires des libéralités du roi. En tout cas, elles marquèrent la postérité qui sut s'en souvenir. Elles prouvent aussi l'existence d'un gouvernement central avec des bureaux tenant les registres des biens fiscaux et conservant les doubles des concessions faites aux Églises pour que la machine fiscale puisse continuer à fonctionner. Les biens d'Église restaient juridiquement biens d'État, le clergé n'en était pas propriétaire. Il utilisait leurs revenus, à raison d'un tiers pour le salaire des clercs, un tiers pour l'entretien et la construction des bâtiments, un tiers enfin pour les soins des pauvres et le rachat des captifs. Il faut déduire de ces stipulations que les bases matérielles de l'Église devaient être bien faibles sous le règne de Clovis, au sortir des guerres civiles, pour que les dons du roi aient eu une telle ampleur. N'oublions pas que tous les diocèses du nord et de l'est de la Gaule étaient soit à reconstruire, soit à créer de toutes pièces. Le concile d'Orléans de 511 eut donc une œuvre capitale à accomplir : le réseau des diocèses en Gaule. Là encore, le christianisme allait permettre de rapprocher Gallo-Romains et Francs, par une organisation identique. Les évêques d'origine franque étaient d'ailleurs soumis au droit romain

Après avoir posé de nouvelles bases d'entente entre l'État et l'Église, Clovis voulut parachever sa prise de position catholique en nouant des liens avec le siège de saint Pierre. La chronique officielle des papes, le *Liber pontificalis,* signale qu'arriva à Rome, « en don au bienheureux Pierre, apôtre, une couronne votive ornée de pierres précieuses offerte par le roi des Francs, Clovis, chrétien ». Symmaque (498-514), enfin restauré, et son successeur Hormisdas (514-523) travaillaient à remettre sur pied, après la tourmente et la lente disparition des deux schismes, l'institution pontificale. Avec ce cadeau, symbole de la reconnaissance de la suprématie du pape, l'unité des chrétiens se reformait. Pour Clovis qui faisait alors construire à Paris une basilique dédiée à saint Pierre, cette reconnaissance allait de soi. Sa couronne votive allait désormais être suspendue au-dessus de l'autel de Saint-Pierre du Vatican. Ce véritable ex-voto liturgique portait peut-être le nom de Clovis en lettres attachées au diadème par de petits anneaux, chacune séparément : C.L.O.D.V.V.E.U.M., à l'instar des couronnes votives wisigothiques. Nous avons vu (chapitre XI, p. 301) comment Symmaque avait remercié Dieu de la conversion de Clovis par la dédicace d'une église à saint Martin, l'auteur final de sa conversion, peu de temps après avoir été rétabli dans ses prérogatives. Entre 507 et 511, Clovis répondit à son initiative par cet envoi, nouvel indice de sa foi personnelle (*cf.* document XIV, p. 492).

Une même incertitude chronologique est de mise pour la dernière guerre menée par Clovis contre les Thuringiens à laquelle Grégoire de Tours fait allusion (*H.F.,* III, 7). Étant donné que le mariage de la fille de Théodoric le Grand, Amalaberge, avec le roi Herminafred eut lieu en 511, peut-être y eut-il rupture de la paix et massacre des otages francs par les Thuringiens : « Ils tuèrent plus de deux cents jeunes filles. Ils leur attachèrent les bras sur la tête des chevaux, lesquels, violemment aiguillonnés, s'élançaient de tous côtés et mirent les femmes en lambeaux. D'autres, ayant été étendues sur des ornières de chemins, furent fixées au sol avec des pieux. Ils firent passer sur elles des chariots lourdement chargés, et quand leurs os eurent été brisés, ils les donnèrent en pâture aux chiens et aux oiseaux. » Un tel massacre, destiné à faire disparaître la descendance de ces femmes franques de haut rang, ne pouvait évidemment qu'entretenir le désir de vengeance des Francs à l'égard des Thuringiens, mais nous n'avons aucun détail sur la dernière campagne militaire de Clovis. En tout cas, la frontière du Rhin était toujours menacée, et l'évangélisation des peuples germaniques païens de ces régions était bien loin d'être entamée.

Mort de Clovis

« Après ces événements, il mourut à Paris, fut enseveli dans la basilique des saints apôtres que lui-même avait construite avec la reine Clotilde. Il trépassa dans la cinquième année après la bataille de Vouillé » (*H.F,* II, 43), c'est-à-dire le 27 novembre 511 à l'âge de quarante-cinq ans. Il fut inhumé à côté du tombeau de sainte Geneviève : c'était reconnaître et faire savoir que, à l'instar de la patronne de Paris, le roi des Francs avait été l'homme de l'unité. La procédure était exceptionnelle : d'habitude, les enterrements dits *ad sanctos,* auprès des corps saints, avaient lieu à côté du sarcophage d'un martyr. La dépouille du roi aurait pu être déposée à Saint-Denis. Or Geneviève n'était pas martyre et, de plus, était une femme. Le roi avait voulu honorer celle à qui il devait l'axe général de sa politique et ses pratiques humanitaires envers ses adversaires gallo-romains. Le monument le prouve (*cf.* document XIII, p. 475). Il s'agit d'une basilique à plan rectangulaire précédé à l'ouest par un portique à triple colonnade. Il est peu probable qu'elle ait eu le même plan que l'église de l'empereur à Constantinople. Outre l'imitation romaine, son ornementation est clairement anti-arienne, que ce soit par les peintures reproduisant des modèles bibliques trinitaires comme Abraham, ou des confesseurs, comme Martin, qui s'illustrèrent par leur refus de l'hérésie. Ainsi ce monument, devenu plus tard l'église Sainte-Geneviève, en renfermant dans le chœur le tombeau de la prophétesse qui avait vu clair au milieu des discordes ainsi que celui de l'artisan d'une nouvelle unité, dans la nouvelle capitale d'un nouvel organisme politique, symbolisait-il parfaitement l'œuvre d'une femme et d'un homme qui avaient lutté pour une romanité chrétienne en Gaule.

Ne nous y trompons point, cependant. Cette basilique n'était pas terminée en 511, tout comme le royaume et la société voulus par Clovis étaient inachevés par suite de sa mort inattendue. Les entreprises militaires de ce grand stratège, ses nouveaux échecs devant les actions de Théodoric entre 509 et 511 prouvent que l'arianisme, celui des Burgondes comme celui des Ostrogoths, était vivace. La Méditerranée demeurait hors de portée des Francs. La suprématie appartenait toujours à Théodoric.

La construction de l'édifice politique et social que Clovis entreprit fut marquée par une volonté farouche jusqu'à l'excès d'intégrer les Francs dans la romanité catholique. En unifiant les Francs encore païens, en supprimant leur parentèle dynastique, il voulait à tout prix fonder l'unité. La lutte contre la violence passait par l'élimination de la matrilinéarité et la soumission au droit romain. Cela l'obligea à supprimer la famille large afin de mettre l'État à la place des solidarités lignagères et de fonder une société nouvelle sur la loi du Père. La promulgation de la loi Salique, l'adoption du Bréviaire d'Alaric, la convocation du concile d'Orléans allaient dans le même sens. Dans ces trois cas, même pour les Saliens, Clovis s'inclina devant les lois élaborées par d'autres et les renforça par sa propre autorité. Il fonda de nouveau l'État de droit, même s'il pratiqua l'unité dans la diversité et reconnut à l'Église sa souveraineté dans le domaine spirituel. Dans chaque texte, il trouva les moyens de renforcer l'autonomie de l'État et les droits de chaque peuple tout en refusant une chrétienté constantinienne. Évidemment, l'unité religieuse était pour lui la plus importante : elle lui permettait en particulier de faire disparaître l'arianisme, de condamner les mariages incestueux et de distinguer les laïcs des prêtres.

Les dernières initiatives de Clovis montrent l'importance de sa foi personnelle. Il reconnut la primauté du siège de Pierre par l'envoi d'une couronne votive et le pouvoir prophétique de Geneviève en se faisant enterrer à ses côtés. La mort le surprit au beau milieu de ses chantiers, celui de la basilique comme ceux de l'État, de la société, de l'Église, et surtout de la politique étrangère et militaire. Il allait appartenir aux fils du roi défunt d'éprouver la solidité de ses fondations, de continuer ou non son programme. Mais restait l'héritière de sa pensée, Clotilde, qui allait rappeler ses principes. Car la vie de Clovis est comme encadrée dans le temps : avant, par Geneviève ; après, par Clotilde.

CHAPITRE XIII

Les longues veilles de Clotilde
511-548

« Rappelez-vous ce que Clovis, la tête de vos victoires, a fait, lui qui a tué les rois adverses, lui qui écrasa les peuples malfaisants, conquit leurs patries et qui vous a laissé un royaume entier et intact. Et quand il fit cela, il n'avait pas de l'or et de l'argent comme il y en a maintenant. » Cette apostrophe de Grégoire de Tours (*H.F.,* V, préface) à l'adresse des fils et petits-fils du grand roi résume bien l'œuvre du fondateur. Sa construction avait beau demeurer inachevée, il n'en était pas moins à l'origine des victoires de ses descendants. Il avait voulu un royaume unifié, et ils l'avaient divisé en plusieurs morceaux. Pourtant ses moyens financiers et même humains avaient été limités. Les successeurs ne furent pas à la hauteur du fondateur. Or les acteurs de la conversion, Clotilde et Remi, eux, étaient bien présents. Qu'ont-ils fait ? Ont-ils su transmettre l'héritage ? Dans certains domaines – les partages, les mariages, les successions –, le naturel germanique revint au galop. Dans d'autres, l'expansion fut telle que le royaume des Francs allait se dilater au-delà même du Rhin. À chaque fois, Clotilde fut derrière. Il importe d'éclairer sa position exacte, pour savoir si, jusqu'à sa mort, ses injonctions et ses prières furent efficaces.

Retour aux coutumes germaniques ?

Clovis avait donc voulu que ses fils lui succédassent, sans préciser davantage. Si l'on avait pratiqué la *tanistry* à la manière de Genséric, Thierry, le fils aîné, âgé alors d'au moins vingt et un ans, aurait seul dû recevoir le titre de roi et diriger en laissant successivement le pouvoir à chacun de ses demi-frères, Clodomir, Childebert et Clotaire. Mais c'eût été considéré comme un affront fait à Clotilde que de reléguer au second plan les enfants du mariage officiel au profit du rejeton d'une union antérieure de second rang. La *tanistry* fut donc simultanée. Les principes du partage furent l'égalité – la « balance égale », comme dit Grégoire –, et il y eut deux parts pour chacun, l'une au nord de la Loire, l'autre au sud. Pour Thierry, les choses étaient quasiment faites, en raison du droit de la mère *(Mutterrecht)*, dont nous savons, bien qu'elle soit restée anonyme, que c'était une Franque rhénane. Tout l'ancien royaume de Cologne lui fut donc attribué par héritage. De plus, comme Clovis l'avait chargé en 508 d'occuper Albi, Javols, Rodez, Clermont, ces cités lui appartinrent aussi. Il obtint en outre les territoires de Châlons-sur-Marne et de Reims, ville dont il fit sa capitale, ce qui est révélateur de ses ambitions. Lui qui avait été présent au baptême de 499 prétendait s'emparer de tout ce qui avait fait le prestige de son père. Il était enfin en position de conquérir et de christianiser Francs Rhénans, Alamans, Thuringiens et autres peuples. Clodomir fut le seul à recevoir un royaume d'un seul bloc situé à cheval sur la Loire avec comme siège royal Orléans, ville conciliaire en 533, 541, 549, et également Tours, Bourges, Poitiers et le Limousin. Childebert obtint Paris avec la tombe du fondateur, les cités de la future Normandie avec le Maine, puis, au sud de la Loire, le Bordelais et d'autres cités. Quant au plus jeune, Clotaire, il se retrouva avec le royaume salien primitif – Arras, Saint-Quentin, Amiens et Soissons – ville dont il fit sa capitale, puisque Clovis y avait séjourné avant de choisir définitivement Paris. En Aquitaine, il reçut Périgueux Agen, Bazas. Tel quel, ce partage entrelaçait suffisamment les intérêts pour obliger les frères à s'entendre malgré les grandes ambitions de Thierry qui avait déjà un fils, Théodebert.

Ce retour aux coutumes germaniques matrilinéaires avait des avantages si la succession revenait au dernier frère qui réunifiait tout – c'est ce qui se produisit pour Clotaire, qui fut roi unique de la Gaule de 558 à 561. Encore fallait-il que chacun des frères pût pratiquer un mariage chrétien monogame, comme Clovis et Clotilde, et ne pas avoir d'héritiers. Le simple fait de l'exprimer montre que l'équation était insoluble, surtout si, de surcroît, les rois revenaient aux pratiques anciennes avec une épouse de premier rang et plusieurs autres de second rang. Si nous pouvons considérer que Suavegothe, fille de Sigismond et qui épousa Thierry, et Ultrogothe, qui se maria avec Childebert, vécurent un mariage chrétien unique, il n'en fut pas de même pour Clotaire Ier qui épousa au moins sept femmes, dont deux sœurs, plus la veuve de son frère et celle de son neveu (ce qui lui valut d'être excommunié). Mais, en fait, dans son esprit il s'agissait, conformément à la règle germanique non écrite des unions endogamiques de type incestueux, de maintenir dans la dynastie mérovingienne ces « ventres de souveraineté » qu'étaient les veuves des rois Clodomir († 524 comme nous le verrons) et Thibaud († 555). Ainsi pouvait-il éliminer toute autre descendance de ces veuves, hormis celle issue de sa propre semence, comme le disait le Pseudo-Frédégaire. Les fils de Clovis revenaient donc au système familial primitif. Ils réenclenchaient la mécanique des meurtres d'antan, les fratricides. Comme Gondebaud avec ses frères, Thierry chercha à assassiner Clotaire. « Il le convoque chez lui sous prétexte de traiter d'une affaire secrète. Ayant tendu dans une partie de la maison une tenture d'un mur à l'autre, il ordonna à des hommes armés de se tenir derrière elle. Mais comme cette tenture était trop courte, les pieds des hommes armés apparurent à découvert. S'en étant aperçu, Clotaire pénétra dans la demeure en armes » (*H.F.*, III, 7). La ruse échoua, mais cela ne découragea point Thierry qui tenta de faire de même avec Childebert. Il n'y parvint pas non plus et dut se résoudre à traiter avec lui : ils prêtèrent serment de ne plus s'attaquer et échangèrent des otages de très haut rang pour assurer l'application de l'accord (*H.F.*, III, 15). Ainsi, aucun frère n'avait confiance en l'autre. L'aîné voulait pratiquer la méthode de Clovis, éliminer tous les collatéraux pour que ses fils lui succèdent (Thierry fut seul à y parvenir avec son fils Théodebert). Quant aux cadets, ils préféraient l'ancien système, la succession par le second et les mariages multiples, pour tout concentrer finalement dans leurs mains.

Cette confusion païenne sur les hommes issus de femmes de même famille large démontre que l'une des craintes formulées par Clovis se révéla fondée. Un mérovingien oublié, sorti d'on ne sait quel ventre, Mundéric, voulut ainsi s'emparer du pouvoir royal contre Thierry en se proclamant roi. Ce nom gothique était celui d'un chef wisigoth qui avait vécu au IVe siècle. Avait-il une mère franque mérovingienne et un père tervinge, on l'ignore. Thierry ne contesta pas sa royauté, mais il fit en sorte de le faire assassiner par un émissaire qui lui avait promis la vie sauve. Le danger d'instabilité politique était permanent, car les mentalités germaniques, à peine christianisées, ne pouvaient tolérer le principe patrilinéaire comme mode unique de désignation.

Clotilde fut elle-même en proie à ce dilemme et ne tarda pas à tomber dans les mêmes contradictions. Pour en comprendre la raison, il faut retourner en Burgondie, sa patrie d'origine. Gondebaud, nous l'avons vu, s'était associé, probablement dès 501-502, avec son fils Sigismond, et il le laissa construire une basilique en l'honneur de saint Maurice et de ses légionnaires martyrisés sous Dioclétien en 303-304 dans le Valais, sur le site d'Agaune. Très catholique et très proromain, Sigismond, qui voulait imiter Constantinople et ses usages, fit adopter dans le nouveau sanctuaire la coutume byzantine de la *laus perennis*, la louange perpétuelle : trois équipes de moines se relayaient toutes les huit heures pour chanter la gloire de Dieu. Cette pratique était celle des acémètes, moines constantinopolitains qui, comme leur étymologie grecque l'indique, ne dormaient pas. Ils avaient inventé ce que nous appelons aujourd'hui les « trois huit » : considérant que la prière fait tenir le monde, ils parvenaient ainsi à louer Dieu sans cesse. C'étaient d'ailleurs les plus fermes soutiens de Rome dans la capitale de l'Empire d'Orient. Sigismond savait donc bien ce qu'il faisait, lorsqu'il fit terminer, puis consacrer, le sanctuaire d'Agaune en 515 : il voulait surpasser en romanité et en catholicité les Ostrogoths et les Francs. Gondebaud avait préparé sa succession de manière à éviter les querelles fratricides entre Sigismond et Godomar II. À sa mort en 516, « son fils Sigismond fut élevé [sur le pavois] comme roi », probablement à Carouge, près de Genève. Par là, Gondebaud s'était montré encore plus romain que Clovis, en favorisant une succession unique, et non multiple comme cela venait de se passer en 511 avec les quatre partages francs. Il frayait ainsi la voie à un royaume burgonde catholique, ce qu'il avait pourtant refusé avec obstination.

La force du royaume franc était telle qu'il fallait suivre cette solution. Dès son avènement, Sigismond écrivit à l'empereur Anastase pour solliciter avec déférence le renouvellement en sa faveur de la charge de *magister militum Galliae*, « héréditaire dans la famille royale » (Avit, *ép.* 93 et 94, 78). Il l'obtint, au grand déplaisir de Théodoric le Grand et probablement des fils de Clovis qui, eux, n'avaient pas relevé les titres de leur père. Puis, toujours à l'imitation de Clovis, le roi burgonde réunit un grand concile du royaume à Yenne (en latin *Epao*) aux frontières du Lyonnais et de la Savoie. Saint Avit de Vienne, qui déjà avait consacré la nouvelle cathédrale de Genève (homélie 19), le présida : ce fut son dernier triomphe. Il inaugura cette assemblée de vingt-quatre évêques par une lettre personnelle convoquant ses confrères pour le 15 septembre 517. Aucune allusion n'était faite à une quelconque invitation du roi Sigismond. La liberté des clercs était donc encore plus grande ici que dans le royaume franc. Le concile délibéra seul, sans même avoir à répondre à des questions du roi. Aussi se montra-t-il beaucoup plus sévère que celui d'Orléans à l'égard des hérétiques ariens. Les Gallo-Romains passés à l'arianisme seraient soumis à deux ans de pénitence (c. 29). Les basiliques des ariens ne seraient plus réaffectées au culte catholique, contrairement aux prescriptions du canon 10 d'Orléans, « à l'exception de celles qui auront été enlevées aux nôtres par violence » (c. 38), ce que confirme la *Passion de saint Sigismond* (*cf.* document XXI, p. 564). en dépit de l'existence d'un fort parti romain proburgonde, des tracasseries, sinon des persécutions ouvertes envers les catholiques, eurent certainement lieu. Enfin, le canon 30 de Yenne, qui allait beaucoup plus loin que le 18e d'Orléans dans la répression des mariages incestueux, soulignait l'importance de la succession par les femmes, puisqu'il interdisait d'épouser la veuve de son frère, la sœur de sa femme, sa belle-mère (donc la seconde épouse de son père, *noverca*), sa cousine germaine, la veuve de l'oncle maternel ou paternel, enfin sa belle-fille *(privigna)*. Ces interdictions allaient aussi et même plus loin que celles de la loi Salique. Elles visaient bien des pratiques germaniques. Ce concile d'Yenne attestait la grande indépendance de l'Église catholique burgonde sous la direction d'Avit qui remporta là son dernier succès, puisqu'il mourut en 525, mais en même temps il semble indiquer que les Burgondes ariens n'étaient pas passés dans ses rangs. En effet, au contraire du canon 10 d'Orléans, l'article 34 n'envisageait nullement de procédure de réintégration des ariens ! Il faut en conclure que le peuple burgonde n'avait pas suivi son roi, ce que confirme la *Vie de saint Sigismond* lorsqu'elle signale que le peuple « était incrédule à l'égard de la loi du Christ » lors de son avènement.

Le partage du royaume burgonde

Les démonstrations politiques et religieuses de Sigismond auraient pu mener le roi burgonde à des succès si son conseiller Avit n'était point décédé, après avoir dédicacé la basilique d'Agaune (Avit, homélie 25). Il lui manqua cruellement, lors de son veuvage, puis de son remariage avec une femme probablement catholique, ce qui n'était pas le cas d'Ostrogothe, la fille de Théodoric. Or, du premier mariage, était né un fils, Sigeric, déjà âgé d'une vingtaine d'années. Il pouvait se targuer d'être, par sa mère, l'héritier de Théodoric le Grand, quand ce dernier ne savait pas encore qui lui succéderait. Septuagénaire, le maître de l'Italie se retrouvait en effet avec une fille, Amalasonthe, veuve et mère d'un bébé, Athalaric. Après tout, rien ne l'empêchait de désigner son petit-fils, amale par sa mère, ce qui aurait permis, puisqu'il était probablement arien, d'unir la Burgondie à l'Italie. À peine avait-il pu caresser cette idée que la catastrophe s'abattit sur le royaume burgonde, une fois de plus à cause de l'héritage par les femmes. En effet, la marâtre de Sigéric ne tarda pas à détester cet obstacle mis sur la route du trône pour ses futurs enfants. Elle eut la mauvaise idée de revêtir les habits d'apparat de feu la reine Aréagni un jour de fête, ce que Sigéric lui reprocha amèrement. Elle en prit prétexte pour calomnier le jeune homme auprès de son époux, l'accusant de vouloir la tuer pour s'emparer du royaume et devenir roi de Burgondie puis d'Italie. Sigismond, dont la politique catholique probyzantine était antiostrogothique, tomba dans le piège. « Comme son fils était assoupi par le vin un après-midi, il lui enjoint de dormir. Pendant qu'il dort, on place sous son cou un mouchoir et on l'attache sous le menton ; puis deux esclaves tirant chacun de son côté, il est étranglé. Le soir même, le père, se repentant de ce qu'il avait fait, se mit à pleurer amèrement » (*H.F.*, III.5). Ce crime, provoqué par l'ambition de sa deuxième épouse, était absurde. Il obligeait Théodoric à entrer dans une guerre pour vengeance obligatoire, la faide, contre le royaume burgonde. Or son intérêt n'était pas de détruire un royaume tampon, même s'il avait fait fortifier les garnisons ostrogothiques des bords de la Durance après ses victoires de 509.

Sigismond tenta de parer au plus pressé en faisant épouser la fille de son premier mariage, Suavegothe, par

Thierry. Il renouvelait ainsi l'alliance faite autrefois avec les Francs Rhénans et divisait les frères. Mais son crime avait créé une situation irrémédiable : pouvait-on accepter que régnât un homme qui avait tué son propre fils ? De même que Théodoric, Clotilde considéra qu'une fois de plus la dynastie burgonde s'était disqualifiée et que le royaume était à prendre. Elle eut alors un entretien avec Clodomir et ses autres fils : « Il ne faudrait pas, mes très chers, que je me repente de vous avoir nourris tendrement ; manifestez, je vous prie, de l'indignation pour l'outrage que j'ai subi et vengez la mort de mon père et de ma mère avec une sagace ténacité. » Voici enfin venue l'occasion pour la reine de venger la mort de Chilpéric II et de sa mère (*cf.* chap. VIII, p. 230) et de pratiquer la faide comme le roi des Ostrogoths. Malgré leur foi chrétienne, Clotilde et surtout Clodomir dont seul le royaume était limitrophe de celui des Burgondes, entendaient accomplir cet acte de piété filiale dans la tradition germanique. Thierry, lui, n'avait pas à y participer puisque sa mère n'était pas Clotilde et qu'il avait épousé la fille de Sigismond. Des négociations eurent alors lieu entre les Francs et les Ostrogoths pour entrer en guerre contre les Burgondes, puisqu'ils avaient le même but, la faide. Méfiant, Clodomir exigea qu'outre le partage en deux du royaume entre les vainqueurs, une amende de composition, un *wergeld*, fut prévue pour le cas où l'une des deux armées ne participerait pas aux combats. Effectivement, comme le montre Procope (document XVIII, p. 536), Théodoric était partagé entre deux impératifs contradictoires : venger sa famille afin de ne pas trahir ses congénères germaniques et protéger un royaume qui lui servait de glacis. Il sut trouver une cote mal taillée. Le duc Tuluin, auquel il confia l'expédition, reçut l'ordre de marcher lentement, et de n'accélérer qu'au cas où il apprendrait que les Francs étaient victorieux. Ce double jeu lui rapporta gros. Les Francs ayant effectivement écrasé les Burgondes au terme d'un combat très difficile, reprochèrent leur retard aux Ostrogoths. Ceux-ci prétextèrent les obstacles des routes de montagne et finirent par payer le montant de l'amende de composition. Le royaume burgonde fut partagé, et ils acquirent ainsi, sans un seul soldat tué ou blessé, la moitié du territoire qui, en 523, restait au roi Godomar II, lequel en effet, avait été repoussé dans la partie méridionale du royaume, où il fut proclamé roi, entre l'Isère et la Durance. Pour faire partir l'armée de Tuluin, il ne lui restait plus qu'à donner à Théodoric la moitié de ce qui lui restait, environ cinq cités situées au sud de la Drôme. Puis, sa vengeance étant accomplie et sa sécurité assurée, Théodoric se désintéressa de la question.

Mais les Burgondes se mirent alors dans une situation intenable. Une fois vaincus, non seulement ils avaient détrôné leur roi Sigismond, selon la vieille pratique germanique signalée par Ammien Marcellin (*cf.* chapitre II, p. 51) pour le remplacer par Godomar, mais, de plus, ils firent prisonnier le malheureux roi catholique, réfugié à Saint-Maurice d'Agaune. « Il fut livré aux Francs par les Burgondes et conduit en Francie en habit monastique » (Marius d'Avenches, a. 523, p. 235). On mesure ici le risque qu'avait pris Clovis en abandonnant les dieux de ses pères. Les révoltés burgondes, certainement des païens et des ariens, mécontents de voir leur roi se faire ermite près de son sanctuaire préféré à Verrossaz, et donc renoncer au pouvoir royal en recevant la tonsure, accomplirent la faide eux-mêmes. Ils firent conduire leur ancien souverain avec son épouse et ses deux très jeunes fils auprès de Clodomir. Ils l'avaient littéralement sacrifié à la vengeance des dieux.

Clodomir, lui, en acceptant de pratiquer la vengeance de sa mère, se mettait en contradiction avec la foi chrétienne. L'abbé de Saint-Mesmin de Micy, près d'Orléans (lequel, comme par hasard, s'appellait Avit et se trouvait être un parent d'Avit de Vienne), ne se fit point faute de le prévenir et de lui prédire que la faide allait se retourner contre lui. C'était un retour à la mentalité païenne. Cela n'empêcha pas le roi d'accomplir ce qu'il considérait comme un acte de piété filiale : il fit assassiner Sigismond, sa femme et ses enfants, et ordonna de jeter leurs corps dans un puits, exactement comme on avait fait jadis avec la mère de Clotilde. Le crime eut lieu à Saint-Péravy-la-Colombe, près d'Orléans, au lieu-dit actuellement Saint-Sigismond. Car sa dépouille, rapportée trois ans plus tard à Saint-Maurice d'Agaune, devint rapidement l'objet d'un culte, probablement à cause du fait qu'il avait été trahi par les Burgondes ariens. Sigismond apparaît ainsi comme le premier roi catholique martyr. Néanmoins, la faide conjointe de Théodoric et de Clotilde fut rapidement oubliée.

Clotilde, Clotaire et Childebert

Les Burgondes ariens, eux, eurent la mémoire moins courte. En effet, Clodomir était parvenu à convaincre Thierry de le suivre, puisque son alliance avec Sigismond n'avait plus de raison d'être. Ils se liguèrent alors contre Godomar, à présent roi unique, et une nouvelle bataille eut lieu à la limite septentrionale de son royaume, à Vézeronce, le 21 juin 524. Au cours des combats, Clodomir, trompé par des adversaires qu'il poursuivait, fut tué. On lui trancha la tête qui, conformément à loi Salique, fut plantée, en signe d'accomplissement de la faide, au sommet d'une lance (loi Salique, 41, 11 : *si inimicus caput hominis in palo miserit...*). Cette nouvelle catastrophe permit à Godomar de récupérer son royaume pour dix ans, tandis que Clotilde, dont la vengeance s'était retournée contre elle-même, « sitôt les jours de deuil passés », accueillit et garda auprès d'elle les trois fils de Clodomir, Théodoald, Gonthier et Cloud.

L'attitude de ses fils, en particulier de Clotaire, qui épousa sa belle-sœur, la veuve de Clodomir, aurait dû alerter la reine. Prise entre les vieux comportements germaniques et la volonté de Clovis qui avait désiré que les fils succédassent au père, elle ne sentit pas monter le nouvel orage. La cause en était toujours la même : qui obtiendrait l'héritage de Clodomir, ses fils ou ses frères ? La *tanistry* allait lui porter, après la faide, un coup terrible. Comme elle résidait toujours à Paris, Childebert, craignant qu'elle ne mît sur le trône les fils de Clodomir, fit venir Clotaire dans la capitale pour mettre au point leur tactique. Considérant qu'il était normal de se partager le royaume de Clodomir, ils décidèrent de faire soit tondre soit tuer leurs neveux. La première solution ne leur plaisait pas, car, quelle que fût la technique utilisée – rasage complet de la tête ou scalp arrachant la peau –, l'ornement capillaire finissait toujours par repousser. Pour faire aboutir la seconde, ils eurent alors recours au petit-fils de Sidoine Apollinaire, Arcadius, leur fidèle serviteur. Il se présenta devant la reine avec une paire de forces (ciseaux de l'époque) et une épée nue. « C'est à ta volonté, ô très glorieuse reine, que tes fils, nos seigneurs, font appel. Que penses-tu qu'il faut faire des enfants ? Donnes-tu l'ordre de les laisser vivre avec les cheveux coupés ou de les égorger tous les deux ? » De prime abord, la question était stupéfiante. Voilà deux grands dadais de fils, âgés respectivement d'au moins vingt-cinq et vingt-trois ans, majeurs et rois en exercice, qui viennent demander à leur mère l'autorisation de massacrer ses propres petits-fils ! Pourquoi ne le font-ils pas eux-mêmes ? En fait, Thierry étant absent, ils s'adressent à leur mère à laquelle ils reconnaissent une autorité naturelle de chef de la lignée, le *Mutterrecht,* le droit de la mère, devant trancher, selon la coutume non écrite. La structure matrilinéaire germanique implique la succession par les fils de la mère avant les fils d'une bru, bru qui est déjà aux mains de Clotaire. La malheureuse Clotilde est prise au piège. Personne ne comprendrait qu'elle choisisse les ciseaux, car ce serait pour les Francs continuer à faire planer sur ses fils la menace de la guerre civile. L'intérêt du royaume nécessite pour eux la succession collatérale, la vieille *tanistry.* Le « ventre de souveraineté » ne peut se nier lui-même. « Terrifiée par la nouvelle, outrée de rancœur, surtout lorsqu'elle vit l'épée hors du fourreau et les ciseaux, elle se laissa gagner par l'amertume ; ignorant, dans sa douleur, ce qu'elle disait, elle répondit simplement : "Je préfère, s'ils n'accèdent pas au royaume, les voir morts que tondus." » C'était ce qu'on attendait d'elle : la confirmation de la loi. Clotaire tua alors Théodoald d'un coup de couteau dans l'aisselle. Il avait dix ans. Gonthier, lui, se précipita aux pieds de Childebert qui, pleurant, allait céder lorsque Clotaire lui fit remarquer qu'il avait lui-même pris l'initiative de l'entreprise ; il jeta l'enfant contre son frère qui l'égorgea. Il avait sept ans. Quant à Cloud, il parvint à s'échapper et mourut moine à Nogent, lieu qui prit ensuite son nom : Saint-Cloud. Clotilde emporta les deux petits corps sur un brancard et les fit enterrer aux côtés de son époux et de sainte Geneviève dans l'église Saint-Pierre (*H.F.,* III, 18).

La « conversion » et la mort de Clotilde

Brisée par ces deux terribles coups, qui l'avaient littéralement ramenée aux temps immémoriaux de la vengeance sacrée et de la toute-puissance matriarcale, Clotilde, alors, se convertit au sens monastique du terme, c'est-à-dire qu'elle rencontra enfin Dieu dans la relation de la prière. Ce fut dans ces années-là qu'elle fit rédiger la *Vie de sainte Geneviève,* puisqu'elle intervint à Tours où elle fit installer successivement sur le siège épiscopal de la ville deux prêtres catholiques qui l'avaient suivie, les Burgondes Théodore et Procule. Vers 534, comme une nouvelle querelle éclatait entre Childebert et Clotaire (*H.F.*, III, 28), Clotilde « se rendit au sépulcre du bienheureux Martin, puis elle s'y prosterna en oraison et veilla toute la nuit en priant pour qu'une guerre ne se déchaînât point entre ses fils ». Pour Grégoire, la tempête qui dispersa les combattants ne peut être interprétée que grâce à une intervention miraculeuse de Martin par l'intermédiaire de Clotilde. « Assidue à faire l'aumône, passant les nuits en veilles, elle se montra pure, toujours chaste et honnête. Elle pourvut les églises, les monastères et les lieux saints des biens qui leur étaient nécessaires. Elle les distribuait avec largesse et empressement, en sorte qu'elle était considérée non comme une reine mais comme une servante de Dieu. [...] Ni la royauté de ses fils, ni l'ambition du siècle, ni ses richesses ne l'ont entraînée à la ruine, mais son humilité l'a élevée à la grâce. » Fidèle aux récits des moines tourangeaux, Grégoire montre bien le changement radical qui eut lieu dans la vie de Clotilde durant les quatorze dernières années de sa vie à Saint-Martin. La pauvreté en esprit et le mépris du monde sont ici les caractéristiques de la conversion au sens où l'entendait la spiritualité du temps. Décidément, ce monde qu'elle avait voulu chrétien ne l'était pas encore, et rien n'était de trop pour l'amener à une transformation profonde.

Remi, témoin d'un autre âge

Le même genre de réflexions devait traverser l'esprit d'un autre acteur du baptême de Clovis, Remi. Le vieux métropolitain a laissé deux lettres écrites en 512, l'une aux évêques de Paris, Sens et Auxerre, l'autre à Falcon de Tongres (*cf.* document XI, p. 454), qui nous éclairent sur sa conception politique du royaume des Francs. Écœurés par ses cinquante-trois ans d'épiscopat, ses contradicteurs le traitaient de vieux « jubilaire » et lui reprochaient d'avoir ordonné prêtre un laïc dénommé Claude qui devait se révéler un simple sacrilège. Ces évêques estimaient que cette ordination n'aurait pas dû être faite par Remi. En cela, ils étaient partisans, comme tous les gélasiens, de l'indépendance de l'Église en matière spirituelle, conformément à ce qui avait été défini au concile d'Orléans de 511. Mais Remi n'en avait eu cure. Clovis l'a décidé, et Remi avait obéi, puisque « le responsable des régions, le gardien de la patrie, le triomphateur des peuples païens l'a ordonné ». À lire de tels propos, on comprend l'admiration profonde du vieux partisan de l'Empire romain chrétien qu'était Remi. À plus de soixante-quinze ans, il ne renierait rien. Il considérait qu'il devait s'incliner devant le roi, comme autrefois les évêques devant Constantin. L'Église était soumise à l'État, et c'est pourquoi il avait ordonné sans sourciller un inconnu. Or les évêques qui protestaient en s'appuyant sur les canons d'Orléans avaient juridiquement raison. Le lecteur comprend maintenant l'absence de Remi à ce concile : il n'était pas d'accord avec ces blancs-becs se prévalant d'une doctrine nouvelle et récente, celle du pape Gélase (492-496), qui prétendait que l'empereur devait se soumettre à l'Église sur le plan spirituel. Véritable bloc erratique au milieu de la jeune Église des Gaules, Remi n'était plus compris ni suivi par ses contemporains. Témoin d'un autre âge, il montrait ainsi quel rêve avait présidé au baptême de Clovis : tout reconstituer comme si rien n'avait été détruit. Mais quelque chose de neuf venait de naître. Son enfant lui avait échappé, et il était seul dans sa fureur. Le fait que la chancellerie de Thierry ait conservé ce document prouve combien les innovations de Clovis paraissaient dangereuses aux évêques, mais avantageuses à ses successeurs. Le premier fils voulait maintenir ces nominations.

La deuxième lettre le montre encore mieux (document XII, p. 462). Au cours du partage des royaumes entre Thierry et Clotaire, un nouvel évêque, Falcon, fut nommé pour la cité de Tongres-Maastricht, diocèse abandonné depuis longtemps. Il ne tarda pas à subtiliser un territoire du diocèse de Reims, Mouzon. Les nécessités de l'évangélisation expliquent peut-être son comportement, mais Remi, lui, ne toléra pas les entorses au droit romain et aux canons conciliaires commises par son confrère : il dégrada les clercs ordonnés par l'ignorant et les ramena à l'état laïc. Certes, tout prouve que les institutions romaines, notamment fiscales, étaient toujours en place. Rien n'avait changé, et Remi le rappelait avec force. Mais, en même temps, la pratique germanique du partage du royaume introduisait le trouble et brisait l'unité de l'Église. Et cela, Remi n'osait le dire, bien qu'il rêvât des temps unificateurs de Clovis. Il avait « le cœur serré [...] d'être méprisé ».

Cette impression que les temps heureux étaient passés n'empêcha point Remi de préparer soigneusement et humblement sa mort. Son testament (*cf.* document XV, p. 498) est parfaitement conforme à la tradition juridique romaine. En homme qui a connu l'Empire romain, Remi reste un vivant exemple de pérennité. Ses legs à sa famille, à l'Église de Reims et à celle de Laon, territoire qui l'a vu naître, prouvent sa richesse personnelle tant en numéraire qu'en biens fonciers. Quand il affranchit une centaine d'esclaves – seulement, car il en possédait bien plus –, il se conforme à une loi romaine du temps d'Auguste. Propriétaire foncier, il cultive lui-même ses vignes, notamment celles qu'il a plantées à Vendresse. Mais cet évêque qui s'occupe des pauvres inscrits sur la matricule ne tient pas compte des interdictions récentes d'ordonner des diaconesses, puisqu'il a gardé Hilaria auprès de lui. Conservateur et non conformiste, fidèle de Clovis, il est l'homme d'une Église paléochrétienne d'avant l'officialisation de 313 et 392. Son désir de se faire inhumer à Reims, hors les murs, dans une petite basilique dédiée à des martyrs locaux, Timothée et Apollinaire, le prouve. Pour lui, seule la proximité des corps saints est salvatrice. Il raisonne en fonction de ce qu'il a fait toute sa vie : témoigner pour la foi, comme tous les martyrs. Il n'a pas conscience d'avoir fondé une nouvelle Église, un nouveau royaume, car il regarde continuellement vers ce qui a été son idéal de jeunesse.

Les contemporains en jugèrent autrement. Lorsqu'il mourut à plus de quatre-vingt-seize ans, le 13 janvier 533, ils refusèrent d'accomplir ses dernières volontés concernant sa sépulture, et il fut enseveli dans une église sans reliques, Saint-Christophe, où se trouvait un autel dédié à sainte Geneviève. La symbolique était évidente. Remi était l'homme du baptême de Clovis, tout autant que la diaconesse parisienne. Tous deux étaient des saints des nouveaux temps chrétiens. La génération des fils de Clovis avait donc parfaitement perçu la nouveauté considérable du culte du confesseur Remi. L'église ne tarda d'ailleurs pas à changer de patron : elle devint plus tard la basilique Saint-Remi. Les dernières volontés de l'évêque avaient été tournées parce qu'elles constituaient la preuve même de sa sainteté. Bientôt la vénération envers Remi ne fit que croître. Nizier de Trèves le signale en 565 (document XVII, p. 524, l. 223) et Grégoire de Tours (*H.F.*, VIII, 21) montre que, de son temps, la fête du métropolitain de Reims avait été déplacée au 1er octobre. Une translation du corps avait eu lieu à l'occasion de la construction d'une crypte dans la basilique, et le sarcophage y avait été déposé, ce qui permettait aux pèlerins de circuler autour du corps vénéré en entrant par un escalier et en sortant par un autre. De plus, le 1er octobre tombant après les vendanges, cette date permettait un grand rassemblement de foule. Le souvenir et la mémoire collective étaient ainsi cultivés. L'alliance entre le baptiseur et le fondateur était sans cesse rappelée : l'âme communautaire pouvait se forger en ce lieu de mémoire. Le corps de Remi allait devenir le pôle de fixation du royaume. Bien qu'il ait connu depuis de nombreuses péripéties, il est toujours présent aujourd'hui dans sa châsse de la basilique romane.

L'écroulement du rêve de Théodoric

En dépit d'une christianisation incomplète et de ses effets pervers, l'élan impulsé par Clovis ne pouvait plus s'arrêter. En 531, Thierry, avec son fils Théodebert et son frère Clotaire, essaya d'achever la conquête de la Thuringe que Clovis avait vainement attaquée en 511. D'effroyables combats eurent lieu, terminés par des massacres impitoyables. Les deux rois thuringiens, Berthier et Herminafred, furent le premier tué, l'autre précipité du haut des murs de Tolbiac par Thierry. Baderic ayant été tué en 516, la progéniture de Berthier fut tirée au sort entre les deux rois mérovingiens. Elle échut à Clotaire qui fit assassiner le fils et se précipita sur la fille, Radegonde, qu'il épousa de force dès qu'elle fut nubile. Là encore, aucun héritier ne pouvait réclamer le royaume de Thuringe. Un éventuel fils de Clotaire et de Radegonde pouvait toujours l'obtenir légalement puisque, comme on l'a déjà souligné, les Thuringiens étaient beaucoup plus proches des origines nordiques que les autres Germaniques. La succession matrilinéaire était la règle. Radegonde parvint néanmoins à échapper à sa destinée de « ventre de souveraineté ». Devenue moniale, elle confia au poète Fortunat ses souvenirs de petite fille épouvantée par les scènes horribles qu'elle avait vues. « La matrone, les mains enchaînées, est enlevée, les cheveux coupés, sans avoir pu dire un triste adieu aux divinités de son foyer. Il est interdit au prisonnier de coller ses lèvres sur le seuil de sa maison, ni même de tourner les yeux vers les lieux qu'il ne peut revoir. L'épouse marcha pieds nus dans le sang de son mari, et la sœur caressante enjamba le cadavre de son frère. » La Thuringe fut complètement dépeuplée. Une partie fut repeuplée par des Francs ; elle s'appelle aujourd'hui la Franconie. Il en résulta un nouveau bouleversement en Europe. La nature ayant horreur du vide, ce fut à ce moment que se déclenchèrent les déplacements des tribus slaves, qui passèrent la Vistule pour atteindre l'Elbe.

On peut s'étonner que Théodoric le Grand, qui avait donné en mariage sa petite-fille Amalaberge au roi

Herminafred, ne soit pas intervenu pour secourir une pièce maîtresse de son dispositif d'encerclement des Francs. Mais il était mort le 30 août 526, âgé de plus de soixante-quinze ans, taraudé par une méfiance invincible qui lui avait fait commettre de nouvelles fautes. Persuadé de l'existence d'un complot mené par le patrice Boèce, le célèbre philosophe et maître des offices – alors que ce dernier détestait le parti sénatorial catholique proostrogoth –, il le fit décapiter à Pavie en 524. Puis, furieux des mesures d'interdiction de l'arianisme prises par l'empereur Justin (et qui, par conséquent, devaient être appliquées en Italie), il somma le pape Jean Ier d'aller réclamer à Constantinople leur abrogation. Mécontent de l'issue de l'ambassade, il le fit mourir en prison à son retour et fit nommer un nouveau pape qui, cette fois-ci, lui serait docile. Ajoutons, pour faire bonne mesure, que le roi des Vandales, Hildéric, toujours hostile aux Ostrogoths, avait fait assassiner l'épouse de son prédécesseur, Amalafrède, la sœur de Théodoric. Tout le savant édifice du maître de l'Italie s'effondrait, d'autant plus que son petit-fils Athalaric arrivait sur le trône âgé d'à peine dix ans, sous la direction de sa mère Amalasonthe. À partir de ce moment, les Ostrogoths trouvèrent normal, contrairement à la volonté de feu Théodoric, que les collatéraux les plus âgés comme Théodahat parvinssent au trône, qu'il occupa de 534 à 536. On était revenu à l'instabilité. Ainsi débuta le commencement de la fin pour le royaume ostrogoth d'Italie. L'hostilité de l'Empire romain, allumée une première fois en 507, se déclencha de nouveau en 533 contre l'Afrique vandale qui s'effondra, puis en 535 contre la Sicile. Justinien commençait la reconquête de l'Occident au profit de l'Orient romain, plus puissant que jamais.

La fin définitive de la Gaule romaine

Les fils de Clovis comprirent immédiatement le parti à tirer de cette répétition de l'erreur de Théodoric à l'égard de l'Empire. En 534, Clotaire, Childebert et Théodebert (sans Thierry qui matait l'Auvergne révoltée) entrèrent en Burgondie. Ils prirent Autun, puis mirent en fuite Godomar qui disparut on ne sait où. Le royaume fut alors partagé entre les trois vainqueurs. La vengeance de Clotilde était ainsi définitivement accomplie puisque le combat cessait faute de combattants. Plus encore, profitant de la guerre entre l'empereur et les Ostrogoths alors dirigés par le roi Vitigès, les Francs négocièrent leur neutralité. En échange, ils obtinrent la souveraineté au nord des Alpes, y compris sur les Alamans, et surtout le territoire de la Provence. Enfin, les frères se partagèrent les cités provençales. Justinien confirma cette cession en 540. Constantinople avait tiré un trait définitif sur la Gaule romaine. Pour la première fois, le royaume des Francs atteignit les rives de la Méditerranée. L'équilibre de l'ancien Occident romain était complètement bouleversé au profit des héritiers de Clovis. Territorialement parlant, la construction du royaume était presque achevée. La politique de Clovis avait été continuée selon les mêmes principes : mettre à profit les erreurs de l'adversaire.

Le lecteur aura remarqué que ces succès furent obtenus grâce à l'alliance des trois frères. Que ce soit après la conquête de la Thuringe, de la Burgondie ou même après l'assassinat d'Amalasonthe, leur nièce, par Théodebert, à chaque fois leur jalousie mutuelle faillit tourner au meurtre. Il semble que les guerres civiles aient été bloquées par l'intervention de Clotilde, en particulier en 534.

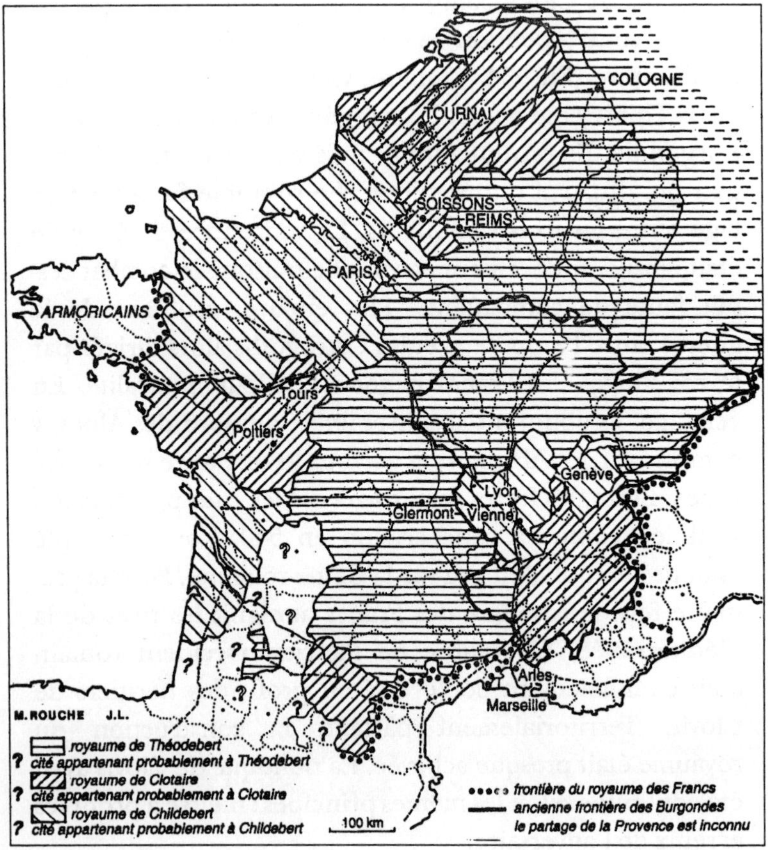

Carte 16. *La Gaule à la mort de Clotilde (548)*

La conquête est terminée, les Burgondes ont disparu, mais les partages entre les fils morcellent complètement la Gaule, en une douzaine d'enclaves au minimum.

Jusqu'au bout, la reine parvint à maintenir l'équilibre. Lorsque ses derniers jours survinrent, les trois royaumes étaient aux mains, l'un de Théodebert puis de Thibaud (la future Austrasie), l'autre de Childebert le Bassin parisien (ou future Neustrie), le dernier de Clotaire (l'ancien royaume Salien) (*cf.* carte 16, p. 370). Ce ne fut qu'entre 555 et 558 que celui-ci, le plus jeune, recueillit logiquement l'héritage de ses frères et réunifia tout le royaume, mais pour trois ans seulement. Ainsi s'explique que, plus tard, Clotaire Ier ait été mis sur le même plan que Clovis. On l'a vu, Charlemagne devait appeler d'ailleurs ses fils jumeaux nés en 778 Clovis et Clotaire. Quelle que fût la grandeur du royaume des Francs, le principe de l'héritage collatéral n'en avait pas moins triomphé.

Celle qui avait empêché vaille que vaille la désintégration de l'œuvre de son époux mourut le 3 juin 548 à Saint-Martin de Tours. « Chargée d'ans [elle avait effectivement environ soixante-seize ans] et riche de bonnes œuvres, elle mourut dans la ville de Tours à l'époque de l'évêque Injuriosus. Elle fut ramenée à Paris avec un grand cortège de chants des Psaumes. Elle fut inhumée dans le *sacrarium* de la basilique Saint-Pierre aux côtés du roi Clovis par ses fils Childebert et Clotaire. » En effet, « elle avait fait construire cette basilique où la très bienheureuse Geneviève avait été enterrée » (*H.F.*, IV, 1). Tours se souvint longtemps de sa piété et de sa bonté. Elle a probablement introduit à Saint-Martin le culte de saint Germain d'Auxerre dont nous avons vu (chapitre IV, p. 116) qu'il avait contribué à la pacification des esprits lors de la crise de l'Empire, ainsi que celui des martyrs de Saint-Maurice d'Agaune, en liaison ici avec la mort de son neveu Sigismond, mort qui pour elle n'était point sans remords. Enfin, elle confirma très certainement les donations de biens fiscaux opérées par elle-même et par son époux. L'Église de Tours put ainsi jouir par la suite d'un important patrimoine foncier exempt d'impôts. Quant à la basilique Saints-Pierre-et-Paul, qui prit le nom de Sainte-Geneviève à l'époque carolingienne, elle renfermait désormais, auprès du corps de celle qui avait été la maîtresse de Paris avant de donner sa ville à Clovis, le couple des époux fondateurs, des deux petits-fils, sans compter celui de leur fille Clotilde morte en 531. Le mot *sacrarium*, semble désigner une salle annexe près du chœur de l'église. Au cours des âges, il semble que, malgré les ravages des Vikings en 887, l'église Sainte-Geneviève, reconstruite au XIIe siècle, ait conservé les tombes intactes, puisqu'on éleva un gisant au-dessus du tombeau de Clovis au XIIIe siècle. Lors de la profanation du sanctuaire en 1793, puis de sa démolition en 1801-1807, seule la nef fut fouillée. Des sarcophages postérieurs à 530-540 furent découverts et l'on s'arrêta là, faute de pouvoir continuer : la trop grande profondeur de la crypte romane s'y opposait. À l'heure actuelle, les tombes royales nous sont toujours inconnues. Peut-être ont-elles disparu, peut-être sont-elles encore sous le sol de la rue Clovis…

À Ravenne, les mausolées de Galla Placidia et de Théodoric le Grand sont vides. Serait-ce le sort des fondateurs et des grands acteurs de l'histoire que d'être victimes d'une *damnatio memoriae* (condamnation par la mémoire collective), de se trouver expulsés de nos souvenirs ? Si tel était le but des Érostrate révolutionnaires, c'est un échec. Un peuple ne peut vivre sans mémoire.

*

* *

« Rappelez-vous », disait Grégoire de Tours. Les grands protagonistes du baptême de Clovis ont veillé, Clotilde surtout, à sauvegarder l'héritage du fondateur, au contraire des fils qui, eux, n'avaient guère compris les intentions de leur père. Faute d'une règle de succession patrilinéaire précise, et malgré la loi Salique qui interdisait aux femmes d'hériter de la terre clanique d'origine, règle d'ailleurs abolie par Childebert II, l'unité du royaume fut brisée, et la règle de succession collatérale sous l'égide de la mère l'emporta jusqu'à la fin du IXe siècle. La mort d'Avit en 525 laissa libre cours aux vieux réflexes de la civilisation germanique. Sigismond, à force de surenchérir en matière de romanité catholique, se fit renverser par des Burgondes ariens intraitables. La suppression physique du rival et la faide franco-ostrogothique eurent raison de son royaume. Parricide, fratricide, vengeance obligatoire, tout cela se retourna ensuite contre Clotilde qui dut accepter de donner l'ordre de tuer ses propres petits-fils. On mesure à quel point le règne de Clovis avait été une parenthèse interrompant le mouvement séculaire des parentèles germaniques obsédées par leur survie. Clotilde s'arc-bouta alors contre les coutumes ancestrales. Elle chercha à empêcher les guerres civiles. Ses longues veilles à Saint-Martin attestent son désir de maintenir ses fils dans une perspective chrétienne de l'exercice du pouvoir. La mort de Théodoric en 526, victime lui aussi des vieux démons ariens, permit aux Francs de s'avancer jusqu'aux rives de la Méditerranée. La mort de Remi en 533 permit à Thierry de faire de Reims le centre du culte de l'apôtre des Francs, même si ces derniers n'étaient pas encore évangélisés. Chacun des héritiers tirait la couverture à soi, tandis que les vieux du temps de Clovis maintenaient de leur mieux la politique du fondateur. Lorsque mourut Clotilde, l'irréparable avait été évité. Trois lieux saints incarnaient le souvenir du fondateur : Tours avec l'antiarianisme, Reims avec le baptême, Paris avec sa prophétesse visionnaire et sa reine intrépide. Ces dernières avaient, en de longues veilles nocturnes, utilisé l'arme des faibles, la prière. « Agis virilement », avait dit Germain à Geneviève.

Leur rêve s'était matérialisé, leur volonté l'avait maintenu. La rationalité d'un Théodoric s'était brisée sur la folie de ces femmes. Après leur mort, Marius d'Avenches et Grégoire de Tours appellèrent *Francia* non plus seulement la rive gauche du Rhin, peuplée de Francs, mais aussi le Bassin parisien, peuplé de Gallo-Romains. De là vient le nom d'Île-de-France, entre Oise, Seine et Marne, et même jusqu'à la Loire parfois. Bref, cette nouvelle notion territoriale coïncida avec le choix de Clovis, Paris. Malgré le ressac des fils, l'héritage du père demeurait agrandi. Les fondations, même si l'édifice était à peine sorti de terre, n'avaient pas vacillé.

Conclusion

« Lorsque Clovis eut reçu d'Anastase la dignité et les insignes consulaires, [...] sa position se trouva grandie. La dynastie mérovingienne se trouvait rattachée à l'Empire romain. Il s'en fallait encore de beaucoup que la France fût fondée et sûre de son destin » (Jacques Bainville, *Histoire de France,* t. I, Paris, 1933, p 22-23). Le général de Gaulle, qui avait certainement lu ces lignes, avait une autre opinion : « Reims, ces lieux où Clovis a été baptisé, où l'on peut dire que la France aussi a été baptisée » (Alain Peyrefitte, *C'était de Gaulle,* Paris, 1994, p. 154 [mots prononcés en 1962 avant la rencontre avec Konrad Adenauer]). Ces deux points de vue, l'un d'un historien, l'autre d'un acteur de l'Histoire, montrent combien la vérité du passé est difficile à transmettre. Pour le premier, la France était encore à naître, pour le second, le baptême était une naissance.

Tout cela n'est que la projection sur le ᴠᵉ siècle de l'idée de nation, idée et réalité réellement nées au ᴢɪᴢᵉ siècle sous l'impact de la Révolution française. Les contemporains de Clovis ne pensaient pas en termes de nation. Ils disaient *Res publica,* l'Empire romain, que sa capitale fût à Rome, à Ravenne ou à Constantinople. Les citoyens y avaient en partage un idéal et un mode de vie urbain qui faisaient d'eux des privilégiés face aux esclaves et aux Barbares. Quant à l'appartenance à Rome, elle était marquée en Gaule par deux termes, les *provinciales,* citoyens vivant dans les provinces, et les *gentiles,* soldats « romains » d'origine germanique. Plus tard, avec le régime de la personnalité des lois instauré par Clovis, chaque sujet, lorsqu'il était interrogé en justice, déclarait être *natione Francus* ou *natione Romanus,* c'est-à-dire « né sous le régime de la loi franque » ou « né sous le régime de la loi romaine ». Un Rhénan ou un Burgonde, bien que né sous le régime de sa loi, en devenant clerc de l'Église, passait automatiquement sous le régime du droit romain. Il n'y avait donc ni droit du sol, ni droit héréditaire. La notion de nation était inconnue.

En revanche, les Romains pensaient en termes d'*orbis romanus,* c'est-à-dire de monde romain. *Orbis* désignait même la terre entière, le disque, nous dirions aujourd'hui le globe terrestre. Ils niaient l'existence des autres civilisations qu'elles fussent iranienne, indienne ou chinoise, sans compter, il va sans dire, le monde des forêts et des steppes. Cette idée d'universalité fut renforcée par l'Église qui lui juxtaposa celle de l'*orbis christianus,* la Terre entière chrétienne – il en reste quelque chose aujourd'hui, dans la bénédiction pontificale *Urbi et Orbi* à la Ville (Rome) à la planète Terre. Les Grecs avaient été à l'origine de ce vocabulaire, avec les termes d'*oïkoumenè* (la terre habitée), dont nous avons tiré œcuménique et de *catholicos,* qui signifie répandu en entier, total, universel. Utilisé dès saint Ignace d'Antioche au Ier siècle, le mot catholique se généralise à l'époque de Constantin et de Théodose pour désigner tous les fidèles qui adhèrent à la forme de foi proposée par l'Église de Rome. Il s'agissait de dépasser les Églises locales,

les schismes et les hérésies, sources de division, et tous les particularismes ethniques.

Or les Germaniques, et particulièrement ceux de l'Est, entrèrent dans l'Empire romain pour s'y créer une *patria*, une terre qui fût celle de leurs pères, puisque leurs migrations les avaient déracinés, et l'arianisme renforça leur particularisme. Les Barbares furent donc perçus d'abord comme des briseurs d'unité. Les sept pouvoirs politiques qui se partagèrent la Gaule entre 406 et 456 furent combattus par Constance, Aetius et Galla Placidia de manière à maintenir l'unité de l'Occident romain. En choisissant les Germaniques contre les Huns, le pouvoir politique romain a sauvé l'idée de la romanité chrétienne face à un autre empire, celui des steppes, despotique lui, puisqu'il pratiquait la soumission et la domination des peuples vaincus. Mais la victoire des champs Catalauniques en 451 libéra un autre mode de pouvoir, celui des royaumes ariens, d'abord les Wisigoths, puis surtout les Ostrogoths. L'internationale arienne proposa alors une autre formule d'unité, une romanité d'apparence, une imitation des formes extérieures de l'Empire, qui reposait en réalité sur les solidarités lignagères germaniques des mariages croisés. De plus, contrairement aux habitudes romaines d'assimilation progressive des non-Romains, elle maintenait la ségrégation entre les populations. La *lex gothica* était le poison de l'État *(Res publica)*, remarquait Paul Orose.

Mais les Gallo-Romains contribuèrent eux-mêmes à cette division. Crise démographique, pression fiscale excessive, refus de l'armée ont préparé le terrain à la prise du pouvoir par ceux-là mêmes qui devaient sauver Rome, les *gentiles*, les auxiliaires germaniques, puis les armées tribales, véritables légions étrangères avant la lettre devenues seules détentrices de la force. Après avoir, comme le disait

Valentinien III, fait de l'État un mendiant, ils se déchirèrent en factions politiques. Les uns trahirent froidement, les autres choisirent par réalisme la collaboration avec les vainqueurs. Ils formèrent ainsi des factions politiques catholiques proariennes qui ne revinrent jamais sur leur choix, même après la défaite de Vouillé ou la mort de Théodoric. En sens inverse, frappés par la crise de l'Église, la déliquescence des chrétiens et les dangers créés par les persécutions ouvertes ou larvées, des laïcs se convertirent à l'idéal monastique et provoquèrent un grand mouvement de christianisation aussi bien des baptisés que des païens gallo-romains et germaniques. Disciples plus ou moins proches d'Augustin – Prosper, Germain d'Auxerre, Aignan, Sidoine Apollinaire, Remi, Avit – les évêques de Tours misèrent, avec Geneviève et Clotilde, sur une foi catholique rigoureusement antiarienne d'autant plus minoritaire que l'appui de la papauté leur manqua complètement. La guerre civile entre Gallo-Romains fut si grave que les Armoricains firent une sécession radicale alors même qu'ils étaient chrétiens, tandis que les Méridionaux se trouvèrent totalement découragés après leur défaite de 472.

L'enjeu ne concernait pas seulement l'universalité romaine et chrétienne face à la division. La mise était encore plus élevée au niveau des valeurs liées à l'exercice du pouvoir. Trois solutions étaient possibles : romaine, païenne et arienne. En considérant depuis Auguste que la loi était indépendante du souverain et que celui-ci ne pouvait la modifier en vertu de ses intérêts personnels, le législateur romain posa un principe qui faisait du droit un moyen idéal pour sortir une civilisation de la guerre. Le droit normatif permet le développement d'un État soucieux du bien commun puisqu'il n'est la propriété de personne. En revanche, le pouvoir païen ne peut pas être exercé indépendamment du chef de guerre. Le roi-prêtre possédé par le *heil* apporte la victoire aux hommes qui l'ont élu, mais il peut être renversé si Wotan l'abandonne. Son pouvoir s'identifie au déchaînement de la violence. La situation du prince arien est fort proche, puisqu'il est chef de guerre et maître de l'Église selon une dogmatique qui fait de lui son remplaçant sur terre, le lieutenant du Christ, créature extraordinaire sans véritable père. En somme, d'un côté le pouvoir était limité par la loi, de l'autre il était illimité et naturellement totalitaire. Personne n'avait intérêt à soutenir le pouvoir romain, d'autant plus qu'il s'écroulait sous les yeux de tous, tandis que l'Empire romain d'Orient, lui, ne parvenait à se fortifier qu'en soumettant l'Église à l'État. Les empereurs, en effet, intervinrent sans cesse dans les débats théologiques pour des raisons politiques, tels Constance et Valens pour l'arianisme, Zénon et Anastase pour le monophysisme.

Le problème politique était donc lié à celui que posait la religion chrétienne. Les conséquences politiques du dogme de la Sainte Trinité furent en effet capitales. La virulence des débats théologiques était la preuve de la nouveauté intolérable d'un Dieu Père engendrant un Dieu Fils, son égal de même nature. Cette nouveauté impliquait l'unité dans l'égalité et la diversité des personnes. Politiquement, elle signifiait que le responsable du pouvoir devait avoir la même attitude que le Fils envers le Père, celle d'un baptisé parmi d'autres, membre d'une Église tenant son autorité d'ailleurs. Il n'était ni à l'extérieur, comme Constantin, ni à la tête comme Euric ou Théodoric. Il était en relation de reconnaissance face à une vérité qui lui était donnée. Cela obligeait le prince à dépendre des interprètes du dogme, les évêques, sans leur être inférieur, ni dominé par eux. Cette égalité dans la relation ne peut être comprise que de l'intérieur de la foi. Elle supposait un homme ayant une conviction intime. Faute de quoi, elle était perçue comme un abandon de tout pouvoir, la négation même de l'ordre politique. En réalité, le dogme trinitaire bloque la tentation totalitaire. Le mérite de Clovis fut d'accepter une conception que refusèrent ses guerriers et, plus tard, ses fils.

Godefroid Kurth avait donc raison en 1896 lorsqu'il concluait que l'action de Clovis reposait sur un double bienfait, « le principe de l'unité religieuse et celui de l'égalité politique » (*Clovis, op. cit.*, p. 572), car l'un n'allait pas sans l'autre. La romanité ne pouvait être que chrétienne, puisque la loi romaine et le catholicisme étant tous deux des prétentions à l'universalisme, ils se confortaient mutuellement. Clovis choisit, sur la lancée de Childéric qui combattit les Wisigoths et de Geneviève qui bloqua la guerre civile, une politique antiarienne dont les justifications lui furent fournies par le clergé martinien. À la division et à la domination ariennes, il oppose l'unité catholique et la reporte à son garant, l'évêque de Rome. Ses trois actions juridiques – la loi Salique, l'acceptation du Bréviaire d'Alaric et le concile d'Orléans – font de lui le garant du droit normatif sans qu'il participe à leur élaboration. Le droit salique, le droit romain et le droit canon fondent l'égalité politique entre les ethnies germaniques et les *provinciales*, entre les laïcs et les clercs. De nouveau, après Auguste, il fonde l'État de droit. Même s'il accepte des comportements particuliers, il reste, par son tribunal, l'unificateur. Les Burgondes, en dépit de toutes leurs concessions aux Gallo-Romains, n'allèrent jamais aussi loin dans l'adoption de l'universalisme catholique et romain. Une guerre civile ne pouvait être résolue que par une nouvelle unité, sans vainqueurs ni vaincus.

*

* *

Allons plus loin, cependant, pour montrer comment Clovis fut un visionnaire d'une envergure bien supérieure à celle des souverains condamnés au double jeu par excès de rationalité comme Alaric II, Gondebaud et surtout Théodoric. Il n'a pas, comme eux, raisonné en fonction de ses intérêts immédiats : puissance du réseau épiscopal catholique (en fait une quinzaine de sièges sur une trentaine!), foi catholique majoritaire des Gallo-Romains (en réalité prêts à suivre les choix de leur aristocratie sénatoriale), hostilité à l'égard des Germaniques ariens (laquelle a joué seulement en Aquitaine). Le penser serait faire du réductionnisme et attribuer au fils de Childéric un bon sens voltairien superficiel et de mauvais aloi. Homme de double culture – germanique et romaine –, il a vu que proclamer la romanité sans effacer la germanité ne servait à rien et ne résolvait rien. Comment gouverner selon les principes de l'État, organe du bien commun, en laissant intacte la famille large qui se fait justice par elle-même par la faide, étouffe la descendance sous le pouvoir de l'oncle maternel et des frères, et donne à la mère une influence d'autant plus forte qu'elle incarne la voix du sang ? On ne peut pas gouverner avec deux structures étatiques concurrentielles, l'une au niveau de la trop abstraite *Res publica*, l'autre de la très concrète parentèle solidaire de tous ses membres quoi qu'ils fassent. La notion juridique romaine du contrat et la conception chrétienne de l'alliance conjugale dans le mariage monogame indissoluble permettaient seules de faire fusionner ethnies, populations et civilisation, et de trouver la stabilité politique et sociale. Par son mariage unique avec Clotilde, par le massacre des collatéraux et l'encouragement aux interdictions conciliaires des mariages incestueux, Clovis a préparé l'avènement d'une société nouvelle. Certes, les faides n'ont disparu que très tard – il y en avait encore à Douai au XVIe siècle –; certes, la famille nucléaire ne l'a emporté qu'après l'an mil; certes, la succession par les collatéraux a continué jusqu'au IXe siècle. Néanmoins, il a posé des jalons qui demeurèrent. Sa construction, bien qu'inachevée, fut un point de non-retour.

C'est pourquoi les femmes occupent une place centrale dans ce règne de Clovis. Geneviève, et Clotilde dans la dernière partie de sa vie, ont contribué à faire passer les Francs dans l'Église (même si les dernières conversions ont eu lieu au VIIIe siècle), à faire évoluer les esprits vers l'acceptation de l'autre, à refuser la violence. En sens inverse, nous avons vu les filles et la sœur de Théodoric lier les souverains entre eux, Lantechilde pousser Clovis à l'arianisme, la femme de Sigismond au meurtre de Sigéric et même Érelième faire vaincre son fils Théodoric par le retour à la violence primitive. Ces combats de femmes sont caractéristiques du passage des structures matriarcales au système patriarcal, lequel était un incontestable progrès par rapport aux précédentes qui impliquaient une confusion totale entre virilité et violence. Comment se libérer de la mère, sinon par le déchaînement des instincts? Cela permettait évidemment aux civilisations germaniques de survivre, comme nous l'avons vu pour les Alamans ou les Thuringiens. Mais, une fois entrés dans l'Empire romain, ils ne pouvaient y demeurer qu'en abandonnant la violence pour le droit. Pour ne l'avoir pas compris à temps, Burgondes, Vandales et Ostrogoths finirent par disparaître.

Considérablement servi par les femmes Clovis n'en a pas moins été un homme seul. Seul d'abord dans le long itinéraire qui le mena à la conversion puis au baptême, au risque de se perdre et de se retrouver déchu. Il fut plus seul encore après la cérémonie du 25 décembre 499. Abandonné par une partie de ses guerriers, vaincu par trois fois, il avait fait le mauvais choix. La coalition arienne de Théodoric aurait dû l'écraser, n'eût été un retournement incroyable de situation en 508, qui se répéta en 522-524. Clovis a triomphé grâce à l'alliance avec l'empereur d'Orient effrayé par les expéditions du roi amale. Par ses ambitions limitées à l'Aquitaine, il sut profiter de cet instant de faiblesse et se faire reconnaître comme l'égal en romanité de son rival.

Homme complexe, « très astucieux », prudent et tenace, stratège habile en renversements inattendus, admiré par tous les contemporains, mort trop tôt, il eut une vision de l'avenir nourrie par sa foi personnelle. Mais il ne fit qu'ébaucher cette unité dans la diversité, cette fusion des Germaniques et des Romains qui se termina au VIIIe siècle. Il ne put, en une génération, abolir la succession par les frères au profit des fils, ni acculturer tous les Saliens dans la romanité chrétienne. Nonobstant la lenteur des phénomènes de tranformations mentales et sociales, il a pu cependant, avec Clotilde surtout, poser les fondations d'un organisme politique romain et chrétien. Il a semé sans pouvoir récolter. Il a posé la loi d'un monde nouveau, celle du père fondateur.

ANNEXES

Vingt et un documents traduits et commentés

Table chronologique des documents

Table des principales abréviations

C.I.L. *Corpus Inscriptionum Latinarum.*
C.C. *Corpus Christianorum.*
M.G.H. *Monumenta Germaniae Historica.*
AA. *Auctores antiquissimi.*
SS.R.M. *Scriptores rerum merowingicarum.*
LL. *Leges.*
EE. *Epistolae.*
SS. *Scriptores in-folio.*
Grégoire de Tours, G.M. *De Gloria Martyrum;*
– H.F. *Historia Francorum.*
P.L. *Patrologie latine.*
Sidoine Apollinaire, *Carmina,* poèmes; – *Lettres.*
Avit de Vienne, *Opera* (œuvres); – *Epist.* (lettres).
S.C. *« Sources chrétiennes ».*
C.S.E.L. *Corpus Scriptorum Ecclesiasticorum Latinorum.*
V.G. *Vita Genovefae* (Vie de Geneviève).
Variae. Cassiodore, *Lettres.*

I. AU SEIGNEUR ILLUSTRE POUR SES MÉRITES, LE ROI CLOVIS, REMI ÉVÊQUE *

Domino insigni et meritis magnifico, Hlodoveo regi, Remegius episcopus

RUMOR ad nos magnum pervenit, administrationem vos Secundum Belgice suscepisse. Non est novum, ut coeperis esse, sicut parentes tui semper fuerunt: hoc inprimis agendum, ut Domini iudicium a te non vacillet, ubi tui meriti, qui per industriam humilitatis tuae ad summum culminisque pervenit, quia, quod vulgus dicitur, [ex fine] actus hominis probatur. Consiliarios tibi adhibere debes, qui famam tuam possent ornare. Et beneficium tuum castum et honestum esse debet, et sacerdotibus tuis debebis deferre et ad eorum consilia semper recurre; quodsi tibi bene cum illis convenerit, provincia tua melius potest constare. Civos tuos erige, adflictos releva, viduas fove, orfanos nutre, si potius est, quam erudies, ut omnes te ament et timeant. Iustitia ex ore vestro procedat, nihil sit sperandum de pauperes vel peregrinis; ne magis dona aut aliquid

Une grande rumeur nous est parvenue, vous avez pris l'administration de la Seconde Belgique. Cela n'est pas nouveau car tu auras commencé par être ce que tes parents ont toujours été. Il faut d'abord faire en sorte que le jugement de Dieu ne t'abandonne point là où ton mérite parvient par ton activité de ton humilité à ce très haut sommet. Car, comme l'on dit vulgairement, c'est aux actes que l'on identifie l'homme. Tu dois t'adjoindre des conseillers qui pourront orner ta renommée. Ton cadeau doit être intègre et honnête. Tu devras t'en rapporter à tes évêques et recourir toujours à leurs conseils. Car si tu t'entends bien avec eux, ta province ne pourra qu'en être consolidée. Rends courage aux citoyens, relève les affligés, favorise les veuves, nourris les orphelins; plutôt que de les éclairer, que tous t'aiment et te respectent. Que la justice sorte de votre bouche sans rien attendre des pauvres et des étrangers afin que tu ne veuilles point accepter en plus des cadeaux ou quelque chose de leur part.

---

* *Epistolae Austrasicae*, 2, C.C., t. CXVII, pp. 408-409, Turnhout, 1957.

accipere vellis; praetorium tuum omnibus pateatur, ut nullus exinde tristis abscedat. Paternas quascunque opes possides, captivos exinde liberabis et a iugo servitutis absolvas: si quis in conspectu vestro venerit, peregrinum se esse non sentiat. Cum iuvenibus ioca, cum senibus tracta, si vis regnare nobilis iudicare.

Que ton prétoire soit ouvert à tous afin que personne ne s'en retourne triste. Tu possèdes certaines richesses paternelles avec lesquelles tu libéreras les prisonniers et tu les délieras du joug de la servitude. Si quelqu'un est admis en votre présence, qu'il ne sente point qu'il est un étranger. Plaisante avec les jeunes, délibère avec les vieillards, et si tu veux régner, juge en noble.

Commentaire

Le plus ancien document sur Clovis que nous possédons est cette lettre que Remi, évêque, lui a adressée. Il y salue Clovis qui vient de prendre l'administration de la Seconde Belgique et l'exhorte à bien gouverner.

Ce billet très court fait partie d'une collection de lettres, appelées austrasiennes, contenues dans un manuscrit unique du début du IXe siècle.

Elles ont été rassemblées à Metz à la fin du VIe siècle. Au nombre de quarante-huit, elles sont l'œuvre des plus grands personnages de l'époque ou bien sont adressées à de très hauts dignitaires: évêques, rois, reines, empereurs, sans oublier les hauts fonctionnaires. Elles couvrent en fait tout l'espace franc, italien, espagnol et même byzantin. Elles ont visiblement été choisies parmi des lettres d'archives, principalement celles des bureaux officiels de Metz, capitale du royaume d'Austrasie, ancien royaume des Francs Rhénans dits Ripuaires. Reims faisant partie de ce royaume, il est normal que cinq lettres de ses évêques y figurent, quatre de Remi, une de Mappinius, son deuxième successeur attesté en 549. Le choix qui a présidé à cette collection repose sur des critères littéraires et diplomatiques. Il s'agit de montrer, à l'époque où Brunehaut domine la scène politique, que ce royaume est bien supérieur à la Neustrie. Il est l'héritier de trois générations de rois francs, Clovis, ses fils et ses petits-fils. Par la qualité romaine et latine de ses représentants (deux lettres sont des poèmes), l'Austrasie se place au niveau de l'Empire romain d'Orient et de ses rivaux lombard et wisigoth, si ce n'est plus. Ces documents ne sont pas placés par ordre chronologique, car ce n'était point là une préoccupation fondamentale pour leur rassembleur. Il ne l'a que grossièrement respecté.

Cela permet de comprendre pourquoi la collection commence par des lettres de Remi à Clovis, et se termine par des lettres à l'empereur. Faute de trouver une lettre de l'empereur à Clovis, on a choisi deux lettres de Remi, pour montrer qu'il est dès le début parfaitement intégré à l'Empire romain. Le prestige du royaume des Francs commence avec lui : ces lettres sont donc mises en tête de la collection. La forme extérieure de chacune comporte une adresse au destinataire avec le nom de l'expéditeur, le corps du message, et parfois un *explicit* pour signifier la fin. Il est ici absent.

L'auteur de cette lettre est incontestablement Remi évêque de Reims, puisque Sidoine Apollinaire, évêque de Clermont, alors aux prises avec les Wisigoths, lui écrit une lettre datée de 481, pour le féliciter de ses déclamations, dont un ami venu de Reims lui a parlé. Il est donc déjà évêque depuis quelque temps à ce moment-là. Par ailleurs, dans la lettre 3 que nous verrons plus loin (*cf.* document XI, p. 454), ses adversaires lui reprochent d'être évêque depuis cinquante-trois ans, à une date postérieure à la mort de Clovis (511). Grégoire de Tours dit que son épiscopat dura « soixante-dix ans et plus, à ce qu'on rapporte » (*G. C.*, 78). La *Vie brève* de Remi déclare qu'il fut ordonné évêque à vingt-deux ans. Hincmar, dans sa *Vie de saint Remi* (c. 60), en conclut qu'il mourut après soixante-quatorze ans d'épiscopat, à l'âge de quatre-vingt-seize ans. Comme, après un épiscopat forcément très court de Romanus, son deuxième successeur Flavius était présent au concile de Clermont le 8 novembre 535, Remi est donc mort le 13 janvier 532 ou 533. La date du 13 janvier est celle qui a toujours été observée dans l'Église de Reims. Les martyrologes disent le 15 janvier. Mais la fête anniversaire de Remi est en réalité le 1er octobre, à la suite d'une translation de ses reliques faite avant que Grégoire de Tours n'écrive (*H.F.*, VIII, 21). Donc le culte de saint Remi existait déjà à tout le moins avant 573. Une telle longévité était alors rarissime. Que l'on y ajoute les événements qu'il vécut et l'on comprend à quel point il fut un personnage hors du commun.

En effet, il naquit en 437 ou 436. Il a donc connu l'Empire romain d'Occident sous le règne de Valentinien III, dernier empereur de la dynastie théodosienne, l'invasion des Huns en 451, le pillage de Rome par Genséric, roi des Vandales, en 455, avant d'être ordonné évêque en 459, au moment où les royaumes wisigoth d'Aquitaine et burgonde prennent leur indépendance tandis que les derniers empereurs romains se succèdent de plus en plus vite – le dernier, Romulus Augustule, étant déposé en 476. Il a donc connu les rois francs du Ve siècle et en particulier Childéric (464-481). Mais il a aussi reçu toute l'éducation romaine classique, probablement à Reims : ainsi s'explique qu'il ait des qualités d'écrivain et d'orateur. Ses déclamations, louées par Sidoine Apollinaire, ont disparu ; n'ont survécu que ses quatre lettres, des vers qu'il a gravés sur un calice et que nous a recopiés Hincmar, et son testament (*cf.* p. 498). Une messe fut composée en son honneur au début du IXe siècle. Elle servit aussi de source à Hincmar. Quant à sa famille, elle est d'origine sénatoriale, comme nous le montrera son testament. Il est donc le représentant typique d'une élite gallo-romaine cultivée et riche, d'un système politique qui vient de s'écrouler et d'un groupe social dirigeant qui raisonnait au niveau d'un empire mondial. Si, comme il est maintenant accepté par tous les spécialistes de la prosopographie, le nom de famille est une propriété personnelle que l'on se lègue de génération en génération, il faudrait voir parmi ses ancêtres Remigius, le *magister officiorum* de l'empereur Valentinien Ier, mort étranglé, que signale Ammien Marcellin (XV, 5.36). Si Remigius, qui a donné Remi en français, peut être expliqué par son étymologie, il signifierait, ce que je ne garantis pas, originaire du pays des Rèmes, c'est-à-dire de Reims. Nous aurions donc affaire à une aristocratie d'origine locale récente, comme beaucoup de sénateurs gallo-romains de l'Empire tardif. Mais, pour Remi, la grande différence avec ses collègues vient de ce qu'il n'a exercé aucune charge civile. Alors que Sidoine Apollinaire a été préfet de la Ville (de Rome) avant de devenir évêque de Clermont, pour mourir en 489, battu, exilé et réintégré dans sa chaire épiscopale moyennant obédience au roi des Wisigoths ariens vainqueurs, Remi, lui, s'est trouvé projeté dans l'épiscopat sans aucune expérience politique. Il se trouve donc, face à l'échec de l'ultime résistant que fut Sidoine Apollinaire, à même de méditer entre 471 et 481 sur le véritable universalisme : celui de l'empire de Rome ou celui de l'Église de Rome. Par cette précoce jeunesse religieuse, il est donc plus apte à faire prévaloir un universalisme catholique.

La date de cette lettre nous est suggérée immédiatement par la première phrase, les débuts du règne de Clovis, c'est-à-dire 481. Cette année-là, la situation de la Gaule est la suivante : Euric, roi des Wisigoths, domine l'Espagne, l'Aquitaine et la Provence, et fait sentir son autorité sur le royaume de Burgondie dirigé par Gondebaud, le royaume d'Italie aux mains d'Odoacre et même les royaumes germaniques de la rive droite du Rhin. Entre ce dernier fleuve et la Seine, une zone d'obédience romaine se maintient. Les pouvoirs y sont exercés d'abord par Aegidius qui dirige les armées de Gaule, ou ce qu'il en reste, c'est-à-dire en fait les Francs Saliens installés autour de Tournai. Dirigés par Childéric, ils semblent qu'ils reconnaissent l'autorité d'Aegidius, puis à partir de 464 de son fils Syagrius. La découverte en 1653 du tombeau de Childéric, père de Clovis, près de l'église Saint-Brice au milieu des Gallo-Romains du lieu, avec ses armes, ses chevaux et ses insignes militaires prouve en effet que le roi était un païen, allié officiel des autorités romaines. Ailleurs, la situation était beaucoup plus confuse puisque Cologne et Trèves étaient aux mains des Francs Rhénans, tandis que les Alamans se glissaient dans les espaces restés sans pouvoir entre Rhin et Meuse.

Le commentaire de la première phrase s'impose de lui-même. Remi, métropolitain de la Belgique Seconde, vient d'apprendre que Clovis en a reçu l'administration. Cadres civil et religieux sont identiques, puisque depuis le IVe siècle l'Église a calqué ses circonscriptions sur celles de l'Empire. Remi et Clovis raisonnent dans la même optique : c'est une lettre entre deux homologues. La province de Belgique Seconde comportait les cités de Tournai et Cambrai (lesquelles jouxtaient au nord l'estuaire de l'Escaut), de Boulogne et Thérouanne, Arras, Amiens, Noyon, Reims (dont Laon allait être détachée), Senlis, Beauvais, Châlons-sur-Marne et Soissons. Le texte latin doit d'ailleurs être corrigé, comme l'avait bien vu Godefroid Kurth, en *« rumor ad nos, nos* [sic] *magnum pervenit, administrationem vos secundae Belgice suscepisse »*, ce qui se traduit par le texte cité plus haut. Il signifie que Clovis est gouverneur de la province de Belgique Seconde avec les pouvoirs qui y sont attachés. Il ne s'agit donc pas d'une conquête militaire, et cette lettre ne peut être datée d'après la bataille de Soissons de 486, comme le prétendait Bruno Krusch, et ce d'autant moins qu'une conquête militaire n'a pas à respecter des limites administratives, comme c'est le cas ici avec la Belgique Seconde dont les frontières sont stratégiquement indéfendables, comme le montre la carte (*cf.* carte 5, p. 188).

De plus, la phrase suivante renforce l'idée d'une succession de Clovis dans un pouvoir civil de fonctionnaire romain. Cette charge n'est pas nouvelle, ses parents l'ont exercée. Il ne peut s'agir que d'une succession à Childéric et non d'une nomination. En effet, comme le signale Sidoine Apollinaire, depuis la chute de l'Empire en 476, plus aucun fonctionnaire n'est nommé. On s'y succède donc de père en fils, comme par exemple Syagrius qui a succédé à son père Aegidius. Le jugement de Dieu est donc ici la mort de Childéric, et l'humilité consiste pour Clovis à avoir attendu ce moment (sous-entendu : sans se révolter contre son père comme le font d'autres).

Les conseils sont ceux que tout magistrat romain doit mettre en pratique : choisir des conseillers cultivés capables de publier verbalement ou par écrit en de beaux discours ses qualités, écouter les évêques qui disposent depuis le IVe siècle d'un tribunal gratuit (l. 27) *inter volentes.* Le soin des pauvres revient à plusieurs reprises (l. 21). Cette catégorie concerne les citoyens des villes, accablés, au niveau municipal par le problème de la levée des impôts, puisqu'ils sont responsables sur leur fortune personnelle, les veuves et les orphelins, qui eux, en revanche, sont dispensés d'impôts à cause de leur misère, enfin les étrangers. Il s'agit ici de ceux qui ne sont pas citoyens romains, c'est-à-dire les esclaves et les barbares (*cf.* Sidoine Apollinaire). À tous Clovis doit accorder une bonne justice, c'est-à-dire sans en attendre de cadeaux, puisque le juge est un fonctionnaire payé par les deniers publics. Les huissiers ne doivent point interdire l'entrée du tribunal, le prétoire, à ceux dont ils savent qu'ils n'obtiendront pas de pots-de-vin. Le juge ne doit point ridiculiser l'étranger qui parle une autre langue, germanique ici, probablement (l. 25). Reste enfin la dernière catégorie qui concerne surtout le chef de guerre, roi des Francs : les prisonniers. Remi demande à Clovis de les libérer de l'esclavage en les rachetant avec l'argent du trésor paternel (et non point du butin, puisque Clovis n'a pas encore fait de guerre). Ils deviendront ainsi soit ses affranchis reconnaissants, soit des libres à part entière (l. 31). Ce qui lui permet de conclure que Clovis, pour être un homme d'ordre et de paix, à la fois un chef et un juge, doit plaisanter avec les jeunes, c'est-à-dire probablement avec sa garde personnelle d'antrustions, aux portes du prétoire et à l'intérieur délibérer avec les vieillards, experts en droit.

Ce programme ainsi tracé est celui d'un parfait *rector provinciae*, intégré dans la hiérarchie des fonctions politiques romaines. Où est la germanité de Clovis dans tout cela ? Nulle part, sauf peut-être dans l'allusion aux jeunes. Et encore ! Aetius, général romain, avait bien lui aussi sa garde personnelle de bucellaires. Mais le meilleur reste l'adresse de la lettre : « Au seigneur insigne et magnifique par ses mérites, le roi Clovis. » Les mérites sont ici les compétences du juge. Le titre de *vir magnificus* est une dignité qui a une place précise dans la hiérarchie romaine, à coté de la hiérarchie des fonctions : il est situé juste au-dessous de *vir illuster*, le plus haut degré. Clovis n'est donc pas au premier rang de la hiérarchie, mais au deuxième, celui des aristocraties romaines municipales. Il n'est pas au niveau du préfet du prétoire ou du généralissime en chef (*cf.* Cassiodore). Il n'est qu'un fonctionnaire de province. Cela signifie qu'il est en dessous de Syagrius dont le père, Aegidius, *comes utriusque militiae* (comte pour la cavalerie et l'infanterie), devait être *illuster*, dignité qui a dû passer au fils. Reste alors le titre de roi, *rex*, que les Romains donnaient officiellement aux chefs de tribu dont ils voulaient faire des interlocuteurs valables afin de signer des traités avec eux. De plus, cela leur permettait de leur faire sentir qu'ils étaient en dessous de l'empereur. Clovis est donc roi, c'est-à-dire chef d'une armée de Francs au service de Rome. Voilà peut-être la seule allusion, avec son nom *Hlodoveus*, célèbre par ses combats, en vieil haut allemand, qui renvoie à ses origines. En réalité, il est déjà un fonctionnaire romain, puisqu'il a autorité sur des civils romains.

Remi connaît donc parfaitement le protocole romain. Il n'est pas gêné par ce Franc païen. La fidélité de ses pères à Rome est là pour lui donner confiance dans l'avenir. Mais on aura remarqué qu'il propose à l'autorité civile et militaire, qu'il reconnaît, un programme de justice chrétienne particulièrement exigeant. C'est une chose normale, depuis l'union de l'État et de l'Église promulguée par Théodose en 392, entre deux fonctionnaires, l'un, Clovis, représentant la *militia togata* (fonction civile) ainsi que la *militia armata* (fonction militaire), l'autre, Remi, représentant la *militia Christi* (fonction religieuse), ce qui lui donne ce droit d'enseignement et de remontrance au nom de l'idéal chrétien. Même un fonctionnaire civil païen ne peut se dérober à cet appel.

II. Au seigneur illustre pour ses mérites, le roi Clovis, Remi évêque *

Domino inlustro meritis, Chlodoveo regi, Remegius episcopus

Angit me et satis me angit vestrae causae tristitia, quod gloriosae memoriae germana vestra transiit Albochledis ; sed consolari possumus, qui talis de hac luce discessit, ut [recordatione] magis suscipi debeat, quam lugeri. Illius enim vitae fuit, quod adsumpta credatur a Domino, quae a Deo electa migravit ad caelos. Vivit vestrae fidei, et, si est conspectus, desiderio receptae Christus implevit, ut benedictionem virginitatis acciperet, quam sacrata non est lugenda, quae flagrat in conspectu Domini flore virgineo, quo scilicet et corona tecta, quam pro virginitate suscepit. Absit, ut a fidelibus lugeatur, quae bonus Christi odor esse promeruit, ut per eum, cui placet, auxilium posse conferre poscentibus. Dominus meus, repelle de tuo corde tristitiam ; animo rite conposito, regnum sagacius gubernate, erectiora sumentes studio serenitatis consilia. Laetum cor

L'annonce de la mort de votre sœur de glorieuse mémoire Albochlède me serre le cœur d'autant plus devant la tristesse que vous éprouvez. Mais nous pouvons nous consoler puisque celle qui s'est éloignée de cette lumière doit d'autant plus être conservée dans votre mémoire qu'elle a été pleurée. En effet, elle a vécu de telle manière que nous croyons qu'elle a été enlevée par le Seigneur, elle qui, choisie par Dieu, a émigré vers le ciel. Elle vit pour votre foi et si l'élue a le désir de le voir, le Christ l'a comblée puisqu'elle a reçu la bénédiction des vierges. Celle qui a été consacrée n'est donc pas à pleurer puisqu'elle brille sous le regard de Dieu dans l'éclat virginal, à savoir celui de la couronne dont elle a été couverte et qu'elle a reçue en gage de la virginité. Qu'elle soit absente, afin qu'elle soit pleurée par les fidèles, celle qui a mérité d'être la bonne odeur du Christ afin que grâce à Lui, auquel elle a plu, elle puisse apporter du secours à ceux qui en réclament. Mon seigneur [*roi*], *repousse de ton cœur la tristesse; gouverne le*

---

* *Epistolae Austrasicae, op. cit.*, I, 1, pp. 407-408.

membra conforta ; meroris torpore discusso, acrius invigilabitis ad salutem : manet vobis regnum administrandi et, Deo auspice, properandi. Populorum caput estis et regimen sustinetis : acerbitatem ne te videant in luctu, affici, qui per te felicia videre consueverunt. Esto ipse tuae animae consolator ; vigorem, illius providentiae continens ingenitae, ne tristitia candorem tuae menti subducat. De eius praesentem transitum, quae choris est iuncta virgineis, ut credendo, rex gaudet in caelo.

Salutans gloriam vestram, et commendo familiarem meum presbyterum Maccolum, quem direxi. -

Quaeso, ut tantis habeatis ignoscere, qui, quod occursum debui, exhortatoria distinare verba praesumpsi. Tamen per harum baiolum si iubetis, ut vadam, contempta hiemis asperitate, rigore neglecto, itineris labore calcato, ad vos, auxiliante Domino, pervenire contendam.

royaume de manière plus pénétrante, d'un esprit justement maîtrisé, en prenant des décisions plus hardies grâce au zèle de la sérénité. Réconforte tes membres grâce à un cœur joyeux. La torpeur de l'amertume secouée, vous consacrerez vos veilles au salut [*de tous*] *avec plus d'acuité. Que le royaume demeure en votre main pour être administré et, avec l'aide de Dieu, pour prospérer. Vous êtes la tête des peuples et vous portez le gouvernement. Puissent ceux qui ont pris l'habitude de te voir grâce à toi dans les félicités ne point t'apercevoir accablé par l'aigreur du deuil. Sois toi-même le consolateur de ton âme en maintenant en toi la providence innée qui se trouve en elle, afin que la tristesse n'étouffe point la clarté en ton esprit. Quant à sa mort présente, de celle qui est maintenant jointe au chœur des vierges, comme nous devons le croire, le roi s'en réjouit dans le ciel.*

En saluant votre gloire je vous recommande aussi le prêtre Maccolus qui fait partie de mon entourage et que je vous envoie.

Je vous prie de daigner me pardonner, j'ai dû l'envoyer à vos devants et j'ai pris la décision de lui confier des paroles d'exhortation. Cependant si vous ordonnez par le biais du porteur de ces lettres que je vienne, après avoir méprisé la dureté de l'hiver, négligé le froid, foulé aux pieds le douloureux chemin, je m'efforcerai, avec l'aide de Dieu, de parvenir auprès de vous.

Commentaire

Cette lettre ne nécessite pas de grands commentaires vu la présentation de Remi faite dans le document I. Curieusement placée en tête du recueil des lettres austrasiennes, elle montre Remi évêque s'efforçant de consoler le roi Clovis de la mort de sa sœur Albochlède. Il lui demande de maîtriser son chagrin. Il lui envoie son prêtre Maccolus qu'il lui recommande. Il s'excuse de ne pouvoir venir lui-même à cause de la dureté de l'hiver.

La personne de Remi étant maintenant connue, venons-en à ce qu'en dit Grégoire de Tours pour savoir si ce dernier utilise bien ses documents. L'évêque de Tours écrit à partir de 573, soit quarante ans après la mort de Remi. Il déclare en effet que « saint Remi était un évêque remarquable par sa science, doué dès l'enfance dans les études de rhétorique[...]. Sa sœur Albochlède fut baptisée, et peu de temps après émigra vers le Seigneur. Comme le roi s'attristait à son propos, saint Remi lui envoya une lettre de consolation qui commence ainsi: « *Anget*... etc. » (*H.F.*, II, 31). C'est notre lettre même que Grégoire cite. Il a donc eu les archives de Reims sous les yeux.

Une première conclusion s'impose: la sœur de Clovis, Albochlède, est morte peu après avoir été baptisée en même temps que son frère, donc un jour de Noël, comme le précise la lettre d'Avit. Cette date est d'autant plus sûre que Remi déclare (l. 51) que la rigueur de l'hiver et les difficultés du chemin l'empêchent de venir le voir en personne. Cette mort a donc eu lieu en février de l'année postérieure au baptême. Remi vient de dépasser les soixante ans. On comprend qu'il hésite à se déplacer, mais il estime cependant que cela fait partie de son devoir d'amitié, si le roi l'exige.

Quand à Albochlède, il ressort de Grégoire de Tours et de Remi que, ayant été baptisée, elle vient du paganisme. La famille de Clovis a donc été touchée par un important mouvement de conversion, puisqu'une autre sœur, Lantechilde, arienne, elle, est passée au catholicisme. Avit de Vienne lui envoya une homélie de félicitations sur sa conversion, qui a été perdue (31, p. 152). En somme les femmes auront joué un très grand rôle autour de Clovis. Remarquons de plus (l. 13 et l. 43) qu'Albochlède s'est convertie directement, elle, à la vocation religieuse. Remi fait allusion par quatre fois à sa virginité qu'elle a consacrée à Dieu (l. 47). Il devait s'agir, comme souvent à cette époque, de femmes qui recevaient le voile des mains de l'évêque et restaient dans le monde. Le modèle suivi devait d'ailleurs être Geneviève qui mourut en 502 – donc, probablement, après la sœur du roi. Cela renforce l'impression d'un milieu féminin important et influent autour du roi (au moins quatre femmes). La tristesse de celui-ci devait d'ailleurs être proportionnelle à l'importance des conseils qu'il en recevait.

Cela explique que Remi fasse certes porter sa consolation sur le fait qu'Albochlède est désormais sauvée, mais qu'il insiste surtout sur la conséquence : ce chagrin ne doit point avoir de répercussion sur le gouvernement du royaume. Nous retrouvons, comme dans la lettre précédente, le terme d'administration (l. 35). En outre, Clovis est qualifié de « tête des peuples », ce qui désigne les Francs, certes, mais aussi tous les autres qui lui sont soumis, Thuringiens, Alamans et *provinciales*, c'est-à-dire les Gallo-Romains au nord de la Loire.

Il reste enfin, comme pour la lettre I, à examiner la titulature accordée à Clovis par Remi. Elle a changé. Il est qualifié non plus de *dominus magnificus*, mais de *dominus illuster*. C'est le plus haut degré dans la hiérarchie des dignités romaines, auquel est parvenu Clovis. Cette promotion ne peut être attribuée à la puissance impériale, alors absente en Occident. La seule explication serait qu'après sa victoire sur Syagrius en 486 Clovis aurait pris cette dignité au vaincu, qu'il aurait ainsi remplacé. Dernière question : où fut enterrée Albochlède ? À l'église des Saints-Pierre-et-Paul à Paris, où ailleurs ? On ne sait.

Tout se passe donc dans une atmosphère chrétienne et romaine, entre un roi qui consulte son évêque et ce dernier qui remplit auprès de lui ses tâches spirituelles. Un événement capital vient d'avoir lieu, le baptême du roi, et désormais les rapports officiels et personnels se déroulent sur le même plan : à l'un le gouvernement terrestre, à l'autre le gouvernement en vue du ciel.

III. Lettre d'Avit de Vienne à Clovis

Avit, évêque, au roi Clovis *

Avitus episcopus Clodevecho regi

Vestrae subtilitatis acrimoniam quorumcumque scismatum sectatores sententiis suis variis opinione, diversis multitudine, vacuis veritate Christiani nominis visi sunt obumbratione velare. Dum ista nos aeternitati committimus, dum, quid recti unusquisque sentiat, futuro examini reservamus, etiam in praesentibus interlucens radius veritatis emicuit. Invenit quippe tempori nostro arbitrum quendam divina provisio. Dum vobis eligitis, omnibus iudicatis; vestra fides nostra victoria est. Solent plerique in hac eadem causa, si pro expetenda sanitate credendi aut sacerdotum hortatu aut quorumcumque sodalium ad suggestionem moveantur, consuetudinem generis et ritum paternae observationis obponere; ita saluti nocenter verecundiam praeferentes, dum parentibus in incredulitatis custodia futilem

Les partisans des schismes paraissaient voiler et obscurcir votre perspicacité par la variété et le nombre de sentences et d'opinions vides de la vérité du nom de chrétien. Alors que nous nous en étions remis à l'éternité et que nous attendions du jugement futur que soit dit ce qu'il y a de droit dans ce que chacun sent, voici qu'a brillé parmi les hommes d'aujourd'hui un rayon de vérité éclairant. La divine Providence a enfin trouvé un arbitre pour notre époque. Le choix que vous faites par vous-même est une sentence qui vaut pour tous. Votre foi est notre victoire. Certains dans ce même débat, alors qu'ils pourraient être mus vers le désir de la saine croyance, soit par l'exhortation des évêques, soit par la suggestion de certains de leur entourage, opposent la coutume de leur peuple et le rite observé par leur père, si bien qu'ils préfèrent de manière nocive la pusillanimité au salut, tandis qu'ils conservent une révérence futile envers leurs pères

---

* *Alcimi Ecdicii Aviti*... M.G.H. AA., t. VI, 2, Berlin, 1883, éd. R. Peiper, 46 (41), pp. 75-76.

reverentiam servant, confitentur, se quodammodo nescire, quid eligant. Discedat igitur ab hac excusatione post talis facti miraculum noxius pudor. Vos de toto priscae originis stemmate sola nobilitate contentus, quicquid omne potest fastigium generositatis ornare, prosapiae vestrae a vobis voluistis exurgere. Habetis bonorum auctores, voluistis esse meliorum. Respondetis proavis, quod regnatis in saeculo; instituistis posteris, ut regnetis in caelo. Gaudeat equidem Graecia principem legisse nostrum : sed non iam quae tanti muneris donum sola mereatur. Illustrat tuum quoque orbem claritas sua, et occiduis partibus in rege non novi iubaris lumen effulgurat. Cuius splendorem congrua redemptoris nostri nativitas inchoavit : ut consequenter eo die ad salutem regeneratrix unda vos pareret, quo natum redemptionis suae caeli dominum mundus accepit. Igitur qui celeber est natalis domini, sit et vester : quo vos scilicet Christo, quo Christus ortus est mundo ; in quo vos animam Deo, vitam praesentibus, famam posteris consecrastis. Quid iam de ipsa gloriosissima regenerationis vestrae sollemnitate dicatur ? Cuius ministeriis si corporaliter non accessi, gaudiorum tamen communione non defui : quandoquidem hoc quoque regionibus nostris divina pietas gratulationis adiecerit, ut ante baptismum vestrum ad nos sublimissimae humilitatis nuntius, qua competentem vos profitebamini, pervenerit. Vnde nos post hanc expectationem iam securos

par le maintien dans l'incrédulité. Ils avouent en quelque sorte qu'ils ne savent ce qu'ils choisissent. Que s'éloigne donc, après un tel événement miraculeux, la timidité nocive d'une pareille excuse ! Vous, de toute une généalogie d'antique origine, vous vous êtes contenté de sa seule noblesse et vous avez voulu faire surgir de vous pour votre descendance tout ce qui peut orner de générosité ce haut rang. Vous avez des fondateurs, hommes de bien, vous avez voulu en faire naître de meilleurs. Vous êtes à la hauteur de vos bisaïeux, en ce que vous régnez dans le siècle ; vous êtes un fondateur pour votre descendance lorsque vous régnerez dans le ciel.

La Grèce également peut se réjouir d'avoir choisi un prince qui soit des nôtres ; mais désormais elle n'est plus la seule à mériter le don d'une pareille faveur. Sa clarté illumine aussi ton empire et en Occident l'éclat d'une gloire qui n'est pas nouvelle fulgure sur un roi qui n'est pas nouveau. C'est bien à propos que la Nativité de Notre Seigneur a inauguré cette gloire, de telle sorte que le jour où l'eau régénératrice vous préparerait au salut fût aussi le jour où le monde a reçu celui qui est né pour sa rédemption, le maître du ciel. C'est pourquoi le jour où l'on célèbre la naissance du Seigneur, qu'il soit aussi le vôtre ; c'est-à-dire que le jour où vous êtes né au Christ est aussi le jour où le Christ est né au monde, jour où vous avez consacré votre âme à Dieu, votre vie à vos contemporains, votre renommée à la postérité.

Que dire maintenant de la très glorieuse solennité de votre régénération ? Si je n'ai pu venir participer physiquement parmi les ministres, du moins n'ai-je point manqué d'être en communion, tout à vos joies, puisque la divine

vestri sacra nox reperit. Conferebamus namque nobiscum tractabamusque, quale esset illud, cum adunatorum numerosa pontificum manus sancti ambitione servitii membra regia undis vitalibus confoveret, cum se servis dei inflecteret timendum gentibus caput : cum sub casside crinis nutritus salutarem galeam sacrae unctionis indueret : cum intermisso tegmine loricarum immaculati artus simili vestium candore fulgerent. Faciet, sicut creditis, regum florentissime, faciet inquam indumentorum ista mollities, ut vobis deinceps plus valeat rigor armorum ; et quicquid felicitas usque hic praestiterat, addet hic sanctitas. Vellem vero praeconiis vestris quiddam exhortationis adnectere, si aliquid vel scientiam vestram vel observantiam praeteriret. Numquid fidem perfecto praedicabimus, quam ante perfectionem sine praedicatore vidistis ? An forte humilitatem, quam iam dudum nobis devotione impenditis, quam nunc primam professione debetis ? An misericordiam, quam solutus a vobis adhuc nuper populus captivus gaudiis mundo insinuat, lacrimis Deo ? Vnum est, quod velimus augeri : ut, quia Deus gentem vestram per vos ex toto suam faciet, ulterioribus quoque gentibus, quas in naturali adhuc ignorantia constitutas nulla pravorum dogmatum germina corruperunt, de bono thesauro vestri cordis fidei semina porrigatis : nec pudeat pigeatque etiam directis in rem legationibus adstruere partes Dei,

piété aura accordé à nos régions aussi ce fait digne de reconnaissance qu'avant votre baptême nous était parvenu un messager de votre très sublime humilité disant que vous aviez fait profession de catéchumène. Par là, après ce que vous aviez dit, attendre la nuit sacrée nous trouva déjà assuré de vous. Nous discutions et nous méditions avec nous-même pour savoir quel serait cet événement, alors que la main multiple des évêques rassemblés, mue par le zèle pour le service saint, ranimait les membres du roi par les ondes de la vie, alors que sa tête redoutable aux peuples s'inclinait devant les serviteurs de Dieu, alors que la chevelure entretenue sous le casque de fer revêtait le casque salutaire de l'onction sainte, alors que, dévêtus pour un temps de la cuirasse, ses membres sans tache brillaient de la même blancheur que sa robe de baptisé. Que cette douceur de ce vêtement, ô le plus florissant des rois, comme vous le croyez, dis-je, vous procure bientôt plus de force que la rigidité des armes ; et que tout ce que la faveur du sort vous accorda jusque-là, ce soit désormais la sainteté qui l'augmente.

J'aurais voulu ajouter à tous vos éloges quelques exhortations, s'il avait manqué quelque chose à votre science et à votre religion. Irons-nous prêcher la foi au chrétien converti accompli, cette foi qu'avant cet accomplissement vous avez vue sans prédicateur ? Ou bien l'humilité que depuis longtemps vous nous témoignez avec dévotion, alors que vous ne nous la devez d'abord qu'après votre profession de foi ? Ou bien la miséricorde qu'un peuple récemment captif, délivré par vous, a fait connaître au monde par ses cris de joie, à Dieu par ses larmes. Il y a une chose au monde dont nous

qui tantum vestras erexit. Quatenus externi quique populi paganorum pro religionis vobis primitus imperio servituri, dum adhuc aliam videntur habere proprietatem, discernantur potius gente quam principe.

voudrions qu'elle l'amplifiât : à savoir que Dieu fasse sien, par vous, tout votre peuple et que des peuples plus éloignés, pas encore corrompus, en leur ignorance naturelle, par les germes de dogmes mauvais, reçoivent de vous la semence de la foi, prise au bon trésor de votre cœur. N'ayez ni honte, ni ennui à construire, par l'envoi d'ambassades sur ce sujet, le royaume de Dieu, lui qui a tout fait pour édifier le vôtre. Dans la mesure où ces peuples extérieurs païens seront prêts à vous servir d'abord, sous le commandement de la religion, alors on s'apercevra encore que cela a une autre propriété. On les discernera plus par l'appartenance à un peuple qu'à un prince.

Commentaire

Cette lettre est le document capital, le seul écrit contemporain qui parle du baptême de Clovis. En effet, il précise qu'Avit félicite le roi Clovis pour son choix de la foi chrétienne, choix d'une saine croyance que d'autres n'ont pas voulu faire, alors que la Grèce l'a fait aussi. Le jour de Noël a été celui de cette cérémonie. Avit n'a pu y assister, mais il était déjà au courant et savait comment cela se passerait. Il exhorte Clovis à persévérer dans la foi, la clémence, et à évangéliser les autres peuples.

Du point de vue de la forme extérieure cette lettre n'a pas de date qui s'impose, ni de fin. Celle-ci, comme tous les chercheurs antérieurs l'ont prouvé, a été coupée par la distraction d'un scribe qui a collé brutalement une lettre destinée à l'empereur romain d'Orient par Gondebaud, roi des Burgondes (G. Kurth, pp. 316 et 579). Nous ne saurons donc jamais ce qu'Avit disait en conclusion. De plus, la plus grande partie de la collection des poèmes d'Avit fut détruite dans Vienne vers 500 lors du siège de la ville par les Francs. Avit ayant supervisé lui-même en 507 la réédition des poèmes subsistants et l'édition de ses lettres, nous pouvons être sûrs de leur contenu.

L'auteur, Alcimus Ecdicius Avitus, est né vers 450 à Vienne. Sa famille d'origine sénatoriale est auvergnate et est alliée à l'empereur Avitus (mort en 456), à Papianille, sa fille, femme de Sidoine Apollinaire, à son fils le *magister equitum per Gallias* Ecdicius qui participa à la défense de Clermont en 471 et 472. Son père Hesychius et sa mère Audentia eurent au moins six enfants, dont l'un, Apollinaire, devint évêque de Valence. À la naissance de leur quatrième fille, ils firent vœu de continence. Avit reçut une éducation latine et grecque extrêmement classique auprès du rhéteur Sapodus à l'école de Vienne. Son père étant devenu évêque de Vienne de 475 à 490, il se maria, eut des enfants, devint, peut-être vers quarante ans, veuf, puisqu'il se retira dans un monastère aux portes de Vienne. Vers 490, il fut élu évêque métropolitain de Vienne, succédant ainsi à son père. Il est donc de la génération postérieure à Sidoine Apollinaire, qu'il admire énormément d'ailleurs sur le plan littéraire, et même à celle de Remi dont il est séparé par une quinzaine d'années. Il mourut probablement un 5 février 525, vers soixante-quinze ans. Son action comme évêque sortit du cadre de la province de la Seconde Viennoise. En 494, il libéra de nombreux prisonniers de guerre faits par son roi, le Burgonde Gondebaud, en Italie lors des combats contre Odoacre. Il tenta vainement de convertir Gondebaud de l'arianisme au catholicisme, mais finit par réussir auprès de son fils Sigismond. Il fut donc particulièrement intéressé par la question de la conversion de Clovis. Dans sa lutte contre l'arianisme, le nestorianisme et le monophysisme, il fut en relations régulières avec les papes Symmaque (498-514) et Hormisdas (514-523). À propos de l'unité de l'Église lors des schismes de Laurent et d'Acace, il fut un défenseur éloquent de la primauté pontificale, parlant d'ailleurs au nom de tous les évêques de Gaule. Là encore, nous avons affaire à un homme qui raisonne à l'échelle globale de l'époque. Il s'agit donc, dans le cadre de l'Église catholique des Gaules au ve siècle, du plus grand personnage ecclésiastique. Il connaît Remi auquel il a écrit une lettre disparue (Flodoard, III, 21). Il a sur lui la supériorité d'être un grand théologien, car il a composé un ouvrage contre les ariens, deux livres contre Eutychès (monophysisme), des dialogues avec le roi Gondebaud, des poèmes dont une épopée chrétienne en six livres : *Sur les origines du monde, Sur le péché originel, Sur la sentence de Dieu, Sur le Déluge, Sur la traversée de la mer Rouge* et *Sur la virginité* (certains ont comparé ces trois premiers livres à l'œuvre du poète anglais Milton). Enfin, il avait publié ses homélies (qui ont survécu sur un papyrus du VIe siècle) et quatre-vingt-dix-huit lettres dont la quarante et unième nous intéresse ici. Tous les auteurs postérieurs qui ont lu Avit ne tarissent pas d'éloges sur sa science théologique et sur ses talents littéraires, que ce soit Grégoire de Tours, Ennode de Pavie, Venance Fortunat, Isidore de Séville, Agobard de Lyon ou Adon de Vienne. Les critiques littéraires du XXe siècle estiment que sa langue est très recherchée, mais très classique par rapport à celle de ses contemporains. Cela explique les difficultés que présente la traduction de cette lettre qu'Avit travailla avec un soin extraordinaire. Ce chef-d'œuvre de rhétorique est en effet rempli de figures de style : litotes, métonymies, antithèses, antiphrases, catachrèses et synecdoques. C'est un véritable feu d'artifice, un jeu perpétuel entre les faits historiques et leur présentation esthétique par le biais d'allusions qu'il nous faudra décrypter. D'ores et déjà, le lecteur aura pu constater que ce latin savant n'a rien de décadent et que ce concept même est faux.

Pour des raisons évidentes de clarté, je suivrai donc le texte ligne à ligne pour lui arracher ses secrets. Le premier mot de la première phrase qui pose un problème est évidemment celui de « schismes » au pluriel. Jusqu'ici, tous les traducteurs ont compris que l'évêque de Vienne voulait dire par là que les partisans des schismes entourant Clovis, en particulier sa sœur Lantechilde qui était arienne (*H.F.*, II, 31), étaient tout simplement des adeptes de l'arianisme, hérésie portant sur la Sainte Trinité et condamnée par les conciles œcuméniques de Nicée en 325 et de Constantinople en 381. Cette phrase désignerait les partisans des Wisigoths ariens et des Burgondes ariens dont la propagande entoure le roi des Francs, tandis que l'Italie aux mains des Ostrogoths de Théodoric et l'Afrique au pouvoir des Vandales sont, elles aussi, ariennes ! Certes cela est vrai, mais depuis saint Augustin et saint Jérôme les notions d'hérésie (choix erroné dans un dogme) et de schisme (séparation dans l'Église à propos de l'autorité qui finit par tomber dans l'hérésie) sont fort proches. Or, depuis 484, l'Église de Rome est en conflit avec celle de Constantinople à propos de l'hénotique promulgué par l'empereur, qui passe sous silence la notion de nature à propos de la définition de la Trinité. Ce schisme a duré jusqu'en 518. De plus, en novembre 498, un antipape, Laurent, a été élu contre le pape Symmaque. Ce deuxième schisme, dit laurentin, est soutenu plus ou moins ouvertement par Théodoric, roi des Ostrogoths, tandis que l'empereur Anastase, lui, ne fait rien contre l'hénotique, tout en prenant parti pour l'antipape Laurent. Il y a donc deux partisans des deux schismes, Théodoric et l'empereur Anastase. Or Avit a pris parti pour Symmaque, dans sa lettre (II, 34, p. 64) écrite à la fin de l'année 501 au nom de tous ses collègues gaulois. En bon théologien qu'il était, il avait dû prendre position dès le début du schisme. Par conséquent, cette lettre à Clovis serait postérieure à novembre 498, si l'évêque de Vienne entend comme « partisans des schismes » Théodoric et Anastase. On comprend que Clovis soit impressionné non seulement par l'unanimité des rois germaniques ariens, mais encore plus par les raisonnements spécieux du roi d'Italie, maître de Ravenne et de Rome, et de l'empereur d'Orient. Les « opinions variées » ne sont pas celles des ariens, puisqu'ils sont unanimes, depuis leur évangélisateur Ulfila en 360, à pratiquer la foi dans la formule homéenne (Christ semblable au Père, mais pas de même nature). Les débats sur l'arianisme sont donc « voilés » par les avis divergents sur l'absence du mot « nature » dans l'hénotique, ou la validité de l'élection d'un partisan, ou d'un adversaire d'un empereur qui ne dit ni oui ni non à cet édit. C'était à n'y rien comprendre. Clovis était probablement éberlué devant cette cacophonie politico-religieuse internationale. Le nom de chrétien était ainsi vidé de toute vérité.

Du coup, Avit avoue qu'il s'en est remis à Dieu, et même au Jugement dernier, pour faire triompher le sens intime de la vérité. Il ne lui restait plus que l'espérance. Elle ne l'a pas trahi puisque la Providence a désigné Clovis pour arbitre, afin de trancher le nœud gordien. Avit prend la décision de Clovis pour celle d'un juge, ce qui nous renvoie au vocabulaire de Remi dans la lettre précédente (*cf.* p. 387). C'est un président de tribunal qui rend « sa sentence » au monde romain. La foi de Clovis est donc bien la victoire des évêques catholiques, adeptes de la formule trinitaire de Nicée-Constantinople et fidèles de l'évêque de Rome. « Notre » victoire signifie aussi « notre victoire à nous évêques catholiques méridionaux vaincus, comme Sidoine Apollinaire, par les Wisigoths et soumis, comme Avit, au roi burgonde ». Cette victoire sur l'arianisme est inespérée, vu les efforts vains d'Avit lui-même. Les lignes 5 à 10 constituent un aparté douloureux pour l'évêque de Vienne. Le « certains » désigne évidemment le roi burgonde arien Gondebaud (473-516) qui n'a pas voulu se convertir. Il faudrait peut-être même y ajouter Sigismond, son fils, si le pluriel employé n'est pas un pluriel de majesté. Les occasions ne lui manquent pourtant pas, puisque « les exhortations des évêques », dont Avit en tête, sont là ; ils discutent sans cesse avec eux et leur envoient des lettres de démonstration théologique : I, 20, p. 54, 28, p. 60 et surtout XXX, p. 12. Le dialogue entre Gondebaud et Avit n'a pas réussi, comme le confirme Grégoire de Tours (*H.F.*, II, 34). Une autre solution eût été l'« entourage ». Il s'agit ici d'une allusion à ceux ou celles qui, dans la famille royale burgonde, sont catholiques.

En effet, depuis la publication par F. Dolbeau de la nouvelle édition de la *Vie de saint Marcel de Die* (*Francia*, 1983, pp. 97-129), il est évident que la reine Carétene est en fait l'épouse du roi Gondebaud et non point, comme le croyait Godefroid Kurth, l'épouse de Chilpéric et donc la mère de Clotilde (p. 265). Du coup, cette pieuse reine catholique que nous connaissons grâce à son épitaphe a tenté de jouer de son influence sur son époux. L'inscription, certainement rédigée par Avit (car elle comporte un tic littéraire qui lui est cher, le mot rare *jubar* (ici l. 45, qui est répété au premier vers) montre qu'elle a cherché à faire connaître « la vraie foi » à sa royale progéniture. Elle mourut en 506 à l'âge de cinquante ans et fut enterrée à Lyon dans la basilique Saint-Michel qu'elle avait fait construire. Les autres membres catholiques de la famille royale burgonde nous sont très mal connus. Le raisonnement qu'opposent Gondebaud et Sigismond à leur refus de croire est le suivant : « la coutume de leur peuple et le rite observé par leur père ». Pour Avit et pour ceux qui connaissaient l'histoire des Burgondes, cela paraît une excuse misérable. En effet, l'arianisme des Burgondes est beaucoup moins ancien que celui des Goths, qui date de 360. Un groupe de Burgondes, lors de la création de l'empire des Huns, vint traverser le Rhin pour se faire baptiser dans le rite catholique et ainsi leur échapper. Ce groupe s'est maintenu dans une partie de la famille royale : sans cette donnée, le catholicisme de Clotilde serait incompréhensible. De plus, les fouilles archéologiques en Bourgogne révèlent comme, à Monnet-la-Ville au début du Ve siècle, la présence de tombes à incinération. Par conséquent, les Burgondes comptaient parmi eux des païens. Quant à leur passage à l'arianisme, pour une autre partie d'entre eux, il faudrait alors le faire remonter au règne du roi Gondioc (456-470), le père de Gondebaud. Au total, le dogme arien n'était la coutume que d'une partie du peuple et cette coutume était récente. À moins que les rois burgondes ne soient de la même dynastie que celle d'Athanaric (†381), roi des Goths, déjà arien, selon Grégoire de Tours (*H. F.*, II, 4, 28). En ce cas, « la révérence envers leurs pères » serait un argument de poids et non point une futilité comme le dit Avit. Peut-être ignore-t-il cette généalogie, ce qui serait étonnant vu ses conversations avec Gondebaud, ou bien tout simplement estime-t-il qu'une décision de foi est un choix personnel. En ce cas, il a raison de dire « qu'ils ne savent pas ce qu'ils choisissent », puisqu'ils se contentent d'un choix que d'autres ont fait avant eux. Il y a là une différence de mentalité qu'Avit ne comprend pas : le Germanique raisonne en fonction de sa lignée qui constitue le peuple, le Romain chrétien en fonction d'une décision qui lie chacun à son dieu.

L'argument de la lignée royale est en fait capital. Avit l'a bien compris et il retourne au cas de Clovis (l. 3 à 35) qui, lui, n'a pas tenu compte de sa *stirps*, de sa généalogie princière, appelée plus tard mérovingienne. Mais ici Avit est gêné. Autant il balaie d'un revers de main le lignage royal burgondo-gothique, autant il gonfle, pour que son raisonnement soit convaincant, l'importance de cette famille : « antique origine », « haut rang », « fondateurs », puis piteusement « bisaïeux » ! Qu'en est-il en réalité ? Grégoire de Tours avoue que, dans sa recherche des rois francs (*H. F.*, II, 9), « on les ignore », « on ne les a pas nommés », alors que la généalogie gothique remonte au Ier siècle après J.-C. ! Pourquoi cette ignorance ? Parce que, au contraire des Germaniques orientaux (Goths, Burgondes, Vandales, etc.), les Germaniques occidentaux et les Francs en particulier sont un peuple récent qui apparaît au IIIe siècle ap. J.-C. Leur dynastie l'est donc aussi : nous connaissons tout juste Childéric, père de Clovis, Mérovée son grand-père et Chlodion son bisaïeul, cité par Sidoine Apollinaire (*Pan.*, V, 212). Avit dit donc bien à juste titre que Clovis est à la hauteur de ses bisaïeux *(pro avis)* mais c'est bien peu de chose par rapport aux quatorze générations des Amales gothiques : quatre seulement ! C'est pourquoi Avit ajoute qu'en réalité Clovis est le véritable fondateur de sa dynastie. C'est lui qui inaugure une nouveauté radicale. S'il a déjà des fondateurs sur terre, il sera plus tard, après sa mort, considéré comme le véritable fondateur. Le ton d'Avit est ici prophétique. Et ce n'est pas une prophétie *ex eventu* puisque le texte est contemporain de l'événement.

Après la comparaison avec Gondebaud et le problème germanique des lignages ancestraux, Avit passe alors à un véritable parallèle entre le roi des Francs et l'Empire romain d'Orient. Depuis 476, année de la chute de l'Empire d'Occident, l'empereur qui siège à Constantinople se considère comme le seul et unique empereur sur tout l'Orient et l'Occident. C'est lui en particulier qui feint de considérer les rois germaniques de l'Occident comme ses subordonnés et leur distribue grades et dignités romains. Le lecteur remarquera là encore le choix des mots fait par Avit. Il ne dit pas empereur mais *princeps*, qui est effectivement, surtout dans le vocabulaire juridique et politique, le titre officiel réservé à l'empereur (l. 40). Il ne dit pas Orient, mais Grèce. Avit sait de quoi il parle, puisqu'il connaît le grec (lettre à Gondebaud dans *Contra eutychianam haeresim*, II, p. 22) et qu'il lui arrive même de qualifier l'empereur d'Orient de « roi de l'Orient » *(rex Orientis)*, ce qui est une manière de le dégrader. S'il dit Grèce, il veut ainsi rejoindre le sentiment commun des élites intellectuelles de son époque, qui déjà considéraient la différence linguistique entre Latins et Grecs comme un obstacle à l'unité impériale et religieuse (à cause des débats théologiques sur la Trinité où l'incompréhension linguistique a joué un grand rôle). Lorsque l'Orient avait désigné un empereur pour l'Occident, Anthémius (467-472), malgré le fait que Sidoine Apollinaire eût composé son panégyrique, celui-là n'en fut pas moins considéré comme un empereur grec. Le terme est donc en fait plus ou moins méprisant sous la plume d'Avit.

Or il ajoute un compliment : la Grèce a élu un empereur catholique. Qu'est-ce à dire ? Zénon (474-491), après de multiples péripéties, s'était débarrassé de Théodoric, roi des Ostrogoths, allié dangereux, en l'envoyant occuper l'Italie, puis avait promulgué l'hénotique pour se rallier les monophysites, ce qui avait entraîné en juillet 484 le schisme acacien avec Rome. Aussi ce fut un soulagement pour l'Église lorsque l'on apprit que le nouvel empereur Anastase (491-518) avait formellement rédigé une profession de foi de sa propre main dans laquelle, et c'était la première fois qu'un empereur le faisait, il s'engageait devant le patriarche de Constantinople à respecter le concile de Chalcédoine. Ce vieillard ascète de soixante ans était donc des « nôtres », comme le dit Avit. En réalité, il était secrètement monophysite, partisan des thèses d'Eutychès condamnées en 451 par le concile œcuménique de

Chalcédoine. Avit connaissait cette hérésie, mais confondait les erreurs d'Eutychès avec celles de Nestorius. À la date où il envoie cette lettre à Clovis, il considère donc toujours qu'Anastase est catholique. Durant l'été 496, Anastase parvint à faire déposer le patriarche Euphemius pour intelligences avec l'ennemi. Puis les manœuvres ambiguës de cet empereur cryptomonophysite provoquèrent une opposition radicale du pape Gélase (492-498), tandis que son successeur Anastase II adopta une position plus conciliante. Les évêques de Gaule, mal informés, partageaient cette position (lettre de Gélase à Rusticus de Lyon) mais le clergé de Rome, lui, était au bord de la révolte, lorsque mourut Anastase II le 19 novembre 498. Ainsi fut élu, et nous rejoignons le début de cette lettre, le pape Symmaque, partisan de la majorité, adversaire des faux-semblants, et Laurent l'antipape, favorable à l'antichalcédonisme d'Anastase l'empereur. Si la situation fut claire à Rome à partir de novembre 498 avec l'existence d'un deuxième schisme, elle continua de rester floue à Constantinople jusqu'au mois d'avril 505, date à partir de laquelle l'empereur leva le masque et engagea le combat monophysite contre les chalcédoniens. À ce moment-là, Avit ne pouvait plus avoir d'illusions. Donc sa lettre ne peut pas avoir été écrite après cette date de 505.

Puisque, dit Avit, la « clarté » catholique illumine, au moment où cette lettre est écrite, la Grèce, elle illumine aussi maintenant « l'Occident ». Avit utilise même le terme *orbis*, ce qui désigne le monde entier. La clarté du baptême de Clovis va donc au-delà de la partie ex-romaine de l'Empire, elle couvre même l'Orient. Avit raisonne au niveau d'un universalisme romain catholique : « ton monde », « ton empire ». Le royaume de Clovis se voit donc présenté, par cette phrase, comme un lieu de réintégration de l'empire qui s'en était comme enfui en 476. Cette récupération de l'empire du monde par le royaume des Francs est doublée par une gloire, sous-entendu celle du Christ. Ici Avit répète deux fois, volontairement, *non novi*. Cette double répétition de négations a pour but d'accentuer le parallèle entre le Christ et le roi. La gloire du Christ n'est pas nouvelle puisqu'elle existe déjà éternellement dans le Père, mais en même temps elle est nouvelle, donc historique, à partir de la date de la résurrection du Christ. Donc Avit ne pouvait pas écrire : une gloire antique. En sens inverse, il ne pouvait pas écrire que Clovis était un roi récent quant à sa dynastie, ce qui était pourtant vrai, car il aurait ainsi manqué de diplomatie à son égard. Donc, la litote « pas nouveau » était plus juste historiquement et plus forte symboliquement. Il s'agit pour Avit de raccorder directement Clovis au Christ.

Ce qui l'amène logiquement au baptême. Les lignes 51 à 59 insistent sur le choix du jour où eut lieu cette cérémonie : Noël. Avit a raison, car cela est exceptionnel. Depuis longtemps, le baptême des adultes avait lieu une fois par an, la nuit de Pâques. Or, pour Clovis, une exception a été faite : son baptême s'est déroulé la nuit de Noël (l. 52). Pourquoi ? D'abord à cause de la signification du baptême : l'eau, symbole de vie et de naissance dans la foi chrétienne, est le signe d'une autre naissance, à la vie divine et éternelle. Le baptême est anticipation de la résurrection et c'est pourquoi la nuit de Pâques s'imposait pour signifier cette re-naissance, cette seconde naissance, définitive, à la vie éternelle. Le jour de Noël, anniversaire de la naissance de Jésus, avait été choisi au début du IVe siècle pour effacer la fête de l'empereur divinisé qu'avait créée Aurélien. Celui-ci avait fixé au 25 décembre le *Natalis Invicti*, naissance du soleil (c'est-à-dire de l'empereur) invaincu. L'Église, en mettant le Christ à la place de l'empereur, signifie par là qui est le vrai « maître du ciel » (l. 51). Ce n'est point le soleil, un dieu païen. Le parallèle entre le Christ et Clovis insiste donc sur l'identité de leur naissance, l'un au monde, l'autre à la foi. Histoire sacrée et histoire profane se recoupent. On a donc fait un choix exceptionnel pour le jour du baptême de Clovis. Cela m'incite, outre la signification eschatologique de cette date – une nouvelle naissance pour un autre monde que l'ancien – à poser une autre question : n'a-t-on pas voulu signifier par là que, si le monde romain est tombé, quelque chose d'autre va naître ? La réponse ne peut être trouvée dans ce texte, mais la suite incite à garder cette interrogation en tête.

Au paragraphe suivant, Avit décrit la cérémonie du baptême selon la liturgie de l'époque qui consistait à plonger nu le futur néophyte dans une piscine octogonale, au moins jusqu'à la ceinture, si ce n'est plus. Le symbolisme de l'eau régénératrice n'en était que plus fort. Mais Avit ajoute qu'il n'a pas pu venir et être « physiquement parmi les ministres ». Il avait donc été invité ? Certainement, puisqu'il dit un peu plus loin par un chiasme bizarre que « la main multiple des évêques rassemblés [...] ranimait les membres du roi ». Remi n'était donc point le seul évêque à baptiser. D'autres évêques étaient là aussi. À jour exceptionnel présences exceptionnelles. Mais, parmi les invités, certains ne purent se déplacer. Si Avit n'a pu venir, il n'y a qu'une explication. Un évêque qui passait son temps à vouloir convertir un roi arien ne pouvait qu'être joyeux d'accourir au baptême catholique d'un autre roi. Mais les rois ariens, qui considéraient leurs fonctionnaires civils ou religieux d'obédience catholique comme des traîtres en puissance, n'allaient pas leur donner l'autorisation de se rendre chez un rival, Clovis, animé de mauvaises intentions à leur égard. Ce soupçon a pesé sur Apollinaire, fils de Sidoine en Aquitaine wisigothique, comme le prouve une lettre d'Avit (22, p. 56 et 45, p. 79) qui le console de sa déception, et sur Césaire d'Arles en territoire burgonde lors du siège d'Arles. Il y a donc fort à parier que furent présents sur le lieu du baptême uniquement les évêques dont les ressorts étaient situés au nord de la Loire et de Langres.

On comprend alors qu'Avit dise comment il imagine la scène. Il s'y est d'autant plus préparé que Clovis lui a envoyé une lettre l'avertissant qu'il devenait catéchumène (l. 67). Il s'agit ici, après la première démarche écrite à long terme *(audientes)*, de la deuxième démarche écrite du catéchumène *(competentes)*, lequel, une fois instruit, demande officiellement le baptême. Elle comportait quarante jours d'instructions se terminant par l'explication du Symbole des apôtres (le Je crois en Dieu), résumé de la foi catholique avec en particulier l'affirmation antiarienne : « Je crois en Jésus-Christ [...] engendré et non pas créé ». Avit, qui connaît la liturgie du baptême par cœur, en décrit ici trois stades : les évêques, de leur main (on comprend alors ici le rôle du singulier), font advenir par trois fois le Père, le Fils, l'Esprit sur les membres du catéchumène plongé dans « l'onde salvifique » (l. 75). Le deuxième temps est l'onction par l'huile sainte (chrême) sur les mains et la tête. Elle signifie le don du Saint-Esprit (la confirmation, comme on dira plus tard), et fait du baptisé, comme l'athlète enduit d'embrocation, un soldat ou un champion de Dieu. Cela explique qu'Avit en profite pour faire allusion à la longue chevelure des *reges criniti* (rois à crinière) qu'étaient les Mérovingiens. Elle n'en sera que plus débordante de force avec ce casque spirituel (l. 79). Enfin, l'abandon du casque et de la cuirasse, autres symboles de forces païennes, permet de revêtir la robe blanche du baptisé. Celle-ci signifie la ressemblance avec le Christ transfiguré, l'intégrité retrouvée du corps paradisiaque. Avit en profite pour créer une opposition entre la rigidité des armes et l'apparente mollesse de ce vêtement, puisque les unes protègent de la mort, mais l'autre donne la vie. Désormais Clovis est passé d'un monde à l'autre : celui de la *felicitas*, bonheur terrestre procuré par les dieux païens (l. 87), conformément au destin, à celui de la *sanctitas*, divinisation et transformation progressive de l'homme par Dieu qu'il a accepté de faire venir en lui. Avit oppose ici le monde païen de la fatalité au monde chrétien de la liberté.

Reste alors l'avenir. Et Avit a son programme, qu'il expose dans le dernier paragraphe. Le vocabulaire homélitique et parénétique d'Avit est là encore d'une haute précision intellectuelle. Il se pose d'abord la question de savoir que lui prêcher, étant donné que Clovis n'a plus rien à apprendre, tant au niveau de la connaissance (désigné par *scientia*) acquise lors de la première phase du catéchuménat qu'à celui des pratiques et des liturgies (au sens où l'on parlait au XVIIe siècle de la sainte observance), connues lors de la deuxième phase du catéchuménat. Impossible de lui prêcher la foi maintenant qu'il est baptisé *(perfectus)*, ni l'humilité à l'égard des évêques, puisqu'il la pratiquait avant son baptême. Cela donne une particulière importance à la première lettre de Remi (*cf.* document I, p. 387) qui inaugure ces relations. Clovis a donc été continuellement dès le début de son règne en relation déférente avec l'épiscopat. Tout cela est clair, mais le plus étonnant est que Clovis a reçu la foi, avant son baptême *(ante perfectionem)*, « sans prédicateur ». G. Kurth (p. 315, 316) n'a pas l'air étonné devant une telle affirmation parce qu'il a traduit *perfectio* par conversion. Cela est impossible. Dans la Vulgate le terme *perfectio* (Col. 3, 14) signifie l'acheminement vers l'amour de Dieu.

Au ve siècle le terme *conversio* est même accaparé par le vocabulaire monastique et mystique au point de désigner chez un baptisé la découverte personnelle de Dieu. D'où l'opposition entre chrétiens *saeculares* (vivant dans le siècle) et chrétiens *conversi* (ayant changé l'orientation de leur vie). Avit a donc voulu dire que Clovis a reçu la foi tout seul. Mieux encore, qu'il l'a « vue » ! Ainsi s'agit-il d'une illumination, d'une vision, intérieure ou extérieure, on ne sait. Point de prédicateur en cela. Les témoignages de Grégoire de Tours sur le rôle actif de Clotilde ou de Remi ne peuvent ici être acceptés. Il s'est passé chez Clovis quelque chose, sur le plan religieux, de totalement indépendant des acteurs contemporains. C'est une découverte personnelle. En ce cas, si ce que dit plus tard Grégoire de Tours (*H.F.*, 2) sur le rôle de Clotilde et de Remi doit être minimisé, il faut en revanche accorder plus d'importance à une « vision » ou une « illumination » de Clovis sur le champ de bataille de Tolbiac face aux Alamans ou ailleurs, à Saint-Martin de Tours. Sinon, l'expression d'Avit « une foi vue sans prédicateur » est incompréhensible.

Comme par hasard, ou plutôt à mon avis par une association de pensée parfaitement logique, Avit souligne ensuite qu'il n'a pas besoin de lui enseigner la miséricorde, puisqu'il vient de libérer « un peuple récemment captif » : il est évident qu'il faut reconnaître en ce peuple celui des Alamans battu à Tolbiac en 496, selon Grégoire de Tours. Sinon, lequel serait-ce ? Les Thuringiens soumis en 491 ? Le « récemment » ne peut leur être appliqué. Cette allusion renforce donc les dires de Grégoire de Tours ; mais, en même temps, la lettre d'Avit est écrite au maximum trois à quatre ans après 496. Passé un lustre (cinq ans), un auteur latin n'utiliserait plus le terme « récent ».

Après un programme qui ressemble un peu à celui de Remi pour Clovis dans la lettre précédente, Avit en vient à ce qui lui tient le plus à cœur. On pourrait croire qu'il s'agit de la conversion des ariens au catholicisme. Point du tout, car il les estime « corrompus par les germes des dogmes mauvais » (l. 108). Comme il disait au début de sa lettre, il s'en remet ici à Dieu. En revanche, il lui fixe comme objectif de rendre catholique tout son peuple (l. 105). Ainsi, après le baptême de Clovis, les Francs sont toujours païens. Affirmation capitale qui renverse tout ce que l'on a pu dire sur le baptême du roi qui aurait été en même temps celui des Francs. Le peuple n'a pas suivi son roi. C'est donc au roi qu'appartient la possibilité de convaincre son peuple. On ne saurait être plus clair. De même l'invitation à s'adjoindre « des peuples plus éloignés » concerne les tribus des rives du Rhin, Ripuaires (ou Rhénans), Alamans, Thuringiens, Warnes, Hérules, etc. Clovis fera alors contrepoids, avec plusieurs peuples catholiques, aux peuples ariens. Enfin et bien que la phrase ne soit pas terminée, par suite de l'erreur du scribe citée plus haut, Avit propose une évangélisation des peuples païens, non point par conquête militaire mais par le biais d'ambassades. Ainsi, chaque peuple subsistera et son catholicisme ne sera pas la propriété d'un prince. Pas d'Église d'État comme chez les ariens, mais un royaume où rois et évêques coopèrent pour étendre la foi chrétienne. C'est sur cette espérance que s'arrête brusquement cette lettre d'Avit.

Il est temps maintenant, après ce trop long commentaire rendu nécessaire par le style d'Avit, d'en tirer les enseignements essentiels. Pour la date de la lettre, contemporaine du baptême, la solution s'impose : elle ne peut avoir été écrite qu'après novembre 498, avant avril 505, peut-être encore plus précisément entre 498 et 500, à cause du désastre « récent » des Alamans. Ce baptême a eu lieu, à titre exceptionnel, un 25 décembre.

Sur le fond, cette lettre dont tous les mots sont calculés et travaillés, au point de confiner à l'hermétisme pour les non initiés, est un monument de haute intellectualité parce que Avit a voulu que l'œuvre littéraire soit à la hauteur de l'événement qu'il perçoit comme unique, puisque désormais en Occident, face à cinq rois ariens, un seul est catholique romain. L'événement est d'autant plus extraordinaire qu'il se superpose à deux schismes. En bonne logique, Clovis aurait dû choisir l'arianisme, puisque cette hérésie était au pouvoir partout. Or il a pris une décision inespérée, par comparaison avec Gondebaud et son fils qui tergiversent. L'obstacle à la conversion est la famille royale. Mais il n'en a pas été un chez Clovis, qui a décidé en fait d'être son propre fondateur. Pour Avit, ce choix le met au-dessus de l'Empire romain d'Orient, d'Anastase et de Théodoric. Il n'y a en Occident qu'un seul roi chrétien « vrai » dont le baptême a été fixé à une date exceptionnelle par l'épiscopat catholique libre, puisque Avit, lui, a été empêché de venir. La cérémonie a fait du roi un autre homme. Il n'a plus rien à apprendre des évêques, d'autant plus que sa décision personnelle est le résultat d'une intuition qui lui est propre, ni dans le domaine des connaissances religieuses, ni dans celui de la miséricorde puisqu'il vient de libérer les Alamans. Il ne lui reste qu'à convertir les Francs et les autres païens. Comme on le voit, l'interprétation théologique de l'histoire n'empêche pas Avit de nous donner de précieux renseignements historiques cueillis « à chaud », quelque temps après le baptême proprement dit. Il faudra ne pas les oublier pour comprendre les autres documents qui vont suivre.

IV. Au roi des Francs Luduin, Théodoric roi *
et
À Boèce, patrice, Théodoric roi **

Lvdvin Regi Francorvm Theodericvs Rex

GLORIOSA quidem uestrae uirtutis affinitate gratulamur, quod gentem Francorum prisca aetate residem feliciter in noua proelia concitastis et Alamannicos populos causis fortioribus inclinatos uictrici dextera subdidistis. Sed quoniam semper in auctoribus perfidiae resecabilis uidetur excessus nec primariorum plectibilis culpa omnium debet esse uindicta, motus uestros in fessas reliquias temperate, quia iure gratiae merentur euadere, quos ad parentum uestrorum defensionem respicitis confugisse. Estote illis remissi, qui nostris finibus celantur exterriti. Memorabilis triumphus est Alamannum acerrimum sic expauisse, ut tibi eum cogas de uitae munere supplicare. Sufficiat illum regem cum gentis cecidisse superbia : sufficiat innumerabilem nationem partim ferro, partim

Nous nous réjouissons certes de la parenté par alliance qui nous lie à votre courage, d'autant plus que vous avez poussé heureusement le peuple des Francs, stable depuis longtemps, à de nouveaux combats et que vous avez soumis d'une main victorieuse les peuples alamans abattus par des chocs plus courageux. Mais puisqu'il est toujours évident que l'excès de perfidie doit être retranché sur leurs auteurs et que la faute punissable des chefs ne doit pas être vengée sur tous, modérez vos coups sur les survivants épuisés. Considérez, puisqu'ils ont mérité de se réfugier sous le droit de la grâce, qu'ils se sont mis sous la protection de vos parents. Soyez clément pour ceux qui se sont cachés terrifiés à l'intérieur de nos frontières. C'est un mémorable triomphe que d'avoir terrorisé le farouche Alaman au point que tu l'aies poussé à te supplier de t'accorder le cadeau de la vie. Qu'il te suffise qu'avec leur roi soit tombé l'orgueil de

---

* *Magni Aurelii Cassiodori, Variarum libri XII*, cd A, J. Fridh, Corpus Christianorum, Turnhout, t. XCVI, 1973, II, 41, pp. 91-92.

** *Ibid.*, 40, p. 87.

seruitio subiugatam. Nam si cum reliquis confligis, adhuc cunctos superasse non crederis. Accipe in talibus causis frequenter expertum : illa mihi feliciter bella prove-nerunt, quae moderato fine peracta sunt. Is enim vincit assidue qui nouit omnia temperare, dum iucunda prosperitas illis potius blanditur, qui austeritate nimia non rigescunt. Cede itaque suauiter genio nostro, quod sibi gentilitas communi remittere consueuit exemplo. Sic enim fit, ut et meis petitionibus satisfecisse uideamini nec sitis solliciti ex illa parte, quam ad nos cognoscitis pertinere. Quocirca salutantes honore et affectione, qua dignum est, illum et illum legatos nostros ad excellentiam uestram consueta caritate direximus, per quos et sospitatis uestrae indicium et speratae petitionis consequamur effectum. Quaedam uero, quae ad nos pro uestris utilitatibus peruenerunt, per harum portitores uerbo uobis insinuanda commisimus, ut cautiores effecti optata possitis uictoria constanter expleri. Vestra siquidem salus nostra gloria est et totiens regnum Italiae proficere iudicamus, quotiens de uobis laeta cognoscimus. Citharoedum etiam arte sua doctum pariter destinauimus expetitum, qui ore manibusque consona uoce cantando gloriam uestrae potestatis oblectet : quem ideo fore credimus gratum, quia uos eum iudicastis magnopere dirigendum.

leur peuple, qu'il te suffise que cette innombrable nation ait été en partie exterminée par le fer, en partie réduite en esclavage. En effet si tu te bats avec les survivants, on croira que tu ne les as pas tous dominés. Reçois ma fréquente expérience en de tels cas : les guerres les plus heureuses pour moi par leur issue furent celles qui se terminèrent par la modération que je m'étais fixée comme but. En effet, celui-là est toujours régulièrement vainqueur qui sait tout tempérer, tandis que la prospérité flatte plutôt ceux qui ne se raidissent pas trop dans la sévérité. C'est pourquoi accorde gracieusement à notre inspiration ce qu'il est habituel selon l'exemple commun de se rendre entre troupes barbares romaines. Ainsi, vous ne paraîtrez point avoir satisfait à nos demandes et vous ne serez point inquiété du côté des territoires dont vous savez qu'ils nous appartiennent.

En conséquence, en vous saluant avec l'honneur et l'affection que vous méritez, nous envoyons avec notre amour habituel à Votre Excellence nos ambassadeurs Untel et Untel grâce auxquels nous atteindrons la marque de votre grâce et le résultat de notre demande pleine d'espoir. Quant à ces lettres qui nous sont parvenues pour votre utilité, nous les avons confiées à ces messagers pour qu'ils vous en parlent de vive voix, afin que rendu plus prudent par la victoire désirée vous puissiez accomplir tout fermement. Comme votre salut est notre gloire, nous considérons que, chaque fois que nous apprenons un bonheur vous concernant, cela est un bien pour le royaume d'Italie. Nous vous expédions en même temps un citharède expert en son art qui vous charmera en chantant la gloire de votre puissance, par la bouche et les mains, d'une voix harmonieuse. Nous croyons que cela vous sera agréable puisque vous avez insisté pour qu'il vous soit envoyé.

Boethio patricio,
Theodericus Rex.

À Boèce, patrice, Théodoric roi

Cum rex Francorum convivii nostri fama pellectus a nobis citharoedum magnis precibus expetisset, sola ratione complendum esse promisimus, quod te eruditionis musicam peritum esse noveramus.

Comme le roi des Francs séduit par la renommée de nos festins nous a demandé avec force prières un citharède, nous lui avons promis d'accomplir cela à l'unique condition que tu le choisisses, car nous connaissons ton expérience en matière de science musicale...

Commentaire

Parmi les documents contemporains, après la lettre d'Avit, vient au premier rang l'ensemble des cinq lettres adressées à divers souverains par Théodoric roi des Ostrogoths. Celle-ci félicite Clovis de sa victoire sur les Alamans et lui demande de ne pas accabler les survivants. Il lui envoie les ambassadeurs pour accorder ce qu'il est habituel de négocier entre troupes romaines barbares, ainsi qu'un citharède.

Dès le départ, aucune date ne peut être inférée de la lecture de cette lettre. Je repousse donc ce problème à la fin. Mais l'époque et les protagonistes peuvent être délimités, ainsi que l'auteur. Nous sommes sous les règnes parallèles de Clovis et de Théodoric (né en 451, roi d'Italie de 493 à 526). Ce dernier est un roi des Ostrogoths de la célèbre famille des Amales. Nous avons vu que son peuple, allié à l'Empire (fédéré), était devenu tellement dangereux pour Constantinople que l'empereur Zénon s'était débarrassé de lui en l'envoyant conquérir l'Italie pour en éliminer Odoacre, roi des Skires et des Turkilingues, chef de la dernière armée romaine d'Occident. Cela fut fait de 488 à 493. Théodoric, qui a été élevé à Constantinople, a reçu une éducation classique. Il est officiellement consul en 483, généralissime pour l'Italie au nom de l'empereur avec ses troupes ostrogothiques « fédérées », dont il est en même temps roi. Ainsi s'explique son titre dans l'en-tête de la lettre. Délégué de l'empereur en Occident, il se considère comme appelé à faire l'unité de cette zone : « Nous ne croyons pas, dit-il à l'empereur, que vous supportiez qu'entre les deux empires [*Res publicas*], dont on sait qu'ils ont toujours fait un seul corps sous les anciens empereurs, puisse y demeurer une quelconque discorde» (*Variae*, I, 1, pp. 9-10). Il en résulte chez lui une aspiration à dominer les royaumes germaniques d'Occident et à leur imposer sa loi. Homme de double culture, romaine et germanique, il ne renonce en rien à sa foi arienne qui est pour lui la condition *sine qua non* du maintien de son peuple ostrogoth. La solution qu'il préconise est une cohabitation séparée de chacune des deux populations, romaine et gothique, grâce à des négociations. Maître unique de son armée, il peut ainsi susciter des collaborations parmi les élites romaines civiles qui peuvent alors gouverner leurs compatriotes.

La réussite de cette politique est précisément donnée par l'auteur des lettres qui vont suivre, Cassiodore. Dans une Italie où la civilisation romaine est restée presque intacte, Magnus Flavius Aurelius Cassiodorus naquit entre 485 et 490 d'une famille sénatoriale de haut rang habituée aux grandes charges politiques. Très jeune, il prononça un panégyrique en l'honneur de Théodoric, ce qui lui valut la charge de questeur qu'il exerça d'environ 507 jusqu'en 511. En 514 il fut consul, en 523 *magister officiorum* (responsable des bureaux) et en 533 préfet du prétoire. Ce *cursus honorum* classique fut brisé par la guerre entre l'empire de Justinien et les Goths à partir de 536. Jusque-là, Cassiodore a cru sincèrement, malgré sa foi catholique, que l'entente entre les Romains et les Barbares était possible. Il s'est fait le serviteur sincère et loyal de Théodoric pour faire réussir sa politique. Toutes les lettres qui suivent sont donc l'expression de la faveur de l'auteur envers le roi qui l'inspire ; alors que les lettres de Remi et d'Avit sont du côté de Clovis, celles de Cassiodore sont en fait contre Clovis.

En effet, notre auteur a recueilli toute la correspondance diplomatique dont il était l'écrivain public dans un livre publié en 537 et appelé *Variae*, en douze livres ; ce titre indique qu'il a écrit en «un style varié à des personnes variées» des documents officiels destinés à les convaincre en tenant compte de leur mentalité. Hautement diplomatiques et recherchés quant à l'expression stylistique, ils ont pour but non point, comme chez Avit, l'expression de vérités profondes, mais la *captatio benevolentiae* par des allusions et des semi-vérités qui ne blessent point la sensibilité du destinataire ; l'estocade finale est alors souvent une menace voilée, ou une promesse alléchante. Excellent historien (*Chronique*, *Histoire des Goths* résumée par Jordanès, *cf.* plus loin, document XVI, p. 512), Cassiodore passa ensuite par une véritable conversion, au sens monastique du terme, c'est-à-dire à la dimension personnelle de la foi. Il changea du tout au tout dans sa vision politique du monde. Devenu soutien du pape, fondateur d'une culture romaine et chrétienne, il mourut presque centenaire dans son monastère de Vivarium en Calabre vers 580. Il y a donc deux Cassiodore, l'un avant

537, âgé d'une vingtaine d'années lorsqu'il écrit pour Théodoric, l'autre après. C'est le premier qui nous intéresse dans l'explication de cette correspondance diplomatique.

Passons rapidement sur la forme italienne du nom du roi Clovis, Luduin, qui prouve que les gosiers latins sont incapables de prononcer ce nom germanique avec la prononciation palatale sourde du phonème *chl* et venons-en à la première phrase qui entre directement dans le sujet. Théodoric félicite Clovis. Pour quelle raison ? Parce qu'il lui est lié par mariage *(affinitas)*. Théodoric a en effet épousé la sœur du roi des Francs Audoflède (ou Augoflède d'après l'Anonyme de Valois, p. 322). Cette parenté par alliance est interprétée de manière typiquement germanique par Théodoric. Il vit dans un système de parentèle (famille large) où les femmes sont « épousées » comme gages de paix *(friedlehen)* afin de créer des alliances charnelles indestructibles. La victoire du parent par alliance est donc la sienne, ce qui laisse supposer dans la mentalité germanique que la princesse Audoflède a, en quelque sorte, légué par privilège matrilinéaire l'autorité sur les Mérovingiens aux Amales.

Théodoric voit donc rejaillir sur lui la gloire des combats de Clovis sur les Alamans. Ces peuples sont indiqués au pluriel (l. 6) au contraire du peuple des Francs. En effet, comme leur nom l'indique *(alle Männer)*, les Alamans sont des Germaniques occidentaux, de toute tribu et origine, qui se regroupèrent constamment entre Rhin et Danube à partir du IIIe siècle. Leurs alternances de victoires et de défaites devant les Romains ont fait que leurs rois sont mal connus et leur expansion irrégulière. Ici Cassiodore (ou Théodoric, comme on voudra) précise que les Francs (l. 5) leur livrent « de nouveaux combats » alors que le peuple était « stable depuis longtemps ». Cela renvoie à la soumission des Alamans par Clovis en 496 et à la grâce de la liberté que Clovis leur fit (*cf.* lettre d'Avit, p. 409). Il s'agit donc d'une deuxième campagne contre les Alamans.

La phrase suivante confirme l'existence de deux campagnes de Clovis contre les Alamans : « l'excès de perfidie » (l. 9) signifie que les Alamans, après avoir prêté leur foi *(fides)* à Clovis une première fois, l'ont ensuite rompue *(per-fidia)* une deuxième fois et cela avec un tel excès qu'il est normal que Clovis ait exécuté leurs responsables ou chefs. Il s'agit d'une *vindicta,* d'une vengeance, au sens germanique du terme (l. 11-12), c'est-à-dire d'une punition pour outrage, trahison, etc. Si, pour Théodoric, Clovis a eu raison de se venger, sa tâche s'arrête là. À partir du moment où le roi des Francs continue à se venger sur le peuple ou plutôt sur les survivants terrifiés (c'est-à-dire qu'il massacre tous les hommes et réduit femmes et enfants en esclavage, *cf.* l. 25), il faut qu'il s'arrête, pour trois raisons. En se réfugiant sur le territoire de Théodoric, les Alamans sont « sous le droit de la grâce » et sous la protection de la famille des Amales, ses « parents ». Autrement dit, ils lui appartiennent. Théodoric ne manque pas d'aplomb en s'appropriant les débris du peuple alaman, d'autant plus qu'il sait qu'ils ont constamment tenté de franchir le Danube pour s'installer en Rhétie et en Norique (Bavière et Autriche actuelles) du temps de son prédécesseur Odoacre (cf. *Vie de saint Séverin*). Deuxième raison : la modération, car c'est le seul moyen de trouver une issue heureuse. Or Clovis en a usé, puisque la fois précédente, il les a libérés de l'esclavage ! Sa modération n'a point été payante. Troisième raison : « mémorable triomphe », leur roi a été tué. Sous-entendu : ils n'ont plus aucun rival à t'opposer, leur capacité de révolte est amoindrie puisqu'ils te demandent la vie. Là encore, le raisonnement est spécieux, car ceux qui ont provoqué la révolte postérieure à 496 et qui ont été décapités *(resecabilis)* n'avaient plus de roi. « L'orgueil du peuple » n'était donc point tombé avec leur roi en 496. Reste enfin une quatrième raison que Théodoric se garde bien de dire : si le peuple alaman est massacré, c'est un peuple tampon entre la Gaule et l'Italie qui va disparaître. Clovis et Théodoric vont se trouver face à face. Ce dernier cherche donc à s'emparer, et c'est son intérêt, des survivants.

Effectivement, Théodoric, par une autre lettre (III, 50, pp. 132-133), s'empresse d'ordonner aux *provinciales* romains du Norique d'échanger leurs attelages de bœufs plus petits avec ceux des Alamans plus grands (peut-être s'agissait-il d'espèces sauvages proches de l'aurochs), donc plus chers, mais épuisés par la longueur du chemin que les fuyards ont suivi depuis leur territoire au-delà du Rhin. Chacun y gagnera financièrement et qualitativement. Nous savons par un autre témoignage contemporain, le panégyrique de Théodoric d'Ennode de Pavie prononcé entre 504 et 508, que ces Alamans furent installés dans le Latium.

Les demandes de Théodoric à Clovis *(petitiones)* sont donc devinables (l. 39). Gracier les Alamans et ne pas les poursuivre au-delà de la rive droite du Danube « du côté des territoires dont vous savez qu'ils nous appartiennent », c'est-à-dire le Norique. Quant à ceux qui sont restés en territoire alaman et ailleurs, Théodoric les lui abandonne sans le dire. Bref, partageons. Vient alors le clin d'œil complice : il est habituel de se faire ce genre de cadeaux « entre troupes barbares romaines » (l. 36-37). Je traduis ici *gentilitas* par cette expression utilisée dans le Code théodosien pour désigner les soldats germaniques alliés de Rome et considérés officiellement et juridiquement comme des troupes romaines, même si le *jus connubium* (le droit de se marier avec des citoyens romains) leur est refusé depuis 370. D'ailleurs, Théodoric, lui aussi, maintient cette interdiction. Il sait donc avec Cassiodore de quoi il parle techniquement. Ostrogoths et Francs sont officiellement des troupes romaines. Alors, entre confrères...

Mais Théodoric ne se contente pas du compagnonnage militaire. Il rappelle que tout cela doit se passer en famille *(consueta caritas)* comme il se doit entre parents qui s'aiment. D'ailleurs, ses ambassadeurs lui confieront de vive voix ce que certains n'auraient pu lire entre les lignes. Ils doivent rapporter la réponse que nous ne connaissons en rien par des documents postérieurs. Ils seront accompagnés d'un citharède, c'est-à-dire d'un joueur de harpe à trois cordes capable de composer et de chanter des poèmes épiques tels que les aimaient les Germaniques. Clovis le lui avait réclamé. D'ailleurs, la lettre précédente, adressée au célèbre patrice Boèce, le dernier grand philosophe romain, le prouve : « Comme le roi des Francs, séduit par la renommée de nos festins, nous a demandé avec force prières un citharède, nous lui avons promis cela à l'unique condition que tu le choisisses, car nous connaissons ton expérience en matière de science musicale. » Donc il s'agit de grands banquets où le chantre du roi célèbre ses exploits. Cela vérifie ce que Kurth et bien d'autres ont démontré : à savoir l'existence d'une littérature germanique orale historico-épique destinée à faire la propagande des grands rois. Si Théodoric est ainsi devenu Dietrich de Berne dans l'épopée, il ne nous est rien resté ou presque de ce que ce citharède composa pour Clovis. Tout cela prouve que nous sommes entre grands guerriers germaniques, dans une atmosphère qui n'est plus romaine. Mais c'est là toute l'habileté de Théodoric et de sa plume, Cassiodore, qui jouent sur les deux tableaux, Rome et la Germanie, c'est le coup de charme final.

Au total, cette lettre ne laisse augurer aucun conflit entre les deux protagonistes. En vue de résoudre le problème posé par la défaite et la fuite des Alamans devant Clovis, Théodoric arguë de leur parenté et de leur complicité germanique et romaine pour se partager les survivants. Comme cette défaite est une deuxième catastrophe pour les Alamans, cette lettre ne peut pas renvoyer aux événements de 496. La chronique de Fredégaire précise que cette révolte eut lieu neuf ans après la première. La date est donc 506. À ce moment Théodoric est au sommet de sa gloire. Sa frontière septentrionale va jusqu'au Danube. Il cherche à rogner les ailes de ce jeune roi tout en affirmant une tranquille supériorité.

Mais une chose est sûre : Clovis vient de déstabiliser l'espace situé entre le Rhin et le Danube. Sa victoire a provoqué un déplacement de populations. Elle a certainement rempli d'effroi les autres populations germaniques.

V. Au roi des Wisigoths Alaric, Théodoric roi *

Alarico regi Wisigotharvm Theodoricvs Rex

Quamuis fortitudini uestrae confidentiam tribuat parentum uestrorum innumerabilis multitudo, quamuis Attilam potentem reminiscamini VVisigotharum uiribus inclinatum, tamen quia populorum ferocium corda longa pace mollescunt, cauete subito in aleam mittere quos constat tantis temporibus exercitia non habere. Terribilis est hominibus conflictus, si non sit assiduus et nisi usu praesumatur, concertandi subito fiducia non habetur. Absit ut uobis aliquid indignatio caeca subripiat. Moderatio prouida est, quae gentes seruat: furor autem instantia plerumque praecipitat et tunc utile solum est ad arma concurrere, cum locum apud aduersarium iustitia non potest inuenire. Quapropter sustinete, donec ad Francorum regem legatos nostros dirigere debeamus, ut litem uestram amicorum debeant amputare iudicia.

Bien que la multitude innombrable de vos parents vous ait donné confiance en votre force, bien que vous vous souveniez que le puissant Attila a été écrasé par les forces des Wisigoths, cependant, parce que les cœurs des peuples féroces s'amollissent par une longue paix, prenez garde d'envoyer subitement au combat, sur un coup de dés, ceux dont il est évident qu'ils sont restés si longtemps sans exercice. Un conflit est terrible pour les hommes s'il n'est pas prévu et pris de bout en bout. Alors subitement il n'y a plus de confiance dans la concertation. Qu'il n'y ait point d'indignation aveugle qui s'empare de vous. La modération doit être prévue car c'est elle qui conserve les peuples. La fureur au contraire précipite la plupart du temps les menaces et il est alors uniquement utile de courir aux armes puisque la justice ne peut trouver aucun lieu de rencontre auprès de l'adversaire. C'est pourquoi retenez-vous jusqu'à ce que nous devions envoyer nos ambassadeurs au roi des

* *Ibid.*, III, 1, pp. 96-97.

Inter duos enim nobis affinitate coniunctos non optamus aliquid tale fieri, unde unum minorem contingat forsitan inueniri. Non uos parentum fusus sanguis inflammat, non grauiter urit occupata prouincia : adhuc de uerbis parua contentio est : facillime transigitis, si non per arma uestros animos irritetis. Obiciamus quamuis cognato cum nostris coniuratas eximias gentes iustitiamque, quae reges efficit fortiores : cito conuertit animos, qui contra se tales sentit armatos. Et ideo salutationis honorificentiam praelocuti legatos nostros illum atque illum ad uos credidimus esse dirigendos, qui uobis et mandata nostra sufficienter insinuent et usque ad fratrem nostrum Gundibadum uel alios reges cum uestra uoluntate deproperent, ne uideamini eorum inmissione laborare, qui maligne gaudent alieno certamine. Auertant enim diuina, ut supra vos iniquitas illa praevaleat commune malum uestrum iudicamus inimicum. Nam ille me iure substinebit aduersum, qui uobis nititur esse contrarius.

Francs, afin que des jugements d'amis puissent trancher votre litige. Nous ne souhaitons pas qu'une telle chose arrive entre deux rois qui nous sont unis par alliance, car il en résulterait peut-être que l'un serait inférieur à l'autre. Que le sang répandu de vos parents ne vous enflamme point, que la province occupée ne brûle pas gravement. Cette petite dispute n'en est encore qu'aux mots. Vous pouvez très facilement transiger si vous n'irritez point vos cœurs par les armes. Nous proposons autant que faire se peut la justice, à notre parent par alliance et aux peuples privilégiés rassemblés, la justice qui rend les rois plus forts : il transforme rapidement les cœurs celui qui sent contre lui de tels hommes en armes. Et c'est pourquoi, après vous avoir entretenu de cette action honorable de sauvetage, nous croyons qu'il faut envoyer auprès de vous nos ambassadeurs Untel et Untel qui vous tiendront suffisamment au courant de nos ordres et qui se hâteront jusqu'auprès de notre frère Gondebaud et des autres rois, avec votre volonté, afin que vous ne paraissiez point souffrir de l'immixtion de ceux qui se réjouissent d'une lutte qui leur est étrangère. Fasse le ciel que cette iniquité ne l'emporte sur vous. Nous considérons qu'un mal commun est votre ennemi. En effet, celui qui s'efforce de nous être contraire, il me trouvera à bon droit comme ennemi.

Commentaire

Cette deuxième lettre du dossier diplomatique de Théodoric-Cassiodore s'adresse maintenant au roi des Wisigoths, Alaric. Elle lui conseille de se souvenir que son peuple n'a pas combattu depuis longtemps et qu'il ne faut point le précipiter dans la guerre sur un mouvement d'indignation. Qu'il attende le résultat d'une ambassade de Théodoric au roi des Francs pour arbitrer cette petite dispute, ambassade à laquelle va se joindre la sienne pour faire de même auprès du roi Gondebaud.

Cette fois-ci nous sommes en pleines manœuvres diplomatiques tripartites et même quadripartites, comme nous le montreront les lettres suivantes. La date de ce dossier est évidemment plus facile à trouver que pour le document précédent. Tous les historiens sont d'accord pour la fixer avant 507, date de la bataille de Vouillé entre les Francs et les Wisigoths d'après les Annales de Saragosse dont le comput par année consulaire donne : « combat entre Goths et Francs à *Boglada* », c'est-à-dire Vouillé puisque les Romains espagnols prononcent *b* le *v*. Même si cette chronique a été écrite après 568, rien ne permet de douter de l'authenticité de ces annales. Mais cela n'est qu'un *terminus post quem*.

Comment s'est déclenché ce conflit ? Théodoric n'en dit pas grand-chose. Il commence par des compliments sur les aïeux d'Alaric II, qu'il qualifie de « multitude ». Nous retrouvons l'idée, déjà évoquée dans la lettre IV (*cf.* p. 411, l. 2), de l'importance capitale de la généalogie. Il s'agit des Balthes liés aux Amales, ce qui fait que Wisigoths et Ostrogoths, qui se sont séparés seulement au IVe siècle, sont très proches parents. Vient immédiatement à l'esprit, parmi ces illustres ancêtres, Alaric Ier (395-410) qui le premier s'empara de Rome, le 24 août 410. Puis Athaulf, qui fut à l'origine de l'installation des Wisigoths en Aquitaine, Théodoric Ier (dont la similitude de nom avec le roi des Ostrogoths souligne un peu plus la parenté), Théodoric II, tué à la bataille des champs Catalauniques, contre Attila qui fut vaincu en 451, Euric enfin, son père, qui étendit le royaume à l'Espagne et à la Provence et mourut en 484. La gloire est une chose qui se tarit, dit Cassiodore, et qui plus est, la férocité diminue avec le temps. Effectivement, cela fait vingt-trois ans que les Wisigoths, à part quelques opérations de police intérieure, ne se sont pas lancés dans une grande guerre. Si manque la confiance et que l'indignation aveugle l'emporte, alors plus de modération. Ce mot est un refrain chez Théodoric. Mais pourquoi donc Alaric II est-il indigné ? Après avoir fait sa proposition d'ambassade, et ce qui est finalement un véritable tribunal d'amis internationaux ariens, Théodoric tergiverse encore avant d'aborder le sujet du litige. Il ne veut pas d'un conflit entre deux rois qui lui sont parents. Toujours la même confiance dans les mariages de paix. En effet, par la même source déjà citée précédemment (document XVI, p. 512), nous savons que Théodoric avait eu d'une concubine (c'est-à-dire une *Friedlehe*) en Mésie deux filles qu'il avait fait venir à Rome. L'une, Théodogothe, a été mariée avec Alaric II, lequel est donc son gendre. L'autre, Ostrogothe, a épousé Sigismond, le fils du roi Gondebaud. Pour Théodoric les trois rois sont ses frères. Son raisonnement est simple : je ne veux pas que l'un soit battu par l'autre. Pas de guerre à l'intérieur de la famille.

Après ces interminables préliminaires, il en arrive enfin à la cause du litige. Il est double et mystérieux à la fois : « le sang répandu de [ses] parents » et une « province occupée » (l. 31-34). Cette phrase, pourtant capitale, n'a jamais été expliquée. Des parents du roi Alaric II ont été tués par des Francs. Mais qui ? Nous sommes incapable de le dire. Un fils d'Alaric II (puisqu'il a une trentaine d'années), ou bien un neveu aurait-il été estourbi dans une échauffourée frontalière, ce qui expliquerait et le coup de sang (*furor*, l. 17) du père ou de l'oncle et le fait qu'à sa mort ce soit un bâtard, Geisalic, qui lui ait succédé (Amalaric étant trop jeune pour lui succéder en 507) ? Comme toujours, les ambassadeurs, ici, devaient le savoir.

Quant à la province occupée, ce ne peut être ni la Première Aquitaine, métropole Bourges, ni la Seconde, métropole Bordeaux, qui ont été envahies, puisque Cassiodore dit que « cette petite dispute n'en est encore qu'aux mots ». Le parti pris volontaire de minimiser l'affaire et de parler en termes vagues fait qu'une seule hypothèse est possible. Il s'agit d'un morceau d'une province et tout particulièrement de sa métropole, Tours, qui a été occupée par les Francs. Cette hypothèse, seule, permet d'expliquer la phrase. En effet, Tours a été occupée par les Wisigoths en 471. Cette cité est le chef-lieu, ou plus exactement la métropole administrative d'une province, la Troisième Lyonnaise, qui comprenait comme autres subdivisions administratives Nantes, Angers, Le Mans, Rennes, Corseul, Vannes, Carhaix. Seule de toute cette province, la cité de Tours appartenait aux Wisigoths. Cassiodore fait ici une métonymie en prenant la capitale pour le tout, c'est-à-dire que Tours signifie pour lui la province à elle toute seule. Dans la logique du droit public romain qui est celle de Cassiodore, vouloir se cramponner comme Alaric II au chef-lieu d'une province dont les neuf dixièmes du territoire sont sous l'autorité franque n'est qu'une petite dispute. Mieux vaut « transiger » et abandonner cette petite cité aux Francs, à la condition expresse, cependant, qu'elle « ne brûle pas », c'est-à-dire que les Wisigoths, pour se venger, n'aillent point incendier les moissons du territoire tourangeau. Du coup, en effet, les Francs ne pourraient plus y lever l'impôt cette année-là. Or l'autorité d'un roi sur un territoire se mesure au fait qu'il a rendu les habitants tributaires, c'est-à-dire qu'il leur fait payer l'impôt. Le gage transactionnel de négociation doit donc rester intact dans l'esprit de Théodoric.

Mais il se garde bien de dire l'essentiel, que d'ailleurs ni Alaric II ni lui-même ne sont capables d'accepter : Tours, depuis saint Martin, est le centre d'une virulente propagande antiarienne, au point qu'Alaric a déjà exilé deux de ses évêques. Par conséquent, si l'on ne veut pas perdre l'appui, sinon la neutralité des catholiques d'Aquitaine, mieux vaut ne pas toucher à Tours. L'adverbe *graviter*, gravement, suggère que le dommage serait irréparable. Théodoric se place donc en juge d'un procès qu'il présiderait comme arbitre, avec d'un côté les rois « cognats », c'est-à-dire parents par mariage – Clovis, Alaric II, Gondebaud – et, de l'autre, les « peuples » – sous-entendu : qui réclament des territoires, à savoir les Wisigoths, les Francs et les Burgondes, sans oublier les « autres rois ». Cette dernière allusion ne peut être expliquée que par la quatrième lettre de Théodoric que nous verrons plus loin (p. 429). Cette proposition de tribunal international entre Germaniques doit être unanimement acceptée « avec votre volonté » pour que « l'action honorable du sauvetage » puisse réussir. Pour qu'Alaric II finisse par accepter de transiger, malgré sa fureur, en accordant Tours à Clovis, Théodoric ajoute alors à la fin de sa lettre une menace voilée.

En effet, en cas de refus, Alaric II pourrait souffrir de « l'immixtion de ceux qui se réjouissent d'une lutte qui leur est étrangère ». Cette « iniquité » peut l'emporter sur lui. Ce « mal commun » aux Wisigoths et aux Ostrogoths le menace aussi. Il ne s'agit ni des Francs ni d'un quelconque royaume germanique, mais de quelqu'un situé au loin, hors du champ de rivalité des rois susdits.

« Celui qui s'efforce de nous être contraire me trouvera à bon droit comme ennemi » est un homme dont la diplomatie attise la querelle entre Alaric II et Clovis. Il provoque la farouche détermination de Théodoric de lui répliquer par la guerre, car il a l'air de bien le connaître. Ce ne peut être que l'empereur romain d'Orient, Anastase (491-518).

En effet, celui-ci fut particulièrement exaspéré par les opérations d'élargissement de son territoire pratiquées par Théodoric en 504. Il avait envoyé des Ostrogoths occuper la Pannonie Seconde et sa capitale Sirmium alors que ces territoires faisaient partie de l'Empire et de la préfecture d'Illyricum, dont l'empereur était lui-même originaire. Le souvenir des Goths à Constantinople était des plus mauvais. Ils étaient responsables de la défaite de l'Empire à Andrinople, et à l'époque de Gaïnas, en 400, n'avaient pu être expulsés de la capitale de l'Empire d'Orient que grâce à un massacre généralisé. N'étaient point-ce les prémices d'une nouvelle offensive par le Danube sur Constantinople ? L'empereur doit probablement parer le coup menaçant par une ambassade à Clovis, lui proposant un soutien dans son conflit avec les Goths, leur ennemi commun. La tactique byzantine est ici classique : faire attaquer son adversaire dans le dos par un autre. Anastase voulait contrer les prétentions impériales de Théodoric. Il savait combien son prédécesseur Zénon avait eu de mal à faire quitter la Thrace à Théodoric et à son peuple ostrogoth, en 489, pour le faire se glisser en Italie. Il y avait là maintenant une occasion unique pour l'Empire d'éliminer Théodoric et de récupérer Rome et l'Italie. Théodoric a certainement deviné ce jeu diplomatique qui risquait de lui être fatal, comme il le fut d'ailleurs à ses successeurs après 535. Ainsi s'explique cette allusion sibylline et ce ferme avertissement où l'empereur n'est pas nommé pour le cas où la lettre serait saisie. Les ambassadeurs, eux, savaient. Enfin, pour être bien compris, Théodoric termine sa lettre par un *in cauda venenum*: je serai son adversaire. Face à la coalition Francs-Romains d'Orient, Théodoric sonne le ralliement des Germaniques ariens, Goths, Vandales, puisque le roi de ces derniers, Thrasamund (496-523), vient d'épouser en 500 Amalafrède, sœur de Théodoric, et enfin Burgondes que nous allons voir maintenant, puisque, après Alaric II, les ambassadeurs ont ordre de se rendre chez Gondebaud, leur roi.

VI. À GONDEBAUD, ROI DES BURGONDES, THÉODORIC ROI *

Gvndibado regi Bvrgvndionvm Theodericvs rex

GRAUE malum est inter caras regiasque personas uoluntates sibimet uidere contrarias et dissimulando spectare, ut de uno aliquid dolendum possit emergere. Non sine inuidia nostra geritur, si nobis patientibus affinium clade dimicetur. Habetis omnes per me pignora magnae gratiae : non est unus ab alio segregatus : si quid in uobis delinquitis, meo grauiter dolore peccatis. Nostrum est regios iuuenes obiecta ratione moderari, quia illi, si nobis uere sentiunt displicere quod male cupiunt, audaciam suae uoluntatis retinere non possunt. Verentur senes, quamuis sint florida aetate feruentes. Sciant nos aduersarios esse contrarietatibus suis et illud uelle persequi, ne ab utrisque possit excedi. Decet enim nos aspera uerba dicere, ne affines nostri ad extremum debeant peruenire. Et ideo illum et illum legatos ad fraternitatem tuam credidimus

C'est un grand mal que de voir des volontés ennemies contraires entre de chères personnes royales et d'assister sans rien dire, au point qu'il est possible de faire surgir une affliction à propos de l'un deux. Cela ne se passe pas sans notre haine s'il nous faut supporter que l'un combatte jusqu'à la défaite de ses proches par alliance. Vous avez tous reçu de moi des gages de grandes grâces : il n'y en a pas un seul qui ait été mis à part des autres. Si vous avez commis une faute contre nous, vous avez péché douloureusement et gravement contre moi. Il nous appartient de modérer ces jeunes rois en les contredisant, s'ils ne prennent pas vraiment conscience qu'ils nous déplaisent dans leur mauvais désir, eux qui ne peuvent pas retenir l'audace de leur volonté. Les vieillards sont prudents, bien qu'ils soient bouillants en leur âge florissant. Qu'ils sachent qu'ils sont nos adversaires quand ils s'opposent et que nous voulons poursuivre cela afin qu'ils ne puissent pas tous deux en venir à la

* *Ibid.*, III, 2, p. 97.

destinandos, ut, si filio nostro Alarico uisum fuerit, ad regem Francorum cum coniuratis nobis gentibus dirigere debeamus, quatinus causa, quae inter eos uertitur, amicis mediis rationabiliter abscidatur. Conuenit enim tales tantosque reges non inter se lamentabiles rixas quaerere, ut de suis et nos possint casibus sauciare. Quapropter fraternitas uestra adhibito mecum studio eorum nitatur reparare concordiam : quia nemo potest credere sine nostro uoto illos ad haec proelia peruenisse, nisi omnino clareat, ne ad conflictum ueniant, nostra potius esse certamina. Aliqua uero a praesentium gerulis litterarum sermone uobis commisimus intimanda, ut sic prudentia uestra cuncta componat, quemadmodum consueuit Deo iuuante perficere, unde solet diligentissime cogitare.

dernière extrémité. Il convient en effet que nous prononcions de rudes paroles, afin que nos parents par alliance n'en viennent au pire. Et c'est pourquoi nous avons cru qu'en envoyant à Ta fraternité les ambassadeurs Untel et Untel, que, si cela agrée aussi à notre fils Alaric, nous devons les envoyer au roi des Francs avec nos peuples rassemblés, jusqu'à ce que le procès qui se déroule entre eux soit tranché raisonnablement par des amis intermédiaires. Il convient en effet que de tels si grands rois ne cherchent point entre eux de si lamentables querelles, d'autant plus qu'ils peuvent par malheur nous blesser à propos des leurs. C'est pourquoi, Votre fraternité, ayant pris conseil de moi, s'efforce dans votre zèle pour eux de réparer la paix : car personne ne peut croire qu'ils se sont jetés dans le combat sans notre décision, si ce n'est qu'il est alors absolument clair, afin qu'ils n'en viennent pas au conflit, que ce sont plutôt là nos propres combats. Nous vous avons confié par les porteurs de ces présentes lettres quelques précisions à vous communiquer par oral, afin que votre prudence puisse faire ainsi tous les rapprochements possibles, dans la mesure où il est habituel de tout parfaire, avec l'aide de Dieu, et coutumier de penser à tout avec le plus grand soin.

Commentaire

Cette troisième lettre de Théodoric adressée à Gondebaud nous permet de voir comment se déroule la campagne diplomatique du roi des Ostrogoths, campagne de rassemblement de ses alliés contre les Francs. Dans cette missive, après des considérations morales portant sur le devoir qu'ont les vieux de conseiller les jeunes rois lorsqu'ils veulent se battre, il lui propose une intervention conjointe avec Alaric auprès de

Clovis pour le forcer à renoncer à ses projets guerriers et lui annonce que ses ambassadeurs ont des renseignements oraux de la plus haute importance à lui confier pour mieux l'éclairer.

Avant de passer à l'étude du contenu de cette lettre, il importe de savoir qui est Gondebaud. Fils de Gondioc (436-470), il est le roi des Burgondes qui porta l'extension de leur royaume à son maximum durant son règne, de 473 à 516. Il serait naturel qu'ils ne s'entendent point avec les Francs, Germaniques occidentaux. Ils utilisent comme tous les peuples d'origine nordique la pratique de la *tanistry* qui consiste à faire régner tous les frères ensemble : son père Gondioc régna en même temps que Chilpéric Ier. Gondebaud règne aussi en même temps que ses frères. Sa famille, peut-être issue des Niebelungen, est alliée aux Balthes, la dynastie wisigothique de Toulouse, de même qu'en 494 son fils Sigismond a épousé une fille de Théodoric, Ostrogothe. Tout devrait pousser naturellement les Burgondes dans les bras des Wisigoths et des Ostrogoths, y compris leur arianisme.

Mais en même temps les Burgondes ont été le seul peuple germanique sauvé des Huns par Aetius en 436 ; ils furent installés comme fédérés en Sapaudia et se montrèrent, comme les Francs, de fidèles alliés de Rome. Cela alla si loin que Gondebaud reçut de l'empereur Zénon la reconnaissance de la dignité de *patricius* et le titre de *magister militum Galliarum*, c'est-à-dire de généralissime en chef pour toutes les Gaules. Et cela avant que Théodoric n'ait reçu en 497 des titres analogues pour l'Italie. De plus, Gondebaud fit la loi de 472 à 474 à Ravenne, où il aurait même tué l'empereur Anthémius de sa main. Sa prétention romanisante à être le roi protecteur de l'ancien Empire romain d'Occident ne pouvait donc que se heurter aux ambitions bien supérieures de Théodoric. Néanmoins, dès 494, il lui fallut s'entendre avec les Ostrogoths. L'attaque franque des années 500-501 lui fit éprouver la nécessité de l'alliance wisigotho-ostrogothique, mais il avait fallu payer cette aide par la renonciation à la Provence, et par l'abandon d'Avignon et de Digne aux Wisigoths. On comprend qu'à partir de 502 Gondebaud ait publié des lois favorables aux Gallo-Romains de son royaume et laissé son épouse la reine Carétène, une catholique, fonder une église à Lyon et pousser ses fils à la conversion au catholicisme, comme le prouve son épitaphe. Elle vient d'ailleurs de mourir le 16 septembre 506, tandis que deux lettres d'Avit (n°s 98 et 99) adressées à Sigismond et Godomar, datables de 507, prouvent qu'ils sont catholiques, vu l'épithète qu'il leur adresse de *pissimi domini*. La politique de Gondebaud de 502 à 507 basculait donc dans la méfiance envers Théodoric et l'alliance avec Clovis. La reprise en main des Alamans, après leur défaite en 505 devant les Francs, montrait que Théodoric pouvait menacer la frontière orientale et septentrionale des Burgondes (*cf.* plus haut, document IV, p. 411). Or, aux yeux de Gondebaud, la menace alamanne est pour son royaume la plus dangereuse de toutes. L'hégémonie ostrogothique est pour lui beaucoup plus pesante que salvatrice, ce qui explique que, coincé entre Francs et Goths, il préfère jouer à ce moment la carte catholique, sans renoncer pourtant à la carte arienne.

Théodoric profite donc de cette ambiguïté pour se lancer à son tour dans des phrases à double sens ; la première peut être entendue d'abord de la manière suivante : moi qui suis votre beau-père (en fait de Sigismond), celui d'Alaric (« ses proches par alliance ») ainsi que le beau-frère de Clovis, je trouve anormal que ces deux derniers veuillent se battre entre eux et que l'un puisse être battu. Je ne supporterais pas cette défaite sans haïr le vainqueur. Mais un second sens est possible pour Gondebaud qui, lui, sait quelle est la position qu'il va prendre. Étant donné que les « personnes royales chères » sont au pluriel, il peut aussi bien s'agir de deux que de trois rois. En ce cas, Gondebaud tombe sous la coupe avec l'autre vainqueur de la détestation de Théodoric, qui ne restera pas sans bouger. La phrase continue cette amphibologie : « Vous avez tous reçu de moi des gages... » S'il s'agit de femmes, gages de paix, Théodoric a en effet donné deux princesses, l'une à Alaric, l'autre à Sigismond. Donc l'alliance est un devoir envers le roi des Ostrogoths. Mais le « tous » peut désigner d'autres personnes. Soit il s'agit des efforts diplomatiques de Théodoric pour arrêter les progrès de Clovis aux dépens des Wisisgoths en 498 et des Burgondes en 501, soit il s'agit d'une égalité de traitement entre les deux rois burgondes, Gondebaud et Godegisèle, Théodoric voulant montrer par là qu'il n'est pas intervenu en faveur du révolté de 501 et qu'il a laissé les Wisigoths venir au secours de Gondebaud assiégé dans Avignon par les Francs. Donc Gondebaud n'a pas à se plaindre de Théodoric (ce qui est faux, puisqu'il a été obligé d'abandonner Avignon et Digne). Après ce beau raisonnement, vient l'estocade qui prouve que Théodoric est au courant de la politique de Gondebaud : « Si vous avez commis une faute contre nous... » Il faut ici restituer au texte latin *nobis* et non pas *vobis,* sinon la phrase est incompréhensible. Cette leçon est celle, d'ailleurs, que portent plusieurs manuscrits. Quelle faute ? Et pourquoi ce ton soudainement moralisateur : « péché... » ? Une seule réponse est possible ; Théodoric subodore la trahison de Gondebaud et une alliance secrète avec Clovis. Il l'assaisonne d'un « si » dubitatif pour laisser, sous la menace, une échappatoire au roi des Burgondes. On sent le maître hégémonique tancer les roitelets indociles de la famille.

Et de passer aussitôt au compliment émoussant la pointe. Il y a, d'un côté, deux jeunes écervelés qu'il faut remettre au pas. Effectivement, Clovis est alors âgé de quarante et un ans, tandis qu'Alaric a largement la trentaine. De l'autre côté sont deux vieillards, Théodoric, qui a été associé au pouvoir par son père en 470, doit alors avoir la cinquantaine, alors que Gondebaud est du même âge à un ou deux ans de différence.

Cet âge est pour l'époque très avancé. Les inscriptions funéraires du temps mentionnent peu de décès entre cinquante et quatre-vingts ans. D'ailleurs, tous deux moururent en 516 et 526, donc à soixante et soixante-dix ans. Théodoric en appelle ainsi à leur classe d'âge commune. La sagesse des vieillards doit permettre l'arrêt du conflit. Cassiodore réitère donc la proposition de Théodoric déjà faite dans la lettre précédente à Alaric, d'une médiation à trois auprès de Clovis avec un arbitrage par des « amis intermédiaires ». Les amis, ici Théodoric et Gondebaud, paraissent beaucoup plus faire pression pour le maintien du *statu quo* qu'envoyer une mission de bons offices à Clovis. D'ailleurs, notre auteur l'avoue : si la guerre a lieu entre les Francs et les Wisigoths, elle aura des conséquences indirectes sur les Burgondes et les Ostrogoths. Donc les médiateurs sont en réalité des parties prenantes dans cet antagonisme. Au fond, Théodoric avoue qu'il est juge et partie. Qui plus est, il craint, s'ils se battent, que d'autres l'accusent de les y avoir poussés (« pas... sans notre décision ») et que ces combats soient ceux des Ostrogoths par Wisigoths interposés (« nos propres combats »). Qu'une telle pensée puisse venir à des observateurs est une autre manière d'avouer à demi mot que Théodoric est déjà intervenu dans les années précédentes. Cette fois-ci, son intervention est encore plus nécessaire. On comprend que l'essentiel n'est pas dit dans cette lettre, lorsque, pour finir, il précise qu'il a confié aux ambassadeurs des instructions orales qui vont permettre à Gondebaud de faire tous les « rapprochements possibles ». Que veut-il dire par là ? Nous n'en savons rien et nous sommes réduits aux suppositions. Peut-être s'agit-il du problème de la monnaie d'échange, la ville de Tours (*cf.* lettre précédente), qui permettrait de désintéresser Clovis en obligeant Gondebaud qui a dû payer précédemment l'aide gothique. Il se pourrait aussi que ces consignes insistent sur le danger byzantin. Mais serait-ce habile en ce cas ? À moins plutôt qu'il ne lui ait glissé quelques informations sur son potentiel militaire ainsi que sur celui de ses alliés...

De cette lettre il ressort que Théodoric est beaucoup moins certain de l'aide de Gondebaud que de celle d'Alaric II. Il feint, en roi ancien habitué à la solidarité entre Germaniques orientaux, de croire en son appui, tout en le menaçant s'il ne l'obtient pas. Sa politique internationale de vieux sage doit l'emporter, puisqu'il s'agit de la survie de peuples ariens déracinés qui ont tout intérêt à se coaliser contre le trublion Clovis. D'ailleurs, comme il a l'habitude de « penser à tout », et qu'il a plus d'un tour dans son sac, il lui reste à convaincre d'autres alliés d'intervenir. Son avant-dernière lettre va nous le montrer.

VII. Lettre uniforme au roi des Hérules, au roi des Warnes, au roi des Thuringiens, Théodoric roi *

Theodoricvs ad Hervlorvm regem ; ad Gvarnorvm regem : ad Thoringorvm regem Theodericvs Rex

SUPERBIAM diuinitati semper exosam persequi debet generalitatis assensus. Nam qui uult opinabilem gentem uoluntaria iniquitate subuertere, non disponit ceteris iusta seruare. Pessima consuetudo est despicere ueritatem. Credit sibi omnia cedere, si elatum contigerit in abominabili certamine superare. Et ideo uos, quos conscia uirtus erigit et consideratio detestabilis praesumptionis accendit, legatos uestros una cum meis et fratris nostri Gundibadi regis ad Francorum regem Luduin destinate, ut aut se de VVisigotharum conflictu considerata aequitate suspendat et leges gentium quaerat aut omnium patiatur incursum, qui tantorum arbitrium iudicat esse temnendum. Quid quaerit ultra, cui offertur absoluta iustitia ? Dicam plane quod sentio : qui sine lege uult agere, cunctorum disponit regna quassare. Sed melius inter initia perniciosa

Selon l'avis général, l'orgueil que déteste la divinité doit toujours être poursuivi. En effet, celui qui veut renverser un peuple respectable par une iniquité volontaire ne se dispose point à conserver la justice envers les autres. C'est une mauvaise habitude que de mépriser la vérité. Il croit que tout doit lui céder, gonflé qu'il est par le fait de l'avoir emporté dans un combat abominable. C'est pourquoi, vous dont le courage reste droit et que la considération d'une action détestable enflamme, envoyez vos ambassadeurs ensemble avec les miens et ceux de notre frère le roi Gondebaud au roi des Francs Luduin afin que celui-ci, après avoir considéré la justice, arrête son conflit avec les Wisigoths et fasse une enquête selon les lois des peuples ou sinon qu'il s'attende à supporter l'assaut de tous puisqu'il juge que l'on peut mépriser de tels arbitres. Que cherche-t-il de plus, celui-là à qui l'on offre une entière justice ? Je dis simplement mon sentiment : celui qui veut vivre sans loi s'apprête à

---

* *Ibid.*, III, 3, p. 98.

reprimatur assumptio, ut sine labore perficiatur omnium, quod certamen esse poterat singulorum. Recolite namque Eurici senioris affectum, quantis uos iuuit saepe muneribus, quotiens a uobis proximarum gentium imminentia bella suspendit. Reddite filio eius gratiam, quam tamen agnoscitis uestris utilitatibus attributam. Nam si tanto regno aliquid praeualuerit, uos aggredi sine dubitatione praesumit. Quapropter excellentiam uestram epistulari sermone salutantes per legatos nostros illum et illum praesentium portitores uerbo uobis aliqua dicenda commisimus, ut uos, qui nostrum sequimini deo iuuante dispositum, unus uos complectatur assensus et foris hoc agatis, ne in uestris prouinciis dimicare possitis.

troubler les royaumes de tous. Il vaut mieux écraser dans ses débuts cette entreprise pernicieuse afin que tous nous l'achevions sans douleur, plutôt que de se livrer au combat chacun séparément. Souvenez-vous en effet de l'affection d'Euric l'ancien, de combien de cadeaux il vous favorisa souvent, de combien de fois il a écarté de vous les armes menaçantes de peuples voisins. Rendez donc aujourd'hui au fils le cadeau dont vous savez qu'il contribua à votre salut. Car s'il l'emportait sur un aussi grand royaume, nul doute, je présume, qu'il s'attaquera à vous. C'est pourquoi en saluant par nos ambassadeurs Untel et Untel Votre Excellence à l'aide d'une parole écrite, nous avons confié aux porteurs des présentes la charge de vous, dire quelques mots afin que vous qui suivez notre propos avec l'aide de Dieu, un seul accord vous rassemble et que vous agissiez hors de chez vous afin que vous n'ayez point à combattre dans vos provinces.

Commentaire

Continuant leur tournée des capitales, les ambassadeurs de Théodoric, les précédents ou d'autres, on ne sait, puisque Cassiodore n'a pas mis leurs noms dans l'édition définitive des *Variae,* sont maintenant envoyés auprès de trois rois germaniques, ceux des Hérules, des Warnes et des Thuringiens, pour les décider à envoyer des ambassadeurs à Clovis. Si ce dernier n'obtempère point aux conseils de cette instance internationale, qu'ils n'hésitent point à l'attaquer sur son propre territoire.

Cette fois-ci, le ton change et le roi des Ostrogoths ne prend pas la peine de faire envoyer une lettre différente à chacun de ces peuples. Il s'agit de tribus en général mal connues, toutes situées, comme par hasard, au nord des royaumes francs salien et rhénan et plus ou moins en passe de s'adonner, comme les Saxons, à la piraterie maritime. Les Hérules ont, durant la seconde moitié du ve siècle, attaqué et pillé les côtes de Gaule et d'Espagne du Nord. Il s'agit d'un petit groupe détaché du gros du peuple alors stationné dans l'actuelle Slovaquie, sous la direction de Rodulf (tué en 516) avec lequel Théodoric renoua son alliance en 511 (*Variae,* IV, 2), en l'adoptant par les armes. Les Warnes, eux, sont proches des Angles. Originaires probablement du Mecklembourg, au sud-est de la péninsule du Jutland, ils sont installés comme les Hérules sur le bas Rhin aux actuels confins belgo-hollandais. Si le roi des Hérules est inconnu, celui des Warnes est probablement Hermegiscle. Au moment de mourir (Procope, *Guerre Gothique,* IV, 20), il ordonna à son fils Rudiger d'épouser la fille du roi des Francs, Thierry, qui s'appelait Theodechilde. Déjà méfiant envers ses voisins thuringiens, il renoua lui aussi son alliance avec Théodoric en 523-526 (Cassiodore, *Variae,* V, 1). Mais ce fait est postérieur à notre lettre qui date du début de 507. Le plus important des trois reste celui des Thuringiens. Il s'agit certainement de Bisin II, descendant d'un autre Bisin auquel Childéric en 457-465 enleva sa femme Basine dont il eut Clovis comme fils. Il mourut avant 511. Le souvenir de l'affront commis à l'égard de son père ou de son oncle, on ne sait, ne devait guère apaiser la haine entre les deux peuples. De plus, profitant de l'élimination des Alamans par Clovis (*cf.* document IV, p. 411), les Thuringiens avaient considérablement élargi leur territoire. La base de départ était l'espace situé entre l'Elbe et la Saale. Il est bordé par les Saxons au nord et au sud par les Alamans. Ils profitèrent des défaites de ces derniers pour s'avancer par le Naab et la Regnitz jusqu'au Danube où ils entrèrent en contact avec les territoires ostrogoths ; de plus, à l'ouest, et ce contrairement à l'affirmation de certains érudits qui imaginent un royaume thuringien de l'Ouest, séparé du premier, ils atteignirent la rive droite du Rhin, entre les actuelles villes d'Utrecht *(Traiectum)* et de Xanten *(Ad sanctos),* probablement abandonnées par les Francs Saliens au milieu du ve siècle. Ils eurent maille à partir, en cette zone, dès le début de son règne, avec Clovis. On comprend que pour eux l'alliance ostrogothique soit une aubaine. On peut même se poser la question de savoir si les Thuringiens n'ont pas pénétré jusque sur le territoire de la cité de Tongres (nord-est de la Belgique actuelle), étant donné deux poèmes de Sidoine Apollinaire, écrits en 455 et vers 463-466, qui confondent *Tuncrum* et *Toringum,* comme plus tard Grégoire de Tours confond *Tongria* et *Toringia* (Sidoine Apollinaire, *Carmina,* VII, v. 322, XXIII, p. 244). Cette question mal résolue par Godefroid Kurth (*op. cit.,* p. 252) est maintenant éclaircie par Dietrich Claude (1993, pp. 21-43). Le royaume des Thuringiens était fort vaste, le plus dangereux potentiellement après celui des Alamans, et désormais le seul en 507 à pouvoir attaquer les territoires de Clovis, sans passer par ceux des Francs Rhénans, comme le faisaient les Alamans.

Dès les premières phrases, Cassiodore accuse Clovis auprès de nos roitelets d'orgueil et d'iniquité, à l'égard d'un « peuple respectable », les

Wisigoths. Il méprise « la vérité » par habitude. Autrement dit, les traités de paix conclus entre Wisigoths et Francs, en particulier la dernière entrevue en 502 à Amboise. La présomption de Clovis viendrait de sa victoire récente « dans un combat abominable ». L'allusion est nette. Il s'agit de sa victoire de 506 sur les Alamans (*cf.* document IV, p. 411), les voisins des trois rois. L'adjectif moralisant d'« abominable » a pour but d'insister sur le fait que ces luttes ont lieu entre Germaniques, ce qui n'est pas normal. Théodoric, ici, oublie tous les combats qu'il a menés contre d'autres peuples de même origine. Mais il sait quelles sont les réactions viscérales de ses interlocuteurs : toute injustice leur fait brandir les armes. Il utilise donc ce réflexe germanique de la vengeance contre une action détestable, en les appelant à protester avec leurs ambassadeurs, ceux de Gondebaud et les siens, auprès de Clovis. De plus, Théodoric affirme qu'il ne veut pas la guerre contre le trublion (ce qui est d'ailleurs faux, vu le contenu de cette lettre), mais qu'il propose « une enquête » et des « arbitres », et ce conformément aux droits germaniques qui régissent « les peuples ». Or, en droit germanique, pour que l'offensé renonce à la vengeance, il faut que l'offenseur offre une compensation. Il est donc bien évident que Clovis n'aurait aucune envie de céder quoi que ce soit devant un tribunal qui enquêterait sur le bien-fondé de ses prétentions territoriales. D'où la phrase lapidaire et prophétique de Théodoric : « Je dis simplement mon sentiment ; celui qui veut vivre sans loi s'apprête à troubler les royaumes de tous. » Effectivement, c'est ce qui arriva finalement. Les Francs, après l'écroulement des Wisigoths en 507, firent de même avec les Thuringiens en 531 et les Burgondes en 534. Il est incontestable que Théodoric voit juste lorsqu'il déclare qu'il faut écraser les Francs de Clovis dès le début de leur entreprise, « plutôt que de se livrer au combat séparément », ce qui se produisit. Et pour preuve de l'intérêt qu'ont les Hérules, les Warnes et les Thuringiens à se coaliser pour éviter l'attaque des Francs, Théodoric leur rappelle « l'affection d'Euric l'ancien » et les aides nombreuses qu'il leur accorda contre des « peuples voisins », c'est-à-dire des Francs. Il fait ici allusion à des événements qui durent avoir lieu vers 476, ou peu après.

En effet, nous savons par deux lettres de Sidoine Apollinaire (VIII, 3, p. 87 et VIII, 9, p. 105) que le roi des Wisigoths envoya une escadre dirigée par Namatius qui repoussa, par la mer du Nord, les attaques des Francs et des Saxons contre les Hérules. En 476, il imposa un traité aux Francs Saliens. Hérules, Warnes et Thuringiens devaient donc bien leur « salut » à cette action d'Euric. Le roi des Wisigoths avait déjà perçu le danger que pouvaient représenter les Francs. Aussi, tel un représentant de Rome, fortifiait-il les petits peuples germaniques dans le dos des Francs. Si, à l'époque d'Euric, les Ostrogoths étaient les clients des Wisigoths, c'est maintenant l'inverse qui se produit. Théodoric a pris la place d'Euric. Aussi reprend-il après cet exemple son refrain : « S'il

[Clovis] l'emportait sur un aussi grand royaume [celui des Wisigoths, qui va de la Loire à l'Espagne], nul doute qu'il s'attaquera à vous. » Il enfonce le clou. La chute du royaume wisigoth signifie la perte de celui qui les protège efficacement, c'est-à-dire sur le plan maritime, puisque ces peuples vivent aux bouches du Rhin, alors que Théodoric, lui, n'a pas de flotte et ne peut intervenir qu'à partir du Danube. La démonstration est irréfutable. Il en va de l'intérêt vital des Hérules, des Warnes et des Thuringiens d'intervenir immédiatement. Et Théodoric d'ajouter : « Hors de chez vous, afin que vous n'ayiez point à combattre dans vos provinces. » Cette dernière phrase signifie qu'il leur faut franchir le Rhin et attaquer les Francs chez eux. Par le terme de « provinces », peut-être faut-il entendre le terme technique romain de « cités », ce qui en ce cas engloberait en particulier la cité de Tongres. Les Francs Saliens pouvaient donc être pris en tenaille sur les côtes de la mer du Nord et de la Manche par les Hérules et les Warnes, sur l'Escaut à travers la forêt Charbonnière par les Thuringiens.

Cette lettre est donc la plus importante du dossier, car elle révèle la pointe ultime et cachée de la grande politique internationale de Théodoric : comme il ne peut, avec ces peuples païens à peine sortis des forêts germaniques, se livrer à des précautions oratoires et diplomatiques qui seraient prises pour de la lâcheté, il dévoile froidement et crûment son plan : prendre à revers les Francs, en retournant la manœuvre de Clovis qui veut lui lancer l'empereur dans le dos. Tout se passe ici à l'échelle du continent pour assurer une domination gothique. Si la stratégie déjà européenne de Théodoric doit réussir, les Francs de Clovis seront attaqués par quatre adversaires, les Wisigoths, les Ostrogoths, les Burgondes et les petits peuples du bas Rhin. Si elle échoue, elle signifie, et Théodoric le dit dans cette lettre, que ces quatre adversaires disparaîtront l'un après l'autre, ce qui arrivera pour les Wisisgoths en 507, pour les Burgondes en 534 et pour les Warnes lorsque Rudiger, battu à plates coutures par sa fiancée la reine des Angles, fut obligé de répudier son épouse franque, Théodechilde. Le roi Thierry put alors les soumettre, de même que les Thuringiens, grâce à l'aide de son frère Clotaire, furent littéralement massacrés en 531. Quelle que soit la duplicité du roi des Ostrogoths dans ses tentatives de direction de tout l'Occident romain tombé aux mains des Germaniques, il est indubitable que, dans son analyse de la situation internationale en 507, Théodoric est un visionnaire. Il sait très bien qu'il joue à pile ou face.

VIII. À LUDUIN ROI DES FRANCS, THÉODORIC ROI *

Lvdvin regi Francorvm Theodericvs rex

ADEO inter reges affinitatis iura diuina coalescere uoluerunt, ut per eorum placabilem animum proueniat quies optata populorum. Hoc enim sacrum est, quod nulla permittitur commotione uiolari. Nam quibus obsidibus habeatur fides, si non credatur affectibus ? Sociantur proximitate domini, ut nationes diuisae simili debeant uoluntate gloriari et quasi per alueos quosdam concordiae adunata se possint gentium uota coniungere. Quae cum ita sint, miramur animos uestros sic causis mediocribus excitatos, ut cum filio nostro rege Alarico durissimum uelitis subire conflictum, ut multi, qui uos metuunt, de uestra concertatione laetentur. Ambo estis summarum gentium reges, ambo aetate florentes. Non leuiter regna uestra quassatis, si data partibus libertate confligitis. Virtus uestra patriae non fiat inopinata calamitas, quia grandis inuidia est regum

La divine Providence a voulu que les droits de la parenté par alliance unissent les rois au point que grâce à eux le repos que souhaitent les peuples leur procure un esprit paisible. Cela est en effet sacré au point qu'il est interdit de les violer par un quelconque trouble. En effet de quels otages peut disposer la fidélité, si l'on ne croit pas à l'affection ? Les rois s'associent par la proximité pour que les nations divisées puissent se glorifier d'une volonté semblable et qu'ils puissent rassembler les vœux des peuples comme s'ils s'étaient agglutinés en des alvéoles de concorde. Les choses étant ce qu'elles sont, nous nous étonnons que votre esprit soit excité par des procès médiocres au point que vous désiriez vous lancer dans un conflit très violent avec notre fils Alaric et que beaucoup qui vous craignent se réjouissent de votre lutte. Vous êtes tous deux rois de très hauts peuples, tous deux dans la fleur de l'âge. N'ébranlez pas vos royaumes de manière légère, si votre entrée en conflit

* *Ibid.*, III, 4, pp. 99-100

in causis leuibus grauis ruina populorum. Dicam libere, dicam affectuose quod sentio : impatiens sensus est ad primam legationem arma protinus commouere. A parentibus quod quaeritur, electis iudicibus expetatur. Nam inter tales uiros et illis gratum est dare, quos medios uolueritis efficere. Quid de nobis uos ipsi aestimare poteritis, si nos intentiones uestras reliquisse cognoscitis ? Absit ille conflictus, ubi unus ex uobis doleri poterit inclinatus. Abicite ferrum, qui in meum pugnare uultis opprobrium. Iure patris uobis interminor et amantis. Ille nos et amicos nostros patietur aduersos, qui talia monita, quod non opinamur, crediderit esse temnenda. Quapropter ad excellentiam uestram illum et illum legatos nostros magnopere credidimus dirigendos, per quos etiam ad fratrem uestrum, filium nostrum regem Alaricum scripta nostra direximus, ut nullatenus inter uos scandala seminet aliena malignitas, sed in pace perseuerantes, quae sunt mediis amicis placabiliter finire debeatis. Per eos etiam et uerbo uobis aliqua dicenda mandamus, ut gentes, quae sub parentibus uestris longa pace floruerunt, subita non debeant concussione uastari. Illi enim credere debetis, quem vestris utilitatibus arridere cognoscitis, quoniam qui vult alterum in praecipites casus mittere, eum certum est fideliter non monere.

ne donne la liberté à certaines parties de vos territoires. Que votre courage ne soit pas une calamité soudaine pour la patrie, car une ruine grave des peuples pour des motifs légers est pour les rois une immense cause de haine.

Je le dis librement, je le dis affectueusement comme je le sens : c'est avoir la fougue impatiente que de se précipiter sur les armes dès la première ambassade. Que l'on aille plutôt s'enquérir auprès des parents et que l'on attende que des juges aient été choisis. C'est en effet entre les mains de tels hommes que vous voudriez constituer comme arbitres qu'il est agréable de se remettre. Que pourriez-vous penser de nous, vous-même, si vous saviez que nous avons abandonné vos requêtes ? Que s'éloigne ce conflit où l'un d'entre nous pourrait se plaindre d'être écrasé. Repoussez ce fer que vous désirez faire se tourner contre moi comme un opprobre. Je vous le défends conformément au droit du père et de l'ami. Celui qui croira devoir mépriser de tels conseils, ce que nous ne pensons pas, devra supporter l'adversité, celle de nos amis et la nôtre.

C'est pourquoi nous avons cru qu'il fallait envoyer à Votre Excellence, rapidement, Untel et Untel nos ambassadeurs, par lesquels aussi nous avons envoyé nos écrits à votre frère, notre fils le roi Alaric, afin qu'aucune malignité étrangère ne sème en rien la zizanie entre vous, mais que vous devez, en demeurant en paix, aboutir grâce aux amis communs au calme. Grâce à eux, aussi, nous ordonnons de vous transmettre oralement quelques paroles pour que les peuples qui ont prospéré sous la direction de vos pères durant une longue paix ne soient point dévastés par un choc soudain. Vous ne devez point croire en celui dont vous savez qu'il se moque de vos intérêts, puisqu'il désire précipiter l'un ou l'autre dans le gouffre de la chute. Il n'a rien d'un conseiller sûr et fidèle.

COMMENTAIRE

L'échiquier étant ainsi mis en place, il ne reste plus à Théodoric qu'à faire reculer son adversaire. Les arguments sont toujours les mêmes : les liens familiaux, la légèreté des deux jeunes rois et les dangers d'un conflit mineur, la proposition d'un arbitrage amical, et la mise en garde contre celui qui pousse au combat.

Théodoric, en un premier paragraphe, précise le but de la politique des mariages royaux. Il raisonne ici, comme nous l'avons déjà vu dans le document IV, p. 411, en Germanique pour qui les mariages sont des institutions de paix. C'est pourquoi il fait appel à la notion religieuse païenne de sacralité. Cette sacralité est telle « qu'il est interdit de les violer par un quelconque trouble ». Le terme de *commotio* évoque ici non point l'adultère, mais un acte de violence. Donc la guerre est un viol du mariage. Son caractère sacré relève du tabou religieux, c'est-à-dire que les époux sont consacrés aux dieux donc intouchables. Si, par mégarde ou par violence, une quelconque atteinte leur est portée, il en résulte une grave souillure pour le profanateur. Et donc lui-même peut être détruit. C'est le *heil* germanique par opposition au *weihs* (Benveniste, *Vocabulaire des institutions indo-européennes*, t. II, p. 189). Certes, cela n'est pas aussi clair sous la plume de Cassiodore. Néanmoins, il continue sur la même lancée de pensée, en évoquant deux caractères fondamentaux du mariage, la fidélité et l'affection : *fides* (fidélité) et *foedus* (traité de paix) sont de même racine. La paix s'établit donc par la foi dans l'autre. Lorsque Clovis donne en mariage la personne la plus chère de sa famille, ici sa sœur, Audoflède à Théodoric, c'est un lien définitif qui est contracté. Quand il y a défiance entre deux cocontractants qui concluent un traité de paix, l'habitude germanique est de livrer mutuellement des membres de sa famille comme otages, pour prouver sa foi en l'autre. S'il y a rupture, l'offensé peut exécuter ses otages. Mais, en cas de mariage, l'épouse est mieux qu'un otage. Elle est la paix. Autrement dit, le mariage est un moyen bien supérieur à la remise d'otages pour installer la paix. Si l'on n'y croit pas, alors on est en pleine subversion. Et derechef Théodoric explique sa théorie politico-matrimoniale qui tire ses origines des plus vieilles pratiques tribales.

Les mariages royaux ont pour but d'associer les « nations divisées » comme des alvéoles dans une ruche. D'aucuns, aujourd'hui, pourraient trouver la comparaison totalitaire, mais il faut entendre ici par nation un groupe humain né d'un même ancêtre, car *natio* vient de *nascor*, naître. Être *natione Francus* ou *natione Gothus* veut dire « être né Franc » ou « être né Goth ». Les naissances ayant abouti à la division, il est normal de les supprimer par des mariages qui feront fusionner les frères. Le sens latin de nation n'a donc rien à voir avec le sens actuel. Clovis est le frère de Théodoric, Alaric est son fils, etc. L'oncle et le neveu ne peuvent donc pas se battre !

Cette démonstration faite, Théodoric peut alors souligner les « procès si médiocres » pour lesquels ils en viennent aux mains. C'est une allusion à l'enjeu du moment, probablement la cité de Tours, et qui plus est sa partie méridionale (*cf.* document V, p. 418). Cassiodore feint de croire que Clovis ne vise que ce petit territoire alors qu'il s'agit de tout le royaume wisigoth. Il cherche ensuite à jeter l'alarme dans le cœur de Clovis : « beaucoup qui vous craignent se réjouissent de votre lutte ». Les Alamans, évidemment, ne demanderaient pas mieux que de relever la tête, tandis que Warnes, Hérules et Thuringiens n'attendent qu'une occasion. C'est un avertissement sans frais. La jeunesse des deux rois (la fleur de l'âge), dont nous avons vu (*cf.* document VI, p. 424, l. 13) qu'ils ont tous deux entre trente et quarante ans, n'est pas une excuse. Elle peut avoir pour résultat que, durant le conflit, cela donne « la liberté à certaines parties de vos territoires ». Qu'est-ce à dire ? Il s'agit probablement de régions difficilement soumises par les Francs et les Wisigoths. Pour les premiers, peut-être s'agit-il à nouveau des Thuringiens et des Alamans sur la rive gauche du Rhin, ou bien des Armoricains dont on sait par Procope (B. G., V, I, 12) qu'ils résistèrent longtemps à Clovis avant de négocier une paix qui leur laissait en fait une bonne partie de la péninsule indépendante. Or ils peuvent très bien, puisque l'accord stipulait qu'ils combattraient « sous les uniformes romains » sous les ordres du roi franc, l'abandonner du jour au lendemain, au moindre signe de faiblesse. Quant aux Wisigoths, il n'est point besoin de préciser les résistances qu'offrirent l'Auvergne en 471-475 et la future Catalogne en 496 aux rois de Toulouse. Faussement impartial comme d'habitude, Théodoric, en mettant sur un pied d'égalité les deux royaumes, rappelle un fait fondamental : Wisigoths et Francs ne sont qu'un peuple minoritaire dominant des peuples vaincus majoritaires. Si donc les vaincus se rebellent, « une ruine grave des peuples » s'ensuit. Par peuples il faut entendre l'ethnie victorieuse. Celle-ci, furieuse de voir les anciens vaincus lui échapper à cause d'un conflit entre Germaniques occidentaux et Germaniques orientaux, risque alors de se retourner contre le coupable, c'est-à-dire le roi qui a déclenché cette guerre. Sa légèreté est alors une immense cause de haine de la part de son peuple, lequel peut alors avoir la tentation de renverser ce roi qui n'est plus favorisé par la victoire. Ainsi firent d'ailleurs les Ostrogoths pour les successeurs de Théodoric ! Par conséquent, nous voici devant un autre avertissement de Théodoric : attention, à force de vous précipiter dans la guerre, vous prenez le risque d'être détrôné par vos fidèles !

Le paragraphe suivant permet de découvrir le processus de paix proposé par Théodoric et son déroulement chronologique. Il y eut d'abord une « première ambassade », probablement une protestation d'Alaric II contre les escarmouches qui l'avaient rendu furieux (*cf.* document V, p. 418). Celle-ci provoqua une action armée de Clovis. Théodoric demande à ce dernier d'en rester là et d'attendre que « les parents » aient fait une enquête. En somme, Théodoric et la famille au sens large vont choisir « les juges » qui proposeront un arbitrage international. Et Clovis n'a pas à protester contre une justice truquée, puisqu'il a lui-même déposé une plainte auprès du roi des Ostrogoths et d'Italie : « vos requêtes ». Évidemment, leur contenu nous est inconnu. Mais la logique d'un arbitrage accepté des deux côtés nécessite l'arrêt des combats. Sinon, Clovis veut en ce cas disqualifier Théodoric, en refusant de lui obéir. Ce dernier, d'ailleurs, n'hésite pas à lui interdire de se battre « conformément au droit du père et de l'ami ». C'est faire allusion aux deux origines, germanique et romaine, de son pouvoir. Pour la première, la structure familiale tenant lieu d'État, c'est effectivement le père désigné par tous comme chef qui commande. Pour la seconde, l'État étant l'Empire romain d'Orient *(Res publica)*, Théodoric, qui a reçu délégation de pouvoir pour l'Occident de l'empereur Zénon, est donc « l'ami » du peuple romain. Il a toute autorité sur les peuples qui l'habitent. Fiction juridique, diront certains, que ce droit-là ! Pas du tout, car le roi, en cas de refus, le fortifie par une déclaration de guerre avec ses alliés (« l'adversité ») : Clovis n'a qu'à bien se tenir.

Cette lettre de menaces se termine donc par le rappel de l'envoi de l'ambassade tournante qui va rencontrer Clovis avec au moins six lettres : celles de Théodoric, de Gondebaud (s'il l'a renvoyée... ce qui est peu probable, il n'est d'ailleurs pas cité dans cette lettre), d'Alaric et des trois rois des Hérules, Warnes et Thuringiens. Ce paquet de missives devait déjà être en soi impressionnant. Ces ambassadeurs sont donc au moins partis de Ravenne et sont passés par Toulouse, Lyon, les résidences germaniques au-delà du Rhin, pour parvenir enfin à Tournai, à moins que ce ne soit Soissons où siège Clovis. Ce circuit implique qu'aucune faille n'existe dans cette « quadriplice » germanique, et que les ambassadeurs puissent oralement lui annoncer « que les peuples qui ont prospéré sous vos pères durant une longue paix » risquent « un choc soudain ». Effectivement, les Francs ont connu sous la direction de Mérovée et de Childéric, de 463 à 485, environ vingt-deux ans de paix avec les Romains, durant lesquels ils s'étendirent et prospérèrent. Ce choc, s'il avait lieu, serait probablement celui des rois du bas Rhin. Cette politique à double détente renvoie en même temps à deux reprises

(l. 56 et l. 65) à l'autre manœuvre, celle sur les arrières de Théodoric, que mène l'empereur Anastase. Sa « malignité » et sa « zizanie » sont telles que l'aide qu'il promet est fallacieuse. Il veut, comme l'ont souvent fait les empereurs byzantins, par exemple entre les Gépides et les Lombards, faire « se précipiter l'un sur l'autre » les Wisigoths et les Francs, afin qu'ils se détruisent mutuellement. « Il n'a rien d'un conseiller sûr et fidèle. » Autrement dit, il n'interviendra pas militairement, contrairement à ses promesses. Qui trompe qui ? Clovis est-il le jouet d'Anastase ou de Théodoric ? C'est sur cette dernière tentative d'introduire le doute dans l'esprit du roi des Francs que se termine cette lettre. Nous sommes en pleine guerre psychologique : persuader l'adversaire qu'il est désespérément seul. C'est de l'intoxication.

Ce dossier est donc un chef-d'œuvre de diplomatie internationale, à l'échelle d'un continent. Maniant tantôt l'accord familial, tantôt la menace d'éclatement, tantôt l'ordre d'obtempérer, tantôt, comme au jeu royal des échecs, l'art du « tel est pris qui croyait prendre », pour finir par « seul contre tous », Théodoric croit pouvoir coincer complètement son adversaire. La suite prouvera qu'il avait commis deux erreurs, l'une sur Gondebaud, l'autre, la plus grosse, sur l'empereur.

IX. Lettre de Clovis aux évêques *

Dominis sanctis et apostolica sede dignissimis episcopis Chlothovechus rex

Enuntiante fama quod actum fuerit vel praeceptum omni exercitui nostro, priusquam in patria Gotorum ingrederemur, beatitudini vestrae praeterire non potuit.

In primo quoque de ministerio ecclesiarum omnium praecepimus, ut nullus ad subripiendum in aliquo conaretur, neque de sanctimunialibus neque de viduis que se in religione Domini devotas esse probarentur; simili condicione et de clericis vel filiis supradictorum, tam clericorum quam viduarum, qui cum illis in domu ipsorum consistere videbantur; idem et de servis ecclesiarum, quos de ecclesiis tractos per episcoporum sacramenta constiterit, praeceptum est observare, ut nullus ex ipsis aliqua violentia vel damnum pateretur. Quod ita ad integrum agnuscendum, ut ex his supradictis si aliquis vim captivitatis pertulisset, sive in ecclesiis sive extra ecclesia, omnino

Clovis roi aux seigneurs saints et aux évêques très dignes par le siège apostolique.

La nouvelle étant annoncée concernant ce qui a été fait et ordonné à toute notre armée, avant que nous entrions dans la patrie des Goths, cela n'a pu échapper à Votre Béatitude.

Premièrement nous ordonnons, en ce qui concerne le service de toutes les églises, que personne ne s'efforce d'enlever de quelque manière ni les saintes moniales ni les veuves dont on sait qu'elles ont été vouées au service du Seigneur; qu'il en soit de même pour les clercs et les enfants des susdits, tant des clercs que des veuves dont on sait qu'ils résident avec eux dans leurs maisons; de même, pour les esclaves des églises dont il sera prouvé par les serments des évêques qu'ils ont été arrachés des églises, l'ordre à observer est de n'exercer aucun dommage ni violence à leur égard. C'est pourquoi nous ordonnons, afin que tout cela soit bien connu, que quiconque parmi les susdits aura subi

---

* *Capitularia Merowingica, op. cit.*, pp. 1-2.

sine aliqua dilatione reddendos esse praecipiamus. De caeteris quidem captivis laicis qui extra pace sunt captivati et fuerint adprobati, apostolia cui volueritis arbitrii vestri est non negandum. Nam de his qui in pace nostra tam clerici quam laici subrepti fuissent, si veraciter agnoscitis vestras epistulas de anulo vestro infra signatas, sic ad nos omnimodis dirigantur et a parte nostra praeceptionem latam noveritis esse firmandam. Sic tamen populus noster petit, ut, cuicumque epistulas vestras praestare fueritis dignati, cum sacramentum per Deum et benedictione vestra dicere non tardetis, rem istam quae poscitur veram esse : quia multorum varietates vel falsitates inventae sunt ut conpraehendatur, sicut scriptum est: « Perit iustus cum impio. »

Orate pro me, domini sancti et apostolica sede dignissimi papae.

la violence de la captivité, soit dans les églises soit hors de l'église, soit totalement et sans délai rendu. Pour les autres prisonniers laïcs qui auront été pris hors de la paix et que cela aura été prouvé, on ne refusera pas les lettres écrites sur votre décision pour qui vous le désirerez. En effet, pour ceux qui auront été saisis dans notre paix tant clercs que laïcs, si vous faites connaître en vérité par vos lettres signées de votre anneau, qu'elles nous soient envoyées de toute manière et vous apprendrez que notre ordre issu de nous doit le confirmer. Ainsi notre peuple demande que, pour tous ceux que vous jugez dignes d'accorder vos lettres, vous ne tardiez pas à dire sous serment au nom de Dieu et avec votre bénédiction que cette chose est vraie qui réclame d'être prouvée, puisque les variations et les falsifications de beaucoup ont été découvertes au point de comprendre que, comme il est écrit : « le juste périt avec l'impie ».

Priez pour moi, seigneurs saints et pères très dignes par le siège apostolique.

COMMENTAIRE

Voilà l'unique document authentique qui nous soit parvenu de Clovis à partir d'un manuscrit du monastère de Corbie datant des VIe-VIIe siècles. Cette lettre aux évêques déclare que, avant l'entrée de l'armée du roi dans la patrie des Goths, les moniales, les veuves, les clercs, les esclaves des églises sont dans la paix du roi et ne peuvent être faits prisonniers. Sinon, ils seront rendus aux évêques sur présentation de leurs lettres scellées.

La première question qui se pose est évidemment la date. Elle nous est fournie aux lignes 3 et 4 comportant l'expression « avant que nous entrions dans la patrie des Goths », qui désignent le début de l'année 507, avant la bataille de Vouillé. Mais comme cette lettre figure avant les articles du concile d'Orléans (juillet 511) dans les manuscrits, certains auteurs crurent qu'elle faisait partie des travaux préparatoires et qu'il fallait la dater de 511. Or c'est impossible, car aucun des canons de ce concile ne fait allusion aux problèmes évoqués dans cette lettre. Si l'on examine cette même phrase avec soin, on s'aperçoit que Clovis dit aux évêques qu'ils savent ce qui a été fait *(actum)* et ce qui a été ordonné *(preceptum)*. Cela signifie qu'ils savent que la guerre de libération en Aquitaine a eu lieu grâce à son armée, et que celle-ci avait reçu un précepte, c'est-à-dire un édit, « avant » l'entrée des troupes franques en guerre. Donc le précepte, terme technique désignant un ensemble de dispositions législatives, exécutoire par lui-même, a été annoncé aux troupes au Champ de Mars, c'est-à-dire le 1er mars 507 (le mot *forma* fait allusion à la connaissance orale de cette proclamation à partir du texte écrit). Il restait ensuite au roi à vérifier que ses dispositions avaient été mises en application en demandant aux principaux bénéficiaires de son édit, les évêques, si tout s'était bien passé. Il le fait sous la forme de cette lettre qui concerne les évêques d'Aquitaine. Elle est par conséquent forcément postérieure à la campagne militaire, laquelle vit Clovis revenir au nord de la Loire à la fin de l'année 508, c'est-à-dire au moment de prendre les quartiers d'hiver et de répartir le butin. On remarquera au passage que la promulgation de cet édit et l'envoi de cette lettre à *x* exemplaires postulent l'existence d'un gouvernement civil de type romain autour de Clovis, et de ce qui fut appelé plus tard une chancellerie, avec des bureaux de correspondance.

Le contexte historique est donc facile à expliquer. Clovis, roi catholique des Francs, vient de libérer l'Aquitaine des Wisigoths, à la demande des populations gallo-romaines majoritaires et catholiques, en accord avec leurs évêques. Cette guerre était donc d'un type nouveau pour le roi des Francs. Elle impliquait des égards pour les pays traversés et une très forte discipline de son armée. Celle-ci devait renoncer au butin qu'elle avait l'habitude de faire sur les populations envahies, mais non sur les Wisigoths ariens qui étaient l'ennemi réel et officiel. Il est bien évident que, dans le feu de l'action, une telle distinction entre occupants et occupés devait être particulièrement difficile à pratiquer. Rafler les biens des uns sans porter atteinte à ceux des autres nécessitait des signes officiels de reconnaissance impossibles à marquer avant l'arrivée des Francs. Il y eut donc de nombreuses erreurs, en particulier en ce qui concerne les faibles et les pauvres dépourvus de patron. Les protecteurs naturels de ces victimes étaient donc les évêques, chargés depuis le IVe siècle de cette responsabilité. De plus, ils avaient joué un rôle considérable en Aquitaine par leur antiarianisme. Ils étaient donc à même de distinguer ceux qui avaient suivi ou non l'arianisme des Wisigoths !

Le protocole (première phrase) et l'eschatocole (dernière phrase) de cette lettre montrent bien le type de rapports officiels et probablement réels en même temps chez Clovis que le roi entretenait avec ces évêques. Ils sont qualifiés de « saints » et de « très dignes par le siège apostolique ».

L'épithète de saint peut paraître étonnante pour des gens encore vivants. En 595, le pape Grégoire le Grand rappelait à l'empereur Maurice qui lui avait manqué de respect (*Registrorum*, V, 36) que Constantin, alors qu'il était encore païen, s'était adressé aux évêques en les qualifiant de « dieux » (Rufin, 10, 2). Il voulait dire par là qu'il n'avait point à juger les évêques et que ceux-ci avaient une supériorité morale sur lui. En fait, ses successeurs et l'évêque de Rome prirent l'habitude de s'adresser aux évêques en leur donnant les titres honorifiques de *beati* ou de *sancti*. Quant au « siège apostolique », s'il est par essence celui de Pierre et de Paul à Rome, il peut s'appliquer aussi au siège de chaque évêque puisqu'ils sont chacun par leur ordination les successeurs des apôtres. C'est une manière de rappeler l'origine de leur autorité. Ce type de salutation est donc parallèle et égal à celui que Remi adressait à Clovis (*cf.* document I, p. 387). De plus, l'eschatocole reprend la même idée en la développant. Le roi des Francs demande aux évêques de prier pour lui, ce qui est la preuve que nous sommes dans un système d'union de l'Église et de l'État. Il considère que les évêques ont une responsabilité spécifique à son égard : l'aide spirituelle de la Divinité en faveur du roi est obtenue par leur intermédiaire. La royauté est donc protégée, inspirée par Dieu. Clovis ajoute l'épithète *dignissimi*, un superlatif, pour faire un parallèle avec les titres de fonctionnaires laïcs, *illuster, magnificus*, etc. Il suggère ainsi l'idée que les évêques sont au sommet d'une hiérarchie de fonctionnaires religieux. Enfin, il leur accole le substantif de *papa*. Ce mot grec, qui signifie « père » de manière affectueuse et familière, est appliqué simultanément à toutes sortes de prélats et à l'évêque de Rome entre 350 et 450. Il ne deviendra exclusif pour ce dernier qu'à partir du VIIIe siècle. Nous sommes ici à une époque où il s'applique normalement à tous les évêques. Il accentue la notion de paternité spirituelle.

Cela dit, que contenait le « précepte » du début de l'année 507 ? Il s'agit d'une interdiction générale d'enlever au « service » des églises, c'est-à-dire à leur administration, toute personne qui en dépend. Sont ainsi visées les moniales et les veuves qui ont, toutes catégories confondues, fait vœu publiquement d'entrer en religion. Normalement, les religieuses ne sont pas astreintes à cette époque, jusqu'aux temps de saint Césaire d'Arles (mort en 543), à la clôture. Elles vivent dans le monde, retirées chez elles, sans pour autant y demeurer enfermées. Elles servent dans les sanctuaires. Il en est de même pour les veuves. Elles faisaient, elles aussi, vœu de chasteté. Elles exerçaient des fonctions d'aide liturgique. Elles étaient à la charge matérielle des évêques. L'évêque est donc ainsi leur patron protecteur ainsi que tout le clergé et « leurs enfants ». Cela signifie que, malgré l'existence du célibat sacerdotal depuis le IVe siècle, nombre de clercs mineurs pouvaient être mariés. Quant aux clercs diacres ou prêtres, ils pouvaient avoir été mariés une fois avant leur ordination laquelle était interdite avant trente ans. Il était donc normal qu'ils eussent des enfants, puisqu'ils devaient se séparer en frère et sœur. On remarquera par ailleurs que cette population de jeunes vit, ainsi que la progéniture des veuves, dans les maisons des clercs qui devaient se trouver dans les évêchés à proximité du groupe cathédral et du palais épiscopal. La dernière catégorie visée par le précepte est celle des esclaves d'Église. En effet, depuis 392 et même avant, l'Église, ayant la capacité juridique, peut être propriétaire de terres et donc d'esclaves qui les cultivent. Ils sont donc propriété d'Église et à ce titre demeurent eux aussi sous la protection de l'évêque. Le précepte interdit toute violence, rapt ou enlèvement comme prisonniers de guerre pour ces cinq catégories de personnes.

Une fois le précepte de 507 rappelé, Clovis passe alors à son application. Il constate que, nonobstant ses ordres, « la violence de la captivité » a été infligée à ces personnes. Nous en avons effectivement la preuve dans la *Vie de saint Eptade* (*cf.* plus loin document XIX, p. 548). L'ordre devait être difficile à pratiquer, je l'ai dit plus haut, d'autant qu'il concernait les gens sous la protection des évêques, qu'ils soient « dans les églises » ou « hors des églises ». Cette expression désigne le territoire d'asile inviolable que constituait tout bâtiment de culte. L'Église avait même obtenu que ce territoire fût élargi, selon une loi du Code théodosien, à l'*atrium*, ensemble carré de trois ou quatre galeries à colonnes précédant la façade occidentale des églises, plus tard à l'origine des cloîtres, et même à un ensemble de terres entourant l'édifice sacré. Si les bâtiments étaient portes fermées en cas de razzias des Francs, le droit d'asile pouvait être respecté « dans » mais facilement violé « hors des églises ». Ainsi s'explique cette précision.

Puis Clovis passe à une sixième catégorie de prisonniers de guerre réduits en esclavage dont il n'avait pas parlé jusqu'ici. Il s'agit des « laïcs [...] pris hors de la paix ». La notion de paix est, juridiquement parlant, une capacité dont jouit le roi d'accorder à l'un quelconque de ses sujets une protection personnelle qui le rend intouchable, faute de quoi le protecteur naturel qu'est le prince publiant que tel ou tel est dans sa paix, intervient automatiquement en sa faveur. Ici ces laïcs, probablement des Romains d'Aquitaine ayant servi les Wisigoths, ont été saisis « hors de la paix ». Donc il était normal qu'ils soient pris puisque l'édit ne les concernait pas. La procédure sera double dans ce cas : d'abord fournir les preuves écrites qu'ils sont certainement dans ce cas particulier, puis envoyer une lettre épiscopale au roi demandant leur libération. Le roi, ici, ne s'embarrasse pas de connaître les motivations des évêques. Il fait confiance à leur sens de la miséricorde, ou bien à leur sens politique, pour effacer les séquelles de quatre-vingt-dix ans de domination wisigothique. Il s'agit d'une aspiration à la pacification des esprits.

Restent alors les cinq premières catégories, directement et normalement sous la protection du clergé. Elles seront libérées à l'aide de lettres écrites par les évêques, comme pour le cas précédent. Appelées en latin *apostolia* ou plutôt *epistolia*, par confusion entre apôtre et épître, ce sont des documents officiels strictement réservés aux évêques puisqu'ils sont, nous l'avons vu, successeurs des apôtres. Le concile de Chalcédoine en 451, acte XV, canon 2, précise que l'empereur Marcien avait accordé aux évêques ce privilège, partie intégrante jusqu'alors de sa paix, pour qu'ils puissent soit protéger des pauvres et des indigents, soit recommander des personnages importants. Par ce moyen, les évêques sont associés à la paix de l'empereur, ou du roi Clovis, qui est ici son représentant puisqu'il vient d'être nommé patrice et consul par l'empereur Anastase, lors de son dernier passage à Tours. Ces lettres doivent être marquées par le seing de l'anneau sigillaire de l'évêque. Chaque anneau épiscopal ou royal, ou de n'importe quel grand de l'époque, porte en effet une intaille gravée en creux dans une pierre dure, précieuse ou semi-précieuse. Le motif gravé est soit un monogramme regroupant les lettres de son nom, soit un motif allégorique. Il ne s'agit donc pas d'une signature, mais d'un sceau imprimé dans la cire en retournant l'anneau sur le document, un papyrus au bas duquel une goutte chaude de cire a été déposée.

Chacune de ces lettres une fois validée par l'anneau épiscopal, et elles devaient être nombreuses puisqu'il en fallait une par personne, devait ensuite être confirmée par le roi (l. 39). Un tel luxe de précautions bureaucratiques était imposé à l'évêque afin que l'on soit sûr que la personne libérée l'était à bon droit. Il devait prêter « serment au nom de Dieu » dans cette lettre et y ajouter sa bénédiction. Cette recherche minutieuse de la vérité était due à deux causes, nous explique Clovis. La première est la réclamation de la vérité authentique que fait son « peuple ». Ce terme désigne incontestablement l'armée qui a fait la guerre et qui a peur de se voir frustrée de son butin au cas où les lettres épiscopales leur enlèveraient tel ou tel esclave à tort. Les soldats tiennent à conserver ce qu'ils ont pris aux Wisigoths et à leurs alliés. Enfin, la dernière cause reste la falsification des documents, qui devait être très courante puisque l'on en parle ici. Cette pratique est refusée avec véhémence à l'aide d'une citation biblique (Genèse, XVIII, 23) : « le juste périt-il avec l'impie ? ». Le faussaire sera condamné, mais sa victime en même temps si le faux n'a pas été dévoilé. Il est donc indispensable que toutes ces prescriptions et précautions soient prises pour que justice, vérité et miséricorde l'emportent dans ces libérations de prisonniers de guerre qui auront des conséquences capitales pour le succès de la paix à venir.

Un petit détail est ici cependant à signaler. La citation de la Vulgate aurait dû être : *« Numquid perdes justum cum impio ? »* S'agit-il d'une réminiscence plus ou moins arrangée par le scribe ou bien d'une citation de la *Vetus Latina* ? Cette dernière porte : *« Et appropians Abraham dixit : ne simul perdas justum cum impio; et erit justus tamquam impius ?»* (P. Sabatier, *Vetus Italica,* Reims [*sic*] 1743, Gen. 18, 23). Il s'agit, puisque l'écrivain chargé de rédiger la lettre a mis *«justus perit cum impio»,* d'une réminiscence orale, non point de la Vulgate, mais de la *Vetus Latina* par ajout de la lettre *p* à *erit* avec amalgame des deux expressions *«justum cum impio», «justus tamquam impius».* En effet, la seconde expression est absente de la Vulgate au paragraphe 23. Donc, il s'agit de la *Vetus Latina.* Cela prouve que la formation intellectuelle et biblique de l'auteur, que ce soit Clovis ou un membre de ses bureaux, est ancienne.

De plus, cette expression de la *Vetus Latina* est reprise par saint Augustin (*Contre Maxime,* II, t. VIII, 737 c) et par son disciple Prosper d'Aquitaine (*Livre des Promesses,* I, c. 16, p. 102 d) mort à la fin du Ve siècle. Cet auteur avait publié vers 450 un ouvrage, *L'Appel de tous les peuples* (récemment traduit en français, Paris, 1993) montrant que Dieu appelle tous les peuples au salut, y compris les Barbares donc, et que les mystères de son élection sont insondables. Cette littérature était connue de l'entourage clérical de Clovis. En fait, le *De promissionibus Dei* est l'œuvre de l'évêque de Carthage Quodvultdeus exilé à Naples par Genséric, roi des Vandales ariens, mort peu avant 454. Nous savons par Hincmar qu'un manuscrit de ce traité existait dans la bibliothèque de Reims au IXe siècle. Quodvultdeus y assimile les justes aux catholiques et les impies aux ariens. Le scribe de Clovis a donc repris cette comparaison et l'applique à l'actualité. Elle vise aussi bien les Wisigoths impies que les Romains ralliés au roi Alaric II, afin de protéger les justes Francs de l'armée et les Aquitains catholiques qui risqueraient d'être brimés dans ce jugement de Dieu qu'est la guerre, ou volés par les faussaires. Cette citation montre donc bien l'idéal de justice qui préside à cette lettre, le haut niveau culturel biblique et patristique de l'entourage du roi pour qui la libération de l'Aquitaine est une juste (c'est le cas de le dire) reconnaissance à l'égard de ceux qui avaient vainement résisté aux Wisigoths et prévu l'appel aux Francs convertis.

En tout cas, cette lettre est révélatrice du type de collaboration existant entre Clovis, roi chrétien, et ses évêques. Ils partagent la paix et s'épaulent mutuellement pour faire qu'elle se réalise. Ce régime d'alliance et de coopération montre combien la guerre d'Aquitaine fut une guerre de libération et non de conquête. Elle prouve surtout que la prise de butin était capitale pour les Francs, et en même temps que le roi et les évêques disposaient de bureaux et de notaires capables de mettre au point des opérations de libération de captifs par des écrits ayant valeur d'authentiques. Le gouvernement de Clovis fonctionnait donc selon le modèle et les pratiques romains.

1. Je remercie ici F. Marxer et P. Sandevoir de m'avoir fourni les références de la *Vetus Latina* que je ne connaissais pas.

X. À leur seigneur fils de l'Église catholique, le très glorieux roi Clovis, tous les évêques auxquels vous avez donné l'ordre de venir en concile *

Concilivm avrelianense 511. Iul. 10
incipivnt canones avrelianenses
episcoporvm xxx (II)
svb Clvdoico rege Epistola ad regem

Domno suo catholicae ecclesiae filio Chlothouecho gloriosissimo regi omnes sacerdotes, quos ad concilium uenire iussistis. Quia tanta ad religionis catholicae cultum gloriosae fidei cura uos excitat, ut sacerdotalis mentis affectu sacerdotes de rebus necessariis tractaturos in unum collegi iusseritis, secundum uoluntatis uestrae consultationem et titulos, quos dedistis, ea quae nobis uisum est definitione respondimus ; ita ut, si ea quae nos statuimus etiam uestro recta esse iudicio conprobantur, tanti consensus regis ac domini maiori auctoritate seruandam tantorum firmet sententiam sacerdotum. [...]

4. De ordinationibus clericorum id obseruandum esse censuimus, ut nullus saecularium ad clericatus officium praesumatur nisi aut cum regis iussione aut cum iudicis uoluntate ; ita ut filii clericorum,

Puisqu'un tel souci d'une foi glorieuse vous incite à développer le culte de la religion catholique au point que vous avez par attachement pour le jugement des évêques ordonné qu'ils se réunissent en un seul corps pour traiter des questions nécessaires, nous répondons, selon les consultations et les articles conformes à votre volonté et que vous nous avez donnés, ce qu'il nous a paru bon de définir. De la sorte, si ce que nous avons décidé est aussi approuvé par votre jugement comme droit, le consentement d'un si grand roi, eu égard à son autorité plus grande, consolidera la sentence de si grands évêques. [...]

4. Pour les ordinations des clercs il faudra observer ce que nous avons jugé bon, c'est-à-dire que personne ne tente d'élever à un office clérical un quelconque laïc sauf en cas d'ordre du roi ou sur la volonté du comte, de telle sorte que les fils de clercs, c'est-à-dire qu'il s'agisse de leurs pères, de leurs grands-

---

* *Concilia Galliae,* a. 511 - a. 695, éd. C. de Clercq, C.C., t. CXLVIII, B, Turnhout, 1963, p.4 et 6.

id est patrum, auorum ac proauorum, quos supradicto ordine parentum constat obseruatione subiunctos, in episcoporum potestate ac districtione consistant.	*pères ou de leurs arrières grands-pères puisqu'il est évident qu'ils sont liés à l'observance à cause de l'ordre susdit de leurs parents et qu'ils sont soumis au pouvoir des évêques et à leur décision.*

COMMENTAIRE

La lettre de Clovis précédemment expliquée se trouvait placée dans le manuscrit *Parisinus lat.* n° 12097, daté des VIe-VIIe siècles et originaire de Corbie, juste avant la lettre d'ouverture du concile d'Orléans. Cette disposition prouve que, pour les scribes réunissant les textes conciliaires, il va de soi que le roi Clovis donne des ordres à l'Église puisqu'ils ont mis ces deux lettres côte à côte. Il n'empêche que cette épître adressée au roi Clovis par les évêques de Gaule est différente, car si la première montrait que le roi protégeait l'Église, la seconde nous donne un tableau neuf des relations entre cette dernière et l'État. Chacun des deux partenaires a des obligations réciproques, au point que le grand historien de l'Église Mgr Duchesne a pu parler de ce concile comme étant « presque un concordat ».

L'analyse de ces deux extraits est simple. Dans leur lettre de réponse à la convocation du roi, les évêques déclarent apporter des décisions concernant les questions qu'il a posées. Ils espèrent qu'il les approuvera, ce qui augmentera leur propre autorité. L'article 4 en particulier décide qu'aucun laïc ne peut être ordonné sauf sur l'ordre du roi, à l'exception de ceux qui sont de famille cléricale.

L'adresse est significative, comme dans la lettre précédente. Clovis a beau être couvert de gloire pour ses victoires antérieures, se voir qualifié de *dominus*, épithète impériale et donner des ordres aux évêques, il n'en est pas moins « fils de l'Église catholique », c'est-à-dire qu'il est à l'intérieur de cet ensemble baptisé dans la vraie foi : insistance ici sur le refus de l'arianisme des Goths qui vient d'être renversé, auquel fait d'ailleurs allusion le texte non cité de l'article 10. En somme, il est « fils » par rapport aux pères que sont les évêques. Cela suggère une nécessaire obéissance mutuelle entre les deux cocontractants, roi, évêques, avec un léger avantages aux pères conciliaires.

Le nom royal est cependant écorché par les scribes. Il y a tantôt *Cluodoico, Chlotovechus* ou encore *Chlodovichus*. La difficulté de prononcer le *h* aspiré explique les orthographes variées adoptées par les scribes gallo-romains. On se souvient que Cassiodore, lui, prononçait autrement le vocable allemand Chlodweg, puisqu'il l'écrivait Luduin (*cf.* documents IV et VIII). L'aspiration du *h*, impossible pour un gosier latin, a fini par disparaître. Ainsi s'explique l'évolution du mot. Devenu *Chlodovicus*, il passe à l'époque carolingienne à *Hludowicus*; à l'époque romane il évolue en *Lodoys*, *Loïs*, Louis ; c'est cette dernière forme qui l'emporta sur une autre plus nordique, Floovant, qui avait cours au XIIIe siècle. La forme savante Clovis date, elle, de la fin du XVIIIe siècle. L'usage, malgré l'erreur, l'a conservé. De toute façon, ce problème montre la différence des deux civilisations.

Ce Germanique devenu catholique a donné l'ordre à tous les évêques de se réunir en concile. Cela est normal et remonte maintenant à une habitude prise dès le 1er août 314 au concile d'Arles, réuni selon « la volonté du très pieux empereur Constantin ». Dans un empire devenu chrétien officiellement en 392, le bras séculier convoque les conciles et celui qui gouverne à la place de l'empereur continue sur cette lancée. En 384 ou 385, l'empereur Maxime avait ordonné la réunion du concile de Bordeaux. Le 10 septembre 506, Alaric II, roi des Wisigoths ariens, avait fait de même pour le concile d'Agde. Cela n'empêche pas, cependant, d'autres conciles de s'être réunis en Gaule sur la demande d'évêques sans passer par le pouvoir politique. Clovis prend donc ici une initiative normale.

Néanmoins, son ordre n'a pas été complètement observé, car tous les évêques du royaume ne sont point présents. En effet, les canons promulgués sont suivis des noms des évêques qui apposèrent leur *signum* au bas des manuscrits. Ils sont trente-deux. Or ils auraient dû être soixante et onze ! Pourquoi un tel absentéisme ? Les cinq métropolitains présents sont ceux de Bordeaux, Bourges, Tours, Rouen et de Novempopulanie. Autrement dit, se retrouvent ensemble pour la première fois depuis plus de cent ans les évêques aquitains et les évêques du Bassin parisien, l'ancien royaume de Syagrius. Ils sont entre catholiques romains. Leur unité se concrétise autour du roi libérateur, Clovis. Mais il manque des évêques armoricains et pyrénéens, probablement par insuffisance de christianisation ou par incomplète libération des Wisigoths. De même la repaganisation du nord et de l'est de la Gaule par les Francs et les Alamans explique le vide épiscopal de ces régions. En revanche, il est incompréhensible que Léon, métropolitain de la Quatrième Lugdunaise, et Remi, métropolitain de la Seconde Belgique, ne soient point venus alors que nous sommes certain qu'ils étaient en vie l'un et l'autre. Il est étonnant qu'ils n'aient point envoyé de délégués. Étaient-ils en désaccord avec la convocation de Clovis ? On ne sait. Quant aux autres absences, peut-être sont-elles le résultat de vacances non encore comblées par de nouvelles élections.

Le corps de la lettre au roi est extrêmement bref. Il comporte en fait deux phrases, mais elles sont lourdes de sens. Elles définissent les rapports entre l'État et l'Église, le roi et les évêques. Elles énoncent une doctrine qui refuse l'indépendance totale de l'épiscopat, au contraire des conciles du royaume de Bourgogne en 517 et 518-523 qui seront convoqués par des évêques « conformément aux canons » et « au temps du roi Sigismond », sans aucune convocation de sa part. La doctrine énoncée à Orléans dès cette lettre de réponse au roi est donc soit nouvelle, soit contraire à une autre pratique. La première phrase, après avoir insisté sur le fait que le roi veut « développer » la religion catholique, c'est-à-dire le système institutionnel ecclésiastique et les pratiques liturgiques, prend acte de sa foi. Le roi est chrétien. Il remplit donc la condition primordiale pour qu'il y ait entente avec les évêques. Pour jouer son rôle de bras séculier dans le développement de l'Église, il prend l'avis des évêques, les consulte et même il leur propose une liste de canons à voter (articles conformes à votre volonté, l. 10-11). Il serait intéressant de pouvoir consulter le canevas proposé par Clovis aux évêques. Mais, là encore, les archives ont disparu et l'on ne peut être réduit qu'à des suppositions.

À ce schéma royal orientant la discussion, les évêques répondent en déclarant qu'ils ont bien donné des renseignements concernant sa « consultation ». Clovis considère donc bien les évêques comme des experts. Il leur a donné des *« tituli »* (l. 11) à examiner. Ce mot désigne dans le Code théodosien un titre de propriété, une inscription en général brève, rappelant les droits de quelqu'un. Le terme s'applique ici aux propositions d'articles ou de canons que le roi estime faire partie de ses droits ou de ses prérogatives. Cependant, les évêques réunis en concile ne se considèrent point comme une chambre d'enregistrement. Ils expriment leur libre acquiescement – « ce qu'il nous a paru bon de définir » (l. 13-14) – ce qui laisserait supposer que d'autres points ne leur ont point agréé.

Qui plus est, la deuxième phrase insiste sur un rigoureux parallèle entre la décision des évêques et l'approbation par le roi de ce qu'ils ont décidé. Celui-ci a le droit de juger que ce qu'ils vont voter est en conformité avec la loi. Son accord consolidera la « sentence » (terme juridique désignant la conclusion d'une discussion et d'un procès) des évêques. Ils insistent ensuite sur l'égalité réciproque du roi et des évêques (« si grand », « si grands »). Mais ils emploient fort curieusement le terme d'*auctoritas*, ce qui déséquilibre ce parallèle jusqu'alors maintenu rigoureusement à leur propre profit, puisque leur autorité sera plus grande *(maiori)* grâce à l'accord du roi. Normalement, depuis l'empereur Auguste, l'*auctoritas* est la capacité religieuse, civile et politique que possède l'empereur de dire la loi et de la rendre sacrée, intouchable et normative. Tous les textes juridiques romains sont promulgués au nom de l'*auctoritas principis*, pouvoir coercitif, physique et armé. Lorsque l'empereur devint chrétien, l'écrivain Eusèbe estima que Constantin avait la responsabilité et le soin de l'Église, ce qui le mettait hors et au-dessus de cette dernière. Les inconvénients d'un tel rapport de supérieur à inférieur étant apparus avec les hérésies soutenues par les empereurs, nombre de pères et de papes suggérèrent alors un autre type de relations entre l'État et l'Église. On réserve la *potestas* à l'empereur et l'*auctoritas* à l'évêque de Rome et à tous les évêques en général. C'est le cas, notamment en 455, de Valentinien III à l'égard du pape Léon le Grand. Le cas le plus récent est évidemment la lettre du pape Gélase (492-496) à l'empereur Anastase en 494. L'évêque de Rome n'acceptant pas que l'État impérial d'Orient émette un édit, l'hénotique, légiférant sur des questions théologiques, proclame ceci : « Il y a deux [forces], empereur auguste, par lesquelles ce monde-ci est régi, l'autorité sacrée des pontifes et le pouvoir royal. En ce domaine, le poids des évêques est d'autant plus lourd que, même pour les rois des hommes, ils devront rendre des comptes au tribunal divin. [...] Tu sais que tu dois te soumettre à l'ordre de la religion plutôt que d'être au-dessus » (*Epistolae Romanorum pontificum genuinae,* éd. A. Thiel, I, 1867, pp. 350-351). Cette doctrine dite gélasienne affirme donc que l'Église est indépendante et supérieure au pouvoir civil dans le domaine religieux puisqu'elle revendique l'*auctoritas* pour elle-même.

Qu'en est-il alors de cette *auctoritas* dans la lettre à Clovis ? Si la traduction proposée – « eu égard à son autorité plus grande » – concerne bien celle des évêques, malgré l'absence d'un possessif du type d'*eorum,* cela signifie que le concile la considère comme plus grande ! L'*auctoritas* pontificale affirmée depuis les papes Damase et Sirice au IVe siècle (Charles Pietri, *Roma Christiana,* pp. 1510-1518) concurrence celle des empereurs et de leurs successeurs les rois germaniques, bien qu'elle leur soit largement antérieure. En insistant sur leur *auctoritas,* les évêques du concile d'Orléans prennent ainsi position par rapport aux deux conceptions constantinienne et gélasienne. Ils optent pour la seconde en affirmant que leur autorité est supérieure. Clovis en l'acceptant est donc lié par elle.

L'application concrète de cette vision idéale de deux cités, selon l'expression de saint Augustin, se vérifie immédiatement au paragraphe 4. Les évêques décident qu'on ne peut ordonner clerc un laïc. Derrière cette affirmation se cache une question très disputée. Par ordination, il faut entendre l'entrée dans la catégorie du clergé, qualifiée d'*ordo* un peu plus bas (l. 27). Ce groupe comporte déjà les ordres mineurs : portier, lecteur, exorciste, acolyte, et les ordres majeurs : sous-diacre, diacre, prêtre puis enfin évêque. Il forme un tout hiérarchisé de plusieurs fonctions. En cela, il est semblable, extérieurement s'entend, à la hiérarchie des fonctionnaires civils romains laïcs. C'est pourquoi il est parlé d'un *officium,* c'est-à-dire d'un service officiel, d'un poste de fonctionnaire d'Église, puisque celle-ci est unie à l'État. Pourquoi cette interdiction radicale qui peut nous surprendre aujourd'hui et paraître absurde ? Depuis le IVe siècle, empereurs et papes sont d'accord là-dessus. Pour les premiers, il s'agissait d'éviter la fuite de fonctionnaires laïcs vers le clergé pour esquiver leurs responsabilités administratives, militaires et financières. Il y avait là un risque d'effondrement social, notamment pour les *curiales,* magistrats municipaux. De plus, ces fonctions étaient héréditaires. Aussi Valentinien III en 439 et 452 et Majorien en 458 avaient-ils sévèrement interdit le passage des laïcs dans le clergé (Code théodosien, nov. 3 ; nov. 35 ; Majorien, nov. 7,7). Ces lois étaient connues et valables en Gaule. Les papes avaient fini par se rallier à cette nécessité civique. Gélase (492-496) avait accepté cette interdiction (*Epist.* 15). L'empereur Constant, en 348, aurait même voulu que le clergé pût former un ordre héréditaire ! Ainsi la société aurait été figée en castes séparées.

L'obligation du célibat clérical, promulguée depuis Sirice (384-399), empêcha cette utopie. Mais si, durant le ve siècle, elle fut appliquée à partir du sous-diaconat, elle n'empêcha point cependant l'existence de fils et de petits-fils de clercs. En effet, l'autorité ecclésiale acceptait d'ordonner des laïcs mariés une seule fois, pères de famille, mais qui se séparaient de leurs épouses à partir de leur entrée dans le clergé. Il existait donc bien (l. 25) des « fils de clercs ». L'étrange précision qui consiste à mentionner pères, grands-pères et arrière-grands-pères (l. 26) tient au fait que, n'exerçant pas de fonctions publiques, ils sont exemptés de charges de magistratures municipales (les *curiales,* Code théodosien, X, 4 ; XVI, 2, 10 ; 2, 15 et 2, 33) ainsi que de l'impôt personnel, la capitation. Et cela héréditairement puisque les prêtres avaient eu des enfants avant leur ordination. Ils forment donc bien un *ordo.* Ils sont dans la *potestas,* ici pouvoir de commandement (l. 29-30) des évêques qui décident, ou non, de leur donner les ordres par l'imposition d'une main ou des deux mains selon qu'il s'agit d'un ordre mineur ou d'un ordre majeur.

Cette catégorie de personnes ne pose donc aucun problème aux évêques puisqu'ils en sont les maîtres. Restent alors les laïcs, qui eux sont au pouvoir du roi. Notre article 4 prévoit que le roi peut donner l'ordre d'élever à une fonction cléricale un fonctionnaire laïc. Étonnante nouveauté ! En effet, quelques années plus tard, le concile d'Arles de 524 (canon 2) maintient l'interdiction pour l'accès à l'épiscopat et impose un an de « conversion » pour un laïc qui veut devenir diacre ou prêtre. Si les évêques jugent bon de permettre au roi Clovis d'ordonner tel ou tel laïc, ce n'est point parce qu'ils sont moins romains d'esprit que leurs confrères méridionaux, mais plutôt parce qu'ils profitent de l'euphorie de la victoire et de leur bonne entente avec un roi chrétien pour en recevoir des cadeaux supplémentaires. Ici, il s'agit d'un cadeau fiscal puisque le nouveau clerc sera exempté d'impôt. Les évêques ne se doutent pas qu'avec un prince moins chrétien ou un comte, fonctionnaire dirigeant une cité, c'est-à-dire en même temps un diocèse ecclésiastique, leurs successeurs risquent de se voir infliger des clercs peu recommandables et à la foi non éprouvée, comme s'en méfient leurs collègues provençaux.

Au total, cette lettre révèle un moment exceptionnel d'entente entre le roi Clovis et ses évêques aquitains et du nord de la Loire. Ces deux groupes d'évêques ont tout fait pour qu'un roi catholique les dirige, en abattant l'arianisme wisigoth. Ils y sont parvenus et en profitent pour, vu les bonnes dispositions du prince, établir des relations entre l'Église et l'État d'un nouveau type, sur le modèle récent gélasien. Si les deux partenaires sont égaux, la foi chrétienne de Clovis le met en fait au service de l'Église, puisque l'autorité de la décision épiscopale dans les domaines spirituels est supérieure. Ainsi, l'Église sauvegarde son indépendance spirituelle dans l'union avec l'État. Elle reçoit la protection du prince, conserve son autorité de commandement et son autorité spirituelle sur le clergé héréditaire, mais pratiquant le célibat à partir de son ordination. Elle en augmente le nombre pour les besoins de l'évangélisation grâce aux autorisations et aux ordres du roi Clovis qui accepte de voir diminuer le nombre de ses fonctionnaires et de ses contribuables. Le roi chrétien est serviteur des intérêts spirituels de l'Église.

XI. Aux seigneurs très saints et pleins de mérite, aux frères très heureux dans le Christ, Héraclius, Léon et Théodose, Remi évêque *

Dominis vere sanctis et meritis, beatissimis in Christo fratribus Heraclio, Leoni et Theodosio Remegius episcopus

PAULUS apostolus in epistula sua loquitur : « Caritas numquam excedit. » Quae, ut tales ad me litteras mitteretis, in vestris sensibus non resedit. Nam pro Claudio fudi simplicem precem, quem vos non presbyterum scribitis, ut in me indignationem vestri pectoris proderitis. Illum non abnego graviter deliquisse ; sed vos aetati meae, etsi non meritis, decuerat detulisse, quod, propitia divinitate, sit dictum : Quinquaginta et tribus annis episcopali sede praesedeo, et me appellavit tam procaciter nemo. Dicitis : « Melius vos fuisse non natos. » Hoc mihi fuerat oportunum, ne audissem transgressoris obproprium. Ego Claudium presbyterum feci, non corruptus praemio, sed praecellentissimi regis testimonium, qui erat non solum praedicator fidei catholicae, sed defensor. Scribitis : « Canonicum non fuisse, quod iussit; summo fungamini sacerdotio. » Regionum

L'apôtre Paul dit dans son épître : « L'amour ne passe jamais. » Celui-ci n'imprègne point vos sentiments pour m'avoir envoyé de telles lettres. En effet j'ai exprimé à l'égard de Claude, dont vous écrivez qu'il n'est point prêtre, une simple prière, alors que vous exhalez contre moi l'indignation de votre cœur. Je ne nie point qu'il ait commis une faute grave ; mais il vous a plu de vous en prendre non point à mes mérites mais à mon âge, parce qu'il doit être dit qu'avec l'aide de Dieu : « je me tiens sur le siège épiscopal depuis cinquante-trois ans » et personne ne m'a appelé avec une telle insolence. Vous dites : « Il vaudrait mieux que vous ne fussiez pas né. » Cela me fut ménagé pour que j'entendisse l'affront du transgresseur. Moi, j'ai fait Claude prêtre, non point séduit par une récompense, mais selon le témoignage du très excellent roi, lequel était non seulement prédicateur de la foi catholique, mais aussi son défenseur. Vous écrivez : « Ce qu'il a ordonné n'est point conforme aux

---

* *Epistolae Austrasicae,* 3, C.C., t. CXVII, 1957, pp. 409-411.

praesul, custus patriae, gentium triumphator iniunxit. Tanto in me prorupistis felle commoti, ut nec episcopatus vestri detuleritis auctori. Rogavi, ut Claudius, sacrilegii perpetrator, paenitentiae servaretur. Legimus namque, legimus, quod excidium caelesti denuntiatione praedictum evaserint per paenitentiam Ninivitae, quam Iohannis, praecursor Domini, in evangelio praedicavit, ut, regnum adpropinquante caelorum, ea populi agerent, ne perirent. In Apocalypsin angelis ecclesarium scribitur ex praecepto Domini salvatoris, ut, quae digne minus egerant, paenitentiae satisfactione corrigerent. De iracunda dictione sanctitatis vestrae intellego, quod lapsum non miseramini post ruinam ; sed magis velle vos video, ne convertatur et vivat, cum Dominus dixerit : « Nolo mortem morientis, sed ut convertatur et vivat. » Hoc nos expedit sequi, hanc Domini voluntatem non praetermittere, sed tenere, quia nos posuit non ad iracundiam, sed ad hominum curam et servire pietati potius, quam furori. Ponitis in epistula vestra, quod Celsus quidam, qui Claudio credidit, quod abductus, et utrum vivat aut sit mortuus ignoratis, atque huius inquisitorem me esse praecipitis et nescitis, si in saeculo aut si ad inferos sit quaerendus, et res suas a me vultis restitui, quas sublatas fuisse non novi : impossibilia praecipitis, ut impia peragatis. Annorum numerum me esse scribitis iubeleum, inridentes potius, quam pro dilectione gaudentes, cui, vinculo caritatis

canons. Vous remplissez la fonction de l'évêque suprême ! » Le responsable des régions, le gardien de la patrie, le triomphateur des peuples païens l'a ordonné. Vous vous êtes laissés emporter par une telle amertume contre moi que vous en êtes troublés au point de ne point respecter l'auteur de votre épiscopat. J'ai demandé que Claude, auteur d'un sacrilège, soit gardé dans le statut de pénitent. Nous lisons en effet, et nous lisons que les Ninivites échappèrent à la catastrophe prédite par une annonce céleste grâce à la pénitence, que Jean, précurseur du Seigneur, prêcha dans l'Évangile afin qu'à l'approche du royaume des cieux les peuples la pratiquassent pour ne point périr. Il est écrit dans l'Apocalypse à propos des anges des Églises, sur l'ordre du Seigneur Sauveur, que celles qui ont agi moins dignement, ils les corrigent par la satisfaction de la pénitence. Je comprends à travers le propos irrité de votre sainteté que vous n'ayez point pitié de celui qui est tombé, après sa chute ; mais je vois que vous voulez encore plus qu'il ne se convertisse point et qu'il ne vive point, selon ce que dit le Seigneur : « Je ne veux point la mort du mourant, mais qu'il se convertisse et qu'il vive. » Ceci vous engage à suivre et non point à négliger cette volonté du Seigneur, et à la tenir parce qu'elle nous engage non point à la colère, mais au soin des hommes et à la servir plutôt par la piété que par la fureur. Vous exposez dans votre lettre qu'un certain Celse a fait crédit à Claude dont vous ignorez où il a été emmené et s'il vit ou s'il est mort, et vous m'ordonnez de faire une enquête à son sujet alors même que vous ne savez point s'il faut le chercher dans le siècle ou bien aux Enfers, et vous voulez que

inrupto insinceriter, a vobis nec parcitur nec defertur. Explicit.

je lui restitue ses revenus dont je n'ai même pas su qu'ils avaient été transférés ! Vous ordonnez des choses impossibles pour accomplir des choses impies. Vous écrivez que le nombre de mes années est celui d'un jubilaire, préférant vous moquer, plutôt que de vous réjouir dans l'amour de celui auquel vous n'avez rien épargné, ni accordé, alors même que le lien de la charité chrétienne n'a pas été rompu vicieusement.

Commentaire

Cette troisième lettre de saint Remi, extraite des *Epistolae Austrasicae* (*cf.* commentaire du document I, p. 388), est révélatrice du tempérament de l'évêque de Reims qui a baptisé Clovis. Alors que les évêques Héraclius, Léon et Théodose lui reprochent d'être évêque depuis cinquante-trois ans et d'avoir ordonné prêtre un individu malhonnête, Claude, Remi réplique qu'il n'est jamais intervenu en sa faveur, si ce n'est pour lui imposer la pénitence et qu'il l'a ordonné prêtre sur l'ordre du roi ; il ajoute qu'il ignore tout d'un dénommé Celse, créancier de Claude.

Le premier problème qui se pose à la lecture de ce document est évidemment la date. Elle peut être déduite à travers les protagonistes. Le premier personnage cité, Héraclius, est évêque de Paris. Il a signé au concile d'Orléans en 511 et mourut probablement bien avant 533 puisque à cette date son deuxième successeur est déjà connu. Le deuxième, Léon, évêque de Sens, représenté à Orléans en 538, proteste contre l'érection en évêché de Melun par le roi Childebert Ier vers 540, alors qu'il était déjà très vieux (C. C, t. CXVII, p. 490). Il mourut avant 549. Il est donc possible qu'il ait été évêque dès 510. Théodose, lui, est évêque d'Auxerre. Il fut présent au concile d'Orléans en 511 et dut mourir peu après, car il a trois successeurs avant 533. La période commune aux trois personnages irait donc de 510 à 515. Quant à Remi, vu ce qui a été dit plus haut (*cf.* document I, p. 387) et ce qui lui a été reproché ici, à savoir un épiscopat de cinquante-trois ans, puisqu'il est né en 436/437 et qu'il a été ordonné évêque à vingt-deux ans, selon le témoignage de sa *Vita*, il écrit cette réponse dans cette lettre en 511/512. J'opte plutôt pour 512, parce que ce texte parle de Clovis à l'imparfait (*erat*, l. 22). Cette lettre est donc postérieure au 21 novembre 511, date de sa mort. Elle est probablement même de 512, date à laquelle les trois évêques, sont, nous l'avons vu, tous en charge.

Dès la lecture de l'adresse, dans le protocole, nous constatons une anomalie. Certes les épithètes de « très saints « et de « pleins de mérites » (*cf.* document IX, p. 440) nous sont déjà connues et normales. Mais l'ordre d'énumération ne l'est point. Le métropolitain de la Quatrième Lyonnaise, Léon, évêque de Sens, devrait être en tête et les noms de ses suffragants, Héraclius et Théodose, suivre. Paris et Auxerre dépendent en effet de Sens. Si donc Remi met Paris en tête, cela vient de ce que, depuis Clovis, cette ville est capitale du royaume. Il considère son évêque comme celui du roi lequel s'appelle alors Childebert Ier. Cette manière de faire prédominer la structure politique sur la strucure religieuse ne fut pas suivie par la hiérarchie des Gaules, puisque Paris dut attendre l'année 1622 pour que l'évêché devienne archevêché et soit ainsi détaché de Sens. Donc Remi, par cette entorse à l'ordre hiérarchique, montre déjà quelle est sa position personnelle. Alors que les trois évêques de la Quatrième Lyonnaise lui écrivent, collégialement, sans s'occuper de critères politiques puisque Léon et Théodose font partie du royaume de Clodomir et Héraclius de celui de Childebert, il privilégie l'évêque de la seule capitale qui l'intéresse, aux dépens du métropolitain.

Il les interpelle ensuite directement en leur reprochant de ne point pratiquer la charité fraternelle entre confrères. La citation de saint Paul (I Cor., XIII, 8) a pour but de montrer que ses correspondants n'ont rien de chrétien dans leurs reproches. Ceux-ci sont de trois sortes : la situation du dénommé Claude, la position personnelle de Remi et l'ordre du roi.

Héraclius, Léon et Théodose refusent de reconnaître à Claude la qualité de *sacerdos,* mot qu'il faut traduire par prêtre plutôt que par évêque, bien que cette traduction soit possible. En effet, aucune allusion n'est faite dans le corps de cette lettre à son éventuel siège. Aucun Claude évêque n'est connu à cette date. Il lui est reproché d'avoir commis une faute grave. On apprend d'ailleurs plus bas qu'il s'agit d'un sacrilège (l. 31), c'est-à-dire d'une profanation d'un support sacramentel, hostie, huile consacrée, etc. Cet individu est considéré par ces trois évêques comme déchu de sa qualité de prêtre par son acte, alors que, Remi, lui, au contraire, leur a adressé une « prière », l'accepter, selon sa demande, comme « pénitent ». Ce statut spécial était réservé aux pécheurs publics, dont le péché était connu de tous. L'évêque fait entrer la personne concernée dans l'ordre des pénitents lors d'une cérémonie communautaire. Celui-ci reste alors dans cette situation vêtu d'un costume particulier, selon la durée qui lui a été fixée. Il est ainsi ramené dans un état proche de celui des catéchumènes. Ici, puisqu'il s'agit d'un prêtre, il ne devait plus pouvoir célébrer la messe. Venait enfin, mais pour une seule fois dans la vie, la réadmission à la communion, grâce à l'imposition des mains par l'évêque, le jeudi Saint devant la communauté. Cette situation était évidemment très pénible et grave. Remi, en prenant cette mesure, reconnaît donc que ses interlocuteurs ont raison. Claude n'était pas un personnage recommandable.

C'est pourquoi Héraclius, Léon et Théodose estiment que Remi est responsable de cet état de choses. C'est lui le coupable. Il a ordonné Claude prêtre sans savoir ce qu'il faisait, car il est trop vieux et pour tout dire gâteux. Il a en effet cinquante-trois ans d'épiscopat, et donc, en 512, soixante-quinze ans ! Une telle longévité était en effet exceptionnelle. Comment peut-on avoir gardé toutes ses facultés à un tel âge ? Et d'ajouter qu'il aurait mieux valu qu'il ne naquît point. Le moins qu'on puisse dire est qu'effectivement, comme le dit Remi, le respect et la charité ne les étouffent guère ! Ils pensent probablement que tout son épiscopat est illégal, puisque Remi a été élu évêque à l'âge de vingt-deux ans. C'est une allusion sournoise à l'interdiction d'être ordonné prêtre avant trente ans (concile de Néo-Césarée, en 314, c.11). Comme pour celle de saint Martin en 361, l'élection de Remi fut en effet illégale. Il est évident qu'en 458/459 la situation politique favorable à Rome en Gaule du Nord, sous la direction de Majorien (457-461), a permis une reprise en main des évêchés de Belgique Seconde. Aegidius, allié aux Francs de Childéric, a dû assurer cette élection triomphale, mais illégale, d'un fils de sénateur gallo-romain patriote et partisan d'un empire autoritaire. Ainsi s'explique que l'on ait été fort peu regardant sur les conditions de cette élection. Pour nos trois évêques, bien plus jeunes, qui n'ont connu que le règne de Clovis, Remi est le témoin dépassé d'une autre époque, celle où l'empereur existait encore. On ne le comprend plus.

Et du coup ils s'attaquent alors à celui que Remi a suivi : le roi. L'évêque déclare en effet qu'il a ordonné prêtre Claude sur l'ordre du « très excellent roi » (l. 21) qui est évidemment Clovis. L'évêque de Reims signale au passage qu'il ne l'a point fait contre argent, allusion à la simonie condamnée par le concile de Chalcédoine en 451 (l. 20). Il s'agit d'acheter une ordination. Mais, à la réponse de Remi, ses adversaires lui ont rétorqué que, justement, cette ordination sur ordre de Clovis « n'est pas conforme aux canons ». Remi vient de faire montre de sa connaissance des textes conciliaires, pour prouver que ses confrères sont des ignorants. Qui a raison ? De quel côté se trouve la conformité aux canons ?

Reportons-nous à l'article 4 du concile d'Orléans (*cf.* document X, p. 447) voté quelque mois plus tôt. Héraclius y était présent, pourtant ; il devrait donc savoir que ses collègues ont demandé au roi de donner l'ordre à un évêque de faire passer un laïc dans le clergé ! Donc, Remi, bien qu'absent à Orléans, explique une décision royale conforme aux canons. Mais n'oublions pas non plus que les conciles provençaux, eux, continuent à maintenir l'interdiction faite aux fonctionnaires laïcs de postuler pour un office clérical. Léon de Sens était peut-être absent à Orléans parce qu'il n'approuvait pas cette nouveauté. Nos trois évêques ont donc vu dans cette affaire du dénommé Claude une excellente occasion pour montrer la nocivité de cette décision et ses conséquences dangereuses pour la foi. Ils sont donc partisans d'une discipline romaine traditionnelle, se réfèrent aux anciens canons, analogues à ceux que fera promulguer quelques années plus tard saint Césaire d'Arles.

Et d'insister en accusant Remi : « Vous accomplissez un sacerdoce souverain (l. 25-26). » Quelle que soit la place où l'on met les guillemets (après « canons », ou bien après « souverain », puisqu'ils n'existent pas sur le manuscrit), l'expression *« summo fungamini sacerdotio »* ne peut s'appliquer qu'à l'évêque de Reims. Le sacerdoce suprême ou souverain dont il s'est emparé à leurs yeux ne tient donc pas compte des limitations juridiques que lui opposent les textes canoniques. Remi outrepasse ses compétences. On pourrait aussi entendre par sacerdoce suprême celui de l'évêque de Rome, puisque ce terme est appliqué au pape au IVe siècle (Charles Pietri, *Roma Christiana, op. cit.*, p. 1608). Mais cela ne change guère la signification de l'accusation. De toute façon, cet évêque de Reims ne sait plus ce qu'il fait !

Celui-ci se débat véhémentement et martèle littéralement sa réponse. Clovis a quatre titres pour donner cet ordre : prédicateur et défenseur de la foi catholique, « responsable des régions, gardien de la patrie, triomphateur des peuples païens ». La première de ces appréciations vise le fait qu'il l'a défendue, les armes à la main, contre les ariens et qu'il a en somme appliqué le programme d'Avit, annoncer la foi aux païens (*cf.* document III, p. 397). Nous retrouvons la même idée avec celle du triomphateur des *gentes,* c'est-à-dire des peuples barbares idolâtres, allusion aux victoires sur les Alamans et les Thuringiens. Quant aux deux autres expressions, elles ont une portée intérieure : Clovis a la responsabilité des régions, c'est-à-dire des territoires occupés par les Francs Saliens, les Francs Rhénans (ou Ripuaires) et les autres rois francs (Le Mans, etc.), sans oublier l'Aquitaine arrachée aux Wisigoths avec l'aide de la population, ce qui a débouché pour elle sur un régime particulier. En somme, il faudrait presque sous-entendre dans le mot *regio* un territoire dirigé par un roi, un vice-roi certes inférieur à Clovis, puisque, sur le plan étymologique, *regio* vient de *regere,* diriger. Mais corrélativement et logiquement, s'il demeure « responsable des régions », cette multiplicité implique qu'il y a une seule patrie, c'est-à-dire le royaume des Francs, peuple dominant, dont il est le gardien. Par ses épithètes, Remi pose en réalité une théorie politique : le roi est le chef suprême non seulement de l'État mais aussi de l'Église. C'est une vision constantinienne qui met le roi au-dessus de tout, hors de l'atteinte des règles chrétiennes, puisqu'il est normal qu'il donne l'ordre à Remi d'imposer les mains à un inconnu, Claude. Cette vision constantinienne des rapports entre l'Église et l'État, dont j'ai déjà montré (*cf.* document X, p. 451) qu'elle est contestée par les tenants du pape Gélase, est donc parfaitement archaïque en 512. On comprend mieux ainsi la colère de Héraclius, Léon et Théodose, devant ce vieil évêque qui avalise toutes les décisions de Clovis, quelles qu'elles soient. Finalement, ils sont les tenants d'une position plus moderne : le roi doit respecter les canons, de même que Gélase demande à l'empereur de se soumettre à l'Église.

Pour Remi, cette révolte est incongrue, parce qu'il se situe lui-même au sommet de la hiérarchie des Gaules. Il leur reproche d'oublier qu'il les a lui-même ordonnés évêques (« l'auteur de votre épiscopat », l. 30). Ils lui doivent obéissance par conséquent. Enfin, leur comportement n'a rien de chrétien à l'égard de Claude. Il leur fait quatre citations tirées de Jonas, c.3, Math. III, 2, Ap., II, 22 et Éz., XVIII, 23 pour leur prouver qu'ils ignorent le sens du pardon et la pratique de la pénitence. Cette dernière était effectivement fort rude à l'époque. Le véritable pasteur qui prend soin des brebis égarées, c'est donc bien Remi, puisqu'il châtie tout en faisant luire le salut et la réconciliation.

Tout pourrait tourner à l'avantage de l'évêque de Reims, si une dernière accusation des trois évêques n'avait le don de le mettre d'autant plus en fureur qu'elle démontre que le prêtre Claude a tout d'une crapule : il n'a rien trouvé de mieux que d'emprunter de l'argent à un « certain Celse », pour disparaître ensuite, probablement avec la somme. L'interdiction faite aux prêtres de se lancer dans le commerce de l'argent est déjà ancienne, comme le prouve la lettre 62 de saint Ambroise. Elle ne fut guère observée et nous en voyons ici un exemple supplémentaire (M. Rouche, *Marchés et Marchands..., 40e semaine de Spolète,* p. 406). Comment rembourser le créancier puisque le débiteur, Claude, a disparu, se demandent les évêques ? Leur solution est juridiquement impeccable : puisque Remi l'a ordonné dans son diocèse, il lui incombe de lancer une « enquête » (l. 61) et de payer le créancier Celse à l'aide des revenus que le diocèse de Reims avait affectés à Claude ! Or ce dernier a disparu et l'archidiacre de Reims a vraisemblablement dû en profiter pour les attribuer à un autre clerc ! La situation est sans issue, ce qui permet à Remi d'en revenir, ulcéré, à leurs moqueries et à leurs injures (« jubilaire », l. 68), et de se plaindre de leur manque de charité chrétienne. Il n'empêche que cette ordination de Claude se révélait décidément une erreur : sacrilège et voleur, cela faisait beaucoup pour un seul homme.

Comme on le voit, cette lettre de 512 révèle une querelle qui ne manque pas de pittoresque. Elle montre un évêque très vieux tant en années d'épiscopat qu'en âge, patriarche auréolé du baptême de Clovis, persuadé de sa supériorité naturelle et historique. À son grand étonnement, voici que trois évêques qu'il a lui-même ordonnés attaquent avec véhémence une ordination qu'il a faite sur l'ordre de Clovis. Outre que l'individu ordonné s'est révélé être une fripouille, ils l'accusent d'être trop vieux et d'avoir agi contrairement aux canons. Partisans de la doctrine gélasienne, ils s'insurgent contre le fait du prince, et contre un évêque témoin du passé, tenant d'une vision parfaitement périmée à leurs yeux et rendue obsolète par cet exemple désastreux. La défense de Remi est à la fois politique et religieuse, comme il se doit pour un partisan de la notion constantinienne des rapports entre l'Église et l'État. Le principal évêque est pour lui celui de la capitale choisie par Clovis, Paris. Il s'incline devant le roi, protecteur de la foi, vainqueur des hérétiques et des païens. Ordonner un laïc prêtre, malgré les canons anciens ou en vertu d'un canon récent d'Orléans, lui importe peu. La volonté du roi passe avant. Si l'individu ordonné se comporte mal, il lui impose le statut de pénitent. Rien ne peut lui être reproché, même pas le manque de charité envers le coupable. Un seul inconvénient demeure : Claude a disparu. Donc sa décision est inapplicable et les accusations de ses adversaires demeurent justifiées. On comprend sa fureur.

Pareil portrait d'un vieillard atrabilaire et colérique parce que pris en faute pour une erreur sur une personne peut paraître surprenant, mais il est normal. N'oublions pas cependant que cette collection de lettres a été réunie par la chancellerie d'Austrasie pour glorifier le pouvoir royal (*cf.* document I, p. 389). Il était donc indispensable de montrer combien le fondateur religieux de la dynastie, Remi, était jusqu'au bout, et quoi qu'il lui en pût coûter, le défenseur inébranlable du roi « très glorieux Clovis ».

XII. Au seigneur très saint et au frère très heureux dans le Christ, l'évêque Falcon, Remi évêque *

Domino vere sancto et in Christo beatissimo fratri, Falconi episcopo, Remegius episcopus

Quantum conperui, rebus gestis probavi. Prius curae beatitudine tuae fuit, ut mihi inferres iniuriam, quam salutationem deferres. O adveniens principium, quod dedisti, ut laederes episcopos ante me, quam episcopum te viderem! Nimium cito pinnis tenerolis evolasti levitate animi, non maturitatis consilio. In ipso siquidem tui episcopatus exordio ius ingredi temptas alienum, qui adhuc tuum verecunde debueras introire. Fas ergo fuit, ut inlicitis ordinationibus tuis a te credideris occupandam loci Mosomagensis ecclesiam, quam metropolitani urbis Remorum sub ope Christi sua semper ordinatione rexerunt. Adhuc, arbitror, tua nescis et iam aliena pervadis. In quam igitur cum levitas feceris, presbiteros consecraris, archidiaconos institueris, primicerium scole dares militiaeque lectorum, non

J'ai d'autant plus appris que j'en ai eu la preuve par l'expérience. Avant même que Ta Béatitude soit entrée en charge, tu m'infliges une injustice en même temps que tu m'apportes tes salutations. Ô toi qui arrives, le premier don que tu as fait fut de léser les évêques qui m'ont précédé avant que je ne t'aie comme évêque! Tu t'es envolé trop vite sur tes plumes duveteuses, par légèreté de ton esprit, non par décision de ta maturité. En effet, dans le commencement même de ton épiscopat, tu tentes d'empiéter sur le droit d'un autre, toi qui aurais dû entrer avec encore plus de respect sur le tien. Il serait donc juste que, grâce aux ordinations illicites faites par toi, tu croies devoir occuper l'église sise à Mouzon, église que les métropolitains de Reims ont, avec l'aide du Christ, toujours tenue sous leur ordre! Je pense qu'alors que tu ignores tes droits tu envahis déjà ceux des autres. Voici donc que dans cette église tu aurais fait des diacres, tu aurais consacré des prêtres,

* *Epistolae Austrasicae,* Corpus Christianorum, t. CXVII, éd. W. Gundlach, Turnhout, 1957, 4, pp. 411-413.

quaeror, quod me consilio inter ista non videris. Utinam te vidisses. Si enim canones tua sanctitas ignorabat, satis praeproperum fuit, ut transgrederes, antequam disceres. At vero ecclesiarum statuta si noveras, tanto gravius tantumque periculosius incipientia tua priscorum magnificorumque pontificum decreta calcavit. Cave, qui aliena praesumis, ne, quod habere videris, amittas. Cum facte ordinationis iura non constent, quo potissimum consilio sacerdotalis officii tyrocinia defensabis, si temerariae transgressionis admissum pertinacia vel inpotentia vis tueri ? Maioris discriminis erit, antequam sanctionem fuisse violatam, quam laus sit, loco stare contra canonem, quos creasti. Sed quid de eorum loquar ordinibus, quos a beatitudine tua non licuit promoveri ? Plus illud est, quod, si iuxta maiorum statuta severitatemque discutimur, non minus, quam status illorum, vester veniet episcopatus in dubium. Dominus in evangelio dicit ad Petrum : « Simon Iohannis, diligis me ? Et Petrus : Etiam Domine, tu scis, quia amo te. » Cui bis terque a Domino sub hac responsione praecipitur : « Pasce oves meas. » Ego, quia oves Christi pascere omnimodis inperitus, alimonia caelestis ubertate non possum ; tu, qui es sacris eruditionibus eruditus, eas, quae mihi, Domino iubente, tradite sunt, ut pascas, admoneo, ut invadas, inhibeho. Age semper, ut te digna comitentur ecclesiae, quam divina dispensatione meruisti praesidendum ;

tu aurais institué des archidiacres, tu aurais donné un chef au groupe et à la troupe des lecteurs. Je ne demande pas pourquoi tu ne m'aurais point vu au titre de ces décisions. Plût au ciel que tu te fusses vu toi-même ! Si, en effet, Ta Sainteté ignorait les canons, il aurait été par trop rapide que tu puisses les transgresser avant même que tu ne les eusses appris ! Tandis que si tu avais connu les statuts, ta sottise n'en a que d'autant plus lourdement et plus dangereusement foulé aux pieds les décrets des anciens et magnifiques évêques. Prends garde, toi qui t'empares des droits des autres, à ne point perdre ce que tu parais avoir. Puisque dans la réalité tes droits à l'ordination n'ont rien d'évident, par quelle décision pourras-tu d'autant plus repousser des entrées dans l'office sacerdotal ? Si tu t'aperçois que quelqu'un a été admis avec l'audace et l'impudence d'une transgression téméraire, le dommage sera d'autant plus grand que, l'antique sanction ayant été violée, il y aura de l'estime pour ceux que tu as créés contre les canons et qui se tiennent en ce lieu. Mais pourquoi parler de ces ordinations, qu'il n'était pas permis à Ta Béatitude de promouvoir ?

Il y a plus. Si conformément aux statuts des anciens nous discutons sur leur sévérité, nous n'en devons pas moins discuter aussi sur le statut de ces personnes. Votre épiscopat sera alors mis en doute. Le Seigneur dans l'Évangile dit à Pierre : « Simon Jean m'aimes-tu de préférence ? Et Pierre : « Mais Seigneur tu le sais bien que je t'aime. » Cette réponse ayant été faite par deux ou trois fois au Seigneur, celui-là en reçut cet ordre : « Pais mes brebis. » Moi, parce que je ne peux pas en aucune façon paître les brebis du Christ, tout ignorant que je suis

deserui et pro salutem gregis dominici sollicitus pastor invigila. Utinam mediocritati meae ista subpeterent, quae in nomine Domini habere vos cupio. Sed quia desunt meae vel credite, mihi sunt obsequia salvatoris: salvari mercennario non requiro. Iohannis in Apocalypsis septem quippe angelis suis conpraehendit et unicuique scribit ecclesiis. Facta igitur merita, quae praepositis qua probata, corrigenda castigat. Cum ergo sub vocabulo angeli tradatur actionis forma pontificii, doleo super tuae praesumptionis audacia, ut iura permutes vetera novus, cauta temerarius, divina terrenus. Audiant nos, audiant, quos elegeris sacerdotes, sacerdotes tui ipsi nos audiant. Creatoris, confido, sententiam non pro te, sed in te a iudicantibus proferendam. Quis enim pro sensus sui probitate non inprobet, eum contra ecclesiae regulam prorupisse, qui debuerat ecclesiae regulam custodire ? Mandas, ut audio, colonorum tibi tributa portari, et praecipitis, ut reditus deferantur agrorum. Datur intellegi, quod ecclesiae rem, non ecclesiam concupisti, quando sollicitus exquisitor exposcis, quae ego, ad quem iure veniebant, remisi potius quam quaesivi. Nolo, te lateat, levitas atque presbiteros, contra ordinem quos fecisti, ab ordine iam remotos. Perpendi enim, quos a me non decebat admitti, quos a te non licuerat ordinari. Heu a quantum me cultus tui propositus reppulisti, dum mavis perperam gerere, quam foedera fraterna servare ! Obtaveram

de l'abondance de la nourriture céleste, toi, qui es érudit dans les lettres sacrées, je te conseille et je t'interdis de paître et d'envahir celles qui m'ont été confiées sur l'ordre du Seigneur. Agis toujours de telle manière que le respect t'accompagne. Tu as mérité, par un don divin, d'être mis à la tête de cette Église. Sers-la et veille comme un pasteur attentionné au salut du troupeau du Seigneur. Plût au ciel que ces biens soient mis à la disposition de ma médiocrité, ces biens qu'au nom du Seigneur je désire tellement que vous ayez. Mais comme ils font défaut, les miens, ou ceux que l'on croit miens, à savoir les respects envers le Seigneur, je ne demande pas d'être sauvé par un mercenaire. Jean dans l'Apocalypse s'adresse à chacune des Églises et s'adresse à leurs sept anges : une fois qu'il a prouvé leurs mérites, il les corrige pour les améliorer. Comme donc sous la forme de l'ange il faut voir celle de l'évêque, je me lamente sur l'audace de ta présomption qui va jusqu'à, toi le nouveau, changer le droit ancien, toi le téméraire, les précautions, toi l'homme de la terre, les faits divins. Qu'ils nous écoutent, qu'ils écoutent, les prêtres que tu as choisis, qu'ils nous écoutent tes propres prêtres ! J'ai confiance dans la sentence du Créateur à ton égard, mais non point en celle qui doit être proférée par ceux qui te jugent. Qui, en effet, ne désapprouvera point, dans l'honnêteté de son sentiment, celui qui s'est élevé contre la règle de l'Église, alors qu'il aurait dû en être le gardien ?

Tu ordonnes, à ce que j'apprends, que l'on t'apporte les impôts des colons et vous avez émis des préceptes pour que soient apportés les revenus des champs. Cela donne à comprendre que tu as désiré non point l'Église mais la rente de

namque, ut clarus permansisses, quia factus fueras ut sacerdos. Sed si mentem tuam cura ista non tangit, ergo tamen pro sinceritate profiteor, quod animum non minus angit, a te inexcusabiliter erratum, quam me fuisse contemptum. Explicit.

l'Église, tandis que tu réclames, en enquêteur agité, ce dont moi, à qui revenait de droit, j'ai préféré faire remise plutôt que de le faire lever. Je ne veux pas que tu ignores que les diacres et les prêtres que tu as ordonnés contrairement au droit ont déjà été dégradés. J'ai en effet estimé avec soin qu'il ne convenait pas que j'admette dans les ordres ceux qu'il ne t'avait pas été permis d'ordonner. Hélas, dans quelle situation ta décision m'a enfermé, puisque tu as préféré faire une chose totalement erronée au lieu de conserver les liens fraternels ! J'aurais préféré en effet que tu demeurasses considéré parce que ce que tu aurais fait, l'eût été comme le fait un évêque. Mais si cette responsabilité n'a point touché ton esprit, moi, cependant, j'avoue dans ma sincérité que je n'en aie pas moins le cœur serré de voir que tu as d'autant plus erré inexcusablement que tu m'as méprisé.

Commentaire

La dernière lettre de Remi conservée dans les *Epistolae Austrasicae* est encore une preuve du caractère vif et emporté de l'évêque de Reims. Il reproche à l'évêque Falcon d'avoir fait des ordinations et levé des impôts sur le territoire de l'église de Mouzon qui appartient à la métropole de Reims.

Pour dater ce document, nous disposons toujours des données chronologiques de Remi. Il est certainement antérieur à 533, date de sa mort. Mais cela ne suffit pas. L'évêque Falcon auquel est adressée cette lettre figure sur la liste épiscopale de l'évêché d'abord installé à Tongres, puis à Maastricht. Le changement du chef-lieu du diocèse, qui appartient à la Germanie Seconde dont la métropole est Cologne, est dû au fait que la ville a été abandonnée après 406, date du passage des Suèves, des Vandales et des Alains, pour un lieu plus sûr ou plus pratique, Maastricht, c'est-à-dire le gué sur la Meuse *(Mosae trajecto)*, là où la voie romaine de Bavay à Cologne franchit ce fleuve. Le territoire de cette cité n'a qu'un seul évêque au ve siècle. Ce Falcon est donc un évêque récemment nommé, après une période de paganisation par les

Francs, soit des Saliens qui ont traversé la forêt Charbonnière vers l'est, soit des Ripuaires venus de la rive gauche du Rhin. La partie septentrionale de la cité est même totalement germanisée jusqu'à Tongres. Le siège de l'évêché est donc à la limite des deux populations. Il s'agit pour le nouvel évêque d'évangéliser et de remettre de l'ordre. Plusieurs arguments convergent pour dater cette lettre, comme la précédente, de 512.

En traitant Falcon comme un oisillon niais pas même encore entré en charge (l. 9), Remi montre que nous sommes au tout début de cet épiscopat d'un évêque fort jeune. Comme il usurpe un territoire qui n'est point de son diocèse, cela ne peut avoir lieu qu'à la suite du partage des cités qui suivit la mort de Clovis. De nombreux conflits de ce type éclataient en effet à chaque partage. Ici la cité de Tongres avait été attribuée à Clotaire Ier, alors que celle de Reims était attribuée à Thierry qui avait mis sa capitale à Reims (hypothèse de Mgr Duchesne, *Fastes...*, t. III, 1915, p. 189). En ce cas, l'intérêt du roi Clotaire était de pousser son évêque à organiser son diocèse aux dépens de celui du voisin. En revanche E. Zollner (*Geschichte der Franken*, 1970, p. 77) et E. Ewig (*Die Merovinger*, 1989, pp. 32 et 113) estiment, faute d'indications précises dans nos sources, que la forêt Charbonnière aurait servi de frontière entre les deux royaumes, et donc que Tongres serait plutôt passée aux mains du roi Thierry. Quoi qu'il en soit de cette difficile question, Falcon a été élu et nommé pour reconstruire l'Église dans son diocèse. Il le fait avec vigueur vers 512.

Venons-en maintenant au territoire contesté de Mouzon. Comme le nom l'indique, *Mosomagensis*, il s'agit d'un port et d'un marché situés sur la Meuse, au passage de la voie romaine de Reims à Cologne. Ce lieu est à sept kilomètres de Carignan qui fait partie du territoire du diocèse de Trèves. Il s'agit donc d'un endroit stratégique important au débouché des Ardennes, à la rencontre de trois cités ou diocèses. Pour Falcon, il s'agit de dominer son évêché à partir de l'axe fluvial mosan, très navigable, moyen idéal pour aller de Maastricht à Mouzon.

Pour installer son autorité, Falcon a fait des ordinations, preuve que le pays de Mouzon était dépourvu de tout clergé, puisqu'il s'est occupé tant des ordres majeurs que des ordres mineurs. Nous avons déjà vu ces différents types de clercs (*cf.* document X, p. 447). Ils sont bien connus grâce aux *Statuta Ecclesiae Antiqua* écrits par Gennade de Marseille vers 476-485. Les prêtres sont ordonnés par l'évêque « par la main sur [leur] tête ». Ils doivent avoir trente ans. Ils célèbrent la messe, imposent les mains aux pénitents, etc. Les diacres sont ordonnés, eux aussi, par les mains, à l'âge minimum de vingt-cinq ans. Ils participent au sacrifice de la messe, mais ne consacrent point les saintes espèces. Ils assument de nombreux services auprès des pauvres, des malades et des abandonnés en général. Il s'agit d'un ministère et non pas d'un sacerdoce.

L'archidiacre est un diacre chargé de la gestion financière des biens d'Église du lieu ou de la circonscription où il se trouve. L'évêque peut en avoir plusieurs dans son diocèse et au minimum un auprès de lui. Quant aux lecteurs, ils sont nombreux et ont pour charge de lire les Écritures lors de la première partie de la messe, la liturgie de la parole. Ici Falcon aurait ordonné leur « primicier » c'est-à-dire leur chef. Bref, il s'agit des principaux acteurs de la vie religieuse qui sont ainsi créés par Falcon sur le domaine de l'église de Mouzon.

De pareilles initiatives sont qualifiées par Remi d'empiétements sur son droit (l. 12), d'ordinations illicites (l. 15), d'invasion (l. 21), de transgressions des canons (l. 13), d'ignorance des statuts (l. 28) et de dédain à l'égard des décrets des anciens (l. 33-34). Il pousse même le raisonnement jusqu'au bout. En commettant des illégalités, il justifie d'autres entorses et rend ses ordinations estimables, bien que invalides, faute de sanction. Remi a parfaitement raison. Les anciens statuts, en particulier le canon 9 du concile de Tours en 461, précisent : « Quant à l'audacieux qui parmi les évêques aura tenté d'empiéter sur le droit et le pouvoir de son frère, d'envahir les diocèses étrangers en franchissant les bornes fixées par les pères ou de promouvoir des clercs ordonnés par d'autres, il a été décidé qu'il était incontestable qu'il devait être enlevé à la communion de ses frères et de ses autres collègues évêques. » C'est exactement ce que vient de faire Falcon qui envahit le territoire de Reims et y ordonne (au lieu de promouvoir) des clercs.

Falcon serait-il excusable, par suite de son ignorance des frontières et de leur caractère flou, vu les techniques insuffisantes d'arpentage de l'époque ? Il ne le semble pas. En effet, les frontières des anciennes tribus gauloises, devenues celles des cités gallo-romaines, puis des évêchés chrétiens, ont été fixées très tôt, comme l'ont montré Auguste Longnon et Roger Dion. De nombreux toponymes marquent ces frontières, comme *equoranda, fines, basilica,* etc. Il y a d'ailleurs un village de Bazeilles *(basilicae),* à quinze kilomètres en aval sur la Meuse. C'est là que se trouve la frontière entre Tongres et Reims. Mouzon est incontestablement partie intégrante de la cité de Reims. Dans des conflits territoriaux de ce genre, les querelles portaient souvent sur la contestation d'une paroisse, car chacun en fait savait bien où se trouvait la limite. On ne pouvait aller trop loin dans l'impudence.

Aussi, cette fois-ci, Remi est-il encore plus en colère que dans la lettre précédente. Devant la « sottise » de Falcon qui pourtant, dit-il, connaît « les lettres sacrées » (l. 63), il en vient à perdre son latin. Il utilise le terme *dares,* qui non seulement est une faute de conjugaison, mais une contraction vicieuse de *dare habes.* Il eut fallu qu'il écrivît : *dederis.* Nous voyons pointer la conjugaison française du futur et du conditionnel passé deuxième forme : tu donneras, ou tu aurais donné (avec le verbe avoir pour suggérer le futur). Suit alors une homélie sur les devoirs du pasteur à partir des citations de Jean, XXI, 15 sur le bon berger qui n'a rien d'un mercenaire (l. 60), et de l'Apocalypse, I, 20, texte qu'il affectionne particulièrement, en faisant des anges, par exégèse symbolique, les types mêmes des évêques. Il la termine en lui signifiant que ses confrères, comme les anges, vont le juger (l. 92) pour avoir transgressé l'interdiction citée plus haut.

Non content d'avoir ainsi pourfendu son adversaire, Remi porte alors l'estocade : Falcon, pour achever son œuvre fait lever « les impôts sur les colons » et ordonne par des préceptes que lui « soient apportés les revenus des champs » (l. 99). Nous touchons ici au problème fiscal. Il s'agit incontestablement des terres d'Église. Elles doivent payer l'impôt. Le propriétaire, ici l'évêque, fait donc la levée de ces taxations. Elles sont de deux sortes : d'une part la capitation, ou tribut, qui est un impôt par tête payé par chaque colon, d'autre part l'impôt foncier, pesant sur la terre. Le mot *reditus* désigne le produit, le revenu, c'est-à-dire ici le montant de la taxe foncière, montant qui nous est inconnu. Étant donné les deux verbes utilisés pour chacun des deux impôts, *portare* et *deferre (ibid.)*, nous sommes en droit d'en conclure qu'ils sont levés en nature et qu'ils sont transportés par chariot, grâce à la réquisition des paysans *(angaria)* jusqu'au centre de Mouzon dans les greniers de l'église locale. Il s'agit probablement de céréales. Nous serions donc alors en septembre 512, puisque l'année fiscale romaine commence le 1er de ce mois. Tout cela prouve combien les institutions fiscales romaines sont intactes et n'ont été affectées ni par les invasions ni par l'arrivée des Francs.

Cela permet à Remi d'enfoncer le clou. Falcon n'a pas eu la noble ambition de devenir évêque pour servir l'Église, mais il désirait en réalité les revenus de cette église. Il est atteint d'une concupiscence purement matérielle (l. 101), ce jeune blanc-bec aux dents longues ! Pour un peu, et l'on s'étonne que Remi n'ait point fait ce rapprochement, puisque *Falco* signifie « faucon » en latin, il mérite bien son nom. Il n'est qu'un rapace aux ongles crochus. Il enquête, s'agite, ordonne, là où Remi avait fait lui-même remise aux habitants de la levée ! Ce qui est encore plus grave ! La pratique du don des impôts aux contribuables était classique en droit romain. Elle était de deux sortes. L'autorité publique faisait l'abandon soit des arrérages des années antérieures, au vu de l'incapacité à payer, soit du montant de l'année en cours, à la suite d'une catastrophe climatique. Nous ne savons pas ici lequel de ces deux cas Remi avait en tête lorsqu'il fit cette remise avant l'arrivée de Falcon à Mouzon. De toute façon, cela prouve que l'évêque de Reims avait reçu du roi une immunité totale sur ses terres d'Église, puisque ce ne sont pas les fonctionnaires civils qui lèvent les impôts, mais lui-même avec son personnel clérical. Du coup, il n'y avait pas de commission à verser aux intermédiaires civils et les impôts donnés par le roi entraient, après vente ou consommation, directement dans les caisses de l'évêché, sous le contrôle administratif de l'archidiacre.

En conséquence, le métropolitain outragé annonce au charognard ignorant qu'il vient de dégrader les prêtres et les diacres qu'il a ordonnés. Il ne fait aucune allusion au fait que Falcon est passible d'excommunication. Peut-être considère-t-il qu'il l'a fait beaucoup plus par ignorance que par volonté délibérée, puisqu'il ne tranche pas entre ces deux hypothèses (l. 113 à l. 120). Les clercs en question sont donc simplement rétrogradés au poste qu'ils occupaient avant l'arrivée de Falcon.

Et de terminer sur des paroles de charité. Remi est ulcéré par le comportement de Falcon, véritable atteinte à la confraternité normale entre évêques (l. 116) et cela d'autant plus qu'elle est allée jusqu'au mépris de sa propre personne. Comme dans la lettre précédente, nous retrouvons cette même impression qu'il est attaqué parce qu'il est trop âgé. Si nous n'arrivons pas à savoir quel était le but précis, politique ou personnel, du jeune évêque de Tongres-Maastricht nous pouvons cependant saisir combien Remi sait maintenir les anciens canons. Il est le gardien de la tradition, tant chrétienne que romaine, aussi bien pour les droits de l'évêque et du clergé que pour les frontières des cités et les institutions fiscales. Face au jeune restaurateur de l'évêché ruiné de Maastricht, Remi demeure l'homme de la continuité constantinienne.

XIII. Extraits de la *Vie de sainte Geneviève**

Vita sante ac beatissime Genovefa virginie

Exiente sono, Attela Chunorum regem sevitia superatum Gallia provintia coepisse vastare, terrore itaque perculsi Pariseorum cives, bona ac stipendia facultatum suarum in alias tuciores civitates deferre nitebantur. Quorum matronas convocans Genuvefa, suadebat, ut ieiuniis et orationibus ac vigiliis insisterent, quatenus possint, sicut Iudith et Ster, superventura clade evadere. Consentientes ergo Genuvefe, dies aliquod in baptisterio vigilias exercentes, ieiuniis et orationibus, sicut Genuvefa suasserat, Deo vacaverunt. Viris quoque earum idem suadebat, ne bona sua a Parisius auferrent : nam illas civitates, quas esse tutiores credebant, gens irata vastaret ; Parisius vero incontaminata ab inimicis, Christo protegente, salvandam, ut factum est, adserebat. Insurrexerunt in eam cives Parisiorum, dicentes, pseudoprophetam

12. Comme le bruit courait qu'Attila, roi des Huns, avait commencé à dévaster avec rage, après l'avoir dominé, une province de la Gaule, les citoyens de Paris, comme frappés de terreur, s'efforçaient de transporter les biens et les salaires issus de leur patrimoine dans d'autres cités plus sûres. Geneviève, convoquant leurs épouses, leur conseillait de se consacrer à des jeunes, à des prières et à des veilles, dans la mesure du possible, telles Judith et Esther, pour échapper au désastre menaçant. Elles tombent d'accord avec Geneviève, passent quelques jours en veille dans le baptistère, jeûnes et prières ; comme Geneviève le leur avait conseillé, elles s'adonnèrent à Dieu. Elle conseillait aussi à leurs époux de ne pas enlever leurs biens de Paris : en effet les cités qu'ils estimaient mieux protégées, ce peuple en colère les dévasterait. Paris en revanche resterait protégée des ennemis, affirmait-elle, et devait être sauvée, grâce à la protection

* *Vita Genovefae virginie Parisiensis*, M. G. H. SS. R. M., t. III, Hanovre, 1896, éd. B. Krusch, p. 219-220, 226, 229-230, 234, 236-238.

suis temporibus aparuisse, eo quod prohiberentur ab ea quasi a peritura civitatem in alias tucioris urbis bona sua transferre.

Tractantibus ergo civibus, ut Genovefam aut lapidibus obrutam aut vasto gurgite mersam punirent, interea adveniente ab Alceoderense urbe arcediacono, qui olim audierat, sanctum Germanum magnificum testimonium de Genovefa dedisse, invenit per loca cives conventicola facere ac de interemptione Genovefe contionari. Qui eum consilium eorum cognovisset, et dixit ad eos : « Nolite, cives, tantum admittere facinus. Ista, de cuius vos interritu tractatis, referente sancto Germano antestite nostro, audivimus ex utero matris suae a Deo electa. Et ecce eulogias, quas illi a sancto Germano relictas exhibeo ! » Conperientes ergo Parisiorum cives, Genovefa testimonium sancti Germani Dei esse fidelissima famula, ac videntes eulogias, que illi, deferente arcediacono, fuerant allate, metuentes Deum et his qui ab arcediacono dicebantur mirantes, dissipato pravo consilio, insidiandi finem fecerunt. Impletum est in die illa dictum apostoli, quo ait : *Non enim omnium est fides ; fidelis autem Deus qui conservavit vos et custodiet a malo (II Thess., 3.2.3.)*

Summi antestites Martinus et Annianus pro virtutum suarum admiratione valde laudati sunt, eo quod unus aput Vangionum civitatem post pridie in bello inhermis offerendus, utriusque exercitus

du Christ, comme il arriva. Les citoyens de Paris s'insurgèrent contre elle, disant qu'une pseudo-prophétesse était alors apparue à cause du fait qu'elle leur interdisait de transporter leurs biens d'une cité qui allait périr dans d'autres villes mieux protégées.

13. Les citoyens discutèrent donc entre eux pour punir Geneviève soit en la lapidant soit en la jetant dans un vaste gouffre, lorsqu'entretemps arriva d'Auxerre un archidiacre qui avait entendu autrefois un magnifique témoignage que saint Germain avait donné sur Geneviève. Il trouva en divers lieux des citoyens se rassemblant en petits groupes et discutant de la manière de tuer Geneviève. Lorsqu'il eut pris connaissance de leur décision, il leur dit : « N'allez pas, citoyens, commettre un tel crime. Celle dont vous discutez de sa mort, nous avons appris sur le témoignage de notre saint évêque Germain qu'elle avait été élue par Dieu dès le ventre de sa mère. Et voici que je vous montre les eulogies qui lui ont été laissées par saint Germain. » Les citoyens de Paris s'aperçurent alors qu'au témoignage de saint Germain et à la vue des eulogies qui leur avaient été apportées par l'archidiacre qui leur en donnait connaissance, elle était une servante très fidèle de Dieu. Craignant Dieu, admirant ce qui avait été dit par l'archidiacre, leur mauvaise décision abandonnée, ils mirent fin aux embûches qu'ils lui tendaient. Ainsi fut accomplie en ce jour cette parole de l'apôtre qui dit : « En effet la foi n'appartient pas à tous ; cependant, Dieu qui est fidèle, vous a consacré, et vous protégera aussi du mal » (II Thess, III, 2, 3).

14. De grands évêques comme Martin et Aignan ont été loués gran-

sevitia sedata, foedus obtenuit, alter vero Aurilianorum urbem ab exercito Chunorum circumseptam, auxiliantibus Gotis, meritis orationum suarum, ne periret, promeruit. Porro Genuvefa nonne dignum est honorari, quae idem orationibus suis predictum exercitum, ne Parisius circumdaret, procul abegit?

Cum esset gentiles Childericus rex Francorum, veneratione qua eam dilexit effari nequeo, adeo ut vice quadam, ne vinctus, quos interemere cogitabat, Genuvefa abreperet, egrediens urbem Parisiorum, portam claudi precepit. Adubi ad Genovefa per fidus internuntius regis deliberatio pervenit, convestim ad liberandas animas properans direxit. Non minimum populi mirantes fuit spectaculum, quemadmodum se porta civitatis inter manus eius sine clave reseravit. Sicque regem consecuta, ne vinctorum capita amputarentur, obtenuit.

Tempore igitur, quo opsidionem Parisius bis quinos, ut aiunt, annos a Francis perpessa est, pagum eiusdem urbis ita inaedia adflixerat, ut nonnulli fame interisse nuscantur. Factum est autem, ut Genovefa in Arciacinse opido navali effectione ad conparandam annonam proficisceretur. Quae cum pervenisset ad locum, ubi erat in amne Sequana arbor, qui naves mergebat, paulolum Genovefa navigantibus ad ripam adpropinquarae precoepit et, oratione facta, arborem incidi iussit. Quam

dement à cause de l'admiration que provoqua leur courage. L'un d'entre eux, en s'offrant dans la ville de Worms après la veille d'une bataille sans arme, la fureur des deux armées ayant été ainsi apaisée, obtint un traité d'alliance. Le second, alors que la ville d'Orléans était entourée, assiégée par l'armée des Huns, obtint par le mérite de ses prières, et grâce à l'aide des Goths, qu'elle ne périsse point. De même Geneviève n'est-elle point digne d'être honorée, elle qui par ses prières, repoussa loin l'armée susdite afin qu'elle n'encerclât point Paris ?

26. Alors que Chilpéric, roi des Francs, était chef des armées romaines barbares, je ne peux passer sous silence avec quelle vénération il l'aimait au point qu'une fois, pour que Geneviève ne lui enlevât point les enchaînés qu'il pensait faire exécuter, sortant de Paris, il fit fermer la porte. Lorsque la décision du roi parvint à Geneviève grâce à un fidèle intermédiaire, immédiatement en se hâtant elle se fixa comme propos la libération de ses âmes. Ce ne fut point un mince étonnement pour le peuple que de la voir ouvrir la porte de la cité entre ses mains sans clef. Ainsi elle poursuivit le roi, et obtint de lui que les têtes des enchaînés ne soient point coupées.

35. Donc à l'époque où Paris subit un siège de la part des Francs de deux fois cinq ans, à ce que l'on dit, une disette affligea le territoire de cette ville au point que l'on sait que quelques-uns moururent de faim. Il arriva que Geneviève partit pour acheter du blé vers l'oppidum d'Arcis avec un titre de transport naval officiel. Comme elle parvint à ce lieu, où il y avait un arbre dans le fleuve de la Seine qui faisait

cum hictibus securium navales eiusdem socii cepissent incidere, ultro, orante Genovefa, ruit avulsa. Protinus duo monstra feruntur vario colore ab eodem loco egressa, de corum nidore duabus fere oris navigantes foededissimo flatu perculsi sunt. Nullus deinceps in eodem loco naufragium passus a navigantibus fertur.

Et inde navigio Toronus profecta, multa discrimina Ligeris fluvii perpessa est. Distant vero ab Aurilianorum urbe usque ad Toronorum civitatem, que tercia Lugdunensis noncupatur, quasi stadia sexcenta. Et cum ad portum Toronice urbis pervenisset, occurit ei de basilica sancti martyri inerguminorum multitudo, clamantes nequissimi spiritus, se inter sancto Martino et Genuvefa flammas exuri, quin et pericula, que in Ligere Genufeva habuerat, ob aemulationem sui se profitebantur perpetrasse.

Post ter senos namque ab obitu eius annus, quo ad discribendam eius vitam appuli animum, oleum cum ipsa ampulla, qui oratione eius creverat, vidi. Verumtamen de excessu vitae eius et honore funeris, brevitatem secutus, silere studui. Que in senectute bona amplius quam decies octonus annos in corpore est a Domino peregrinata in saeculo, humataque est in pace die III. Non. Ian.

Quidam puer nomine Prudens, qualiter remedium ac medillam super sepulchrum eius adeptus est,

couler les bateaux, Geneviève ordonnait aux marins de s'approcher de la rive, et, après avoir fait une prière, elle ordonna de couper l'arbre. Lorsque ses compagnons de navigation eurent commencé à le couper à grands coups de haches et que Geneviève priait, l'arbre arraché se rua de l'autre côté... On rapporte que, plus loin, deux monstres, de couleurs variées, sortirent de ce lieu. Les navigateurs furent frappés par l'odeur à l'exhalaison particulièrement fétide émise presque par leurs deux bouches. Les navigateurs rapportent que par la suite nul ne subit un naufrage en ce lieu.

45. De là, elle partit pour Tours en naviguant, et rencontra de nombreux obstacles sur le fleuve de la Loire. La ville d'Orléans est en effet distante de la cité de Tours qui fait partie de la Troisième Lyonnaise, d'environ six cent stades. Comme elle parvenait au port de la ville de Tours, une foule d'énergumènes sortie de la basilique Saint-Martin, se jeta au-devant d'elle, hurlant sous l'effet d'un esprit immonde qu'ils brûlaient dans les flammes entre saint Martin et Geneviève et bien mieux, ils avouaient que c'étaient eux qui avaient perpétré les obstacles que Geneviève avait rencontrés sur la Loire, par jalousie contre elle.

53. Trois fois six ans après l'année de sa mort j'ai poussé le courage jusqu'à écrire sa vie et j'ai vu l'huile avec cette même ampoule qui a augmenté sous l'effet de sa prière. Par souci de brièveté, j'ai pris soin cependant de me taire sur la fin de sa vie et les honneurs de ses funérailles. Ayant dans sa bonne vieillesse amplement dépassé huit fois dix années, ayant achevé avec le Seigneur son pèlerinage en son corps dans

non absurdum fidelibus innotiscere pro reverentia loci ipsius stimo. Quem cum ab infirmitate calcoli nimium profligatum genitores sui vivere disperarent et ad tumulum Genuvefe cum fletu et gemitu medillam suae egritudines inplorassent, ipsa die lapes ab eadem infirmitate generatos ab eodem egressus est, ulteriusque eum predicta infirmitas non vexavit.

Cuidam Goto die dominico operanti manus utraque contraxerunt. Hic cum ad sepulcrum Genuvefe sanitatem sibi reddi nocte tota inplorasset, in crastinum ab oraturio super sepulcrum de ligno contextum, recepta manuum suarum sanitatem, incolomis egressus est.

Nam et gloriose memorie Chlodovechus rex bellorum iure tremendus crebro pro dilectione sui in ergastulo retrusis indulgentiam tribuit et pro criminum animadversione sepe culpabiles, porro iam ex Nemptoderense[1] incolomes, Genuvefa supplicante, dimisit. Quin etiam honoris eius gratia basilicam aedificare coeperat, que post discessum suum studio precellentissimae.

Chlothechildis regine sue celsum protullit aedificata fastigium. Cui est porticus adplicata triplex, nec non et patriacharum prophetarumque et martyrum adque confessorum veram vetusti temporis fidem, que sunt tradita libris storiarum, pictura refert. Adque ideo

le siècle, elle fut enterrée en paix, le troisième jour des nones de janvier.

....

55. Un certain Goth qui travaillait un dimanche eut les deux mains contractées. Comme il implorait toute la nuit auprès du sépulcre de Geneviève que la santé lui soit rendue, il sortit, le matin, de l'oratoire construit en bois sur le sépulcre, ayant recouvré la santé de ses deux mains.

56. En effet le roi Clovis de glorieuse mémoire redoutable dans le droit de la guerre lui accorda souvent par une constante affection pour elle le pardon à ceux qui avaient été jetés en prison, et à cause de sa détestation des crimes, il renvoya souvent sains et saufs, sur la supplication de Geneviève elle-même, des coupables, en particulier ceux venant de Nanterre[1]*. N'est-ce pas lui qui pour l'honorer commença sur sa propre décision à construire une basilique, dont, après sa mort, la reine Clotilde très excellente porta avec zèle l'édifice jusqu'à son sommet élevé. Celui-ci comporte un portique développé sur trois cotés et il rapporte par des peintures non seulement des patriarches, des prophètes, des martyrs et des confesseurs la foi du temps passé telle qu'elle est rapportée dans les livres d'histoire. Et en particulier nous y adorons tous le Père, le Fils et le Saint-Esprit selon la substance de la divinité. Nous confessons, en priant sans cesse l'unité dans la trinité, parce qu'elle est toute royale dans l'unité. Nous implorons très souvent la très fidèle servante de Dieu appelée Geneviève afin qu'elle supplie pour les maux passés que nous avons commis, qu'elle intervienne pour ceux à venir, qu'elle obtienne pour les*

universi, qui Patrem et Filium et Spiritum sanctum secundum substantiam deitatis adoramus et unitatem in Trinitatem, quia tota regalis est in unitatem, confitemur, sine intermisione orantes, sepenumero noncupata fidelissima Dei famula Genuvefa obsecremus, ut supplicet pro preteritis malis que gessimus, pro futuris interveniat, inpetret mortalibus cybum angelicum adque corporalem, quatenus reconciliati individuae Trinitate, exultantes in splendoribus sanctorum, magnificemus dominum nostrum Iesum Christum, cui est gloria, honor, imperium et potestas in secula seculorum. Amen.

mortels la nourriture angélique et corporelle, ainsi réconciliés dans la Trinité indivise, et qu'exultant parmi les splendeurs des saints, nous magnifions Notre Seigneur Jésus-Christ, à Lui la gloire, l'honneur, l'empire et le pouvoir dans les siècles des siècles. Amen.

1. G. Kurth propose de traduire: ayant étendu son épée.

Commentaire

Après les textes contemporains du roi Clovis, voici maintenant ceux qui ont été écrits par des témoins ou des acteurs quelques années après les événements. Leur valeur historique est grande, car leurs souvenirs permettent de compléter et d'expliquer les lacunes des autres documents. C'est notamment le cas de la *Vie de sainte Geneviève* dont ces extraits intéressent directement notre sujet.

Dans Paris menacé par les Huns, Geneviève conseille aux habitants de ne pas fuir. Elle rassure les femmes, mais elle ne peut éviter les menaces physiques des hommes que grâce à un archidiacre d'Auxerre qui témoigne que saint Germain la considérait comme une fidèle de Dieu. En cela Geneviève eut un comportement analogue à saint Martin et saint Aignan. Childéric appréciait Geneviève au point de ne pas lui refuser la libération de ses prisonniers. Lorsque Paris fut assiégé, elle organisa un convoi de bateaux pour aller chercher du blé à Arcis et fit couper un arbre qui empêchait la navigation. Son pèlerinage en bateau d'Orléans à Tours, rencontra de nombreux obstacles. Des énergumènes avouèrent qu'ils étaient à l'origine de ces obstacles. Trois fois six ans après sa mort, sa *Vie* a été écrite. Elle mourut après quatre-vingts ans, le troisième jour des nones de janvier. Un miracle a lieu sur son sépulcre en faveur d'un Goth. Clovis, qui avait gracié des prisonniers à sa demande, avait décidé de faire construire une basilique en son honneur. Clotilde la fit achever, et y fit peindre un cycle de l'histoire de la foi. On y adorait la Trinité sainte et indivise.

Le texte de la *Vie de sainte Geneviève* a été édité à trois reprises, par l'archiviste genevois Kolher en 1881, (version B), par le philologue allemand Krusch en 1896, (rédaction A), enfin par Kunstle en 1910. La thèse essentielle du deuxième, l'éminent éditeur des *Monumenta Germaniae Historica*, soutenue par un classement irréfutable des manuscrits, était que l'auteur de cet ouvrage, un moine de l'époque carolingienne selon ses conclusions, n'avait su que falsifier de bout en bout la vie d'une inconnue dont les diverses versions, les interpolations et les emprunts textuels postérieurs à la prétendue date de rédaction prouvaient qu'elle était inutilisable pour l'histoire. La querelle entre érudits français et allemands s'enfla d'autant plus que l'on était dans la période de l'avant-guerre de 1914-1918. Une atmosphère de passions nationalistes et d'hostilités entre catholiques et protestants exalta les historiens entre 1881 et 1926. Critiques savantes, articles vengeurs se succédèrent au nombre d'une trentaine, au point d'aboutir à une masse impressionnante d'environ cinq cents pages. Dans les rangs des défenseurs de l'authenticité de la *Vie de sainte Geneviève* furent remarqués en particulier Mgr Duchesne, directeur de l'École française de Rome, et surtout le pugnace et coriace historien belge Godefroid Kurth qui avait publié en 1896, pour le quatorzième centenaire du baptême du roi des Francs, son célèbre *Clovis*. Ce livre eut un énorme succès et resta longtemps le seul valable puisqu'il fut réédité en 1911, 1923 et 1978, bien que l'auteur soit mort en 1916. Or, malgré qu'il en ait, Kurth se laissa impressionner par Krusch (p. 554-559) au point de dire : « Il reste établi que la *Vie* a bien été écrite au VIe siècle », mais « il ne s'ensuit nullement qu'elle mérite d'être crue sur parole dans toutes ses parties. » « Faire le départ de cet élément légendaire et du fond historique de la vie sera toujours un travail difficile, sinon impossible. » En somme, il fallait se méfier de l'auteur de la *Vie de sainte Geneviève* même si ce n'était pas un faussaire !

À ce point, la recherche ne pouvait plus progresser. Il fallut attendre 1986 pour que l'ouvrage de deux historiens, l'un allemand, l'autre canadien, Martin Heinzelmann et Joseph-Claude Poulin, intitulé *Les Vies anciennes de sainte Geneviève de Paris*, études critiques, renouvellent complètement la question. Quelle que soit la part d'incertitude existant chez un hagiographe qui porte plus d'intérêt à la vérité spirituelle qu'à la vérité historique, il est maintenant incontestable que ce nouvel examen du texte apporte confirmation de l'authenticité de la *Vie de sainte Geneviève*. L'argument des emprunts textuels postérieurs au temps du roi Clovis ne tient plus. Non seulement ils sont inexistants, mais de plus les emprunts littéraires à la *Vie de saint Martin* par Sulpice Sévère, terminée en 397, sont très nombreux. Ils prouvent que l'hagiographe, « sans cesser d'être fidèle à la sainte [...] prend appui sur ces classiques ». Grâce aux progrès récents des études sur le latin dit « vulgaire », il est maintenant évident que la langue utilisée par l'auteur est parfaitement cohérente, que ce soit au niveau de « la forme ancienne des noms », « des appellations des lieux » et « des institutions de l'Antiquité tardive ». Si ce texte a provoqué des débats si furieux que Bruno Krusch traitait l'auteur de « menteur » et d'« histrion », les raisons en étaient nationalistes : pour ou contre une sainte patronne de la France. Si aujourd'hui le débat s'apaise, ce n'est pas pour des motifs d'entente européenne franco-allemande. L'enjeu est ailleurs. Il s'agissait d'écrire en Gaule, pour la première fois, la vie d'une sainte femme « sans l'autorité d'un modèle préexistant, de la biographie d'une femme destinée, pour un roi et sa reine, à devenir la protectrice de ce couple prestigieux dans l'au-delà et la patronne d'un mausolée royal sur terre ». Cette vierge consacrée avait fait, chose inouïe, de la politique. Elle avait rempli le vide angoissant qui séparait la chute de l'Empire romain (476) du baptême de Clovis (499) qualifié par Grégoire de Tours de « nouveau Constantin ». En cela le modèle dont on pouvait la rapprocher restait saint Martin, adversaire du paganisme et de l'arianisme, le seul personnage qui ait fini par convaincre Clovis, par ses vertus miraculeuses, d'accepter le catholicisme.

Ces préliminaires ainsi posés, nous pouvons désormais passer à l'explication de la date de rédaction, à la recherche de l'identité de l'auteur et au contexte historique. L'examen du paragraphe 53 (l. 147) nous donnera les renseignements cherchés. L'auteur affirme qu'il a rédigé cette *Vie* dix-huit ans après la mort de Geneviève, cette dernière ayant alors dépassé quatre-vingts ans. Elle fut enterrée un 3 janvier. Kohler a démontré (Heinzelmann et Poulin, *Vies anciennes de sainte Geneviève de Paris* – désormais V.A.S.G.P. –, p. 52) qu'elle mourut en 502 et que donc le texte fut rédigé en 520. Cette longévité exceptionnelle pour l'époque ne pouvait que frapper les contemporains. Faute de prologue de la *Vie* qui nous aurait donné des renseignements sur les buts de l'auteur, Martin Heinzelmann estime que le paragraphe 56 (p. 474), qui constitue l'épilogue, prouve qu'en qualifiant Clovis de *« gloriosae memoriae »* celui-ci est déjà mort, alors que, en traitant Clotilde de *« praecellentissima regina »*, il signifie qu'elle est toujours vivante et qu'elle exerce un « pouvoir concret » (V.A.G.S.P., p. 35 et 53). Effectivement, elle est morte à Tours en 548. Elle a joué un rôle capital dans la construction de l'église des saints apôtres à Paris. La révérence finale du biographe envers elle prouve qu'il écrit sur son ordre pour magnifier son action. C'est probablement un clerc desservant cette église et même un prêtre burgonde catholique très antiarien étant donné son insistance sur une définition trinitaire impeccablement nicéenne (l. 197-201). En effet, Clotilde, lorsqu'elle quitta la Burgondie pour se marier en 492-3, fut suivie par des prêtres catholiques. Elle en fit d'ailleurs nommer trois simultanément et successivement évêques de Tours, semble-t-il entre 519 et 521, car ils devaient être très âgés. Or notre auteur connaît bien la route de Paris à Tours. Au paragraphe 45 (l. 130), il qualifie cette dernière ville de cité « qui fait partie de la Troisième Lyonnaise », ce qui est exact. Il ajoute que la distance d'Orléans à Tours, par le fleuve, est d'environ six cents stades, soit, à raison de 180 mètres pour le stade, 108 kilomètres. Or, là encore, c'est rigoureusement exact. Outre ses connaissances précises sur Paris et Tours, il a probablement vécu à Lyon, capitale burgonde, puisque dans la description de la basilique des saints Apôtres à Paris, il cite (l. 191) un vers de Sidoine Apollinaire gravé vers 469/470 sur les murs de l'église cathédrale de Lyon : *« Huic est porticus applicata triplex »* (Sidoine Apollinaire, *Lettres,* t. II, éd. A. Loyen, II, 10, v. 16, p. 70). Or il le cite de mémoire, puisqu'il écrit *« cui »* alors qu'il aurait pu, grammaticalement, mettre *« huic »*. Il a donc vu cette inscription, et l'a appliquée (c'est le cas de le dire) à l'église parisienne, sans avoir sous les yeux les œuvres manuscrites de l'évêque de Clermont(-Ferrand). Il est donc bien originaire du royaume de Burgondie.

Il résulte de cette date – 520 – et de son auteur – un prêtre, vraisemblablement, d'origine burgonde – que cette vie a été rédigée à la demande de Clotilde, faite à l'un de ses protégés d'il y a presque trente ans et qui l'a suivie fidèlement probablement pour fuir l'arianisme invétéré de Gondebaud. Lors de la rédaction, Clotilde, veuve, est encore très puissante. Elle veut que l'on sache à quel point Geneviève était favorable aux Francs, comment ceux-ci ont triomphé des Wisigoths ariens, en quoi la construction de l'église parisienne des Saints-Pierre-et-Paul rappelle son rôle et son patronage à l'égard du couple princier. Enfin et surtout, elle se place à un moment privilégié où, de Paris (si Eugen Ewig a raison quand il démontre que Clotilde ne s'est installée définitivement à Tours qu'en 531), en 524, la reine va lancer son fils contre le royaume burgonde arien pour venger ses parents. En somme, comme le dit Martin Heinzelmann, étant donné la figure exceptionnelle de Geneviève, l'auteur, qui ne met jamais la sainte dans la catégorie des *virgines,* c'est-à-dire des vierges consacrées, mais la traite de *famula Dei* (compagne de Dieu), était obligé de biaiser pour affirmer l'originalité de son comportement. Au paragraphe 13, elle est présentée par son garant, saint Germain d'Auxerre, comme une « compagne très fidèle de Dieu » (l. 51) ; au paragraphe 56, en épilogue, cette expression est répétée littéralement (l. 204). Ce qualificatif est alors rarissime à l'époque dans les textes, sauf au masculin, et ce pour désigner saint Denis. Notre écrivain ne manque pas d'audace en mettant une femme, même ordonnée, sur le même plan que l'évêque fondateur de Paris ! Pour Heinzelmann, cela signifie que le prêtre burgonde fait succéder dans la sainteté Geneviève à Denis. Certes, mais cela en fait aussi une émule de l'évêque, même si c'est Geneviève qui édifia la première basilique consacrée à ce martyr. J'irai donc plus loin, ici, car les prudences stylistiques et les silences de notre auteur posent un redoutable problème, que l'on n'a guère voulu élucider jusqu'ici, celui du ministère de Geneviève.

Nous voici amenés par le contexte historique de la *Vie de Geneviève*, à entrer dans le vif du sujet, c'est-à-dire dans l'explication directe des paragraphes que j'ai choisis pour mieux comprendre le rôle historique des ancêtres de Clovis ainsi que du couple princier admirateur fervent de Geneviève. Le paragraphe 12 est célèbre. Il concerne l'invasion des Huns en 451 sous la direction d'Attila. Notre auteur affime qu'il a « dominé » puis dévasté « avec rage », « une province de la Gaule » (l. 3). En effet, les autres textes prouvent qu'Attila franchit le Rhin face à Coblence dans la région de Neuwied, grâce à ses alliés Francs Rhénans, (Sidoine Apollinaire, *Carmina*, t. VII, v. 328, p. 67) et qu'il se répandit à travers toute la province de Belgique Première : Trèves fut probablement prise, Metz fut incendiée à la veille de Pâques. Les autres cités de la même province, Toul et Verdun, durent subir un sort analogue, le pillage étant le but essentiel des Huns. Les traditions hagiographiques rapportent qu'ils ravagèrent ensuite Reims, Troyes et Sens. Quelle direction allaient-ils alors suivre ?

La panique était si générale que les citoyens *(cives)*, c'est-à-dire les membres dirigeants de la cité de Paris, probablement les *curiales* – membres du conseil municipal, défenseur, curateur et autres magistrats – cherchent à se réfugier vers d'autres villes mieux fortifiées que Paris (puisque la partie habitée de la ville, sur la rive gauche, est plus vaste que l'étroite île de la Cité dont l'espace entouré de remparts est réduit par les bâtiments officiels) en emportant bijoux et objets précieux *(bona)* ainsi que les bourses remplies de sous d'or *(stipendia)* qui constituaient leurs salaires et les revenus de leurs terres. Il s'agit donc de l'exode des élites sénatoriales avec leur fortune.

Or Geneviève prend deux initiatives. D'une part elle convoque au baptistère les matrones, c'est-à-dire les épouses de ces hommes haut placés, et d'autre part elle interdit (*prohibere*, l. 27) à ces derniers de quitter la ville, affirmant que Paris sera sauvée avec l'aide du Christ. Quelles sont les bases de cette double autorité, l'une religieuse, l'autre politique ? Nous touchons ici à l'ambivalence de cette femme qui commande sans que l'on sache de quel droit elle le fait. Notre auteur se contente de faire un parallèle biblique et de voir en elle une seconde Judith et une seconde Esther. On sait que la première, une jeune veuve, sauva la ville de Béthulie assiégée par les Assyriens, en finissant par décapiter leur général, Holopherne, tandis que la seconde, épouse du roi des Perses, Assuérus, sauva le peuple juif d'un édit d'extermination. Il s'agit donc du thème de la forte femme capable de trouver des solutions aux situations désespérées quand les hommes abandonnent. C'est d'ailleurs ce qu'avait suggéré saint Germain d'Auxerre lorsqu'il avait dit à la jeune fille qu'était alors Geneviève (éd. B. Krusch, paragraphe 5, p. 216) : « *Age viriliter* », c'est-à-dire : mène ton action comme un homme. Cela pose alors le problème du passé de Geneviève par rapport à l'année 451. Nous examinerons d'abord le plan religieux.

Selon Martin Heinzelmann, saint Germain, évêque d'Auxerre, partant pour la [Grande-]Bretagne pour y combattre l'hérésie pélagienne en compagnie de saint Loup de Troyes, en 429, rencontra à Nanterre (*Vita Genovefae, op. cit.*, éd. B. Krusch, c. 2 à 6, p. 215-217) auprès de ses parents la jeune fille Geneviève. L'évêque, après avoir félicité les parents, propose à celle-ci de se faire consacrer à Dieu. Elle accepte aussitôt d'être « une épouse du Christ ». Mais elle est consacrée vierge seulement en 434-435 par l'évêque Vilicius de Bourges alors qu'elle est probablement âgée de treize à dix-huit ans. Il faut remarquer que l'interdiction de recevoir le voile avant l'âge canonique obligatoire de quarante ans n'a pas été observée. Cette première anomalie s'explique, au vu d'autres exceptions prouvées par des inscriptions ou témoignées par écrit en faveur de jeunes femmes de haut rang social. La deuxième anomalie est plus grave. En effet, Geneviève est consacrée moniale dans le monde par l'évêque de Bourges, et non pas par celui de son propre diocèse qui est Paris. Or cette ville a vu passer neuf évêques sur le siège épiscopal entre 346 et 511, ce qui supposerait des épiscopats durant en moyenne dix-huit ans, ce qui est impossible. Il y a donc de fortes chances pour que le siège épiscopal ait été vacant au moment de cette consécration, ou bien que l'évêque de Paris ait été en désaccord avec cette initiative. Étant donné le silence total de notre hagiographe sur l'évêque du lieu, les deux hypothèses sont possibles. Elles n'en fortifient pas moins l'idée que la situation religieuse de Geneviève n'était pas conforme aux normes de l'époque.

Elle va jusqu'à « déclarer », probablement en public, « les pensées secrètes » de certains (*Vita*, c.10, p. 218), ce qui lui vaut de solides inimitiés, qui ne seront apaisées que grâce à l'appui de saint Germain d'Auxerre, lors de son deuxième passage à Paris en 444-447, (*ibid.*, c.11. p. 219). Martin Heinzelmann, dont j'ai suivi l'argumentation convaincante, paraît donc persuadé que l'autorité religieuse, exceptionnelle mais contestée, de Geneviève viendrait surtout d'appuis extérieurs et de son statut de « *famula Dei* ». Mais justement, comme il le fait remarquer, cette autorité ne peut venir de sa situation de vierge consacrée, puisque notre auteur ne la classe jamais dans l'*ordo*, c'est-à-dire la catégorie des moniales. Enfin, et, surtout, comme je le disais plus haut, comment une simple femme, même couverte du voile, peut-elle convoquer les matrones au baptistère ?

Il faut pousser plus loin l'argumentation récente sur l'anomie et l'anormalité de Geneviève. Au paragraphe 5 (*Vita, op. cit.*, p. 216), Germain d'Auxerre, après avoir emmené Geneviève et ses parents à l'église de Nanterre, « célébrant ensemble nones et vêpres [...] tint sa main sur la tête de Geneviève, et, après avoir pris de la nourriture et chanté une hymne, il les renvoya chez eux ». C'est une description exacte du rituel de l'ordination des diaconesses (*cf.* H. Le Bourdellès, « Les ministères féminins dans le haut Moyen Âge », colloque *La Femme au Moyen Âge*, Maubeuge, 1988, p11-25). Les diaconesses avaient pour tâche essentielle l'enseignement des vérités chrétiennes aux catéchumènes et les services annexes à l'administration du baptême, en particulier l'onction du saint chrême sur le corps des femmes baptisées, qui sortaient, nues, de la piscine – cette tâche ne pouvant être confiée à des prêtres. Ainsi s'explique que Geneviève ait eu la clé du baptistère de Paris, situé, on le sait, sur le flanc nord de l'église Saint-Étienne, et qu'elle ait eu l'autorité nécessaire pour convoquer les épouses parisiennes « pour des jeûnes, des prières et des veilles ». Cela ne leur posait aucun problème.

Mais les maris, eux, n'acceptaient pas ses conseils et la qualifiaient de « pseudo-prophétesse » (l. 25), et c'était une attitude légitime. En effet, le concile de Nîmes en 394-396, puis le concile d'Orange en 441 (*Concilia, op. cit.*, c. 2, p. 50 ; c. 25, p. 84) ont formellement interdit l'ordination des diaconesses. En 474/475 les *Statuta Ecclesiae Antiqua* ajoutent que les femmes qui s'occupent du baptême doivent avoir une instruction suffisante (*ibid.*, c. 100, p. 184), alors que le c. 37 (p. 172) déclare : « Qu'aucune femme, si savante et sainte qu'elle soit, n'ose enseigner les hommes assemblés. » Geneviève s'en garde bien. Elle ne leur donne que des conseils de nature politique : rester à Paris. Mais eux refusent à juste titre son ministère, qui n'est point conforme aux canons. Ce qui nous ramène à saint Germain. Pourquoi a-t-il procédé à cette ordination interdite ? Un expert en théologie envoyé par Rome pour lutter contre le pélagianisme ne pouvait ignorer des canons conciliaires récents. Or c'est justement parce qu'il était expert qu'il passa outre à l'interdiction, considérant qu'il existait en Geneviève un charisme prophétique hors du commun. En effet, chaque fois que la mission de Geneviève est contestée, la protection de Germain la tire de ce mauvais pas, comme il nous est indiqué au paragraphe 13. L'attaque des Parisiens est en effet grave : elle enseigne les hommes en tant que prophétesse. La faculté de prophétiser attestée dans le Nouveau Testament (Act., 11, 27 et I, Cor. 12, 1-11) peut-être confirmée par les successeurs des apôtres, les évêques. Germain, frappé probablement par les dons de Geneviève, a voulu, en outrepassant les canons, marquer et authentifier sa vocation.

Si donc les magistrats les plus riches de Paris s'opposent à sa folle prédiction, il leur faut prouver qu'elle n'est pas prophétesse. Ils hésitent dans leurs délibérations entre la faire mourir par lapidation, et la jeter dans un gouffre (l. 33). Cela signifie qu'ils l'accusent de n'être pas vierge, donc d'être incapable de prophétiser : dans la Bible, le premier châtiment est en effet réservé aux femmes adultères. Le vœu de chasteté étant rompu, Dieu ne peut ni rester présent ni parler dans cette femme. La seconde méthode est celle qu'ordonne le Code théodosien (IX,12, reprise dans le Bréviaire d'Alaric) contre les parricides ou matricides. Est-ce une allusion au fait que ses parents défunts (*Vita*, c.9, p. 218) seraient morts de chagrin devant son action, sa mère l'ayant en particulier giflée ? (*ibid.*, c.7, p.217). C'est possible, mais, de toute façon, quelle qu'ait été la solution choisie – notre hagiographe ne la précise pas –, dans les deux cas Geneviève était considérée comme impure. En effet, la mort lui aurait été infligée à distance, afin que les bourreaux ne soient pas contaminés par un contact direct avec son corps sans vie et sans sépulture. Ainsi, il aurait été prouvé qu'elle était une « pseudoprophétesse ».

Or il suffit de l'arrivée à Paris de l'archidiacre (pour ce titre voir document XV, p. 498) d'Auxerre porteur « d'eulogies qui lui ont été laissées par saint Germain » (l. 53-55) pour arrêter la tentative d'exécution. On appelle alors eulogies des objets ou du pain non consacré bénits par un prêtre ou un évêque après avoir été offerts par les fidèles. Germain, ordonné évêque d'Auxerre en 418, est mort en 448. Nous sommes en 451, entre le 7 avril (incendie de Metz) et le 20 juin (défaite d'Attila aux champs Catalauniques). Il suffit de trois jours par bateau pour descendre l'Yonne et la Seine depuis Auxerre jusqu'à Paris. L'archidiacre, détenteur du dépôt des eulogies que Germain a bénites par prudence avant de partir pour Ravenne, averti de ce qui se tramait contre Geneviève, est donc intervenu à temps. Il ajoute les paroles de Germain selon lesquelles « elle a été choisie par Dieu dès le ventre de sa mère » (l. 46) ce qui est une allusion à la Vierge Marie. Celle-ci, en effet, se comporta en prophétesse lorsque, à Cana, elle donna un ordre : « Faites tout ce qu'il vous dira » (Jean, II, 5). Geneviève exerce donc bien un ministère particulier qui la met à part, concrétisé probablement par son ordination de diaconesse. Notre auteur ne signale en effet par la suite plus aucune opposition envers elle. Il termine le paragraphe 13 par une citation de saint Paul (l. 59-62) sur la foi qui n'est pas donnée à tous, mais il la coupe charitablement en supprimant le membre de phrase suivant : « soyons délivrés de ces hommes égarés et mauvais », ce qui aurait par trop visé ces citoyens parisiens qui voulaient la mort de la sainte.

L'aspect religieux exceptionnel de cette femme étant expliqué, reste à voir la question politique qui sous-tend cette affaire. Car enfin, comment savait-elle que Paris serait épargné par les Huns ? Évidemment, le langage spirituel de notre prêtre burgonde est particulièrement imperméable aux dimensions politiques de l'affaire. Mais si les Parisiens se voient signifier par Geneviève de ne point quitter la ville, et s'ils ne l'ont pas finalement fait, puisqu'ils n'ont pas eu foi en elle, quelque chose d'autre, d'ordre politique, a dû les retenir dans leur « insurrection » (l. 24). Ici il faut revenir aux commentaires de Martin Heinzelmann. Partant du fait qu'en de nombreux passages de sa *Vie* Geneviève est considérée comme de très haut rang social (*domina*; *Vita*, c. 42, p. 233), que, malgré les noms romains de ses parents, Severus et Geroncia, elle porte un nom germanique, *Geno-veifa,* qui signifie « née du sein d'une femme », il finit par faire remarquer qu'il n'existe pas de familles gallo-romaines portant des noms germaniques avant le milieu du VIe siècle. En revanche, nombreux sont les Francs romanisés qui dès le IVe siècle reçurent des noms latins. Il y a donc de fortes chances qu'au moins son père ait été un militaire franc fédéré de très haut rang et qu'il ait exercé ensuite une fonction civile, puisqu'il habitait Nanterre, ce territoire étant attesté comme propriété du fisc. Ses contributions devaient servir à le payer. Or le Code théodosien précise (XII, 1, loi du 8 sept. 416, *op. cit.*, p.698) que quiconque a exercé une fonction militaire doit revenir à l'exercice des *munera civilia,* c'est-à-dire souvent des fonctions municipales, celles de *curiales,* et que la fille d'un magistrat municipal ou d'un *principalis* – c'est-à-dire l'un des dix premiers de la curie avec rang d'« illustrissime » – exerce héréditairement sa charge, quand elle est l'unique héritière (*ibid.*, XII, 1, 124. 3 avril 392, p. 693). C'était certainement le cas de Geneviève, sinon on ne pourrait expliquer qu'elle exerce des fonctions administratives très précises par deux fois.

En effet (c. 35, l. 106), pour secourir Paris affamé, elle dirige un convoi naval en remontant la Seine avec une *evectio navalis* (cité une deuxième fois – *Vita, op. cit.*, c. 39, p. 231), c'est-à-dire un titre de transport gratuit réservé par l'État romain aux fonctionnaires les plus élevés. Elle a pour but d'acheter du blé (*annona,* l. 107), mot qui désigne le blé public destiné à nourrir les pauvres d'une ville. Il est donc normal de la voir commander aux marins de sectionner à coups de hache un arbre bloquant la navigation. Quant à la seconde preuve de sa position, elle est donnée par le c. 18 (non cité ici – *cf. Vita,* c. 18, p. 222 – où Krusch a choisi parmi les manuscrits : *consolationem,* ce qui rend la phrase intraduisible) où Geneviève lève un impôt *(conlationem)* pour faire construire la basilique Saint-Denis. Elle est ainsi une espèce de maire de Paris.

Voici donc une femme d'origine franque, mais romanisée et chrétienne, à la fois diaconesse et conseillère municipale. Elle a donc bien le pouvoir de donner des ordres aux hommes. Son rôle politique et militaire devient évident à la lecture du paragraphe 14 où notre auteur (l. 64) la compare à saint Martin devant Worms en 356 et à saint Aignan dans Orléans devant les Huns, justement en mai 451. Dans le premier cas, effectivement, le courage de Martin est à la fois physique et spirituel (J. Fontaine, *Vie de saint Martin,* t. II, p. 535-538). Dans le second, la *Vie de saint Aignan,* bien que Sidoine Apollinaire ait refusé de l'écrire pour ne pas faire l'éloge des Wisigoths (Sidoine Apollinaire,

Lettres, VIII, 15, p. 126), parle effectivement d'une prophétie de l'évêque d'Orléans annonçant la délivrance de sa ville. Il avait obtenu, par une ambassade en Arles, l'aide d'Aetius et des Wisigoths. Notre hagiographe suggère ainsi habilement ce qui s'est passé. De même qu'Aignan, Geneviève n'était pas sans connaître la situation politique. De par ses relations non pas avec les Romains d'Aetius, mais avec les troupes « romaines barbares » du roi des Francs, Childéric (c. 26, l. 81), puisque son père avait probablement fait partie de l'état-major des Francs fédérés, elle avait dû être mise au courant de l'itinéraire qu'allaient suivre les Huns. La campagne d'Atila n'avait rien d'une improvisation. Depuis 448, il voulait soumettre les Wisigoths qui avaient échappé à la domination des Huns en 375. En 450, il prépara soigneusement son offensive en dégageant la frontière de l'Empire romain d'Orient. Le chemin le plus direct, une fois entré en Gaule, pour envahir le royaume de Toulouse, était de passer la Loire à Orléans. Après Metz et Reims, il était inutile de faire un crochet par Paris. Mieux valait emprunter les voies romaines de Troyes et Sens directement d'est en ouest vers Orléans. C'était un premier élément de la prophétie de Geneviève. Quant au second, il vaut mieux supposer une démarche de Geneviève auprès du roi des Francs, Chlodion ou Mérovée, on ne sait, peut-être à Tournai, pour le décider à venir délivrer la ville d'Orléans assiégée par les Huns. Ce qui eut lieu le 14 juin 451 après plus de quinze jours de siège, les Wisigoths arrivant par le sud-ouest, Aetius par le sud-est et Childéric (?) par le nord. Surpris, les Huns évacuèrent la ville sans avoir pu la piller. Par conséquent, notre hagiographe, en écrivant : « Par ses prières [à Dieu aussi bien qu'au roi des Francs], elle repoussa au loin [sur Orléans, puis hors d'Orléans] l'armée susdite [les Huns] afin qu'elle n'encerclât point Paris » (l. 75-79) nous dit exactement ce qui s'est passé.

Cette influence politique de Geneviève ne fut donc en rien contestée après 451. Elle s'amplifia avec le vide croissant qui s'ouvrit au nord de la Loire après l'assassinat de Valentinien III et la succession d'empereurs de plus en plus faibles jusqu'à leur disparition en 476. Il importe alors de bien comprendre quels furent les partis en Gaule romaine au nord de la Loire, dans un pays coupé du pouvoir romain d'Italie (aux mains du roi Odoacre) par les royaumes maintenant indépendants des Wisigoths de Toulouse et des Burgondes de Lyon. En effet, alors que les Francs sont alliés de Rome, le représentant de l'empereur se trouve être, depuis Avitus et Majorien, empereurs en 455-456 et 457-461, un général romain nommé par eux, Aegidius. Mais celui-ci l'a destitué et a nommé généralissime en chef pour les Gaules Agrippinus en 461. Ce dernier était favorable aux Wisigoths et le resta au point d'être considéré comme un traître. Aegidius et les Francs le battirent en 463, mais il représentait un parti romain prowisigoth face au parti romain légitimiste. Cette division des Gallo-Romains perdura en fait jusqu'à Vouillé. La collaboration avec les Wisigoths ariens paraissait plus réaliste que celle avec les Francs païens.

Dès lors, nous pouvons mieux comprendre le paragraphe 26 de la *Vita* (l. 81 à 97). J'ai traduit *gentilis* par « armées romaines barbares ». C'est en effet le sens technique et juridique du terme tel qu'il apparaît à la lecture du Code théodosien (III, XI, 14 sous le titre *De nuptiis gentilium*). Childéric est donc au service du pouvoir romain. Il s'agit probablement de celui d'Aegidius, et comme il quitte Paris en direction du nord avec des prisonniers, l'épisode doit se situer après le combat contre les Wisigoths de 463 et les partisans d'Agrippinus. Les « enchaînés » sont des Gallo-Romains, des « *provinciales* » et non point des Goths. Le fait que Childéric veuille les faire décapiter prouve qu'il les considère comme des traîtres : nous sommes donc en pleine guerre civile. Notre hagiographe ne conteste en rien, d'ailleurs, la décision du roi, alors que d'ordinaire les prisonniers de guerre sont réduits en esclavage. Le plus curieux est de voir ensuite Geneviève apprendre la décision de Childéric grâce à un « fidèle intermédiaire ». Elle a donc des amis dans l'entourage royal, ce qui est évident maintenant que nous connaissons ses origines franques. Childéric le sait et se prémunit à l'avance contre l'intervention de Geneviève en faisant fermer la porte de la cité. Mais il a dû être mal obéi pour que Geneviève, dont l'autorité dans Paris n'est plus contestée maintenant, parvienne à la rouvrir si facilement. En obtenant alors ensuite, probablement en tête à tête, la vie sauve pour ceux qui étaient des victimes de la guerre civile mais qui allaient ainsi rester esclaves à vie, la maîtresse de Paris posait les bases d'une réconciliation solide entre Gallo-Romains autour d'une autorité franque fidèle à Rome.

Mais du coup l'interprétation du paragraphe 35 (l. 99 à 124), qui concerne le siège de Paris par les Francs pendant dix ans, devient difficile. Je ne reviens pas sur ce que j'ai dit plus haut à propos du ravitaillement de Paris par bateau qu'organisa Geneviève. Mais il prouve que le siège était lâche pour que la *curialis* ait pu sortir de la ville. Comme l'a montré Martin Heinzelmann, nous sommes en réalité devant la situation politique nouvelle que crée en 476 la disparition de l'empereur romain d'Occident. Après la mort d'Aegidius en 464, Childéric avait suivi et continué sa politique antiwisigothique. Mais le fils d'Aegidius, Syagrius, qualifié de « roi des Romains » et qui reprit le pouvoir qu'avait son père sur les Francs, eut une autre politique à partir de 475 lorsque l'empereur Julius Népos fit la paix avec les Wisigoths et reconnut leurs conquêtes. Syagrius passa alors au parti des Romains prowisigoths. Dès que, en 476, Odoacre fut roi en Italie, « Childéric conclut un *foedus* » avec lui, comme le précise Grégoire de Tours (*H.F.*, II, 19, p. 107). Les Francs continuaient donc une politique d'alliance avec

Rome (ou Ravenne comme on voudra) antiwisigothique et antiarienne. Les Romains, eux, étaient toujours divisés entre deux partis. Ainsi s'explique que Childéric ait entrepris le blocus des territoires appartenant à Syagrius, en particulier de Paris, en coupant probablement les routes permettant le ravitaillement de la ville. C'est le début des hostilités avec Syagrius, lesquelles ne s'arrêtèrent qu'en 486, sous Clovis, après la défaite du dernier chef d'origine romaine. Ainsi s'explique que notre hagiographe ait préféré observer un silence respectueux sur les tristes événements qui opposèrent entre eux les Gallo-Romains. Étant donné ce qui se passa plus tard, mieux valait ne pas préciser que, si quelques Parisiens « moururent de faim » (l. 103), c'était par la faute de Childéric. Il était aussi inutile, pour ceux qui avaient vécu ces événements, de s'entendre rappeler leurs prises de position opposées. Aussi l'auteur préfère-t-il le dire de manière symbolique. Geneviève, en faisant sectionner le tronc d'arbre qui coupait la Seine (barrage volontairement posé par les troupes de Childéric pour créer un tourbillon ?), rend l'entente possible entre les deux hydres de la guerre civile. En effet, les deux serpents qui sortent de l'eau à ce moment-là pour disparaître symbolisent par leur odeur et leur aspect monstrueux l'horreur de deux factions romaines ennemies ; sinon, il aurait suffi d'un seul serpent ! Le procédé littéraire est donc évident puisque cet épisode est mis au compte de la tradition orale *(feruntur)* et que l'image du tronc d'arbre en suggère immédiatement deux autres fort semblables, deux longs serpents d'eau. Le monstre montre. Les hydres ont fui comme le tronc a filé. Geneviève a vaincu la guerre civile et fait l'unité des partis opposés, sans que l'un ait l'air de l'emporter sur l'autre. Car, bien qu'elle ait obtenu des faveurs de Childéric, elle n'en protégea pas moins les partisans de Syagrius en s'opposant au roi des Francs.

Pour le cas où le lecteur n'aurait pas compris cette symbolique, l'auteur réitère au paragraphe 45 (l. 126 à l. 141) son explication du rôle politique et religieux de Geneviève dans l'entente entre tous les Gallo-Romains. Il s'agit d'un voyage fluvial d'Orléans à Tours, mais en vue de faire un pèlerinage au tombeau de saint Martin dont l'hostilité envers les ariens, entretenue par ses successeurs, était bien connue (*Vita Martini*, III, 4-6). Le pèlerinage est alors en plein développement (Luce Pietri, *Tours*, p. 532). Celui de Geneviève eut forcément lieu avant 502, date de sa mort ; la ville était donc toujours au pouvoir des Wisigoths. Mais il reste difficile de préciser la date de cet événement, qui eut lieu au minimum entre 486 et 502. Le but, en tout cas, est clair : manifester son attachement à l'évêque qui symbolise la résistance aux ariens, donc aux Wisigoths et donc aux Gallo-Romains qui avaient choisi ce parti. Pour la troisième fois, l'hagiographe montre quel camp, celui des catholiques, Geneviève a choisi. Et cette fois, il dit clairement que les partisans du roi wisigoth l'ont empêché de venir à Tours, non plus symboliquement, mais de manière faussement prophétique, satanique. Ils ont suscité des obstacles sur le fleuve (analogues à ceux sur la Seine au c. 45 ?), et nous apprenons ensuite (l. 134) que ceux qui les ont suscités se retrouvent ensuite à l'état d'« énergumènes » demeurant dans la basilique de saint Martin. Ils se précipitent au-devant d'elle avant même qu'elle ne débarque, comme pour l'en empêcher. Enfin ils crient qu'ils sont dévorés par le feu éternel avec, au milieu d'eux, Martin et Geneviève. Autrement dit, tous sont damnés, y compris les adversaires de l'arianisme. Tous les Gallo-Romains, quel que soit leur parti, se retrouvent en enfer. On touche ici du doigt le degré de désespoir auquel parvenaient les populations durant ces années troubles où l'on ne savait vers qui aller, à qui obéir, d'où viendrait le salut, politique ou religieux. L'état de guerre civile est en même temps un état de non-pouvoir et de non-loi. Tout est brouillé : les vivants sont parmi les morts, les saints patrons sont damnés. Les dérèglements mentaux se multiplient, comme il est normal en période de crise de civilisation. Depuis la fin du IVe siècle, en effet, les « énergumènes », malades psychosomatiques, se considérant comme « possédés », sont les sujets préférés des miracles de guérison. Martin en guérit plusieurs. Geneviève le fait aussi au paragraphe suivant, y compris une matrone. Elle est ainsi mise sur le même pied que celui qui lutta pour le salut orthodoxe de ses ouailles. Elle triomphe de ses adversaires proariens tombés aux mains de Satan, en attendant que ce soit le tour des ariens.

Effectivement, le paragraphe 55 (l. 166 à 174) réalise ce qui a été annoncé précédemment. Je ne reviens pas sur la démonstration de Martin Heinzelmann (*op. cit.*, p.35-36) qui a prouvé que ce Goth travaillant un dimanche est un prisonnier de guerre capturé lors de la campagne de Clovis en Aquitaine en 507 et réduit en esclavage. Il participait au chantier de la basilique destinée à honorer le tombeau primitif de Geneviève, enterrée là en 502. La preuve en est qu'il est surmonté d'un oratoire en bois où le Goth va prier. Rien n'indique, comme on l'a souligné, la nature de sa croyance, arienne ou catholique. Quelle qu'elle ait pu être, la notion de *lex gothica* (*cf.* document XXI, p. 564) impliquait plus ou moins une confusion entre appartenance ethnique aux Goths et appartenance religieuse aux ariens. Aussi, un tel miracle ne pouvait être interprété de l'extérieur par les Parisiens que dans une perspective de victoire de Geneviève sur l'hérésie. Sa capacité de pardon allait jusque-là, jusqu'au pardon aux ennemis. Étant donné que notre auteur rapporte seulement deux miracles opérés *post mortem* par Geneviève en dix-huit ans, celui-ci revêt une importance particulière. Non seulement Geneviève réconciliait les Gallo-Romains entre eux, mais elle était capable de le faire aussi avec leurs adversaires.

Enfin, le dernier paragraphe de la *Vita* revêt une importance particulière, car il est le point d'orgue de l'œuvre. C'est le passage de l'humble sépulcre de la sainte à la basilique splendide. Il comporte d'abord un parallèle entre la clémence de Childéric et celle de Clovis. Geneviève a visiblement le même pouvoir auprès des deux rois, mais la faveur de Clovis va plus loin que celle de son père. Celui-ci, nous l'avons vu, ne faisait que s'abstenir de décapiter des traîtres. Clovis, lui, accorde la liberté à des « coupables » jetés en prison. Il s'agit peut-être de criminels de droit commun. Leur châtiment était bien moins discutable que celui des prisonniers de guerre de Childéric. Enfin, il s'agit de ceux qui, en particulier, seraient du territoire de Nanterre, lieu natal de Geneviève [1]. Les grâces de Clovis sont donc essentiellement adressées à la personne de la sainte, et, visiblement, ce sont des remerciements pour son action envers les Francs, et ce d'autant plus que Clovis est alors chrétien. La preuve en est qu'il utilise, pour désigner la relation entre Clovis et cette dernière, le mot *dilectio* (l. 178). Ce vocable rare, utilisé par exemple par le pape Innocent Ier en 405, signifie l'amour chrétien, l'amour de préférence ou de tendresse. C'est une relation pieuse de fort grande proximité et, qui plus est, fréquente ! Puis l'auteur met le fils au-dessus de Childéric en déclarant qu'il est « redoutable dans le droit de la guerre » (l. 177). Cette allusion aux guerres de Clovis prouve qu'après sa mort, on mesura à quel point son action militaire avait été hors du commun. D'ailleurs, le terme de guerres est au pluriel. Toutes les campagnes militaires sont ainsi incluses dans cette admiration pour le roi de « glorieuse mémoire », expression classique pour un roi décédé. De plus, « glorieux » vise explicitement la gloire militaire, car l'auteur aurait pu mettre tout aussi bien *bonae memoriae*. Ainsi fit-on pour désigner Clovis au concile de Paris (556-573) à propos de ses largesses à l'Église (*Concilia, op. cit.*, c. 1, p. 206).

Cela nous amène, par l'intermédiaire de la gloire de Clovis et de son affection pour Geneviève, à la décision qu'il prit, probablement après la mort de celle-ci en 502 et sa victoire de Vouillé en 507, de construire une basilique. Nous avons vu plus haut qu'elle était élevée au-dessus de son tombeau et que la main-d'œuvre comprit des prisonniers de guerre wisigoths. Or l'auteur passe sous silence deux faits connus par ailleurs, à savoir que l'église fut dédiée aux apôtres Pierre et Paul et que Clovis y fut enterré en 511.

Pour lui, tout tourne autour de Geneviève. Il précise en effet, de manière volontairement ambiguë, qu'il décida cette construction « pour l'honorer » (*honoris cives gratia*, l. 184 ; *cf.* Heinzelmann, *op. cit.*, p. 105) c'est-à-dire à la fois pour glorifier l'emplacement du tombeau et

1. Ce raisonnement est toujours valable quelle que soit la lecture du manuscrit. Kurth, comme le fait remarquer Heinzelmann (p. 41 et 76), proposait de mettre à la place de *iam en Nemptodorense*, difficilement acceptable, par *iam extincto ense*.

envisager le patronage de son nom pour la basilique. Pour lui, la présence du corps de Geneviève est plus importante que la dédicace aux saints apôtres. Il reflète incontestablement le point de vue de Clotilde, toujours vivante quand il écrit et qui a fait achever la construction « avec zèle ». On comprend d'autant mieux son intervention quand on sait par Grégoire de Tours (*H.F.*, III, 18, IV, 1) qu'elle y fit enterrer à ses cotés son époux et ses enfants, avant de l'être elle-même.

La description de la basilique (l. 191-196) est, malgré les citations littéraires (*cf.* plus haut p. 478), certainement exacte, car l'auteur l'a probablement sous les yeux. Il s'agit d'un bâtiment rectangulaire allongé avec un chœur intérieur précédé par « un portique développé sur trois côtés », à l'ouest. Cette construction est classique pour les basiliques paléochrétiennes. Il s'agit d'un *atrium*, sorte de cloître à trois galeries de colonnades seulement, le quatrième côté étant la façade même de l'église (M. Vieillard-Troiekouroff, *Les Monuments religieux de la Gaule*, Paris, 1976, p. 207). Celle-ci ne devait pas être couverte de mosaïques, comme c'était le cas en général, puisque notre prêtre burgonde dit bien que les galeries ont été ornées de peintures. Elles formaient un véritable cycle historique, une Histoire sainte de la révélation chrétienne à travers ses principaux acteurs « patriarches, prophètes, martyrs et confesseurs » (l. 192-193). Il s'agit d'une démonstration, d'un catéchisme visuel décrivant l'action des défenseurs de la vrai foi. Gageons, à coup sûr, d'après les phrases qui suivent, qu'Abraham y était représenté recevant les trois anges qui n'en sont qu'un (Genèse, 18), que des prophètes montrant l'étoile avaient aussi annoncé la venue du Christ, qu'enfin, par exemple, les martyrs Gervais et Protais ou des confesseurs comme Martin symbolisaient l'antiarianisme dans leurs représentations. N'oublions pas que tous ces thèmes se retrouvent au IVe siècle sur les mosaïques de Ravenne, postérieurs à peine de trente ans.

Si cette supposition est fausse, nous ne pouvons plus expliquer ensuite les trois phrases, quasiment pléonastiques, qui répètent la formule de l'orthodoxie catholique trinitaire. Trois verbes insistent successivement sur les demandes adressées à Geneviève dans cette église : « nous adorons » (la sainte Trinité) et « nous implorons » (la communion en Dieu aujourd'hui et à perpétuité). Elle est l'intermédiaire idéale, mais aussi la gardienne de la vraie doctrine. Ces trois formules théologiques sont incontestablement antiariennes. La première (l. 197-200) en insistant sur les trois personnes, n'oublie pas la formule de Nicée-Constantinople, *homoousios*, proclamée en 325 et 381, traduite en latin par *consubstantialis*. Notre Burgonde raffine dans la traduction. Il écrit *substantia deitatis*, la substance de la divinité, pour éviter le double sens du mot *substantia* qui signifiait soit la substance en soi, soit la substance de quelqu'un. Il ne peut donc pas être accusé, en parlant d'une seule substance de Dieu, de rendre celui-ci matériel, ni de faire du Christ une créature matérielle du Père. Il évite ainsi l'homéisme arien burgonde et wisigoth qui proclamait Jésus *homoïos*, semblable au Père, mais non point de même substance (ou nature, si l'on préfère, bien que ce mot français ait les mêmes inconvénients que le latin *substantia*). Le vocabulaire est donc soigneusement calculé pour éviter l'hérésie.

La deuxième formule (l. 201-205) prend la définition orthodoxe catholique dans l'autre sens. La première allait de trois à un. La seconde va d'un à trois. Mais elle comporte un mot : *regalis* qui a fait tiquer Bruno Krusch. Il en tira l'idée que ce mot renvoyait au synode de Gentilly en 767, réuni pour conforter le culte des images (Heinzelmann, *op. cit.*, p. 40). Or, non seulement il n'y a aucun rapport entre l'iconoclasme et la Trinité, mais de plus dire qu'une « unité est toute royale » convient fort bien dans une œuvre de propagande en faveur du roi Clovis vainqueur des ariens. Le parallèle va de soi entre la monarchie divine, l'unité, et la monarchie franque, créatrice d'unité après le baptême et Vouillé. Enfin, n'oublions pas que, dans le vocabulaire théologique, le mot *consubstantialis* est né dans les milieux monarchiens qui luttaient contre la croyance en trois dieux séparés, le Père, le Fils et l'Esprit Saint. Là encore, notre auteur veut suggérer fortement la notion d'unité.

Enfin, dans sa troisième formulation, tout en insistant de nouveau sur l'unité de la Trinité (indivise, l. 206-209) il donne deux précisions supplémentaires. « Les mortels [...] ainsi réconciliés » est une autre allusion à l'unité, celle-ci récente. Ces mots renvoient à la réconciliation des Goths hérétiques, opérée après la victoire au concile d'Orléans en 511 (*Concilia, op. cit.*, c. 10, p. 7-8). Ensuite, afin d'éviter que Clovis ne soit placé au sommet de la Trinité, comme monarque unique, il termine par une acclamation à Jésus-Christ. Il faut avoir présent à l'esprit que les troupes acclamaient elles aussi leur chef par des exclamations brèves et fortes. Notre prêtre burgonde, qui interprète ici la volonté de Clotilde au moment où le royaume burgonde encore imprégné d'arianisme est toujours debout, donne alors un double sens à cette acclamation, militaire et liturgique : « À lui la gloire, l'honneur, l'empire et le pouvoir ! » Le vocabulaire est politique et religieux : gloire guerrière et triomphale, honneur au sens de charge administrative mais aussi service, empire c'est-à-dire romain, mais aussi domination mondiale, pouvoir, enfin, comme force de coercition mais aussi puissance absolue. L'ambiguïté des signifiants est cependant immédiatement levée par l'adresse *« dominum nostrum Jesum Christum »* qui pourrait être traduite aussi par « notre empereur Jésus-Christ » et par la formule liturgique finale *« in secula seculorum »* : pour l'éternité. Tout cela n'appartient pas à Clovis, roi unique, mais se trouve donné, par l'intermédiaire de Geneviève, au roi défenseur de la Trinité. Car finalement tout appartient au Christ. Derrière ce finale, se trouve suggérée la phrase de saint Paul : « Tout pouvoir vient de Dieu » (I Cor. XIII, 4). La signification spirituelle prime le sens historique, une fois de plus.

Comme on peut le constater, ces extraits de la *Vie de sainte Geneviève* prouvent que nous avons affaire à un document de grande valeur. Grâce au progrès récents de la critique, il permet de reconstituer, par sa date de rédaction – 520 – et par ses auteurs – un prêtre burgonde antiarien interprète de Clotilde – la vision chrétienne des événements qui se sont déroulés entre 429 et 502 sous la direction et l'intervention d'une femme exceptionnelle, Geneviève. Elle l'est sur le plan religieux, vierge consacrée, certes, mais surtout diaconesse et prophétesse. Elle l'est sur le plan politique, fille d'officier franc romanisé, membre parmi les plus élevés du conseil municipal de Paris. En position illégale face au clergé, en situation anormale face aux autorités romaines qui s'écroulent et aux rois francs qui montent, elle occupe le vide qui devient particulièrement inquiétant après la chute de l'Empire. Arbitre entre les factions politiques romaines, face aux Huns, elle fait intervenir les Francs, face à la guerre civile, elle parvient à maintenir l'équilibre tout en favorisant l'entente avec Childéric, puis Clovis qu'elle considère comme les seules autorités romaines licites. Catholique romaine antiarienne, elle privilégie la lutte contre les Wisigoths ariens à l'instar de son modèle, saint Martin. Son triomphe est celui de Clovis. Ainsi devient-elle la protectrice du roi jusqu'au-delà de la mort avec la basilique qui lui est élevée par le roi puis par son épouse Clotilde. Elle a fait triompher l'orthodoxie catholique trinitaire. Elle lègue enfin un programme chrétien à la monarchie. Il se résume en un seul mot : unité.

XIV. Clovis et le *Liber pontificalis* *

Eodem tempore venit regnus cum geminis praetiosis a rege Francorum Cloduveum christianum, donum beato Petro apostolo.

À la même époque arriva en don au bienheureux Pierre apôtre une couronne votive ornée de pierres précieuses offerte par le roi des Francs Clovis, chrétien.

Commentaire

Ce texte très court est extrait de la vie du pape Hormisdas à la suite des autres notices concernant l'histoire des évêques de Rome depuis saint Pierre, qui constituent l'ouvrage intitulé *Liber pontificalis*. La genèse de la rédaction de cette notice va nous permettre d'expliquer la date et le contenu de cette phrase concernant l'envoi d'une couronne votive à Saint-Pierre par Clovis.

Nous avons vu combien la situation de l'évêque de Rome était difficile sous le pape Symmaque, aux prises avec les deux schismes provoqués par l'hénotique et l'antipape Laurent. Querelles et controverses firent rage entre 498 et 505. Ses partisans rédigèrent de nombreux textes appelés plus tard « faux symmaquiens » pour soutenir sa cause. Se rendant compte que l'épiscopat gaulois était entièrement acquis à Symmaque et pressentant la gravité du conflit avec Clovis, Théodoric finit par abandonner complètement l'antipape Laurent, par un précepte du 11 mars 507. Les milieux romains n'avaient pu s'occuper de ce qui se passait en Gaule à ce moment puisque la ville était aux mains de l'antipape. Son éviction fut l'occasion de la reprise en main d'une

* *Liber pontificalis*, éd. Mgr L. Duchesne, t. I, Paris, 1955, p. 271.

première rédaction du *Liber Pontificalis.* Mgr Duchesne a montré dans son édition, faite en 1886, que cette seconde rédaction reprit les notices en bloc des origines à Silvère (536-537). Mais les biographies d'Anastase II (496-498), Symmaque (498-514) et Hormisdas (514-523) sont l'œuvre d'une main contemporaine « peu après Symmaque ». Effectivement, Hormisdas ne parvint à rétablir l'unité avec Constantinople, grâce à la suppression de l'hénotique par l'empereur Justin, que le 20 décembre 518. Le texte que nous avons sous les yeux est donc celui d'un contemporain qui cherche à remettre en ordre ce qui s'est passé entre 498 et 523, puisqu'il met au point ici la notice d'Hormisdas. Ses précisions chronologiques sont floues, beaucoup plus floues que la première rédaction dite « abrégé félicicien » (parce qu'elle va jusqu'à la mort de Félix IV en 530). En effet, il se trompe d'un an pour la fin du pontificat d'Hormisdas qui eut lieu en 523 et non en 522. À trois reprises il utilise l'expression *« eodem tempore »*, que ce soit pour désigner un envoi de lettres à Constantinople en 514, la mort de l'empereur Anastase le 10 juillet 518, enfin, troisième cas, cet envoi de couronne par Clovis. *« À la même époque »* peut donc désigner n'importe quelle année du pontificat d'Hormisdas.

Soulignons en même temps la place de cette phrase dans la notice. En général le plan est le suivant : origine, époque et durée du pontificat, action hors de Rome, rôle dans ce diocèse, constructions et ornementations liturgiques, ordinations et mort. Ici notre phrase vient immédiatement après la découverte de manichéens dans la ville de Rome (comme pour la biographie de son prédécesseur Symmaque) et la restauration de l'épiscopat catholique en Afrique après la mort de Thrasamund, roi des Vandales ariens, le 28 mai 523. Cela fait donc, avec la suppression des deux schismes, deux triomphes supplémentaires de l'orthodoxie catholique sur le manichéisme et l'arianisme. On comprend que notre auteur ait placé là sa phrase sur Clovis. C'est un cinquième triomphe, cette fois-ci du christianisme sur le paganisme, puisqu'il insiste en disant que Clovis est chrétien. Or justement, l'abrégé félicien, trop préoccupé par les querelles schismatiques, avait simplement écrit : « À la même époque, arriva une couronne votive ornée de pierres précieuses de la part du roi des Francs. » La coupure est significative, et les éléments ajoutés par le second rédacteur contemporain sont encore plus révélateurs. Les six mots ajoutés insistent sur l'identité du roi, sa foi, et le destinataire du don : saint Pierre. Il y a donc bien une volonté de mettre en valeur la primauté de son siège. En effet les cadeaux suivants, « vases d'or et d'argent venus de Grèce », sont « l'œuvre de l'empereur auguste orthodoxe Justin ». Ils sont donc arrivés à Rome après 518, ce qui date l'arrivée de la couronne de Clovis au minimum des années 514-518. Enfin, précédés pour la quatrième fois de l'expression *« eodem tempore »*, viennent les cadeaux du « roi Théodoric ». Notre auteur pratique ici le silence respectueux. Le roi des Ostrogoths n'est pas dit « chrétien » comme Clovis, et encore moins « orthodoxe » comme Justin. Il passe sur son hérésie arienne. En effet, ses cadeaux durent avoir lieu lors de la proclamation à Rome d'Eutharic, gendre de Théodoric, comme consul et successeur du roi, le 1er janvier 519 et ce en accord avec l'empereur. Mieux valait donc se taire sur l'arianisme encore au pouvoir, tout en montrant, toujours sans le dire explicitement, son échec en Afrique.

La notice montre ensuite que les ornementations du pape Hormisdas concernent exclusivement la basilique de Constantin dédiée à l'apôtre Pierre, ainsi que celle de Saint-Paul-hors-les-Murs. Ce pontificat est donc bien, symboliquement et historiquement, un moment important de la restauration de la primauté de Rome, ville fondée une deuxième fois par Pierre et Paul, dont l'évêque Hormisdas est le successeur. Toutes les puissances temporelles de l'époque, Clovis, Justin et Théodoric, ont reconnu par leurs offrandes la suprématie du « bienheureux apôtre Pierre ». L'analyse proprement dite de la phrase qui nous intéresse précise qu'il est effectivement le destinataire du « don » de Clovis, de même que les autres princes. Cela n'a rien d'étonnant de la part du roi des Francs, puisque nous l'avons vu décider de faire construire à Paris, après sa victoire de Vouillé, une basilique dédiée aux saints apôtres Pierre et Paul. L'orthodoxie catholique implique donc dans son esprit la reconnaissance de l'autorité de l'évêque de Rome (*cf.* document XIII, p. 488).

Il nous reste maintenant deux autres points à examiner : la nature du cadeau et l'identité du roi. Il peut paraître curieux qu'une couronne puisse être dite en latin parlé du VIe siècle *regnus.* On attendrait plutôt *corona* ou plutôt *diadema.* En effet, les empereurs romains portèrent le ruban blanc d'Alexandre noué sur la nuque, qui devint plus tard un cercle de métal précieux orné de pierres rares et brillantes, appelé diadème. La couronne n'apparut pour la première fois que le 25 août 450, lors de la cérémonie religieuse de la proclamation de l'empereur Marcien par le patriarche de Constantinople Anatole. Elle devint ensuite le signe distinctif de l'empereur, le diadème étant porté par les dignitaires les plus proches. Clovis en portait un lors de son triomphe consulaire à Tours en 508 (*H.F.*, II, 38). Or la dignité impériale en grec est dite βασίλεία, Basileia. Elle est traduite en latin par *regnum.* De là vient que le nom de la fonction ait fini par être attribué à l'objet qui la symbolisait. Est-ce à dire que Clovis porta une couronne de type impérial ? Nous n'en savons rien. Seul l'envoi de cette couronne à Saint-Pierre de Rome peut faire supposer qu'il le tenta. Mais cette supposition aurait besoin d'autres preuves.

Une chose est sûre. Ce type d'objet est couramment représenté sur les mosaïques des Ve et VIe siècles. À Saint-Apollinaire-in-Classe, terminée en 549, à Ravenne, une couronne votive est suspendue sous une arcature, au-dessus de la tête d'Ursicinus, évêque, mais ce n'est point pour l'honorer; elle est là pour un usage liturgique: consacrer les insignes royaux à Dieu. De même les célèbres couronnes du trésor de Guarrazar découvertes en Espagne, en particulier celle de Recceswinde (653-672), étaient faites pour être suspendues au-dessus d'un autel ou sous une arcade, on ne sait. Cette dernière porte d'ailleurs, attachées en dessous de la couronne, les lettres en or cloisonné de pierres précieuses qui forment le nom du souverain. Le *regnus* de Clovis était probablement de ce modèle, destiné à être pendu au-dessus, peut-être de l'autel de Saint-Pierre du Vatican, exactement comme celle qui est représentée dans la reliure d'ivoire du sacramentaire de Drogon de Metz au IXe siècle. Cet ex-voto liturgique est une reconnaissance de fidélité à Rome car sa dignité est la plus haute puisqu'elle repose sur le martyre de saint Pierre. Les martyrs, en effet, portent une couronne de type unique. Sur les mosaïques de Saint-Apollinaire-le-Neuf à Ravenne, elles sont composées d'un curieux mélange entre le cercle du diadème et la couronne des lauriers impériaux dont les feuilles sortent de la circonférence. Parmi eux figure d'ailleurs, à titre exceptionnel, saint Martin. Cette procession de martyrs tenant humblement leur couronne dans la main est conforme à ce que décrit au début du Ve siècle le prêtre espagnol Prudence dans son poème intitulé *Peri Stephanon* (Sur la couronne) en l'honneur des martyrs. Rien de ce genre ne devait exister dans la basilique constantinienne dédiée à saint Pierre, mais il est évident que la couronne votive de Clovis était ainsi envoyée pour être placée au-dessous de la couronne martyriale de Pierre.

La nature et la symbolique du cadeau étant ainsi explicitées, il importe de vérifier s'il venait bien de Clovis. Tous les manuscrits portent des formes voisines: *Cloduveum, Chlodoveum, Cloduvetum,* etc. J'ai déjà fait remarquer (document I, p. 392) combien il était difficile de transcrire le mot germanique *Chlodweg* en latin. Alors que Remi est proche de lui, il transcrit l'aspiration du *chl* primitif par *Chlodovens,* et tous les documents postérieurs d'époque mérovingienne ont continué. En revanche, Cassiodore (document IV, p. 415) et plus tard Jordanès (document XVI, p. 512) qui écrivent, eux, en Italie, orthographient le nom du roi des Francs sous la forme *Luduin.* Si donc notre clerc romain, le deuxième rédacteur inconnu qui rédigea la notice du pape Hormisdas, utilisa la graphie de saint Remi et des bureaux francs en général, c'est la preuve qu'il avait sous les yeux la notice écrite accompagnant la couronne votive. Il a dû la trouver dans le trésor de Saint-Pierre de Rome. Mesurant l'importance de l'événement qui avait eu lieu en Gaule du Nord, il a placé sa phrase, sans souci de chronologie, entre deux bonnes nouvelles, celle d'Afrique et celle de Constantinople.

Reste alors un dernier problème, la date de l'envoi. On sait que Clovis est décédé le 27 novembre 511 et que le pontificat d'Hormisdas a débuté en 514. Comme le faisait remarquer Mgr Duchesne (*Liber pontificalis, op. cit.*, n° 23, p. 274), « il est possible que l'envoi [...] ait subi quelque retard ». Il est possible aussi, ajouterai-je pour ma part, que l'auteur de la notice de Symmaque, obnubilé par les démêlés du pape contesté, ait surtout voulu mettre en valeur l'œuvre de reconstruction personnelle de ce dernier. Il cite en effet (*ibid.*, pp. 261 et 299) dix-huit édifices de Rome réparés ou reconstruits par Symmaque, dont en particulier une église neuve dédiée à saint Martin de Tours. Mais il ne cite pas un seul cadeau d'orfèvrerie liturgique offert à l'Église de Rome. Comme l'indique Mgr Duchesne, le biographe a fait preuve « d'une vénération spéciale pour la mémoire de Symmaque ». Son œuvre personnelle l'intéresse beaucoup plus que les marques d'honneur qui lui furent envoyées. Donc Symmaque a pris l'initiative de construire une basilique en l'honneur du confesseur Martin, pour célébrer le rôle qu'il avait joué dans le baptême de Clovis (*cf.* document XVII, p. 524). Cette hypothèse est renforcée par la contiguïté de l'église restaurée dédiée au pape saint Sylvestre, dont on croyait alors, à tort, qu'il avait baptisé Constantin ! Dans ces conditions, si cette supposition est juste, Symmaque aurait appris après 506, date de la fin de l'occupation du siège de Rome par l'antipape Laurent, et la victoire de Vouillé et le baptême de Clovis, œuvres de l'action spirituelle conjuguée du clergé de Saint-Martin de Tours.

Selon ce schéma, les nouvelles seraient arrivées à Rome au moment où le pape s'intéressait enfin à la Gaule, dans les dernières années de son pontificat, avec l'envoi du *pallium* à Césaire d'Arles, en concomitance avec la construction par Clovis des Saints-Apôtres à Paris, et avec la couronne votive elle-même. Simplement, le biographe de Symmaque aura jugé inutile de parler de cet envoi tardif (soit avant, soit après 511). C'eût été souligner que Rome avait été totalement absente de cet événement à cause des schismes. Le biographe d'Hormisdas, lui, a jugé bon, en regardant les objets liturgiques envoyés à l'apôtre Pierre, d'en parler, en signe de rétablissement de l'unité et de propagation de la foi catholique auxquels il était beaucoup plus sensible.

En nous donnant le point de vue italien et surtout romain, cette phrase du *Liber pontificalis* montre que le pape Symmaque n'a joué aucun rôle dans le baptême de Clovis. Il ne s'y intéresse qu'après avoir été débarrassé de l'antipape Laurent. Il y a vu surtout l'action d'un saint patron, Martin de Tours. Le biographe de son successeur Hormisdas a voulu rattraper l'oubli de son prédécesseur : il insiste sur le cadeau fait à l'apôtre Pierre pour y voir une reconnaissance de la suprématie de l'évêque de Rome par un roi germanique converti, Clovis, et l'empereur « orthodoxe » Justin, face à un roi germanique toujours arien, Théodoric. Il hisse ainsi Clovis presque au même niveau que l'empereur. La symbolique de cette couronne votive quasi impériale, vu son nom, *regnus,* est destinée à montrer qu'elle est inférieure à celle du martyr par excellence qu'est saint Pierre et, en tant qu'objet liturgique, à faire sentir le lien spirituel qui existe entre la tombe de l'apôtre et la fonction royale dans la basilique construite par Constantin. Cela renforce la romanité de Clovis au sens politique et religieux de ce terme, par la triple connexion Pierre, Constantin, Clovis.

Par ailleurs, nous sommes sûrs de l'authenticité du cadeau votif étant donné l'orthographe du nom du roi des Francs qui n'est pas conforme aux habitudes italiennes mais gallo-franques. Nous pouvons confirmer la vénération de Clovis pour Pierre et Paul par la construction de la basilique des Apôtres. Que l'envoi de cette couronne, fait avant sa mort certainement, ne soit signalé qu'au début du pontificat d'Hormisdas n'a guère d'importance. Tout cela renforce les dires de Grégoire de Tours qui, cinquante ans après, décrit Clovis comme « un nouveau Constantin » (*H.F.,* II, 31). Enfin, et surtout, Rome a perçu vers 510-520 qu'une formidable nouveauté venait d'apparaître en Gaule : le royaume des Francs était le seul État catholique de l'ancien Occident romain.

XV. Testament de saint Remi *

Testamentum sancti Remigii episcopi

In nomine Patris et Filii et Spiritus sancti gloria Deo.

X Amen.

Ego Remigius episcopus ciuitatis Remorum sacerdotii compos testamentum meum condidi iure pretorio atque id codicellorum uice ualere precepi fieri : iuris aliquid uidebitur defuisse ? Quandoque ego Remigius episcopus de hac luce transiero, tu mihi heres esto, sancta et uenerabilis aecclesia catholica urbis Remorum, et tu, fili fratris mei, Lupe episcope, quem precipuo semper amore dilexi, et tu, nepos meus Agricola presbyter, qui michi obsequio tuo a puericia placuisti, in omni substantia mea, que mea sorte obuenit, antequam moriar, preter id quod unicuique donauero, legauero dariue iussero, uel unumquemque uestrum uoluero habere precipuum. Tu, sancta heres mea Remensis aecclesia, colonos, quos in Portensi habeo territorio uel de

Au nom du Père, du Fils et du Saint Esprit, gloire à Dieu. Amen.

Moi, Remi évêque de la cité de Reims, pourvu du sacerdoce, j'ai déposé mon testament selon le droit prétorien, et j'ai ordonné que l'on y ajoute des codicilles pour qu'ils soient validés à leur tour : paraîtra-t-il manquer en quelque chose de droit ? Lorsque moi Remi évêque je quitterai cette lumière, toi, sainte et vénérable église catholique de la ville de Reims, sois mon héritière, ainsi que toi, Loup évêque, fils de mon frère, que j'ai toujours préféré d'un amour particulier et toi, mon neveu le prêtre Agricola, qui m'as toujours manifesté ta fidélité depuis ton enfance, de tous mes biens qui me sont échus avant ma mort, excepté ce que j'aurai donné, ou ordonné de léguer et de donner à chacun, ou dont j'aurai voulu que chacun ait un droit privilégié. Toi, mon héritière, la sainte Église de Reims, tu posséderas les colons que j'ai sur le territoire de Château-Porcien, les biens d'origine paternelle ou

* *Corpus Christianorum*, t. CXVII, Turnhout, 1967, pp. 474-479.

paterna maternaque substantia, uel quos cum fratre meo sanctae memoriae Principio episcopo commutaui uel donatos habeo, possidebis, Dagaredum, Profuturum, Prudentium, Tennaicum, Maurilionem, Baudoleifum, Prouinciolum; Niuiatenam, Lautam, Suffroniam colonas. Amorinum quoque seruum tuo dominio uindicabis nec non agros quos possideo in solo Portensi cum pratis, pascuis, siluis ad te testamenti huius auctoritate reuocabis. Futuro episcopo successori meo amphibalum album paschalem relinquo; stragola columbina duo, uela tria, que sunt ad hostia diebus festis triclinii, cellae et culinae. Vas argenteum X et VIII librarum inter te, heres mea, et diocesim tuam aecclesiam Lugdunensem, factis patenis atque calicibus ad ministerium sacrosanctum, prout uolui, Deo annuente, distribui. Aliud argenteum uas, quod mihi domnus illustris memoriae Hludowicus rex, quem de sacro baptismatis fonte suscepi, donare dignatus est, ut de eo facerem, quod ipse uoluissem, tibi, heredi meae aecclesiae supra memoratae, iubeo turibulum et imaginatum calicem fabricari. Quod faciam per me, si habuero spatium uite; si ante clausero ultimum diem, tu, fili fratris mei, Lupe episcope, species antedictas tui ordinis memor efficies. Compresbiteris meis et diaconibus, qui sunt Remis, uiginti et V solidos aequaliter diuidendos in commune dimitto. Vitis plantam super uineam meam ad Subnem positam simili modo communiter pos-

maternelle et ceux que j'ai échangés ou donnés à mon frère de sainte mémoire, Principius, évêque, à savoir: Dagaredus, Profuturus, Prudentius, Tennaicus, Maurilio, Baudoleifus, Provincialus. Quant aux colones Niviatena, Lauta, Suffronia ainsi que l'esclave Amarinus, tu les revendiqueras sous ta domination ainsi que les champs que je possède sur le sol de Château-Porcien, avec les prés, les pâtures, et les bois que tu rappelleras à toi de par l'autorité de ce testament. Je laisse à mon futur successeur, évêque, ma chape pascale blanche, deux tentures gris-blanc et trois voiles qui sont suspendus les jours de fête aux portes de la salle à manger, du cellier et de la cuisine. J'ai distribué un vase d'argent de dix-huit livres, à toi mon héritière l'église du diocèse de Laon, après en avoir fait, selon ma volonté, des patènes et des calices pour le saint ministère, et avec la permission de Dieu. Quant à l'autre vase d'argent qu'a daigné me donner le seigneur roi Clovis d'illustre mémoire que j'ai reçu dans la fontaine sacrée du baptême, pour que j'en fasse ce que je voulais, toi, mon héritière l'église susdite, j'ordonne qu'on en fabrique un encensoir et un calice gravé de représentations, ce que j'en aurais fait d'ailleurs si j'en avais eu le temps durant ma vie. Si avant que je n'aie accompli mon dernier jour, toi, fils de mon frère, l'évêque Loup, tu te souviens de mon ordre concernant les dits vases précieux, tu les feras réaliser. Je lègue à mes confrères prêtres et diacres qui sont à Reims vingt-cinq sous en commun, à diviser en parts égales. De même manière ils posséderont en commun ma vigne, plantée au bord de la Suippe avec le vigneron Melanius, que je donne à la place de l'homme

sidebunt cum Melanio uinitore, quem do in loco aecclesiastici hominis Albouichi, ut Albouichus libertate plenissima perfruatur. Subdiaconibus solidos duos, lectoribus solidos duos, ostiariis et iunioribus solidos duos iubeo dari. Pauperibus in matricola positis, ante fores aecclesie exspectantibus stipem, duo solidi, unde se reficiant, inferentur. De Vacculiaco Frunimium, Dagaleifum, Dagaredum, Ductionem, Baudouicum, Vddulfum, Vinofeifam liberos esse precipio. Tennaredus, qui de ingenua nascitur matre, statu libertatis utatur. Tu uero, fili fratris mei, Lupe episcope, tuo dominio uindicabis Nifastem et matrem suam Mutam, uineam quoque, quam Enias uinitor colit. Eniam et Monulfum, eius filium iuniorem, iubeo libertate perfungi. Mellouicum porcarium et Pascasiolam, coniugem suam, Verniuianum cum filiis suis, excepto Widragasio, cui tribuo libertatem, tuo iuri deputabis. Seruum meum de Cesurnico tuum esse precipio. Agrorum partem ad te, quam frater meus Principius episcopus tenuit, cum siluis, pratis, pascuis reuocabis. Seruum meum, quem Mellouicus tenuit, Viteredum derelinquo. Teneursolum, Capalinum et uxorem suam Teudoroseuam tuo iuri dominioque transcribo; Teudoniuia quoque ex mea preceptione sit libera. Edoueifam, quae homini tuo sociata fuit, et eius cognationem retinebis. Vxorem Aregildi et cognationem suam ingenuos esse iubeo. Partem meam de prato, quod Lugduni iuxta uos

ecclésiastique Albovichus, afin qu'Albovichus jouisse de la plus ample liberté. J'ordonne que l'on donne deux sous aux sous-diacres, deux sous aux lecteurs, et deux sous aux portiers et aux jeunes. On versera aux pauvres inscrits sur la matricule, attendant leur pièce de monnaie devant les portes de l'église, deux sous pour qu'ils puissent se restaurer. J'ordonne qu'à Vailly, Frunimius, Dageleif, Dagaredus, Ductio, Baudovicus, Uddulfus, Vinoveifa soient libres. Tennaredus, qui est né de mère libre, pourra jouir du statut de la liberté. Toi, fils de mon frère, l'évêque Loup, tu réclameras en ton pouvoir Nifastis et sa mère Muta ainsi que la vigne qu'Enius le vigneron cultive. J'ordonne que l'on accorde à Enius et à Monulfus, son fils plus jeune, la liberté. Tu mettras sous ton droit le porcher Mellovicus, et son épouse Pascasia, Verminiamus avec ses enfants, sauf Widragasius auquel j'accorde la liberté. J'ordonne que mon esclave de Cerny-en-Laonnois soit tien. Tu rappelleras à toi une partie des champs que mon frère l'évêque Principius a tenue, avec les bois, les prés et les pâtures. J'abandonne Viteredus, mon esclave que Mellovicus a tenu. Je fais mettre par écrit sous ton droit et ta domination Teneursolus, Capalinus, et son épouse Teudoreseva. Qu'à la suite de mon ordre Teudonivia aussi soit libre. Tu retiendras Edoveifa qui s'est associée à ton homme, avec ses parents. J'ordonne que l'épouse d'Aregildus et ses parents par alliance soient libres. Tu rappelleras à toi ma partie de pré que j'ai près de chez vous à Laon située au sommet des monts ainsi que les petits prés qui sont à Iovia. *Je livre et je mets par écrit, pour toi mon neveu Agricola*

habeo, ad imitatem moncium posito, et que Iouia sunt pratella, quae tenui, ad te reuocabis. Tibi autem, nepos meus Agricola presbiter, qui intra domesticos parietes meos exegisti pueritiam tuam, trado atque transcribo Merumuastem seruum et uxorem suam Meratenam et eorum filium nomine Marcouicum; eius fratrem Medouicum iubeo esse liberum. Amantium et uxorem suam Daero tibimet derelinquo; eorum filiam esse precipio liberam Dasouindam. Alaricum seruum tuae deputo portioni; cuius uxorem, quam redemi et manu misi, commendo ingenuam defendendam. Bebrimodum et uxorem suam Moram tuo dominio uindicabis; eorum filius Monacharius gratulabitur beneficio libertatis. Mellaricum et uxorem suam Placidiam ad tuum dominium reuocabis; Medaridus, eorum filius, sit libertus. Vineam, quam Mellaricus Lugduni facit, tibi dono. Brittobaude seruum nec non etiam Gibericum, uineam, quam Bebrimodus facit, tibi eatenus derelinquo, ut diebus festis et omnibus dominicis sacris altaribus mea offeratur oblatio, atque annua conuiuia Remensibus presbiteris et diaconibus prebeantur. Delegoque nepoti meo Pretextato Moderato, Tottionem, Marcouicum, Innocentium seruum, quem accepi a Profuturo originario meo, coclearia quattuor de maioribus, acitabulum, lacernam, quam mihi tribunus Friaredus dedit, et argenteam cabutam figuratam; filiolo illius Parouio acitabulum et tria coclearia et casulam,

prêtre, qui as passé ton enfance à l'intérieur des murs familiaux, l'esclave Merumvastis, son épouse Meratena, et leur fils nommé Marcovicus. J'ordonne que son frère Medovicus soit libre. Je t'abandonne aussi Amantius et son épouse Daero. J'ordonne que leur fille Dasovinda soit libre. Je délègue pour ta portion l'esclave Alaric. Quant à sa femme que j'ai rachetée et affranchie j'ordonne qu'elle soit protégée comme libre. Tu revendiqueras en ton pouvoir Bebrimodus et sa femme Mora. Leur fils Monacharius se réjouira du bienfait de la liberté. Tu rappelleras en ta domination Mellaric et son épouse Placidie. Que Medaridus leur fils soit libre. Je te donne la vigne que Mellaric a faite, pour qu'aux jours de fête et tous les dimanches une offrande me soit faite sur les autels sacrés et que des banquets soient offerts chaque année aux prêtres et aux diacres de Reims. Je délègue aussi à mon neveu Praetextatus Moderatus, Tottio, Marcovicus et l'esclave Innocent que j'ai reçu de mon originaire Profuturus, quatre cuillers parmi les plus grandes, un vinaigrier, un manteau sans manche, que le tribun Friaredus m'a donné, un bâton pastoral d'argent orné de figures. À son fils Parovius, un vinaigrier, trois cuillers et une chasuble dont j'ai changé les franges. Je livre par écrit à Remigia trois cuillers qui sont inscrites à mon nom, et la nappe que j'ai les jours de fête. Je lui donne aussi un hichinaculum *dont j'ai dit qu'il venait de Gondebaud. Je délègue à ma fille bénie la diaconesse Hilaria une esclave nommée Noca et une perche de plants de vigne qui est jointive de la vigne que Cattusio a faite. Je donne aussi ma partie de Vendresse et Troyon*

cuius fimbrias commutaui. Remigiae coclearia tria, que meo sunt nomine titulata, mantele ipsius quod habeo feriale transcribo; hichinaculum quoque dono illi, de quo Gundebado dixi. Delegoque benedictae filiae meae Helariae diaconae ancillam nomine Nocam et uitium pedaturam, que suae iungitur uineae, quam Cattusio facit, dono et partem meam de Talpusciaco transcribo pro obsequiis, que mihi indesinenter impendit. Aetio, nepoti meo, partem de Cesurnico, que mihi sorte diuisionis obuenit, cum omni iure, quod tenui atque possedi; Ambrosium quoque puerum ad ius illius dominiumque transmitto. Vitalem colonum liberum esse iubeo et familiam suam ad nepotem meum Agathimerum pertinere; cui uineam dono, quam posui Vindonisse et meo labore constitui, sub ea conditione, ut a patribus suis omnibus diebus festis ac dominicis pro commemoratione mea sacris altaribus offeratur oblatio, et Lugdunensibus presbiteris atque diaconibus annua conuiuia, concedente Domino, praebeantur. Dono aecclesie Lugdunensi solidos X et VIII, quos presbiteri et diaconi inter se aequali diuisione distribuant. Partem meam de Setia ex integro ad se reuocet aecclesia Lugdunensis. Commendo sanctitati tuae, fili fratris mei, Lupe episcopem, quod libertos esse precipio, Cattusionem et Auliatenam, coniugem suam, Nonnionem, qui meam uineam facit, Sunnoueifam, quam captiuam redemi, bonis parentibus

et je la mets par écrit pour les services qu'elle m'a rendus sans cesse. Pour Aetius, mon neveu, la partie de Cerny qui m'est échue par suite d'une division, que j'ai tenue et possède, avec tous ses droits. Je transmets aussi le jeune esclave Ambroise sous le droit de sa domination. J'ordonne que l'esclave Vitalis soit libre et que sa famille dépende de mon neveu Agathimer. Je lui donne la vigne que j'ai plantée à Vendresse et que j'ai établie grâce à mon travail, à la condition qu'une offrande soit faite par ses pères tous les jours de fête et les dimanches sur les saints autels pour ma commémoration et que soient offerts aux prêtres et aux diacres de Laon des banquets annuels, avec l'autorisation du Seigneur. Je donne à l'église de Laon dix-huit sous. Que les prêtres et les diacres les répartissent entre eux par une égale division. L'église de Laon rappellera pour elle ma part de Setia *en entier. Je recommande à Ta Sainteté, fils de mon frère, Loup, évêque, ceux dont j'ordonne qu'ils soient affranchis, Cattusio et Auliatena son épouse, Nonnio qui fait ma vigne, Sunnoveifa que j'ai rachetée de captivité, née de parents bons et son fils Leubaredus, Mellaridus et Mellatena, Vasans le cuisinier, Cesarie, Dagaraseva et Baudoroseva, nièce de Léon et Marcoleif, fils de Totnon ; tous ceux-là, fils de mon frère, Loup, évêque, tu protégeras leur liberté sous ton autorité sacerdotale.*

Je te donne, à toi mon église héritière, Flavianus et son épouse Sparagildis. J'ai décidé que leur fillette Flavaraseva serait libre. Les prêtres et les diacres de Reims seront propriétaires de Fedamia, épouse de Melanus, et de leur fillette. J'ordonne que le colon Cispiciolus soit

natam, et eius filium Leuberedum, Mellaridum et Mellatenam, Vasantem coquum, Cesariam, Dagaraseuam et Baudoroseuam, Leonis neptem, et Marcoleifum, filium Totnonis : hos totos, fili fratris mei, Lupe episcope, sacerdotali autoritate liberos defensabis. Tibi autem, heredi meae aecclesiae, Flauianum et uxorem suam Sparagildem dono ; eorum filiolam paruulam Flauaraseuam liberam esse constitui. Fedamiam, uxorem Melani, et eorum paruulam Remenses presbiteri et diaconi possidebunt. Cispiciolum colonum liberum esse precipio et ad nepotem meum Aetium eius familiam pertinere, ad utrumque, id est ad Aetium et Agathimerum, peruenire colonicam Passiacum. Pronepti meae Pretextatae dono Modoroseuam. Profuturo Leudocharium puerum trado ; Profuturae dari iubeo Leudoueram. Lugdunensibus subdiaconibus, lectoribus, hostiariis et iunioribus quattuor solidos derelinquo. Pauperibus in matricula positis solidus dabitur ad eorum refectionem. Delegoque VIII solidos aecclesiae Sissionum pro commemoratione nominis mei, Catalaunensi aecclesiae solidos VI, Mosomagensi solidos V, Vongensi agrum apud officinam molinarum, quae ibi est constituta, Catarigensi aecclesiae solidos IIII ; totidemque Portensi pro commemoratione mei nominis inferentur. Vrsi archidiaconi familiaribus usus obsequiis, dono ei domitextilis casulam subtilem et aliam pleniorem, duo saga delicata, tappete quod habeo in lecto

libre et qu'il dépende de la « famille » de mon neveu Aetius, et que la colonge de Paissy parvienne aux deux, c'est-à-dire à mes neveux Aetius et Agathimer. Je donne à mon arrière-petite-nièce Praetextata Modoreseva. Je livre le jeune esclave Leudocharius à Profuturus. J'ordonne que soit donnée à Profutura, Lendovcra. J'abandonne aux sous-diacres, aux lecteurs, aux portiers et aux jeunes de Laon quatre sous. On donnera un sou aux pauvres inscrits sur la matricule, pour leur repas. Je délègue huit sous à l'église de Sissionum *pour la commémoraison de mon nom, six sous à l'église de Châlons, cinq sous à l'église de Mouzon, à celle de Voncq un champ près de la meunerie qui a été édifiée là, et trois sous à l'église de* Castricensis *[Mézières]. On versera la même somme à l'église de Porcien pour la commémoration de mon nom.*

Je donne pour les services domestiques, à l'usage de mon archidiacre Ursus, une chasuble tissée à la maison, l'une fine et l'autre épaisse, deux manteaux souples, une couverture que j'ai sur mon lit et la meilleure de mes tuniques que j'aurai laissée après ma mort. Vous, mes héritiers Loup évêque et Agricola prêtre, vous vous diviserez également mes porcs entre vous. Quant à Friaredus que j'ai acheté quatorze sous, afin qu'il ne soit pas tué, on lui en accordera deux. Il donnera douze sous à la basilique des seigneurs martyrs Timothée et Apollinaire pour y faire ma tombe. Ainsi je donne, ainsi je lis, ainsi je témoigne. Tous les autres, soyez hors de mon héritage, en totalité. Que tout dol ou mal soit absent de mon testament, maintenant et à l'avenir. Pour le cas où une rature ou une

et tunicam quam tempore transitus mei reliquero meliorem. Heredes mei, Lupe episcope et Agricola presbiter, porcos meos inter uos equaliter diuidetis. Friaredus, quem, ne occideretur, quattuordecim solidis comparaui, duos concessos habeat; duodecim det ad basilicae domnorum martyrum Timothei et Apollinaris cameram faciendam. Hec ita do, ita lego, ita testor. Ceteri omnes exheredes estote, sunt tote. Huic autem testamento meo dolus malus abest aberitque; in quo si qua litura uel caraxatura fuerit inuenta, facta est me presente, dum a me relegitur et emendatur.

Actum Remis die et consule suprascripto, intercedentibus et mediis signatoribus.

p. Remigius episcopus testamentum meum relegi, signaui, subscripsi et in nomine Patris ei Filii et Spiritus sancti, Deo adiuuante, compleui.

uc Pappolus interfui et subscripsi.
uc Rusticolus interfui et signaui.
uc Eulodius interfui et signaui.
uc Eutropius interfui et signaui.
uc Eusebius interfui et signaui.
uc Dauueus interfui et signaui.

correction serait découverte, elle a été faite en ma présence, puisqu'il a été relu et corrigé.

Fait à Reims le jour et l'année du consul susdit, les soussignés étant intervenus et ayant servi de témoins.

Remi, évêque, j'ai relu mon testament, l'ai signé et souscrit, et complété au nom du Père et du Fils et du Saint-Esprit, avec l'aide de Dieu.

Pappolus, homme consulaire, j'étais là et j'ai souscrit.

Rusticolus, homme consulaire, j'étais là et j'ai souscrit.

Eulodius, homme consulaire, j'étais là et j'ai souscrit.

Eutropius, homme consulaire, j'étais là et j'ai souscrit.

Eusebius, homme consulaire, j'étais là et j'ai souscrit.

Davveus, homme consulaire, j'étais là et j'ai souscrit.

Post conditum testamentum, immo signatum, occurrit sensibus meis, ut basilice domnorum martyrum Timothei et Apollinaris missorium argenteum VI librarum ibi deputem, ut ex eo sedes futura meorum ossuum componatur.

Après avoir déposé ce testament et même signé, il m'est venu à l'esprit de déléguer à la basilique des seigneurs martyrs Timothée et Apollinaire un disque d'argent de six livres pour en fabriquer le contenant futur de mes ossements.

[Exemplar testamenti a beato Remigio conditi, in quo lector attendat, quia solidorum quantitas numero XL denariorum computatur, sicut tunc solidi agebantur, et

[Copie du testament déposé par saint Remi, dans lequel le lecteur peut remarquer que l'on y compte les sous à raison de quarante deniers comme on le faisait pour les sous tel que cela était contenu

in Francorum lege Salica continetur et generaliter in solutione usque ad tempora magni Karoli perdurauit, uelut in eius capitulis inuenitur.]

dans la loi des Francs Saliens, et cela dura en général comme mode de comptabilité jusqu'aux temps de Charlemagne, comme on peut le découvrir dans ses capitulaires.]

Commentaire

L'un des principaux acteurs de l'histoire de Clovis, l'évêque de Reims, Remi, a laissé, outre les quatre lettres commentées plus haut (*cf.* documents I, II, XI et XII), un testament qui nous est parvenu sous deux formes, l'une courte, l'autre longue. La première nous a été transmise par Hincmar, l'archevêque de Reims, quand il rédigea la *Vie de saint Remi* peu avant sa mort entre 878 et 881. La seconde est inconnue du chanoine de Reims Flodoard. Elle a été introduite dans son *Histoire de l'Église de Reims,* écrite en 948, par des interpolateurs anonymes peut-être vers 1059 au livre I, chap. XVIII (éd. Marlot, Strasbourg, 1981, p. 109-139). Tous deux disposaient des archives de l'église de Reims, mais, vu l'abondance des faux commis à cette époque, le soupçon naquit très tôt chez les érudits qu'il y avait là des documents inutilisables par l'historien, étant donné les intérêts matériels et financiers couverts par le nom prestigieux de Remi. Les clercs de Reims auraient ainsi protégé les biens d'Église contre la rapacité des seigneurs laïcs par ces faux intéressés. Nous nous occuperons ici uniquement de la forme courte du testament, la plus longue n'étant en effet qu'une suite interminable d'interpolations faites successivement entre le IXe et le Xe siècle. Nous allons voir combien le problème de l'authenticité est important pour valider le texte de Grégoire de Tours, qui est notre source principale sur l'histoire de Clovis.

Le grand érudit allemand Bruno Krusch porta en 1895 au testament court un coup si rude que Godefroid Kurth, l'année du quatorzième centenaire, ne put que s'incliner et faire un silence absolu sur ce document dans son appendice sur les sources de l'histoire de Clovis (p. 569-571). Les arguments portaient essentiellement sur le langage technique juridique contraire aux règles des testaments romains et sur les termes anachroniques pour la prétendue époque de rédaction. Par exemple la clause « Que tout dol ou mal soit absent de mon testament maintenant et à l'avenir » (l. 258) ne se trouve nulle part dans les testaments contemporains. De même lorsqu'il écrit : « Fait à Reims, le jour et l'année du consul susdit » (l. 264), le faussaire se garde bien de préciser lesquels, puisqu'il ne les connaît pas. Quant aux six témoins, ils auraient dû être sept et les initiales V.C. *(vir consularis)* suivre le nom de chacun au lieu de le précéder. Le post scriptum, enfin, est dépourvu de valeur (l. 278-284). Quant aux vocables anachroniques, Krusch estime qu'une telle quantité de noms d'esclaves germaniques est impossible à cette époque. L'usage de *Lugdunum* (l. 48) pour Laon est une forme d'époque carolingienne. Aux temps mérovingiens l'expression normale est *Lugdunum Clavatum.* L'expression *ecclesiasticus homo* (l. 72-73) n'est pas attestée avant la loi des Francs Rhénans mise par écrit en 629-634, mais dont la rédaction fut reprise plus tard. La remarque préalable au testament faite par Hincmar (l. 285) selon laquelle les sous doivent être comptés à raison de quarante et non de douze deniers, prouve, puisque aucune allusion au denier n'est faite dans le corps du texte, que l'auteur du document savait de quels sous il parlait. Hincmar, qui lui le sait, est donc le faussaire. Cela jette le soupçon sur la *Vie de Remi* par Hincmar quand il veut à tout prix faire de Laon sa ville natale et un évêché (*diocesis,* l. 47). Or Laon n'est attesté comme évêché qu'en 549. Enfin, et c'est là surtout que Bruno Krusch voulait en venir, la phrase sur « l'autre vase d'argent qu'a daigné me donner le roi Clovis, d'illustre mémoire, que j'ai reçu dans la fontaine du baptême » prouve combien Hincmar est un faussaire impudent puisque, dans l'esprit de Bruno Krusch, la lettre de Nizier de Trèves (*cf.* document XVII, p. 519) confirme que Clovis a en réalité été baptisé à Tours, d'autant plus que Grégoire de Tours ne dit pas que ce baptême eut lieu à Reims (*H.F.,* II, 31). Par conséquent, selon le bon principe *hic fecit cui prodest,* Hincmar, tirant un énorme prestige du fait qu'il est le successeur de saint Remi, a inventé ce testament pour apparaître comme le détenteur des origines chrétiennes prestigieuses de la dynastie royale des Francs.

Ainsi s'explique l'extraordinaire atmosphère de controverse érudite sur la date et le lieu du baptême de Clovis qui a marqué tout le XXe siècle. Faute d'accepter l'authenticité du testament de saint Remi, certains purent, comme A. van de Vyver en 1936, forts de la lettre de Théodoric à Clovis (*cf.* document IV, p. 411), placer la conversion de Clovis en 506, ou, en sens inverse, comme G. Tessier en 1964 (*Le Baptême de Clovis,* p. 118-126), se trouver incapables de conclure et de choisir un parti plutôt qu'un autre. Heureusement, en 1957, A.H.M. Jones, P. Grierson, et J.A. Crook (« The authenticity of the testamentum Sancti Remigii », *Revue belge de philologie et d'histoire,* 1957, t. XXXV, n° 2, pp. 356-373) ont su prouver que les arguments de Krusch étaient en fait « faibles [...] faux [...] ou frivoles ». Reprenons-les maintenant. La clause sur le dol est en fait classique en droit romain vulgaire. Elle est courante dans les Tablettes Albertini, documents de la pratique rédigés vers la fin du Ve siècle aux confins algéro-tunisiens. Mais, découvertes en 1928, ces plaquettes de cèdre ne pouvaient être connues de Bruno Krusch, décédé en 1940, car elles ne furent publiées qu'en 1952. On peut consulter à ce sujet un exemple de ces contrats dans Ch. M. de La Roncière, R. Delort et M. Rouche, Paris, 1969, pp. 70-72, datant de 494. L'absence du jour et du nom du consul s'explique facilement; la publication officielle par le gouvernement central de l'Empire des noms des deux consuls de l'année en cours, les Fastes, est perturbée depuis 476. Il faut se référer à la publication faite à

Constantinople, qui reconnaît pour l'Occident les deux consuls dont un nommé par Théodoric. Or, après Basile en 541, il n'y en eut plus aucun. C'est pourquoi, vu les difficultés qu'il y eut à connaître ces noms dès le ve siècle, il était habituel de dater en fonction des années de règne des rois germaniques. Seuls les partisans de la légalité romaine disparue s'obstinaient à vouloir dater par les noms des consuls. On comprend que ç'ait été le cas au nord de la Loire, même après le règne de Clovis qui est considéré comme un sauveur de Rome. Dans l'ignorance de ces deux noms, Remi a laissé la formule du testament en blanc. Cette absence prouve combien il respecte les formes juridiques, alors qu'un faussaire aurait cherché à tout prix à reconstituer ou inventer les noms exacts.

Pour le nombre des témoins, le Code théodosien précise que leur nombre peut varier entre cinq et sept (IV, 4, 3, 4), et les testaments d'époque mérovingienne font de même, l'épithète V.C. étant placée avant ou après le nom. D'ailleurs, en règle générale, les formes juridiques du testament sont conformes au droit, en particulier les institutions d'héritiers ; même s'il y a eu certaines anomalies, elles reposent sur une pratique habituelle.

Restent alors les objections contre la vraisemblance et la justesse du vocabulaire. Il est normal que Remi soit propriétaire d'esclaves germaniques, car la région, depuis la tétrarchie, a été repeuplée à l'aide de prisonniers de guerre rendus à merci (déditices) installés sur des terres désertes (*cf.* Gueux [Marne] village peuplé de Goths). De plus, rien n'empêchait sa famille ou lui-même d'avoir acheté des prisonniers de guerre sur les marchés, étant donné la proximité de la rive droite du Rhin, puisque les Francs se sont battus contre d'autres Germains, comme les Alamans, et ont dû vendre leurs prisonniers de guerre. Le nom officiel de Laon est certes *Lugdunum Clavatum*, pour la distinguer de Lyon qui s'écrit en latin *Lugdunum.* Mais pour un homme originaire de cette ville écrivant un document de droit privé à Reims, il est évident que le simple toponyme *Lugdunum* suffisait pour que l'on reconnût Laon, la ville voisine. L'expression *homo ecclesiasticus* est parfaitement courante dans les textes latins des ve et vi^e siècles, puisque, si l'on parle d'un *ordo clericorum* (Orléans, c. 4, *op. cit.* ; *cf.* document X, p. 447), cela suppose qu'il existe une catégorie d'hommes d'Église. D'ailleurs, Grégoire le Grand, à la fin du vi^e siècle, utilise certaines expressions fort proches.

L'argument, fort subtil, concernant la mention préalable des sous faite par Hincmar ne tient pas non plus. Hincmar a parfaitement compris que le lecteur, au vu des sommes mentionnées par Remi, va multiplier chaque sou par douze deniers. En effet, depuis 675, le sou d'or mentionné dans la loi salique à raison de quarante deniers par unité n'est plus frappé. Il est remplacé par le denier d'argent, dans un rapport non plus de 1 à 40, mais de 1 à 12 pour le sou d'or. Je précise donc que le sou, à l'époque d'Hincmar, est devenu une monnaie de compte, une abstraction ! Intuitivement, le lecteur du IXe siècle va transformer chaque sou en douze deniers, commettant ainsi un anachronisme. Cela est normal puisqu'il n'a dans sa bourse que des deniers. Comme le total des legs en espèces de Remi est de 83 sous, il en conclura qu'il a donné 996 deniers, alors que, s'il est prévenu que le sou valait en ce temps-là 40 deniers, il aboutira à la somme de 3 320 deniers ! Les liquidités de l'évêque étaient donc très importantes. La remarque d'Hincmar renforce la crédibilité du testament de Remi. L'évêque qui baptisa Clovis n'avait rien d'un pingre, puisqu'il légua l'équivalent en métal de 4,814 kg d'argent ! Si l'on y ajoute les pièces d'orfèvrerie (l. 45), sans compter le vase donné par Clovis et sa propre crosse (l. 52), le total est encore plus impressionnant : 12,662 kg au minimum !

Quant aux soupçons que fait peser Bruno Krusch sur la vie de saint Remi écrite par Hincmar à partir de son pseudo-faux testament, ils n'ont guère de valeur non plus. Remi parle d'un frère décédé, Principius, et d'un neveu, Lupus, tous deux évêques (l. 14 et 29). Or Sidoine Apollinaire écrit deux lettres, l'une vers 478-480, l'autre vers 480-482 (*Lettres,* t. II, *op. cit.,* VIII, 14, p. 123 et IX, 8, p. 145) à un évêque Principius que tous les savants ont identifié avec l'évêque de Soissons, frère de Remi, d'autant plus que l'évêque de Clermont dit qu'il a un frère. C'est d'ailleurs à Remi qu'il écrit , vers 471, comme nous l'avons vu, une lettre (document I, p. 389), classée dans son recueil juste avant la deuxième à Principius (*ibid.,* IX, 7, p. 143). Tout est donc correct. Quant à la qualification de Laon comme diocèse, le terme latin *diocesis* peut signifier encore à cette époque aussi bien paroisse que diocèse. Puisque Gennobaude est attesté en 549 comme évêque de Laon, rien ne s'oppose à ce qu'il ait été installé, et le diocèse créé par détachement de celui de Reims, après le décès de Remi en 533 (M. Rouche, « Le changement des noms de chefs-lieux de cité en Gaule au Bas-Empire », *Mém. Soc. Antiquaires de France,* 1969, pp. 47-64).

Finalement, l'argument le plus fort contre la thèse de Bruno Krusch reste l'incapacité d'un éventuel faussaire à se rendre compte du haut pouvoir d'achat de la monnaie d'or aux Ve et VIe siècles. Jones, Grierson et Crook montrent en particulier que le seul prix précis donné par le testament, 14 sous pour l'achat de l'esclave Friaredus (l. 250), correspond au prix officiel. En effet, le code Justinien (VII, VII, 1, c. 5) fixe le prix d'un esclave adulte à 20 sous, tandis qu'en Occident il est un peu plus bas. Hincmar était un remarquable devin !

La cause est entendue, et nous en verrons une autre confirmation avec l'explication de la lettre de Nizier (document XVII, p. 519). Le testament est authentique, quelle que soit la date de rédaction avant 533, et après la mort de Clovis en 511. Aucun autre indice ne permet de mieux situer le document.

En revanche, il nous fournit des renseignements sur la famille de Remi par les héritiers qu'il désigne. Ce sont, par ordre de citation :

l'église de Reims (l. 13), feu son frère Principius (l. 29), son futur successeur (l. 40) qui fut Romanus, l'église de Laon (l. 48), Loup, son neveu, fils de Principius (l. 14), un autre neveu, Praetextatus (l. 149), une fille (dont on ne sait s'il faut entendre « fille bénie » au sens spirituel ou charnel) qui répond au nom d'Hilaria (l. 165), deux autres neveux, Aetius (l. 219) et Agathimer (l. 118), son archidiacre Ursus (l. 241) et enfin son petit-fils Agricola (l. 16 et l. 249), prêtre, fils de Lupus. En somme, il y a quatre héritiers principaux, Reims, Loup, Laon et Agricola, dix héritiers secondaires et cinq églises. Ainsi peut être esquissée, malgré de nombreux points d'interrogations, une généalogie de cette riche famille sénatoriale.

Si la richesse immobilière de Remi peut difficilement être appréhendée faute de renseignements sur les prix et les superficies de terre, quelques traits intéressent le caractère de la personne et les biens immobiliers de cet évêque « jubilaire ». La masse de détails fournie sur les terres léguées, notamment dans le Porcien (l. 26), propriété familiale certainement *(quos possideo)*, permet de l'identifier avec Château-Porcien (M. Rouche, « La destinée des biens de saint Remi » dans *Villa, Curtis, Grangia, Herausg.* W. Janssen und D. Lohrmam, 1982, pp. 46-61). De même Cesurnicum et Passiacum peuvent être identifiés avec Cerny et Paissy, etc. Plus intéressants sont les noms des cent personnes environ qui sont cités, esclaves ou colons avec leurs familles dont 81 sont cités nommément (52 hommes et 29 femmes). Le chiffre de cent est volontaire. Il correspond à l'application d'une loi de l'empereur Auguste qui interdisait d'affranchir plus de cent personnes à la fois (M. Rouche, *L'Aquitaine, op. cit.*, pp. 212 et 229). Comme Remi les affranchit tous, cela veut dire qu'il en possédait d'autres qui purent ne pas l'être à cause de cette loi. Il est curieux qu'il cite deux statuts juridiques, douze fois pour les colons et quinze à seize fois pour les esclaves. En effet, on s'attendrait à ce que tous soient esclaves, puisque normalement le colon est un paysan juridiquement libre. Cette incohérence n'est qu'apparente. En fait, comme le montrent les protestations indignées du moine Salvien vers 440-450 (*De Gubernatione Dei*, t. II, éd. G. Lagarrigue, Paris, 1975, V, 44-45, pp. 345-346), par suite de l'attache à leurs propres terres promulguée par le Code théodosien, ces paysans libres sont en état de servitude. Rien d'étonnant, par conséquent, si Remi les affranchit. Colons et esclaves sont en fait réunis dans le même sort par ce qui est déjà le servage de la terre. En tout cas Remi prend soin d'eux. Il reconstitue des couples pour qu'ils se marient (Edoveifa l. 109) ou bien permet à une épouse d'avoir la même liberté que son mari (Aregildus, l. 112 et Alaric, l. 129), ou soustrait à la mort Friaridus (l. 251) pour en faire un tribun. Ce dernier, qu'il n'affranchit pas, avait dû devenir son homme de confiance puisqu'il le chargea par cette fonction de lever les impôts sur les terres de l'Église de Reims. Aussi, sûr de sa fidélité et de sa reconnaissance, le charge-t-il de faire construire sa tombe dans la basilique des saints Timothée et Apollinaire. Effectivement, il y eut une tentative d'inhumation dans cette basilique martyriale, le 13 janvier 533, jour de son décès, mais elle échoua (M. Sot, *Un historien et son église, Flodoard de Reims*, Paris, 1993, pp. 391-392). En effet, il fut enseveli dans une autre église sans reliques bien que dédiée au martyr saint Christophe, mais surtout dotée d'un autel dédié à sainte Geneviève qu'il avait bien connue. Ce refus du testament de Remi par ses fidèles est révélateur. (*Vita Remigii*, par Hincmar, c. 24, p. 320). Remi, par humilité, avait souhaité être proche des corps des saints martyrs, c'est-à-dire être, dans l'Église des origines et des premiers témoins, un témoin après eux. Ses fidèles n'ont pas observé sa volonté, malgré les six livres d'argent du plat (1,962 kg) destinées à contenir ses restes dans une espèce d'urne ou de petit coffre (*larnax* des Grecs) qui n'aurait guère tenu de place. Ils préférèrent une église sans passé qui ne tarda point à prendre le patronage Saint-Remi pour y créer avec ses reliques un culte nouveau, celui du fondateur de la monarchie par l'acte de baptême de Clovis. L'association avec Geneviève est volontaire. Tous deux avaient poussé au baptême. Tous deux étaient les saints des nouveaux temps. Peut-être même est-ce le roi Thierry, mort l'année suivante en 534, qui avait installé sa capitale à Reims, qui a empêché l'exécution du testament et choisi ce lieu. Voulait-il être enterré à côté de Remi, tout comme son père aux côtés de Geneviève ? On ne sait, car rien n'indique le lieu de sa sépulture (K. H. Kruger, *Königsgrabkirche*, Munich, 1971, p. 417). Une chose est sûre en tout cas : le culte de Remi commença dès sa mort. Son ultime volonté fut tournée, parce qu'elle était la preuve même de sa sainteté.

Parmi les autres enseignements que ce testament donne sur le caractère de Remi, signalons en particulier l'importance qu'il accorde aux vignes. Il en nomme six, chacune travaillée à demeure par un homme (l. 91). De plus, il lègue à son neveu Agathimer la vigne qu'il a lui-même plantée à Vendresse (canton de Craonne). Remi était donc capable de travailler de ses mains, et compétent dans le domaine viticole. Cet évêque vigneron était de plus propriétaire de troupeaux de cochons (l. 249) que l'on envoyait paître les glands dans les bois.

Ce grand propriétaire a le souci des humbles et des pauvres, comme le prouvent ses dons au clergé de Reims (25 sous, l. 66) et de Laon (18 sous, l. 190), sans compter les banquets annuels qui leur seront offerts, le jour anniversaire de sa mort probablement. À deux reprises sont évoqués les pauvres de la matricule à Reims et Laon. Il s'agissait d'une liste tenue par chaque église sur laquelle étaient inscrits des mendiants qui étaient pris en charge au niveau du logement et de la nourriture. Ici le don concerne leur repas journalier. (M. Rouche, « La matricule des pauvres », dans M. Mollat, *Études sur la pauvreté*, t. I, Paris, 1974, pp. 83-110) Il n'oublie pas non plus les femmes seules, telle Remigia (l. 158) dont on suppose qu'elle lui est apparentée. Il lui offre en particulier un *hichinaculum*, que certains interprètent comme un vase en métal précieux, d'autres comme un petit manteau aux poils hirsutes, étant donné le double sens du mot grec ἐχῖνος (oursin). Quant à Hilaria, le lecteur aura remarqué qu'elle est diaconesse et que Remi, tout comme Germain d'Auxerre à propos de Geneviève, et plus tard, en 542-544, Médard de Soissons avec Radegonde, se moque éperdument des interdictions conciliaires d'ordonner une femme par la main. En raison de l'emploi du mot « bénie », il est même normal de supposer que Remi est à l'origine de son statut de femme consacrée à ce ministère institué. Remi est un non-conformiste jusque dans sa fidélité à l'Église paléochrétienne.

Bien d'autres points seraient à souligner et à expliquer, mais le lecteur qui cherche ici à se renseigner sur Clovis et sur son entourage en serait lassé. Les enseignements de ce texte sont nombreux et fondamentaux. Maintenant que la critique a définitivement réhabilité la forme courte du testament de saint Remi, nous pouvons voir en cet évêque un homme instruit dans le droit romain et fort respectueux de la légalité. Il observe la loi dans le choix de ses quatre héritiers, y compris son « épouse », l'Église de Reims, et celle de son lieu de naissance, Laon. Il apparaît comme un grand propriétaire de famille sénatoriale de très haut rang, tant sur le plan immobilier que mobilier. Sa charité chrétienne le conduit à s'intéresser de très près au sort des esclaves qu'il affranchit, de son clergé, des pauvres et des femmes. Sa richesse ne l'empêche pas de travailler de ses mains. Son indépendance d'esprit va jusqu'à garder dans son entourage une diaconesse et à désigner comme exécuteur testamentaire de sa sépulture un esclave auquel il a évité la mort. Enfin, sa conception chrétienne de l'au-delà, qui le pousse à considérer que sa dernière demeure doit être celle du fidèle implorant la protection des saints martyrs pour être sauvé, prouve qu'il reste l'adepte de l'Église des temps primitifs, alors qu'en fait il a inauguré une autre Église. Ses contemporains en jugèrent immédiatement autrement. En refusant ses dernières volontés, ils firent de lui non pas un successeur, mais un fondateur. Dès sa mort, ils le jugèrent comme saint, irrémédiablement lié à Clovis qu'il baptisa.

Et c'est d'ailleurs la conclusion essentielle qu'il faut tirer de ce testament. Deux faits capitaux y sont affirmés : l'authenticité de la célèbre histoire du vase dit de Soissons et du baptême de Clovis de la main même de Remi (l. 54). Mentionnés avant 533, ils consolident et confirment les récits de Grégoire de Tours sur les mêmes événements, alors même que ce dernier n'était pas un témoin oculaire et n'écrivit ses dix livres d'histoire qu'à partir de 576. Il constitue donc le chaînon manquant entre les témoins strictement contemporains du baptême et les historiens qui écrivirent deux générations après. Cela vient de son exceptionnelle longévité, qui fait de saint Remi l'homme de deux époques, successeur et fondateur, témoin et pasteur.

XVI. Théodoric et sa politique vus par Jordanès

Cui et primum concedens Theodoricus postmodum ab hac luce privavit tertioque, ut diximus, anno ingressus sui in Italia Zenonemque imp. consultu privatum abitum suaeque gentis vestitum seponens insigne regio amictu, quasi iam Gothorum Romanorumque regnator, adsumit missaque legatione ad Lodoin Francorum regem filiam eius Audefledam sibi in matrimonio petit. Quam ille grate libenterque concessit suosque filios Celdebertum et Heldebertum et Thiudebertum credens hac societate cum gente Gothorum inito foedere sociari. sed non adeo ad pacis concordiam profuit ista coniunctio, quia saepenumero propter Gallorum terras graviter inter se decertati sunt, numquamque Gothus Francis cessit, dum viveret Theodoricus.

Antequam ergo de Audefledam

Théodoric accorda d'abord la paix à Odoacre, puis il le priva de cette lumière. La troisième année de son entrée en Italie, comme nous l'avons dit, il porta, sur la décision de l'empereur Zénon, le costume privé de son peuple, déposant à part l'habit royal. Comme s'il régnait déjà sur les Goths et les Romains, il envoya une ambassade à Clovis pour lui demander en mariage sa fille Audoflède. Celui-ci la lui accorda bien volontiers. Il crut pouvoir associer ses fils Clotaire, Childebert et Théodebert par cet accord avec le peuple des Goths, mais ce mariage ne contribua en rien à la concorde de la paix parce que, à cause des terres des Gaulois, ils se battirent très souvent entre eux et jamais le Goth ne céda aux Francs tant que Théodoric vécut.

Avant qu'il ait eu des enfants d'Audoflède, il avait engendré des enfants naturels d'une concubine alors qu'il était encore en Mésie, des filles, dont l'une se nommait Théodegothe et

* Jordanès, *Getica*, *M.G.H.A.A.*, t. V, Berlin, éd. T. Mommsen, Berlin, 1882, 57-58, p. 131.

subolem haberet, naturales ex concubina, quas genuisset adhuc in Moesia, filias, unam nomine Thiudigoto et aliam Ostrogotho. quas mox in Italiam venit, regibus vicinis in coniugio copulavit, id est unam Alarico Vesegotharum et aliam Sigismundo Burgundzonorum.

l'autre, Ostrogotho, qu'il fit venir en Italie. Il les unit en mariage à des rois voisins, l'une avec Alaric, roi des Wisigoths, l'autre à Sigismond, roi des Burgondes.

COMMENTAIRE

Si Procope était un écrivain hostile à Théodoric, Jordanès fut au contraire son thuriféraire. Il importait de citer ici ces quelques lignes concernant Théodoric le Grand lors de son entrée en Italie comme roi des Goths et des Romains, sa demande en mariage d'Audoflède à Clovis, et sa politique matrimoniale à l'égard des rois germaniques installés en Gaule. Car nous allons voir, à travers les personnalités de l'auteur Jordanès et du roi Théodoric, combien les différences de mentalité expliquent l'échec d'un vainqueur.

Jordanès est un Goth qui a vécu dans l'entourage des Amales, la dynastie royale ostrogothique. Converti de l'arianisme au catholicisme, il a terminé vers 551-552 (juillet 552 selon Stein, *Histoire du Bas-Empire*, p. 828), peut-être à la demande du pape Vigile (537-555), une histoire du peuple romain, appelée *Romana*. C'est une histoire universelle chrétienne de type augustinien. À la demande de son ami Castalius, il rédigea ensuite une histoire des Goths appelée *Getica* (d'où est tiré le texte cité ici) qui est en fait le résumé d'un ouvrage antérieur de Cassiodore, mais aujourd'hui disparu. Son point de vue est à la fois proromain et prothéodoricien. Il estime que la seule politique à suivre était celle que pratiqua Théodoric en étant le fidèle serviteur de l'empereur. Le royaume goth d'Italie devait collaborer étroitement avec Constantinople. Au fond, il souhaitait la sujétion des Ostrogoths à l'Empire. Il devait donc se désoler de la guerre entre les Romains de Justinien et les Goths, qu'il a vécue, puisqu'il souhaite à la fin de son ouvrage, avant l'ultime défaite des Ostrogoths en 555, la fusion entre la famille des Amales et la dynastie impériale. Il est, on l'aura remarqué, un contemporain de Procope. La comparaison des deux points de vue est donc intéressante.

Né en 451, Théodoric est issu d'une illustre dynastie, les Amales, qui remonte à travers quatorze générations aux origines suédoises de son peuple au Ier siècle après J.-C. Il a vu son peuple devenir fédéré, allié aux Romains moyennant l'installation en Pannonie ; il fut otage à la cour de

Constantinople à l'âge de sept ans ; il y resta de 459 à 469. Il s'installa alors avec son peuple en Mésie inférieure et Dacie ripuaire (la Bulgarie actuelle). L'empereur Zénon l'adopta alors comme fils d'armes, à la manière germanique, avec les titres romains de *patricius* et de *magister militum praesentalis*, c'est-à-dire général en chef des armées romaines. Mieux encore, en 484, il inaugura son consulat à Constantinople. Théodoric était donc un citoyen romain, ainsi que le roi d'un royaume ostrogoth fédéré. De plus, il était de foi arienne, bien que sa mère Éreliève ait été baptisée dans la foi catholique sous le nom d'Eusébie. L'homme est donc à multiples facettes.

Désireux d'obtenir un royaume un peu plus « gras » et prospère que la rive droite du Danube, il se révolta contre l'empereur Zénon en 488 et obtint, alors qu'Odoacre avait fini par être reconnu roi en Italie, d'être envoyé par l'empereur éliminer le « tyran » – nous verrons ce mot utilisé par Procope (*cf.* document XVIII, p. 538). Jordanès a utilisé ce terme un peu plus haut, entérinant ainsi la doctrine officielle. Il indique ensuite qu'après plusieurs batailles au sort contraire Théodoric s'empara de Ravenne et d'Odoacre. Il avait envahi l'Italie à l'automne 488. Il fit son entrée triomphale dans Ravenne le 5 mars 493, Odoacre chevauchant à ses côtés ; c'est ce que Jordanès appelle la « paix » (l. 18). Puis, le 15 mars, au palais impérial, Théodoric égorgea de sa propre épée Odoacre, et fit punir tous ses partisans. Jordanès, là encore, passe pudiquement sur cette trahison : « il le priva de la lumière » (l. 3). Cela ne correspond pas à la « troisième année » mais à la cinquième ! Erreur de Jordanès ? Non.

Il faut, en réalité, couper la phrase latine de Jordanès après *privavit*, contrairement à ce que fait ici (l. 3) l'éditeur Mommsen. Du coup, la troisième année concerne la décision de Zénon à propos du costume de Théodoric. Elle va de septembre 491 à septembre 492. À l'automne 490, Théodoric avait fait demander par son ambassadeur Festus à Constantinople le droit de porter le costume royal, c'est-à-dire le droit d'être roi en Italie avec les pouvoirs impériaux. On voit ici l'ambition de Théodoric : devenir un empereur romain d'Occident. Zénon ne répondit pas et mourut le 9 avril 491. En ce cas, la non-décision de l'empereur a mis du temps à être transmise pour n'être appliquée qu'en mars 493 ! (Ce qui explique peut-être pourquoi H. Wolfram, *Histoire des Goths*, trad. fr., Paris, 1990, p. 299, place la mort de Zénon en 492 mais l'édition allemande, 1979, p. 353, porte 391 [*sic !*]). En fait, dès la troisième année, c'est-à-dire à partir de 491, Théodoric savait que Zénon refusait de lui accorder les insignes royaux (*cf.* Anonyme de Valois, *Chronica, op. cit.*, 57, p. 322). Son armée le proclama « roi sans attendre l'ordre du nouvel empereur » Anastase, qui lui aussi tergiversait. Donc Jordanès, dans son résumé beaucoup trop elliptique, montre bien que Théodoric a gardé le « costume privé » des Goths. Nous pouvons deviner quelque chose de ce costume aux détails du bijou de Berne et du médaillon en or de Senigallia qui nous montre un roi aux cheveux bouclés tombant sur les oreilles et aux fortes moustaches.

Jordanès précise ensuite qu'il mit à part « l'habit royal » (l. 7), c'est-à-dire qu'il ne porta point ce costume comportant la pourpre impériale « comme s'il régnait déjà sur les Goths et les Romains ». Mais ce n'était pas une manière de respecter la décision de l'empereur. En effet, Théodoric inaugure ensuite sa politique matrimoniale. Autrement dit, il se moque de la décision de Zénon et fait comme s'il portait légalement ce costume en commandant aussi aux Italiens, tout en ne l'utilisant pas. Ses actes contredisent son apparent respect envers l'empereur. En fait, il poussait l'*imitatio imperii* très loin. D'ailleurs, il finit par obtenir enfin en 497 d'Anastase cette autorisation, à la suite d'une nouvelle ambassade de Festus. Jordanès a raison de dire « déjà », en 493, puisque la légalisation de son usurpation n'a eu lieu qu'au printemps 497. C'est pourquoi je ne suis pas d'accord avec la traduction de la phrase de Jordanès par Émilienne Demougeot (*La Formation de l'Europe et les invasions barbares*, Paris, 1979, t. II, 2, p. 807 et note 52). Théodoric arrivait ainsi à une position de quasi-empereur. Il était le premier Germanique à parvenir si haut à l'intérieur de la hiérarchie administrative romaine. Il touchait au but qu'il poursuivait depuis bientôt vingt-sept ans.

Mise à part la difficulté qu'il y a à couper, ponctuer et traduire convenablement les phrases de Jordanès, qui sont trop contractées par suite de l'effet de son « style télégraphique », comme nous dirions aujourd'hui, une question reste posée. Pourquoi Anastase a-t-il cédé, au bout de six ans de refus ? Qu'espérait-il en échange ? Il faut revenir ici aux questions religieuses. Anastase voulait faire reconnaître l'hénotique par le pape (*cf.* document III, p. 397). Or Gélase Ier (492-496) avait refusé toute concession, tandis que son successeur Anastase II (21 nov. 496-17 nov. 498), lui, accepta de négocier avec Constantinople. Les sénateurs romains qui soutenaient l'autorité de Théodoric en Italie, voyant que celui-ci n'intervenait pas auprès du pape pour deux raisons, son arianisme et son absence d'autorité légale sur les Romains d'Italie, suggérèrent probablement à l'empereur de faire la concession du costume royal en échange d'une pression sur le pape pour qu'il accepte l'hénotique. Le ton modéré des lettres d'Anastase II à l'empereur et l'habileté des sénateurs ralliés firent croire que le compromis était viable. La mort subite d'Anastase II et le schisme laurentin rendirent inopérante cette concession qui profita au seul Théodoric.

On comprend que Jordanès ne se soit pas égaré dans ces arcanes diplomatiques et qu'il soit passé ensuite à la politique matrimoniale de son héros. Il veut montrer que Théodoric cherche la paix. En fait, cette paix est d'abord celle de Théodoric, et non point celle de l'Empire romain, comme le croit Jordanès. La chronologie des mariages le prouve. Le premier est celui de Théodoric lui-même avec Audoflède, la sœur de Clovis (*cf.* document IV, p. 411). Il eut certainement lieu, comme le prouve l'Anonyme de Valois (*op. cit.*, l. 63, p. 322), en 494, immédiatement après sa victoire sur Odoacre. Il s'agissait d'obtenir l'alliance des Francs contre les Burgondes. Leur roi, arguant de son titre de *magister militum praesentalis,* avait envahi l'Italie du Nord en 491 et fait de nombreux prisonniers emmenés en esclavage. Les Vandales avaient de même attaqué la Sicile. Seuls les Wisigoths d'Alaric II lui envoyèrent un contingent de secours. Il lui fallait donc neutraliser tout de suite les voisins burgondes par une éventuelle attaque franque dans leur dos. Cette alliance fut efficace, nous l'avons vu, jusqu'en 506. Elle permit aussi au roi de se retrouver, par son mariage avec Audoflède, père d'une fille, Amalasonthe, qui fut en fait son unique héritière légitime. Mais, pour Jordanès, cette alliance fit échouer la paix « à cause des terres des Gaulois » (l. 20-21). Effectivement, nous l'avons vu plus haut, la guerre d'Aquitaine en est la preuve (*cf.* document IX, p. 440). Mais ce n'est pas à cela qu'il fait allusion. Jordanès pense aux guerres entre Francs et Ostrogoths sous les fils de Clovis, Clotaire, Childebert et Thierry, puis Théodebert qui se déclenchèrent à partir de 539 sous forme d'invasions destructrices en Italie. Certaines terrorisèrent les Ostrogoths au point qu'ils allèrent se cacher derrière les lignes romaines ! Donc Jordanès impute ici la cause de l'échec de cette alliance aux Francs. Mais il corrige ensuite ces dires en revenant chronologiquement en arrière pour préciser que, du vivant de Théodoric, donc avant 526 (l. 23), jamais les Francs n'ont gagné ! Il s'agit là encore d'une preuve de la partialité de Jordanès. S'il est exact que, pendant la guerre de 508-509, lors de leur unique rencontre devant Arles qui fut récupérée par le général de Théodoric, Ibba, le Goth n'a point cédé aux Francs, il n'empêche que le royaume wisigoth, son allié, s'est effondré sous leurs coups.

Les deux autres mariages conclus par Théodoric sont l'occasion pour Jordanès de nous apprendre que le roi pratiqua le système germanique des mariages multiples. Il eut une épouse de second rang en Mésie, donc après 476, qui lui donna deux filles, lesquelles devaient avoir au minimum entre seize et dix-huit ans quand il les fit venir en Italie en 494. Nous verrons, à propos de Procope (*cf.* document XVIII, p. 533), que Théodicusa est la même que Théodegothe et qu'elle fut mariée avec Alaric II roi des Wisigoths. Cette union eut lieu probablement aussi en 494, en remerciement de l'aide apportée. Elle avait l'énorme avantage d'allier les deux clans les plus nobles des Goths, les Amales et les Balthes. C'était un mariage endogame entre cousins, une alliance maternelle selon le droit germanique. Elle seule pouvait assurer la domination gothique arienne sur l'Occident. En 494, rien ne laissait présager que l'avenir serait aux Francs.

En revanche, la situation du côté des Burgondes impliquait, pour qu'il y eût mariage entre leur prince et la famille de Théodoric, que l'hostilité cessât. C'est pourquoi l'alliance entre Sigismond et Ostrogotho (appelée Aréagni par les Ostrogoths) dut avoir lieu aussi en 494. Nous avons vu (*cf.* document VI, p. 424) qu'en 507 l'alliance familiale existait puisque Théodoric appelle Gondebaud « Votre Fraternité ». La paix fut en effet conclue en 494, comme en témoigne l'ambassade d'Épiphane de Pavie. Il est difficile de dire, cependant, si le mariage fut consommé à cette date, car, en 522, Sigéric, le fils né de cette union, était encore un enfant *(puer)* et n'avait guère dépassé dix ans. Sigismond semble n'avoir été associé au pouvoir qu'en 501, après l'attaque de Clovis (*H.F.*, II, 32 et 33) qui poussa les Burgondes vers un renforcement de l'alliance gothique. Mais, vu la duplicité de Gondebaud, il est difficile de trancher cette question.

Si l'on ne peut prouver que le mariage de Sigismond avec Ostrogotho fut tardif, il n'en est pas de même pour celui du roi vandale Thrasamund avec la sœur de Théodoric qui était alors veuve, Amalafrède. L'événement eut lieu vers 500. Ainsi, toutes les puissances ariennes étaient dans son alliance. Jordanès parle un peu plus loin de ce mariage, ainsi que de celui de la fille d'Amalafrède, Amalaberge, avec Herminafred, roi des Thuringiens. Bref, il s'agit d'une politique d'envergure européenne que les hommes et surtout Clovis firent échouer, malgré sa très grande habileté.

Théodoric fait dans sa personne l'union du Romain et du Germanique. Il agit en quasi-empereur face aux peuples barbares, en Germanique entre rois germaniques, ses frères. Jordanès croit que cela doit tourner à la grandeur de la Nouvelle Rome, Constantinople, parce qu'il est lui-même un homme des deux cultures. Mais il accentue volontairement son côté proromain. Dans toute son œuvre, il ne cite jamais l'hérésie arienne dont son héros est pourtant un fidèle partisan, de même qu'il fait silence sur les meurtres qu'il commit de sa propre main (Rékitach, Odoacre). En revanche, il montre fort bien que, malgré l'empereur, Théodoric cherche à obtenir les grades et les dignités les plus élevés de l'Empire en Occident, et à les faire coïncider avec les réalités de son pouvoir. Ainsi s'explique la discordance entre les faits, prise réelle du pouvoir en 493, et les titres quasi impériaux obtenus en 497. Seules les affaires religieuses permirent à Théodoric d'obtenir cette concession inouïe. Il put alors faire, trois ans plus tard, en 500, une entrée triomphale à Rome pour y célébrer son *tricennalis* (trente ans de règne sur les Goths, mais seulement trois juridiquement légaux sur les Romains). Cela devrait donner à réfléchir à Clovis qui méditait à cette époque sur son éventuelle conversion, face à ces cadeaux politiques dont les causes étaient théologiques. De plus, la chronologie des mariages pratiqués par Théodoric assure beaucoup plus sa suprématie que celle de l'Empire d'Orient. Cette face germanique de Théodoric devait encore plus irriter les Francs. Jordanès ne comprend pas, d'ailleurs, leur hostilité : il n'a pas vu que le triomphe irait à celui qui se montrerait le plus romain des Germaniques ; l'Ostrogoth arien est perçu comme moins romain que le Franc catholique.

Cette erreur de perspective repose sur le fait que Jordanès pense en fonction non pas de Rome mais de Constantinople, la Nouvelle Rome. De même qu'Anastase II et son ami Vigile, deux papes conciliants, il reconnaît toujours plus ou moins implicitement le rôle privilégié de l'empereur dans les questions politiques et religieuses. Son silence sur les problèmes religieux prouve qu'il les englobe dans la sphère du politique. Il n'a pas vu que, si Rome n'est plus dans Rome, l'ancienne Rome est devenue exclusivement celle de Pierre et de Paul. Cette absence de distinction entre politique et religion, caractéristique de tout un parti sénatorial progermano-arien, était-elle due à ses origines gothiques et ariennes ?

XVII. Lettre de Nicetius évêque de Trèves

À la maîtresse très clémente, fille dans le Christ, à la reine Chlodoswinde, Nicetius pécheur *

Cum legatos uestros per Francorum reges, germanos tuos, ire conspicimus, de prosperitate uestra solliciti sumus ; sed illa inde audimus, quod semper sonare etiam et sonare confitemur, quam magna, quam alta, quam laudabilis, quam utilis, quam humana uel munifica, quomodo de pauperes sollicita, quomodo de religione astuta, quomodo in cuncto populo prae conuersatione splendida ille hoc concedat, qui tibi spiritum sapientiae et intellectus iam dedit.

2. Gaudemus ex hoc, gaudere nos Christus faciat de Alboeno rege, quem habes, et de felicitate sua triumphare. Stupentes sumus, cum gentes illum trement, cum reges uenerationem inpendent, cum potestates sine cessatione laudant, cum etiam ipse imperius ipsum praeponit, quod animae remedium non festinus requirit. Scriptum legimus : *Quaerite primum*

Comme nous sommes allé voir Vos ambassadeurs auprès des rois des Francs, tes frères, nous nous sommes enquis de Votre Prospérité. Et nous avons appris, ce que nous nous employons à faire sans cesse sonner et résonner, combien Elle était grande, haute, digne de louange, utile, humaine et généreuse, comment Elle était soucieuse des pauvres, comment Elle était adroite en matière de problèmes religieux, comment Elle était brillante dans ses rapports avec tout le peuple. Celui qui t'a donné l'esprit de sagesse et de compréhension te l'a vraiment accordé.

Nous nous en réjouissons et que le Christ fasse que nous puissions nous réjouir du roi Alboin dont tu es l'épouse et triompher quant à sa félicité. Nous sommes cependant stupéfait, alors que les peuples le craignent, que les rois lui accordent vénération, que les puissances le louent sans cesse, alors même que l'Empire le met en avant, qu'il ne recherche point rapidement le remède de

---

* *Epistolae Austrasicae,* éd. W. Gundlach, Corpus Christanorum, Turnhout, 1957, t. CXVII, 8, pp. 419-423.

regnum Dei et omnia bona adponentur. 3. Qui sic, quem admodum ille, fulget fama, miror, quod de regno Dei et animae suae salute nihil inuestigare studet, sed illos recipit, illis quiescit, qui potius animam in gehenna perdunt, quam ad uiam salutis adducant. Duos deos esse praedicant, alium in deitate patrem, alterum in deitate, sed pro creatura filium, cum scriptura dicat: *Ego sum saluator, et non est alius praeter me.*

l'âme: « Cherchez d'abord le royaume de Dieu et tous les biens vous seront accordés » (Mat., VI, 33). Je m'étonne, quelque soit la renommée dont il brille, que non seulement il ne se soucie en rien de chercher quelque chose au sujet du royaume de Dieu et du salut de son âme, mais qu'il reçoive, qu'il s'appuie sur ceux qui perdent leur âme dans la géhenne plutôt que sur ceux qui amènent à la voie du salut. Ceux-ci prêchent qu'il y a deux dieux, l'un Père dans la divinité, l'autre dans la divinité, mais fils en tant que créature, comme l'Écriture le dit : « Moi, je suis le Sauveur et il n'y en a pas d'autre que moi » (Osée, 13, 4 ; Deut., 4, 35).

4. Te, domna Hlodosoinda, per tremendum diem iudicii coniuro, ut hanc epistulam et bene legas et bene illi, sed frequenter exponere studeas et ut ipsi interroges: Qui est saluator? Patrem dicunt esse salvatorem, an filium (quoniam duos esse, cum unus est, et alius non est, denuntiant)? 5. Si dicent filium: Ergo pater saluator non est. Et si dixerint patrem: Ergo filius non est saluator, quia saluare, quoniam saluator non est, nullum potest. Si dixerint: Duo sunt saluatores, istud scriptum numquam inuenient, nisi: *Ego et pater unum sumus,* hoc est pater in filio et cum filio et filius in patre et cum patre.

Toi, maîtresse Chlodoswinde, je t'adjure par le terrible jour du jugement de bien lire cette lettre et de la lui faire lire, et de t'employer à te la faire expliquer et de t'interroger en toi-même : Qui est le Sauveur ? Dit-on que le Père est sauveur ou le Fils (puisque l'on affirme qu'ils sont deux en un et qu'il n'y en a pas d'autre) ? Si l'on dit que c'est le Fils, donc le Père n'est pas sauveur. Et si l'on dit que c'est le Père, le Fils par conséquent n'est pas sauveur. Et si l'on dit : les deux sont sauveurs, on ne trouvera jamais cette parole, si ce n'est : « Le Père et moi nous sommes un » (Jean, XVII, 21), c'est-à-dire le Père dans le Fils et avec le Fils et le Fils dans le Père et avec le Père.

6. Deus prae magnitudine uideri ab oculo humano non potest, quia tantum grandis, tantum fulgens, tantum etiam igneus. Legimus: In circuitu caeli et terrae tabernaculum eius; quod etiam prae ista magnitudine et splendore ab homine uideri non potest, expraessit de se, quem semper

Dieu, à cause de sa grandeur, ne peut être vu par l'œil humain, parce qu'il est si grand, si brillant, et qu'il l'est au point d'être flamboyant. Nous lisons : « Son tabernacle est dans le cercle du ciel et de la terre » (Ps. XVII, 12) ; à cause de cette grandeur et de cette splendeur, il ne peut être vu par l'homme ; il s'exprime par lui-même

habuit apud se, qui latibulum sibi de carne fecit, et ideo scriptura dicit: *Posuit tenebras latibulum suum,* et ideo in euangelio ait uerbum Dei, quem Iohannis dicit: *Quod in principio erat, uerbum caro factum,* et quod de Maria erat, sic illum ad se adiunxit, ut esset unum. Et per scriptura dixit: *Ex Sion species decoris eius,* hoc est: homo in Deo transibit. In euangeliis ipse dixit: *Ego ex patre exiui et ueni in hunc mundum.* In quadragesimo septimo psalmo dixit: *Distribuite gradus eius* — eius dixit, non eorum, quoniam unus esse, sed nec solus apertissime scitur — *ut enarretis in progenie altera.*

7. Nam in die resurrectionis nec narrare nec parere poterit, qui trinitatem in unitate non crediderit, et pro eo omnis militia angelorum per singulos dies clamat: *Sanctus, sanctus, sanctus dominus Deus Sabaoth* — non tres sancti, sed ter sanctum dixit dominum Deum Sabaoth: sanctus pater, sanctus filius, sanctus spiritus; unus sanctus, sicut unus dominus. Vnde et Iohannes euangelista dixit: *Ipse est, qui est et qui erat et qui uenturus est, saluator.*

8. Si pernominauero, gradi esse uidentur: cum patrem audis, nomine autem maior esse uidetur, et ideo dixit: *Pater maior me est;* sed nomine tantum: in deitate autem euidentissime per Christum et per apostolos eius unus esse agnoscitur; quia ipse, cum a discipulo interrogatur: *Domine ostende nobis*

puisqu'il a toujours été par lui, lui qui s'est caché dans la chair et c'est pourquoi l'Écriture dit: « Il a posé les ténèbres sur sa cachette » (Ps. XVII, 12) et donc dans l'Évangile de Jean parle le verbe de Dieu: « Ce qui était au commencement, le verbe, s'est fait chair » (Jean, I, 1-14) et quant à Marie, il la lui ajouta, puisqu'il était un. Ce que dit l'Écriture: « L'aspect de sa beauté vient de Sion » (Ps. LIX, 2), c'est-à-dire l'homme passera en Dieu. Lui-même dit dans l'Évangile: « Moi je viens du Père et je suis venu en ce monde » (Jean, XVI, 28). Dans le psaume LVII il dit: « Distribuez ses honneurs – il dit ses, non pas leurs puisqu'il est un, mais l'on ne sait pas ouvertement qu'il est seul – afin que vous puissiez les raconter dans les générations à venir » (Ps. LVII, 14).

En effet, au jour de la résurrection il ne pourra ni raconter ni rendre manifeste celui qui n'aura pas cru à la Trinité dans l'unité, alors qu'au contraire toute la troupe des anges clame chaque jour: « Saint, saint, saint, le Seigneur Dieu Sabaoth » – et non point trois saints, car il dit trois fois saint le Seigneur Dieu Sabaoth: le Père saint, le Fils saint, l'Esprit saint; un seul saint comme il y a un seul Seigneur. C'est pourquoi l'évangéliste Jean dit: « Il est lui-même celui qui est, qui était, et qui viendra, le sauveur » (Jean, I, 27).

Si j'ai énuméré ses noms, il y a cependant des gradations. Lorsque tu entends parler du Père, ce nom est évidemment plus grand et c'est pourquoi il dit: « Le Père est plus grand que moi » (Jean, XIV, 28); mais seulement nominalement. Dans la divinité on sait qu'il est évident qu'il est vu à travers le Christ et les apôtres, puisque lui-même

patrem, et ille: *Me uides et de patre interrogas?* Vides, quia in trinitate inuocatur et in una, in deitate esse invenitur: cum patrem audis, sine filio esse non credas cum audis filium, cum patre esse non dubites; nec dubites tres in personis, nam unus in deitate esse agnoscitur; et ideo ad discipulos suos dixit: *Ite, baptizate in nomine patris et filii et spiritus sancti* — in nomine dixit, non in nomina, quia in una deitate dixit, non tres.

lorsqu'il est interrogé par un disciple: « Seigneur, montre-nous le Père » et lui: « Tu me vois et tu m'interroges sur le Père ? » (Jean XIV, 9). Tu vois par conséquent que lorsque l'on invoque la Trinité, on s'aperçoit qu'elle est une dans la divinité. Lorsque tu entends parler du Père, tu ne crois pas que cela ait lieu sans le Fils; lorsque tu entends parler du Fils, tu ne doutes pas que cela ait lieu avec le Père. Tu ne doutes pas que l'on sache qu'ils sont trois personnes mais une seule dans la divinité. Et c'est pourquoi il dit à ses disciples: « Allez, baptisez au nom du Père et du Fils et du Saint-Esprit » (Mat. XXVIII, 19). Il dit: au nom, il ne dit pas: aux noms, parce qu'il dit qu'il y a une seule divinité et non pas trois.

9. Spiritus autem sanctus separari non potest, quoniam inde esse scitur gratia Dei: de donum Dei esse cognoscitur, ab ipso spirant bona omnia, sicut apostolus dixit: *Quoniam ex ipso et per ipsum et in ipso sunt omnia.* Et hinc propheta dixit: *Tu solus altissimus,* sed *solus altissimus in omni terra* saluator. Iesu Naue ipsum conspicit et ideo dixit: *Noster es an aduersariorum?*

L'Esprit saint, lui, ne peut être séparé, puisque l'on sait qu'il est la grâce de Dieu: on sait qu'il vient du don de Dieu, car de lui soufflent tous les biens, comme le dit l'apôtre: « Car tout vient de Lui, par Lui et en Lui » (Rom., XI, 30). Et déjà le prophète avait dit: « Toi seul le Très-Haut sur toute la Terre » le Sauveur (Ps. LXXXII,19, Luc, I, 32). Et il considère Jésus comme prophète lui-même, lorsqu'il dit: « Es-tu nôtre, ou de nos adversaires ? » (Jos., 5, 13).

10. Ille autem respondens ait: *Ego sum, qui sum, et alius praeter me non est.* Abraham, qui dicitur amicus Dei et probatur, tres uidit et unum credidit, cum tres adorat; trinitatem, sicut dixi, commemorat; cum uno in domo intrare deprecatur, unam potestatem esse denuntiat. Nam Moysi quotiens adque quotiens dixit: *Ego sum, qui sum, et alius praeter me non est.*

Celui-ci répond en disant: « Je suis celui qui suis et personne n'est en dehors de moi » (Exode, III, 14, Deut., IV, 35). Abraham, dont on dit et dont on prouva qu'il fut l'ami de Dieu, vit trois [anges] et crut en un alors qu'il adorait trois; il commémore la Trinité comme je l'ai dit. Lorsqu'il prie l'un d'entrer chez lui, il montre qu'il y a une seule personne. En effet mainte et mainte fois Moïse dit: « Moi je suis celui qui suis et il n'y a aucun autre en

11. Quid nos ire per singula? Ad duodecim discipulos, quos habuit et habet, ueniamus, quia ipsi Gothi hodie ipsis uenerationem inpendent et reliquiis eorum, sed furt [iue] tollent, sed nihil ibi habent, quia fidem eorum ad nulla re praesumunt. 12. Quid est, quod in basilicas eorum, ubi corpora ipsorum hodie uenerantur, non ingrediuntur? 13. Quid est, quod nihil ibidem praesumere audent, nisi furtiue, ut canes a foris, animas decipent, cum illos suos fideles rex Alboenus ibidem mittat et ad domni Petri, Pauli, Iohannis uel reliquorum sanctorum limina perducat? 14. Ibidem missas facere, si audent, deliberent; sed non audent, quia domni Petri discipuli non apparent et contrarii Christi esse probantur: quia, quod per crucem ipse redemit, distruere infelices inueniuntur. Qua causa uenena eorum talis rex et talis aetas percipit.

15. Hic si iubet ad domnum Martinum per festiuitate sua, et ibi quod undecima dies facit November ipsos mittat conspicimus, ubi surdis auditum et mutis sanitatem recipere. Nam quid dicam de leprosos aut de alios quam plures, qui quanta et quanta debilitate percussi sunt, ibidem per singulos annos — sed per singulos annos alii et alii — sanantur? 16. Et fortasse dicunt: Confingunt uel caecos. Quia caeci a natiutate esse uidentur, quid dicunt, cum inde inluminatos conspicimus et ad

dehors de moi » (Exode, III, 14, Deut., IV, 35).

À quoi bon aller de l'un à l'autre? Venons-en maintenant aux douze disciples, qu'il a eus et qu'il a, puisque les Goths ont aujourd'hui une vénération à leur égard et envers leurs reliques, mais ils les écartent furtivement, n'en tiennent pas compte ici-bas car ils n'appliquent leur foi à rien. Pourquoi, dans leurs basiliques, où les corps de ces mêmes disciples sont enterrés, n'y entrent-ils pas? Pourquoi, puisqu'ils n'osent jamais rien y prendre, si ce n'est furtivement, comme des chiens par les places publiques, trompent-ils les âmes, alors que le roi Alboin y envoie ses fidèles et les mène aux seuils du seigneur Pierre, de Paul et de Jean et des autres saints? Ils se posent la question de savoir s'il faut y célébrer des messes, s'ils osent. Mais ils n'osent pas parce qu'ils ne sont pas des disciples du seigneur Pierre et ils prouvent ainsi qu'ils sont contraires au Christ: puisque, ce qu'il a racheté lui-même par la croix, on s'aperçoit que ces malheureux le détruisent. Pour cette raison, un tel roi et une telle époque absorbent leur propre poison.

Si celui-ci l'ordonne, qu'il envoie ceux-là mêmes à la fête de saint Martin qui tombe le onzième jour de novembre, et là, s'ils osent, qu'ils prennent quelque chose, là où nous voyons aujourd'hui les aveugles voir, les sourds entendre et les muets retrouver la santé. Et que dire des lépreux et de bien d'autres, plus nombreux, qui frappés de tant et tant d'autres faiblesses et qui sont guéris chaque année, mais les uns et les autres année par année? D'aucuns disent peut-être: ils font semblant d'être aveugles. Et quand il s'agit d'aveugles de naissance, que disent-ils, quand

propria, Deo miserante, sanos reuerti uidemus ? Nam quid dicam adhuc de domni Germani, Hilari uel Lupi episcopis, ubi tanta mirabilia hodie apparent, quantum nec dicere uerbis ualeo ; ubi tribulantes, id est demonia habentes, in aera suspensi torquuntur et dominos, quos dixi, esse confitentur ?

nous les voyons revenir à la lumière et que nous constatons qu'avec l'aide de Dieu, ils reviennent chez eux, sains ? Et que dire alors des saints évêques Germain, Hilaire et Loup, auprès de qui tant de faits étonnants apparaissent, que je n'ai même pas la force d'exprimer par des paroles ? Ou de ceux qui sont dans les tribulations, c'est-à-dire qu'ils ont eu, eux, des démons, sont torturés, suspendus dans les airs, et qu'ils avouent quels sont leur maître, dont je viens de parler ?

17. Numquid in ecclesias eorum sic faciunt ? Non faciunt, quia Deum et dominos sanctos ibi habitare non sentiunt : daemon daemonem non exorcizat ; nam ubi sancti habitant, daemon uagari non dimittitur. Ideo fit, ut locus, ubi Deus est, ostendatur. Quid de domno Remegio et domno Medardo episcopis, quos tu, credo, uideres ? Non possumus tanta exponere, quanta mirabilia per illos Deum uidemus facere.

Est-ce qu'ils font cela aussi dans leurs églises ? Ils ne le font pas, parce qu'ils ne sont pas persuadés que Dieu et les seigneurs saints y habitent : un démon ne peut pas exorciser un démon, là où les saints habitent, le démon ne reçoit pas la possibilité de s'y déplacer. C'est pourquoi il arrive que le lieu où se trouve Dieu est montré. Quoi d'autre encore à propos des évêques le seigneur Remi et le seigneur Médard, lesquels, je crois, tu as vus toi-même ? Nous ne pouvons pas exposer tant de faits, tant de merveilles dont nous avons vu que Dieu les pratiquait par leur intermédiaire.

18. Audisti, aua tua, domna bone memoriae Hrodehildis, qualiter in Francia uenerit, quomodo domnum Hlodoueum ad legem catholicam adduxerit ; et, cum esset homo astutissimus, noluit adquiescere, antequam uera agnosceret. Cum ista, quae supra dixi, probata cognouit, humilis ad domni Martini limina cecidit et baptizare se sine mora promisit, qui baptizatus quanta in hereticos Alaricum uel Gundobadum regum fecerit, audisti ; qualia dona ipse uel filii sui in saeculo possiderunt, non ignoratis.

Tu as appris de quelle manière ta grand-mère, la maîtresse de bonne mémoire, Clotilde, était venue en Francie, et comment elle amena le seigneur Clovis à la loi catholique ; et, lui, comme c'était un homme des plus astucieux, ne voulut pas acquiescer avant qu'il n'eût fini par comprendre que ces choses-là étaient vraies. Lorsqu'il s'aperçut que ces démonstrations, que je viens de faire plus haut, étaient prouvées, il tomba humblement à genoux sur le seuil du bienheureux Martin et il promit de se faire baptiser sans délai. Tu as appris qu'une fois baptisé il a accompli nombre de hauts faits contre les rois hérétiques Alaric et Gondebaud; vous n'ignorez pas la qualité des dons que lui-même et ses fils ont reçus en ce monde.

Talis ornatur, talis vir, qualis Alboenus rex esse dicitur, talis fama, quem mundus sic preponit, quare non convertitur, aut quare tardus ad requirendum uiam salutis apparet? Deus bone, qui es sanctorum gloria et omnium salus, tu te in illum mitte. Et tu, domna Hlodosuinda, cum uerbum facis, solacium tribue, ut omnes de tale stella, de tale gemma sic gaudeamus, qualiter Deo placere possimus. Saluto tantum, quantum ualeo; deprecor, ut otiosa non sis: incessanter clama, incessanter canta. Audisti dictum: *Saluabitur uir infidelis per mulierem fidelem.* Nam scias: prima salus, prima remissio est, qui conuerti fecerit peccatorem ab errore suo.

Pourquoi un tel homme que le roi Alboin, dont on dit qu'il est si chargé de richesses, d'une telle renommée, que le monde a mis au premier rang, pourquoi ne serait-il point converti et pourquoi apparaît-il si lent à rechercher la voie du salut ? Dieu bon, toi qui es la gloire des saints et le salut de tous, envoie-toi toi-même en lui. Et toi, maîtresse Chlodoswinde, lorsque tu lui parles, accorde-lui l'ultime soulagement, afin que nous nous réjouissions tous d'une telle étoile, d'une telle pierre précieuse, que nous puissions ainsi plaire à Dieu. Je te salue autant que je le puis; je te supplie de n'être point oisive: clame sans cesse, chante sans cesse. Tu as entendu la parole: « L'homme infidèle sera sauvé par la femme fidèle » (I Cor., VII, 14), car tu le sais: le premier salut, le premier pardon est pour celui qui fait se détourner le pécheur de son erreur.

20. Vigila, uigila, quia Deum propitium habes; rogo, ut sic agas, ut et gentem Langobardorum fortem super inimicos facias et nos de salute tua uel uiri tui gaudere concedas. Explicit.

Veille, veille, car Dieu t'est propice; je demande que tu fasses en sorte que tu rendes le peuple des Lombards courageux face à ses ennemis et que tu nous permettes de nous réjouir de ton salut et de celui de ton homme. Fin.

COMMENTAIRE

Le dernier document concernant directement le baptême de Clovis est cette lettre de Nizier. Profitant du retour chez eux d'ambassadeurs lombards envoyés auprès des Francs, il écrit à la reine Chlodoswinde pour qu'à l'exemple de Clotilde, épouse de Clovis, elle convertisse son mari le roi Alboin de l'arianisme à la foi orthodoxe, et pour ce faire lui donne les arguments nécessaires.

Pour comprendre la controverse née à propos de cette lettre, il est nécessaire de préciser qui sont les personnages cités, la date de la missive ainsi que les quatre points de la démonstration : l'arianisme, sa réfutation, le culte des saints, la promesse de Clovis à Saint-Martin de Tours, avant l'adieu final.

L'auteur, Nizier, est un personnage important sur lequel les sources nous donnent de nombreux renseignements. Étant donné son nom, Nicetius, porté au moins par quatre grands personnages, aux Ve et VIe siècles, fonctionnaires laïcs ou ecclésiastiques, il est apparenté aux familles des Rurice, des Apollinaire et de Grégoire de Tours. E. Ewig a pu démontrer (*Trier in Merrowingerreich*, Trèves, 1954, p. 88.11) qu'il était originaire du Limousin. Ce grand sénateur romain fut ordonné évêque sur l'ordre du roi Thierry en 526-527. Par sa famille, il est au courant de tous les grands débats et combats qui agitèrent dans le midi de la Gaule à la fin du Ve siècle les milieux sénatoriaux et religieux face aux rois wisigoths et burgondes ariens. Par la faveur spéciale du roi, maître de l'Aquitaine austrasienne, il fut choisi dans son pays et à Trèves pour reconstruire la capitale romaine, ce qu'il réussit d'ailleurs fort bien en amenant clercs, architectes et artisans d'origine méridionale. Or, Thierry est né avant le mariage de Clovis et Clotilde d'une épouse germanique inconnue. Il a aux environs de quatorze ans puisqu'il est capable de conduire en 508 une armée qui va de Toulouse à Clermont. Quelle que soit sa date de naissance, entre 488 et 492, Thierry Ier avait donc, au minimum encore une fois, entre huit et douze ans lors du baptême de son père. Cela est suffisant pour qu'il en ait gardé mémoire. Comme Grégoire de Tours (V.P., XVII, 1.M.G.H., SS.R.M., éd. B. Krusch, Hanovre, 1887, p. 727) précise que le roi « vénérait » particulièrement Nizier et se laissait vertement reprocher par lui « ses vices » et « très souvent ses crimes », nous sommes en droit d'en conclure que les relations personnelles entre le premier fils de Clovis et l'évêque de Trèves ont été très poussées, et que le premier a raconté au second ce qu'il avait vécu durant son enfance.

N'oublions pas, comme le document XVII, p. 510, nous l'a montré, que le roi Thierry, un an avant sa mort en 534, est intervenu fort probablement dans le choix du lieu de la sépulture de Remi. Cela le concernait personnellement. De plus, et cet autre fait est capital, Nizier fut moine avant d'être évêque, et cela selon la règle orientale inconnue, mais proche de celle de Martin de Tours. Pour un roi, choisir un moine comme évêque correspond à une manifestation de foi originale, car il savait très bien qu'il nommerait ainsi un homme qui le critiquerait. Quant à ce moine, à la culture plus poussée sur le plan scripturaire que littéraire, il se trouvait ainsi héritier de la tradition prophétique et missionnaire de saint Martin, premier moine devenu évêque. Ainsi s'explique son extraordinaire liberté de ton, en particulier dans sa lettre à l'empereur Justinien (écrite, selon Nancy Gauthier, *L'Évangélisation des pays de la Moselle,* Paris, 1980, pp. 175-178, après 549). Elle convient d'ailleurs, à mon avis, à une réelle hérésie promulguée par Justinien, l'aphtartodocétisme, puisqu'il lui reproche de croire en un Christ « homme pur », donc au corps incorruptible. C'est pourquoi je date cette lettre-là de 565. Au total Nizier traite les grands de ce monde avec une telle désinvolture que rien, sous sa plume, ne doit nous étonner. Il en est ainsi, nous allons le voir, pour celle adressée à Chlodoswinde.

Celle-ci est la fille du roi Clotaire Ier (511-561), roi de Neustrie, siégeant à Soissons. Elle est la dernière des enfants nés de la reine Ingonde qui mourut avant 536. L'entente des Francs avec les Lombards semble remonter à 509 environ, lorsqu'ils écrasèrent les Hérules orientaux sur les bords du Danube moyen. Thierry fiança son fils Théodebert avec Wisigarde, fille du roi des Lombards Waccho (*H.F.*, III, 20). Il s'agissait d'une alliance de revers pour attaquer les Thuringiens dans le dos. Vers 545, Audoin conduisit les Lombards en Pannonie occidentale. Là son fils Alboin épousa, probablement avant 560, date du début de son règne, Chlodoswinde qui devait avoir une vingtaine d'années. La petite-fille de Clovis mourut en 565, avant l'entrée des Lombards en Italie. Cette fois-ci l'alliance était faite pour détourner ce peuple de l'entente avec l'Empire d'Orient qui avait conclu un *foedus* avec lui, bien qu'il fût arien.

Nous pouvons maintenant chercher à dater cette lettre.

Les compliments que Nizier adresse à la reine sont dus aux réponses qu'il a obtenues des ambassadeurs lombards. Ceux-ci sont donc venus rencontrer « les rois des Francs » (l. 1 et 2) qualifiés de « frères » de Chlodoswinde. Ils s'appellent Charibert, Sigebert, Gontran et avec Chilpéric sont rois depuis 561. Ils ont dû recevoir ces ambassadeurs venus chercher du secours, mais contre qui ? Un nouvel adversaire vient en effet de surgir. Les cavaliers nomades awars menacent les Lombards ainsi que « les Gaules », comme dit Grégoire de Tours (*H.F.*, IV, 21). Le roi Sigebert répondit à cet appel en 562 et les attaqua, sans succès d'ailleurs. Nizier, rencontrant ces ambassadeurs à Trèves alors qu'ils revenaient de Reims, leur a confié la lettre que nous avons sous les yeux. Il est alors certainement très âgé, de retour d'exil puisqu'il a été expulsé de son siège par Clotaire Ier vers 555 pour l'avoir excommunié (affaire du mariage avec la veuve de son neveu Thibaut). Il est à l'apogée de son influence et mourra vers 568-569.

Comme il ne peut qu'être reconnaissant envers le pieux roi Sigebert, il soutient sa politique et, comme Remi, cherche à obtenir la conversion des Lombards au catholicisme, face aux Awars païens. Et il s'étonne qu'Alboin tolère à sa cour des gens qui prêchent « deux dieux » (l. 33-34) dont l'un est « fils en tant que créature » (l. 36). C'est une exacte définition de l'arianisme, selon la tendance homéenne. Le Christ n'est pas Fils selon la chair, de même substance que le Père, mais semblable au Père, qui l'a créé. L'expression « créé mais non engendré » est l'affirmation arienne qui rejette le Credo de Nicée. Qui prêche l'arianisme à la cour d'Alboin, à ce moment ? Peut-être s'agit-il d'Ostrogoths chassés d'Italie en 555 après leur ultime défaite.

Face à cette situation, Nizier fait une démonstration, plus mystique que théologique, de l'inanité de cette croyance, afin que Chlodoswinde instille le contrepoison dans l'esprit de son royal époux. Son argumentation s'articule de la manière suivante. Il ne peut y avoir deux dieux dont l'un serait sauveur et l'autre non. En effet, l'Écriture révèle qu'ils sont un. L'un, le Père, est invisible, mais il est présent dans le Fils, qui lui est visible (l. 57). Cette unité est en même temps Trinité, comme le prouve la triple acclamation du *Sanctus* et la triple invocation de la formule du baptême, car, à chaque fois, la formulation insiste sur le singulier, l'unité en même temps que la multiplicité, la trinité (l. 115). Le raisonnement de Nizier n'est donc pas théologique. Il ne parle jamais de substance et de nature. Il utilise des formules liturgiques et scripturaires pour mettre sa définition au niveau de la vie spirituelle : c'est pourquoi je parle de pensée mystique.

C'est net au paragraphe suivant (l. 91) à propos de l'Esprit saint. Nizier, en moine habitué au prophétisme, considère l'Esprit comme l'unificateur par excellence, présent dans les trois personnes, en particulier dans Jésus. Il qualifie en effet ce dernier de prophète, sous la forme latine de *navi* ou *nabi* qui est le mot hébreu correspondant. L'Esprit prophétise à travers lui, comme l'ange, par définition pur esprit, qui apparaît à Josué et à Moïse. Cette théophanie est en effet trinitaire, puisque chacune de ses apparitions se fait sous la forme d'un ange qui est en même temps Dieu. Elle a lieu aussi sous la forme triple puisque, à propos d'Abraham, le texte biblique dit que l'ange est tantôt un, tantôt trois (l. 150), lorsqu'il est accueilli sous sa tente. L'exégèse de Nizier est donc typologique (Abraham, Moïse, Josué), symbolique (un et trois) et mystique car le ou les anges, purs esprits, sont la ou les voix de Dieu. On aurait tort de croire que le raisonnement de Nizier est faible. Il s'agit en réalité d'une méditation mystique sur des textes scripturaires.

Il peut alors passer au problème du culte des saints (l. 160). Puisque trois hommes, Abraham, Moïse et Josué, ont vu la Trinité dans l'Ancien

Testament, que les douze disciples l'ont vue dans le Christ pour le Nouveau Testament, les saints et les simples fidèles ne sont-ils pas, à leur tour, les témoins du Dieu un et triple ? Ici Nizier prend l'exemple du culte des reliques. Les Goths, dit-il, vénèrent les saints (l. 163), mais « ils n'appliquent leur foi à rien », c'est-à-dire qu'ils n'éprouvent pas le besoin d'un support matériel pour leur foi. Ils n'entrent pas dans leurs basiliques funéraires, n'y célèbrent pas de messes, etc. (l. 178). Ce sont là des renseignements intéressants sur les croyances ariennes et les pratiques ostrogothiques en Italie et dans les régions pannoniennes où l'arianisme n'a jamais vraiment disparu du pays de Martin. Puisque le Christ n'est pas incarné, il ne peut s'incarner à son tour dans les hommes. Les saints et les fidèles n'ont rien de particulier. L'Église ne peut s'entendre comme corps mystique du Christ. Le corps humain a beau être racheté par le sacrifice du Christ, ils ne le respectent pas. Curieuse Église qui ne reconnaît pas la suprématie de l'apôtre Pierre (l. 180) et qui attend tout de Dieu, rien de la participation des hommes. Puisque l'Église n'est pas l'épouse du Christ, il n'y a pas d'ecclésiologie arienne.

Et Nizier d'enfoncer le clou pour prouver la continuité qui va de l'éternité à l'histoire, de la Trinité aux saints, en citant d'abord les miracles qui ont lieu à Tours sur le tombeau de saint Martin, dont on a vu qu'il était l'adversaire des ariens par excellence, ceux de Germain d'Auxerre († 448) et de Loup de Troyes († 479), qui combattirent le pélagianisme et d'Hilaire de Poitiers (décédé en 367), le théologien antiarien par excellence (l. 204). Pour lui, il y a là comme une logique du vivant. Le charnel est spirituel, donc les miracles prouvent que la chair est habitée par Dieu, alors que les hérétiques sont persuadés que, dans leurs sanctuaires, il n'y a personne de divin. Il insiste sur le phénomène des énergumènes qui clament le nom des adversaires des saints qui les tourmentent. L'hagiographe de Geneviève, nous l'avons vu (*cf.* document XIII, p. 489), décrivait aussi dans le même sanctuaire, quarante ans auparavant, de semblables manifestations hystériques. Cela lui permet de terminer sa démonstration d'histoire sainte en arrivant aux contemporains de Chlodoswinde (l. 223-224).

Il cite en effet Remi, mort en 533, nous l'avons vu, et Médard, décédé en 560. Pour le premier, cela prouve que la princesse est née au minimum en 527, pour en garder quelque souvenir. Comme on le voit, la chaîne des générations se tient jusqu'à Clovis et ceux qui l'ont connu. De plus, leur culte existe, et ce dès leur mort. Pour Médard, Clotaire lui a consacré immédiatement un mausolée à Soissons. Compte donc finalement, aux yeux de Nizier, la suite des générations de saints, attestant la vérité de la foi. La notion d'intermédiaire est pour lui la pierre de touche d'une vérité incarnée des origines au temps présent. Nizier raisonne comme saint Augustin qui disait : « Nous croyons en Celui en qui ils ont cru. »

Sa logique, antiarienne et promartinienne, lui fait donc négliger de parler de l'action de Remi qu'il connaît certainement par les récits de Thierry. Et c'est tout naturellement qu'il en vient au parallèle Clotilde-Clovis/Chlodoswinde-Alboin. Il voit là une invitation spirituelle et n'a cure des détails historiques précis. Chlodoswinde en a entendu le récit dans son enfance. On lui a tout raconté, d'où la double répétition du verbe « *audisti* ». Elle sait déjà par tradition orale les événements fameux. Point n'est besoin de recommencer. Nizier donne seulement le début, la conclusion et la conséquence du baptême de Clovis. Le début est l'odyssée de Clotilde depuis la Burgondie jusqu'en « Francie », c'est-à-dire le Bassin parisien, devenu franc après la bataille de Soissons en 486. Il insiste sur l'intelligence personnelle de Clovis qui n'a pas accepté les raisonnements de la reine avant d'être convaincu personnellement. Cela corrobore ce que disent Avit de Vienne (*cf.* document III, p. 409) et Grégoire de Tours (*H.F.*, II, 30 et 31) sur l'échec de cette prédication. Par conséquent, Nizier ne cache rien de la difficulté de l'entreprise à Chlodoswinde. Elle peut échouer elle aussi. La conclusion du processus de conversion et d'acceptation de la foi a lieu à Tours dans le sanctuaire de Martin, au vu des miracles (l. 238). Inutile de s'attarder à raconter ce qui s'est passé auparavant. L'essentiel est là : devant le tombeau de Martin, il a promis au vu et au su de tous qu'il allait demander immédiatement le baptême « sans délai ». Donc il en avait posé ! Cela correspond à la demande de catéchuménat que signale Avit (*cf.* document III, p. 408). Enfin, les conséquences du baptême sont, citées en vrac et sans ordre chronologique, les guerres contre les ariens Alaric (en 507) et Gondebaud (en 500). L'essentiel pour Nizier, qui ne fait qu'un bref rappel, demeure la fin d'un long processus de conversion, grâce aux miracles martiniens. C'est une manière de dire qu'elle n'est pas l'œuvre des hommes mais de Dieu, à travers son serviteur Martin. Le reste, Tolbiac, Remi, Reims, n'est que péripétie.

Je décortique ainsi la logique interne de cette lettre afin de montrer qu'elle ne dit pas, contrairement à l'affirmation de Bruno Krusch (*Neues Archiv*, t. XIII, p. 382), que Clovis a été baptisé à Tours. Il y a simplement fait une promesse de recevoir le baptême. En revanche, A. Van de Vyver, en sens inverse, refuse toute crédibilité à ce document (*Revue belge de philologie et d'histoire*, t. XV, 1936 ; t. XVII, 1937 ; t. XVII, 1938) en l'accusant de mettre « toutes les victoires que le roi franc remporta sur les ariens » au compte du baptême de Clovis. Nizier ne dit pas que Clovis a été vainqueur des ariens, car en 501 il ne le fut pas de Gondebaud. Il dit simplement : « *quanta [...] fecerit* ». J'ai traduit par « nombre de hauts faits », ce qui n'implique pas automatiquement des victoires. Nizier n'utilise pas une perspective apologétique qui consisterait à dire : il a été baptisé, donc il a été vainqueur. Il dit simplement : « une fois baptisé, il a accompli... ». C'est un récit sans lien de cause à effet entre le baptême et les faits de guerre. Sinon il aurait dû mettre : « *quia baptizatus quanta* ». Or notre manuscrit unique des *Epistolae Austrasicae,* qui contient cette lettre, ne comporte pas cet *a* supplémentaire, et aucun correcteur médiéval n'a éprouvé le besoin de le rajouter, alors qu'il était si tentant. On ne saurait traduire trop littéralement un pareil document, et le respecter à la lettre près.

La fin prouve encore plus la nécessité d'une traduction qui colle au texte mot à mot. La mystique de Nizier est incarnée au sens le plus trivial du terme. Que faire pour convertir Alboin ? Puisque Dieu a transformé les saints et sauve les fidèles, il faut qu'il soit « envoyé » dans le corps d'Alboin. Comment ? Par l'union charnelle, signe concret du sacrement de mariage ! L'union des époux est celle du Christ et de l'Église (décrétale de Léon le Grand, 458-459, *P. L.*, t. XX, col. 425-502). Chlodoswinde donc, en prêchant la parole du salut, tout en s'unissant à son époux, transforme le Verbe en acte. L'éloquence de la chaire se métamorphose en soupirs de la chair. Je ne vois pas d'autre traduction possible de *« solacium tribue »* que : « Accorde lui l'ultime soulas », comme le disait plus tard saint François de Sales. Je m'appuie d'ailleurs sur une remarque de dom Jean Leclercq (*La Femme au Moyen Âge,* colloque de Maubeuge, 1988, p. 87). Notre moine-évêque n'a que faire du puritanisme. Sa conclusion est dans la logique de sa démonstration : le spirituel est charnel.

Enfin, il invite Chlodoswinde à la prière répétée (Veille, veille !, l. 274), car la contemplation engendre l'action. Cela rendra le peuple lombard courageux (et pas forcément vainqueur) contre ses ennemis qui ne pourront être ici que les terribles cavaliers awars.

Cette épître de Nizier, sélectionnée à fort juste titre par la « chancellerie » d'Austrasie, est donc un témoignage irréfutable, malgré sa véhémence, sur la tradition orale du baptême de Clovis, qui circulait cinquante ans après sa mort. Elle est le résultat de la convergence des récits familiaux sénatoriaux méridionaux (Sidoine Apollinaire, Avit, etc.) avec ceux du fils aîné de Clovis, Thierry. Œuvre d'un moine-prophète de type martinien, elle rappelle exclusivement l'histoire spirituelle et mystique de ce baptême antiarien. Cet anticonformiste qui ne respecte point les puissants pousse la reine Chlodoswinde à convertir le roi Alboin à partir d'un raisonnement mystique. Les ariens ne croient pas à la chair du Christ. Or la chair sera sauvée. Donc la reine doit sauver Alboin par sa propre chair. Qu'elle imite sa grand-mère Clotilde qui, elle aussi, a prié longtemps à Saint-Martin de Tours. Nizier ne dit pas que l'histoire doit se répéter puisqu'il n'attribue pas la conversion de Clovis à Clotilde, mais à Dieu et à Martin. Sa manière de rappeler les choses à grands traits a donc l'avantage de nous donner un fait authentique : la promesse de baptême de Clovis à Saint-Martin de Tours.

Sa polémique antiarienne peut paraître bien vaine de nos jours. Les arcanes trinitaires sont traités par Nizier sous l'angle de l'incarnation du

Christ. Cela lui permet de démontrer que, faute d'y croire, les ariens n'ont point d'ecclésiologie. L'Église n'est pas pour eux le peuple de Dieu, plénitude du Christ issue du Christ fait homme. La preuve en est qu'ils ne vénèrent pas vraiment les saints. Il y a d'un côté Dieu, de l'autre les hommes, sans aucun lien. J'en conclus ici que Nizier, sans le prévoir, prouve que les ariens, en séparant Dieu et les hommes, le roi et le peuple (l. 115), forgent une structure totalitaire, sans aucun intermédiaire. Ses renseignements sont donc là aussi fort précieux.

Le lecteur, pour finir, se pose évidemment la question de savoir si Chlodoswinde réussit son évangélisation amoureuse. Il n'en fut rien, car elle mourut trois ans après, en 565. Les Lombards d'Alboin, en 568, entrèrent vainqueurs en Italie. Sa seconde épouse, Rosemonde, furieuse d'avoir été obligée par lui à boire le vin de la victoire dans le crâne de son propre père, le roi des Gépides, pour se venger, coucha avec Helmechis par surprise. Sous la menace de l'accusation d'avoir violé la reine, elle obligea celui-ci à tuer Alboin, ce qu'il fit. Celui que Nizier avait voulu sauver par une femme fut perdu par une femme, tant il est vrai que, selon l'expression de saint Augustin, *corruptio optimi pessima*, la corruption de la meilleure est la pire.

XVIII. Les Francs vus de l'Orient selon Procope *

Ἐν Γάλλοις δὲ ἄλλοι τε ποταμοὶ καὶ Ῥοδανός τε καὶ Ῥῆνος ῥέουσι. τούτοιν τὴν ὁδὸν τὴν ἐναντίαν ἀλλήλοιν ἰόντοιν ἅτερος μὲν ἐκδίδωσιν ἐς τὴν Τυρρηνικὴν θάλασσαν, Ῥῆνος δὲ ἐς τὸν ὠκεανὸν τὰς ἐκβολὰς ποιεῖται. λίμναι τε ἐνταῦθα πολλαί, οὗ δὴ Γερμανοὶ τὸ παλαιὸν ᾤκηντο, βάρβαρον ἔθνος, οὐ πολλοῦ λόγου τὸ κατ' ἀρχὰς ἄξιον, οἳ νῦν Φράγγοι καλοῦνται. τούτων ἐχόμενοι Ἀρβόρυχοι ᾤκουν, οἳ ξὺν πάσῃ τῇ ἄλλῃ Γαλλίᾳ καὶ μὴν καὶ Ἱσπανίᾳ Ῥωμαίων κατήκοοι ἐκ παλαιοῦ ἦσαν. μετὰ δὲ αὐτοὺς ἐς τὰ πρὸς ἀνίσχοντα ἥλιον Θόριγγοι βάρβαροι, δόντος Αὐγούστου πρώτου βασιλέως, ἱδρύσαντο. καὶ αὐτῶν Βουργουζίωνες οὐ πολλῷ ἄποθεν πρὸς νότον ἄνεμον τετραμμένοι ᾤκουν, Σούαβοί τε ὑπὲρ Θορίγγων καὶ Ἀλαμανοί, ἰσχυρὰ ἔθνη. οὗτοι αὐτόνομοι ἅπαντες ταύτῃ τὸ ἀνέκαθεν

Dans les Gaules coulent beaucoup d'autres fleuves, dont le Rhône et le Rhin. Mais le cours de ces deux fleuves est en sens inverse, l'un se déverse dans la mer de Toscane, l'autre dans l'Océan. Il y a là de nombreux marais. Les Germains y habitaient autrefois ; cette ethnie barbare, de peu d'importance aux origines, s'appelle maintenant les Francs. Tout près d'eux habitaient les Arboryques lesquels, avec le reste de la Gaule et naturellement l'Espagne, étaient soumis aux Romains depuis longtemps. Au-delà vers l'est étaient installés les barbares Thuringiens auxquels Auguste le premier empereur avait donné le pays. Au-delà vivaient vers le sud les Burgondes, les Suèves, au-delà les Thuringiens et les Alamans, peuples très puissants. Tous étaient des peuples indépendants installés là depuis les premiers temps.

Par la suite les Wisigoths forcèrent l'entrée de l'Empire romain. Ils prirent toute l'Espagne et la partie de la Gaule

* Procope, *Histoire des guerres,* éd H.B. Dewing, t. III, Cambridge, 1968, V, 12, 2-45, p. 119-131.

ἵδρυντο.

Προϊόντος δὲ χρόνου Οὐισίγοτθοι τὴν Ῥωμαίων ἀρχὴν βιασάμενοι Ἰσπανίαν τε πᾶσαν καὶ Γαλλίας τὰ ἐκτὸς Ῥοδανοῦ ποταμοῦ κατήκοα σφίσιν ἐς φόρου ἀπαγωγὴν ποιησάμενοι ἔσχον. ἐτύγχανον δὲ Ἀρβόρυχοι τότε Ῥωμαίων στρατιῶται γεγενημένοι. οὓς δὴ Γερμανοὶ κατηκόους σφίσιν ἐθέλοντες, ἅτε ὁμόρους ὄντας καὶ πολιτείαν ἣν πάλαι εἶχον μεταβαλόντας, ποιήσασθαι, ἐληΐζοντό τε καὶ πανδημεὶ πολεμησείοντες ἐπ' αὐτοὺς ᾔεσαν. Ἀρβόρυχοι δὲ ἀρετήν τε καὶ εὔνοιαν ἐς Ῥωμαίους ἐνδεικνύμενοι ἄνδρες ἀγαθοὶ ἐν τῷδε τῷ πολέμῳ ἐγένοντο, καὶ ἐπεὶ βιάζεσθαι αὐτοὺς Γερμανοὶ οὐχ οἷοί τε ἦσαν, ἑταιρίζεσθαί τε ἠξίουν καὶ ἀλλήλοις κηδεσταὶ γίνεσθαι. ἃ δὴ Ἀρβόρυχοι οὔτι ἀκούσιοι ἐνεδέχοντο· Χριστιανοὶ γὰρ ἀμφότεροι ὄντες ἐτύγχανον, οὕτω τε ἐς ἕνα λεὼν ξυνελθόντες δυνάμεως ἐπὶ μέγα ἐχώρησαν.

Καὶ στρατιῶται δὲ Ῥωμαίων ἕτεροι ἐς Γάλλων τὰς ἐσχατιὰς φυλακῆς ἕνεκα ἐτετάχατο. οἳ δὴ οὔτε ἐς Ῥώμην ὅπως ἐπανήξουσιν ἔχοντες οὐ μὴν οὔτε προσχωρεῖν Ἀρειανοῖς οὖσι τοῖς πολεμίοις βουλόμενοι, σφᾶς τε αὐτοὺς ξὺν τοῖς σημείοις καὶ χώραν ἣν πάλαι Ῥωμαίοις ἐφύλασσον Ἀρβορύχοις τε καὶ Γερμανοῖς ἔδοσαν, ἔς τε ἀπογόνους τοὺς σφετέρους ξύμπαντα παραπέμψαντες διεσώσαντο τὰ πάτρια ἤθη, ἃ δὴ σεβόμενοι καὶ ἐς ἐμὲ τηρεῖν ἀξιοῦσιν. ἔκ τε γὰρ τῶν καταλόγων ἐς τόδε τοῦ χρόνου δηλοῦνται ἐς οὓς τό παλαιὸν

qui se trouve derrière le Rhône. Ils se les soumirent et les rendirent tributaires. Il arriva alors que les Arboryques étaient devenus les soldats des Romains. Les Germains, désireux de se les soumettre car leur territoire était jointif du leur et ils avaient changé le gouvernement sous lequel ils avaient vécu depuis longtemps, se mirent à piller leurs terres et marchèrent contre eux très belliqueux avec tout leur peuple. Mais les Arboryques prouvèrent leur valeur et leur loyauté et montrèrent dans cette guerre qu'ils étaient courageux. Comme les Germains n'étaient pas capables de les vaincre par la force, ils souhaitèrent l'emporter en formant deux peuples unis par le mariage. Les Arboryques ne se montrèrent point hostiles à cette idée car il se trouvait que les deux peuples étaient chrétiens. Ainsi furent-ils unis en un seul peuple et devinrent-ils puissants.

D'autres soldats des Romains se trouvaient aussi en garnison aux extrémités des Gaulois pour les garder. Comme ils n'avaient aucun moyen de retourner à Rome et ne voulaient pas se rendre à leurs ennemis qui étaient ariens, ils se livrèrent eux-mêmes avec leurs étendards militaires, ainsi que leur terre qu'ils avaient gardée auparavant pour les Romains, aux Arboryques et aux Germains. Ils léguèrent à leur descendance les coutumes de leurs pères qu'ils avaient préservées car ce peuple les avait gardées avec un respect suffisant jusqu'à ce jour.

Car même aujourd'hui on reconnaît clairement qu'ils appartiennent aux légions dont ils faisaient partie quand ils servaient autrefois au fait qu'ils portent toujours leurs propres étendards quand ils vont au combat et

τασσόμενοι ἐστρατεύοντο, καὶ σημεῖα τὰ σφέτερα ἐπαγόμενοι οὕτω δὴ ἐς μάχην καθίστανται, νόμοις τε τοῖς πατρίοις ἐς ἀεὶ χρῶνται. καὶ σχῆμα τῶν Ῥωμαίων ἔν τε τοῖς ἄλλοις ἅπασι κἀν τοῖς ὑποδήμασι διασώζουσιν.

Ἕως μὲν οὖν πολιτεία Ῥωμαίοις ἡ αὐτὴ ἔμενε, Γαλλίας τὰ ἐντὸς Ῥοδανοῦ ποταμοῦ βασιλεὺς εἶχεν· ἐπεὶ δὲ αὐτὴν Ὀδόακρος ἐς τυραννίδα μετέβαλε, τότε δή, τοῦ τυράννου σφίσιν ἐνδιδόντος, ξύμπασαν Γαλλίαν Οὐισίγοτθοι ἔσχον μέχρι Ἄλπεων αἳ τὰ Γάλλων τε ὅρια καὶ Λιγούρων διορίζουσι. πεσόντος δὲ Ὀδοάκρου Θόριγγοί τε καὶ Οὐισίγοτθοι τὴν Γερμανῶν δύναμιν ἤδη αὐξομένην δειμαίνοντες (πολυάνθρωπός τε γὰρ ἰσχυρότατα ἐγεγόνει καὶ τοὺς ἀεὶ ἐν ποσὶν ὄντας ἐκ τοῦ ἐμφανοῦς ἐβιάζετο) Γότθων δὴ καὶ Θευδερίχου τὴν ξυμμαχίαν προσποιήσασθαι ἐν σπουδῇ εἶχον. οὓς δὴ ἑταιρίσασθαι Θευδέριχος ἐθέλων ἐς κῆδος αὐτοῖς ἐπιμίγνυσθαι οὐκ ἀπηξίου. τῷ μὲν οὖν τηνικαῦτα Οὐισιγότθων ἡγουμένῳ Ἀλαρίχῳ τῷ νεωτέρῳ Θευδιχοῦσαν τὴν αὐτοῦ θυγατέρα παρθένον ἠγγύησεν, Ἑρμενεφρίδῳ δὲ τῷ Θορίγγων ἄρχοντι Ἀμαλαβέργαν τὴν Ἀμαλαφρίδης τῆς ἀδελφῆς παῖδα. καὶ ἀπ' αὐτοῦ Φράγγοι τῆς μὲν ἐς αὐτοὺς βίας δέει τῷ Θευδερίχου ἀπέσχοντο, ἐπὶ Βουργουζίωνας δὲ πολέμῳ ᾔεσαν. ὕστερον δὲ Φράγγοις τε καὶ Γότθοις ξυμμαχίαι τε καὶ ξυνθῆκαι ἐπὶ κακῷ τῷ Βουργουζιώνων ἐγένοντο, ἐφ' ᾧ ἑκάτεροι μὲν στρατιάν ἐπ' αὐτοὺς πέμψωσιν· ἢν δὲ ὁποτέρων ἀπολελειμ-

qu'ils suivent toujours les coutumes de leurs pères. Et ils conservent l'uniforme des Romains dans tous les cas, jusque dans leurs chaussures.

Donc tant que dura sans changement le gouvernement romain, l'empereur tint la Gaule jusqu'au Rhône. Puis lorsque Odoacre changea ce gouvernement en tyrannie, les Wisigoths auxquels le tyran la céda prirent possession de toute la Gaule aussi loin que les Alpes qui marquent la frontière entre la Gaule et la Ligurie. Mais, après la chute d'Odoacre, les Thuringiens et les Wisigoths commencèrent à craindre la puissance des Germains (car ils avaient augmenté en population et en force et s'étaient soumis sans dissimulation tous ceux qu'ils avaient rencontrés). Aussi étaient-ils très désireux d'acquérir l'alliance des Goths et de Théodoric. Du jour où Théodoric souhaita s'attacher ces peuples, il ne refusa point des mariages avec eux. C'est pourquoi il fiança sa fille vierge Théodichusa avec Alaric le Jeune, alors chef des Wisigoths et Amalaberge fille de sa sœur Amalafrède avec Herminafred maître des Thuringiens. À cause de cela les Francs maîtrisèrent leur violence contre ces peuples par peur de Théodoric mais se lancèrent dans une guerre contre les Burgondes. Plus tard les Goths et les Francs firent une alliance offensive contre les Burgondes selon laquelle chacun des deux enverrait une armée contre eux. Et il fut de plus décidé que si une armée était absente tandis que l'autre ferait campagne contre le peuple des Burgondes, les vaincrait et s'emparerait de leur territoire, alors les vainqueurs recevraient comme amende de compensation une somme fixe en or de la part de ceux qui ne s'étaient pas

μένων, οἱ ἕτεροι στρατεύσαντες τὸ Βουργουζιώνων καταστρέψωνται γένος καὶ χώραν ἣν ἔχουσι παραστήσωνται, ποινὴν οἱ νενικηκότες παρὰ τῶν οὐ ξυστρατευσάντων ῥητόν τι χρυσίον κομίζωνται, κοινὴν δὲ καὶ οὕτω χώραν τὴν δορυάλωτον ἀμφοτέρων εἶναι. οἱ μὲν οὖν Γερμανοὶ πολλῷ στρατῷ ἐπὶ Βουργουζίωνας κατὰ τὰ σφίσι τε καὶ Γότθοις ξυγκείμενα ἧκον, Θευδέριχος δὲ παρεσκευάζετο μὲν δῆθεν τῷ λόγῳ, ἐξεπίτηδες δὲ ἀεὶ ἐς τὴν ὑστεραίαν τῆς στρατιᾶς τὴν ἔξοδον ἀπετίθετο, καραδοκῶν τὰ ἐσόμενα. μόλις δὲ πέμψας ἐπέστελλε τοῖς τοῦ στρατοῦ ἄρχουσι σχολαίτερον τὴν πορείαν ποιεῖσθαι, καὶ ἢν μὲν Φράγγους νενικηκέναι ἀκούσωσι τὸ λοιπὸν κατὰ τάχος ἰέναι, ἢν δέ τι ξύμβαμα ξυμπεπτωκέναι αὐτοῖς πύθωνται, μηκέτι περαιτέρω πορεύεσθαι, ἀλλ' αὐτοῦ μένειν. καὶ οἱ μὲν ἐποίουν ὅσα Θευδέριχος σφίσιν ἐπήγγελλε, Γερμανοὶ δὲ κατὰ μόνας Βουργουζίωσιν ἐς χεῖρας ἦλθον. μάχης τε καρτερᾶς γενομένης φόνος μὲν ἑκατέρων πολὺς γίνεται· ἦν γὰρ ἀγχώμαλος ἐπὶ πλεῖστον ἡ ξυμβολή· ἔπειτα δὲ Φράγγοι τρεψάμενοι τοὺς πολεμίους ἐς τὰ ἔσχατα χώρας ἧς τότε ᾤκουν ἐξήλασαν, ἔνθα σφίσι πολλὰ ὀχυρώματα ἦν, αὐτοὶ δὲ τὴν λοιπὴν ξύμπασαν ἔσχον. ἅπερ Γότθοι ἀκούσαντες κατὰ τάχος παρῆσαν. κακιζόμενοί τε πρὸς τῶν ξυμμάχων τὸ τῆς χώρας δύσοδον ᾐτιῶντο, καὶ τὴν ποινὴν καταθέμενοι τὴν χώραν, καθάπερ ξυνέκειτο, ξὺν τοῖς νενικηκόσιν ἐνείμαντο. οὕτω τε Θευδερίχου ἡ πρόνοια ἔτι μᾶλλον ἐγνώσθη, ὅς

joints à l'expédition et que ce serait seulement à ces conditions que la terre conquise pourrait appartenir aux deux peuples en commun. Aussi les Germains envoyèrent contre les Burgondes une grande armée selon l'accord conclu entre eux et les Goths. Mais Théodoric, qui était encore engagé dans ses préparatifs, selon ses dires, reporta le départ de son armée au lendemain, attendant ce qui se passerait. Finalement il envoya l'armée, mais il recommanda aux généraux de marcher lentement et, s'ils apprenaient que les Francs avaient été victorieux, ils devaient alors aller vite, mais que, s'ils apprenaient qu'il leur était arrivé une mésaventure, ils ne devraient pas s'avancer plus loin et demeurer là. Aussi appliquèrent-ils les ordres de Théodoric, tandis que les Germains entrèrent seuls en bataille contre les Burgondes. La bataille fut âprement disputée; un grand massacre eut lieu des deux côtés, car la lutte fut très égale. Mais finalement les Francs mirent leurs ennemis en déroute, les chassèrent jusqu'aux frontières du pays qu'ils habitaient alors où ils avaient de nombreuses forteresses et s'emparèrent de tout le reste. Les Goths ayant appris cela arrivèrent rapidement. Et quand leurs alliés le leur reprochèrent amèrement, ils prétextèrent la difficulté du terrain, versèrent le montant de l'amende de compensation et divisèrent la terre avec les vainqueurs, selon les accords. Ainsi la précaution de Théodoric se révéla plus clairement que jamais, car, sans perdre un seul de ses sujets, il avait acquis avec un peu d'or la moitié de la terre de l'ennemi. Ce fut ainsi que les Goths et les Germains, au début, prirent possession d'une certaine partie de la Gaule.

γε οὐδένα τῶν ὑπηκόων ἀποβαλὼν ὀλίγῳ χρυσῷ τὴν ἡμίσειαν τῶν πολεμίων ἐκτήσατο χώραν. οὕτω μὲν τὸ κατ' ἀρχὰς Γότθοι τε καὶ Γερμανοὶ μοῖράν τινα Γαλλίας ἔσχον.

Μετὰ δὲ Γερμανοὶ τῆς δυνάμεως σφίσιν ἐπίπροσθεν ἰούσης ἐν ὀλιγωρίᾳ ποιησάμενοι Θευδέριχόν τε καὶ τὸ ἀπ' αὐτοῦ δέος ἐπί τε Ἀλάριχον καὶ Οὐισιγότθους ἐστράτευσαν. ἃ δὴ Ἀλάριχος μαθὼν Θευδέριχον ὅτι τάχιστα μετεπέμπετο. καὶ ὁ μὲν ἐς τὴν ἐπικουρίαν στρατῷ πολλῷ ᾔει. ἐν τούτῳ δὲ Οὐισίγοτθοι, ἐπεὶ Γερμανοὺς ἀμφὶ πόλιν Καρκασιανὴν στρατοπεδεύειν ἐπύθοντο, ὑπηντίαζόν τε καὶ στρατόπεδον ποιησάμενοι ἠρέμουν. χρόνου δὲ σφίσιν ἐν ταύτῃ τῇ προσεδρείᾳ τριβομένου συχνοῦ ἤσχαλλόν τε καί, ἅτε τῆς χώρας πρὸς τῶν πολεμίων ληιζομένης, δεινὰ ἐποιοῦντο. καὶ τελευτῶντες ἐς Ἀλάριχον πολλὰ ὕβριζον, αὐτόν τε διὰ τὸ τῶν πολεμίων δέος κακίζοντες καὶ τοῦ κηδεστοῦ τὴν μέλλησιν ὀνειδίζοντες. ἀξιόμαχοι γὰρ αὐτοὶ ἰσχυρίζοντο εἶναι καὶ ῥᾷον κατὰ μόνας περιέσεσθαι Γερμανῶν τῷ πολέμῳ. διὸ δὴ καὶ Γότθων σφίσιν οὔπω παρόντων Ἀλάριχος ἠνάγκαστο τοῖς πολεμίοις διὰ μάχης ἰέναι. καθυπέρτεροι δὲ Γερμανοὶ ἐν τῇ ξυμβολῇ ταύτῃ γενόμενοι τῶν τε Οὐισιγότθων τοὺς πλείστους καὶ Ἀλάριχον τὸν ἄρχοντα κτείνουσι. καὶ Γαλλίας μὲν καταλαβόντες τὰ πολλὰ ἔσχον, Καρκασιανὴν δὲ πολλῇ σπουδῇ ἐπολιόρκουν, ἐπεὶ τὸν βασιλικὸν πλοῦτον ἐνταῦθα ἐπύθοντο εἶναι, ὃν δὴ ἐν τοῖς ἄνω χρόνοις Ἀλάριχος ὁ πρεσβύ-

Mais après cela, quand la puissance des Germains grandit de plus en plus, ils commencèrent à mépriser Théodoric et la peur qu'il inspirait, et ils s'attaquèrent à Alaric et aux Wisigoths. Quand Alaric apprit cela, il fit envoyer à Théodoric un appel au secours pour qu'il arrive le plus vite possible. Et celui-ci se mit en route avec une grande armée. Pendant ce temps, les Wisigoths, apprenant que les Germains campaient près de la cité de Carcassonne, vinrent à leur rencontre et s'installèrent dans leur propre camp tranquillement. Mais lorsqu'ils y eurent passé beaucoup de temps en bloquant ainsi l'ennemi, ils commencèrent à être furieux en voyant que leur terre était pillée par l'ennemi, et ils s'indignèrent. Finalement, ils insultèrent Alaric en lui reprochant sa peur de l'ennemi et en se moquant des retards de son beau-père. Car, déclarèrent-ils, ils étaient capables de combattre l'ennemi, et même de battre aisément, sans aucun secours, les Germains à la guerre. C'est pourquoi Alaric fut poussé à la bataille contre l'ennemi avant que les Goths soient arrivés. Et les Germains l'emportèrent, tuèrent la plupart des Wisigoths ainsi que leur chef Alaric. Ensuite ils prirent possession de la plus grande partie de la Gaule et la tinrent sous leur domination. Et ils mirent le siège devant Carcassonne avec beaucoup d'ardeur, parce qu'ils avaient appris que le trésor royal s'y trouvait, trésor qu'aux temps anciens Alaric le Vieux avait pris dans Rome comme butin. Il y avait en particulier les trésors de Salomon le roi des Hébreux, merveilles dignes d'être vues. La plupart d'entre eux étaient ornés de pierres d'émeraude. Ils avaient été pris à

τατος Ῥώμην ἑλὼν ἐληΐσατο. ἐν τοῖς ἦν καὶ τὰ Σολόμωνος τοῦ Ἑβραίων βασιλέως κειμήλια, ἀξιοθέατα ἐς ἄγαν ὄντα. πρασία γὰρ λίθος αὐτῶν τὰ πολλὰ ἐκαλλώπιζεν, ἅπερ ἐξ Ἱεροσολύμων Ῥωμαῖοι τὸ παλαιὸν εἷλον. Οὐισιγότθων δὲ οἱ περιόντες Γισέλιχον, νόθον Ἀλαρίχου υἱόν, ἄρχοντα σφίσιν ἀνεῖπον, Ἀμαλαρίχου τοῦ τῆς Θευδερίχου θυγατρὸς παιδὸς ἔτι κομιδῆ ὄντος.

Ἔπειτα δὲ Θευδερίχου ξὺν τῷ Γότθων στρατῷ ἥκοντος δείσαντες Γερμανοὶ τὴν πολιορκίαν διέλυσαν. ἔνθεν τε ἀναχωρήσαντες Γαλλίας τὰ ἐκτὸς Ῥοδανοῦ ποταμοῦ ἐς ὠκεανὸν τετραμμένα ἔσχον. ὅθεν αὐτοὺς ἐξελάσαι Θευδέριχος οὐχ οἷός τε ὢν ταῦτα μὲν σφᾶς ξυνεχώρει ἔχειν, αὐτὸς δὲ Γαλλίας τὰ λοιπὰ ἀνεσώσατο.

Jérusalem aux temps anciens. Puis les survivants des Wisigoths élurent comme chef sur eux Geisalic, fils illégitime d'Alaric, Amalaric, le fils de la fille de Théodoric, étant encore un jeune enfant. Lorsque enfin Théodoric arriva avec l'armée des Goths, les Germains prirent peur et levèrent le siège. Ils se retirèrent et prirent possession de la Gaule en-deçà du fleuve du Rhône jusqu'à l'Océan. Et Théodoric étant incapable de les en chasser leur permit de tenir ce territoire, mais lui-même recouvra le reste de la Gaule.

COMMENTAIRE

Après Clovis vu de Rome, le voici maintenant vu de l'Empire romain d'Orient par un très grand historien, Procope. L'image des Francs qu'il nous donne est celle d'un Romain et d'un Méditerranéen qui continue à raisonner en fonction de sa supériorité par rapport aux Barbares. Il importe d'expliquer ce point de vue partial afin d'apprécier la justesse ou l'erreur de ses informations. Il nous décrit ici trois grands épisodes concernant les Francs : leur situation avant leur entrée dans l'Empire romain, leurs guerres et la paix avec les Arboryques et d'autres soldats romains, leur combat contre les Burgondes alors alliés à Théodoric, enfin leur lutte victorieuse contre les Wisigoths et leur roi Alaric. En somme, il résume à très grands traits l'histoire de Clovis, lequel n'est jamais cité.

Procope, historien de langue grecque, né à Césarée de Palestine vers 500, est bien connu grâce à ses œuvres qui l'ont fait comparer à Hérodote, Thucydide et Polybe. Il a probablement reçu une formation de rhéteur et d'avocat. Nommé assesseur du général Bélisaire en 527, il ne le quitta qu'en 540. Il fut donc au courant de tous les événements du règne de l'empereur Justinien (528-565) en étant placé ainsi très haut. Entre 540 et 551, il rédigea ses principales œuvres : la *Guerre perse* (527-533 et 540-542), la *Guerre vandale* (533-544) et la *Guerre gothique* (535-

550). Ajoutons-y un ouvrage très polémique, l'*Histoire secrète* (de Justinien et Théodora), jamais mis en circulation étant donné son contenu sulfureux, et le traité des *Édifices*, écrit à la demande de Justinien, publié en 554. Il est probable que Procope mourut après 560. Spectateur de premier plan de l'actualité, connaissant le latin et le syriaque, patriote passionné, enquêteur obstiné auprès d'ambassadeurs et de généraux, il imite Thucydide jusque dans ses expressions, d'un grec attique ultraclassique. Il revient sans cesse sur la grandeur de l'Empire et se livre à des digressions et des rappels de ses réussites glorieuses, se mettant ainsi au service du rêve de Justinien : reconstituer l'Empire romain en récupérant l'Occident tombé aux mains des Barbares. Cela ne l'empêche pas d'être un historien critique, parfois rationaliste au point de refuser de parler des querelles trinitaires, considérant qu'il y a là un risque de perdre la foi. En général, ses enquêtes sont très sérieuses, mais ce Méditerranéen a du mal à localiser géographiquement les peuples situés aux extrémités du monde romain. C'est le cas du texte ici sélectionné. Il figure au début de la *Guerre gothique*, c'est-à-dire des expéditions lancées dès l'année 535 contre le royaume de Théodoric, roi des Ostrogoths, décédé en 526. Avant d'en venir au débarquement de Bélisaire en Sicile et à la guerre contre Théodahat, qui vient d'épouser de force Mathasonte, fille d'Amalasonte, l'héritière du grand Théodoric, Procope estime nécessaire de parler des Francs qui sont alors les voisins septentrionaux des Ostrogoths.

L'enquête géographique débute par un retour en arrière sur les peuples barbares extérieurs à l'Empire romain d'Occident avant le Ve siècle. Comme dans le paragraphe précédent le texte cité ici, il établit une synonymie complète entre Germains et Francs (l. 10-11). Il les situe fort justement à l'embouchure du Rhin dans des zones marécageuses. Puis il place les Arboryques à l'intérieur de la Gaule, laquelle avec l'Espagne appartient à l'Empire. Il revient ensuite sur la rive droite du Rhin pour placer à l'est les Thuringiens. Ce peuple, dont le nom n'apparaît qu'en 400, occupe alors effectivement sur l'Elbe et la Saale la zone tenue à l'époque d'Auguste par les Hermondures alliés de Rome, certes, mais contre leurs voisins les Chérusques dont le roi Arminius avait massacré les légions romaines de Varus. Procope ignore pour quelle raison, ou feint de croire qu'Auguste leur a donné ce territoire. De même il ignore les innombrables déplacements depuis le Ier siècle ap. J.-C. des Burgondes, des Suèves et des Alamans. Au début du Ve siècle, les Burgondes viennent d'arriver des bords de l'Elbe pour s'installer sur le Main. Ils repoussent ainsi les Alamans qui, eux, sont un peuple récent apparu vers 200, absorbant en particulier les Suèves. Partis des régions de l'Elbe et de la Saale, ils se trouvent vers 400 entre le Neckar et la rive droite du Rhin. Certes, ils sont alors indépendants, mais ce ne sont pas leurs territoires d'origine.

La description des assauts des Wisigoths après leur victoire d'Andrinople est approximative. Ils ont pu devenir maîtres de l'Espagne en grande partie et non point de « toute l'Espagne ». Quant à la partie de la Gaule dominée par eux « derrière le Rhône » (sous-entendu par rapport à l'Italie et à Constantinople où Procope écrit), cela n'est vrai qu'en 462, date de la prise de Narbonne (l. 30). En effet, les Wisigoths d'Euric franchirent le Rhône en occupant la Provence en 474 et 476. Procope a soit des renseignements anciens, soit ne veut pas reconnaître que cette occupation eut lieu victorieusement aux dépens de Rome, exactement comme pour le territoire des Thuringiens cité plus haut. Il minimise ou passe sous silence les faits qui le gênent. Mais il est juste de dire que les populations gallo-romaines d'Aquitaine et de Provence payèrent l'impôt romain aux vainqueurs (tributaires, l. 32).

Puis vient l'histoire des Arboryques, qui est donc, dans l'esprit de Procope, postérieure à tout le moins au règne d'Euric, roi des Wisigoths vainqueur de Rome en 476 et mort en 484. Or l'historien Ferdinand Lot, dans un article célèbre paru en 1930 (« La conquête du pays d'entre Seine et Loire par les Francs », *Recueil des travaux historiques de Ferdinand Lot,* t. II, Paris, 1970, p. 133-125), conteste toute valeur à ce texte. La géographie en est imprécise : particulièrement absurde pour les Thuringiens que Procope met en Gaule. Les Arboryques sont en réalité des aborigènes du nord de la Gaule. La persistance des garnisons romaines sur le Rhin est contraire « à tout ce que nous savons de l'histoire du Ve siècle ». Ce ne sont pas des colonies militaires de lètes ou de Sarmates comme le croit Godefroid Kurth (*op. cit.*, p. 239-245) : « D'ailleurs ces colonies militaires n'existent précisément pas à l'endroit où Procope veut nous les faire voir, à l'extrémité de la Gaule. De quelque façon qu'on le retourne, son récit est inacceptable. C'est une fantasmagorie. » Après une telle exécution, d'aucuns diraient que la querelle est close.

On pourrait répliquer que feu Ferdinand Lot ne savait pas lire, mais *de mortuis nihil nisi bona !* D'autres découvertes qui lui sont postérieures permettent en effet d'apporter un éclairage beaucoup plus passionnant sur cette entente entre Gallo-Romains et Francs. Les travaux du grand spécialiste de langue celtique que fut Léon Fleuriot (*Les Origines de la Bretagne,* Paris, 1980) permettent en effet de reprendre le texte de Procope avec beaucoup plus d'acribologie. Le lecteur aura d'ailleurs déjà remarqué que Procope est certes imprécis dans sa géographie et sa chronologie, mais qu'il ne dit pas que les Thuringiens sont en Gaule. Il précise qu'ils sont au-delà vers l'est ; notre auteur veut dire à l'est des marais où habitaient d'abord les Francs avant de franchir le Rhin. Enfin, comme on vient de le voir, la description des Arboryques se situe après 484. L'histoire militaire du Ve siècle était de plus singulièrement complexe par rapport à ce qu'en savait Ferdinand Lot.

En effet, l'Empire romain, trouvant de moins en moins de soldats aptes à se battre dans les légions romaines, s'adressa davantage aux régions sous-romanisées qu'étaient par exemple la Pannonie (d'où est originaire le soldat de métier saint Martin) et surtout l'Armorique, et la [Grande-] Bretagne peuplée de Celtes aux fortes aptitudes militaires. Les champs Décumates, au Ier siècle, furent peuplés et défendus par eux. À plusieurs reprises, les Bretons formant l'armée romaine de [Grande-]Bretagne débarquèrent sur le continent sous la direction de Maxime (383-388), puis sous celle de Constantin III (407-411). À chaque fois, les troupes colmatèrent les brèches faites sur le Rhin par les Germaniques et finirent par rester sur place. En même temps, semble-t-il, l'Armorique se détache du gouvernement romain au même rythme que les révoltes des bagaudes. Il s'agit de paysans gallo-romains qui fuient le fisc dans les territoires les plus éloignés des villes. Leur nom, *Bagad,* signifie en celtique « groupement ». En 451, Jordanès signale la présence dans les troupes romaines des *Liticiani.* Il faut reconnaître dans ce mot le terme celtique *Litavii,* de *Letavia,* étendue, qui désigne l'Armorique laquelle prend alors le nom de Bretagne. D'ailleurs, Armorique signifie « près de la mer », tout comme *Letavia,* étendue marine. Donc Procope ne se trompe pas : il y avait bien des troupes romaines armoricaines, et s'il écrit Arboryques, c'est parce qu'il a entendu prononcer le nom sans le voir écrit.

Vint alors le moment où les Francs voulurent attaquer les Armoricains. Cela ne put avoir lieu qu'après qu'ils eurent changé « le gouvernement sous lequel ils avaient vécu depuis longtemps » (l. 38). Qu'est-ce à dire ? Les Francs n'étaient pas indépendants ? Et ils vécurent sous un gouvernement pendant « longtemps » ? Cela ne peut être qu'une allusion au *foedus,* traité d'alliance avec Rome, lequel remonte effectivement à Julien en 359 ! Si donc l'attaque franque contre les Armoricains se produisit après la suppression d'un *foedus* et d'une autorité romaine, cela remonte à la défaite de Syagrius en 486, signalée par Grégoire de Tours (*H.F.,* II, 27). Or les Armoricains sont présents alors dans tout l'ouest de la Gaule, du nord jusqu'à la Loire et à la Seine. Ils luttent tantôt contre les Wisigoths, tantôt contre les Saxons. En 491, Clovis leur reprend Blois au retour de son expédition contre les Thuringiens (*Chronique de Blois,* L. Fleuriot, *op.cit,* p. 229) Donc, là encore, Procope n'a rien inventé. La guerre dut être longue jusqu'à ce qu'intervienne un traité de paix aboutissant à une entente.

Procope donne deux causes de ce rapprochement, les mariages mixtes et la foi chrétienne. Il était normal qu'entre Armoricains et Francs les mariages mixtes fussent interdits. Leur statut juridique était différent. Les premiers sont des citoyens romains et des soldats romains à part entière, jouissant du *jus connubium,* le droit de mariage. Les seconds sont des Germaniques alliés de Rome par un traité, le *foedus.* Cela implique, comme le précise la loi de Valentinien Ier de 370 qu'aucun « provincial (ici un Armoricain) quel que soit son rang ou son pays, ne doit s'unir à un Gentil... Si de telles unions se nouent entre provinciaux et Gentils, la peine de mort fera expier ce qu'il y a là de suspect ou de dangereux » (Code théodosien, III, 4, 1). L'abolition de cette loi est donc avantageuse pour les Francs qui y gagnent une véritable assimilation avec le monde romain. De plus, dans la mentalité germanique, le mariage est un acte politique créateur de paix. L'union charnelle crée des hommes de même sang qui ne peuvent se battre entre eux.

Quant à la foi chrétienne des deux peuples cocontractants, il est évident que les Armoricains sont chrétiens catholiques depuis le IVe siècle. On constate, par exemple au Ve siècle, l'existence d'évêques bretons siégeant en Armorique, tel Charieto présent au concile d'Angers en 453. Son nom signifie en celtique « charitable ». C'est peut-être le même que celui qui signe son nom en latin, Mansuetus, au concile de Tours en 461 (Fleuriot, *op. cit.*, p. 145). De toute façon, les cités de la province de Quatrième Lyonnaise ont alors chacune un évêque, Patern, ordonné à Vannes lors du concile de Tours en 463, ou plus tard Melaine à Rennes. Reste à savoir alors si les Francs sont chrétiens comme le dit Procope. Léon Fleuriot (*op. cit.*, p. 185) place ce traité de paix en 497, car il estime que, sinon, Clovis n'aurait pas pu se battre sur plusieurs fronts jusqu'en 507. Il lui fallut d'abord régler ce problème : maîtriser l'espace entre Seine et Loire, ne serait-ce, ajouté-je de mon côté, que pour accéder à Saint-Martin de Tours. Procope ajoute d'ailleurs plus loin (VIII, XX, 49) que « les Armoricains, bien que sujets des Francs, ne leur paient ni impôt ni tribut ». C'est donc bien un traité d'égal à égal. Les Armoricains, dont le supérieur hiérarchique était le métropolitain de Tours, alors exilé, Volusien, ont dû peser sur l'évolution en cours de Clovis qui, après Tolbiac, s'interrogeait sur l'acceptation du baptême. Si l'on accepte l'hypothèse du traité en 497, Procope anticiperait largement en suggérant que les Francs étaient alors chrétiens. C'est pourquoi il faut le suivre en plaçant l'accord des Armoricains avec Clovis après le baptême de ce dernier, donc probablement après les combats contre les Burgondes et la paix d'Amboise avec Alaric II en 504. Procope, quand il écrivait en 540-551, ne devait pas distinguer entre la conversion du roi, et celle, postérieure, de ses sujets francs.

Le paragraphe suivant, qui eut le don de provoquer l'ire de Ferdinand Lot et les explications embarrassées de Godefroid Kurth, se comprend maintenant mieux. Ces garnisons de Romains placées « aux extrémités des Gaulois » sont évidemment soit des Armoricains et des Bretons anciennement ou récemment émigrés de [Grande-]Bretagne, installés soit sur la rive gauche du Rhin au milieu des Francs Rhénans, soit sur les rivages de l'Atlantique et de la Manche pour surveiller les pirateries des Saxons. Ils sont effectivement coupés de Rome par les royaumes wisigoth et burgonde. Face aux ariens, ils forment un isolat chrétien, surtout après 476. Ce ne sont point des lètes, Sarmates et autres peuples rendus à merci aux Romains au IVe siècle, car, comme l'indiquent la toponymie et l'archéologie, ces colonies de soldats « romains » sont situées en arrière des frontières. L'hypothèse de Kurth ne tient pas. En revanche, si nous voyons dans ces soldats des Britto-Romains, il est normal, comme le dit avec précision Procope, qu'ils se « [soient livrés] aux Arboryques et aux Germains », c'est-à-dire aux maîtres des frontières occidentales et orientales de la Gaule. L'allusion à « leur terre » (l. 60) est révélatrice. En effet, les troupes frontalières romaines, dites *limitanei,* restent à demeure sur la ligne frontalière *(limes).* Elles forment une armée que nous appellerions aujourd'hui de couverture. Elles ont l'usufruit d'une terre publique qu'elles cultivent, en fonction du temps libre que leur laisse le service de garnison. Il est donc normal qu'elles la livrent à leur nouvelle autorité.

Procope insiste aussi sur leurs étendards, leur uniforme romain et leurs chaussures (l. 71) Il s'agit certainement, vu le mot grec σημειον *(« semeion »),* non point des enseignes en forme de manche à air imitant un dragon que gonflait le vent, mais d'un étendard ou d'une bannière portant le *labarum.* Cet insigne, comme on le sait, date de Constantin. Il est bien gravé sur les monnaies romaines. Une étoffe pendue à une hampe verticale, avec une barre transversale, porte brodé ou peint le symbole du chrisme, c'est-à-dire les deux lettres grecques, *khi* (X) et *rhô* (P) qui débutent le nom du Christ, soit CHR.

Les chaussures, elles, étaient dans l'armée romaine des espèces de sandales à fortes semelles avec tige montante, très reconnaissables *(caligae).* Procope insiste sur ces détails qui font que, « même aujourd'hui, on reconnaît clairement » (l. 66) qu'ils font ainsi partie des légions romaines. Il s'agit de choses vues. Procope, au cours de ses campagnes d'Italie, notamment lors de l'expédition franque de Théodebert en 539, a dû apercevoir ces uniformes romains au milieu des troupes franques et germaniques d'origines diverses. Comment pouvait-il se faire que lui, membre de l'armée romaine impériale, pût constater chez des Barbares l'existence de soldats romains (en fait britto-romains) habillés avec le même uniforme que celui des troupes de Bélisaire ? Gageons que tout ce récit qu'il nous fait a été suscité par son étonnement, sa curiosité et par l'enquête qu'il fit pour élucider ce mystérieux phénomène : des Romains qui restent romains, alors même que l'Empire romain d'Occident a disparu depuis bientôt plus de soixante ans ! Étonnante fidélité, qu'il consigna avec soin.

Nous arrivons maintenant au récit des rapports des Francs avec les Burgondes. Cette fois, Procope ne pratique plus l'oubli que j'avais signalé plus haut. Il indique que le roi Odoacre, en 476, a changé le gouvernement de l'Occident en « tyrannie ». Ce mot technique signifie toujours gouvernement illégal. Constantinople ne reconnut jamais la souveraineté d'Odoacre sur l'Italie et sur ce qui restait de territoires romains en Occident, à savoir la Gaule du Nord et la Provence. Justement, dit-il, le tyran céda cette dernière aux Wisigoths, dont désormais la frontière fut, sur les Alpes, au contact de la province romaine de Ligurie (Italie du Nord). Odoacre ayant été éliminé en 493 par Théodoric, roi des Ostrogoths, avec « l'autorisation » de Byzance, la situation changea radicalement. Face à la puissance franque montante, Wisigoths et Thuringiens recherchèrent l'alliance de celui-ci. Ils l'obtinrent par des mariages de leurs rois avec l'une de ses filles et l'une de ses nièces. Cette question a déjà été vue lors du conflit des années 507-509 (*cf.* document V, p. 418). Nous en avons déjà parlé à propos du texte de Jordanès, un peu plus haut (document XVI, p. 512). Signalons cependant que la fille de Théodoric est appelée Théodichusa, alors que, chez l'auteur dit Anonyme de Valois, son nom est Ariane. C'est certainement une erreur puisque Jordanès, nous l'avons vu, l'appelle Théodegothe, mais il nous permet de dater ces mariages de 494 environ. Si Procope donne comme nom Théodichusa, peut-être est-ce dû à une graphie différente pour la deuxième partie du nom de cette femme. Son sens est inconnu, alors que la première partie renvoie indiscutablement à Théodoric, son père. Cette politique matrimoniale fit que les Francs n'osèrent attaquer ni les uns ni les autres, mais ils se rabattirent sur les Burgondes (l. 107). Procope fait ici allusion à l'attaque de Clovis en 500, qui échoua.

Puis Procope opère une rupture de construction avec l'adverbe υστερον, qui signifie « plus tard ». Il saute alors au récit d'une guerre contre les Burgondes menée conjointement par les Francs et les Ostrogoths. Ce long récit, fort curieux, montre que les Francs se méfiaient des Ostrogoths, puisqu'ils exigèrent, en cas de retard de leur offensive, « une amende de compensation » en or, s'ils voulaient partager le territoire occupé, ce qui eut lieu, et Théodoric gagna ainsi « la moitié de la terre de l'ennemi » sans grand mal. Pourquoi Théodoric accepte-t-il une guerre, sans la faire, contre les Burgondes dont nous avons vu qu'il était l'allié en 507 (*cf.* document VI, p. 424) ? N'était-ce point aller contre son intérêt que de prendre le risque de se trouver au contact direct des Francs ? La seule explication possible réside dans la mention de l'amende de composition, le *wergeld*. Une vengeance est en cours, une faide selon le droit germanique. Une alliance sacrée entre parents, à laquelle tenait tant Théodoric, comme nous l'avons vu dans ses lettres de 507, vient d'être brisée par deux meurtres. Du côté des Francs, il s'agit de l'assassinat de Chilpéric II et son épouse, que Clotilde, leur fille, veut venger contre la famille royale burgonde, auteur du crime, grâce à l'intermédiaire de ses fils. Du côté ostrogothique, Théodoric veut venger contre Sigismond son petit-fils Sigéric. Ce dernier est en effet issu du mariage d'Ostrogotho, sa fille, avec le roi des Burgondes. Celui-ci, remarié, n'a rien trouvé de mieux que de faire égorger ce fils en 522, sur les instances de sa seconde femme. Francs et Ostrogoths ont donc un même devoir de vengeance sacrée à accomplir. La campagne militaire que décrit Procope est celle dont nous parle Grégoire de Tours (H.H., II, 27, III, 5, 6) en 523-524 ainsi que Marius d'Avenches (M.G.H., *Chronica*, p. 244-245). Il s'agissait bien de crimes de sang à venger puisque, durant cette guerre, deux illustres victimes furent tuées conformément aux règles de la faide. L'une, Clodomir, eut sa tête fichée sur une lance, l'autre, Sigismond, son corps jeté dans un puits. Vainqueurs à Vézeronce sur les bords de l'Isère, les Francs chassèrent les Burgondes « jusqu'aux frontières du pays qu'ils habitaient alors, où ils avaient de nombreuses forteresses » (l. 149). Les Alpes entre l'Isère et la Durance ont donc constitué le refuge ultime des Burgondes. La difficulté du terrain alléguée par les Ostrogoths était réelle, même si elle n'était qu'un prétexte. Il n'en reste pas moins vrai que le texte de Procope ne correspond pas à la réalité sur le fait que « la terre conquise pourrait appartenir aux deux peuples en commun ». Le condominium avec les Francs ne pouvait en effet pas être appliqué, et nous savons par ailleurs que les Burgondes continuèrent à être indépendants sous la direction de Godomar et que celui-ci fut proclamé roi avant la bataille de Vézeronce qui date de 524. Donc les troupes de Théodoric n'ont pas plus bougé en 523 qu'en 524, laissant Godomar reconquérir son royaume grâce à la mort du roi Clodomir qui avait dû décourager les Francs. Qui, dans ce cas-là, lui accorda « la moitié de la terre de l'ennemi » (l. 159) ? Puisque ce ne purent être les Francs, ce sont forcément les Burgondes, auxquels Théodoric fit payer l'amende de composition pour le meurtre de son petit-fils Sigéric par Godomar, frère du défunt Sigismond, solidaire par le sang de ce meurtre. La transaction dut avoir lieu pendant l'hiver 523-524. Godomar accepta de faire partager son royaume en deux. Situé entre l'Isère et la Durance, la ligne de partage coïncidait *grosso modo* avec la ligne de la Drôme. Théodoric put obtenir ainsi les cités de Viviers, Carpentras, Orange, Gap et peut-être Die. Godomar en gardait cinq autres, Valence, Grenoble, Embrun, Maurienne et Tarentaise. C'était donc bien « la moitié de la terre de l'ennemi ». Mais on aura remarqué à quel point Procope contracte les événements, bouscule la chronologie, sans pour autant commettre d'erreurs. Il a bien su montrer comment Théodoric était partagé entre ses réflexes germaniques et ses intérêts stratégiques romains qu'il parvint à sauvegarder quand même.

Dans le dernier paragraphe de notre texte, notre historien revient brusquement en arrière, continuant ainsi à juxtaposer ses sources de renseignements, sans retrouver ou sans se soucier, comme on voudra, de la date des événements. Il s'agit pour lui, en centrant tout sur Théodoric, de passer du gendre Sigismond, le plus proche géographiquement, au deuxième gendre Alaric II, plus éloigné. Nous l'avons déjà vu précédemment (*cf.* document V, p. 418), l'attaque des Francs contre les Wisigoths d'Alaric II date de 507. On remarquera que, dans tout ce récit, Procope ne cite jamais le nom de Clovis, alors qu'il est l'acteur principal. Ses informateurs devaient l'ignorer, de même qu'ils commettaient des erreurs géographiques. Tout commence par un appel au secours d'Alaric II à Théodoric, lequel tarde de nouveau, comme dans le cas précédent. Procope ignore que cette fois-ci le roi des Ostrogoths est retenu par un débarquement byzantin à Tarente (*Marcellinus comes,* M.G.H., *Chronica, op. cit.,* an. 508, p. 97). Nous vérifions ici ce dont Théodoric se doutait (*cf.* document VIII, p. 434). Puis les Wisigoths dressent leur camp devant Carcassonne assiégée par les Francs (l. 176-177). Il s'agit évidemment d'un lapsus de Procope pour Poitiers, car on ne voit pas les Francs parvenus sur le seuil de Naurouze sans avoir pris la capitale des Wisigoths, Toulouse. D'ailleurs, un peu plus loin, Procope (l. 176-177) cite Carcassonne une deuxième fois, cette fois-ci à bon droit puisque la victoire de Vouillé vient d'être remportée. Mais ce siège authentique a eu lieu en 508. Quant aux événements de 507, Procope nous permet de mieux comprendre ce qui s'est passé avant Vouillé. Les ennemis s'observent devant cette ville, tandis que le deuxième front ouvert par l'empereur Anastase se prépare et dure. En même temps, les Francs pillent le territoire au nord de Poitiers, c'est-à-dire font ce qu'ils veulent dans la cité de Tours et autres lieux appartenant aux Wisigoths. La psychologie des guerriers d'Alaric est ici fort bien décrite. Un roi ne pouvait être traité de lâche sans réagir, car il risquait de perdre le pouvoir : Alaric II attaqua et fut battu, vérifiant une fois de plus les prédictions de Théodoric (*cf.* document V, p. 418). Cela permit aux Francs de s'emparer « de la plus grande partie de la Gaule » (l. 196), c'est-à-dire en fait de l'Aquitaine, y compris Toulouse, la capitale. Grégoire de Tours prétend que les Francs y saisirent le trésor royal wisigoth (*H.F.,* II, 37). Procope, lui, affirme qu'il se trouvait dans Carcassonne (l. 199). Il contenait, ce qui est fort probable, le produit du pillage de Rome par Alaric Ier en 410, et donc, ajoute-t-il, les trésors de Salomon, pris par Titus à Jérusalem en 70. Procope a-t-il fait le rapprochement entre les trésors de Rome et les sculptures de l'arc de triomphe de Titus qu'il a vues sur le Forum ? On ne sait. En tout cas, ce trésor fut certainement sauvé puisqu'il en était encore question en Espagne en 711. De plus, les troupes de Théodoric firent abandonner en 509 le siège de Carcassonne par les Francs. Quant à l'expression « reste de la Gaule » (l. 223), il faut bien préciser qu'elle désigne en fait, comme nous l'avons vu plus haut, la Provence entre le Rhône, la Durance et les Alpes, conquise par Euric en 476. Nous retrouvons une fois de plus la politique expansionniste du roi des Ostrogoths qui se crée toujours un glacis protecteur autour de l'Italie. Il n'empêche, comme le dit Procope, que c'était là un échec grave pour lui (l. 220). De plus, les survivants wisigoths, revenant à la pratique germanique ancienne, avaient élu roi le fils d'une concubine d'Alaric II, Geisalic, donc un bâtard, et non point son propre petit-fils Amalaric (l. 212-213). Celui-ci avait effectivement aux alentours de cinq ans et ne pouvait pas diriger une armée. Là encore, malgré l'aspect légendaire du trésor d'Alaric le Vieux, Procope montre avec justesse quels furent les succès de Clovis aux dépens en fait de Théodoric, même s'il a interverti la chronologie, en mettant les guerres de 523-524 avant celles de 507-509.

Au total, malgré l'éloignement de notre écrivain par rapport à la Gaule et le fait que son analyse est en fait centrée sur Théodoric et l'Italie, malgré l'hypercritique dont il fut victime, et quels qu'aient pu être ses erreurs géographiques ou ses à-peu-près chronologiques, nous sommes ici devant un point de vue original. Nous apprenons ainsi des faits importants concernant les Francs avant et après 406, sur les royaumes germaniques en Gaule au Ve siècle, en particulier sur les Armoricains et les Britto-Romains, sur la fidélité à Rome de la Gaule du Nord. La puissance de Clovis est due à la fusion avec les populations gallo-romaines. Même si Procope insiste peu là-dessus, la communauté chrétienne et l'antiarianisme forment le ciment de leur entente. Il a parfaitement compris l'efficacité de la politique matrimoniale de Théodoric pour faire reculer les Francs, mais aussi son point faible, la nécessité de la guerre de vengeance en cas de meurtre dans la famille.

Tout en s'attachant à montrer combien Théodoric cherchait à s'agrandir, Procope dévoile en fait la montée en puissance des Francs. Interprète de la grandeur romaine de Justinien, il révèle les erreurs de Théodoric qu'il n'aime pas, analyse avec un regard d'ethnologue sympathique les Barbares francs, mais se garde bien de dire que Constantinople a sans cesse manipulé le roi des Ostrogoths au point de le prendre en tenaille entre ses propres troupes et Clovis.

XIX. *Vie de saint Eptade* *

Eodem tempore, quo ad fluvium Curendam pacis mediante concordia, duorum regum supersticiosa completa potentia, id est Burgundionum gentis et Francorum, hec rege Gundebado praecellentissimus rex Francorum Clodoveus suppliciter exoravit, ut hunc beatissimum virum Dei Eptadium civitatis suae Autisioderense prestaret antestitem ordinandum. Cui peticionem vel electionem praedicti regis ita restitit voluntas offensa, tanquam sibi maximas vires deposcerit possidendas; tamen propter praesentis concordiam populi pacis [et] caritatis intuitu, ut petebat, negare non potuit. Cuius accepta promissionem auctoritatis, statim elegitur, consensu universitatis expetitur populorum, – nam clericorum

8. À l'époque où sur les bords du fleuve de la Cure[1] *deux rois puissants se réunissaient pour faire la paix, à savoir entre les Burgondes et les Francs, le très excellent roi des Francs Clovis demanda au roi Gondebaud de lui accorder d'ordonner évêque pour sa cité d'Auxerre ce très saint homme Eptade. Mais sa volonté offensée résista à la pétition ou élection dudit roi, tellement il estimait ne pas en avoir les capacités. Cependant à cause de la concorde et de la paix du peuple présent et par intuition de foi, comme on le lui demandait, il ne put refuser. Une fois reçue sa promesse d'autorité, il est aussitôt élu, réclamé par le consentement de tout le peuple – en effet la réunion du clergé, toute la noblesse, le peuple de la ville et celui de la campagne convergèrent en une seule décision –, il est brigué par la volonté générale. Ce qu'apprenant, le bienheureux, qui*

---

* *Vita Eptadii presbyteri Cervidunensis*, M.G.H. SS. R.M., t. III, Hanovre, 1896, éd. B. Krusch, p. 189-191.

1. J'adopte ici la lecture du manuscrit B.N. Latin 3809, « *ad fluvium quendam...* » c'est-à-dire *fluvium Curendam*. Il s'agit de l'hydronyme gaulois *equoranda*, signifiant limite de partage d'eaux.

coetus cunctaquae nobilitas, plebs urbana vel rustica in una convenere sententia, Eptadium dignissimum esse episcopum, – omnium voluntate ambitur. Quo audito, vir beatus, qui mallebat latere in suis, quam publicare et honorare a populis, totis viribus laborans, et huic honore non esse [se] inplicandum dicit, et cum clamore vociferans, indignum se esse tanti molis sacerdocii hominem peccatorem. Statimque, cellula sua derelicta, omne pernoctatione proripuit ad deserta Morvinni, in montanam solitudinem properavit...

(10). Non diebus, non noctibus a conloquiis divinis et oratione cessabat; predicationibus sanctis et exemplum dominice passionis ad se confluentium turbas, divinis et eloquiis reficiebat. Non tantum catholicis, verum etiam paganis ac ferocissimis barbaris, more leonum furentes, cum superbia magna captivus persequentes adveniebant orationibus suis, sicut agnus mitissimus suis sanctis reddebat alloquiis. Ex quibus enim non pauci, ex his omnibus bonis repleti, ad baptismi gratia fideliter concurrentes, sancti viri incessabiliter ambiebantur alloquiis, suisque sive ipsis captivis cum summa intencione vacantes, ultro dantes, tantum ut pro se Dominum precaretur, humiliter supplicantes. Igitur ne his bonis esset repletus, fiebat eorum distraccio, et cotidie necessitatibus captivorum expendebantur.

préférait se cacher des siens que de vivre en public et d'être chargé de fonction par le peuple, souffrant de toutes ses forces, dit qu'il ne pouvait se laisser charger de cette fonction. Il vociféra à grands cris qu'il était un homme pécheur, indigne de porter le poids de la meule du sacerdoce. Aussitôt, ayant abandonné sa cellule, il se jeta en pleine nuit dans les déserts du Morvan et se hâta vers la solitude montagneuse. Là, il se cacha longtemps. Il suppliait Dieu par des prières et des jeûnes continuels au point d'être rempli par lui, selon ce que chante le prophète : « Voici, je me suis enfui au loin et j'ai demeuré au désert. J'attendrai celui qui me sauve de mon petit esprit et de la tempête » (Ps. LIV, 8-9).

10. Il ne cessait pas, jour et nuit, de prier et d'entrer en communion avec Dieu. Il réconfortait par ses paroles saintes et divines et par l'exemple de la passion du Seigneur les foules qui affluaient vers lui. Attirés par ses prières, arrivaient vers lui non seulement des catholiques mais aussi des païens et très féroces barbares, à la manière de lions furieux, le poursuivant avec un grand orgueil, et ils devenaient plus doux que des agneaux grâce à ses saintes paroles. Parmi ceux-ci une minorité non négligeable remplie de tous ses biens accourut fidèlement vers la grâce du baptême. Ils réclamaient sans cesse les instructions du saint homme, lui donnaient au-delà du nécessaire, le suppliaient humblement de prier seulement le Seigneur pour eux ; ils s'occupaient avec la plus grande attention des siens et des captifs eux-mêmes. Comme il n'était point rempli de biens, la vente se faisait au détail et chaque jour on faisait des dépenses pour les besoins des captifs.

(11). De Italia vero redemit captivorum plurima multitudine, quae a Burgundionum [rege] eodem tempore fuerat effecta et ad loco regionis sue cum ingenuitate est revocata.

11. Il racheta une grande foule de prisonniers venus d'Italie, qui avaient été pris à cette époque par le roi des Burgondes, et il les renvoya dans leur pays avec la liberté.

(12). Iterum parvo post tempore castro provincie Limovicine Idunum nomine iussu regis Burgundionum a Romanis effractum est, in quo non minima inormitas facta est captivorum. Pro quos vir beatus Eptadius episcopus ingemescens et lacrimas fundens, a Domino suo more oratione prosternitur, regi Burgundionum Sigismundo per epistolam imperans, ut auctoritatem suam pro ingenuorum animas daret, et obtinuit. Ex quibus non minus quam fere tria milia captivorum promiscui sexus et etatis sunt liberati et ad locum pristinum, datis idoneis prosecutoribus, revocati, et qui venerant flentes et lugentes, Deo gratias agentes, per eum cum magno gaudio, recuperante libertate, sunt reversi.

12. De nouveau, peu de temps après un camp fortifié de la région de Limoges, Dun-le-Palestel, fut pris d'assaut sur l'ordre du roi des Burgondes par les Romains, dans lequel on fit une énorme quantité de prisonniers. Le bienheureux évêque Eptade, gémissant et fondant en larmes, se prosterna aux pieds du Seigneur, ordonnant par lettre au roi des Burgondes Sigismond de faire jouer son autorité pour les âmes de ces hommes libres et il l'obtint. Il n'y eut pas moins de trois mille captifs des deux sexes et d'âge varié qui furent libérés. Et ceux qui étaient ensuite arrivés pleurant et se lamentant revinrent chez eux au lieu primitif, ayant recouvré leur liberté grâce à lui et reçu des insinuations une justice appropriée, rendant grâces à Dieu au milieu d'une grande joie.

(13). Tempore illo, quo praecellentissimus Clodoveus rex Francorum in Gocia cum exercitu esset ingressus, et ab illo Alaricus rex Gottorum fuisset interfectus, facta est captivorum innumerabilis multitudo, qui dispersi per regionibus sunt dilatati. Ex quibus vir beatissimus Eptadius non parva multitudine, data pecunia, liberavit, et statim pristine ingenuitati restituet.

13. À cette époque où le très excellent Clovis roi des Francs était entré en Gothie avec son armée et où Alaric avait été tué par lui, il y eut une immense foule de prisonniers. Ils furent dispersés parmi les régions et éparpillés. Parmi eux, le bienheureux Eptade en libéra une bonne partie en les rachetant et aussitôt il leur rendait leur liberté ancienne.

COMMENTAIRE

Rares sont les documents hagiographiques concernant Clovis qui puissent échapper à la prolifération légendaire. Celui-ci, quelques extraits de la vie de saint Eptade, nous donnent des indications sur une paix entre Clovis et Gondebaud, la nomination d'Eptade comme évêque, ses interventions pour libérer des prisonniers de guerre, en particulier auprès de Sigismond. Le problème est de savoir si cette biographie à but spirituel qu'est un texte hagiographique contient des faits historiques solides quelle que soit sa date de rédaction.

La transmission manuscrite de cette *Vie* ayant été particulièrement mauvaise, Bruno Krusch, selon son habitude, y avait vu une falsification d'époque carolingienne. Mais, comme le firent remarquer Mgr Duchesne et Godefroid Kurth (*Clovis, op. cit.*, p. 552-553), rien ne permet de mettre en doute l'honnêteté de l'écrivain qui affirme avoir été contemporain et familier du saint. Il rédigea probablement cette vie durant la deuxième moitié du VIe siècle. Nous allons voir dans le cours du texte les absences d'anachronismes et d'erreurs qui permettent de confirmer les travaux antérieurs.

Le passage le plus intéressant est évidemment, une fois correction du manuscrit faite (l. 1 et 2), celui de la rencontre entre Clovis et Gondebaud sur les bords de la Cure. Cet affluent de l'Yonne sert effectivement de frontière entre la cité d'Autun et celle d'Auxerre, donc entre le royaume des Burgondes et celui des Francs. C'est une habitude germanique, comme on l'a fait remarquer, lorsqu'il s'agit de faire la paix, après une guerre, sans qu'il y ait de vainqueur ni de vaincu. La rencontre avait lieu soit en bateau, soit sur une île, en territoire neutre pour n'humilier personne. Valentinien Ier fit ainsi avec les Quades sur un radeau au milieu du Danube en 375, Clovis fit de même dans une île en face d'Amboise sur la Loire en 502. Le processus est donc identique. Il faut le dater, vu le paragraphe 11 qui se passe en 491-494, de l'année 490. Cette alliance a dû s'accompagner de l'abandon de la cité d'Auxerre par Gondebaud à Clovis. Ce diocèse n'avait plus d'évêque à ce moment, comme le prouve la liste épiscopale d'Auxerre, dont la confusion est totale depuis la mort de Censurius (après 475, comme par hasard ! *Cf.* Mgr Duchesne, *Fastes*, t. II, p. 439). Clovis en cherche un. Il trouve un ermite réputé, Eptade. Le roi choisit donc, comme pour Vaast (*cf.* document XX, p. 555), un laïc, un spirituel, étranger à la carrière ecclésiastique. Il demande l'autorisation à Gondebaud de le nommer évêque, fait qui n'a rien d'insolite puisque l'ermitage d'Eptade, Cervon, est en territoire burgonde. Eptade est d'origine sénatoriale, « citoyen d'Autun ». De plus, comme le concile d'Orléans nous l'a montré (*cf.* document X, p. 447), il faut une autorisation spéciale pour passer du laïcat au clergé. Donc tout est légal, y compris le processus juridique : demande de Clovis, acceptation de Gondebaud, « promesse d'autorité », c'est-à-dire pour Eptade de recevoir les pouvoirs spirituels, élection par le clergé et le peuple, c'est-à-dire les nobles, les gens de la ville et les paysans (l. 21-25) ! Mais Eptade finit par refuser énergiquement et s'enfuit en territoire burgonde, dans les montagnes du Morvan. Il est donc évêque pressenti mais non ordonné, puisqu'il n'a pas reçu l'imposition des mains de ses éventuels confrères. C'est le cas, rarissime, d'un spirituel qui refuse les honneurs par humilité et parvient à échapper à la charge. Rien dans la suite de sa vie ne suggère qu'Eptade soit revenu sur son refus. Il devait considérer cette promotion comme illégale, sans compter son désir de Dieu plus fort que tout.

Il semble en effet que le serment qu'il arracha à Clovis (*« cum juramento pollicitus est »*, c. 9, *ibid.*, p. 189) lui permit de faire respecter sa propre volonté et de se consacrer à son véritable désir : évangéliser, baptiser, libérer. Les trois paragraphes que je cite ici concernent uniquement ce problème de la libération des prisonniers de guerre devenus esclaves. Il faut croire que, dans ces années troublées, ils constituaient le véritable problème social. Il était beaucoup plus important de les racheter que d'administrer un évêché. Eptade n'était pas un misanthrope fuyant le monde pour des solitudes boisées. Il avait le sens de la véritable urgence. Il libère Romains, Burgondes et autres peuples germaniques « très féroces barbares », mais faute de moyens financiers, il ne peut le faire qu'au jour le jour (l. 62).

Curieusement, son action se déroule intégralement en territoire burgonde. En effet, que ce soit pour les prisonniers italiens emmenés d'Italie par Gondebaud au printemps 491 (Panégyrique de Théodoric par Épiphane de Pavie, M.G.H. AA., t. VII, p. 101) au nombre de six mille (l. 67), ou de ceux faits à Dun-le-Palestel (l. 74), ou encore de ceux faits en Gothie, c'est-à-dire en Aquitaine occupée par les Goths (*H.F.*, IV, 51, au sens d'Espagne occupée par les Goths), à chaque fois ils se trouvent en Burgondie puisque soit ils viennent le trouver (l. 90), soit ils ont été « dispersés parmi les régions » (l. 100). Donc Eptade n'exerce pas son activité en territoire franc. Cet évêque non ordonné, sans siège mais avec titre, reste dans le royaume burgonde, probablement parce qu'il estime que son action y est importante. Il veut empêcher les déplacements de populations et les conséquences qui en résultent.

On a prétendu que, si son intervention pour renvoyer les derniers Italiens esclaves en Burgondie dans leur propre patrie n'était que la suite de celle d'Épiphane, celle en faveur des Romains à Dun-le-Palestel était impossible. Il n'en est rien, car cette action militaire du roi des Burgondes est bien le résultat d'un assaut des « Romains » (l. 75). En effet, comme je l'ai montré (M. Rouche, *L'Aquitaine...*, p. 49), il s'agit des troupes burgondes alliées officielles de Rome avant la chute de l'Empire romain, mais alliées secrètes de Clovis depuis 501-502, qui entrent en Aquitaine wisigothique en 507. Après avoir attaqué Auvergne et Limousin, elles participent à la prise de Toulouse avec les Francs (*Chronica gallica* a. 511, M.G.H. AA., *Chronica minora*, t. XI, 2, éd. Th. Mommsen, Berlin, 1894, 689, p. 665). De plus, cette armée burgonde est dirigée par Sigismond, associé depuis 501 à son père Gondebaud, récemment converti au catholicisme ; il a fait un voyage à Rome et a reçu de l'empereur Anastase le titre de patrice (*Aviti opera, op. cit.*, n° 69). Il dirige donc des troupes burgondes officiellement « romaines ». L'hagiographe ne commet aucune erreur : Dun a bien été pris d'assaut par les Romains ; quant aux prisonniers innombrables, il fallait savoir de quel parti ils étaient : Wisigoths, Romains prowisigoths comme à Vouillé les compagnons d'Apollinaire, le fils de Sidoine qui avait accepté de collaborer avec Alaric II, ou bien Romains antiariens ? L'intervention d'Eptade était d'autant plus nécessaire, semble-t-il, que Sigismond n'avait pas proclamé, comme Clovis (*cf.* document IX, p. 440), un édit de libération des prisonniers de guerre adressé aux évêques. Fort de son statut de sujet burgonde et de son titre, mais non de sa fonction d'évêque, Eptade « ordonne [*sic !*] par lettre » au roi de les rendre à leur statut primitif de libres. Le roi obtempéra, probablement de la même manière que fit Gondebaud pour les Italiens, avec Épiphane de Pavie en 494. On affranchit un par un, après enquête, avec un contrat à chaque fois, hommes, femmes, enfants, chacun précisant son âge, et sur témoignage de mandataires en justice (l. 89). Cela prouve que les *gesta municipalia* fonctionnent. Ces registres officiels, qui contiennent les noms et les biens des citoyens de la cité, sont donc remis à jour avec nouvelle inscription des hommes libres sur le témoignage de ceux qui ont assisté à l'affranchissement. Le processus dut être long, car les prisonniers pris à Dun-le-Palestel devaient venir des campagnes environnantes, ayant cru trouver dans ce camp fortifié un refuge inexpugnable. Tandis qu'ils avaient été affranchis en Burgondie et qu'ils étaient de retour à Dun (le lieu primitif, l. 74), puis chez eux, les mandataires, de leur côté, partaient pour Limoges faire rectifier les registres – cette procédure juridique est appelée « insinuation ». Il est alors facile de comprendre le temps que cela prit et le nombre de certificats officiels à écrire, valider, expédier, pour trois mille personnes. Eptade surveilla très certainement l'ensemble de ces formalités administratives.

La guerre d'Aquitaine provoqua aussi des bouleversements de population importants. L'hagiographe déclare qu'il y eut énormément de prisonniers de guerre réduits en esclavage après Vouillé, puis il ajoute que Clovis tua Alaric II. Il donne une précision importante : « ils furent dispersés dans les régions » (l. 100), c'est-à-dire en Neustrie (où nous avons vu un Goth à Paris, *cf.* document XIII, p. 487), en Austrasie et donc aussi en Burgondie. L'édit de Clovis, même après son application, a donc laissé aux mains des vainqueurs un grand nombre de prisonniers, soit goths, soit laïcs romains prowisigoths. Eptade a été obligé ici, faute de pouvoir obtenir une mesure royale d'affranchissement comme dans le cas précédent, d'aller les racheter lui-même avec son propre argent là où ils se trouvaient. Ensuite il pouvait les affranchir, sans acception de personne, religion ou prise de position politique favorable aux vaincus. On voit l'importance d'une telle action. Eptade effaçait les séquelles des guerres. Sa foi le poussait à réaliser l'unité des populations.

Le témoignage de la *Vie de saint Eptade* est donc capital. Il nous prouve que ce riche sénateur converti à l'idéal érémitique au point de refuser le mariage, de dédaigner la *militia mundi* (l. 2, p. 187), c'est-à-dire le service de l'État – qu'il a dû exercer cependant à Autun – vocifère jusqu'à la colère pour échapper à la fonction d'évêque d'Auxerre. Il y parvient et reste un ermite laïc à l'intérieur de la cité burgonde d'Autun. Contrairement à ce qu'écrivait Jahn (*Die Geschichte der Burgondionen und Burgondiens*, t. II, p. 108-112, Halle, 1874), il est impossible de confondre notre Eptadius avec un Optatus évêque d'Auxerre entre 511 et 533. De plus, jamais le texte de la *Vita* ne montre Eptade chargé d'un ordre quelconque. Il n'a que le *penitentie gradum* (l. 9, p. 190) ; or un pénitent ne peut exercer aucune fonction civile ou religieuse.

Du coup, un deuxième renseignement nous est donné par ce texte. Le roi Clovis, encore païen, fait un choix personnel surprenant mais conforme à son « astuce ». Il veut comme évêque un personnage qui conteste une Église établie, une institution aux mains d'évêques-fonctionnaires. Il l'a si bien choisi que celui-ci, qui a horreur des pièges du pouvoir, finit par lui échapper, refusant d'être un nouveau Martin, ou, nous allons le voir plus loin, un nouveau Vaast (*cf.* document XX, p. 555). Évêque non évêque, évêque frontalier et marginal, ermite sans autre titre que sa liberté et son sens contemplatif des urgences, Eptade, ancien fonctionnaire civil expérimenté en matière d'administration municipale, a préféré rester un homme de terrain à l'intérieur du royaume de Burgondie pour y libérer les laissés-pour-compte des guerres de Clovis, les esclaves de guerre.

Clovis avait donc raison de vouloir rénover de l'intérieur l'épiscopat par le choix d'éléments monastiques qui étaient effectivement les plus convaincus des catholiques d'alors. Mais il ne voyait pas que l'Église était d'abord un peuple à unifier dans sa diversité par la liberté. Eptade libère, puis baptise (l. 49 à 54). Clovis, lui, voulait construire l'Église, puis il se laissa arracher la promesse de respecter la volonté de l'ermite. Il est alors possible de comprendre combien Nizier avait raison de dire (*cf.* document XVII, p. 524, l. 235) que Clovis était « très astucieux », puisqu'il finit par comprendre que sa faveur envers l'Église devait aller jusqu'à ne plus exercer la loi du vainqueur. Cela aussi explique son extraordinaire prestige.

XX. EXTRAITS DE LA *VIE DE SAINT VAAST* *

IGITUR cum inclitus Francorum rex Chlodoveus omni industria sollers Francis regnaret, evenit, ut quodam in tempore inter incendia bellorum adversum Alamannos gentem ferrocem bellaturus pergerit. Quo cum venisset ab utroque acies, et nisi obvium hostem habuisset, Reni alveum transire vellit, cumque ergo utrumque hostium chunei adstarent, et tam Franci quam Alamanni ad mutuam caedem inhierent, commisso proelio, ita vehemens terror Chlodovei animum obpreserat, ut in ea pugna seviendi finem horrenda anxietate trucinaret. Cumque ergo suos paene ad internitionem obpremi cerneret, tandem divino fultus auxilio in animum, oculosque ad caelum elevatos adtollit : « Unice », inquid, « potestatis ac maiestatis Deus, quem Chlodchildis, conlateranea mea, confitetur, quemque humile precae diae noctuque sup-

2. Comme donc le célèbre roi des Francs, Clovis, habile en toute action, régnait alors sur les Francs, vint l'époque où il s'apprêtait, au milieu des incendies guerriers, à se battre contre le féroce peuple alaman. Là où vinrent les deux armées, et comme s'il n'avait pas eu l'ennemi en face de lui, il aurait voulu traverser le fleuve du Rhin, et dès lors les formations en coin des deux ennemis se firent face. Les Francs aussi bien que les Alamans, ayant engagé le combat, en vinrent à un carnage mutuel au point qu'une violente terreur opprimait le cœur de Clovis, au point qu'il cherchait à s'obliger par serment pour trouver dans son horrible anxiété une fin à ce combat furieux. Lorsqu'il s'aperçut que les siens étaient écrasés presque jusqu'à l'extermination, l'esprit comme exalté par l'aide divine, les yeux tournés vers le ciel, il se dressa. « Dieu unique par le pouvoir et la majesté, dit-il, toi que Clotilde, celle qui vit à mes côtés, confesse et qui ne

---

* *Vita Vedastis, episcopi Atrebatensis,* M.G.H. SS. R.M., Hanovre, t. III, 1896, éd. B. Krusch, p. 406-409.

plicare non cessat, tu mihi hodie hoc de hostibus concede victoriam, ut et ego te deinceps et corde credendo teneam et adorem. » Cumque his huiusmodi precibus rerum auctorem pulsaret, cessit tandem hostis terga vertendo victoriam Chlodoveo. Victor deinde Alamannos cum rege in dicionem coepit, ovansque ad patria festinus rediens, ad Tullum opidum venit.

*cesse de te supplier nuit et jour par une humble prière, toi, accorde-moi la victoire aujourd'hui sur mes ennemis, pour que moi ensuite je t'adore et te tienne par la foi de mon cœur. » Comme il frappait ainsi l'auteur de ce monde par des prières de ce type, voici qu'enfin l'ennemi, en tournant le dos, accorda la victoire à Clovis. Ensuite, victorieux, il commença à mettre les Alamans avec leur roi en sa domination, et, triomphant, impatient de retourner dans sa patrie, il arriva à l'*oppidum *de Toul.*

(3). Et cum iam desiderium reteneret, ut caeler ad baptismi gratiam confugiret, sciscitando conperit, inibi beatum Vedastem sub relegionis cultu vitam degere, quem mox sibi itinere iunxit. Cum pariter pergerent, quadam diae venerunt in pago Vungense ad locum qui dicitur Grandeponte, iuxta villa Riguliaco, super fluvium Axona. Obvium habens caecum, multorum annorum spatia ab hac lucae damnatum, petiit beato Vedasto, ut pro se inmensae pietatis postolaret auxilium, ut lumen quod carebat, ipso denique inpetrante, recipere mereretur. Ille fidus de misericordiam Domini dexteram levavit, super oculos caeci signum crucis inposuit, statimque lumen oculorum recepit. Ibique a christianis hominibus basilica constructa esse videtur, ubi in eius honore multa mirabilia fiunt. Hac inde ad Remorum urbem ad pontificem Remegium, qui tunc inibi sacerdotalem cathedram regebat, perduxit. Quo quantisper moratus, sacre Trinitatis fidem Chlodoveus professus, baptismi gratiam recepit. Indeque

3. Comme déjà il retenait son désir de se réfugier rapidement dans la grâce du baptême, en s'informant, il trouva là le bienheureux Vaast qui vivait sous le signe de la vie religieuse ; et bientôt il se l'adjoignit en route. Comme ils cheminaient de concert, ils arrivèrent un jour dans le pays de Voncq, en un lieu dénommé Grandpont, près du domaine de Rilly-aux-Oies, sur le fleuve de l'Aisne. Rencontrant un aveugle condamné à la perte de la lumière depuis de nombreuses années, il demanda au bienheureux Vaast de lui accorder son aide à cause de son immense piété, afin qu'il puisse récupérer la lumière dont il manquait, sur sa propre demande. Celui-ci, confiant dans la miséricorde de Dieu, leva la main droite sur les yeux de l'aveugle et lui imposa le signe de la croix. Aussitôt il retrouva la lumière des yeux. Et à cet endroit on voit une basilique construite par les chrétiens, où de nombreux miracles ont lieu en son honneur. De là il parvint à la ville de Reims auprès de l'évêque Remi qui dirigeait alors le siège épiscopal. Là il demeura jusqu'à ce que, Clovis ayant professé sa foi en la Trinité sacrée, reçut la grâce du baptême. Puis le roi partit,

progressus, victor ad patriam rediens, iam dictum Vedastem beato Remegio commendavit.

recommanda le susdit Vaast au bienheureux Remi et revint victorieux dans sa patrie.

(5). Cumque iam caeleberrimae famae in prefata urbae Remorum esset, et beatus Remegius eum venerationis cultu adtollere niteretur, fuit tandem consilii, ut Atrapatum urbi eum pontificem faceret, quo Francorum gentem ad baptismi gratiam paulatim docendo ac de industria monendo adtrahere curaret. Suscepto itaque pontificalis cathedrae onus, ad urbem Atrapatum venit; dumque intra muros adire vellit, obvios habuit caecum et clodum, alimoniam postulantes.

5. Comme sa renommée était déjà très célèbre dans la susdite ville de Reims et que le bienheureux Remi s'efforçait de l'élever vers le culte d'adoration, il décida de le faire évêque de la ville d'Arras, où il prendrait soin d'attirer peu à peu par ses excellents conseils et son enseignement le peuple des Francs vers la grâce du baptême. Après avoir reçu la charge de la chaire du pontificat, il arriva dans la ville d'Arras. Comme il voulait entrer à l'intérieur des murs, vinrent au-devant de lui un aveugle et un boiteux qui demandaient l'aumône. [*Ils cherchent à s'emparer de son argent, mais il parvient à les convaincre que seule la foi enrichit, et les guérit.*]

(6). Pervenit ergo, ut ecclesiam introiret. Quam cernens incultam ac neglegentiam civium paganorum praetermissam, veprium densitatem oppletam, stercorum ac bestiarum habitaculum pollutam, merore corda subdit omnique. Tristicia colla submittit. Nec prorsus hominis habitatio urbem frequentabat, qare olim ab Attilane Chunorum rege diruta ac torpens squalore relicta fuerat. Ibi et habitatio ursi reperta; quem cum animae dolore a vallo urbis eierat ac ne Crientium fluviolum, qui ibi fluit, ultra progrederetur, imperavit, nullatenus illuc visus fuit revertisse.

6. Il parvint donc à entrer dans l'église [*cathédrale*]. *Il la trouva abandonnée et oubliée par la négligence des citoyens et des païens, remplie de ronces abondantes, salie par le fumier des bêtes qui en avaient fait leur habitat. Les hommes ne fréquentaient absolument pas la ville qui avait été détruite autrefois par Attila roi des Huns et se trouvait abandonnée, déserte et silencieuse. Il y trouva même un ours installé à demeure. Ce ne fut pas sans regret qu'il le fit sortir de la fortification. Il lui ordonna d'aller plus loin que le Crinchon, le ruisseau qui s'y déploie. On ne le vit jamais revenir.*

COMMENTAIRE

Voici donc un autre ermite qui a bien connu Clovis. Les extraits de sa *Vie* permettent de se rendre compte de l'action personnelle de ce dernier après sa victoire sur les Alamans. Il choisit Vaast pour l'accompagner à Reims, où il est baptisé, et le recommande à Remi, lequel l'ordonne ensuite évêque d'Arras. Apparemment, il n'y a, en dehors du miracle de l'aveugle guéri, rien de bien extraordinaire dans ce texte. Si l'examen de la date de rédaction de cette *Vie* peut nous conduire à la même impression, l'étude de la personnalité de Vaast peut nous faire progresser dans une autre direction.

Bruno Krusch a su démontrer de manière irréfutable que l'auteur de cette vie est Jonas de Bobbio, un Italien né à Suse au début du VIIe siècle. Il a écrit une vie de saint Colomban, une fois entré au monastère de Bobbio en 617, alors que le fondateur était décédé en 615. Puis il suivit le missionnaire aquitain saint Amand en Gaule du Nord. Il y connut saint Éloi, autre Aquitain, et mourut abbé de Marchiennes après 659. Jonas a donc collaboré à l'évangélisation des Francs Saliens qu'il appelle « Sicambres ». Il a écrit cette *Vie de saint Vaast*, relativement courte, après s'être renseigné sur place dans le diocèse même où il œuvra, probablement auprès du prédécesseur d'Éloi, Achaire, mort en 640. La *Vie* date de 642. Un tel document postérieur à Grégoire de Tours, et surtout postérieur de cent ans à la mort de saint Vaast (540), peut être soupçonné de manque de crédibilité. En réalité, il pose une nouvelle fois, comme pour Nizier (*cf.* document XVII, p. 519), la question de la valeur d'une enquête, orale et écrite, faite par un auteur qui n'a pas connu celui dont il parle. Étant donné que ses méthodes de travail et son style sont les mêmes que pour ses *Vies* de saint Colomban et de ses émules, Jonas a continué sur sa lancée. D'ailleurs, son texte ne comporte aucun anachronisme (*cf.* Mgr Duchesne, *Fastes...*, t. III, 1917, p. 12 et 110) ni aucune erreur de lieu. Par exemple, le miracle de la guérison de l'aveugle à Rilly-aux-Oies correspond à une tradition orale qu'on a dû lui rapporter à l'endroit même où Clovis et Vaast passèrent. En effet, la voie romaine de Trèves à Reims par Carignan et Mouzon, dont nous avons déjà parlé (*cf.* document XII, p. 465), passe l'Aisne à Voncq à côté de Rilly (l. 48) exactement comme le dit Jonas. Le lieu n'est pas fictif. Le chemin emprunté par Clovis au retour de Tolbiac était donc Toul, Verdun, Mouzon puis Voncq. Cela laisse supposer que le roi des Francs avait repoussé les Alamans le long de la rive gauche du Rhin, puis était alors passé par Trèves avant d'arriver à Toul (*cf.* R. Chevallier, *Tabula Imperii Romani*, t. I, Paris, 1975, p. 192). D'ailleurs, un manuscrit de la *Vita Vedastis* (*Atrebatensis* n° 573), que Krusch a écarté sans raison de son édition, précise bien que Vaast, originaire de Châlus (M. Rouche, *L'Aquitaine...*, note 37, p. 698), aux confins du Limousin et du Périgord, s'était réfugié chez les Alamans pour y mener une vie d'ermite. « Et parce qu'il s'était tourné vers ce genre de vie dans ces lieux depuis si longtemps, les habitants de cette patrie estimaient, jusqu'aujourd'hui [donc au VIIe siècle], qu'il était né à Toul, alors *oppidum*, aujourd'hui une cité » (*ibid.*, p. 414). Effectivement, à la fin du Ve siècle, Toul était sans évêque à cause de l'occupation alamanique, et ce fait explique que Clovis soit passé par là. Il lui fallait parcourir le territoire alaman afin de le soumettre avant d'arriver à Reims. Rien ne s'oppose, par conséquent, à la rencontre de l'ermite Vaast dans la cité de Toul avec Clovis, de retour de Tolbiac. Le récit de cette bataille est conforme à Grégoire de Tours, mais n'en est point cependant une reproduction mot à mot. Krusch soutenait que le biographe avait sous les yeux la source dont disposait l'évêque tourangeau.

La question de l'authenticité du texte est cependant moins importante que celle, curieuse, d'un ermite accompagnant le roi. Elle est invraisemblable si l'on se réfère au cas précédent d'Eptade (*cf.* document XI, p. 546). Un ermite, par définition, n'abandonne pas son désert. Pourquoi quitter le monde si c'est pour y revenir ensuite, et surtout aux côtés du plus grand de ce monde ? Cet illogisme ou cette démission n'existe plus si l'on analyse mot à mot la phrase par laquelle débute le paragraphe 3 (l. 39-44). Jonas précise que Clovis a le désir du baptême. Il veut même s'y réfugier rapidement. Or il se retient de le faire. Il enquête même pour trouver l'ermite Vaast. Enfin, il l'emmène avec lui. Il s'agit incontestablement d'un ordre. Clovis a besoin, puisqu'il retient son désir d'être chrétien, d'un personnage religieux avec lequel il puisse s'entretenir. Cela nous laisse entrevoir les difficultés personnelles et intimes qui empêchaient le roi d'aller au bout du vœu fait à Tolbiac – mais Jonas ne nous dit pas lesquelles. Faire quitter le désert à un ermite n'est donc pas ici un acte de despotisme du roi ou une démission de Vaast. Il s'agit de l'évolution personnelle du premier vers la foi puisque le propre de l'ermite est d'avoir une relation personnelle avec Dieu par la prière. Les questions institutionnelles et théologiques sont évidemment du ressort de l'évêque Remi, auquel Clovis s'adressa ensuite. Il y eut donc partage des tâches, et l'on voit ici combien la conversion de Clovis a été un acte réfléchi et longuement mûri. Le miracle de l'aveugle de Rilly-aux-Oies est d'ailleurs symbolique. Cet homme n'est pas le seul à être privé de la lumière, le roi l'est aussi. Le retour à la vision du premier annonce aussi la guérison du second (l. 55). Clovis avait donc sérieusement besoin d'être... éclairé.

Une raison supplémentaire et subjective explique encore mieux, à mon avis, le choix de Vaast comme catéchiste ou conseiller spirituel, comme on voudra. Le nom de *Vedastus* est rare. Il n'est pas, quoi qu'on ait pu en dire, latin. Il est inconnu en épigraphie latine. Il devait d'ailleurs s'écrire en latin *Vedastis* (et non *Vedastus*) étant donné que Jonas utilise *Vedastem* à l'accusatif et non *Vedastum, Vedastus* au nominatif, etc. Ce nom ne peut se rapprocher que d'un autre : *Widogastis,* l'un des législateurs élus avant 507-511 pour dicter la loi salique (*Pactus Legis Salicae,* éd. K.A. Eckhardt, Munich, 1952, p. 4). *Vedastis* est une forme abrégée du même anthroponyme. Il s'agit donc d'un Franc, peut-être apparenté à ces *rectores,* petits rois de clans francs, ou à ce *Widogastis* qui participèrent aux délibérations préalables à la rédaction de la loi salique. N'oublions pas, en effet, que le nom propre est la propriété d'une lignée et qu'il peut être repris à chaque génération ou degré de parenté. Si Vaast était originaire de Châlus, il faisait partie dans ce cas d'une garnison franque alliée de Rome, installée par le patrice Constance en 417 dans le *Tractus Armoricanus,* ce territoire armoricain comprenant les deux provinces d'Aquitaine, constitué par Rome pour mater les invasions saxonnes et les révoltes bretonnes et armoricaines. En effet, Jonas, toujours dans le manuscrit cité plus haut, précise que « les peuples de cette région sont dits Leuques, la plus grande partie de l'Aquitaine jusqu'à l'Océan ». Phrase incompréhensible (*op. cit.,* p. 414) à cause de la mauvaise transmission manuscrite. Il subsiste cependant une épave au milieu de ce galimatias : « la plus grande partie de l'Aquitaine jusqu'à l'Océan ». C'est une expression reprise à la *Notitia Dignitatum* (éd. Seeck, p. 24) pour désigner cette circonscription militaire. Si l'on tient pour négligeable cette origine aquitaine du Franc Vaast, il est impossible d'échapper à la conclusion qu'il était franc, puisqu'il était considéré à Toul comme originaire de ce pays. Vivre retiré au milieu des Alamans était alors impossible lorsqu'on n'était pas soi-même Germanique. Sidoine Apollinaire en témoigne à propos d'Arbogast, comte franc de Trèves en 471, lequel d'ailleurs termina sa vie comme évêque de Chartres (*Lettres, op. cit.,* IV, 17, p. 149-150). On aura remarqué en même temps l'étonnant parallèle de ces deux *Vies* de Francs chrétiens possédant tous deux la même terminaison de leur nom, *gast* ou *vast,* et finissant tous deux leur vie comme évêques. Quelle que soit par conséquent la solution donnée à l'origine du nom de Vaast, il était franc de langue germanique. Il pouvait offrir à Clovis de longues conversations dans le vocabulaire de leur commune origine, exprimer en vieil haut allemand les concepts théologiques et liturgiques du christianisme et donc répondre à ses véritables interrogations personnelles sur la foi. Ils demeurèrent ensemble d'ailleurs « aussi longtemps » qu'il le fallut pour aboutir au baptême. Jonas précise que Clovis « professa sa foi en la Sainte Trinité » (l. 67) : ce n'est là qu'un aspect de la formule baptismale, le principal certes, mais non le seul. Notre auteur italien, qui sait combien l'arianisme lombard est fort à son époque, privilégie l'aspect antiarien de la formule trinitaire. Ses amis aquitains comme Éloi et Amand avaient à l'esprit des souvenirs identiques. Ils ne lui ont donc pas soufflé des affirmations anachroniques. Le problème arien, virulent au Ve siècle, présent en 561, comme en témoigne Nizier (*cf.* document XVII, p. 519), demeurait d'actualité au VIIe siècle.

Reste l'affirmation fondamentale de Jonas : le baptême a eu lieu à Reims. Grégoire de Tours, lui, ne faisait que le suggérer implicitement (*op. cit.*, *H.F.*, II, 31) en parlant de l'entrevue secrète de Clovis avec Remi à Reims. On a déjà vu que Krusch refusait de le reconnaître, ayant opté pour Tours. Mais, comme le remarquait Kurth (*Clovis, op. cit.*, p. 574), la logique de la découverte du philologue allemand aurait dû le pousser à accepter les localisations géographiques de Jonas. Puisqu'il prouve que Jonas a Grégoire de Tours sous les yeux (*H.F.*, II, 31) ou, mieux encore, sa source, c'est que l'un ou l'autre le lui suggère ou le lui précise. J'opte pour ma part pour la deuxième solution de Krusch, à savoir que Jonas avait sous les yeux la source de Grégoire de Tours. En effet, on aura remarqué d'abord qu'il ne recopie pas exactement l'auteur des *Dix Livres d'histoire.* De plus, il ajoute une phrase qui n'existe pas dans le fameux paragraphe 3, livre II (éd. Poupardin, Paris, 1913, p. 62). La voici : « Et comme s'il n'avait pas eu l'ennemi en face de lui, il aurait voulu traverser le fleuve du Rhin, et dès lors les formations en coin des deux armées se firent face ». Ces mots suggèrent que Clovis avait un plan stratégique visant à passer sur la rive droite du Rhin, pour ravager la patrie des Alamans. Il les aurait contournés par le nord et ainsi obligés à revenir en désordre de la rive gauche du Rhin, où ils se trouvaient. Mais comme ils venaient de battre à Zulpich (Tolbiac) les Francs Rhénans du roi Sigebert (*H.F.*, II, 37), ils se portèrent au-devant de Clovis. Leur rencontre eut donc bien lieu entre Tolbiac et le Rhin. Or l'*oppidum,* c'est-à-dire la forteresse de Zulpich, est à trente-quatre kilomètres de Cologne par une première voie romaine qui mène de Trèves à cette capitale des Francs Rhénans. Donc l'armée de Clovis, qui avait probablement emprunté l'autre voie romaine – Bavay, Maastricht, Cologne –, se trouva obligée de revenir en arrière, alors qu'elle allait passer le Rhin à Cologne-Deutz. La rencontre eut lieu sur cette voie en direction du sud-est, Clovis ayant le dos au Rhin, à fronts renversés, les Alamans s'appuyant sur Tolbiac qu'ils venaient de prendre. On comprend que la bataille ait été mal engagée et qu'elle ait failli tourner au désastre.

Jonas utilise donc autrement la source de Grégoire de Tours. Comme le prouve le texte latin, il ne lui emprunte que six expressions. Le sens des autres phrases est souvent différent de celles de Grégoire. L'une, celle que je viens de citer, est capitale puisqu'elle nous suggère le lieu et les modalités de la bataille. Enfin, il estime que le roi des Alamans a été soumis et non pas tué comme le dit l'évêque de Tours. Krusch croyait que Jonas avait omis « *cernirent interemptum* » après « *regem suum* ». Puisque la source commune à nos deux auteurs n'a pas été reproduite littéralement par eux, rien n'empêche que cette mention de la mort du roi des Alamans en ait été absente. En ce cas, Grégoire l'aurait attribuée à tort à la bataille de 496 alors qu'elle avait eu lieu lors de la deuxième en 506. Mais c'est un détail secondaire par rapport à la victoire. Donc, au total, Jonas se montre original et exact dans le maniement de sa documentation. Il n'est pas jusqu'au « habile en toute action » (l. 2-3) qui ne rappelle le « très astucieux » de Nizier qu'il ne connaît pas (*cf.* document XVII, p. 522, l. 235). Nous pouvons lui faire confiance et considérer qu'il ne se trompe pas en déclarant que Remi a baptisé Clovis à Reims. Comme il répète deux fois le mot « patrie » (l. 35 et l. 70), il indique ici le pays Salique, entre la mer et la forêt Charbonnière, à Tournai.

Que devient alors l'ermite Vaast, devenu serviteur inutile après le baptême ? Clovis le « recommande » à Remi. Il faut voir dans cette expression un ordre du roi de faire passer Vaast du laïcat au clergé (« le culte d'adoration », l. 76). Remi a donc été chargé par le roi Clovis, exactement comme dans la troisième lettre de Remi pour Claude (*cf.* document XI, p. 454), de l'élever à l'épiscopat. Cela a dû se passer vers 500. Nous retrouvons une fois de plus, comme pour saint Eptade (*cf.* document XIX, p. 546), la promotion d'un ermite au sacerdoce suprême, un idéal martinien mis en pratique. Le diocèse d'Arras était en effet sans évêque depuis le IVe siècle. Les fouilles récentes prouvent l'existence de sanctuaires païens romains et germaniques dans la citadelle d'Arras au Ve siècle (*cf.* Alain Jacques, « La présence militaire à Arras », dans *L'Armée romaine et les Barbares*, A.F.A.M., Paris, 1993, t. V, pp. 191-207). Lorsque Jonas dit que les Francs n'y étaient pas baptisés, c'est incontestable. Voilà une autre preuve que le baptême de Clovis n'a pas été le baptême des Francs, et que l'évangélisation dura au moins jusqu'au VIIIe siècle. Vaast n'eut pas trop de ses quarante ans d'épiscopat (*ibid.*, l. 9, p. 412) pour rétablir le culte dans son diocèse. Il mourut le 6 février 540.

Ces quelques extraits de la vie de saint Vaast, écrite par un moine-missionnaire italien en 642 sur le territoire même ou vécut cet ermite-évêque, sont très révélateurs. Bien que tardive, son enquête historique est digne de confiance. Elle nous permet de constater que Clovis a choisi volontairement, à Toul, un Franc de noble origine, probablement pour se faire instruire dans sa propre langue des mystères de la foi chrétienne. Il connut ainsi les différents courants qui agitaient alors l'Église catholique, la piété féminine de Clotilde, l'orthodoxie institutionnelle de Remi et la mystique contestataire monastique de Vaast. Il y a chez Clovis une quête de la foi.

Jonas est un auteur suffisamment original pour non seulement retrouver la tradition antiarienne des missionnaires aquitains, mais encore adapter sa source écrite à celle de son héros Vaast. La rencontre du roi et de l'ermite à Toul ne s'explique que grâce aux itinéraires respectifs des deux, et surtout grâce à la bataille près de Tolbiac, que Clovis faillit perdre par une trop grande habileté tactique, grâce surtout à son vœu. L'accord intime de ces deux hommes explique enfin qu'après le baptême à Reims Vaast, que les Méridionaux appellent Gaston, soit nommé évêque d'Arras, ordonné par Remi, pour évangéliser les Francs. En accord avec les textes antérieurs qu'il ne connaît pas, Jonas a donc bien vu que la conversion de Clovis était un phénomène personnel.

XXI. Passion de saint Sigismond

Passio sancti Sigismundi Regis et martyris et sociorum eius, quod est Kl. Mai

TEMPORE Tyberii senioris augusti, qui sicut reliquas regiones, ita Gallias, Ausoniam regebat, egressa est gens de insula, quam mare Oceanum cingit, cuius vocabulum est Scanadavia, qui ex vocabulo quoque regionis Scanadavii nuncupati sunt. Cumque alia regna vel regiones cum mulieribus et prolis suis penetrassent et ad Renum fluvium pervenissent, ibi a iussione Tyberii imperatoris detenti, burgus ultra Renum fluvium per multorum annorum spacia custodire coacti sunt, unde et Burgundofarones nuncupati sunt et usque hodie Burgundiones vocantur. Qui tempore Valentiniani imperatoris egressi de ipsis burgis, Gallias petierunt et more barbarico terras vel populos imperialibus dicionibus subiugatas invaserunt, regemque ex suo genere levato nomine Gunduico, Romanos Galliarum, quos ab ipsorum

1. Au temps de Tibère Auguste l'ancien, qui dirigeait l'Occident ainsi que les autres régions dont la Gaule, un peuple sortit d'une île qu'entoure l'Océan dont le nom est la Scandinavie d'où vient le nom de ceux qui l'habitaient que l'on appelle Scandinaves. Comme ils étaient entrés dans d'autres royaumes et régions avec leurs femmes et leurs enfants, ils parvinrent au fleuve du Rhin, et là ils furent obligés, une fois détenus par l'empereur Tibère, de garder des « burgs » fortifiés au-delà du Rhin pendant de nombreuses années. De là vient qu'ils furent appelés Burgondofarons et ils s'appellent jusqu'aujourd'hui Burgondes. À l'époque de l'empereur Valentinien, ils sortirent de leurs « burgs », gagnèrent la Gaule et envahirent à la manière barbare les terres et les peuples jusque-là soumis aux pouvoirs impériaux. Ils élevèrent [sur le pavois] un roi de leur race nommé Gondioc. La main des gladiateurs (?) tua les Romains de Gaule

---

* *Passio sancti Sigismundi regis*, M.G.H. SS. R. M., éd. B. Krusch, Hanovre, 1888, t. II, p. 333-334.

conspectibus fuga non celavit, gladiatorum manus interfecit; paucisque relictis suis dicionibus subiugatis, ipsique eorum dominationi contempti sunt.

(2). Defunctoque Gunduico, filii Gundobadus et Godigiselus, regno suscepto, Galliarum populos terrasque inter se diviserunt, ita ut Gundobadus duas portiones suis dicionibus vindicaret, tertia Godigiselus esset contentus. Unde inter ipsos maximum iurgium exortum est, ita ut inter se a fraterna caritate divisi fuissent. In ipsis temporibus Sicambrorum gens ilico convalescens, multasque regiones, postpositis omnibus, dapibus contemptis et artioribus rebus dorsis inpositis, pene omnibus gentibus finitimis, duodecim regibus cum populis, sibi subiugatis, prostratis atque depopulatis, convalescenti manu suis subdiderunt dicionibus. Quas regiones sibi subiugatas, Galliarum fines invadendas audacter expetierunt. Quorum adiunctus Godigiselus, frater Gundobadi, preliandi cum Germanorum solatio contra Gundobadum arma arripuit. Quo fugato, regnum Galliarum paucis diebus sibi subiugasse visus est.

(3). Non post multo tempore, resumptis viribus, Gundobadus, deiectisque portis Viennensium civitatis cum multo exercitu, captoque germano suo Godegiselo cum uxore et prolibus suis, igne concremavit omneque regnum, quod per vim perdiderat, vindicavit.

(4). Natique ei sunt duo filii, Sigismundus et Godemarus. Et

que la fuite n'avait point cachés à leur aspect. Un petit nombre d'entre eux fut soumis à leur domination, et ces derniers méprisèrent leur pouvoir.

2. Gondioc étant mort, ses fils Gondebaud et Godegisèle, ayant pris le royaume des Gaules, se divisèrent les peuples et les terres entre eux de telle manière que Gondebaud put revendiquer deux portions pour son domaine, Godegisèle se contentant de la troisième. De là vint qu'éclata entre eux une immense discorde, au point de se diviser et de s'éloigner de toute charité chrétienne. À la même époque le peuple des Sicambres, en plein essor, après s'être emparé de plusieurs régions, se soumit d'une main forte presque tous les peuples frontaliers, douze rois avec leur peuple soumis, renversés et dispersés, auxquels ils firent renoncer aux sacrifices et imposèrent de lourds fardeaux. Ces régions soumises, ils entrèrent audacieusement pour les envahir sur les territoires des Gaules. Godegisèle, frère de Gondebaud, se joignit à eux et prit les armes pour combattre avec les Germains contre son frère Gondebaud. Celui-ci enfui, on eut l'impression qu'en peu de jours il avait soumis le royaume des Gaules.

3. Mais peu de temps après, ayant repris des forces, Gondebaud, l'ayant expulsé des portes de la ville de Vienne avec une grande armée, après avoir pris son frère Godegisèle avec son épouse et ses enfants, mit feu à tout le royaume qu'il avait perdu par sa violence et se vengea ainsi.

4. Deux fils lui naquirent, Sigismond et Godomar. Et comme Gondebaud

quia ipse Gundobadus omnisque gens Burgundionum legis Goticae videbantur esse cultores, tamen filiis suis christianae religionis cultum deservire visus est tradidisse. Qua lege percepta, inluster atque venerabilis Sigismundus puer, cum iam ad perfectam venisset aetatem, tanta devotio circa ecclesias, monasteria vel limina sanctorum ipsum accendit, ut die noctuque vigiliis, ieiuniis, orationibus incessanter assisteret. Defunctoque genitore suo Gundobado, licet incredula circa fidem Christi, omnis gens Burgundionum una cum paucis Romanis, qui cum ipsis Gallis, eorum morsibus laniati, durabant contenti, excellentissimum virum Sigismundum sibi regem elegerunt. Acceptoque principatu super Galliarum incolis, qualem se circa cultu divino vel suis obtimatibus prebuit, quae illi in ieiuniis abstinentia, in helemosinis libertas, in religione humilitas, in iudicii veritate severitas fuisset, lectio succedens edocet.

lui-même et tout son peuple des Burgondes étaient partisans du régime de la loi gothique, cependant on voit qu'il laissa ses fils suivre le culte de la religion chrétienne. Après avoir reçu cette loi, le jeune Sigismond, homme de rang illustre et vénérable, lorsqu'il parvint à l'âge adulte, fréquenta avec une telle dévotion les églises, les monastères et les seuils des saints qu'il assistait jour et nuit. sans cesse aux veilles, jeûnes, prières. Son père Gondebaud étant mort, tout le peuple des Burgondes, bien qu'incrédule à l'égard de la foi du Christ, ensemble avec quelques Romains et des Gaulois eux-mêmes, lesquels malgré leurs persécutions étaient restés paisibles, élurent Sigismond pour leur roi. Ayant reçu le principat sur les habitants des Gaules, il montra à ses optimates *combien sa foi était grande à l'égard du culte divin...*

COMMENTAIRE

Ce dernier document, qui est en même temps la troisième des vies de saints examinées jusqu'ici, concerne l'un des acteurs et même l'un des rivaux du baptême de Clovis, le fils de Gondebaud, roi des Burgondes, Sigismond. Nous l'avons déjà rencontré à plusieurs reprises (*cf.* document VI, p. 424). L'hagiographe trace ici un portrait des origines burgondes, depuis Tibère jusqu'à Valentinien, de Gondioc qui soumet les Romains de Gaule, de Gondebaud et Godegisèle, avant d'en venir aux deux frères Sigismond et Godomar et surtout à la conversion du premier. Rien n'est plus difficile qu'une histoire des origines. Aussi faudra-t-il d'abord établir le degré de valeur historique de cette *Vie* avant d'en venir aux ancêtres de Sigismond, puis aux débuts de son règne.

Le texte est une passion, c'est-à-dire le récit de la vie d'un martyr, puisque Sigismond était déjà considéré comme tel par Grégoire de

Tours (G. M., I, 75). Dès lors, nous pouvons supposer que de nombreux silences, à tout le moins, vont concerner la vie de ce roi, pour insister surtout sur ses vertus chrétiennes. Par ailleurs, cet écrivain utilise des sources facilement identifiables, telles que Grégoire de Tours, Frédégaire, Marius d'Avenches, Isidore de Séville ainsi que d'autres, inconnues parce que perdues. Mais il ignore les lettres qu'Avit de Vienne lui écrivit ou rédigea en son nom. La critique est actuellement d'accord pour dater la rédaction de cette passion du VIIIe siècle, au minimum après 736. L'auteur est probablement un moine de Saint-Maurice d'Agaune où reposait le corps du roi et où se trouvaient très certainement des preuves écrites de la fondation du monastère en 515 par Sigismond. Il s'occupe donc de préférence de l'histoire spirituelle du roi burgonde, tout en écrivant deux cents ans après sa mort.

Lorsqu'il nous décrit sous le règne de Tibère, donc entre 14 et 37, la sortie des Burgondes d'« une île qu'entoure l'Océan », la Scandinavie (l. 15), sa description correspond exactement à celle des géographes antiques. Ceux-ci sont persuadés que les actuelles Norvège et Suède forment une île. La migration de ce peuple eut lieu certainement au Ier siècle ap. J.-C., à l'instar de celle des Goths et des Lombards. Ils passèrent probablement par l'île de Bornholm (en fait Borgondarholm, c'est-à-dire l'île haute des Burgondes) et s'installèrent entre l'Elbe et l'Oder, comme le prouvent Ptolémée et Tacite. On voit donc qu'ils ne purent être fixés sur la rive droite du Rhin par l'empereur Tibère (l. 11). Cette erreur est due au fait que notre auteur n'a pas compris sa documentation. Les Burgondes doivent, en fait, leur nom au toponyme Burgond dont deux sont attestés en Norvège. Ils signifient encore aujourd'hui en norvégien « fortification ». Par conséquent, si l'interprétation est fausse, le renseignement était bon. Les Burgondes étaient originaires de Norvège. Mais l'auteur a suivi sa source, Isidore de Séville (*Étymologies,* IX, 2, 99), sans la critiquer. Un deuxième renseignement a été interprété de travers par l'hagiographe. Il a cru que le mot « Burgondes » et la vie dans des fortifications étaient à l'origine du mot Burgondofarons, ce qui prouve qu'il ignore tout des langues germaniques. Frédégaire précisait que *farones* signifiait « nobles » (*op. cit.,* IV, 47, p. 147; 44, p. 143; 55, p. 148). Il n'en conclut qu'une chose: le mot Burgondes désigne le peuple « aujourd'hui » puisqu'il vit en territoire de ce nom. Il ne sait pas que *faro,* en vieil haut allemand, désigne les membres de la *fara,* un groupe familial large qui est parti des territoires d'origine (*fahren* signifie partir) pour se déplacer vers des terres plus attirantes que les leurs.

Il cite comme date de sortie des burgs et d'entrée en Gaule le règne de Valentinien. Cet empereur, qui régna de 364 à 375, se mit effectivement en relations avec les Burgondes en 370 pour qu'ils s'allient à Rome en écrasant les Alamans. Ils étaient installés alors entre le Neckar et le Danube depuis 270. Ils traversèrent victorieusement le pays alaman, mais, en atteignant le Rhin, ils ne trouvèrent pas leurs alliés romains et revinrent chez eux en massacrant leurs prisonniers alamans (Ammien Marcellin, XXVIII, 5-11). Donc, ici, notre auteur écourte ses récits et confond l'attaque jusqu'au Rhin de 370 avec le passage du Rhin par les Burgondes après le 31 décembre 406. C'est à ce moment-là seulement que ce peuple entra en Gaule. Que veut-il dire par envahir « à la manière barbare » (l. 20) les terres et les peuples ? Il s'agit du régime de l'hospitalité, selon lequel une partie des terres et des hommes leur étaient soumis et les impôts correspondants perçus. Enfin, toujours aussi rapidement, le moine d'Agaune passe à la proclamation du roi Gondioc (456-474). Le verbe « élevèrent » (l. 24) désigne le cérémonial romain (autrefois celtique) de création du roi que les Burgondes, en alliés de Rome qu'ils étaient, avaient adopté, comme aussi les Francs. Gondioc fut en effet celui qui obtint l'installation officielle des Burgondes comme fédérés en 456 en Lyonnaise Première. « Cette année-là, dit Marius d'Avenches (*Chronica minora, op. cit.*, p. 232), les Burgondes occupèrent une partie de la Gaule et divisèrent les terres avec les sénateurs gaulois. » Ce chroniqueur du VIe siècle confirme donc bien l'allusion précédente aux terres et aux peuples. Mais les deux phrases suivantes (l. 25-30) sont difficilement compréhensibles. Que viennent faire là-dedans les gladiateurs ? Étant donné la leçon du manuscrit C Dijon n° 383 qui porte *gladiorum* et non *gladiatorum*, il faut comprendre que Gondioc fit tuer par l'épée, tenue en main, des Romains de Gaule. Si la source inconnue de notre auteur est juste, alors cela signifie que cette installation n'a pas rencontré l'accord des populations, qu'il y eut des exécutions, que d'autres fuirent, et que les soumis ne furent qu'une minorité qui les méprisa. En ce cas, il s'agirait des sénateurs gallo-romains qui organisèrent avec eux le partage des terres. Ces violences durent en fait correspondre aux combats menés par Aegidius contre les Burgondes et leurs alliés gallo-romains de Lyon cette même année, ainsi qu'à la livraison d'otages à laquelle fait allusion Sidoine Apollinaire (*Panégyrique de Majorien, op. cit., Carmina,* V, v. 565-573, p. 49-50). Bref, l'installation des Burgondes se fit au milieu des guerres civiles entre Romains et des spoliations de terres qui laissèrent même les partisans de l'alliance avec Gondioc particulièrement amers. Contrairement aux affirmations de certains historiens (E. Demougeot, *La Formation de l'Europe,* t. II, 2, Paris, 1979, p. 653), la vie de saint Sigismond prouve ici que cette installation ne se fit pas pacifiquement.

Toujours aussi elliptique, et contractant ses sources au maximum, notre hagiographe, pressé d'en arriver à Sigismond, passe ensuite au règne de Gondebaud (474-516). Il attribue ainsi deux fils seulement à Gondioc, à savoir Gondebaud et Godegisèle, alors que Frédégaire précisait qu'il y avait aussi deux autres frères, Chilpéric et Godomar (*Frédégaire,* éd. B. Krusch, Hanovre 1888, III, 17, p. 92). Mais cela ne l'intéresse pas ; seul le manuscrit C Dijon, déjà cité, en parle. Du coup, la phrase concernant le partage du royaume entre les deux frères devient incompréhensible. Pourquoi fallait-il un nouveau partage des peuples et des terres ? Et pourquoi, surtout, le faire dans une proportion de deux tiers un tiers (l. 35) ? Il s'agit, en fait, d'un partage du royaume burgonde entre les héritiers, comme il y en a eu entre Gondioc et Chilpéric Ier. Mais cette fois-ci, il y a quatre héritiers ! Il y aurait dû y avoir quatre *Teilreiche* (portions de royaume), pour reprendre l'expression allemande. Une seule hypothèse permet de résoudre le problème : Godomar devait être trop jeune pour régner ou bien fut éliminé très tôt. Seuls auraient pris part au partage Gondebaud, Chilpéric II et Godegisèle. Si Gondebaud revendiqua les deux tiers, cela ne peut avoir eu lieu qu'après l'élimination physique de Chilpéric II, de sa femme et de ses enfants, sauf évidemment Clotilde et Chrona. « Revendiquer » est une expression inadéquate lors d'un partage primitif à égalité. Cela renforce donc l'historicité du passage de Grégoire de Tours (*H.F.*, II, 28) racontant ces meurtres et permet de comprendre pourquoi Gondebaud « revendique » en fait le deuxième tiers dont il s'est emparé, sans en laisser la moitié à Godegisèle. On rétorquera, comme l'a affirmé Godefroid Kurth (*Clovis, op. cit.*, p. 266), que tout cela est légendaire, étant donné la phrase de saint Avit qui est contemporaine : « *Flebatis quondam pietate ineffabili funera germanorum* » (*Aviti Epistolae, op. cit.*, n° 5, p. 32), ce qui signifie : « Vous pleurâtes autrefois avec une ineffable piété les funérailles de vos frères. » L'imparfait se justifie par le fait que la lettre est écrite après 500, et que le meurtre eut lieu entre 474 et 478. Comment, disait Kurth, peut-on regretter la mort de ses frères, si l'on en est le meurtrier ? Hélas, ce raisonnement, typique d'un XIXe siècle persuadé que le cœur d'un assassin ne pouvait être qu'endurci, ne tient pas debout : ce même Sigismond, fils de Gondebaud, fit bien étrangler son propre fils, puis le regretta amèrement (Marius d'Avenches, *Chronica minora, op. cit.*, a. 522, p. 234 ; Grégoire de Tours, *H.F.*, III, 5). De plus, c'est prendre Avit de Vienne pour un benêt que de supposer qu'il aurait pu écrire au roi Gondebaud en le félicitant d'avoir manifesté son repentir et ses regrets d'avoir été un fratricide ! Rappeler son crime à quelqu'un n'est guère habile. La plus élémentaire diplomatie pour Avit, qui voulait convertir le roi Gondebaud, jointe à une réelle charité de cœur, consistait précisément à passer sous silence ses égorgements familiaux et à magnifier son attitude de pénitent. Donc Gondebaud a tué « ses frères », c'est-à-dire Chilpéric II, père de Clotilde, et Godomar. Quand il se fut emparé du royaume de Chilpéric II, il refusa de le partager avec son autre frère Godegisèle. Il fut donc bien maître des deux tiers du royaume, provoquant ainsi la haine de Godegisèle qui provoqua pour se venger l'invasion de Clovis en 500. Notre moine d'Agaune regrette d'ailleurs avec véhémence « cette immense discorde » (l. 38). Elle est pour lui l'occasion de stigmatiser en même temps l'action des « Sicambres », c'est-à-dire des Francs de Clovis, qu'il appelle un peu plus loin « Germains », comme s'il considérait que les Burgondes dirigeaient toutes les Gaules. En réalité, le royaume se trouve en grande partie dans l'ancienne circonscription romaine appelée « diocèse des Gaules », avec Lyon comme capitale, mais il englobe seulement la Lyonnaise Première, la Maxima Sequanorum , les Alpes Grées (où se trouve Agaune). Enfin, un morceau de la Viennoise fait partie de ce royaume. Donc l'expression de notre auteur n'est pas tout à fait juste, mais elle doit correspondre, dans sa documentation, à une prétention ancienne qu'avaient les Burgondes d'être les maîtres de cette partie des Gaules, distincte du diocèse méridional des Sept Provinces.

Partisan des Burgondes, l'hagiographe considère donc les Francs comme des conquérants écrasants. Ils se sont emparés de plusieurs « régions », de douze peuples frontaliers. Les régions sont celles d'entre Seine et Loire que Clovis vient de conquérir. Les peuples sont, à mon avis, les Alamans. Les quatre royaumes alamans situés au IVe siècle sur la rive droite du Rhin n'avaient pu, après 455, que progresser lentement sur la rive gauche : Worms, Spire, Strasbourg, puis Bâle, Besançon, Langres, Lausanne et l'actuelle Suisse à l'ouest de l'Aar. Leurs avancées et leurs reculs successifs avaient dû aboutir à l'existence de douze royaumes. Leur défaite à Tolbiac les dispersa un peu plus, mais ils couvraient effectivement les frontières septentrionales et orientales du royaume burgonde. Notre moine d'Agaune précise qu'ils durent renoncer aux sacrifices. Effectivement, les Alamans restèrent longtemps païens. Clovis dut simplement interdire le culte aux dieux et leur imposer le paiement d'un lourd tribut. Là encore, l'auteur du texte montre son antipathie envers les Francs, et l'accentue de manière contradictoire en prétendant qu'ils « entrent audacieusement » sur le territoire burgonde et que Godegisèle se joint à eux, alors qu'il a précisé plus haut les motifs de haine de ce dernier à l'égard de Gondebaud (l. 50, p. 556). Il ne veut pas reconnaître que l'appel à Clovis est l'œuvre de Godegisèle, alors même qu'il connaît Grégoire de Tours (*H. F.*, II, 32 et 33) et qu'il cite au paragraphe suivant une de ses expressions : « *resumptis viribus* » (l. 60). Quant au reste du récit de la campagne de 500, avec le succès final de Gondebaud, il correspond exactement à nos sources antérieures et notamment à Marius d'Avenches, chroniqueur burgonde lui aussi (*Chronica minora, op. cit.*, p. 234). Seule diffère la mort de Godegisèle, tué dans l'église des ariens selon Grégoire de Tours, fait prisonnier selon notre hagiographe.

On aura remarqué que, jusqu'ici, aucune allusion n'a été faite à l'arianisme des Burgondes. Il faut attendre le paragraphe 4 avec la conversion des fils de Gondebaud, Sigismond et Godomar II, pour voir l'hérésie mentionnée. Encore est-ce par une formule qui évite l'aspect religieux du problème : « la loi gothique » (l. 71). Cela peut paraître curieux à propos des Burgondes, mais si l'on admet qu'ils sont apparentés aux Goths en tant que Germaniques orientaux d'origine scandinave et par leur dynastie royale, les Balthes – dont Grégoire de Tours dit, à propos de Gondioc, qu'il descendait d'Athanaric (365-376/381), c'est-à-dire un roi wisigoth (*H.F.*, II, 28) –, rien ne s'oppose à cette affirmation. Elle correspond à une confusion, classique à l'époque, entre l'appartenance ethnique et l'option religieuse, entre politique et foi (M. Rouche, *L'Aquitaine…, op. cit.*, p. 40 ; H. Wolfram, *Histoire des Goths, op. cit.*, p. 204). Cette expression indique bien d'ailleurs la difficulté de la conversion au catholicisme, car elle impliquait, par l'abandon de cette loi, une perte d'identité. D'ailleurs, Gondebaud l'avait refusée. Reste à savoir quand eut lieu cette conversion de Sigismond au catholicisme.

Notre moine bourguignon, qui ne tarit pas d'éloges sur sa piété, affirme que ce fut à l'âge adulte (l. 77-78). Vu sa construction du monastère Saint-Maurice d'Agaune en 515, il s'affirma catholique du vivant de son père, probablement avant son intervention en 507 dans la guerre de libération de l'Aquitaine wisigothique (*cf.* document XIX, p. 546). En effet, Avit de Vienne appelle Sigismond et Godomar « *piissimi domini* », seigneurs très pieux, dans l'une de ses lettres écrite en 507 (*Aviti opera, op. cit.*, n° 92, p. 99). D'aucuns estiment qu'elle eut lieu vers 501-502, lorsque Sigismond remplaça Godegisèle, tué à Vienne. C'est possible, mais on ne peut remonter plus haut, malgré une lettre de saint Avit mal interprétée. Elle porte ceci : « *adhuc de regibus solus est quem in bonum transisse non pudeat* », ce qui signifie : « il n'a pas eu honte d'être jusqu'à maintenant le seul parmi les rois qui soit passé au bien » (*Aviti opera, op. cit.*, n°15). Cela ne signifie pas qu'il soit devenu catholique avant Clovis, mais qu'il est passé du mal (l'hérésie) au bien, le seul parmi les rois burgondes, wisigoths, etc. J'aurais plutôt tendance pour ma part à y voir une conséquence du baptême de Clovis, après la campagne de 500, et le refus de Gondebaud de se convertir publiquement au catholicisme (*H.F.*, II, 34), alors qu'Avit voulait une renonciation officielle.

Dernier point à souligner, les conditions de l'arrivée au pouvoir de Sigismond, dont nous savons par ailleurs qu'elle eut lieu en 516. Il y a élection, pratique germanique, il faut le souligner, mais qui fut complétée par l'élévation sur le pavois, pratique romaine ; Marius d'Avenches l'atteste. La procédure est donc double. Mais notre hagiographe précise que, si le peuple burgonde est unanime à élire un catholique, Sigismond, malgré son incrédulité « à l'égard de la foi du Christ » (formule un peu plus précise cette fois, mais qui évite toujours de mentionner l'arianisme), en revanche, seule une minorité de Gallo-Romains participa à cette reconnaissance. Nous retrouvons une fois de plus le groupe de sénateurs et hauts fonctionnaires qui préparèrent le partage des terres en 456 et furent partisans de l'entente avec les Burgondes ariens. Une minorité identique existait en Aquitaine wisigothique (M. Rouche, *L'Aquitaine...*, p. 27-35) et, nous l'avons vu, en Italie ostrogothique avec Cassiodore (*cf.* document IV, p. 411). Mais, renseignement fort intéressant, l'hagiographe ajoute : « malgré les persécutions » (l. 87). Effectivement, les Burgondes, avec Gondebaud, ont fait pression sur les catholiques : exil des évêques comme Aprunculus de Langres, de Césaire d'Arles, etc. Les persécutions n'ont pas fait changer d'avis ce groupe, dont faisait peut-être partie Avit de Vienne. De toute façon, la conversion du roi devait normalement réconcilier entre eux les Romains déchirés par leur guerre civile et religieuse de 500. Dans leur esprit, il s'agissait de sauvegarder la continuité avec Rome. La preuve en est que le pouvoir de Sigismond est qualifié de « principat des Gaules », c'est-à-dire un pouvoir quasi impérial de type romain. En effet, il avait reçu le patriciat après 507 (*Aviti opera*, n° 9, p. 43, écrite en 515). Tout cela est donc juste et prouve les prétentions de Sigismond à se poser en rival direct de Clovis pour la domination des Gaules. On aura remarqué l'oubli, probablement volontaire là encore, du royaume attribué à Godomar. De même l'auteur avait négligé de parler, à la génération précédente, du royaume de Chilpéric II. Cela prouve une fois de plus combien, en moine burgonde romain qu'il est, son attitude est hermétique aux faits de civilisation germanique.

Au total, malgré la date tardive de sa rédaction – après 736 –, cette *Vie* est de bonne valeur historique. Qui plus est, les partis pris de l'auteur contre les Francs et son ignorance des traits de civilisation germanique militent pour une plus grande crédibilité dans l'utilisation des sources non identifiées. Les Burgondes quittèrent bien la Norvège sous Tibère, s'allièrent à Valentinien Ier en 370, s'installèrent en 456 sous Gondioc en Gaule. Quant aux Gallo-romains de la Lyonnaise Première, cette installation provoqua spoliations et guerres civiles, mais le parti sénatorial qui accepta de collaborer avec les Burgondes se maintint jusqu'à la conversion de Sigismond. Ce texte nous prouve surtout combien Gondebaud n'hésita guère à tuer ses frères, ce qui renforce la véracité du texte de Grégoire de Tours. Il nous révèle aussi combien les rois burgondes se posent en rivaux des rois francs et désirent la domination sur les Gaules. Il cherche à gommer l'aspect arien de la religion des Burgondes au profit de son aspect ethnique *(lex gothica)* et place Sigismond en compétition catholique avec Clovis, mais sans citer ce dernier. Cela se comprend quand on sait qu'il fut écrit après la suppression de l'indépendance de la Burgondie par Charles Martel en 733, alors que la dynastie mérovingienne, tombée aux mains des maires du palais, n'avait pas encore de culte d'un saint roi. Dans une période de vide de la légitimité royale, il importait, au pied des cols alpestres où devait bientôt passer le pape Étienne II, de promouvoir le culte d'un saint roi martyr des Francs « pour les habitants des Gaules ».

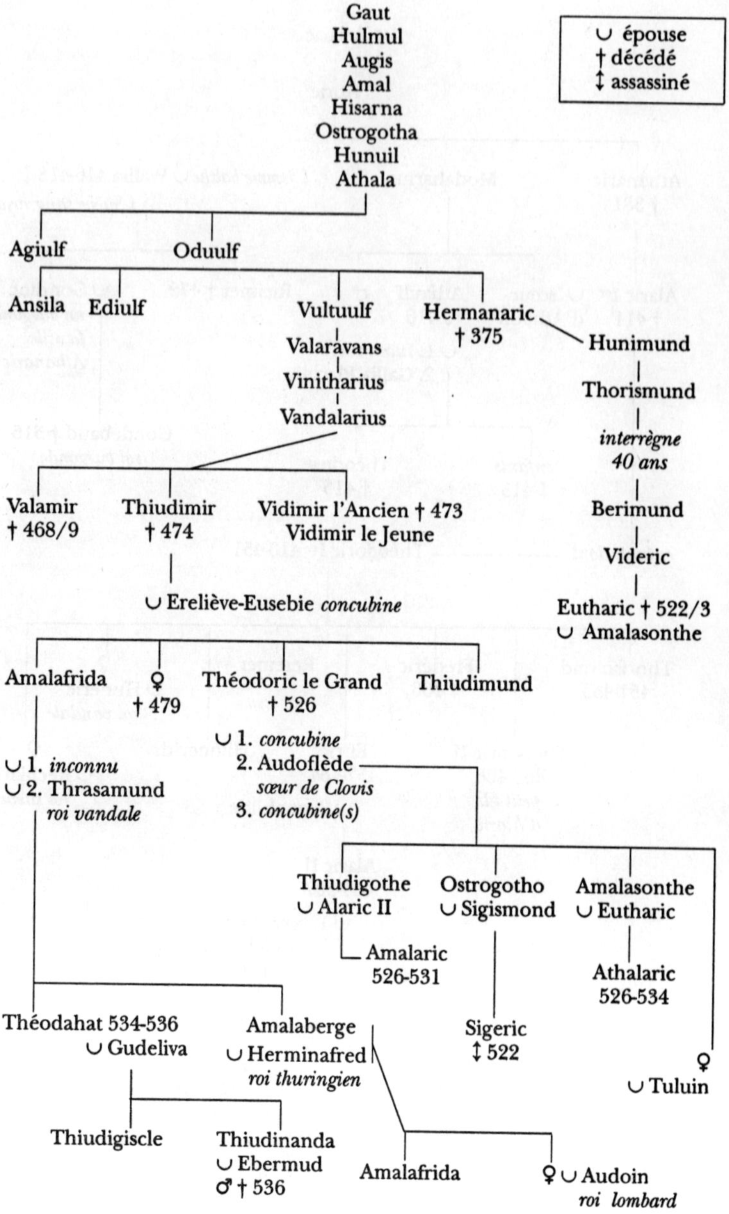

I. Les Amales (Ostrogoths)

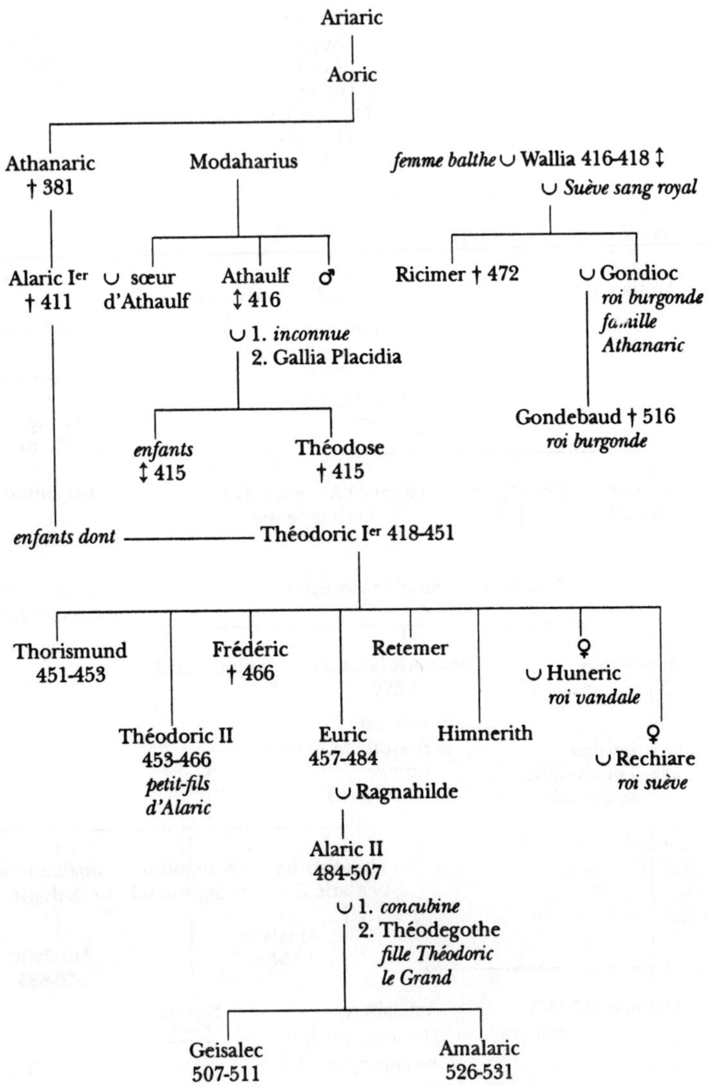

II. LES BALTHES (WISIGOTHS)

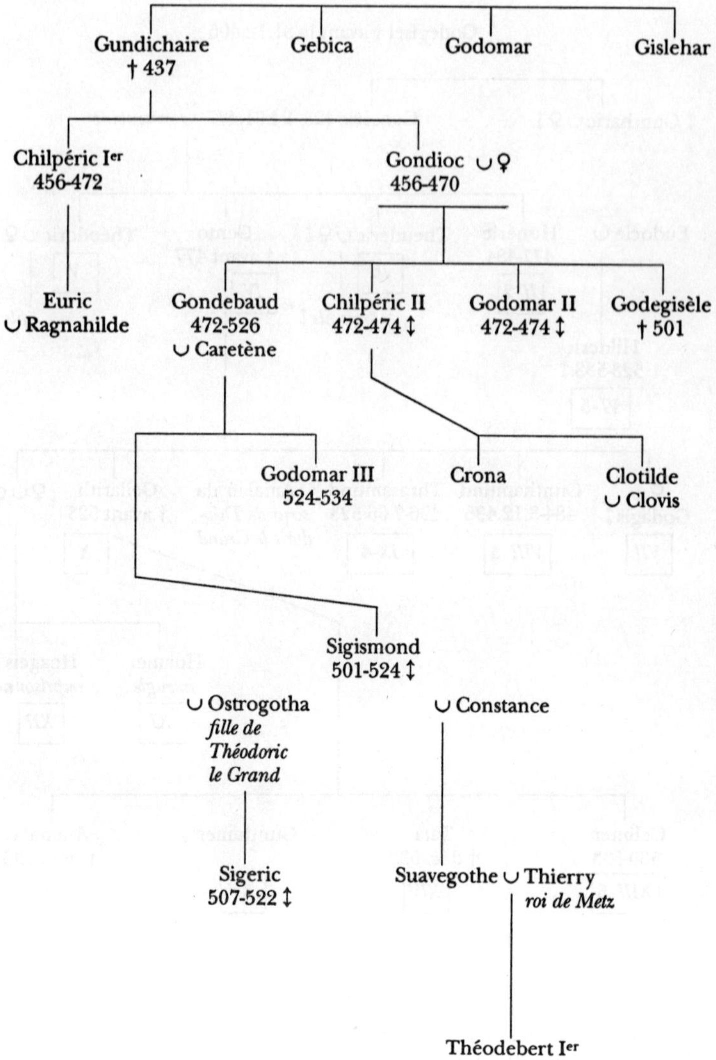

III. ROIS BURGONDES

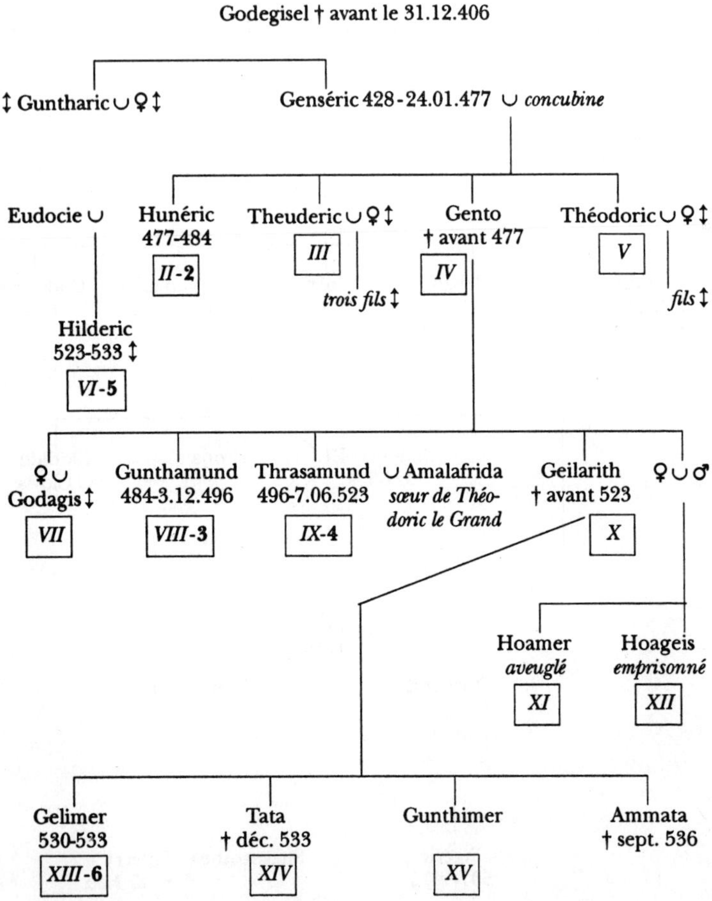

I = Ordre de succession par *tanistry*
2 = Ordre de succession réel

IV. ROIS VANDALES

Bisin Ier ∪ Basine *milieu du Ve s*

Bisin II ∪ Menia
† avant 511

Bertacharius

Baderic
∪ Amalafrida

Herminafred ↕
∪ Amalaberge
en 511

Ranicunda
∪ Wacho
∪ Audoin
v. 545
roi lombard

Radegonde *frère* ↕

V. ROIS THURINGIENS

Rua
† printemps 434

Optar
† 430

Mundioch

Attila
† 453

Bleda
444 ↕

Ellac

Hordniak

Dengizik
† 469

Ernac

VI. ROIS HUNS

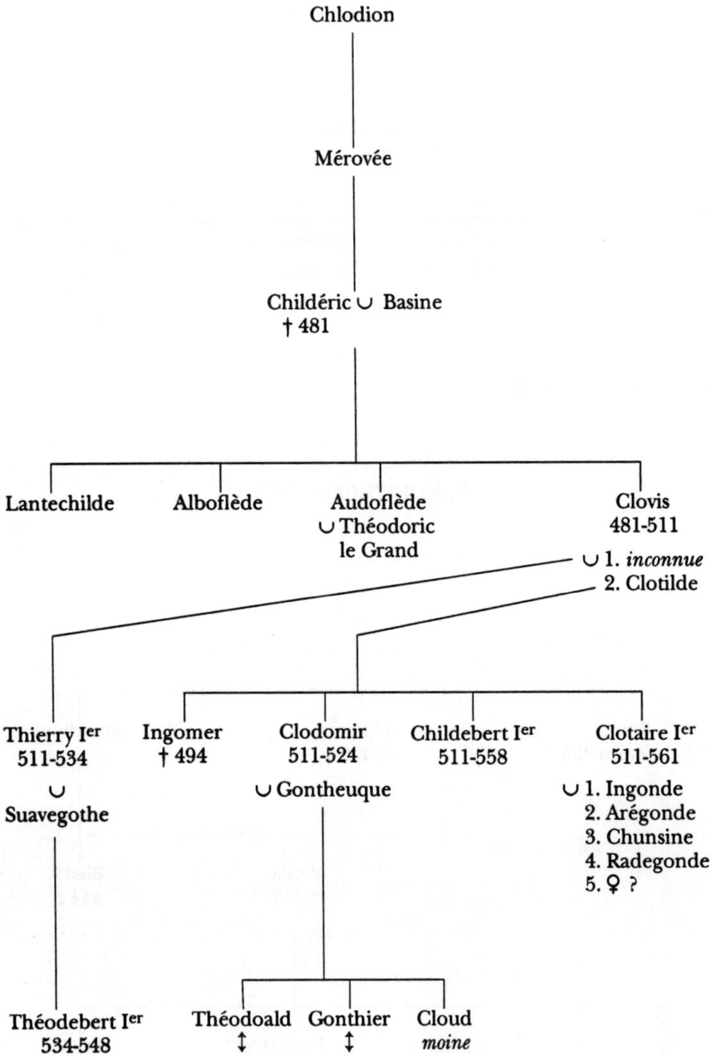

VII. DYNASTIE MÉROVINGIENNE

Sources et bibliographie

La littérature scientifique concernant la chute de l'Empire romain d'Occident et le règne de Clovis est immense. Il est donc impossible de présenter ici tout ce qui a été écrit de manière exhaustive, d'autant plus que les controverses savantes ont foisonné.

Je donne donc ici les documents anciens dans l'édition la plus récente ou la meilleure, et des ouvrages ou des articles qui firent soit prendre connaissance de la problématique, soit avancer la recherche. J'ai résolument écarté toutes les légendes et les publications de vulgarisation répétant l'état des connaissances à la date de parution. Ce choix est évidemment subjectif. J'ai privilégié l'étude des sources qui, seule, permet de faire progresser la connaissance historique.

I. Sources

Agathias

– *Historia,* éd. S. Costanza, Messine, 1969.

– *Historiarum libri VI,* éd. par R. Keydell, C.F.H.B, t. II, Berlin, 1967.

Ammien Marcellin

– *Histoire,* éd. E. Galletier et J. Fontaine, t. I, Paris, 1968, t. IV, 1977.

Anonymus Valesianus

– éd. T. Mommsen, M.G.H.AA, t. IX, Berlin, 1892.

– éd. J. Moreau et V. Velkov, Leipzig, 1968.

Augustin (saint)

– *De civitate Dei,* éd. B. Dombart et A. Kalb, C.C, t. LVII-LVIII, Turnhout, 1955.

Avit de Vienne (saint)

– *Opera,* M.G.H.AA, éd. R. Peiper, t. VI. 2, Berlin, 1883, pp. 1-294.

– *The fall of the man,* De spiritalis historiae gestis, libri I-III, éd. D.J. Nodes, Toronto, 1985.

Baptême (le)

– *d'après les Pères de l'Église,* introd. trad. par A. G Hamman, Paris, 1962, 1995.

Bréviaire d'Alaric

– voir *Code théodosien*

Capitularia regum Francorum

– M.G.H.AA, éd. R. Boretius, t. I, Hanovre, 1883, pp. 1-23.

Carmen de Providentia Dei

– Texte et trad. par M. P. Mc Hugh, Washington, 1969.

Cassiodori Senatoris chronica

– éd. Th. Mommsen, M.G.H.AA., t. XI, 2., Berlin, 1894, pp. 120-161.

Cassiodore

– *Variae,* M.G.H.AA., éd. T. Mommsen, t. XII, Hanovre, 1894, pp. 3-385.

– *Variae,* éd. A.J. Fridh, t. XCVI, C.C., t. XCVI, Turnhout, 1976.

Catéchuménat des premiers chrétiens (Le)

– *Catéchèse des débutants,* Augustin, introduction baptismale de Cyrille de Jérusalem, Grégoire de Nysse, Jean Chrysostome, Théodore de Mopsueste, Augustin. Trad. par M. Debié, M. Piden-Godefroi, C. Bouchet, introd. par A. G. Hamman, Paris, 1994.

Césaire d'Arles

– *Opera omnia,* éd., G. Morin, t. I, Maredsous, 1937, t. II, 1942.

– *Sermons au peuple,* éd. M.J. Delage, S.C., n°175, Paris, t. I et II, 1971 et 1978.

Chronica Gallica

– M.G.H.AA., éd. Th. Mommsen, t. IX, Berlin, 1891, pp.631-666.

Chonicorum Caesaraugustorum reliquiae

– éd. T. Mommsen, M.G.H.AA., t. XI, 2, Berlin, 1891, pp.222-233.

Code théodosien

– *Théodosiani libri cum constitutionibus Sirmondianis et Leges Novellae,* éd. T. Mommsen et P. Meyer, Berlin, 1905, 2 vol.

Code théodosien

– *The Theodosian Code and Novels and Sirmondian Constitutions,* traduction anglaise avec commentaire, glossaire et bibliographie par M.B. Clyde Pharr, Princeton, 1952.

Codigo de Alarico II

– *Fragmentos de la « ley romana » de los Visigodos, conservados en un codice palimpsesto de la catedral de Léon,* León, 1991.

Codigo de Eurigo (El)

– Edicion, palingenesia, indices par E.Alvaro d'Oros, Madrid, 1960.

Concilia Galliae (324-506 et 511-695)

– éd. C. Munier et C. de Clercq C.C, t. CXLVIII A et B, Turnhout, 1963

Conciles mérovingiens (Les canons des), VIe-VIIe siècles
– Traduction et notes par J. Gaudemet et B. Basdevant, S.C, n° 353, t. I et II, Paris, 1989.
Constance de Lyon
– *Vie de saint Germain d'Auxerre,* éd. R. Borius, S.C., n° 112, Paris, 1965.
Edictum Theodorici
– éd. P. L. Falaschi, t. IV, 1, Milan, 1966.
Ennode de Pavie
– *Opera,* éd. F. Vogel, M.G.H.AA., t. VII, Hanovre, 1885.
Epistolae Austrasicae
– C.C., éd. W. Gundlach, t. CXVII, pp. 405-470, Turnhout, 1957.
Epistolae merowingici aevi
– M.G.H.EE., éd. W. Gundlach, Berlin, 1882 ou C.C., t. CXVII, pp. 489-508, Turnhout, 1957.
Fortunat (voir Venance Fortunat)
– *Opera poetica,* M.G.H.AA., éd. F. Leo, t. IV, 1, Hanovre, 1881.
– *Opera pedestria, ibid.,* éd. B. Krusch, t. IV, 2, Hanovre, 1885.
Fragmenta historicorum Graeciae
– éd. K. Müeller, t. IV, V, Paris, 1889-1885.
Frédégaire et autres chroniques
– éd. B. Krusch, M.G.H.SS.R.M., t. II, Hanovre 1888, pp. 18-193.
Gélase, pape
– Lettres, P.L., t. LIX.
– Epistolae, éd. A. Thiel, *Epistolae romanorum pontificum genuinae,* t. I, 1867-1868, pp. 287-510.
Gennade de Marseille
– *De viris illustribus,* P.L., t. LVIII.
Grégoire de Tours
– *Historiae Francorum,* M.G.H.SS.R.M., éd. B. Krusch, t. I, Hanovre, 1885.
– *Opuscula hagiographica, ibid.*
Grégoire de Tours
– *Histoire des Francs,* texte des manuscrits de Corbie et de Bruxelles publiée par H. Omont et G. Collon, éd. par R. Poupardin, Paris, 1913.
– *Histoire des Francs,* trad. fr. par R. Latouche, Paris, t. I, 1963 ; t. II, 1965.
– *Zehn Bücher Geschichten,* trad. all. R. Buchner, Berlin, 1967, 2 vol.
Hincmar
– *Vita sancti Remigii,* M.G.H.SS.R.M., éd. B. Krusch, Hanovre, 1896, t. III, pp. 250-349.
Histoire Auguste
– Textes établis par A. Chastagnol, Paris, 1994.
Historici graeci minores
– éd. L. Dindorf, Lepzig, 1870-1872, 2 vol.

Hydace

– *Chronique* S.C., 218 et 219, éd. et trad. par A.Tranoy, Paris, 1974, 2 vol.

Hydace ou Idace de Lamego

– *Continuatio chronicorum hieronymianorum ad. an. 468,* M.G.H.AA., éd. Th. Mommsen, t. XI, 2, Berlin, 1894, pp. 1-35.

Jordanès

– *Getica,* éd. Th. Mommsen, M.G.H.AA., t. V, 1, Hanovre, 1882, pp. 51-166.

– *Histoire des Goths,* trad. par O. Devillers, Paris, 1995.

Liber Historiae Francorum

– éd. B. Krusch, M.G.H.SS.R.M., t. II, Hanovre, 1888, pp. 215-328.

Liber Pontificalis

– éd. Mgr L. Duchesne, t. I, Paris, 1955-1957.

Lois des Burgondes

– éd. L. R. de Salis, M.G.H., LL., t. II, 1, Hanovre, 1892.

Marcellinus comes

– éd. T. Mommsen, M.G.H.AA., t. XI, 1, Berlin, 1894, pp. 70-100.

Marius d'Avenches

– Chronique, éd. T. Mommsen, M.G.H.AA., t. XI, 2, Berlin, 1894, pp. 231-249.

Mauritius

– *Arte militara,* texte grec et trad. roumaine par H. Mihaescu, Bucarest, 1970.

Mérobaude (Flavius)

– *Panegyrici,* éd. K. Vollmer, M.G.H.AA., t. XIV, Berlin, 1905.

– *Panegyrici, Carmina,* trad. anglaise par F. M. Clover, transactions of the American philosophical society, t. LXI, 1971.

Orens d'Auch

– *Commonitorium,* éd. C. A. Rapisarda, Catane, 1958.

– *Commonitorium of Orientius (the),* éd. T. M. Dolorès, Washington, 1945.

Orose (Paul)

– *Historiarum adversus paganos libri VII,* C.S.E.L., éd. C. Zangmeister, t. V, Vienne, 1882.

Pacte de la loi salique

– éd. K. A. Eckhardt, M.G.H.LL., t. 4. 1, Munich, 1962.

Panégyriques latins

– éd. E. Galletier, Paris, 1949-1955, 3 vol.

Passio sancti Sigismundi regis

– éd. B. Krusch, M.G.H.SS.R.M., Hanovre, 1888, t. II, p. 329 *et sqq.*

Patrick (saint)

– *Confession et lettre à Coroticus,* éd. Richard P. C. Hanson, S.C., n° 249, Paris 1978.

Paulin de Pella

– *Eucharisticos,* C.S.E.L, éd. G. Brandès, t. XVII, Vienne, 1888, p. 291 *sqq.*

– *Poème d'action de grâce et prière,* éd. C. Moussy, S.C., t. CCIX, éd. et trad. fr., Paris, 1974.
Paulin de Périgeux
– *De vita S. Martini,* C.S.E.L., éd. R. Petschenig, t. XVI, 1, Vienne 1888, pp. 17-165.
Procope
– *Bellum gothicum,* texte grec et trad. anglaise par H. B. Dewing, et G. Downey, Londres 1954, 7 vol.
Prosper d'Aquitaine (saint)
– *Opera,* éd. C. Hartel, C.S.E.L., t. XXX, Vienne, 1894.
– *Epitoma chronicorum,* M.G.H.AA, éd., T. Mommsen, t. IX, 2, Berlin, 1892, pp. 341-499.
– *Expositio Psalmorum,* C.C., t. LXVIII A, éd. P. Callens, Turnhout, 1972.
– *L'Appel de tous les peuples,* trad. de F. Froment, Vergobbi et B. Throo, Paris, 1993.
Quodvultudeus de Carthage
– *Opera,* éd. R. Braun, C.C., t. LX, Turnhout, 1976.
Ruricius de Limoges
– *Epistolae,* M.G.H.AA., éd. B. Krusch, t. VIII, Berlin, 1887, p. 299 *et sqq.*
Salvien de Marseille
– *Opera,* M.G.H.AA, éd. C. Halm, t. I, Berlin, 1877.
– *Œuvres,* S.C., t. CLXXVI et CCXX, éd. G. Lagarrigue, Paris, 1971 et 1975.
Sidoine Apollinaire
– *Carmina et epistolae,* M.G.H.AA, éd. F. Luetjohann, t. VIII, Berlin, 1887.
– *Poèmes et lettres,* éd. et trad. par A. Loyen, Paris, 1961 et 1970, 3 vol.
Socrate
– *Historia ecclesiastica,* P.G, t. LXVII, 1864, col. 28-842.
Sozomène
– *Historia ecclesiastica,* éd. J. Bidez, G. C. Hansen, Berlin, 1960.
– éd., trad. par Festugière (A. J.), Grillet (B.), Sabbah (G.), S.C. n° 306, Paris, 1983.
Sulpice Sévère
– *Opera,* C.S.E.L. éd. C. Halm, t. I, Vienne, 1866.
– *Historia Sacra,* P.L., t. XX, Paris, 1845, col. 160-243.
– *Vie de saint Martin,* S.C., t. CXXXIII, CXXXIV, CXXXV, éd. et trad. par J. Fontaine, Paris, 1967, 1968 et 1969.
Testamentum sancti Remigii
– C.C., t. CXVII, p. 473-479, Turnhout, 1957.
Venance Fortunat
– *Poésies mêlées,* trad. par C. Nisard, Paris, 1887.
– *Poèmes,* éd. et trad. par M. Reydellet, t. I, Livres I-IV, Paris, 1994.

Victor de Vita
– *Historia persecutionis Africanae provinciae,* M.G.H.AA., t. III, 1, éd. K. Halm, Hanovre, 1879.
Vie des Père du Jura
– éd. et trad. par F. Martine, S.C., t. CXLII, Paris, 1968.
Vita Caesarii Arelatensis
– éd. B. Krusch M.G.H.SS.R.M, Hanovre, 1896, t. III, p. 433 *et sqq.*
Vita Eptadii
– M.G.H.SS.R.M., éd. B. Krusch, t. III, Hanovre, 1896, pp. 186-194.
Vita Genovefae
– éd. B. Krusch, M.G.H.SS.R.M., t. III, Hanovre, 1896, pp. 215-238.
Vita Vedastis
– M.G.H.SS.R.M., éd. B. Krusch, t. III, Hanovre, 1896, pp. 406-414.
Zosime
– *Histoire nouvelle,* texte grec et trad. française par F. Paschoud, Paris, t. I, 1971 ; t. II, 1979 ; t. III, 1986.

II. Ouvrages généraux

Altheim (F.), *Geschichte der Hunnen,* Berlin, 2e éd., 5 vol., 1959-1969.
Bachrach (B. S.), *The Origin of Armorican chivalery,* Technology and culture, t. X, 1969, pp. 166-171.
– *Merovingian military organisation (481-571),* Mineapolis, 1971.
– *A history of the Alans in the West,* Minneapolis, 1973.
– *Procopius and the chronology of Clovis's reign,* Viator, t. I, 1970, pp. 27-32.
Bautier (R. H.), « Quand et comment Paris devint capitale », *Bull. Soc. Hist. Paris-Île-de-France,* t. CVIII, Paris, 1979, pp. 17-46.
Blok (D. P.), *De Franken,* Bussum, 1969.
Brezzi (P.), *Romani i Barbari nel giudizio degli scrittori dei secoli IV-VI,* Settimane, Spolète, t. IX, 1961, pp. 565-594 et 631-645.
Brühl (C.), *Palatium und civitas, Gallien,* t. I, Cologne-Vienne, 1975.
Brunner (K.) et Merta (B.), *Ethnogenese und Überlieferung,* Munich, 1994.
Buchner (R.), *Die Provence in der merowingischer Zeit, Verfassung. Wirtschaft, Kultur,* Stuttgart, 1933.
Cappuyns (M.), *Le Premier Représentant de l'augustinisme médiéval : Prosper d'Aquitaine,* Rech, théol. anc. et méd., t. I, 1929, pp. 309-337.
Chastagnol (A.), *La Préfecture urbaine à Rome sous le Bas-Empire,* Paris, 1960.
– « L'évolution de la société, de l'économie et de l'administration du Bas-empire », *Revue ét. lat.,* t. XLII, 1964, pp. 159-165.
– « Le repli sur Arles des services administratifs gaulois en l'an 407 de notre ère », *Revue historique,* 1973, pp. 5-40.
– « Le diocèse civil d'Aquitaine au Bas-Empire », *Bull. soc. nat. antiq. France,* 1970, pp. 272-292.

CHÉDEVILLE (A.) et GUILLOTEL (H.), *La Bretagne des saints et des rois (v^e-xe siècles)*, Paris, 1983.

CHRYSOS (E. K.) et SCHWARCZ (A.), *Das Reich und die Barbaren*, Vienne, 1989.

CLAUDE (D.), *Untersuchungen zum frühfrankischen Comitat*, Zeitschrift der Savigny Stiftung für Rechtgeschichte, t. LXXXI, 1964, pp. 1-79.

– « Zur Ansiedlung barbarischer Föderaten in der ersten Hälfte des fünften Jahrhunderts », *Denkschriften der Osterreichischen Akademie der Wissenschaften in Wien*, t. CXCIII, 1987, p. 13 *et sqq.*

– « Probleme der vandalischen Herrschaftnachfolge », *Deutsche Archive*, t. XXX, 1974, p. 329 *et sqq.*

– *Topographie und Verfassung der Städte Bourges und Poitiers bis in das 11 Jahrhundert*, Lubeck, 1960.

– *Universale und partikulare Züge in der Politik Théodorichs*, Francia, t. VI, 1978, p. 19 *et sqq.*

– « Theodorich der Grosse und die europaïschen Mächte », in *Teodorico il Grande e i Goti d Italia*, Spoleto, 1993, pp. 21-43.

COURCELLE (P.), *Histoire littéraire des grandes invasions germaniques*, 3e éd., Paris, 1964.

COURTOIS (C.), *Les Vandales et l'Afrique*, Paris, 1955.

– « Les rapports entre l'Afrique et la Gaule », *Cahiers de Tunisie*, 1954, pp. 127-145.

– « Les politiques navales de l'Empire romain », *Revue historique*, p. 227 *et sqq.*

DOLY (W. M.), « Clovis, how barbaric, how pagan? », *Speculum*, t. LXIX, 1994, pp. 619-664.

DAUGA (Y. A), *Le Barbare. Recherches sur la conception romaine de la barbarie et de la civilisation*, Bruxelles, 1981.

DER STEINEN (W. von), « Chlodwigs Übergang zum Christentum », in *Mitteilungen des Oster. Inst. für Geschichtforschung*, t. XII, 1933, pp. 417-501.

DELMAIRE (R.), *Les Institutions du Bas-Empire romain de Constantin à Justinien*, t. I, Paris, 1995.

DEMOUGEOT (E.), *La Formation de l'Europe et les invasions barbares*, 2 t. en 3 vol., Paris, 1969-1979.

– « L'idéalisation de Rome face aux barbares », *Rev. ét. anc.*, 1968, pp. 392-408.

– *L'Empire romain et les Barbares d'Occident (IVe-VIIe siècles)*, Paris, 1988.

DILL (S.), *Roman society in Gaul in the Merovingian Age*, Londres, 1926.

DUCHESNE (Mgr L.), *Fastes épiscopaux de l'ancienne Gaule*, 3 vol., Paris, 1894-1915.

ENSSLIN (W.), « Der magister utriusque militiae et patricius des 5 Jahrunderts », *Klio*, t. XXIV, 1931, pp. 467-502.

EWIG (E.), *Trier im Merovingerreich, Stadt, Bistum. Civitas*, Trèves, 1954.

– *Spätantikes und fränkisches Gallien*, hsrg. H. Atsma, 2 vol., Munich, 1976 et 1979.

– *Die Merowinger und das Frankenreich,* Mayence, 1988.

FOLZ (R.), *L'Idée de l'Empire en Occident du* v*e au* xv*e siècles,* Paris, 1953.

FLEURY (M.), « Paris, du Bas-Empire au début du XIIIe siècle », dans *Paris, croissance d'une capitale,* Paris, 1961, pp. 73-96.

FONTAINE (J.), *Isidore de Séville et la culture classique en Espagne wisigothique,* 2 vol., Paris, 1959, 2e éd. en 3 vol., 1983.

– « L'Antiquité chrétienne (des origines au Ve siècle) », dans *Histoire spirituelle de la France,* t. I., Paris, 1964, pp. 9-41.

– « L'ascétisme chrétien dans la littérature gallo-romaine d'Hilaire à Cassien », *Accademia dei Lincei,* t. CLVIII, 1973, pp. 87-115.

– « L'aristocratie occidentale devant le monachisme aux IVe et VIe siècles », *Revista di storia e letteratura religiosa,* t. XV, 1979. pp. 28-53.

– *Naissance de la poésie dans l'Occident chrétien,* Paris, 1981.

– « L'apport du christianisme à la prise de conscience de la patrie " gauloise" sous la dynastie théodosienne », in *La Patrie gauloise d'Agrippa au* v*e siècle,* Lyon, 1983, pp. 183-201.

FLEURIOT (L.), *Les Origines de la Bretagne,* Paris, 1980.

GAUDEMET (J.), *L'Église dans l'Empire romain,* Paris, 1958.

GAUTHIER (N.), *L'Évangélisation des pays de la Moselle,* Paris, 1980.

GOFFART (W.), *Barbarians und Romans, the techniques of accomodation,* Princeton, 1980.

– *The narrators of barbarian history (550 A.D-800) Jordanes, Gregory of Tours, Beda and Paul the Diacon,* Princeton, 1988.

GRIERSON (D.) et BLACKBURN (M.), *Mediaeval European Coinage,* t. I, « Early Middle Ages (5th-10th centuries) », Cambridge, 1986.

GRIFFE (E.), *La Gaule chrétienne à l'époque romaine,* Paris, 3 vol., 1965-1966.

– « Une messe du Ve siècle en l'honneur de saint Saturnin », *Rev. Moyen Âge latin,* t. VII, 1951, pp. 5-18.

– « La pratique religieuse en Gaule au Ve siècle: *seculares* et *sancti* », *Bull. lit. eccles.,* t. LXIII, 1962, pp. 241-267.

– « L'épiscopat gaulois et les royaumes barbares, de 482 à 507 », *Bull. lit. eccles.,* t. LXXVI, 1975, pp. 261-284.

GUILLOT (O.), RIGAUDIÈRE (A.), SASSIER (Y.), *Pouvoirs et institutions dans la France médiévale,* t. I, Paris, 1994.

– « Clovis, Clotilde et Geneviève », in *La Femme au Moyen Âge,* Paris, 1992, pp.21-27.

– *La Justice dans le royaume franc à l'époque mérovingienne,* Settimane, Spolète, 1995, pp. 653-736.

HLAWITSCHKA (E.), « Studien zur Genealogie und Geschichte der Merowinger und der frühen Karolinger, Eine Kritische Auseinendersetzung mit K.A Eckhard-Buch », *Rheinische Viertel-Jahresbläter,* 1979, pp. 1-99.

HOYOUX (J.), « Le collier de Clovis », *Revue belge de philosophie et d'histoire,* 1942, pp. 169-174.

HATT (J.-J.), *Histoire de la Gaule romaine,* Paris, 1959, 2e édition, 1966.

HAUCK (K.), « Von einer Spätantiken Randkultur zum karolingischen Europa » *Fruhmittelalter. Studien.* t. I, 1967, pp. 3-93.

HEINZELMANN (M.), *Bischofsherrschaft in Gallien,* Munich, 1976.

– « Gallische Prosopographie (250-527) », *Francia,* t. X, 1982, pp. 531-718.

– Zehn Bücher Geschichte, Historiographie und Gesellschaftskonzept im 6. Darmstadt, 1994.

HEINZELMANN (M.) et POULIN (J. C.), *Les Vies anciennes de sainte Geneviève,* Paris, 1986.

HIGOUNET (Ch.), *Bordeaux pendant le haut Moyen Âge,* Bordeaux, 1963.

HÖFLER (O.), « Die Sakral Character des germanischen Königtums », dans *Vortrage und Forschungen,* t. III, Tubingen, 1973, p. 75 *et sqq.*

IONITA (I.), *Din Istoria si civilizatia Dacilor liberi,* Iasi, 1982.

JONES (A. H. M), *The latin roman Empire (284-602),* Oxford, 2 vol., 1973.

– *The prosopography of the latin roman Empire (260-391),* t. I., Cambridge, 1971, et avec Martindale (J. R.), t. II, pp. 395-527, Cambridge 1980.

JONES (A. H. M.), GRIERSON (P.), CROOK (J. A.), « The authenticity of the Testamentum sancti Remigii », *Rev. belge de phil. et d'histoire,* t. XXXV, 1957, pp. 356-373.

KAZANSKI (M.), *Les Goths (Ier-VIIe siècle ap. J.-C.),* Paris, 1991.

KÖSTLER (R.), « Raub, Kauf und Friedelehe bei den Germanen », *Zeitschrift der Savigny Stiftung für Recht Geschichte,* t. LXIII, 1943, pp. 92-136.

KURTH (G.), *Clovis,* 1re éd. Bruxelles, 1895, 2 vol., Bruxelles, 1901, 3e éd., Paris 1978, 1 vol.

– *Études franques,* 2 vol., Bruxelles, 1919.

LESNE (E.), *Histoire de la propriété ecclesiastique en France,* t. I, « Époque romaine et mérovingienne », Lille-Paris, 1910.

LEVILLAIN (L.), « La conversion et le baptême de Clovis », *Rev. hist. égl. France,* t. XXI, 1935, pp. 161-192.

– « La crise des années 507-508 et les rivalités d'influence en Gaule, de 508 à 514 », *Mel. N. Iorga,* Paris, 1933, pp. 537-567.

– « Campus Martius », *Bibl. Éc. Chartes,* t. CVII, 1947-1948, pp. 62-68.

LOERNETZ (R. J.), « Actus Sylvestri, genèse d'une légende », *Rev. hist. eccles.,* 1975, pp. 426-439.

LOT (F.), *La Fin du monde antique et les débuts du Moyen Âge,* réédition avec bibliographie complémentaire par M. Rouche, Paris, 1968, *id.* par P. Riché.

– *Recueil des travaux historiques,* 3 vol., Paris, 1968-1973.

LOYEN (A.), *Sidoine Apollinaire et l'esprit précieux en Gaule,* Paris, 1942.

– *Recherches historiques sur les panégyriques de Sidoine Apollinaire,* Paris, 1942.

– « Résistants et collaborateurs en Gaule à l'époque des grandes invasions », *Bull. Assoc. G. Budé,* t. XXII, 1963, pp. 437-450.

– « Le rôle de saint Aignan dans la défense d'Orléans », *C.R. Acad. Inscr. et B. L.*, t. LXIX, pp. 64-74.

– « La bataille d'Orléans de 463 », *Bull. Soc. hist. arch. Orléanais*, t. XXII, 1935, pp. 501-507.

– « L'œuvre de Flavius Merobaude et l'histoire de l'Occident de 430 à 450 » dans *Rev. ét. anc.*, t. LXXIV, 1972, pp. 153-174.

LUGGE (M.), *Gallia und Francia im Mittelalter*, Bonn, 1960.

MARROU (H.-I.), *Saint Augustin et la fin de la culture antique*, Paris, 1949.

– *Décadence romaine ou antiquité tardive ?*, Paris, 1977.

MATHISEN (R. W.), « Resistance and Reconciliation, Majorian and the Gallic aristocracy after the fall of Avitus », *Francia*, 1979, t. VII, pp. 597-627 et 953-954.

MAZZARINO (S.), *La Fin du monde antique*, Paris, 1973.

MORIN (G.), « Le *Breviarum Fidei* contre les ariens, produit de l'atelier de Césaire d'Arles ? », *Revue hist. eccles.*, t. XXXV, 1939, pp. 35-53.

MURRAY (A. C.), *Germanic Kinship Structure Studies in Law Society in Antiquity and the Early Middle Ages*, Leyde, 1983.

Naissance des arts chrétiens, Atlas des monuments paléo-chrétiens de la France, Paris, 1991.

ORLANDIS (J. R.), « La reina en la monarquia visigoda », *Anuario de hist. del derecho espanol*, 1957-1959, t. XXVII-XXVIII, pp. 109-135.

PASCHOUD (F.), *Roma Aeterna. Étude sur le patriotisme dans l'Occident latin à l'époque des grandes invasions*, Lausanne, 1967.

PÉRIN (P.), *Problèmes de chronologie relative et absolue concernant les cimetières mérovingiens d'entre Loire et Rhin*, en coll. avec M. Fleury, Paris, 1978.

– « Les conséquences ethniques de l'expansion franque, état de la question, dans *Le phénomène des grandes invasions* », Valbonne, 1983, pp. 85-89.

PIETRI (L.), *La Ville de Tours du IVe au VIe siècle*, Paris, 1983.

POLY (J.-P.), « Le collier des Brisings ou la mémoire ancienne », *Droit et Cultures*, t. VII, 1984, pp. 61-99.

– « La corde au cou, les Francs, la France et la loi Salique », *Genèse de l'État moderne en Méditerranée*, Rome, 1993, pp. 287-320.

PRINZ (F.), *Frühes Monchtum in Frankreich*, Munich, 1965.

– *Klerus und Krieg im früheren Mittelalter*, Stuttgart, 1971.

REYDELLET (M.), *La Royauté dans la littérature latine de Sidoine Apollinaire à Isidore de Séville*, Rome, 1981.

RICHÉ (P.), *Césaire d'Arles*, Paris, 1956.

– *Éducation et culture dans l'Occident médiéval*, nouv. éd., Paris, 1995.

ROUCHE (M.), *L'Aquitaine des Wisigoths aux Arabes*, Paris, 1979.

– « La matricule des pauvres, évolution d'une institution de charité du Bas-Empire jusqu'à la fin du haut Moyen Âge », dans *Études sur l'histoire de la pauvreté*, t. I. Paris, 1974, pp. 83-110.

– « Le changement des noms de cité en Gaule au Bas-Empire », *Mém.*

de la Soc. N. des Antiq. de France, Paris, 1969, pp. 47-64.
– « Francs et Gallo-Romains chez Grégoire de Tours », *Gregorio di Tours,* Todi 1977, pp. 143-169.
– « L'héritage de la voirie antique dans la Gaule du haut Moyen Âge (ve-xie siècles) », dans *Flaran* 2, Auch, 1982, pp. 13-32.
– « La destinée des biens de saint Remi durant le haut Moyen Âge (ve-xie siècles) », dans *Villa, Curtis, Grangia,* Munich, 1983, pp. 46-61.
– « Saint Gery et la christianisation dans le nord de la Gaule » (ve-xie siècles), *Revue du Nord,* t. LII, 1986, 292 p.
– « Les mélanges des populations en Gaule durant le haut Moyen Âge », dans *Génétique des populations humaines,* Paris, 1986, pp. 19-28.
– « Les Wisigoths en Aquitaine, peuple ou armée ? », *Archéologia Baltica,* t. VII, Lodz, 1986, pp. 283-294.
– « Des mariages païens au mariage chrétien, sacré et sacrement », *Settimane,* Spolète, 1987, pp. 835-880.
– « Une source inconnue sur les Goths », *Sur les traces de Busbecq et du gotique,* Lille, 1991, pp. 125-133.
– « Le Royaume de Toulouse vu d'Espagne », *De la Antigüedad al Medioevo,* León, 1993, pp. 283-290.
– *Les Empires universels (IIe-IVe siècle),* Paris, 1968.
– *Le Moyen Âge,* Paris, 1981, t. I, R. Fossier dir., p. 45-112.
– *Histoire de la vie privée,* sous la direction de P. Veyne, t. I, Paris, 1983, pp. 371-495.
– *Les Malheurs des temps,* J. Delumeau dir., Paris, 1987, pp. 25-104.
– « Le polyptyque de Saint-Pierre-le-Vif de Sens pour Saint-Pierre de Mauriac, grand domaine ou grand revenu ? », *Aux sources de la gestion publique,* éd. É. Magnou-Nortier, t. I, Lille, 1963, pp. 103-121.
– « La notion d'invasion dans les conciles mérovingiens », *ibid.,* t. II, Lille, 1995, pp. 125-134.
– « La famille matriarcale est-elle de retour? », *La Famille,* Paris, 1995, pp. 71-85.
– « La démographie européenne (Antiquité tardive et haut Moyen Âge) », *Histoire de la démographie européenne,* à paraître.

SANCHEZ ALBORÑOZ (C.), *La caballeria visigoda,* Festschrift A. Dopsch, Leipzig, 1938, pp. 92-108.

SCHMIDT (L.), *Geschichte der deutschen Stämme,* Munich, t. I, 1934, t. II, 1958.
– « Das Ende des Romerherzschaft im Gallien, Chlodwig und Syagrius », *Hist. Jahrb,* t. VIII, 1948, pp. 611-618.
– *Die Ostgermanen,* Munich, 1969.
– *Die Westgermanen,* Munich, 1938.

SIEMS (H.), *Handel und Wucher im Spiegel frühmitteldalterlicher Rechtsquellen,* Hanovre, 1992.

SIRAGO (V. A.), *Galla Placidia e la transformazione politica dell'Occidente,* Louvain, 1961.

SORACI (R.), *Ricerche sulli connubia tra Romani e Germani nei Secoli IV-VI,* Catana, 1974.

STEIN (E.), *Histoire du Bas-Empire,* éd. fr. J.-R. Palanque ; 2 vol., Paris, 1959.

STROHEKER (K. F.), *Eurich, König der Westgoten,* Stuttgart, 1937.

– « Die geschichtliche Stellung der ostgermanischen Staaten am Mittelmeer », *Saeculum,* t. XII, 1961, pp. 140-157.

– *Germanentum und Spätantike,* Zürich-Stuttgart, 1965.

– « Der senatorische Adel Spätantiken Gallien », Darmstadt, 1970.

TESSIER (G.), *Le Baptême de Clovis,* Paris, 1964.

Topographie chrétienne de la Gaule, sous la direction de Gauthier (N.) et Picard (J.-C), t. V, 1987, (« Lyonnaise Troisième », t. VIII, 1992 (Lugdunaise Senonaise).

THOMPSON (E.), « Peasants revolts in late Roman Gaul and Spain », *Past and Present,* t. II, 1952, pp. 11-23.

– « The Wisigoths in the time of Ulfila », *Nottingham Medieval Studies,* t. V, 1961, pp. 3-32.

– « The Wisigoths from Fritigern to Euric », *Historia,* t. XII, 1962, pp. 105-128.

VALLET (M.) et KAZANSKI (M.), *La Noblesse romaine et les chefs barbares du IIIe au VIIe siècle,* Paris, 1995.

– *L'Armée romaine et les barbares du IIIe au VIIe siècle,* Paris, 1993.

VIEILLARD-TROIEKOUROFF (M.), *Les Monuments religieux des Gaules d'après les œuvres de Grégoire de Tours,* Paris, 1977.

VIOLLET (P.), « Mémoire sur la tanistry », *Mém. Acad. Insc. et B. L.,* t. XXXII, 1891, pp.275-317.

VISMARA (G.), *Scritti di storia giuridica. Fonti del diretto nei regni germanici,* t. I, Milan, 1987.

WALLACE-HADRILL (J.-M.), *The long-haired kings and other history,* Londres, 1962.

– Gothia and Romania, *Bull of the John Ryland Library,* t. XLIV, 1961, pp. 213-237.

– *Early germanic kingship in England and on the Continent,* Oxford, 1971.

WERNER (K. F.), *« Les origines », Histoire de France,* Jean Favier dir., t. I, 1984.

– *Structures politiques du monde franc,* Londres, 1979.

– *Vom Frankreich zur Entfaltung Deutschlands und Frankreichs,* Sigmaringen, 1984.

WOLFRAM (H.), *Geschichte der Goten,* Munich, 1979 ; trad. fr., Paris, 1990.

– *Treasures on the Danube, barbarian invaders and their roman inheritance,* Vienne, 1985.

– « The shaping of the early Medieval Kingdom », *Viator,* t. I, 1970, pp. 11-20.

ZÖLLNER (E.), *Geschichte der Franken bis zur Mitte des 6 Jahrhunderts,* Munich, 1970.

Index des noms de personnes, de lieux et de peuples

TABLE DES ILLUSTRATIONS

Page 8. – *En haut*: baptistère de Fréjus (Artephot/Percheron).
En bas: intaille représentant Alaric II, roi des Wisigoths (Kunsthistorisches Museum, Vienne, Autriche).

Page 9. – *En haut*: mosaïque du palais de Théodoric, Saint-Apollinaire-le-Neuf, Ravenne (Scala).
En bas: médaillon en or représentant Théodoric (British Museum/photo J. Roubier).

Page 10. – Colonnes et chapiteaux de marbre de l'église de la Daurade [Toulouse, Nice] (vue du cloître : photo Maurice Scellès, musée Saint-Raymond, Toulouse ; colonne : photo musée du Louvre, département des Sculptures).

Page 11. – *En haut*: sou d'or de Théodebert Ier (Giraudon).
En bas à gauche: couronne d'or votive du roi wisigoth Reccesswinthe (Museo arqueologico nacional, Madrid).
En bas à droite: médaillon en or de l'empereur Justinien (Bibliothèque nationale).

Page 12. – Nécropole de Saint-Seurin, à Bordeaux (Centre Pierre-Paris, UMR-IRAM, Maison de l'archéologie, université de Bordeaux-III).

TABLE DES CARTES ET PLANS

Dessin des cartes : J. Leuridan.

TABLE DES GÉNÉALOGIES

Table des matières

Carte II. *Le réseau urbain et routier de la Gaule au Ve siècle (noter l'importance de la romanisation du Sud et de la région de Paris).*

Cet ouvrage a été réalisé par la
SOCIÉTÉ NOUVELLE FIRMIN-DIDOT
Mesnil-sur-l'Estrée
pour le compte des Éditions Fayard
en septembre 1996

Ce livre a été composé
en caractère Baskerville
et mis en page
par Florence et Jean-Louis Paul
02600 ~ Cœuvres-&-Valsery

Imprimé en France
Dépôt légal : septembre 1996
N° d'édition : 7864 - N° d'impression : 35783
ISBN : 2-213-59632-8
35-65-9632-06/7